ENUNCIADOS
FONAJEF

FÓRUM NACIONAL DOS JUIZADOS ESPECIAIS FEDERAIS

Organizados por assunto, anotados e comentados

INCLUI ÍNDICES:

Alfabético-remissivo   Cronológico-remissivo

Coleção Súmulas
VOLUME 8

Autores:

- Ailton Schramm de Rocha
- Aluisio Gonçalves de Castro Mendes
- André Dias Fernandes
- André Wasilewski Duszczak
- Antônio César Bochenek
- Bruno Augusto Santos Oliveira
- Cláudio Kitner
- Clécio Alves de Araújo
- Cristiane Conde Chmatalik
- Etiene Martins
- Fábio Moreira Ramiro
- Flávio Roberto Ferreira de Lima
- Francisco Glauber Pessoa Alves
- Frederico Augusto Leopoldino Koehler
- Gessiel Pinheiro de Paiva
- João Cabrelon
- João Felipe Menezes Lopes
- José Baptista de Almeida Filho Neto
- Kylce Anne P. Collier de Mendonça
- Leonardo Augusto de Almeida Aguiar
- Lívia de Mesquita Mentz
- Lucilio Linhares Perdigão de Morais
- Luiz Bispo da Silva Neto
- Luiz Régis Bonfim Filho
- Luíza Carvalho Dantas Rêgo
- Márcio Augusto Nascimento
- Marco Bruno Miranda Clementino
- Oscar Valente Cardoso
- Paulo Sérgio Ribeiro
- Rogério Moreira Alves
- Thiago Mesquita Teles de Carvalho
- Victor Roberto Corrêa de Souza
- Wanessa Carneiro Molinaro Ferreira

ENUNCIADOS
FONAJEF

FÓRUM NACIONAL DOS JUIZADOS ESPECIAIS FEDERAIS

Organizados por assunto, anotados e comentados

INCLUI ÍNDICES:

Alfabético-remissivo Cronológico-remissivo

Coleção Súmulas
VOLUME 8

Organizador:
ROBERVAL ROCHA

Coordenadores:
Antônio César Bochenek
Frederico Augusto Leopoldino Koehler
Márcio Augusto Nascimento

2017

EDITORA
*jus*PODIVM
www.editorajuspodivm.com.br

www.editorajuspodivm.com.br

Rua Mato Grosso, 164, Ed. Marfina, 1º Andar – Pituba, CEP: 41830-151 – Salvador – Bahia
Tel: (71) 3045.9051
• Contato: https://www.editorajuspodivm.com.br/sac

Copyright: Edições *Jus*PODIVM

Conselho Editorial: Eduardo Viana Portela Neves, Dirley da Cunha Jr., Leonardo de Medeiros Garcia, Fredie Didier Jr., José Henrique Mouta, José Marcelo Vigliar, Marcos Ehrhardt Júnior, Nestor Távora, Robério Nunes Filho, Roberval Rocha Ferreira Filho, Rodolfo Pamplona Filho, Rodrigo Reis Mazzei e Rogério Sanches Cunha.

Capa: *(Adaptação)*: Ana Caquetti

Diagramação: Cendi Coelho *(cendicoelho@gmail.com)*

Todos os direitos desta edição reservados à Edições *Jus*PODIVM.

É terminantemente proibida a reprodução total ou parcial desta obra, por qualquer meio ou processo, sem a expressa autorização do autor e da Edições *Jus*PODIVM. A violação dos direitos autorais caracteriza crime descrito na legislação em vigor, sem prejuízo das sanções civis cabíveis.

APRESENTAÇÃO DA COLEÇÃO

"Importante ressaltar a difusão que teve a Súmula, como método de trabalho, pois este parece ser o seu aspecto de maior eficácia, suplantando mesmo a sua condição de repertório oficial de jurisprudência da Alta Corte. Em certo sentido, pode-se dizer que o conteúdo da súmula passa para segundo plano, quando o comparamos com a sua função de método de trabalho, revestido de alguns efeitos processuais, que contribuem para o melhor funcionamento da Justiça."

Florianópolis, 04/09/1981.

Victor Nunes Leal, in "Passado e Futuro da Súmula do STF"

A coleção SÚMULAS COMENTADAS traz para os leitores informações objetivas e relevantes, tanto da doutrina como da jurisprudência, sobre a aplicação dada aos enunciados sumulares dos tribunais e das instituições mais importantes do país.

Seu escopo é levar, aos estudiosos, aos operadores do direito e àqueles que lidam com os órgãos das mais diversas esferas de atuação governamental, as máximas da sistematização judicial e administrativa, cujos textos intentam orientar, da maneira mais racional possível, a atuação dos entes estatais no cumprimento de se múnus constitucional.

VOLUMES DA COLEÇÃO

Volume 01 – Súmulas STF	Volume 08 – Enunciados FONAJEF	Volume 15 – Súmulas do CARF
Volume 02 – Súmulas STJ	Volume 09 – Enunciados FONACRIM	Volume 16 – Súmulas do TJSP
Volume 03 – Súmulas TCU		Volume 17 – Súmulas do TJRJ
Volume 04 – Súmulas AGU	Volume 10 – Enunciados CJF (Vol. I – Direito Civil)	Volume 18 – Enunciados do Fórum Permanente de Processualistas Civis
Volume 05 – Enunciados Câmaras de Coordenação e Revisão do MPF	Volume 11 – Enunciados CJF (Vol. II – Direito Comercial)	Volume 19 – Enunciados NCPC – ENFAM
Volume 06 – Súmulas TNU	Volume 12 – Súmulas TRT's	
Volume 07 – Enunciados FONAJE	Volume 13 – Súmulas TRF's	Volume 20 – Enunciados das Turmas Recursais do Juizados Especiais do TJ's
	Volume 14 – Súmulas TJ's	

ROBERVAL ROCHA

ORGANIZADOR

APRESENTAÇÃO

A Justiça Federal brasileira após a redemocratização passou a desempenhar um papel relevante e ampliou sua atuação, seja em número de processos seja pelo processo de interiorização das varas. O modelo tradicional de prestar a jurisdição não comportava novas tendências e o debate a respeito da modernização do processamento e julgamento, principalmente das demandas de menor complexidade, ganhou novos ares principalmente após a criação dos juizados especiais estaduais. A Associação dos Juízes Federais do Brasil - AJUFE, sempre na vanguarda, foi uma das principais protagonistas dos debates sociais e legislativos que levaram à edição da Emenda Constitucional 22/98 e, posteriormente, à Lei 10.259/01. A efetiva participação da AJUFE não se limitou à elaboração e aprovação da Lei dos Juizados Especiais Federais, mas transcendeu para a criação de um fórum de debates com a apresentação de proposições práticas para a adequada aplicação do novo diploma legal no cenário nacional e das alterações posteriores da legislação processual.

A AJUFE decidiu então criar o Fórum Nacional dos Juizados Especiais Federais (FONAJEF), evento promovido anualmente desde 2004. Seu objetivo é discutir temas, sistemáticas e soluções para aprimorar o funcionamento dos juizados especiais federais, a partir do debate a respeito das mais diversas situações vivenciadas pelos juízes federais que atuam nestes órgãos da Justiça Federal.

O FONAJEF é um fórum eminentemente científico e prático. Suas discussões são travadas no âmbito dos grupos de trabalho formados pelos juízes participantes. As conclusões de cada grupo são submetidas a uma plenária final e encaminhadas ao Conselho Nacional de Justiça, ao Conselho da Justiça Federal e aos Tribunais Regionais Federais, por meio de Enunciados, que podem ser aplicados na prática diária dos operadores dos juizados.

Sua primeira edição foi realizada em Brasília (DF), sobre a temática principal da "A visão da coordenação nacional", e contou com a presença de diversas autoridades dos Poderes Executivo, Legislativo e Judiciário. De acordo com o presidente da AJUFE no período de 2004/2006, Jorge Maurique, organizador do I FONAJEF, "o evento surgiu para ser um órgão permanente de estudos dos juizados especiais federais" (fonte: http://www.ajufe.org/eventos/foruns/FONAJEF/)

Portanto, os Enunciados do Fórum Nacional dos Juizados Especiais Federais (FONAJEF), apesar de não vincularem os juízes, servem de orientação para os operadores do sistema de juizados.

A Editora Juspodivm, vislumbrando a importância dos Enunciados do FONAJEF, solicitou aos Coordenadores que convidassem outros Juízes para trazerem o seu conhecimento acadêmico e a sua experiência profissional para elaborar estes Comentários aos Enunciados do FONAJEF.

A missão foi desempenhada com esmero e dedicação, como se poderá observar nesta obra que oferecemos ao mundo jurídico, uma objetiva e completa análise de cada um dos Enunciados do FONAJEF, levada a cabo por Juízes Federais do mais alto gabarito e profundos conhecedores do cotidiano dos juizados especiais federais.

Os Coordenadores agradecem à Juspodivm pela confiança neles depositada e congratulam os Juízes Federais participantes desta obra pela excelência do trabalho realizado. Também para concretizar esta obra contamos com a ajuda fundamental de Camila Calisto Sanches. Agradecemos imensamente.

Esta é uma obra em permanente construção e adaptação às transformações nos juizados e também pela dinâmica social. Esperamos que os leitores possam aproveitar as reflexões aqui escritas além de contribuir para o debate de temas tão relevantes para a prestação de justiça com qualidade e eficiência.

Coordenadores:

ANTÔNIO CÉSAR BOCHENEK

FREDERICO AUGUSTO LEOPOLDINO KOEHLER

MÁRCIO AUGUSTO NASCIMENTO

COORDENADORES

ANTÔNIO CÉSAR BOCHENEK

Juiz Federal do Tribunal Regional Federal da 4ª Região, lotado na 2ª Vara Federal de Ponta Grossa/PR. Doutor em Direito pela Universidade de Coimbra, Mestre pela PUC/PR, Bacharel em Direito pela Universidade Estadual de Ponta Grossa – UEPG. Professor da ESMAFE/PR e do CESCAGE. Vice-presidente do IPDP. Presidente do IBRAJUS. Foi Presidente da AJUFE e da APAJUFE. Autor do livro "A Interação entre Tribunais e Democracia por meio do Acesso aos Direitos e à Justiça: Análise de Experiências dos Juizados Especiais Federais Cíveis Brasileiros", Série Monografias do CEJ. Coautor dos livros "Juizados Especiais Federais Cíveis & Casos Práticos", Juruá, e "Competência Cível da Justiça Federal e dos Juizados Especiais Federais", Juruá.

FREDERICO AUGUSTO LEOPOLDINO KOEHLER

Juiz Federal do Tribunal Regional Federal da 5ª Região, lotado na 2ª Turma Recursal da Seção Judiciária de Pernambuco. Mestre e bacharel em Direito pela UFPE. Professor Adjunto do Curso de Graduação em Direito da UFPE. Membro e Secretário-Geral Adjunto do Instituto Brasileiro de Direito Processual – IBDP. Membro e Diretor de Publicações da Associação Norte-Nordeste de Professores de Processo – ANNEP. Membro da Associação Brasileira de Direito Processual – ABDPRO. Diretor da Revista Jurídica da Seção Judiciária de Pernambuco. Ex-Procurador Federal. Autor do livro "A Razoável Duração do Processo", da Editora JusPodivm. Articulista e parecerista em diversas revistas especializadas. Conferencista em eventos jurídicos.

MÁRCIO AUGUSTO NASCIMENTO

Juiz Federal do Tribunal Regional Federal da 4ª Região, lotado na 8ª Vara Federal de Londrina/PR. Bacharel em Direito pela Universidade Estadual de Londrina – UEL. Professor convidado em cursos de Pós-graduação em Direito Previdenciário da UEL e da PUC – Pontifícia Universidade Católica (Campus de Londrina). Ex-Auditor Fiscal da Receita Federal do Brasil. Coautor do livro "Juizados Especiais Federais Cíveis & Casos Práticos", Juruá. Autor dos livros "Benefícios Previdenciários e Assistenciais – Curso de Prática Judicial com Modelos de Petições e Requerimentos", Juruá; e "Aposentadoria Pública Universal no Brasil: proposta para diminuir as desigualdades sociais", LTr.

AUTORES

AILTON SCHRAMM DE ROCHA

Juiz Federal titular da 3ª Turma Recursal da Bahia. Mestre em Direito pela UFBA. Professor de Direito Constitucional do Centro Universitário Jorge Amado (Unijorge-BA).

ANDRÉ DIAS FERNANDES

Juiz Federal em Fortaleza/CE. Presidente da 3ª Turma Recursal do Ceará. Doutor em Direito do Estado pela USP. Mestre em Direito pela UFC. MBA em Poder Judiciário pela FGV-Direito/RJ. Professor do Programa de Mestrado em Direito da UNI7 e de outros cursos de pós-graduação.

ANDRÉ WASILEWSKI DUSZCZAK

Juiz Federal em Ponta Grossa/PR. Formado em direito e Pós Graduado em direito tributário pela Faculdade de Direito de Curitiba. Mestre em direito comparado pela Universidade de Samford-AL-EUA. Mestrando em direito econômico e desenvolvimento pela PUC/PR. Ex-procurador da Fazenda Nacional.

ALUISIO GONÇALVES DE CASTRO MENDES

Desembargador Federal. Presidente da 5ª Turma do TRF da 2ª Região. Professor Titular de Direito Processual Civil da Faculdade de Direito da UERJ e da Universidade Estácio de Sá (Unesa). Pós-Doutor pela Universidade de Regensburg, Alemanha. Mestre e Doutor em Direito pela UFPR. Mestre em Direito pela Johann Wolfgang Goethe Universität (Frankfurt am Main, Alemanha). Especialista em Direito Processual Civil pela Universidade de Brasília (UnB). Graduado em Direito pela UERJ e em Comunicação Social pela PUC/RJ.

ANTÔNIO CÉSAR BOCHENEK

Juiz Federal do Tribunal Regional Federal da 4ª Região, lotado na 2ª Vara Federal de Ponta Grossa-PR. Doutor em Direito pela Universidade de Coimbra, Mestre pela PUC/PR, Bacharel em Direito pela Universidade Estadual de Ponta Grossa – UEPG. Professor da ESMAFE/PR e do CESCAGE. Vice-presidente do IPDP. Presidente do IBRAJUS. Foi Presidente da AJUFE e da APAJUFE.

BRUNO AUGUSTO SANTOS OLIVEIRA

Juiz Federal. Mestre em Filosofia pela Faculdade Jesuíta de Filosofia e Teologia/FAJE; Mestre em Direito Constitucional Comparado pela Universidade de Samford/USA; Doutorando em Cidadania e Direitos Humanos pela Universidade de Barcelona.

CLÁUDIO KITNER

Juiz Federal em Recife-PE. Membro da 3ª TR/PE. Ex-Procurador do Município de Recife. Pós-Graduado em Direito Tributário da FGV/MBA.

CLÉCIO ALVES DE ARAUJO

Juiz federal da Subseção Judiciária de Bacabal/MA. Ex-procurador federal. Ex-analista judiciário do STF. Ex-técnico judiciário do TSE. Professor Universitário e em cursos preparatórios para concursos. Especialista em Direito do Trabalho e Processo do Trabalho.

CRISTIANE CONDE CHMATALIK

Juíza Federal em Vitória/ES. Diretora do Foro da Seção Judiciária do ES, biênio 2017/2019. Membro Titular do Tribunal Regional Eleitoral-ES. Membro do Comitê Gestor da Conciliação do CNJ. Mestre em Direito Público pela UERJ.

ETIENE MARTINS

Juiz Federal Substituto na 4ª Vara Federal e Coordenador da Central de Conciliação da Subseção Judiciária de Guarulhos/SP. Professor da Academia de Polícia Militar/RJ, Visiting Scholar na Columbia University e Fellow no "2017 Weinstein JAMS International Fellowship Program" para mediadores.

FÁBIO MOREIRA RAMIRO

Juiz Federal da SJ da Bahia. Bacharel em Direito pela Universidade Católica de Salvador e graduado em Medicina pela Universidade Federal da Bahia, é especialista em Direito Processual Público pela Universidade Federal Fluminense. Professor de Direito Processual Penal da Universidade Católica do Salvador. Foi Juiz de Direito (BA) e Promotor de Justiça (BA).

FLÁVIO ROBERTO FERREIRA DE LIMA

Juiz Federal da 1ª TR/PE. Especialista e Mestre em Direito. Professor da UFPE.

FRANCISCO GLAUBER PESSOA ALVES

Juiz Federal da Seção Judiciária do Rio Grande do Norte, atuando na Turma Recursal. Doutor e Mestre em Processo Civil pela PUC/SP. Membro do Instituto Brasileiro de Direito Processual (IBDP). Secretário-executivo do IBDP para o RN. Autor e coautor de diversos obras em livros e periódicos jurídicos. Ex-Presidente da Associação dos Juízes Federais da 5a Região (REJUFE).

FREDERICO AUGUSTO LEOPOLDINO KOEHLER

Juiz Federal do Tribunal Regional Federal da 5ª Região, lotado na 2ª TR/PE. Mestre e bacharel em Direito pela UFPE. Professor Adjunto do Curso de Graduação em Direito da UFPE. Ex-Procurador Federal. Membro do IBDP, da ABDPRO e a ANNEP. Autor e coordenador de livros jurídicos, articulista e parecerista em diversas revistas especializadas. Conferencista em eventos jurídicos.

GESSIEL PINHEIRO DE PAIVA

Juiz Federal Substituto na SJRS desde janeiro de 2015 e Juiz Federal Substituto na SJRJ e 2012 a 2014. Bacharel em Direito pela UFRGS. Especialista em Direito Constitucional, Direito Previdenciário e Direito do Trabalho pela Faculdade Atlântico Sul/Anhanguera Educacional de Pelotas/RS. Professor convidado de Direito Processual Civil da ESMAFE/RS.

JOÃO CABRELON

Juiz Federal Titular da 2ª Vara Federal de Franca/SP. Mestre em Direito pela Universidade Metodista de Piracicaba (UNIMEP). Ex-Promotor de Justiça.

JOÃO FELIPE MENEZES LOPES

Juiz Federal Substituto em Mato Grosso do Sul – TRF da 3ª Região desde 2014. Foi Juiz Federal Substituto do TRF da 4ª Região durante o período de 2011 a 2014. Especialista em Direito Processual. Mestrando em Direito pela Universidade Federal de Mato Grosso do Sul (área de concentração Direitos Humanos).

JOSÉ BAPTISTA DE ALMEIDA FILHO NETO

Juiz Federal em Recife/PE. Membro da 1ª Turma Recursal de Pernambuco.

KYLCE ANNE PEREIRA COLLIER DE MENDONÇA

Juíza Federal em Recife/PE. Presidente da 2ª TR/PE. Mestre em Direito pela UFPE. Professora da Faculdade Damas.

LEONARDO AUGUSTO DE ALMEIDA AGUIAR

Juiz Federal. Presidente da Turma Recursal de Juiz de Fora-MG. Membro da Turma Regional de Uniformização de Jurisprudência da 1a. Região. Mestre e Doutor em Direito pela UFMG. Pós-doutorando em Teorias Jurídicas Contemporâneas pela Faculdade Nacional de Direito da UFRJ.

LÍVIA DE MESQUITA MENTZ

Juíza Federal Substituta do Tribunal Regional da 4ª Região, lotada na 1ª Vara Federal de Santa Rosa/RS. Bacharel em Direito pela Universidade Federal do Rio Grande do Sul.

LUCILIO LINHARES PERDIGÃO DE MORAIS

Juiz Federal. Mestre em Administração pela UFMG. Bacharel em Direito pela UFMG e em Administração pela Fundação João Pinheiro. Foi Promotor de Justiça (MPDFT), Advogado da União (AGU), Policial Rodoviário Federal e Administrador Público (Governo de Minas Gerais).

LUIZ BISPO DA SILVA NETO

Juiz Federal titular da 20ª Vara Federal da SJPE. Graduado pela Faculdade de Direito do Recife. Ex-membro da Procuradoria Federal. Ex-membro da Advocacia-Geral da União.

LUIZ RÉGIS BOMFIM FILHO

Juiz Federal Substituto do Tribunal Regional da 1ª Região. Foi Defensor Público Federal e Técnico Judiciário com atuações em JEFs no Ceará e no Pará. Especialista em Direito Constitucional (2011) e em Direito Processual Civil (2010), ambas pela Escola Superior da Magistratura do Estado do Ceará (ESMEC).

LUIZA CARVALHO DANTAS RÊGO

Juíza Federal Substituta da 10ª Vara Federal da Paraíba. Graduada pela Universidade Federal do Rio Grande do Norte.

MÁRCIO AUGUSTO NASCIMENTO

Juiz Federal em Londrina-PR. Bacharel em Direito pela Universidade Estadual de Londrina – UEL. Professor convidado em cursos de Pós Graduação de Direito Previdenciário da UEL e da PUC – Pontifícia Universidade Católica (Campus de Londrina). Ex-Auditor Fiscal da Receita Federal do Brasil. Autor e coautor de vários livros.

MARCO BRUNO MIRANDA CLEMENTINO

Juiz Federal Titular da 6ª Vara e Diretor do Foro da Seção Judiciária do Rio Grande do Norte. Professor da Graduação e do Mestrado em Direito da UFRN. Mestre (UFRN) e Doutor (UFPE) em Direito. Coordenador do IBET-Natal. Formador da ENFAM.

OSCAR VALENTE CARDOSO

Juiz Federal em Capão da Canoa/RS. Doutor em Direito pela UFRGS. Mestre em Direito e Relações Internacionais pela UFSC. Professor de processo civil em cursos de pós-graduação.

PAULO SÉRGIO RIBEIRO

Juiz Federal Substituto do Tribunal Regional Federal da 4ª Região. Mestre em Direito pela PUC/SP. Bacharel em Direito pela UFPR. Professor da Escola da Magistratura Federal do Paraná ESMAFE/PR.

ROGÉRIO MOREIRA ALVES

Juiz Federal do 3º JEF de Vitória/ES. Presidente da Turma Recursal dos JEFs do Espírito Santo (2010-2012). Membro da Turma Nacional de Uniformização dos JEFs (2011-2013).

THIAGO MESQUITA TELES DE CARVALHO

Juiz Federal (Seção Judiciária do Ceará). Ex-Procurador do Município de Recife. Bacharel em Direito pela Universidade Federal do Ceará.

VICTOR ROBERTO CORRÊA DE SOUZA

Juiz Federal do 11º Juizado Especial Federal do Rio de Janeiro/RJ, especializado em matéria previdenciária. Ex-procurador federal. Mestre em Justiça Administrativa pelo PPGJA/UFF. Doutorando em Sociologia e Direito pelo PPGSD/UFF. Membro da Comissão de Acompanhamento da Reforma da Previdência da AJUFE.

WANESSA CARNEIRO MOLINARO FERREIRA

Juíza Federal Titular da 2ª Região. Graduação em Direito pela Universidade do Estado do Rio de Janeiro – UERJ, Procuradora Federal, vinculada à Advocacia Geral da União, de 2003 a 2007.

A ESTRUTURAÇÃO DO LIVRO

Para que o leitor possa identificar rapidamente o tipo de informação contido nos comentários e anotações, são utilizados diferentes formatos de textos, antecedidos por símbolos que identificam o item sob leitura:

- • referências informativas dos enunciados;
- ◻ tópicos de jurisprudência;
- ▶ tópicos de legislação;

Como no exemplo abaixo:

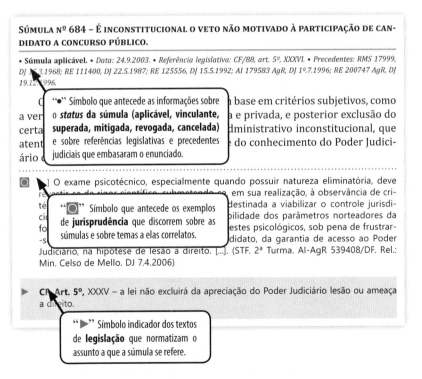

Os Enunciados/Súmulas são agrupados por assunto em tópicos específicos, em que se indica sua pertinência com o ordenamento jurídico atual (e, se for o caso, com a classificação de aplicáveis, superados, cancelados, revogados, mitigados ou vinculantes), de acordo com o entendimento da jurisprudência, da aplicação que lhes é dada pelas Cortes brasileiras, e, também, pela análise da doutrina majoritária sobre os temas que versam.

Para cada súmula/enunciado há comentários objetivos, calcados em estudo de obras jurídicas o mais atualizadas possível, seguidos de exemplos-resumo de ementas de julgamentos importantes envolvendo o assunto antes e depois de sua edição, assim como as referências legislativas históricas que lhes serviram de base normativa e os textos legais referidos nas decisões judiciais.

Os livros trazem, também, excertos de julgamentos sobre os temas abordados, visando familiarizar o leitor com a aplicação dada aos verbetes pelos Tribunais, descortinando o panorama dos litígios que as envolvem, de maneira que permita aclarar o pensamento judicial majoritário nessas composições colegiadas.

Um índice cronológico remissivo evidencia a página do livro em que se encontram os comentários de cada um dos enunciados/súmulas, proporcionando uma rápida localização de seus textos:

ÍNDICE CRONOLÓGICO-REMISSIVO

001 É vedada a expulsão de estrangeiro casado com brasileira, ou que tenha filho brasileiro, dependente da economia paterna. » 233

002 Concede-se liberdade vigiada ao extraditando que estiver preso por prazo superior a sessenta dias. » 236

003 A imunidade concedida a deputados estaduais é restrita à Justiça do Estado. » 155

004 Não perde a imunidade parlamentar o congressista nomeado Ministro de Estado. » 154

Outro índice, alfabético remissivo, indica os enunciados que tratam de determinados assuntos, separados por palavras-chave:

ÍNDICE ALFABÉTICO-REMISSIVO

A
Abono salarial. » Súms. 241, 230, 234, 235, 501, 552.
Ação civil pública. » Súms. 643.
Ação cominatória. » Súms. 500.
Ação declaratória. » Súms. 258.

Ação direta de inconstitucionalidade. » Súms. 360, 614, 642.
Ação penal. » Súms. 388, 524, 554, 601, 607, 608, 609.
Ação popular. » Súms. 365.
Ação previdenciária. » Súms. 689.

Ao final de cada capítulo, é apresentado um quadro sinóptico com o status de aplicabilidade das súmulas/enunciados, preparado com o objetivo de facilitar a visão temática geral:

9. QUADRO SINÓPTICO

DIREITO ADMINISTRATIVO	
1. ATOS ADMINISTRATIVOS	
Súmula nº 473 – A administração pode anular seus próprios atos, quando eivados de vícios que os tornam ilegais, porque deles não se originam direitos; ou revogá-los, por motivo de conveniência ou oportunidade, respeitados os direitos adquiridos, e ressalvada, em todos os casos, a apreciação judicial.	aplicável

A organização das obras é estruturada de forma utilitária, para apresentar e discutir máximas jurídicas em linguagem clara, concisa e, sobretudo, atual.

SUMÁRIO

Capítulo I

CÓDIGO DE PROCESSO CIVIL (LEI Nº13.105/15) 21

1. Das Normas Processuais Civis (arts. 1º a 15) 21

2. Dos Sujeitos do Processo (arts. 70 a 187) 27

   2.1. Das Partes e dos Procuradores (arts. 70 a 112) 27

   2.2. Do Litisconsórcio (arts. 113 a 118) 32

   2.3. Da Intervenção de Terceiros (arts. 119 a 138) 35

   2.4. Dos Conciliadores e Mediadores Judiciais (arts. 165 a 175) 37

3. Dos Atos Processuais (arts. 188 a 293) 41

   3.1. Da Comunicação dos Atos Processuais (arts. 236 a 275) 41

   3.2. Da Distribuição e do Registro (arts. 284 a 290) 42

   3.3. Do Valor da Causa (arts. 291 a 293) 42

4. Da Tutela Provisória (arts. 294 a 311) 52

5. Do Processo de Conhecimento e do Cumprimento de Sentença (arts. 318 a 770) 56

   5.1. Do Procedimento Comum (arts. 318 a 512) 56

   5.2. Do Cumprimento da Sentença (arts. 513 a 538) 75

6. Dos Processos nos Tribunais e dos Meios de Impugnação das Decisões Judiciais (arts. 926 a 1.044) 92

   6.1. Da Ordem dos Processos e dos Processos de Competência Originária dos Tribunais (arts. 926 a 993) 92

   6.2. Dos Recursos (arts. 994 a 1.044) 95

7. Quadro Sinóptico 110

Capítulo II

LEI DOS JUIZADOS ESPECIAIS (LEI 9.099/95) 115

1. Disposições Gerais (LJE, arts. 1º e 2º) 115

2. Das Partes (arts. 8ª a 11) 116

3. Dos Atos Processuais (arts. 12 e 13) 117

4. Do Pedido (arts. 14 a 17) 119

5. Da Conciliação e do Juízo Arbitral (arts. 21 a 26) 121

6. Da Resposta do Réu (arts. 30 e 31) 135

7. Das Provas (arts. 32 a 37) 136

8. Da Sentença (arts. 38 a 47) 144

9. Dos Embargos de Declaração (arts. 48 a 50) 151

10. Da Extinção do Processo sem Julgamento do Mérito (art. 51) 156

11. Da Execução (arts. 52 e 53) 162

12. Das Despesas (arts. 54 e 55) 177

13. Disposições Finais (arts. 56 a 59) 189

14. Quadro Sinóptico 192

Capítulo III

LEI DOS JUIZADOS ESPECIAIS FEDERAIS (LEI 10.259/01) 195

1. Aplicação Subsidiária da LJE (art. 1º) 195

2.	Competência do JEF Cível (art. 3º)	195
3.	Recursos (art. 5º)	219
4.	Partes (art. 6º)	228
5.	Citações e Intimações (art. 7º)	244
6.	Prazos (art. 9º)	259
7.	Representantes (art. 10)	264
8.	Documentos de Entes Públicos (art. 11)	272
9.	Exame Técnico (art. 12)	277
10.	Uniformização de Interpretação de Lei Federal (art. 14)	284
11.	Recurso Extraordinário (art. 15)	295
12.	Obrigação de Pagar Quantia Certa (art. 17)	296
13.	Turmas Recursais (art. 21)	304
14.	Marco Temporal da Competência (art. 25)	322
15.	Quadro Sinóptico	324

Capítulo IV

LEI DE ASSISTÊNCIA JUDICIÁRIA (LEI 1.060/50) **329**

1.	Comprovação de condição socioeconômica	329
2.	Quadro Sinóptico	334

Capítulo V

LEI DO PROCESSO ELETRÔNICO (LEI 11.419/06) **335**

1.	Da Informatização do Processo Judicial (arts. 1º a 3º)	335
2.	Da Comunicação Eletrônica dos Atos Processuais (arts. 4º a 7º)	336
3.	Do Processo Eletrônico (arts. 8º a 13)	340
4.	Quadro Sinóptico	344

Capítulo VI

LEIS PREVIDENCIÁRIAS **345**

1.	Lei de Benefícios da Previdência Social (Lei 8.123/91)	345

1.1.	Dos Beneficiários (LBPS, arts. 10 a 17)	345
1.2.	Do Cálculo do Valor dos Benefícios (LBPS, arts. 28 a 40)	350
1.3.	Dos Benefícios (LBPS, arts. 42 a 87)	353
1.4.	Das Disposições Diversas Relativas às Prestações (LBPS, arts. 100 a 124)	360
2.	Lei de Organização da Assistência Social (Lei 8.742/93)	362
3.	Provas no Processo Previdenciário	365
3.1.	Perícia	365
3.2.	Prévio Requerimento Administrativo	374
3.3.	Presunções	389
4.	Quadro Sinóptico	390

Capítulo VII

TEMAS ESPARSOS **393**

1.	Caderneta de Poupança	393
2.	Concessão de Medicamentos	395
3.	Dano Moral	422
4.	FGTS	424
5.	Lei do Sistema de Transmissão de Dados (Lei 9.800/99)	425
6.	Quadro Sinóptico	427

ÍNDICE CRONOLÓGICO-REMISSIVO **429**

1.	Enunciados Aplicáveis	429
2.	Enunciados Cancelados	437

ÍNDICE ALFABÉTICO-REMISSIVO **439**

REFERÊNCIAS **445**

CAPÍTULO I
CÓDIGO DE PROCESSO CIVIL (LEI Nº13.105/15)

SUMÁRIO

1. Das Normas Processuais Civis (arts. 1º a 15)

2. Dos Sujeitos do Processo (arts. 70 a 187)

2.1. Das Partes e dos Procuradores (arts. 70 a 112)

2.2 Do Litisconsórcio (arts. 113 a 118)

2.3 Da Intervenção de Terceiros (arts. 119 a 138)

2.4 Dos Conciliadores e Mediadores Judiciais (arts. 165 a 175)

3. Dos Atos Processuais (arts. 188 a 293)

3.1. Da Comunicação dos Atos Processuais (arts. 236 a 275)

3.2. Da Distribuição e do Registro (arts. 284 a 290)

3.3. Do Valor da Causa (arts. 291 a 293)

4. Da Tutela Provisória (arts. 294 a 311)

5. Do Processo de Conhecimento e do Cumprimento de Sentença (arts. 318 a 770)

5.1. Do Procedimento Comum (arts. 318 a 512)

5.2. Do Cumprimento da Sentença (arts. 513 a 538)

6. Dos Processos nos Tribunais e dos Meios de Impugnação das Decisões Judiciais (arts. 926 a 1.044)

6.1. Da Ordem dos Processos e dos Processos de Competência Originária dos Tribunais (arts. 926 a 993)

6.2. Dos Recursos (arts. 994 a 1.044)

7. Quadro Sinóptico

1. DAS NORMAS PROCESSUAIS CIVIS (ARTS. 1º A 15)

ENUNCIADO 151. O CPC/2015 SÓ É APLICÁVEL NOS JUIZADOS ESPECIAIS NAQUILO QUE NÃO CONTRARIAR OS SEUS PRINCÍPIOS NORTEADORES E A SUA LEGISLAÇÃO ESPECÍFICA.

▸ *Frederico Augusto Leopoldino Koehler*

Após o início da vigência do CPC (Lei n. 13.105/15), muito tem se discutido sobre o seu impacto no âmbito dos juizados especiais.

De início, cabe observar a natureza da legislação dos Juizados Especiais, considerada especial diante da generalidade do CPC, de modo que sobre esta prevalece, ainda que a ela seja anterior, devido à aplicação do brocardo "lex specialis derrogat lex generalis". Nesse sentido, para o Fórum Nacional de Juizados Especiais – FONAJE, em sua Nota técnica n. 01/2016, é necessário "ter em mente que a Lei 9.099 conserva íntegro o seu caráter de lei especial frente ao novo CPC, desimportando, por óbvio, a superveniência deste em relação àquela"[1].

---

1. Nota técnica n. 01/2016 do FONAJE. *In*: NANCY Andrighi: prazos do novo CPC não devem valer para Juizados Especiais. CPC/2015. Migalhas, São Paulo, 21 mar. 2016. Disponível em: <http://www.migalhas.com.br/Quentes/17,MI236272,51045-Nancy+Andrighi+prazos+do+novo+CPC+nao+devem+valer+para+Juizados>. Acesso em: 06 jun. 2017.

De fato, o microssistema dos juizados especiais sempre foi específico e, como tal, também suas normas, cabendo tão somente a aplicação supletiva e subsidiária da codificação processual, seja a de 1973, seja a de 2015. Nesse sentido é que, no final de 2015, no Encontro do FONAJE em Belo Horizonte, foi elaborado o enunciado 161: "Considerando o princípio da especialidade, o CPC/2015 somente terá aplicação ao Sistema dos Juizados Especiais nos casos de expressa e específica remissão ou na hipótese de compatibilidade com os critérios previstos no art. 2º da Lei 9.099/95".

Posteriormente, quando da edição da Nota técnica 01/2016, o FONAJE passou a entender que o CPC/2015 somente seria aplicado aos juizados especiais quando fizesse a respectiva remissão expressa, concluindo o FONAJE que "o legislador quis limitar, 'numerus clausus', àquelas hipóteses, as influências do CPC sobre o sistema dos juizados, ciente das implicações prejudiciais decorrente de uma maior ingerência legal"[2].

Como se vê, o entendimento atual do FONAJE parece ser o de que a aplicação de normas do CPC aos Juizados Especiais restringe-se a um rol taxativo, que contém as situações expressamente previstas no novo diploma.

Tal posicionamento se embasa na tese da autossuficiência do microssistema dos juizados especiais, a qual olvida, entretanto, o disposto no art. 1.046, §2º, do CPC.

Como se lê no enunciado sob comento, o FONAJEF diverge do FONAJE ao entender que o CPC tem aplicação subsidiária no microssistema dos juizados especiais, mas desde que não contrarie os seus princípios norteadores (previstos no art. 2º da Lei 9.099/95) e a sua legislação específica.

Corroborando o entendimento do FONAJEF e demonstrando a inadequação da posição defendida pelo FONAJE, há vários exemplos que demonstram sempre ter havido aplicação do CPC e de leis esparsas no âmbito do microssistema, dentre os quais: 1) a possibilidade de fixação de astreintes; 2) a possibilidade de fixação de multa por litigância de má-fé; 3) aplicação das normas sobre o processo de execução; 4) normas que regulamentam o litisconsórcio; 5) cabimento de mandado de segurança contra decisão judicial nos juizados especiais; 6) cabimento de agravo do art. 544 do CPC/73 para destrancar recurso extraordinário; 7) a aplicação da teoria da causa madura; 8) a impugnação ao valor da causa etc.

Em suma: o microssistema dos juizados especiais nunca foi autossuficiente, tendo sempre buscado complementar as lacunas normativas na lei adjetiva vigente. A não aplicação do CPC – seja o de 1973 ou o de 2015 – prejudicaria, em vários pontos, a boa prestação jurisdicional e os princípios ordenadores do microssistema[3].

O que tem se visto na prática é uma aplicação absolutamente discricionária do CPC no microssistema dos juizados especiais. Muitas vezes aplica-se a legislação

---

2. Nota técnica n. 01/2016 do FONAJE. ob. cit.

3. Sobre o ponto, recomenda-se a leitura de KOEHLER, Frederico Augusto Leopoldino e SIQUEIRA, Júlio Pinheiro Faro Homem de. A contagem dos prazos processuais em dias úteis e a sua (in)aplicabilidade no microssistema dos juizados especiais. **Revista CEJ**, Brasília, Ano XX, n. 70, p. 23-28, set./dez. 2016.

Capítulo I ● Código de Processo Civil (Lei Nº13.105/15)

processual apenas quando convém, dispensando-se a sua vigência quando não se entende oportuno. Tal situação gera insegurança jurídica no jurisdicionado e nos advogados, que não sabem de antemão como se comportar nos juizados especiais.

Por isso, especialmente para dar uma maior segurança jurídica e mais previsibilidade aos usuários do sistema, faz-se mister a criação de critérios mais objetivos para determinar quando deve (ou não) haver a incidência do CPC no microssistema dos juizados especiais.

Conclui-se com uma proposta de técnica de verificação da (in)aplicabilidade das normas do CPC no microssistema dos juizados especiais. Ao deparar-se com um caso concreto em trâmite nos juizados especiais, e na dúvida sobre a (in)aplicabilidade de norma específica do CPC, o intérprete deverá trilhar os seguintes passos: 1) observar se há norma sobre o ponto controvertido na lei do juizado especial em que o processo esteja tramitando (Lei 9.099/95, Lei 10.259/01 ou Lei 12.153/09, a depender do caso concreto). Em caso positivo, aplica-se a norma própria do juizado especial e encerra-se o processo de verificação; 2) em caso negativo, observar se há norma nas outras leis que compõem o microssistema. Se existir uma norma adequada no microssistema, esta deverá ser aplicada, e não o CPC – em virtude do princípio "lex specialis derrogat lex generalis" – encerrando-se o processo de verificação; 3) caso tal norma não exista no microssistema dos juizados especiais, observar se há norma sobre o tema no CPC; 4) se a resposta for positiva, deve-se observar se a norma do CPC ofende os princípios positivados no art. 2º da Lei n. 9.099/95, hipótese em que será inaplicável. Caso não haja a ofensa referida no tópico anterior, o CPC será aplicável na questão concreta em trâmite nos juizados especiais.

► **CF. Art. 98.** A União, no Distrito Federal e nos Territórios, e os Estados criarão: I – juizados especiais, providos por juízes togados, ou togados e leigos, competentes para a conciliação, o julgamento e a execução de causas cíveis de menor complexidade e infrações penais de menor potencial ofensivo, mediante os procedimentos oral e sumariíssimo, permitidos, nas hipóteses previstas em lei, a transação e o julgamento de recursos por turmas de juízes de primeiro grau.

► **LJEE. Art. 2º.** O processo orientar-se-á pelos critérios da oralidade, simplicidade, informalidade, economia processual e celeridade, buscando, sempre que possível, a conciliação ou a transação.

► **CPC. Art. 1.046.** (...). § 2º Permanecem em vigor as disposições especiais dos procedimentos regulados em outras leis, aos quais se aplicará supletivamente este Código.

ENUNCIADO 160. NÃO CAUSA NULIDADE A NÃO-APLICAÇÃO DO ART. 10 DO NCPC E DO ART. 487, PARÁGRAFO ÚNICO, DO NCPC NOS JUIZADOS, TENDO EM VISTA OS PRINCÍPIOS DA CELERIDADE E INFORMALIDADE.

▶ *Bruno Augusto Santos Oliveira*

O ponto sensível do Enunciado consiste na ponderação de três fatores: a real densidade do princípio da proteção contra as decisões-surpresa no sistema do Novo Código; a situação atual, em nosso sistema, do milenar princípio do "iura novit curia"; e o caráter essencialmente teleológico do microssistema dos Juizados Especiais.

Princípio da não surpresa e "iura novit curia".

Os artigos 10 e 487, parágrafo único, do CPC têm por objetivo evitar as decisões-surpresa, e irradiam diretamente dos princípios do devido processo legal e do contraditório.

Há que se ponderar, contudo, como recordam NERY JUNIOR e ANDRADE NERY[4], que:

> A proteção contra as decisões-surpresa não inviabiliza, nem atenua, tampouco elimina a utilização, pelo juiz, dos preceitos do princípio processual "iura novit curia" (Montesano-Arieta. Tratatto DPC, v. I, t. 1, ns. 97.3 e 98.1, p. 357 e 360; Geraldes. Temas, v. 12, Cap. I, n. 4.1, p. 77). Esse princípio implica, de um lado, o poder-dever de o juiz conhecer e determinar a norma jurídica a ser aplicada à situação concreta exposta na demanda, prescindindo (questão de ordem pública) ou não (questão de direito positivo) da alegação da parte, e, de outro, consentir na modificação da qualificação jurídica do direito ou da relação deduzida em juízo, observados rigorosamente os fatos e fundamentos jurídicos do pedido (causae petendi próxima e remota) (Montesano-Arieta. Tratatto DPC, v. I, t. 1, n. 97, p. 353). (...). O princípio do "iura novit curia" atua apenas no tocante às questões de direito, o que se dessume da própria significação literal da locução (o juiz conhece o direito), não se aplicando aos fatos, cuja prova deve ser feita nos autos em virtude de ônus a cargo das partes (Montesano-Arieta. Tratatto DPC, v. I, t. 1, n. 97, p. 354).

A permanência e o teor do princípio "iura novit curia" indicam que, apesar do notável peso dado pelo novo código ao princípio da não-surpresa, a inovação do artigo 10 não veio como princípio absoluto. O próprio Diploma Processual traz diversas exceções importantes, como no caso dos artigos 9º e 332.

Já os artigos 6º e 300 do CPC elevam à categoria de valor tutelável o "resultado útil do processo".

A leitura dos artigos 6º, 9º e 300 do CPC permitem afirmar que, acima de cada um dos relevantes princípios adotados pelo Diploma, se impõe o princípio fundante e realidade ínsita de que todo processo é, por definição, caminho e método – e nunca um fim em si mesmo. A abertura dessa perspectiva teleológica leva ao terceiro fator de ponderação, que é o microssistema dos Juizados Especiais.

Microssistema dos Juizados Especiais Federais.

Em se tratando de Juizados Especiais, a existência de um verdadeiro sistema dotado de princípios, objetivos e ritos próprios encontra respaldo tanto na construção doutrinária quanto no direito positivo, que estabelece não apenas um sistema operativo, mas aponta para um conjunto orgânico e estável de instituições e normas voltadas à ampliação do acesso efetivo à justiça (cf. LJE, art. 93 e LJEFP, art. 1º, caput e parágrafo único).

Esse microssistema é composto das Leis 9.099/95 (Juizados Especiais Estaduais), 10.259/01 (Juizados Especiais Federais) e Lei 12.153/09 (Juizados Especiais da Fazenda Pública Estadual e Municipal). Nesta toada, Koehler e Siqueira propõem uma

---

4. NERY JÚNIOR, Nelson; ANDRADE NERY, Rosa Maria de Andrade. **Comentários ao Código de Processo Civil**. São Paulo: RT, 2015. p. 216-217

CAPÍTULO I ● CÓDIGO DE PROCESSO CIVIL (LEI Nº13.105/15)

25

técnica de verificação de aplicabilidade das normas do CPC no microssistema dos juizados especiais em casos concretos[5]:

> 1) observar se há norma sobre o ponto controvertido na Lei do Juizado Especial em que o processo esteja tramitando (Lei 9.099/95, Lei 10.259/01 ou Lei 12.153/09, a depender do caso concreto). Em caso positivo, aplica-se a norma própria do juizado especial e encerra-se o processo de verificação; 2) em caso negativo, observar se há norma nas outras leis que compõem o microssistema. Se existir norma adequada no microssistema, deverá ser aplicada, encerrando-se o processo de verificação; 3) caso tal norma não exista no microssistema dos juizados especiais, observar se há norma sobre o tema no CPC/2015; 4) Se a resposta for positiva, deve-se observar se a norma do CPC/2015 ofende os princípios positivados no art. 2º da Lei 9.099/95, hipótese em que será inaplicável. Caso não haja a ofensa referida no tópico anterior, o CPC/2015 será aplicável na questão concreta em trâmite nos juizados especiais.

Apesar de mais direcionado à verificação em casos concretos, o método é bastante útil para a investigação de situações de teor mais geral. Não sendo absoluto, o princípio do art. 10 do CPC e do art. 487, parágrafo único, o CPC pode e deve ser ponderado – e, à luz dos princípios da celeridade e informalidade, foi considerado inaplicável aos Juizados Especiais.

....

Ⓞ Processual civil e tributário. Agravo interno no agravo em recurso especial. Alegada afronta ao arts. 128 e 460 do CPC. Não ocorrência. Recurso administrativo. Pedido de compensação. Suspensão da exigibilidade. Impossibilidade em virtude da ausência de lei autorizativa da compensação. Precedentes. 1. Decidida a lide nos limites em que foi proposta, não há falar em ofensa aos arts. 128 e 460 do CPC, tendo em vista que a fundamentação não é critério apto para a avaliação de julgamento extra petita. Aplicável ao caso o princípio do "jura novit curia", o qual, dados os fatos da causa, cabe ao juiz dizer o direito. Não ocorre julgamento extra petita quando o juiz aplica o direito ao caso concreto sob fundamentos diversos aos apresentados pela parte. (STJ, AgRg no AREsp 847622, Rel. Min. Mauro Campbel Marques, DJe 13.4.2016)

▶ **CPC. Art. 9º** Não se proferirá decisão contra uma das partes sem que ela seja previamente ouvida. **Parágrafo único.** O disposto no caput não se aplica: I – à tutela provisória de urgência; II – às hipóteses de tutela da evidência previstas no art. 311, incisos II e III; III – à decisão prevista no art. 701. ▶ **Art. 10.** O juiz não pode decidir, em grau algum de jurisdição, com base em fundamento a respeito do qual não se tenha dado às partes oportunidade de se manifestar, ainda que se trate de matéria sobre a qual deva decidir de ofício. ▶**Art. 332.** Nas causas que dispensem a fase instrutória, o juiz, independentemente da citação do réu, julgará liminarmente improcedente o pedido que contrariar: I – Enunciado de súmula do Supremo Tribunal Federal ou do Superior Tribunal de Justiça; II – acórdão proferido pelo Supremo Tribunal Federal ou pelo Superior Tribunal de Justiça em julgamento de recursos repetitivos; III – entendimento firmado em incidente de resolução de demandas repetitivas ou de assunção de competência; IV – Enunciado de súmula de tribunal de justiça sobre direito local. § 1º O juiz também poderá julgar liminarmente improcedente o pedido se verificar, desde logo, a ocorrência de decadência ou de prescrição. § 2º Não interposta a apelação, o réu será intimado do trânsito em julgado da sentença, nos termos do art. 241. § 3º Interposta a apelação, o juiz poderá retratar-se em 5 (cinco) dias. § 4º Se houver retratação, o juiz determinará o prosseguimento do processo, com a citação do réu, e, se não houver retratação, determinará a citação do réu para apresentar contrarrazões, no prazo de 15 (quinze) dias. ▶**Art. 487.** Haverá resolução de mérito quando o

---

5. KOEHLER, Frederico Augusto Leopoldino; SIQUEIRA, Júlio Pinheiro Faro Homem. A Contagem dos prazos processuais em dias úteis e a sua (in)aplicabilidade no microssistema dos juizados especiais. **Revista CEJ**. Brasília, ano XX, n. 70, p. 23-28, set./dez. 2016.

juiz: I – acolher ou rejeitar o pedido formulado na ação ou na reconvenção; II – decidir, de ofício ou a requerimento, sobre a ocorrência de decadência ou prescrição; III – homologar: a) o reconhecimento da procedência do pedido formulado na ação ou na reconvenção; b) a transação; c) a renúncia à pretensão formulada na ação ou na reconvenção. **Parágrafo único.** Ressalvada a hipótese do § 1º do art. 332, a prescrição e a decadência não serão reconhecidas sem que antes seja dada às partes oportunidade de manifestar-se.

▶ **LJE. Art. 93.** Lei Estadual disporá sobre o Sistema de Juizados Especiais Cíveis e Criminais, sua organização, composição e competência.

▶ **LJEFP. Art. 1º** Os Juizados Especiais da Fazenda Pública, órgãos da justiça comum e integrantes do Sistema dos Juizados Especiais, serão criados pela União, no Distrito Federal e nos Territórios, e pelos Estados, para conciliação, processo, julgamento e execução, nas causas de sua competência. **Parágrafo único.** O sistema dos Juizados Especiais dos Estados e do Distrito Federal é formado pelos Juizados Especiais Cíveis, Juizados Especiais Criminais e Juizados Especiais da Fazenda Pública.

ENUNCIADO 177. É MEDIDA CONTRÁRIA À BOA-FÉ E AO DEVER DE COOPERAÇÃO, PREVISTOS NOS ARTS. 5º E 6º DO CPC/2015, A IMPUGNAÇÃO GENÉRICA A CÁLCULOS, SEM A INDICAÇÃO CONCRETA DOS ARGUMENTOS QUE JUSTIFIQUEM A DIVERGÊNCIA.

▶ *Bruno Augusto Santos Oliveira*

O artigo 5º do CPC trouxe comando sem correspondente expresso no CPC/73, estabelecendo um eixo axiológico: o dever de boa-fé, cuja força irradia sobre todo o processo. Também sem correspondência legislativa no Código anterior, o dever de cooperação foi expressamente previsto no artigo 6º, tendo por eixo e meta a obtenção, em tempo razoável, de decisão de mérito justa e efetiva. A adoção expressa dos princípios traz mais densidade a uma obrigação ética já auto evidente no ordenamento anterior, exigindo de todos os atores do processo uma conduta mais ativa em sua busca, defesa e garantia.

Para Rocha, com o CPC, "a boa-fé foi erigida a um novo patamar dentro do processo (art. 5º), e a punição às condutas lesivas é uma decorrência lógica dessa cláusula geral".[6]

Na lição de Nery Junior e Andrade Nery[7]:

> A cooperação e solidariedade processuais têm sua raiz no princípio de boa-fé (Morello. Prueba, p. 58), o qual, por sua vez norteia a participação das partes no processo (...). A cooperação, a rigor, estaria inserida na regra de boa-fé, mas a sua explicitação nesse artigo é muito importante, tendo em vista que as partes podem tender a certo individualismo quando da sua participação nos atos processuais, conduzindo-se de forma a privilegiar a sua versão dos fatos em detrimento da versão da outra parte – o que é autorizado pela famosa máxima de que o processo civil não privilegiaria a verdade real, ao contrário do que ocorre no processo penal. Com a explicitação da observância do dever de cooperação no CPC, ainda que não se pretenda chegar à verdade

6. ROCHA, Felippe Borring. **Manual dos juizados especiais cíveis estaduais: teoria e prática**. 8. ed. São Paulo: Atlas, 2016, p. 269.
7. NERY JÚNIOR, Nelson; ANDRADE NERY, Rosa M. A. **Comentários ao Código de Processo Civil**. São Paulo: RT, 2015. p. 208.

CAPÍTULO I ● CÓDIGO DE PROCESSO CIVIL (LEI Nº13.105/15)

27

real no processo civil, as partes, mesmo assim, não podem privilegiar o seu interesse em desfavor da atividade estatal judiciária.

◎ Terceiros aclaratórios em recurso especial. Recurso infundado. Nítido caráter protelatório. Desvirtuamento do cânone da ampla defesa. Abuso do direito de recorrer. Excepcionalidade que autoriza a execução provisória da pena. 1. A recorribilidade vazia, infundada, com nítido intuito protelatório, configura abuso do direito de recorrer e é inadmissível no ordenamento jurídico pátrio, notadamente em respeito aos postulados da lealdade e da boa-fé processual, além de configurar desvirtuamento do próprio cânone da ampla defesa. (STJ, 6ª T., EDcl nos EDcl nos EDcl no REsp 1455581, Rel. Min. Maria Thereza de Assis Moura, DJe 12.4.2016)

◎ Ainda que a infringência ao dever de cooperação trazido pelo Novo Código de Processo Civil não conte com previsão de sanção, o mesmo não ocorre se dessa violação se verifica a infringência ao dever de boa-fé, como ocorre neste caso, em que fica a CEF condenada ao pagamento de multa por ato atentatório da dignidade da justiça, nos termos do artigo 77, inciso IV e § 2º, do Código de Processo Civil, no montante de 10% (dez por cento) sobre o valor da causa atualizado. (TRF3, AC 0007064-25.2012.4.03.6110, Rel. Hélio Nogueira. DO 25.10.2016)

◎ Multa e abuso do direito de recorrer. O abuso do direito de recorrer (por qualificar-se como prática incompatível com o postulado ético-jurídico da lealdade processual) constitui ato de litigância maliciosa repelido pelo ordenamento positivo, especialmente nos casos em que a parte interpuser recurso manifestamente inadmissível ou infundado, ou, ainda, quando dele se utilizar com intuito evidentemente protelatório, hipóteses em que se legitimará a imposição de multa. A multa a que se refere o art. 557, § 2º, do CPC possui inquestionável função inibitória, eis que visa a impedir, nas hipóteses referidas nesse preceito legal, o abuso processual e o exercício irresponsável do direito de recorrer, neutralizando, dessa maneira, a atuação censurável do "improbus litigator". (STF, 2ª T., AI 258049 AgR, Rel. Min. Celso de Mello, DJ 4.5.2001)

▶ **CPC. Art. 5º** Aquele que de qualquer forma participa do processo deve comportar-se de acordo com a boa-fé. ▶**Art. 6º** Todos os sujeitos do processo devem cooperar entre si para que se obtenha, em tempo razoável, decisão de mérito justa e efetiva.

2. DOS SUJEITOS DO PROCESSO (ARTS. 70 A 187)

2.1. Das Partes e dos Procuradores (arts. 70 a 112)

Vide mais súmulas sobre esse tópico comentadas no capítulo *Lei dos Juizados Especiais Federais*.

ENUNCIADO 040. HAVENDO SUCUMBÊNCIA RECÍPROCA, INDEPENDENTEMENTE DA PROPORÇÃO, NÃO HAVERÁ CONDENAÇÃO EM HONORÁRIOS ADVOCATÍCIOS.

▶ *Antônio César Bochenek e Márcio Augusto Nascimento*

Verbete cancelado no V FONAJEF.

A interpretação que prevaleceu no II FONAJEF (2005) foi literal e restritiva art. 55 da Lei 9.099/95, ou seja, se houvesse sucumbência, ainda que mínima, da parte recorrida, o recorrente não seria condenado em honorários advocatícios, pois haveria sucumbência recíproca. Mais tarde, no V FONAJEF (2008), a conclusão foi que se a parte recorrente vencer somente numa parcela ínfima do recurso, então ela será condenada a pagar honorários à recorrida. Afinal, se o recorrente venceu algo que é insignificante ou mínimo, quando considerada a totalidade do mérito, não houve sucumbência recíproca. Portanto, deverá ser condenado a pagar honorários advocatícios ao recorrido.

É relevante citar que nos juizados especiais federais as regras de sucumbências são diversas das regras do CPC. Na Turma Recursal, apenas o recorrente, se for vencido, pagará as custas e honorários de advogado, que serão fixados a partir do valor da condenação, ou, não havendo, do valor corrigido da causa, nos termos definidos no CPC (aplicação subsidiária). Se o recorrido tiver sido vencedor da demanda em primeira instância e perder o recurso não haverá condenações em honorários. Também, as Turmas Recursais devem observar a Súmula 111 do STJ que determina que os honorários advocatícios, nas ações previdenciárias, não incidem sobre as prestações vencidas após a sentença.

O CPC/2015 foi ainda mais longe e proibiu a compensação de honorários no seu artigo 85, § 14, parte final. Logo, a regra processual determina que os honorários constituem direito do advogado e têm natureza alimentar, com os mesmos privilégios dos créditos oriundos da legislação do trabalho, sendo vedada a compensação em caso de sucumbência parcial.

Em síntese, no caso de sucumbência parcial ou recíproca, o órgão julgador deverá fixar os honorários advocatícios, nos termos da lei, apenas em relação a parte que o recorrente for vencido (sucumbência parcial ou total), em primeiro e em segunda instância dos juizados. A fixação do valor a ser pago a título de honorários corresponderá ao percentual referente aquilo que houve perda nas duas instâncias. E não será permitida a compensação dos honorários devidos por uma parte à outra.

▶ **CPC. Art. 85.** A sentença condenará o vencido a pagar honorários ao advogado do vencedor. (...). **§ 14.** Os honorários constituem direito do advogado e têm natureza alimentar, com os mesmos privilégios dos créditos oriundos da legislação do trabalho, sendo vedada a compensação em caso de sucumbência parcial.

▶ **LJE. Art. 55.** A sentença de primeiro grau não condenará o vencido em custas e honorários de advogado, ressalvados os casos de litigância de má-fé. Em segundo grau, o recorrente, vencido, pagará as custas e honorários de advogado, que serão fixados entre dez por cento e vinte por cento do valor de condenação ou, não havendo condenação, do valor corrigido da causa.

ENUNCIADO 149. É CABÍVEL, COM FUNDAMENTO NO ART. 14, P. ÚNICO, DO CPC, A APLICAÇÃO DE MULTA PESSOAL À AUTORIDADE ADMINISTRATIVA RESPONSÁVEL PELA IMPLEMENTAÇÃO DA DECISÃO JUDICIAL.

▶ *Paulo Sérgio Ribeiro*

Essencial destacar que após a reforma do Código de Processo Civil, Lei 13.105/15, o regime do "contempf of court" restou disciplinado no artigo 77 da legislação processual, o qual fixa os deveres das partes integrantes no processo, ressaltando no inciso IV o dever destas de cumprir com exatidão as decisões jurisdicionais.

Capítulo I ● Código de Processo Civil (Lei nº13.105/15)

O Enunciado em análise diz respeito à sanção aplicável em face da autoridade administrativa com competência para cumprir a decisão judicial que, deliberadamente, deixa de efetivá-la, incorrendo em ato atentatório a dignidade da justiça, nos termos do disposto no artigo 77 do Código de Processo Civil.

Diversamente do advogado, o responsável pela representação legal da pessoa jurídica de direito público, autoridade administrativa competente, tem obrigação de efetivar a ordem judicial, materializando a vontade deste. Deste modo, a autoridade administrativa com competência administrativa para adotar os atos administrativos necessários à efetivação da decisão, pode sofrer sanções por eventual descumprimento ou embaraço na efetivação de decisão judicial, com fundamento no artigo 77, inciso IV do Código de Processo Civil.

A vedação estabelecida no artigo 77, § 8º limita-se ao advogado (representante judicial).

O Código de Processo Civil não estabelece vedação à imposição de sanção em razão do embaraço ou mora injustificada no cumprimento de decisão judicial em face daquele que (re)presenta o devedor da obrigação, autoridade administrativa ou representante legal da pessoa jurídica, pois tais pessoas físicas são responsáveis por manifestar/materializar a vontade do ente público.

O cumprimento da ordem judicial não é opção é dever do ente público de modo que o servidor competente para efetivá-lo tem a obrigação funcional de executar os atos administrativos essenciais ao cumprimento da decisão judicial, sob pena de responder administrativamente pela omissão ou desídia injustificável no cumprimento dos seus deveres funcionais e a pessoa jurídica que ele (re)presenta responder por eventual dano e/ou multa cominatória incidente em razão de sua desídia no cumprimento da ordem judicial.

Portanto, a pessoa física com atribuição administrativa de efetivar a vontade da pessoa jurídica, a ser materializada por meio de ato administrativos, pode ser compelida a efetivar a ordem sob pena de responder pessoalmente pela inexecução ou embaraço no cumprimento da ordem, nos termos do artigo 77 do Código de Processo Civil, acrescido de eventual sanção criminal pela prática de crime de desobediência[8].

O Superior Tribunal de Justiça tem admitido a possibilidade de cominar multa cominatória (astriente) em face da autoridade administrativa responsável por manifestar vontade em nome da pessoa jurídica, reconhecendo que o cumprimento da ordem judicial não está condicionado à sua oportunidade e conveniência, sendo dever do ente público (vide exemplos no item de jurisprudência). Em sentido semelhante decidiu o Tribunal Regional da 1ª Região (AGA 00132508120134010000).

Em relação à doutrina essencial destacar Eduardo Talamini[9], que reconhece a possibilidade de cominação de multa em face do agente público assentando que é

---

8. AMARAL, Guilherme R. **Comentários às alterações do novo CPC.** São Paulo: RT, 2015. p. 655.
9. TALAMINI, Eduardo. **Tutela relativa aos deveres de fazer e de não fazer.** 2. ed. São Paulo: RT, 2003. p. 247.

necessário "considerar a possibilidade de a multa ser cominada diretamente contra a pessoa do agente público, e não contra o ente pública que ele 'presenta' – a fim de a medida funcionar mais eficientemente como instrumento de pressão psicológica".

É importante destacar que a questão acerca da possibilidade da aplicação da multa em face da pessoa física responsável pelo cumprimento da ordem em nome da pessoa jurídica é divergente na doutrina (conforme destaca Guilherme Rizzo Amaral[10], ao comentar o artigo 77 do Código de Processo Civil) e nos Tribunais, conforme se depreende do REsp 747371, STJ.

Portanto, não obstante a divergência doutrinária e jurisdicional, tem sido reconhecida a possibilidade de cominar multa coercitiva, astreintes, em face da pessoa responsável por dar cumprimento à decisão judicial, respeitada a organização interna da pessoa jurídica que fixa a competência da pessoa responsável pela omissão na execução dos atos essenciais ao cumprimento da ordem judicial.

Por fim, a complexidade organizacional da pessoa jurídica não pode figura como empecilho intransponível para a utilização de mecanismo coercitivo em face da pessoa física responsável por materializar/manifestar a vontade da pessoa jurídica, como parcela da doutrina tem assentado[11].

A questão da falta de representatividade processual do agente, representante legal da pessoa jurídica, pode ser contornada de modo simples, muito porque, nos termos do artigo 772 do Código de Processo Civil, o juiz poderá intimar o sujeito indicado pelo exequente para que forneça informações sobre a pessoa competente/responsável por cumprir a ordem judicial, sob pena deste incorrer em ato atentatório à dignidade da justiça, nos termos do artigo 77, IV e § 2º do Código de Processo Civil.

Outrossim, solução prudente a ser adotada pelo magistrado para suprir a falta de informação acerca do agente/pessoa responsável pela execução do ato, nos termos da estrutura orgânica da pessoa jurídica, é a intimação pessoal do representa legal estabelecido no estatuto (contrato social) da pessoa jurídica de direito privado ou a autoridade pública representante da pessoa jurídica de direito público para que informa, em prazo razoável, o agente responsável, detentor de competência para executar os atos necessários ao cumprimento da ordem. Não havendo informação, o agente/representante intimado poderá ser sancionado com multa por ato atentatório à dignidade da justiça, com fundamento no artigo 77 do Código de Processo Civil.

○ (...). Execução de fazer. Descumprimento. Astreintes. Aplicação contra a Fazenda Pública. Cabimento. Extensão da multa diária aos representantes da pessoa jurídica de direito público. Impossibilidade. 1. Conforme jurisprudência firmada no âmbito desta Corte, a previsão de multa cominatória ao devedor na execução imediata destina-se, de igual modo, à Fazenda Pública. Precedentes. 2. A extensão ao agente político de sanção coercitiva aplicada à Fazenda Pública, ainda que revestida do motivado escopo de dar efetivo cumprimento à ordem mandamental, está despida de juridicidade. 3. As autoridades coatoras que atuaram no mandado de segurança como substitutos processuais não são parte na execução, a qual dirige-se à pessoa jurídica de

---

10. AMARAL, Guilherme R. **Comentários às alterações do novo CPC.** São Paulo: RT, 2015. p. 140.
11. *Idem. Ibidem.*

CAPÍTULO I ● CÓDIGO DE PROCESSO CIVIL (LEI Nº13.105/15)

31

direito público interno. 4. A norma que prevê a adoção da multa como medida necessária à efetividade do título judicial restringe-se ao réu, como se observa do § 4º do art. 461 do Códex Instrumental. (...). (STJ, REsp 747371, Rel. Min. Jorge Mussi, 5ª T.,DJe 26.4.2010)

○ (...). Agravo regimental em petição no mandado de segurança. Recalcitrância da autoridade impetrada em cumprir a ordem mandamental. Trânsito em julgado. Ocorrência. Multa diária. Fixação. Agravo não provido. 1. A recalcitrância da Autoridade Impetrada em cumprir a ordem mandamental proferida pela Primeira Seção deste Superior Tribunal é injustificável e temerária, uma vez que tal dever não está condicionado à sua oportunidade e conveniência. ... (STJ, AgRg no MS 17370, Rel. Min. Arnaldo Esteves Lima, 1ª S., DJe 25.4.2014)

○ (...). Ação civil pública. Obrigações de fazer e não fazer. Astreintes. Valor. Reexame fático-probatório. Súmula 7/STJ. Fixação contra agente público. Viabilidade. Art. 11 da Lei 7.347/85. 2. A cominação de astreintes prevista no art. 11 da Lei 7.347/85 pode ser direcionada não apenas ao ente estatal, mas também pessoalmente às autoridades ou aos agentes responsáveis pelo cumprimento das determinações judiciais. (STJ, 2ª T., REsp 1111562, Rel. Min. Castro Meira, DJe 18.9.2009).

○ (...). Ação civil pública. Astreintes. Fixação contra agente público. Viabilidade. Art. 11 da Lei 7.347/85. Falta de prévia intimação. Ofensa aos princípios do contraditório e devido processo legal. (...). Como anotado no acórdão embargado, o art. 11 da Lei 7.347/85 autoriza o direcionamento da multa cominatória destinada a promover o cumprimento de obrigação de fazer ou não fazer estipulada no bojo de ação civil pública não apenas ao ente estatal, mas também pessoalmente às autoridades ou aos agentes públicos responsáveis pela efetivação das determinações judiciais, superando-se, assim, a deletéria ineficiência que adviria da imposição desta medida exclusivamente à pessoa jurídica de direito público. (STJ, 2ª T., EDcl no REsp 1111562, Rel. Min. Castro Meira, DJe 16.6.2010).

○ (...). A orientação jurisprudencial adotada por essa E. Corte acerca da imposição de multa (astreintes), no procedimento de fornecimento de medicamento a pacientes, é firme no sentido de que seria cabível a sua fixação caso comprovada recalcitrância do agente responsável pelo cumprimento da medida. (...). (TRF1, 6ª T., AGA 00132508120134010000, Rel. Kassio Nunes Marques, e-DJF1 20.7.2015).

▶ **CPC. Art. 77.** Além de outros previstos neste Código, são deveres das partes, de seus procuradores e de todos aqueles que de qualquer forma participem do processo: IV – cumprir com exatidão as decisões jurisdicionais, de natureza provisória ou final, e não criar embaraços à sua efetivação; (...). **§ 1º** Nas hipóteses dos incisos IV e VI, o juiz advertirá qualquer das pessoas mencionadas no caput de que sua conduta poderá ser punida como ato atentatório à dignidade da justiça. **§ 2º** A violação ao disposto nos incisos IV e VI constitui ato atentatório à dignidade da justiça, devendo o juiz, sem prejuízo das sanções criminais, civis e processuais cabíveis, aplicar ao responsável multa de até vinte por cento do valor da causa, de acordo com a gravidade da conduta. **§ 3º** Não sendo paga no prazo a ser fixado pelo juiz, a multa prevista no § 2º será inscrita como dívida ativa da União ou do Estado após o trânsito em julgado da decisão que a fixou, e sua execução observará o procedimento da execução fiscal, revertendo-se aos fundos previstos no art. 97. **§ 4º** A multa estabelecida no § 2º poderá ser fixada independentemente da incidência das previstas nos arts. 523, § 1º, e 536, § 1º. **§ 5º** Quando o valor da causa for irrisório ou inestimável, a multa prevista no § 2º poderá ser fixada em até 10 (dez) vezes o valor do salário-mínimo. **§ 6º** Aos advogados públicos ou privados e aos membros da Defensoria Pública e do Ministério Público não se aplica o disposto nos §§ 2º a 5º, devendo eventual responsabilidade disciplinar ser apurada pelo respectivo órgão de classe ou corregedoria, ao qual o juiz oficiará. **§ 7º** Reconhecida violação ao disposto no inciso VI, o juiz determinará o restabelecimento do estado anterior, podendo, ainda, proibir a parte de falar nos autos até a purgação do atentado, sem prejuízo da aplicação do § 2º. **§ 8º** O representante judicial da parte não pode ser compelido a cumprir decisão em seu lugar.

2.2. Do Litisconsórcio (arts. 113 a 118)

ENUNCIADO 018. NO CASO DE LITISCONSORTE ATIVO, O VALOR DA CAUSA, PARA FINS DE FIXAÇÃO DE COMPETÊNCIA DEVE SER CALCULADO POR AUTOR.

Enunciado comentado no item *Dos Atos Processuais – Do Valor da Causa (arts. 291 a 293)*.

ENUNCIADO 019. APLICA-SE O PARÁGRAFO ÚNICO DO ART. 46 DO CPC EM SEDE DE JUIZADOS ESPECIAIS FEDERAIS.

▸ *Gessiel Pinheiro de Paiva*

Observações: o art. 46 do CPC/73, a que se refere o enunciado, corresponde ao art. 113 do CPC/2015; o parágrafo único corresponde aos §§ 1º e 2º do art. 113 do CPC/2015.

O processo, regra geral, é formado por duas partes em lados opostos, ou seja, autor e réu, que atuam individualmente na defesa de seus direitos.

O litisconsórcio, por sua vez, é o fenômeno processual pelo qual ocorre a pluralidade de partes (isto é, dois ou mais autores ou réus, ou autores e réus). Trata-se, assim, de uma cumulação de sujeitos processuais, ou cumulação subjetiva[12].

O litisconsórcio será necessário (obrigatório), "por disposição de lei ou quando, pela natureza da relação jurídica controvertida, a eficácia da sentença depender da citação de todos que devam ser litisconsortes" (art. 114 do CPC).

Por outro lado, o litisconsórcio pode ser também facultativo, isto é, uma mera faculdade da parte, naquelas hipóteses previstas nos três incisos do artigo 113 do CPC (que repete apenas em parte as hipóteses antes previstas no art. 46 do CPC/73).

O primeiro caso se dá "quando houver comunhão de direitos ou obrigações em relação à lide", como, por exemplo, no caso de solidariedade entre credores ou devedores (na solidariedade de credores, cada um pode exigir isoladamente o todo; na solidariedade de devedores, o credor pode, a seu critério, demandar toda a obrigação de cada devedor isoladamente, ou apenas de alguns dos devedores solidários, ou de todos eles).

A segunda hipótese é a de titulares de ações conexas pelo pedido ou pela causa de pedir (CPC, art. 55). Por fim, podem atuar em litisconsórcio facultativo aqueles

---

12. WAMBIER, Luiz R.; ALMEIDA, Flávio R. C.; TALAMINI, Eduardo. (Coords.). **Curso avançado de processo civil: teoria geral do processo e processo de conhecimento.** v. 1. 9 ed. São Paulo: RT, 2007, p. 246.

CAPÍTULO I ● CÓDIGO DE PROCESSO CIVIL (LEI Nº13.105/15)

cujas ações possuam afinidade de questões por ponto comum de fato ou de direito (observe-se que aqui não há conexão, porque os fatos jurídicos não são os mesmos, mas, apenas, afins[13]).

Segundo a doutrina processual, a formação de litisconsórcio atende aos princípios da economia processual, visando evitar o desperdício de recursos (em sentido amplo, significando recursos financeiros, utilização do aparelho jurisdicional, etc.), e da segurança jurídica, ao proporcionar que se aplique o direito uniformemente, evitando decisões conflitantes para pessoas na mesma situação jurídica ou em situação jurídica similar[14].

Todavia, a formação de litisconsórcio facultativo muitas vezes age em sentido oposto ao princípio da celeridade processual, atualmente elevado à categoria de princípio constitucional, na forma da "razoável duração do processo" (artigo 5º, inciso LXXVIII, da Constituição).

Ciente da possibilidade desse efeito colateral, o legislador previu no parágrafo único do art. 46 do CPC/73 (norma repetida nos §§ 1º e 2º do art. 113 do CPC) o chamado "litisconsórcio facultativo recusável".

Muito embora com base na redação dos Códigos de 1973 e 2015 (em especial na parte que mencionam "o pedido de limitação" – CPC/73 – ou "requerimento de limitação – CPC) possa parecer que a recusa do litisconsórcio depende de requerimento do réu, o juiz pode, especialmente com base nos poderes processuais decorrentes do art. 139, inciso II, do CPC (art. 125, inciso II, do CPC/73), limitar, de ofício, o número de litisconsortes, quando este "comprometer a rápida solução do litígio ou dificultar a defesa ou o cumprimento da sentença".

Nessa linha, menciona Fabio Milman[15], que:

> Seus fundamentos, pois, firmam-se em imperativos de segurança jurídica, além de celeridade e economia processuais: evitar decisões conflitantes; obter a satisfação do direito subjetivo material dentro de lapso temporal mais curto possível; e, por fim, aproveitar-se de um mesmo processo, com todos os dispêndios a ele inerentes, como os referentes à instrução probatória, para embasar mais de uma pretensão.
>
> É com vista a tais finalidades que o instituto em tela deve ser analisado, evitando-se, quando possível, o litisconsórcio em situações que, na prática, desvirtuarão seus desideratos.

A prática forense tem demonstrado que o excessivo número de litisconsortes facultativos, muitas vezes, acaba por atrasar o andamento do processo, especialmente naquelas questões que demandam a análise de documentação individualizada de cada parte, tornando o processo volumoso (quando se tratar de autos físicos) devido à excessiva quantidade de documentos, ou gerando dificuldade de ser visualizada

---

13. THEODORO JUNIOR, Humberto. **Curso de direito processual civil.** vol. I. 50. ed. Rio de Janeiro: Forense, 2009, p. 110.
14. WAMBIER, Luiz Rodrigues; ALMEIDA, Flávio Renato Correia; TALAMINI, Eduardo. ob. cit., p 247.
15. MILMAN, Fabio. **Partes, procuradores, litisconsórcio e intervenção de terceiros.** Porto Alegre: Verbo Jurídico, 2007, p. 48-49.

essa excessiva quantidade de documentos quando digitalizados (na hipótese de processo eletrônico).

Ainda, verifica-se demora no andamento processual quando ocorre o falecimento de uma das partes, ficando o andamento prejudicado em relação às demais até que se faça a habilitação de sucessores da parte que faleceu; percebem-se, também, dificuldades decorrentes da necessidade de obtenção de elementos individualizados para elaboração dos cálculos para instruir o cumprimento de sentença, ficando as partes que já forneceram tais documentos na dependência da sua juntada por todas as outras, e ainda, dependentes da demora em se realizar os cálculos dos valores devidos a todas as partes para que, somente então, se dê início à fase de cumprimento, dentre diversas outras hipóteses, que em nada auxiliam, ao contrário, somente prejudicam a razoável duração do processo.

Esta é a justificativa para o Enunciado em questão, já que os grandes pilares dos Juizados Especiais Federais são a busca da celeridade na resolução dos conflitos de direito material e a simplicidade dos procedimentos, que são prejudicados pelo excessivo número de partes no mesmo processo.

Assim, se no procedimento comum é possível a limitação do litisconsórcio facultativo para fins de garantir a celeridade processual, mais razão há para que tal limitação possa ocorrer também no âmbito dos Juizados Especiais Federais.

⊙ Litisconsórcio facultativo. Limitação. 1. Ao juiz é permitido limitar o número de litisconsortes facultativos, para um bom e regular desenvolvimento do processo, devendo examinar caso a caso. 2. Razoável um pequeno número de autores, não excedente a uma dezena, quando se visa a discutir matéria de menor complexidade, não ensejando transtorno à celeridade processual. 3. Recurso provido. "Voto: Dispõe o art. 296 do CPC que cabe apelação da decisão indeferitória da liminar, significando que o legislador pretendeu dar àquele ato a natureza de definitivo, daí que recebo o presente recurso no enquadramento do art. 5º da Lei 10.259/01, adotando o princípio da fungibilidade, eis que não se trata da previsão do art. 4º, por isso que deve ser modificada a autuação. Trata-se de litisconsórcio facultativo, cabendo ao juiz, diante do caso concreto, limitar o número de litisconsortes para um bom e regular desenvolvimento do processo. Entendo, porém, razoável um pequeno número de autores, não excedente a uma dezena, mormente porque, caso contrário, seria um impedimento sem justa causa e com comprometimento a uma célere prestação jurisdicional. Cabe, por oportuno, o seguinte acórdão: 'Processo civil. FGTS. Limitação do litisconsórcio ativo facultativo. Indeferimento da inicial em relação a sete litisconsortes. Ausência de obstáculo à rápida solução do litígio ou ao exercício de defesa. Sentença reformada. 1. A limitação do litisconsórcio ativo facultativo só se justifica quando o elevado número de litigantes comprometer a rápida solução do litígio e dificultar o exercício do direito de defesa (CPC, art. 46, parágrafo único). 2. Nas ações em que se busca a recomposição das perdas do FGTS, não há óbice à formação litisconsorcial de dez autores, pois sendo matéria de direito, a rigor, não enseja transtornos ao célere desfecho do processo. Nessas circunstâncias, o desmembramento do processo somente causaria desnecessária onerosidade à justiça. 3. Apelação dos Autores provida, para determinar o retorno dos autos à Vara de origem, para regular processamento'." (TRF1, AC 2000.38.00.018132-0, Rel. Fagundes de Deus, DJ 28.8.2003)

⊙ Juizados especiais federais. Processo civil. Litisconsórcio facultativo. Limitação. Possibilidade. Artigo 46, parágrafo único do CPC. Recurso parcialmente provido. 1. Estipula o artigo 46, parágrafo único, do Código de Processo Civil, que o juiz poderá limitar o litisconsórcio facultativo quanto ao número de litigantes, quando este comprometer a rápida solução do litígio ou dificultar a defesa. A limitação do litisconsórcio facultativo constitui ato inerente ao poder

CAPÍTULO I ● CÓDIGO DE PROCESSO CIVIL (LEI Nº13.105/15)

35

discricionário do magistrado. 2. Neste sentido, o eg. Tribunal Regional Federal da 1ª Região já decidiu que "nas ações ordinárias em que se discute a percepção cumulada de quintos e funções comissionadas, a redução do número de filiados de sindicato de servidores, em litisconsórcio facultativo, pode ser determinada pelo juiz para assegurar a rápida prestação jurisdicional, sem prejuízo da defesa, nos termos do parágrafo único do art. 46 do CPC. (TRF1, 1ª T., AG 2003.01.00.023517-7, Rel. José Amilcar Machado, DJ 4.4.2006)

> ▶ **CPC. Art. 113.** Duas ou mais pessoas podem litigar, no mesmo processo, em conjunto, ativa ou passivamente, quando: I – entre elas houver comunhão de direitos ou de obrigações relativamente à lide; II – entre as causas houver conexão pelo pedido ou pela causa de pedir; III – ocorrer afinidade de questões por ponto comum de fato ou de direito. **§ 1º** O juiz poderá limitar o litisconsórcio facultativo quanto ao número de litigantes na fase de conhecimento, na liquidação de sentença ou na execução, quando este comprometer a rápida solução do litígio ou dificultar a defesa ou o cumprimento da sentença. **§ 2º** O requerimento de limitação interrompe o prazo para manifestação ou resposta, que recomeçará da intimação da decisão que o solucionar.

ENUNCIADO 021. AS PESSOAS FÍSICAS, JURÍDICAS, DE DIREITO PRIVADO OU DE DIREITO PÚBLICO ESTADUAL OU MUNICIPAL PODEM FIGURAR NO POLO PASSIVO, NO CASO DE LITISCONSÓRCIO NECESSÁRIO.

Enunciado comentado no capítulo *Lei dos Juizados Especiais Federais – Partes (art. 6º).*

2.3. Da Intervenção de Terceiros (arts. 119 a 138)

ENUNCIADO 014. NOS JUIZADOS ESPECIAIS FEDERAIS, NÃO É CABÍVEL A INTERVENÇÃO DE TERCEIROS OU A ASSISTÊNCIA.

▶ *Gessiel Pinheiro de Paiva*

O processo é formado, essencialmente, por duas partes: autor e réu. Todavia, pode ocorrer em determinadas hipóteses a chamada intervenção de terceiros, a qual se dá "sempre que alguém, que não figure como parte litigante, passe a atuar no processo com a finalidade de auxiliar ou excluir os litigantes da coisa sob disputa, ou para defender algum interesse seu que venha a ser atingido (de forma reflexa) pela sentença; com sua intervenção, o terceiro torna-se parte, ou coadjuvante da parte, no processo pendente".

As figuras de intervenção de terceiros previstas no CPC/73 eram a assistência (que pode ser simples ou litisconsorcial), a oposição, a denunciação da lide, o chamamento ao processo e a nomeação à autoria.

O CPC passou a regular a oposição dentro dos procedimentos especiais, e não mais como mera forma de intervenção de terceiro no processo, uma vez que se trata, de fato, da criação de uma nova lide, tendo o opositor como autor, e os opostos como réus (arts. 682 a 686, CPC). Ainda, passou a tratar da nomeação à autoria dentre as matérias a serem alegadas pelo réu em contestação, pois, nesse caso, não há propriamente uma mera intervenção de terceiro, mas sim a substituição de uma das partes (art. 339, CPC).

O artigo 1º, da Lei 10.259/01, que instituiu os Juizados Especiais Federais Cíveis e Criminais no âmbito da Justiça Federal, traz regra determinando a aplicação subsidiária, naquilo que com ela não for conflitante, das disposições da Lei 9.099/95, que dispõe sobre os Juizados Especiais Cíveis e Criminais no âmbito das Justiças dos estados.

Observa-se, assim, que a aplicação das regras do Código de Processo Civil aos processos dos Juizados Especiais Federais Cíveis deve ocorrer apenas se ambas as leis (Lei 10.259/01 e Lei 9.099/95) forem omissas e se as previsões do CPC não conflitarem com especificidades dos processos dos Juizados.

O art. 10 da Lei 9.099/95 estabelece que, nos juizados especiais cíveis, não se admitirá, no processo, qualquer forma de intervenção de terceiro nem de assistência, admitindo-se o litisconsórcio.

A Lei 10.259/01 não possui qualquer regra tratando de intervenção de terceiros ou litisconsórcio, de modo que essa omissão possibilita a aplicação subsidiária da Lei 9.099/95 para o tratamento de tais questões, pois possui regramento específico que afasta a aplicação direta do CPC.

Assim, o anunciado em questão nada mais fez do que expressar o entendimento de que, pela aplicação subsidiária da Lei 9.099/95, decorrente da previsão do art. 1º, da Lei 10.259/01, não é cabível a intervenção de terceiros e a assistência no âmbito dos Juizados Especiais Federais Cíveis.

E embora o Enunciado não mencione, com base nas mesmas normas, é cabível o litisconsórcio.

Uma questão que pode surgir é quanto ao cabimento ou não da assistência litisconsorcial, pois o artigo 124, do CPC, prevê que nessa modalidade o assistente deve ser considerado litisconsorte da parte principal, e a Lei 9.099/95 dez ser cabível o litisconsórcio.

Contudo, o tratamento processual dado ao assistente não altera sua condição de terceiro em relação à lide, pois na assistência litisconsorcial, embora o assistente seja titular do direito objeto do processo e possa sofrer eventual influência da sentença em sua relação jurídica com o adversário do assistido, justificando seu ingresso no processo, isso somente ocorre após a estabilização objetiva da lide, e dessa forma, acaba por não poder formular pedidos e nem tem contra si pedidos formulados.

Seu ingresso não é obrigatório, mas uma mera faculdade, de modo que a doutrina explica sua posição como sendo a de um litisconsorte facultativo unitário ulterior.

Sua posição, assim, ainda é a de assistente, embora litisconsorcial, e por isso, a jurisprudência vem entendendo ser incabível também essa modalidade de assistência no âmbito dos Juizados Especiais Federais.

....

Com efeito, a CEF requereu a sua inclusão no feito na qualidade de corré, sendo o pedido deferido pelo juízo "a quo". Não obstante a qualidade de corré, a natureza da intervenção é de assistência simples. Assim disciplina o artigo 10, da Lei 9.099/95: Não se admitirá, no processo, qualquer forma de intervenção de terceiro nem de assistência. Admitir-se-á o litisconsórcio. O Enunciado 14, do FONAJEF preceitua no mesmo sentido: Nos Juizados Especiais Federais, não

Capítulo I ● Código de Processo Civil (Lei nº13.105/15)

37

são cabíveis a intervenção de terceiros ou a assistência. Desta feita, estando definida a condição de assistente da CEF, a única solução plausível no caso em tela é o processamento do feito perante a Vara Federal de origem, não perante o Juizado, sob pena de incorrer o processo em nulidade insanável. (Turma Recursal de SP, 10ª T., 00009584220164036325, Rel. Claudia Hilst Menezes, e-DJF3 5.9.2016)

○ A 10ª Turma Recursal, em casos similares ao presente, já firmou entendimento no sentido de que a CEF figura no processo na condição de assistente, o que torna o processamento do feito incompatível com o rito do Juizado Especial, no qual não se admite a intervenção de terceiros (cf. art. 10 da Lei 9.099/91, combinado com o art. 1º da Lei 10.259/01). Note-se que a sentença expressamente admitiu a CEF na condição de assistente simples. Ante todo o exposto, dou parcial provimento ao recurso da parte autora, para anular a sentença prolatada e determinar a redistribuição do feito à Vara Federal de origem, nos termos da fundamentação acima. (Turma Recursal de SP, 10ª T., 00055803820144036325, Rel. Lin Pei Jeng, e-DJF3 24.6.2016)

○ As Leis dos Juizados Especiais (9.099/95 e 10.259/01 e 12.153/09) foram pensadas para ser o mais simples e célere possível, contudo existe um limite que não é possível transpor. 10. O subsistema dos Juizados contém as linhas gerais do procedimento, mas não esgota a totalidade do subsistema, havendo a necessidade de sua integração. A aplicação subsidiária do CPC não é irrestrita, devendo a sua integração observar os princípios informativos dos Juizados esculpidos no art. 2º da Lei 9.099/95, a saber: oralidade, simplicidade, informalidade, economia processual e celeridade, buscando, sempre que possível, a conciliação ou a transação. Existem diversos institutos do CPC que não são compatíveis (recurso adesivo, intervenção de terceiros) ou foram simplesmente simplificados. (TRF1, 1ª TR, 05000215020154059850, Rel. Fábio Cordeiro de Lima, j. 6.8.2015)

▶ **CPC. Art. 124.** Considera-se litisconsorte da parte principal o assistente sempre que a sentença influir na relação jurídica entre ele e o adversário do assistido.

▶ **LJE. Art. 10.** Não se admitirá, no processo, qualquer forma de intervenção de terceiro nem de assistência. Admitir-se-á o litisconsórcio.

▶ **LJEF. Art. 1º** São instituídos os Juizados Especiais Cíveis e Criminais da Justiça Federal, aos quais se aplica, no que não conflitar com esta Lei, o disposto na Lei n. 9.099, de 26 de setembro de 1995.

2.4. Dos Conciliadores e Mediadores Judiciais (arts. 165 a 175)

Enunciado 170. Aos conciliadores que atuarem na fase pré-processual não se aplicam as exigências previstas no art. 11 da Lei 13.140/2015.

▶ *Cristiane Conde Chmatalik*

A Lei 13.140/15, que dispõe sobre a mediação entre particulares como meio de solução de controvérsias e sobre a autocomposição de conflitos no âmbito da administração pública, especifica requisitos para atuação como mediador judicial.

O Enunciado foi uma exigência dos vários juízes coordenadores dos Centros Judiciários de Solução de Conflitos e Cidadania preocupados com a dificuldade de se obter conciliadores capacitados.

A conciliação, após a edição da Resolução n. 125/10 do Conselho Nacional de Justiça, que dispôs sobre a Política Nacional de Treinamento Adequado dos Conflitos de Interesses no âmbito do Poder Judiciário, passou a ser política judiciária nacional de tratamento adequado de conflitos de interesses, demandando dos tribunais que criassem seus Centros com conciliadores e mediadores capacitados. Alguns anos se passaram desde 2010, mas a prática tem demonstrado a dificuldade em se recrutar conciliadores, tendo a Justiça Federal capacitado servidores e juízes para a realização das sessões de conciliação.

Após as alterações da Resolução 125/10, cada vez mais foi se exigindo que a conciliação não seja realizada por juízes, muito menos os juízes que futuramente terão que julgar a demanda. Assim, houve a distinção entre o papel do conciliador e do magistrado. Ao magistrado passou-se a exigir uma posição de condução, organização e supervisão das audiências/mutirões de conciliação, e de homologação dos acordos. Aos conciliadores, para atuarem, ficou estabelecida a necessidade de realização de cursos de mediação e conciliação com número de horas teóricas e práticas.

Nesse ponto, o CPC/2015 e a Lei de Mediação fizeram distinção entre o conciliador e o mediador, sendo, em brevíssima síntese, o conciliador quem tem uma participação mais ativa no processo, atua preferencialmente nos casos em que não há vínculo anterior entre as partes e pode sugerir soluções para o litígio. Acrescente-se a essa distinção que o conciliador sempre foi referido como atuando no curso do processo judicial e o mediador pode atuar tanto dentro como fora do trâmite judicial.

O art. 12 da Resolução 125/10, alterada pela Emenda 1/13, estabeleceu que somente são admitidos conciliadores capacitados de acordo com seus anexos. Além de disciplinar as diretrizes curriculares, em seu Anexo I, o Anexo III, trata do Código de Ética de Conciliadores e Mediadores.

Com o advento do CPC/2015, e da Lei 13.140/15, Lei de Mediação, a questão da mediação e conciliação ganhou matizes legais, que levou a necessidade do Enunciado à luz desses novos diplomas normativos.

Dessa forma, o primeiro ponto de destaque desse Enunciado é em relação aos conciliadores, fazendo uma distinção com os mediadores. Como a Justiça Federal raramente se utiliza de mediação, fez-se necessária à distinção, para afastar a incidência da Lei de Mediação nesse ponto. Os conciliadores, cadastrados junto ao Tribunal Regional Federal respectivo, terão que comprovar sua capacitação, mas não precisarão ser graduados há pelo menos dois anos em curso de ensino superior de instituição reconhecida pelo Ministério da Educação.

A medida sem dúvida permite que sejam cadastrados conciliadores ainda não graduados, mas nos períodos finais de sua graduação, ou até mesmo recém-formados, afastando a necessidade de graduação há pelo menos dois anos.

Alguns juízes, dentre eles, Paulo Afonso Brum Vaz, também criticam o novo texto legal no ponto em que não exige a formação dos conciliadores em Direito, ou que, ao menos, não excepciona os conflitos da Justiça Federal. Isso porque nos litígios típicos da Justiça Federal, tendo como parte o Poder Público, ao contrário daqueles que são objeto dos processos da Justiça Estadual, a discussão, invariavelmente, se estabelece em torno da interpretação de textos legais. Assim deve ser destacada a crítica, quando diz[16]:

> A atividade administrativa é regida pelo princípio da legalidade. Portanto e pela experiência de muitos anos lidando com conciliações na Justiça Federal, vejo pouca serventia em conciliadores que não tenham o mínimo conhecimento das matérias de direito objeto dos conflitos federais. Nada impede, ao meu sentir, que esta Justiça, ao formar seus quadros de conciliadores, concursados ou não, exija a formação em Direito.

A doutrina especializada também vem destacando essa necessidade. Nas lições de Humberto Dalla Bernardina de Pinho, em artigo publicado sob o título "Conciliação e mediação: impacto do novo CPC nos juizados especiais"[17], sugere que "os conciliadores judiciais sejam, necessariamente, bacharéis ou bacharéis em direito, sem necessidade de inscrição nos cadastros da OAB".

Outros doutrinadores, no entanto, divergem totalmente, ao indicarem ser o melhor conciliador aquele sem formação jurídica, pois estará mais preparado para lidar com os interesses reais das partes e não com a posição aparente da parte posta no conflito.

A questão ainda é nova e está inserida num contexto maior, na medida em que o próprio CNJ alterou recentemente seu normativo, como adiante se verá.

O segundo ponto de relevância desse Enunciado diz respeito que a exceção prevista tem cabimento apenas nas conciliações durante a fase pré-processual. A Lei 9.099/95 já disciplinava a matéria ao estabelecer logo a designação da sessão de conciliação, podendo ser antes mesmo da distribuição, no prazo de 15 dias, em seu art. 16.

A sessão de conciliação pré-processual não é novidade no ordenamento jurídico. Uma das primeiras experiências exitosas veio da 4ª Região, que engloba os três estados do sul do país, o Sistema de Conciliação Pré-Processual (SICOPP), que foi implantado em Curitiba/PR com o objetivo de se obter uma solução célere e pacífica dos processos de benefícios previdenciários por incapacidade. Antes do feito ser distribuído ao juízo, é nomeado o perito judicial e realizada a audiência prévia, com resultado do exame técnico, para somente depois, se não houver autocomposição, ser o processo remetido para distribuição para um dos juízos competentes para o regular processamento do feito[18].

A Resolução 125/10 do CNJ também previu a realização de sessões de conciliação e mediação pré-processuais pelos Centros Judiciários de Solução de Conflitos e Cidadania – CEJUSC OU CEJUSCON – desde que por conciliadores cadastrados e supervisionados pelo Juiz Coordenador do Centro.

---

16. Faz menção a essa crítica no artigo "Lei de mediação e conciliação tem pontos positivos e algumas falhas", site Conjur, 3.7.2015.
17. *In*: REDONDO, Bruno Garcia. *et al.* (Coords.) **Juizados Especiais.** Salvador: Juspodivm, 2015, p. 327.
18. BOCHENEK, Antônio César. Nascimento, Márcio Augusto. **Juizados Especiais Federais cíveis e casos práticos.** 3. ed. Curitiba: Juruá, 2015, p. 152.

Em seu art. 12-C, parágrafo único, a referida Resolução excepciona o cadastro das Câmaras Privadas de Conciliação e Mediação junto aos tribunais, tornando-o facultativo, desde que nas sessões de conciliação ou mediação pré-processual.

A Resolução 398/16, do Conselho da Justiça Federal – CJF, que dispõe sobre a Política Judiciária de solução consensual dos conflitos no âmbito da Justiça Federal, também previu expressamente em seu art. 24 o sistema de conciliação e mediação pré-processual para qualquer conflito de interesse em que houver possibilidade de acordo.

A discussão em relação à questão dessa exigência vem se dando de forma abrangente, e não somente em relação às sessões do pré-processual como previsto no Enunciado ora comentado. Na reunião ocorrida em 4.4.2016 no CJF, presidida pelo Ministro do STJ, Reynaldo Fonseca, e pela Conselheira do CNJ, Daldice Santana, foram reunidos os juízes federais de todo o Brasil pelo Movimento Permanente pela Conciliação, e foi aprovado, por unanimidade, o seguinte Enunciado: "Considerando a natureza predominantemente objetiva dos conflitos sujeitos à conciliação, não se aplica ao conciliador a exigência da graduação há pelo menos dois anos em curso de ensino superior prevista no artigo 11 da lei de mediação", na mesma esteira do Enunciado 170 do FONAJEF, mas de forma mais específica para o período logo após a graduação, demonstrando ser essa uma questão de preocupação permanente dos juízes coordenadores dos Centros de Solução de Conflitos.

Na hipótese aprovada pelo CJF, contudo, a exigência da formação em nível superior permanece, evitando-se que os alunos de universidade pudessem atuar diretamente como conciliadores. Na época, a sugestão do Ministro do STJ, Reynaldo Fonseca, foi no sentido da atuação dos alunos como auxiliares do orientador, que pode ser o conciliador. O Conselheiro do CNJ, Luis Claudio Allemand, sugeriu a inclusão da matéria no exame de ordem da OAB, sugestão bem recebida já que o advogado, na realidade, é "primeiro mediador" diante de um problema suscitado pela parte ou interessado[19].

Recentemente o Conselho Nacional de Justiça decidiu que estudantes de ensino superior podem atuar como conciliadores judiciais, desde que sejam capacitados conforme determina a Resolução 125 do Conselho Nacional de Justiça (CNJ), ou supervisionados por professores capacitados como instrutores. Os conselheiros do CNJ entenderam que a exigência do curso superior se aplica somente aos instrutores e mediadores judiciais.

O entendimento do Conselho pela não necessidade do curso superior se deu em julgamento realizado na 35ª Sessão Extraordinária do Conselho (14.3.2017), de forma unânime, na ratificação de uma liminar dada pelo conselheiro Rogério Nascimento. A liminar foi concedida em uma consulta feita ao CNJ pelo Tribunal Regional Federal da 4ª Região. O conselheiro Rogério Nascimento levou em consideração um parecer, elaborado pela Comissão Permanente de Acesso à Justiça do CNJ, que fixou o

---

19. Dados disponíveis no site do CJF (Núcleo de Estudos e Pesquisas das Áreas Estratégicas, Memória da Reunião de 4.4.2016).

Capítulo I ● Código de Processo Civil (Lei n°13.105/15)

entendimento de que a obrigatoriedade dos dois anos de formação não se aplica ao instituto da conciliação, tal como acontece na mediação.

Por outro lado, conforme o voto, aqueles estudantes que não realizaram curso de conciliação não podem atuar como conciliadores judiciais sem supervisão de um professor capacitado para tal. Isso porque a Resolução 125/10 determina as diretrizes curriculares para a capacitação básica de conciliadores e mediadores, e exige a capacitação através de curso dividido em uma etapa teórica de no mínimo 40 horas, e parte prática constituída por estágio supervisionado, de 60 a 100 horas.

A decisão vem atender a necessidade de realização de parcerias entre faculdades e Centros Judiciários de Solução de Conflitos dos tribunais, prevendo a prestação de serviços de mediação e conciliação em escritórios-modelo, o oferecimento de disciplina específica sobre meios consensuais aos alunos, entre tantas outras boas práticas que já ocorrem em algumas localidades.

Assim, as referidas normas vêm espancar qualquer dúvida acerca da possibilidade de realização de audiências pré-processuais no âmbito da Justiça Federal, bem como o Enunciado traz em seu bojo o caráter menos rigoroso na admissão de conciliadores para atuarem nas sessões pré-processuais, admitindo-se, inclusive, uma interpretação mais ampla, com a possibilidade de ser celebrados convênios e acordos com as universidades e a participação de graduandos e estagiários de curso superior e não somente conciliadores com curso superior completo há mais de dois anos.

▶ **Lei 13.140/15. Art. 11.** Poderá atuar como mediador judicial a pessoa capaz, graduada há pelo menos dois anos em curso de ensino superior de instituição reconhecida pelo Ministério da Educação e que tenha obtido capacitação em escola ou instituição de formação de mediadores, reconhecida pela Escola Nacional de Formação e Aperfeiçoamento de Magistrados - ENFAM ou pelos tribunais, observados os requisitos mínimos estabelecidos pelo Conselho Nacional de Justiça em conjunto com o Ministério da Justiça.

3. DOS ATOS PROCESSUAIS (ARTS. 188 A 293)

Vide mais súmulas sobre esse tópico comentadas no capítulo *Lei dos Juizados Especiais.*

3.1. Da Comunicação dos Atos Processuais (arts. 236 a 275)

Enunciado 066. Os Juizados Especiais Federais somente processarão as cartas precatórias oriundas de outros Juizados Especiais Federais de igual competência.

▶ *Kylce Anne Collier de Mendonça*

O objetivo do Enunciado foi evitar o processamento de cartas precatórias oriundas de outros juízos cíveis no âmbito dos Juizados Especiais Federais.

Com isso, evita-se que sejam realizadas diligências a respeito de matérias não afetas à competência dos Juizados, de modo a não prejudicar o rápido andamento dos processos em tramitação.

Fundamenta-se a vedação no princípio da celeridade processual, inerente ao rito dos Juizados.

O volume de processos em tramitação nesses juízos, em regra, é significativo. A sobrecarga decorrente da tramitação de cartas precatórias oriundas de juízos com competência diversa, caso fosse admitida, importaria em prejuízo à celeridade processual.

Além disso, a própria instrução das cartas precatórias se mostra de mais fácil realização, por versarem sobre matérias que habitualmente já estão afetas à competência do juízo.

3.2. Da Distribuição e do Registro (arts. 284 a 290)

ENUNCIADO 005. AS SENTENÇAS E ANTECIPAÇÕES DE TUTELA DEVEM SER REGISTRADAS TÃO-SOMENTE EM MEIO ELETRÔNICO.

▶ *Marco Bruno Miranda Clementino*

O Enunciado foi posteriormente suprido pelo disposto no artigo 16 da Lei 11.419/06.

Também aprovado no II FONAJEF, antes da entrada em vigor da Lei 11.419/06, esse verbete teve por finalidade romper com o paradigma de tramitação processual pelo meio físico e assentar a possibilidade de registro em meio eletrônico de sentenças e antecipações de tutela, até então efetuado de forma burocrática em livros cartorários, sem qualquer gestão inteligente da informação.

▶ **Lei 11.419/06. Art. 16.** Os livros cartorários e demais repositórios dos órgãos do Poder Judiciário poderão ser gerados e armazenados em meio totalmente eletrônico.

3.3. Do Valor da Causa (arts. 291 a 293)

ENUNCIADO 015. NA AFERIÇÃO DO VALOR DA CAUSA, DEVE-SE LEVAR EM CONTA O VALOR DO SALÁRIO MÍNIMO EM VIGOR NA DATA DA PROPOSITURA DE AÇÃO.

▶ *Clécio Alves de Araújo*

O valor da causa é elemento fundamental na sistemática dos juizados especiais, seja federal ou estadual, pois, além das implicações comuns a qualquer procedimento (custas processuais, honorários advocatícios, multas processuais), é relevante para a fixação da competência.

De acordo com o Código de Processo Civil, a competência em razão do valor da causa é, ao lado da competência fixada em razão do território, de natureza relativa, podendo, inclusive, ser objeto de foro de eleição, como preceitua o art. 63.

Essa conclusão se aplica normalmente aos processos submetidos ao rito dos Juizados Especiais Estaduais, em que a alçada para fixação de competência, ressalvados os casos em que a Lei permite o processamento independentemente do valor da causa

Capítulo I ● Código de Processo Civil (Lei nº13.105/15)

43

(art. 3º), é de 40 (quarenta) salários-mínimos, para postulação com advogado, e vinte salários-mínimos, para postulação sem advogado, o que decorre da inteligência dos artigos 3º e 9º da Lei 9.099/95. Com isso, estando o valor da causa no limite de alçada dos juizados estaduais, há incompetência apenas relativa se a demanda é proposta pelo procedimento comum. Parte da doutrina sustenta inclusive haver uma efetiva faculdade de processamento, sem se falar em competência relativa. Logo, ultrapassado o teto, não poderá a causa ser afeta a Juizado. Porém, se inferiores ao teto e ajuizada a ação pelo procedimento comum, a incompetência é relativa.

Por outro lado, em relação aos Juizados Especiais Federais, o art. 3º da Lei 10.259/01 especifica que, no foro onde estiver instalada Vara do Juizado Especial, a sua competência é absoluta. Em razão dessa previsão específica, se igual ou inferior a 60 (sessenta) salários-mínimos o valor da causa, será hipótese de competência absoluta dos Juizados Especiais Federais, salvo se a matéria for uma daquelas vedadas de processamento pela Lei 10.259/01.

Com isso, se o objeto da demanda superar o teto do juizado estadual e não renunciando ao excedente o autor, deverá o juiz extinguir o processo sem resolução do mérito, em razão da incompetência, nos termos do art. 51, III, da Lei 9.099/95. Quanto ao Juizado Especial Federal, deve o juiz, se for o caso, remeter os autos à Justiça competente.

Para o cálculo do valor da causa, quando a pretensão tratar apenas de prestações vincendas, não poderá a soma de 12 (doze) parcelas exceder os limites de alçada dos juizados. Por outro lado, se a pretensão autoral também visar à satisfação de prestações já vencidas, deverão ser somadas estas 12 (doze) parcelas vincendas, para, somente a partir disso, se chegar ao efetivo valor da causa. Referida conclusão é extraída no disposto no art. 292, §§ 1º e 2º do CPC, bem como do disposto no art. 3º, § 2º da Lei 10.259/01.

Deve-se ressaltar que, em respeito ao princípio da estabilidade da demanda ou da "perpetuatio jurisdictionis", o valor referência do salário-mínimo a ser observado para fins de fixação de competência nos juizados deve ser aferido no momento do ajuizamento da ação. Isso porque, como bem pontua o art. 43 do CPC, determina-se a competência no momento do registro ou da distribuição da petição inicial, sendo irrelevantes as modificações do estado de fato ou de direito ocorridas posteriormente, salvo quando suprimirem órgão judiciário ou alterarem a competência absoluta. Com isso, se, no curso da demanda, houver superação do valor do teto dos juizados, tal circunstância não será suficiente para deslocar a competência, ainda mais quando a superação decorre de retardo na prestação jurisdicional, fator que não pode ser levado em consideração em prejuízo das partes.

Em arremate, cumpre destacar que, caso o magistrado verifique que o valor da condenação ultrapassa o montante limite dos juizados, deverá ele intimar a parte para expressamente renunciar, se for de seu interesse, ao excedente, hipótese em que o pagamento será efetivado por Requisição de Pequeno Valor. Não havendo a renúncia do valor excedente, a satisfação do crédito segue a lógica da execução comum, com o pagamento via precatório.

◎ De acordo com o art. 3º, § 2º, da Lei 10.259/01, no momento do ajuizamento da ação a soma de 12 parcelas vincendas não poderá ser superior a 60 salários-mínimos. Confira-se: "Art. 3º (...) § 2º Quando a pretensão versar sobre obrigações vincendas, para fins de competência do Juizado Especial, a soma de doze parcelas não poderá exceder o valor referido no art. 3º, caput". (TRF1, AC 2016.32.00.006480-6, DJe 30.11.2016)

◎ (...). 4. Na hipótese dos autos, verifica-se que não houve impugnação, pelo INSS, do valor lançado na inicial pelo autor (R$ 14.400,00, quatorze mil e quatrocentos reais). Competente, portanto, o Juizado Especial Federal, no que se refere à apreciação da presente controvérsia. 5. Partindo-se do pressuposto estabelecido pela Súmula n. 17 da Turma Nacional de Uniformização de Jurisprudência ("não há renúncia tácita no Juizado Especial Federal, para fins de competência"), "in casu", vemos que o autor apenas emite declaração de ciência quanto ao teto postulatório do JEF, o que não equivale à renúncia dos valores excedentes a 60 (sessenta) salários mínimos devidos em seu favor. (TRF1, AC 2007.34.00.700822-8, DJe 26.2.2010)

▶ **CPC. Art. 43.** Determina-se a competência no momento do registro ou da distribuição da petição inicial, sendo irrelevantes as modificações do estado de fato ou de direito ocorridas posteriormente, salvo quando suprimirem órgão judiciário ou alterarem a competência absoluta. ▶**Art. 63.** As partes podem modificar a competência em razão do valor e do território, elegendo foro onde será proposta ação oriunda de direitos e obrigações. ▶**Art. 292.** O valor da causa constará da petição inicial ou da reconvenção e será: (...) § 1º Quando se pedirem prestações vencidas e vincendas, considerar-se-á o valor de umas e outras. § 2º O valor das prestações vincendas será igual a uma prestação anual, se a obrigação for por tempo indeterminado ou por tempo superior a 1 (um) ano, e, se por tempo inferior, será igual à soma das prestações.

▶ **LJE. Art. 3º** O Juizado Especial Cível tem competência para conciliação, processo e julgamento das causas cíveis de menor complexidade, assim consideradas: I – as causas cujo valor não exceda a quarenta vezes o salário mínimo. ▶**Art. 9º** Nas causas de valor até vinte salários mínimos, as partes comparecerão pessoalmente, podendo ser assistidas por advogado; nas de valor superior, a assistência é obrigatória. ▶**Art. 51.** Extingue-se o processo, além dos casos previstos em lei: (...) III – quando for reconhecida a incompetência territorial.

▶ **LJEF. Art. 3º** Compete ao Juizado Especial Federal Cível processar, conciliar e julgar causas de competência da Justiça Federal até o valor de sessenta salários mínimos, bem como executar as suas sentenças. (...) § 2º Quando a pretensão versar sobre obrigações vincendas, para fins de competência do Juizado Especial, a soma de doze parcelas não poderá exceder o valor referido no art. 3º, caput. § 3º No foro onde estiver instalada Vara do Juizado Especial, a sua competência é absoluta.

ENUNCIADO 018. NO CASO DE LITISCONSORTE ATIVO, O VALOR DA CAUSA, PARA FINS DE FIXAÇÃO DE COMPETÊNCIA DEVE SER CALCULADO POR AUTOR.

▷ *André Wasilewski Duszczak*

Quando houver mais de um autor na ação, para fins de verificação de competência, deve-se verificar o valor individual para cada autor.

Ou seja, embora estejam em litisconsórcio, para fins de fixação de competência, cada autor será considerado como se tivesse ajuizado ação própria, portanto, a

CAPÍTULO I ● CÓDIGO DE PROCESSO CIVIL (LEI Nº13.105/15)

45

pretensão de nenhum deles, individualmente considerada, poderá ultrapassar 60 salários mínimos.

Assim, caso algum dos litisconsortes ultrapasse este limite, quanto a ele, caso não renuncie expressamente ao excedente, a ação deverá ser extinta sem resolução de mérito por incompetência absoluta, prosseguindo quanto aos demais.

○ Súmula TFR 261. No litisconsórcio ativo voluntário, determina-se o valor da causa, para efeito de alçada recursal, dividindo-se o valor global pelo número de litisconsortes.

○ No litisconsórcio facultativo, o valor da causa como determinante da competência do órgão julgador (juizado especial cível federal ou vara federal comum), é o valor individual (aplicação analógica da Súmula 261/TFR) inferior ou superior a 60 salários mínimos (art. 3º, § 3º, Lei 10.259/01 – JEF's). (TRF1, CC 94 2003.01.00.000094-8, Rel. Des. Federal Luciano Tolentino Amaral, 4ª S., DJ 7.5.2004)

○ Tendo em vista que os autores deduziram, individualmente, pretensão econômica inferior ao limite de 60 (sessenta) salários mínimos, a competência para processamento e julgamento do presente feito é do Juizado Especial Federal Cível. (TRF1, AGA 0033592-89.2008.4.01.0000, Rel. Leomar Barros Amorim de Sousa, e-DJF1 16.12.2011)

○ (...). Repetição de indébito. Litisconsórcio ativo facultativo. Valor da causa inferior a 60 (sessenta) salários mínimos. Competência do juizado especial federal (Lei. 10.259/2000, ART. 3º, § 3º). I. Em se tratando de litisconsórcio ativo facultativo, como no caso, determina-se o valor da causa, para fins de definição da competência do Juizado Especial Federal Cível, mediante a divisão do montante atribuído na peça vestibular pela quantidade de autores. Precedentes. II. No caso concreto, correspondendo o conteúdo econômico da demanda, individualmente considerado, a valores inferiores a 60 (sessenta) salários mínimos, a competência absoluta, para processar e julgar o feito, é do Juizado Especial Federal Cível, nos termos do parágrafo 3º do artigo 3º da Lei 10.259/01. (...). (TRF1, AG 0020557-62.2008.4.01.0000, Rel. Souza Prudente, e-DJF1 29.7.2011)

○ (...). Competência. JEF. Valor da causa. Litisconsórcio. Improvimento do agravo de instrumento. I. Nos casos de litisconsórcio ativo, o valor da causa para fixação da competência é calculado dividindo-se o valor total pelo número de litisconsortes. (TRF1, AG 0008950-18.2009.4.01.0000, Rel. Jirair Aram Meguerian, e-DJF1 11.7.2011)

○ O Superior Tribunal de Justiça possui firma compreensão no sentido de que em relação à competência do Juizado Especial Federal, na hipótese de litisconsórcio ativo, o valor da causa para fins de fixação da competência é calculado a partir da divisão do montante total pelo número de litisconsortes, sendo despiciendo verificar se a soma ultrapassa o valor de sessenta salários mínimos, previsto no art. 3º, caput e § 3º, da Lei 10.259/01" (STJ, 2ª T., Ag no REsp 1503716, Rel. Humberto Martins, DJe 11.3.2015)

► **LJEF. Art. 3º** Compete ao Juizado Especial Federal Cível processar, conciliar e julgar causas de competência da Justiça Federal até o valor de sessenta salários mínimos, bem como executar as suas sentenças. (...). **§ 3º** No foro onde estiver instalada Vara do Juizado Especial, a sua competência é absoluta.

Enunciado 048. Havendo prestação vencida, o conceito de valor da causa para fins de competência do Juizado Especial Federal é estabelecido pelo art. 260 do CPC.

▸ *André Wasilewski Duszczak*

Trata-se de Enunciado elaborado no I FONAJEF, com inclusão sistematizada aos Enunciados gerais aprovada no III FONAJEF.

A Lei 10.259/01 estabelece em seu artigo 3º, § 2º que:

> Art. 3º Compete ao Juizado Especial Federal Cível processar, conciliar e julgar causas de competência da Justiça Federal até o valor de sessenta salários mínimos, bem como executar as suas sentenças. (...).
>
> § 2º Quando a pretensão versar sobre obrigações vincendas, para fins de competência do Juizado Especial, a soma de doze parcelas não poderá exceder o valor referido no art. 3º, caput.

Ou seja, a Lei dos Juizados Federais apenas trata de prestações vincendas, não fazendo referência alguma às prestações vencidas.

Com isso, sempre se discutiu acerca de qual seria o valor da causa em ações que tivessem parcelas vencidas e vincendas, discussão de extrema relevância vez que o valor da causa é questão de competência absoluta nos Juizados Federais (ver comentários ao Enunciado 24).

No início dos Juizados Federais, com o fim de atrair competência para este e desafogar as Varas Federais, prevalecia o entendimento de que, para se definir o limite do valor da causa para fins de competência deveria ser considerado apenas e tão somente as parcelas vincendas, independentemente de se ter ou não valores vencidos.

Com isso, causas milionárias foram aceitas nos Juizados Federais, vez que não se limitavam os atrasados, bastava que a soma das parcelas vincendas não ultrapassasse 60 salários mínimos.

Com o passar do tempo, os Juizados Federais passaram a ser mais e mais conhecidos e procurados, com isso o acúmulo de ações que antes ocorria nas Varas Comuns, agora estava ocorrendo nos Juizados. Diante disso, inverteu-se a ideia inicial de busca de ações para a busca do desafogamento, surgindo um movimento de restrição à competência dos Juizados em que passou a prevalecer outro entendimento acerca do valor da causa, no sentido de que se deveriam somar as parcelas vencidas com as vincendas para se verificar o limite de 60 salários mínimos.

Cabe ressaltar que também chegou a existir entendimento minoritário no sentido de que se deveriam verificar as parcelas vencidas e vincendas separadamente, ou seja, não se somavam para fins de verificação do limite. Com isso, uma ação poderia ter 60 salários mínimos de atrasados e também 60 salários mínimos de prestações vincendas que ainda assim seria de competência dos Juizados Federais.

Mas o entendimento atualmente prevalente é o de que se deve somar as prestações vencidas e vincendas para fins de estabelecer a competência dos Juizados Federais.

Entendimento que está estampado neste Enunciado 48 e que, embora mencione o revogado artigo 260 do CPC/73, em nada tem sua validade afetada, pois a redação dos § 1º e 2º, do artigo 292, do CPC/2015, é praticamente idêntica à daquele artigo.

Ou seja, para fins de valor da causa, quando se pedirem parcelas vincendas e vencidas, devem ser somados o valor de ambas, sendo que, para se apurar o valor das parcelas vincendas, deverá ser somado o valor corresponder a uma prestação anual, ou seja, 12 parcelas, se inferior a 12, se considerará a soma destas (nesse sentido: TRF3, CC 00171865520164030000).

Caso o valor das parcelas vencidas ultrapasse o limite de sessenta salários mínimos, tem a parte direito de renunciar ao excedente (vide comentários aos Enunciados 16, 17 e 18).

Portanto, é a soma das parcelas vencidas, mais as vincendas, que estabelecerá o valor da causa para fins de verificação da competência absoluta dos Juizados Federais.

○ A jurisprudência do Colendo Superior Tribunal de Justiça consolidou o entendimento no sentido de que, na hipótese do pedido englobar parcelas prestações vencidas e vincendas, incide a regra do Art. 292 do CPC/2015, interpretada conjuntamente com o art. 3º, § 2º, da Lei 10.259/01, de forma a efetuar-se a soma das prestações vencidas mais doze parcelas vincendas, para efeito de verificação do conteúdo econômico pretendido e determinação da competência do Juizado Especial Federal. (TRF3, 3ª S., CC 00171865520164030000, e-DJF3 17.2.2017)

○ (...). No caso dos autos, em atenção ao recurso do INSS, constato que, de fato, trata-se de situação na qual a soma das parcelas vencidas com as 12 vincendas na data do ajuizamento da ação ultrapassa o limite de alçada dos Juizados Especiais Federais. É o que consigna o Enunciado n. 48 do FONAJEF (Fórum Nacional de Juizados Especiais Federais), nos seguintes termos: "Havendo prestação vencida, o conceito de valor da causa para fins de competência do JEF é estabelecido pelo art. 260 do CPC. Por sua vez, o artigo 260, do Código de Processo Civil, assim prescreve, in verbis: "Art. 260. Quando se pedirem prestações vencidas e vincendas, tomar-se-á em consideração o valor de umas e outras. O valor das prestações vincendas será igual a uma prestação anual, se a obrigação for por tempo indeterminado, ou por tempo superior a 1 (um) ano; se, por tempo inferior, será igual à soma das prestações". O julgamento deve, portanto, ser convertido em diligência a fim de que a parte autora esclareça a este Juízo, expressamente, se deseja renunciar ou não ao montante financeiro de seu pedido que ultrapassar o equivalente a sessenta salários mínimos – respectivos da data do ajuizamento da ação – sob pena de incompetência absoluta dos Juizados Especiais Federais e, desta forma, anulação da sentença proferida em primeiro grau. Destaco, neste aspecto, ainda, o Enunciado n. 17 do FONAJEF (Fórum Nacional de Juizados Especiais Federais), segundo o qual "não cabe renúncia sobre parcelas vincendas para fins de fixação de competência nos Juizados Especiais Federais. (Turma Recursal de SP, 8ª T., 16 00017222320094036309, Rel. Marcio Rached Millani, e-DJF3 26.2.2015)

○ É orientação jurisprudencial do Superior Tribunal de Justiça e desta Corte Regional que, para a fixação do conteúdo econômico da demanda e determinação da competência do juizado especial federal, nas ações em que há pedido englobando prestações vencidas e vincendas, como no caso dos autos, incide a regra do art. 260 do Código de Processo Civil c/c o art. 3º, § 2º, da Lei 10.259/01. (TRF1, 1ª S., CC 0038392-24.2012.4.01.0000, Rel. Ney Bello, e-DJF1 4.10.2013)

○ Agravo de instrumento. Previdenciário. Desaposentação. Declínio de competência. Valor da causa. Proveito econômico. Causa de menor complexidade. Competência absoluta do juizado especial federal. 1. O valor atribuído à causa deve corresponder ao efetivo proveito econômico pretendido pelo autor e serve como parâmetro para a fixação de competência. 2. O proveito econômico nas demandas sobre desaposentação consiste na diferença entre o valor do benefício recebido e o pretendido, multiplicando-se o montante obtido por 12, relativo ao número de parcelas vincendas (artigo 260 do CPC). 3. Objeto da ação principal se enquadra no conceito de causa de menor complexidade, previsto no art. 98, inciso I, da Constituição Federal. 4. Agravo de instrumento a que se nega provimento. (TRF1, 1ª S., AG 0065003-14.2012.4.01.0000, Rel. Jamil Rosa de Jesus Oliveira, e-DJF1 10.8.2015)

◎ Processual civil. Ação previdenciária. Conflito negativo de competência entre vara federal e vara do JEF. Renúncia de benefício. Desaposentação. Valor da causa. Diferença do valor recebido com o pretendido. Parcelas vincendas. 1. O proveito econômico nas demandas que versam sobre desaposentação, consiste na diferença entre o valor do benefício recebido atualmente e o pretendido, multiplicando-se o montante obtido por 12, relativo ao número de parcelas vincendas, artigo 260 do CPC. 2. O juiz pode e deve, por ser questão de ordem pública, verificar se o valor da causa realmente se aproxima do proveito econômico pretendido pelo demandante, mormente quando se trata de fixação de competência de natureza absoluta como no caso do presente recurso. 3. O autor recebe aposentadoria no valor de R$1.336,00 e pretende um benefício de R$2.647,21 (vide inicial), aplicando-se a sistemática estabelecida no artigo 260 do CPC, o valor da causa deve ser fixado em R$15.734,52. Competência absoluta do JEF, artigo 3º, da Lei 10.259/01. 4. Competente o Juízo Federal da 1ª Vara do Juizado Especial Federal da Seção Judiciária de Minas Gerais, suscitado. (TRF1, 1ª S., CC 0062620-97.2011.4.01.0000, Rel. Francisco de Assis Betti, e-DJF1 11.01.2013)

◎ Portanto, do exame conjugado do art. 260, do CPC com o art. 3º, § 2º, da Lei 10.259/01, nas ações em que há parcelas vencidas e vincendas, o valor da causa para identificação do juízo natural para conhecer da demanda é composto da somatória das parcelas vencidas e das 12 (doze) parcelas vincendas controversas, sendo que o resultado dessa operação não pode exceder o valor equivalente ao de sessenta salários-mínimos. (Turma Recursal de SP, 10ª T., 6 00047428620144036328, e-DJF3 30.5.2016)

▶ **LJEF. Art. 3º** Compete ao Juizado Especial Federal Cível processar, conciliar e julgar causas de competência da Justiça Federal até o valor de sessenta salários mínimos, bem como executar as suas sentenças. (...). **§ 2º** Quando a pretensão versar sobre obrigações vincendas, para fins de competência do Juizado Especial, a soma de doze parcelas não poderá exceder o valor referido no art. 3º, caput.

▶ **CPC. Art. 291.** A toda causa será atribuído valor certo, ainda que não tenha conteúdo econômico imediatamente aferível. ▶**Art. 292.** O valor da causa constará da petição inicial ou da reconvenção e será: I – na ação de cobrança de dívida, a soma monetariamente corrigida do principal, dos juros de mora vencidos e de outras penalidades, se houver, até a data de propositura da ação; II – na ação que tiver por objeto a existência, a validade, o cumprimento, a modificação, a resolução, a resilição ou a rescisão de ato jurídico, o valor do ato ou o de sua parte controvertida; III – na ação de alimentos, a soma de 12 (doze) prestações mensais pedidas pelo autor; IV – na ação de divisão, de demarcação e de reivindicação, o valor de avaliação da área ou do bem objeto do pedido; V – na ação indenizatória, inclusive a fundada em dano moral, o valor pretendido; VI – na ação em que há cumulação de pedidos, a quantia correspondente à soma dos valores de todos eles; VII – na ação em que os pedidos são alternativos, o de maior valor; VIII – na ação em que houver pedido subsidiário, o valor do pedido principal. **§ 1º** Quando se pedirem prestações vencidas e vincendas, considerar-se-á o valor de umas e outras. **§ 2º** O valor das prestações vincendas será igual a uma prestação anual, se a obrigação for por tempo indeterminado ou por tempo superior a 1 (um) ano, e, se por tempo inferior, será igual à soma das prestações. **§ 3º** O juiz corrigirá, de ofício e por arbitramento, o valor da causa quando verificar que não corresponde ao conteúdo patrimonial em discussão ou ao proveito econômico perseguido pelo autor, caso em que se procederá ao recolhimento das custas correspondentes. ▶**Art. 293.** O réu poderá impugnar, em preliminar da contestação, o valor atribuído à causa pelo autor, sob pena de preclusão, e o juiz decidirá a respeito, impondo, se for o caso, a complementação das custas.

CAPÍTULO I ● CÓDIGO DE PROCESSO CIVIL (LEI Nº13.105/15)

ENUNCIADO 049. O CONTROLE DO VALOR DA CAUSA, PARA FINS DE COMPETÊNCIA DO JUIZADO ESPECIAL FEDERAL, PODE SER FEITO PELO JUIZ A QUALQUER TEMPO.

▶ *Luiz Régis Bonfim Filho*

É cediço que o Juizado Especial Federal (JEF) cível detém competência para tratar de causas de menor complexidade e de pequeno valor econômico. A Lei 10.259/01, lei regulamentadora dos Juizados Especiais no âmbito da Justiça Federal, além de estipular sessenta salários mínimos (art. 3º, *caput*) como parâmetro de competência, dispõe um rol de matérias (art. 3º, § 1º) que não podem ser tratadas no JEF, isto é, matérias de razoável complexidade. Para o presente estudo, restringe-se a abordar sobre o parâmetro de competência: valor econômico da causa.

Leciona-se, comumente, que a competência fixada em razão do valor da causa reflete natureza relativa, admitindo, por conseguinte, modificação ou prorrogação por vontade das partes ou por critério legais. Ocorre que há a possibilidade do aludido critério de fixação de competência deter natureza absoluta. É o caso do JEF, na forma do art. 3º, § 3º, Lei 10.259/01 (No foro onde estiver instalada Vara do Juizado Especial, a sua competência é absoluta). Registre-se que o CPC, em seu art. 54, adota a expressão "competência relativa", não "competência em razão do valor e do território" na forma do então art. 102 do CPC/73, ao tratar da possibilidade de modificação de competência relativa em razão de conexão ou continência.

A causa de competência da Justiça Federal cujo patamar econômico seja inferior a sessenta salários mínimos, não possuindo objeto enquadrado no rol de matérias previstas no § 1º da art. 3º, Lei 10.259/01, deve ser necessariamente ajuizada perante JEF. Em razão de seu caráter absoluto, a competência do JEF é improrrogável, não se alterando pela vontade das partes nem pelas regras de conexão e continência.

Desta feita, por configurar parâmetro de definição da competência do JEF, o valor atribuído à causa na petição inicial deve sujeitar-se a qualquer tempo ao controle jurisdicional percuciente e amplo. O § 3º do art. 292 do CPC corrobora tal assertiva.

É imprescindível ao regular prosseguimento da lide judicializada em JEF a adequada análise do valor da causa. Salienta-se que em tal análise deve-se considerar o salário mínimo vigente na data da propositura de ação (Enunciado FONAJEF 15). Havendo formação de litisconsorte ativo, o valor da causa deve ser considerado por autor para fins de fixação da competência do JEF (Enunciado FONAJEF 18).

Destaca-se, ainda, que, em se tratando de pretensão por parcelas vincendas, o valor da causa constitui eventuais parcelas vencidas somadas ao teto de doze vincendas (art. 292, § 1º e § 2º, CPC c/c enunciados 48 e 123/FONAJEF). No ponto, observa-se a tese fixada na Turma Nacional de Uniformização (TNU, 0018864-70.2013.4.01.3200, Rel. Fábio Cesar dos Santos Oliveira, j. 24.11.2016), Boletim TNU 11 – Informativo do CJF:

> Para fins de delimitação da competência dos Juizados Especiais Federais nas demandas previdenciárias, o valor da causa compreende as parcelas vencidas na data do ajuizamento da ação acrescidas de doze parcelas vincendas.

Sobre o controle do valor da causa em sede de cumprimento de sentença, colaciona-se os esclarecimentos constantes do aludido precedente, adiante transcrito, e disponível no sítio eletrônico do CJF.

Pelo exposto, a qualquer tempo, deve o magistrado exercer controle do valor da causa para fins de fixação de competência do JEF em razão, especialmente, de seu caráter absoluto.

> ◎ (...) A Lei 10.259/01 dispõe, em seu artigo 3º, que compete ao Juizado Especial Federal Cível processar e julgar causas de valor até sessenta salários-mínimos. Nas hipóteses em que o pedido visar à condenação da parte ré ao pagamento de parcelas vincendas sem prazo determinado, a fixação do valor da causa, para fins de competência do Juizado Especial, deverá considerar a soma de doze parcelas vincendas. Por sua vez, o § 4º, do artigo 17, da mencionada lei, prevê a possibilidade de expedição de precatório para pagamento do débito, se o valor da execução ultrapassar a alçada do Juizado Especial Federal. A interpretação sistemática de tais regras excluiu a aplicação do art. 39, da Lei 9.099/95, do âmbito dos Juizados Especiais Federais (cf. TNU, Pedilef 200471500085030, Rel. Juiz Federal Herculano Martins Nacif, DOU 3.5.2013), uma vez que a quantia que sobeja sessenta salários-mínimos pode ser objeto de execução por meio de expedição de precatório, o que afasta a admissibilidade da renúncia tácita para definição de competência (Enunciado n. 17, da súmula da jurisprudência da Turma Nacional de Uniformização). De igual modo, o valor da causa não precisa guardar exata correspondência com o valor da condenação, porque o art. 3º, § 2º, da Lei 10.259/01, dispõe que o valor da causa deve ter como parâmetro a inclusão de doze parcelas vincendas nas obrigações por tempo indeterminado. A observância dos critérios para fixação do valor da causa nessas hipóteses (art. 260, do CPC/73, e art. 292, §§ 1º e 2º, do Novo Código de Processo Civil) exigiria que a sua apuração correspondesse ao somatório das parcelas vencidas e doze prestações vincendas, cujo resultado não poderia ser superior a sessenta salários-mínimos. (...). (TNU, 0018864-70.2013.4.01.3200, Rel. Fábio Cesar dos Santos Oliveira, j. 24.11.2016, Boletim TNU 11, Informativo CJF).

> ▶ **CPC. Art. 292.** (...). **§ 3º** O juiz corrigirá, de ofício e por arbitramento, o valor da causa quando verificar que não corresponde ao conteúdo patrimonial em discussão ou ao proveito econômico perseguido pelo autor, caso em que se procederá ao recolhimento das custas correspondentes.

ENUNCIADO 123. O CRITÉRIO DE FIXAÇÃO DO VALOR DA CAUSA NECESSARIAMENTE DEVE SER AQUELE ESPECIFICADO NOS ARTS. 259 E 260 DO CPC, POIS ESTE É O ELEMENTO QUE DELIMITA AS COMPETÊNCIAS DOS JEFs E DAS VARAS (A EXEMPLO DO QUE FOI FEITO PELO ART. 2º, § 2º, DA LEI 12.153/09).

▶ *Oscar Valente Cardoso*

Inicialmente, é importante salientar que causa e ação não se confundem, e somente a primeira possui conteúdo econômico. Para Humberto Theodoro Júnior, a causa é a lide (fato anterior ao processo, e que constitui pressuposto do direito de ação) levada a juízo, ou seja, a controvérsia submetida ao Judiciário; também não se confundem lide e causa: a primeira é um fato pré-processual, enquanto a segunda é a "questão litigiosa deduzida no processo"[20]. Luiz Caetano de Salles afirma que a causa

---

20. THEODORO JÚNIOR, Humberto. **Curso de direito processual civil.** vol. I. 50. ed. Rio de Janeiro: Forense, 2009. p. 71-72.

Capítulo I ● Código de Processo Civil (Lei nº13.105/15)

está contida na ação (direito abstrato de requerer a prestação jurisdicional[21]), e consiste no litígio existente no processo[22].

Ainda, o Enunciado faz menção ao art. 258 do CPC/73, o qual previa que "a toda causa será atribuído um valor certo, ainda que não tenha conteúdo econômico imediato". A norma foi parcialmente reproduzida pelo art. 291 do CPC: "A toda causa será atribuído valor certo, ainda que não tenha conteúdo econômico imediatamente aferível".

O valor da causa é um dos requisitos da petição inicial (art. 319, V, do CPC, e art. 14, § 1º, III, da Lei 9.099/95), pois o conteúdo econômico da controvérsia influencia diversos atos e incidentes processuais (inclusive a definição da competência). Sua ausência motiva o indeferimento da exordial, após a concessão do prazo de 15 dias úteis para emenda (art. 321 do CPC)[23]. Salienta-se que o valor a ser apurado é aquele existente no momento da propositura do pedido, não devendo ser alterado por fato superveniente[24].

Ao contrário do CPC, no qual o valor da causa é aferido a partir da relação jurídica litigiosa, a Lei 9.099/95 associa o valor ao objeto. Logo, sustenta-se que a delimitação do valor nos juizados é distinta e mais restrita, por se limitar ao objeto do pedido. Nesse sentido é o Enunciado 39 do FONAJE: "Em observância ao art. 2º da Lei 9.099/95, o valor da causa corresponderá à pretensão econômica objeto do pedido".

> ▶ **CPC. Art. 291.** A toda causa será atribuído valor certo, ainda que não tenha conteúdo econômico imediatamente aferível. ▶**Art. 292.** O valor da causa constará da petição inicial ou da reconvenção e será: I – na ação de cobrança de dívida, a soma monetariamente corrigida do principal, dos juros de mora vencidos e de outras penalidades, se houver, até a data de propositura da ação; II – na ação que tiver por objeto a existência, a validade, o cumprimento, a modificação, a resolução, a resilição ou a rescisão de ato jurídico, o valor do ato ou o de sua parte controvertida; III – na ação de alimentos, a soma de 12 (doze) prestações mensais pedidas pelo autor; IV – na ação de divisão, de demarcação e de reivindicação, o valor de avaliação da área ou do bem objeto do pedido; V – na ação indenizatória, inclusive a fundada em dano moral, o valor pretendido; VI – na ação em que há cumulação de pedidos, a quantia correspondente à

---

21. O direito de ação possui fundamento constitucional no art. 5º, XXXV, segundo o qual "a lei não excluirá da apreciação do Poder Judiciário lesão ou ameaça a direito". Distingue-se esse direito constitucional do direito processual de ação, de ter uma sentença de mérito, favorável ou não ao pedido. Desse modo, a ação é conceituada como sendo o "(...) direito ou poder de exigir o provimento jurisdicional final ou, especificamente no processo de conhecimento, como o poder de exigir a sentença que julgue o mérito da causa (...)" (DINAMARCO, Cândido Rangel. **Instituições de direito processual civil.** v. I. São Paulo: Malheiros, 2001, p. 296-297). Em outras palavras, trata-se do direito de provocar o exercício da prestação jurisdicional pelo Estado, ou a forma de cumprir esse direito.

22. SALLES, Luiz Caetano de. **O valor da causa e seus reflexos no processo civil.** São Paulo: Iglu, 2000, p. 16.

23. O art. 321 do CPC amplia o prazo de 10 dias que era previsto no art. 284, *caput* e parágrafo único, do CPC/73.

24. Sobre o assunto: "A fixação do valor da causa se faz na petição inicial, porque é no instante do ajuizamento da demanda que esse valor é fixado e se estabiliza. Os dados desse momento é que importam, nenhum efeito resultando de alterações supervenientes" (ARAGÃO, Egas Dirceu Moniz de. **Comentários ao Código de Processo Civil.** 9. ed. vol. II. Rio de Janeiro: Forense, 1998, p. 316).

soma dos valores de todos eles; VII – na ação em que os pedidos são alternativos, o de maior valor; VIII – na ação em que houver pedido subsidiário, o valor do pedido principal. **§ 1º** Quando se pedirem prestações vencidas e vincendas, considerar-se-á o valor de umas e outras. **§ 2º** O valor das prestações vincendas será igual a uma prestação anual, se a obrigação for por tempo indeterminado ou por tempo superior a 1 (um) ano, e, se por tempo inferior, será igual à soma das prestações. **§ 3º** O juiz corrigirá, de ofício e por arbitramento, o valor da causa quando verificar que não corresponde ao conteúdo patrimonial em discussão ou ao proveito econômico perseguido pelo autor, caso em que se procederá ao recolhimento das custas correspondentes.

▶ **Art. 293.** O réu poderá impugnar, em preliminar da contestação, o valor atribuído à causa pelo autor, sob pena de preclusão, e o juiz decidirá a respeito, impondo, se for o caso, a complementação das custas.

4. DA TUTELA PROVISÓRIA (ARTS. 294 A 311)

ENUNCIADO 005. AS SENTENÇAS E ANTECIPAÇÕES DE TUTELA DEVEM SER REGISTRADAS TÃO-SOMENTE EM MEIO ELETRÔNICO.

Enunciado comentado no item *Da Distribuição e do Registro (arts. 284 a 290).*

ENUNCIADO 086. A TUTELA DE URGÊNCIA EM SEDE DE TURMAS RECURSAIS PODE SER DEFERIDA DE OFICIO.

▶ *Bruno Augusto Santos Oliveira*

A expressão "tutela de urgência" foi empregada pelo IV FONAJEF (2007) – muito antes, portanto, de sua utilização, pelo CPC, para designar gênero de medida que inclui tanto a tutela antecipada quanto a tradicional medida cautelar.

Como encontra fundamento no poder geral de cautela, cuja disciplina não foi substancialmente alterada no novo Diploma Processual, pode-se afirmar que permanece na nova ordem a possibilidade do deferimento de ofício pelas Turmas Recursais, integrantes que são do Poder Judiciário, inseridas no sistema dos Juizados Especiais.

Na lição de Chimenti[25]:

> Os princípios norteadores dessa lei (art. 2º), somados à previsão de ampla liberdade do juiz na apreciação das questões que lhe são submetidas (art. 6º), autorizam concluirmos pelo cabimento da tutela antecipada, genérica (art. 273 do CPC) e específica (art. 461, § 3º, do CPC), e também das liminares cautelares no Sistema dos Juizados Especiais.

Importante pontuar, sobre o tema, que há discussões doutrinárias sobre se esse poder de cautela da Turma Recursal se restringiria apenas à medida cautelar, ou também se aplicaria à antecipação de tutela. Contudo, a aplicação dos princípios do microssistema dos juizados, notadamente o da celeridade, da informalidade e da

---

25. CHIMENTI, Ricardo Cunha. **Teoria e Prática dos juizados especiais civis estaduais e federais.** São Paulo: Saraiva, 2012, p. 138.

CAPÍTULO I ● CÓDIGO DE PROCESSO CIVIL (LEI Nº13.105/15)

fungibilidade, permitem que se leia o Enunciado em seu sentido mais amplo, abarcando ambas as possibilidades. Assim pondera Chimenti[26]:

> Ademais, enquanto a medida cautelar pode ser determinada de ofício, a antecipação da tutela, específica ou genérica, sempre exige requerimento da parte, do terceiro interveniente ou do Ministério Público, embora no sistema dos Juizados Especiais se admita o denominado pedido implícito quando este se apresenta como pressuposto para a análise do pedido expresso. Nesse sentido o Enunciado 18 do I Encontro de Juízes de Juizados Especiais Cíveis da Capital e da Grande São Paulo (...). O princípio da informalidade também determina a aplicação do princípio da fungibilidade, possibilitando que um pedido de liminar cautelar seja acolhido como antecipação de tutela ou que um pedido de antecipação de tutela (liminar ou não) seja analisado como pedido de medida cautelar. Nossa posição agora encontra respaldo no § 7º do art. 273 do CPC. A revogação pode dar-se de ofício, observada a exigência constitucional da motivação.

Na visão de Rocha[27]:

> Como se sabe, as tutelas provisórias incidentes são modalidades de tutelas diferenciadas, de índole constitucional, aplicadas ao longo do procedimento para combater os malefícios do tempo no processo. São instrumentos da busca pela efetividade processual, com os escopos de garantir a prestação da tutela jurisdicional eficiente e redistribuir os ônus processuais entre as partes. As tutelas provisórias incidentes podem ser divididas em dois grupos: de um lado, as tutelas de evidência, e de outro, as tutelas de urgência, que se subdividem em cautelar e antecipatória (art. 294 do CPC). Não é preciso tecer grandes considerações, portanto, para se concluir que essas modalidades de tutela estão inteiramente em sintonia não apenas com a estrutura do procedimento dos Juizados, mas também com seus princípios fundamentais, especialmente com o princípio da celeridade.

◉ Enunciado I Encontro de Juízes de Juizados Especiais Cíveis da Capital e da Grande São Paulo 18. Cabe a apreciação do pedido implícito, desde que pressuposto para a apreciação do pedido expresso.

▶ **CPC. Art. 294.** A tutela provisória pode fundamentar-se em urgência ou evidência. **Parágrafo único.** A tutela provisória de urgência, cautelar ou antecipada, pode ser concedida em caráter antecedente ou incidental. ▶**Art. 300.** A tutela de urgência será concedida quando houver elementos que evidenciem a probabilidade do direito e o perigo de dano ou o risco ao resultado útil do processo.

ENUNCIADO 089. NÃO CABE PROCESSO CAUTELAR AUTÔNOMO, PREVENTIVO OU INCIDENTAL, NO ÂMBITO DOS JUIZADOS ESPECIAIS FEDERAIS.

▶ *João Cabrelon*

Outrora previsto nos arts. 796 a 889 do CPC/73, o processo cautelar permitia aos interessados que se utilizassem de uma ação autônoma, de caráter instrumental, destinada a garantir o resultado útil do processo principal, mediante a adoção de medidas judiciais no sentido de conservar e assegurar "os elementos do processo (pessoas, provas e bens), eliminando a ameaça de perigo ou prejuízo iminente e irreparável ao

---

26. CHIMENTI, Ricardo Cunha. **Teoria e Prática dos juizados especiais civis estaduais e federais**. São Paulo: Saraiva, 2012, p. 142.
27. ROCHA, Felippe Borring. **Manual dos juizados especiais cíveis estaduais: teoria e prática**. 8. ed. São Paulo: Atlas, 2016, p. 163.

interesse tutelado no processo principal (...)"[28]. Com exceção das ações cautelares de caráter satisfativo, conviviam, então, o processo cautelar e o processo principal, do qual aquele era autônomo, ainda que com este mantivesse uma relação de acessorie-dade, dependendo a sorte do processo cautelar da "existência ou probabilidade de um processo principal"[29].

Ainda na vigência do CPC/73, a ação cautelar autônoma, antecedente ou incidental, perdera grande parte de sua força, em face da introdução do § 7º no art. 273 do CPC/73, por meio da Lei 10.444/02, o qual autorizou expressamente que o juiz conhecesse do pedido de natureza cautelar no próprio processo principal, mesmo quando formulado, incorretamente, como pedido de antecipação de tutela.

Nessa senda, tornou-se comum, na vigência do CPC/73, expedir-se determinação judicial de conversão de ações cautelares autônomas em ações ordinárias, mediante emenda da inicial, dada a redundância verificada na coexistência de uma ação cautelar e uma ação ordinária, em especial quando a primeira já trazia os elementos necessários para se conhecer do pedido principal.

Nos Juizados Especiais Federais, essa redundância era ainda mais perniciosa. Em atenção aos princípios da celeridade e da economia processual, a Lei 9.099/95 criou um único tipo de procedimento, célere e enxuto, para os processos destinados a tramitar nos Juizados. Esse procedimento tem poucas fases, todas elas são claramente vocacionadas a levar a bom termo o processo no menor prazo possível, sem se olvidar dos princípios constitucionais do contraditório e da ampla defesa.

O procedimento cível nos Juizados é, portanto, bastante simples. Formalizado o pedido, prevê a Lei 9.099/95 a designação de audiência de conciliação, a realizar--se no prazo de quinze dias (art. 16). Citado o réu, e não comparecendo à audiência de conciliação, dá-se a revelia (art. 20), proferindo o juiz sentença de imediato (art. 23). Comparecendo as partes, e havendo conciliação, sua homologação pelo juízo por sentença a qualifica como título executivo (art. 22, parágrafo único). Não se obtendo êxito na conciliação, e apresentada a contestação pelo réu, segue o processo com a realização de audiência de instrução e julgamento, de plano ou no prazo de quinze dias (art. 27). Finda a instrução, deve o juiz proferir a sentença (art. 28).

Nos Juizados Especiais Federais, algumas pequenas alterações foram introduzidas pela Lei 10.259/01 quanto ao procedimento. Assim, o prazo para a audiência de conciliação foi estendido para trinta dias (art. 9º), autorizou-se o deferimento de medidas cautelares no curso do processo (art. 4º), bem como a realização de prova pericial, nomeada pela lei de "exame técnico" (art. 12). A simplificação do procedimento nos Juizados Especiais Federais é perseguida por meio de outras disposições, como a proibição de prazos diferenciados em favor das pessoas jurídicas de direito

---

28. THEODORO JÚNIOR, Humberto. **Curso de direito processual civil.** vol. II. 49. ed. Rio de Janeiro: Forense, 2014. p. 531
29. *Idem.* p. 534.

Capítulo I ● Código de Processo Civil (Lei nº13.105/15)

público (art. 9º) e a inexistência do reexame necessário em face de sentenças contra elas proferidas (art. 13).

Tamanha simplicidade e celeridade no procedimento repudia o trâmite de ações que reclamem procedimentos específicos nos Juizados Especiais Federais. É clara a incompatibilidade entre os ritos da ação cautelar autônoma e dos Juizados, inclusive porque a tramitação conjunta de um processo cautelar e o processo principal atentaria contra a necessidade de padronização dos atos processuais praticados no âmbito dos Juizados. Essa padronização é de caráter premente, dado o grande número de processos que normalmente tramitam por unidade jurisdicional.

A despeito dessas considerações de ordem prática, há precedentes, oriundos inclusive do STJ, rechaçando a tese segundo a qual não era possível o ajuizamento de ações cautelares autônomas perante os Juizados Especiais Federais. Dois argumentos principais foram invocados nesses precedentes.

O primeiro, no sentido de que o juiz competente para o processo e julgamento da ação cautelar autônoma, nos termos do art. 800 do CPC/73, era o juiz competente para conhecer da ação principal. Ora, na hipótese em que o juízo competente para ação principal estivesse inserido, em razão das regras de competência do art. 3º da Lei 10.259/01, nos Juizados Especiais Federais, o ajuizamento da ação cautelar autônoma preparatória ou antecedente deveria se dar, por rigor, também perante os Juizados, os quais detêm competência absoluta no foro em que estiverem instalados (art. 3º, § 3º, Lei 10.259/01).

O segundo argumento dizia respeito à falta de previsão legal, no próprio art. 3º da Lei 10.259/01, para afastar as ações cautelares autônomas do âmbito de competência dos Juizados Especiais Federais. É de se reconhecer que a Lei 10.259/01 afastou da competência dos Juizados o processo e julgamento de diversos tipos de ação nas quais se contemplam procedimentos específicos, dentre elas as ações de mandado de segurança, de desapropriação, de divisão e demarcação e de execuções fiscais (art. 3º, § 1º, I). Não o fez, contudo, em face das ações cautelares autônomas, circunstância que dá sustentação a esse argumento.

Toda essa discussão poderia ter perdido a importância em face da extinção do processo cautelar autônomo. O CPC não mais previu esse tipo de ação. Não obstante, o CPC contempla procedimento específico, concernente à tutela cautelar requerida em caráter antecedente (arts. 305 a 310), bastante semelhante à ação cautelar autônoma antecedente ou preparatória. Registre-se que não se trata de procedimento efetivamente autônomo, pois o pedido principal, deferida ou não a medida cautelar, será formulado nos mesmos autos em que deduzido o pedido de tutela cautelar (CPC, art. 308).

De qualquer modo, mostram-se ainda atuais os argumentos pro e contra o cabimento do processo cautelar autônomo perante os Juizados Especiais Federais, tendo agora como objeto a tutela cautelar requerida em caráter antecedente.

◉ A ação cautelar preparatória não consta do rol de exceções contido no art. 3º da Lei 10.259/01, de modo que ela deve ser proposta, nos termos do art. 800 do CPC, perante o Juizado Especial Federal que será competente para a ação principal. Precedente. – A circunstância de não ser conhecido o valor que se discutirá na ação principal não modifica a competência ora fixada. Caso, no futuro, por ocasião da propositura da ação principal, fique constatado que o valor excede o limite legal, é possível a modificação da competência do Juizado Especial Federal. Precedente da Primeira Seção. Conflito negativo conhecido e provido, para o fim de se estabelecer a competência do Primeiro Juizado Especial Federal de São Gonçalo, ora suscitado. (STJ, 2ª S., CC 88538, Rel. Nancy Andrighi, DJe 6.6.2008)

◉ Conflito de competência entre juizado especial federal e vara federal. Ação cautelar de protesto. Competência da vara federal. As ações cautelares (CPC, arts. 796 e ss) não detêm, via de regra, conteúdo econômico imediato, e possuem regramento processual próprio. Assim, não se enquadram no rito dos juizados especiais federais (Lei 10.259/01). Com efeito, em que pese não estejam as ações cautelares, expressamente, incluídas nas exceções à regra de competência dos juizados especiais (art. 3º, § 1º, Lei 10.259/01), aos JEF's não pode ser atribuída a competência para o julgamento de ação cautelar pelo simples fato de ser dado à causa valor inferior a 60 salários mínimos. Do contrário, qualquer demanda, por mais complexa que seja e mesmo que possua rito próprio, como são os casos dos Procedimentos Especiais de Jurisdição Contenciosa e Voluntária (CPC, arts. 890 a 1210), será da competência dos juizados especiais, na hipótese de não estar elencada nas exceções da competência dos JEF's de que trata o § 1º do art. 3º da Lei 10.259/01, o que, a toda evidência, vai de encontro com o próprio espírito em que instituídos os juizados especiais. Conflito negativo acolhido para fixar a competência do Juízo suscitado (Vara Federal). (TRF4, 1ª S., CC 00093030620114040000, Rel. Cláudia Maria Dadico, DE 10.8.2011)

◉ (...). Procedimento sumaríssimo dos juizados especiais federais. A ação cautelar autônoma contraria os princípios da celeridade e economia processual vigente nos juizados, sobretudo porque a pretensão cautelar ser deduzida incidentalmente à ação principal. Recurso a que se nega provimento. (...). (Turma Recursal de SP, 9ª T., RI 00416697420104036301, Rel. Alessandra de Medeiros Nogueira Reis, e-DJF3 25.2.2015)

5. DO PROCESSO DE CONHECIMENTO E DO CUMPRIMENTO DE SENTENÇA (ARTS. 318 A 770)

5.1. Do Procedimento Comum (arts. 318 a 512)

ENUNCIADO 001. O JULGAMENTO LIMINAR DE MÉRITO NÃO VIOLA O PRINCÍPIO DO CONTRADITÓRIO E DEVE SER EMPREGADO NA HIPÓTESE DE DECISÕES REITERADAS DE IMPROCEDÊNCIA PELO JUÍZO, BEM COMO NOS CASOS QUE DISPENSEM A FASE INSTRUTÓRIA, QUANDO O PEDIDO CONTRARIAR FRONTALMENTE NORMA JURÍDICA.

▶ *Rogério Moreira Alves*

Em uma das minirreformas aplicadas ao Código de Processo Civil de 1973, a Lei 11.277/06, introduziu o art. 285-A, que assim prescrevia:

> Art. 285-A. Quando a matéria controvertida for unicamente de direito e no juízo já houver sido proferida sentença de total improcedência em outros casos idênticos, poderá ser dispensada a citação e proferida sentença, reproduzindo-se o teor da anteriormente prolatada.

Aquela norma legal permitia que o juiz julgasse improcedente o pedido de plano, ou seja, mesmo sem ouvir o réu. Aquela norma, porém, não foi reproduzida no atual

Código de Processo Civil instituído pela Lei 13.105/15. Nem por isso a sua prescrição precisa deixar de ser aplicada nos Juizados Especiais Federais. Note-se que, mesmo antes de o agora revogado art. 285-A ter sido introduzido no CPC de 1973, o FONAJEF já havia sugerido o julgamento liminar de improcedência como expediente válido. O primeiro Enunciado aprovado no I FONAJEF, realizado em outubro de 2004, em Brasília, tinha a seguinte redação:

> O julgamento de mérito de plano ou "prima facie" não viola o princípio do contraditório e deve ser empregado na hipótese de decisões reiteradas de improcedência pelo juízo sobre determinada matéria.

O Enunciado assumiu a atual redação quando foi revisado no XI FONAJEF, realizado em novembro de 2014, em Campo Grande/MS.

Os Juizados Especiais Federais podem continuar exarando sentenças de improcedência sem a citação do réu. Esse procedimento, apesar de não mais contar com aparo em norma legal expressa, tem respaldo nos princípios da economia processual e da celeridade, que regem os juizados especiais, conforme artigo 2º da Lei 9.099/95. A dispensa da citação do réu nos casos em que o juiz já esteja antecipadamente convencido por rejeitar a pretensão do autor acelera a entrega da prestação jurisdicional e poupa o cumprimento de atos processuais que não teriam potencialidade de alterar o entendimento do julgador de primeira instância.

É uma decorrência do princípio constitucional do contraditório que o réu seja sempre instado a se manifestar no processo antes de qualquer julgamento contra si proferido. A inobservância do contraditório constitui hipótese de nulidade absoluta. Contudo, se a sentença liminar de mérito favorece o réu, não há motivo para decretar nulidade processual por falta de citação. Afinal, não se anula ato processual que não tenha causado prejuízo à parte. Tanto o Código de Processo Civil de 1973 (art. 249, § 2º) quanto o atual (art. 282, § 2º) assim dispõem.

Se a sentença liminar de improcedência transitar em julgado, a falta de citação em nada terá prejudicado o réu. Se o autor porventura interpuser recurso contra a sentença, o contraditório deverá ser então estabelecido, mediante intimação – ou citação – do réu para oferecer contrarrazões ao recurso, tal qual previa o revogado § 2º do artigo 285-A do CPC de 1973.

É importante observar a ressalva anotada na versão revisada do Enunciado aqui comentado: a sentença de improcedência só é admissível quando a matéria for exclusivamente de direito, ou seja, quando não houver necessidade de abrir instrução processual. Caso haja questão de fato a ser resolvida, o réu tem o direito de participar ativamente na produção da prova, como corolário do princípio do contraditório. Ainda que o juiz de primeiro grau esteja convencido por julgar a lide favoravelmente ao réu após a instrução processual, não se pode antecipadamente descartar a hipótese de o autor sucumbente vir a interpor recurso, provocando reexame da sentença. Nesse caso, se o réu vencedor não tiver participado da fase instrutória, ao colegiado recursal ficaria cerceada a possibilidade de reformar a sentença liminar de improcedência, uma vez que a prova produzida não estaria legitimada pela garantia constitucional do contraditório.

> **CPC. Art. 332.** Nas causas que dispensem a fase instrutória, o juiz, independentemente da citação do réu, julgará liminarmente improcedente o pedido que contrariar: I – enunciado de súmula do Supremo Tribunal Federal ou do Superior Tribunal de Justiça; II – acórdão proferido pelo Supremo Tribunal Federal ou pelo Superior Tribunal de Justiça em julgamento de recursos repetitivos; III – entendimento firmado em incidente de resolução de demandas repetitivas ou de assunção de competência; IV – enunciado de súmula de tribunal de justiça sobre direito local. **§ 1º** O juiz também poderá julgar liminarmente improcedente o pedido se verificar, desde logo, a ocorrência de decadência ou de prescrição. **§ 2º** Não interposta a apelação, o réu será intimado do trânsito em julgado da sentença, nos termos do art. 241. **§ 3º** Interposta a apelação, o juiz poderá retratar-se em 5 (cinco) dias. **§ 4º** Se houver retratação, o juiz determinará o prosseguimento do processo, com a citação do réu, e, se não houver retratação, determinará a citação do réu para apresentar contrarrazões, no prazo de 15 (quinze) dias.

ENUNCIADO 046. A LITISPENDÊNCIA DEVERÁ SER ALEGADA E PROVADA, NOS TERMOS DO CPC (ART. 301), PELO RÉU, SEM PREJUÍZO DOS MECANISMOS DE CONTROLE DESENVOLVIDOS PELA JUSTIÇA FEDERAL.

> *Antônio César Bochenek e Márcio Augusto Nascimento*

No I FONAJEF, em 2005, o debate entre juízes foi verificado que as peças processuais das partes rés alegavam de forma genérica a litispendência como preliminar de mérito. Entrementes, aquelas contestações não traziam elemento probatório algum que provasse a suposta litispendência. Com isto, imputava ao Juízo a incumbência de pesquisar os dados ou, ainda, intimar a parte autora para que trouxesse certidões de inexistência de ações idênticas pretéritas.

Vale lembrar que existe litispendência quando se repete ação que está em curso, o que é vedado pelo CPC e causa de extinção do processo sem julgamento do mérito, ou seja, um pressuposto processual negativo. De outro lado, em regra, o ônus da prova incumbe ao réu que alega o fato impeditivo do direito do autor, na forma do primitivo artigo 301 do CPC/73, agora art. 373, inciso II, do CPC.

A Justiça Federal possui bons mecanismos de controle eletrônicos que apontam a possibilidade de litispendência, coisa julgada, prevenção. Contudo, esses instrumentos não são globais, pois não abrange a Justiça Estadual ou a Justiça do Trabalho, tampouco as Justiças Federais de outros Tribunais Regionais Federais.

Logo, se o réu alega a ocorrência de litispendência que impede o ajuizamento de nova ação pelo autor, deverá trazer provas desse fato, tal qual certidão processual ou cópias de peças processuais atinentes. Esta é a regra geral. Entretanto, para a higidez e justiça, os mecanismos de controle do judiciário também devem ser acionados para evitar duplicidade indevida de demandas.

Conselho Regional de Engenharia, Arquitetura e Agronomia. Engenheiro operacional. Litispendência. Inocorrência. Ato omissivo. Decadência. Formação de nível superior. Limitação de atribuição. Resolução 218/73. Possibilidade. 1. Cabe a quem alega a litispendência o ônus de provar sua ocorrência. Não há comprovação nos autos. 2. A Lei 5.194/66 atribui ao Conselho Federal de Engenharia, Arquitetura e Agronomia a competência para regulamentar e executar as disposições nela contidas, não se revestindo de ilegalidade, portanto, a Resolução CONFEA n. 218/73,

Capítulo I ● Código de Processo Civil (Lei nº13.105/15)

ao impelir o exercício de atividades relacionadas à construção civil, aos engenheiros operacionais. Negativa de vigência à lei não configurada. (...). (STJ, REsp 151353...) 3. Remessa oficial que se dá provimento. (TRF-1, REOMS 6908 AM 2002.32.00.006908-5, j. 27.7.2007)

> **CPC Art. 337.** Incumbe ao réu, antes de discutir o mérito, alegar: VI – litispendência; (...). **§ 1º** Verifica-se a litispendência ou a coisa julgada quando se reproduz ação anteriormente ajuizada. **§ 2º** Uma ação é idêntica a outra quando possui as mesmas partes, a mesma causa de pedir e o mesmo pedido. **§ 3º** Há litispendência quando se repete ação que está em curso. **►Art. 373.** O ônus da prova incumbe: I – ao autor, quanto ao fato constitutivo de seu direito; II – ao réu, quanto à existência de fato impeditivo, modificativo ou extintivo do direito do autor.

ENUNCIADO 153. A REGRA DO ART. 489, PARÁGRAFO PRIMEIRO, DO NCPC DEVE SER MITIGADA NOS JUIZADOS POR FORÇA DA PRIMAZIA DOS PRINCÍPIOS DA SIMPLICIDADE E INFORMALIDADE QUE REGEM O JEF.

> *Antônio César Bochenek e Márcio Augusto Nascimento*

O artigo 489, § 1º, do CPC/2015 determinou que não se considera fundamentada qualquer decisão judicial, seja ela interlocutória, sentença ou acórdão, quando não estiver de acordo com as premissas estabelecidas nos seus incisos I a V (adiante transcritos).

O dever constitucional, legal e moral de fundamentação das decisões judiciais avança com o objetivo de aumentar o grau de precisão das respostas dadas pelo judiciário aos argumentos e as justificativas apresentadas pelas partes no processo judicial.

Ninguém é contra o dever de fundamentação, mas a adoção de sistemas de resolução de conflitos distintos exige ferramentas diferentes para o processamento das demandas. Neste sentido, as regras do microssistema dos juizados especiais devem ser preservadas na essência da sua formação e desenvolvimento nos últimos anos. De outro lado, também devem ser aplicadas subsidiariamente as regras do artigo 489, § 1º, do CPC, porém de forma mitigada e em sintonia com os critérios e valores dos juizados. Pensar de modo diverso, tornaria o processamento e o julgamento nos JEF muito moroso, porque o processo que foi concebido para ser simplificado, célere e efetivo, seria extremamente complexo e moroso.

> **CPC. Art. 489.** São elementos essenciais da sentença: **§ 1º** Não se considera fundamentada qualquer decisão judicial, seja ela interlocutória, sentença ou acórdão, que: I – se limitar à indicação, à reprodução ou à paráfrase de ato normativo, sem explicar sua relação com a causa ou a questão decidida; II – empregar conceitos jurídicos indeterminados, sem explicar o motivo concreto de sua incidência no caso; III – invocar motivos que se prestariam a justificar qualquer outra decisão; IV – não enfrentar todos os argumentos deduzidos no processo capazes de, em tese, infirmar a conclusão adotada pelo julgador; V – se limitar a invocar precedente ou Enunciado de súmula, sem identificar seus fundamentos determinantes nem demonstrar que o caso sob julgamento se ajusta àqueles fundamentos; VI – deixar de seguir Enunciado de súmula, jurisprudência ou precedente invocado pela parte, sem demonstrar a existência de distinção no caso em julgamento ou a superação do entendimento.

60 ENUNCIADOS FONAJEF ● *Aluisio Gonçalves de Castro Mendes*

ENUNCIADO 155. AS DISPOSIÇÕES DO CPC/2015 REFERENTES ÀS PROVAS NÃO REVOGAM AS DISPOSIÇÕES ESPECÍFICAS DA LEI N. 10.259/2001, SOBRE PERÍCIAS (ART. 12), E NEM AS DISPOSIÇÕES GERAIS DA LEI N. 9.099/1995.

▶ *Aluisio Gonçalves de Castro Mendes*

O Enunciado 155 foi aprovado no XII FONAJEF, realizado em junho de 2015, em Vitória, no Espírito Santo, durante o período da "vacatio legis" do novo Código de Processo Civil. Na ocasião, debatia-se sobre a aplicabilidade das normas do estatuto processual civil aos juizados especiais. O art. 1º do CPC, no entanto, é expresso em mencionar que o processo civil será ordenado, disciplinado e interpretado conforme os valores e as normas fundamentais estabelecidos na Constituição da República Federativa do Brasil, observando-se as disposições do Código de Processo Civil. Todavia, prevê expressamente que permanecem em vigor as disposições especiais dos procedimentos regulados em outras leis, aos quais se aplicará supletivamente o Código, nos termos do seu art. 1.046, § 2º.

Por sua vez, a Lei 9.099/95 possui um conjunto de normas próprias previstas na Seção XI (Das Provas) e em outras partes, com peculiaridades em relação às normas gerais previstas no Código de Processo Civil. Do mesmo modo, o art. 12 da Lei 10.259/01. Portanto, ficam preservadas as normas específicas diante do comando geral advindo do CPC. Nesse sentido, o Enunciado reforça a existência de normas específicas, como o art. 12 da Lei 10.259/01, e de normas gerais dos juizados, mas que são especiais em relação ao Código, razão pela qual não foram revogadas e continuam com plena eficácia. A aplicação do Código de Processo Civil será, logo, supletiva, apenas no que não tiver sido regulado de modo especial e diversamente pela legislação específica dos juizados especiais.

▶ **LJEF. Art. 12.** Para efetuar o exame técnico necessário à conciliação ou ao julgamento da causa, o Juiz nomeará pessoa habilitada, que apresentará o laudo até cinco dias antes da audiência, independentemente de intimação das partes. **§ 1º** Os honorários do técnico serão antecipados à conta de verba orçamentária do respectivo Tribunal e, quando vencida na causa a entidade pública, seu valor será incluído na ordem de pagamento a ser feita em favor do Tribunal. **§ 2º** Nas ações previdenciárias e relativas à assistência social, havendo designação de exame, serão as partes intimadas para, em dez dias, apresentar quesitos e indicar assistentes. ▶ **Art. 11**. A entidade pública ré deverá fornecer ao Juizado a documentação de que disponha para o esclarecimento da causa, apresentando-a até a instalação da audiência de conciliação.

ENUNCIADO 159. NOS TERMOS DO ENUNCIADO Nº 1 DO FONAJEF E À LUZ DOS PRINCÍPIOS DA CELERIDADE E DA INFORMALIDADE QUE NORTEIAM O PROCESSO NO JEF, VOCACIONADO A RECEBER DEMANDAS EM GRANDE VOLUME E REPETITIVAS, INTERPRETA-SE O ROL DO ART. 332 COMO EXEMPLIFICATIVO.

▶ *Francisco Glauber Pessoa Alves*

Vigente o CPC anterior (Lei 5.869, de 11 de janeiro de 1973), a experiência de órgãos judiciários específicos para causas de menor complexidade, já existente pioneiramente nos antigos Juizados de Pequenas Causas instituídos pela Lei 7.244/84, tornou-se vitoriosa com a Lei 9.099/95, que sucedeu àquela, criando os Juizados

Especiais Cíveis e Criminais, responsáveis pelo julgamento de causas cíveis de menor complexidade e causas criminais de menor potencial ofensivo. Naquela metade da década de 1980, quando só existiam os Juizados de Pequenas Causas, não havia o assoberbamento do Judiciário que se originou pelas novas disposições constitucionais que passaram a vigorar no ano de 1988.

A Constituição Federal de 1988 conferiu prestígio a tal espécie de tutela jurisdicional. As "pequenas causas" passaram a ser terminologicamente nominadas e tratadas (registradas as existências das expressões juizados de pequenas causas e juizados especiais no corpo da Lei Maior - art. 24, X, e 98, I, respectivamente) como "causas de menor complexidade", por força do art. 3º da Lei 9.099/95.

Romperam-se nortes processuais clássicos. A inspiração passou a ser o obséquio aos princípios da oralidade, simplicidade, informalidade, economia processual e celeridade, buscando-se, sempre que possível, a conciliação ou a transação (art. 2º da Lei 9.099/95). A norma foi um sucesso. Um novo microssistema normativo, tendente a furtar-se aos gargalos do processo comum (ordinário ou sumário) então existente, rapidamente se solidificou.

Em 2001, a Lei 10.259 tratou dos Juizados Especiais Cíveis e Criminais no âmbito da Justiça Federal, apresentando rupturas também no aspecto processual específico da litigância contra os legitimados sujeitos à sua competência, essencialmente nas causas em que a União, entidade autárquica ou empresa pública federal forem interessadas na condição de rés, assistentes ou oponentes, exceto as de falência, as de acidentes de trabalho e as sujeitas à Justiça Eleitoral e à Justiça do Trabalho e as empresas públicas federais e causas correlatas. A Lei 12.153/09, por fim, regrou os Juizados Especiais da Fazenda Pública no âmbito dos Estados, do Distrito Federal, dos Territórios e dos Municípios.

O art. 1º da Lei 10.259/01 claramente declarou que lhe incide, subsidiariamente, a Lei 9.099/95. O parágrafo único do art. 1º da Lei 12.153/09 estabeleceu que o sistema dos Juizados Especiais dos Estados e do Distrito Federal é formado pelos Juizados Especiais Cíveis, Juizados Especiais Criminais e Juizados Especiais da Fazenda Pública. O art. 27 da Lei 12.153/09 determinou que ser-lhe-iam subsidiariamente aplicáveis o CPC anterior, a Lei 9.099/95 e a Lei 10.259/01. Não havia mais dúvidas da transcendência do microssistema geral dos Juizados sobre o CPC anterior. Deu-se uma ambiência (micros)sistêmica específica. Razoável dizer-se que um completo sistema processual e procedimental dos Juizados Especiais restou criado.

Desde o nascedouro, os Juizados Especiais Federais se pautaram fortemente pelos princípios próprios que marcam o microssistema dos Juizados, precipuamente os da simplicidade, da informalidade, da economia processual e da celeridade. Daí porque, nos primeiros Fóruns Nacionais dos Juizados Especiais Federais, experiências trazidas das diversas unidades da Justiça Federal brasileira findaram por representar uma gama de rotinas com reflexos positivos na atividade jurisdicional. Isso se deu, essencialmente, pela natureza das lides que preponderam na Justiça Federal e nos Juizados Especiais Federais, com percentual alto de demandas em massa de cunho previdenciário, administrativo e tributário.

Dessas experimentações, duas eram muito singulares. A primeira permitia o julgamento liminar de improcedência, ou seja, independente da oitiva do réu, nas hipóteses em que já houvesse decisões sobre a mesma matéria pelo juízo, desde que não existisse necessidade de dilação probatória. Dito posicionamento foi representado no Enunciado 1/FONAJEF (revisado no XI FONAJEF, havido em Campo Grande/MS, em novembro de 2014). A segunda, como consectário do Enunciado 1/FONAJEF, foi a utilização de contestações-padrão, assim entendidas aquelas respeitantes a matérias repetitivas. Elas eram depositadas em Secretaria e acostadas de imediato aos autos como medida de agilidade. Dessa forma, o juízo conhecia previamente a posição defensiva do réu (repetitiva), que, no geral, eram as pessoas jurídicas de direito público mais acionadas (INSS, União e Fazenda Nacional). Esse depósito prévio, óbvio, permitia não só os julgamentos que acatavam o pedido, como aqueles que o rejeitavam. Adveio, assim, o Enunciado 2/FONAJEF.

Bem provável que essa realidade dos Juizados Especiais Federais tenha influenciado a alteração do CPC anterior. Isso porque a Lei 11.277, de 7 de fevereiro de 2006, inseriu naquele Código o art. 285-A, instituindo o julgamento liminar de improcedência. Seus pressupostos eram (1) tratar-se de matéria unicamente de direito e (2) já haver o juízo proferido sentença de total improcedência em outros casos idênticos, reproduzindo-se o teor da sentença prolatada. Admitida, assim, a fundamentação proferida em outro processo, chamada "alliunde".

Se é fato que o entendimento do prolator da decisão monocrática não iria mudar, uma vez formado seu convencimento, é certo que muitas vezes tais decisões não encontravam respaldo na jurisprudência superior, de onde havia a necessidade de anulação da sentença para prosseguimento do feito com regular contraditório. Alvo de fortes críticas, o preceito restou azeitado pelo STJ no sentido de demandar "(...) alinhamento entre o juízo sentenciante, quanto à matéria repetitiva, e o entendimento cristalizado nas instâncias superiores, sobretudo no Superior Tribunal de Justiça e Supremo Tribunal Federal" (STJ, REsp 1201357). Ou seja, não bastava apenas entendimento repetitivo de improcedência firmado pelo juízo monocrático, *sendo necessário mais que*, igualmente, tal posição encontrasse conforto na jurisprudência das cortes superiores.

O CPC, trouxe, dentre outros, um claro objetivo, indicado em sua exposição de motivos: imprimir maior grau de organicidade ao sistema, dando-lhe, assim, mais coesão. Há uma forte inspiração do princípio da segurança jurídica[30], seja sob uma ótica vertical, de submissão aos precedentes firmados por Cortes superiores, seja sob uma

---

30. TUCCI, José Rogério Cruz e. O regime do procedente judicial no novo CPC. **Revista do Advogado.** São Paulo: AASP, v. XXXV, n. 126, maio/2015. p. 144: "Ressalte-se, a propósito, que, nestes últimos anos, os nossos tribunais superiores passaram a desempenhar papel relevantíssimo, por duas diferentes razões. Em primeiro lugar, pela necessidade de uniformizar a jurisprudência, diante das incertezas e divergências de julgados, que conspiram contra a segurança jurídica. São mais de 50 tribunais de segundo grau, espalhados nos diversos Estados brasileiros".

ótica horizontal, de decisões iguais a situações fático-jurídicas iguais por parte das próprias Cortes formadoras dos precedentes[31].

O NCPC detalhou um contexto de obrigatoriedade de os tribunais uniformizarem sua jurisprudência e mantê-la estável, íntegra e coerente (art. 926). Também se definiu um padrão (art. 927) segundo o qual devem os juízes observar (I) as decisões do STF em controle concentrado de constitucionalidade, (II) os Enunciados de súmulas vinculantes, (III) os acórdãos em incidente de assunção de competência ou de resolução de demandas repetitivas ou em julgamento de recursos extraordinário e especial repetitivos, (IV) os enunciados das súmulas do STF e do STJ e (V) a orientação do plenário ou do órgão especial aos quais estiverem vinculados.

A par dos existentes instrumentos de uniformização jurisprudencial, confirmados no CPC, outros foram criados. Globalmente, o quadro restou assim elencado: i) o incidente de assunção de competência, quando o julgamento de recurso, de remessa necessária ou de processo de competência originária envolver relevante questão de direito, com grande repercussão social, sem repetição em múltiplos processos (art. 947); ii) o incidente de resolução de demandas repetitivas quando houver, simultaneamente, efetiva repetição de processos que contenham controvérsia sobre a mesma questão unicamente de direito e risco de ofensa à isonomia e à segurança jurídica (art. 976, I e II); iii) o julgamento sob a sistemática de recursos repetitivos para os recursos extraordinário e especial (art. 1.036).

Houve, também, o reforço da importância dos enunciados das súmulas do STF (inclusive as vinculantes), do STJ e do próprio tribunal, nos termos dos regimentos internos (§ 1º, art. 926). Embora deveras elogiado pela doutrina, há algum dissenso acerca da constitucionalidade da norma infraconstitucional instituir a obrigatoriedade de precedentes quanto aos incisos III, IV e V do art. 927[32-33]. Diz-se isso porque já havia decisões de observância obrigatória, como aquelas proferidas em controle abstrato de constitucionalidade (art. 102, § 2º da CF) e os entendimentos constantes nas súmulas vinculantes (art. 103-A da CF). De certa forma vinculante, pelo seu caráter uniformizador, os recursos repetitivos (art. 543-B e 543-C do CPC).

O art. 332 do NCPC instituiu novos requisitos para o julgamento de improcedência liminar calcado no sistema de precedentes e na observância vertical da jurisprudência dominante, via: I) Enunciado de súmula do Supremo Tribunal Federal ou do Superior Tribunal de Justiça; II) acórdão proferido pelo Supremo Tribunal Federal ou pelo Superior Tribunal de Justiça em julgamento de recursos repetitivos; III) entendimento firmado em incidente de resolução de demandas repetitivas ou de assunção de competência; IV) Enunciado de súmula de tribunal de justiça sobre direito local.

---

31. MARINONI, Luiz G.; ARENHART, Sérgio C.; MITIDIERO, Daniel. **Novo Código de Processo Civil comentado.** São Paulo: RT, 2015. p. 868-872

32. NERY JUNIOR, Nelson; NERY, Rosa Maria de Andrade. **Comentários ao Código de Processo Civil.** São Paulo: RT, 2016. p. 1837.

33. TUCCI, José Rogério Cruz e. O regime do precedente judicial no novo CPC. **Revista do Advogado.** São Paulo: AASP, v. XXXV, n. 126, maio/2015. p. 150.

Afastada assim, "ex lege", a possibilidade de julgamento de improcedência liminar calcado em posição que não seja aquela haurida nos termos das hipóteses do art. 332. Vale destacar que ele assegurou hipótese distinta de julgamento de improcedência liminar, porque independente do assentamento jurisprudencial superior, quando o juiz verificar, desde logo, a ocorrência de decadência ou de prescrição.

Por ocasião da vigência do CPC, o Fórum Nacional dos Juizados Especiais Federais precisou adequar o conteúdo dos seus Enunciados, bem como editar outros, em consonância com a novel moldura legal. Foi o caso do Enunciado, havido em Vitória/ES, em 2015 e ora comentado. Nos debates, predominou o entendimento de que as demandas de massa ensejam um tratamento diferenciado, sob pena de inviabilizar, no atacado, a prestação jurisdicional razoavelmente tempestiva nos Juizados Especiais Federais.

Nisso não há qualquer incoerência. De fato, a incidência do NCPC junto aos Juizados Especiais, deve se dar com grão de sal, como já defendido em artigo específico[34]. A aplicação do CPC não pode se dar seja pelo só argumento da novidade, seja pelo só color de incorporação (pelo CPC) de princípios constitucionais, como se os Juizados Especiais também não representassem princípios constitucionais. O motivo é que tanto sua existência quanto seu procedimento sumaríssimo e princípios regedores específicos (art. 98, I), particularmente o da celeridade e o da razoável duração do processo (art. 5º, LXXVIII), têm guarida constitucional tanto quanto o CPC e os princípios nele encartados, reproduzidos do Texto Constitucional. Dessa forma, há de sempre se ponderar, caso a caso, no plano das normas infraconstitucionais processuais, os princípios constitucionais que se lhes informam, o eventual discrímen normativo querido e se ele está legitimado, sem o que a simples transfiguração do CPC para os Juizados Especiais é totalmente descabida.

Uma premissa parece lógica e razoável, inclusive porque em linha com o princípio da celeridade: todo e qualquer preceito do CPC que, sem sacrificar o procedimento sumaríssimo dos Juizados Especiais, respeite à abreviação do tempo de tutela jurisdicional é consonante com o sistema dos Juizados Especiais. Dito isso, aceitável supor que o julgamento liminar de improcedência nos Juizados Especiais Federais é legal (por conta da aplicação subsidiária do CPC, compatível com os princípios dos Juizados) e constitucional (art. 5º, LXXVIII; art. 98, I). Não restando dúvida sobre a incidência dos incisos I a IV do art. 332 do CPC junto aos Juizados Especiais, resta saber que outras hipóteses ensejariam o julgamento de improcedência liminar. Vinculados jurisprudencialmente os Juizados Especiais Federais às Turmas Recursais e estas às Turmas Nacional e Regional de Uniformização de Jurisprudência, adequado dizer que também ensejariam o julgamento liminar de improcedência:

a) Enunciado de súmula ou julgamento sob o rito de recurso representativo de controvérsia pela Turma Nacional de Uniformização de Jurisprudência;

---

34. ALVES, Francisco Glauber Pessoa. Padrões mínimos de aplicabilidade do novo Código de Processo Civil aos Juizados Especiais Cíveis. **Revista CEJ.** Brasília: Conselho da Justiça Federal, ano XX, n. 70, p. 67-92, set.-dez/2016.

b) Enunciado de súmula ou julgamento sob o rito de recurso representativo de controvérsia pela Turma Regional de Uniformização de Jurisprudência;

c) Enunciado de súmula de Turma Recursal, nos casos de Seções Judiciárias com apenas uma ou quando, havendo mais de uma, todas adotem entendimento consoante com o Enunciado emitido por apenas uma (essencialmente proferida na sistemática dos incisos I a IV do art. 332 do CPC, bem como a inexistência das condições previstas nas hipóteses "a" e "b" retromencionadas);

d) Jurisprudência consolidada de Turma Recursal, nos casos de Seções Judiciárias com apenas uma ou quando, havendo mais de uma, todas adotem entendimento uniforme no mesmo sentido da decisão monocrática, desde que não haja jurisprudência superior em sentido diverso (essencialmente proferida na sistemática dos incisos I a IV do art. 332 do CPC, bem como a inexistência das condições previstas nas hipóteses "a" a "b" retromencionadas).

De toda sorte, não há maior discussão sobre aplicabilidade do julgamento liminar de improcedência aos Juizados Especiais. Assim autores que se deitaram especificamente sobre a matéria: Donoso e Serau Junior[35] e Lima (2015, p. 304). Igualmente:

a) Enunciado 101 do Fórum Nacional dos Juizados Especiais (FONAJE);

b) Enunciados 507 e 508 do Fórum Permanente de Processualistas Civis (FPPC);

c) Enunciado 43 da Escola Nacional de Formação e Aperfeiçoamento de Magistrado (ENFAM).

○ Enunciado FONAJEF 1. O julgamento liminar de mérito não viola o princípio do contraditório e deve ser empregado na hipótese de decisões reiteradas de improcedência pelo juízo, bem como nos casos que dispensem a fase instrutória, quando o pedido contrariar frontalmente norma jurídica.

○ Enunciado FONAJEF 2. Nos casos de julgamentos de procedência de matérias repetitivas, é recomendável a utilização de contestações depositadas na Secretaria, a fim de possibilitar a imediata prolação de sentença de mérito.

○ Enunciado FONAJE 101. O art. 332 do CPC/2015 aplica-se ao Sistema dos Juizados Especiais; e o disposto no respectivo inc. IV também abrange os enunciados e súmulas de seus órgãos colegiados

○ Enunciado FPPC 507. O art. 332 aplica-se ao sistema de Juizados Especiais.

○ Enunciado FPPC 508. Interposto recurso inominado contra sentença que julga liminarmente improcedente o pedido, o juiz pode retratar-se em cinco dias.

○ Enunciado ENFAM 43. O art. 332 do CPC/2015 se aplica ao sistema de juizados especiais e o inciso IV também abrange os Enunciados e súmulas dos seus órgãos colegiados competentes

---

35. SERAU JR., Marco Aurélio; DONOSO, Denis. (Coords.). **Juizados federais: reflexões nos dez anos de sua instalação.** Curitiba: Juruá, 2012. p. 296

○ (...). 1. Não há falar em afronta ao art. 557 do CPC em virtude de o recurso ter sido decidido monocraticamente pelo relator quando, em sede de agravo interno, este é reapreciado pelo órgão colegiado do Tribunal de origem. 2. As matérias de ordem pública não estão sujeitas ao regime de preclusão e podem ser conhecidas de ofício pelo juiz. Assim, tendo o Tribunal de origem concluído que a manutenção da sentença viola os princípios do contraditório e da ampla defesa e, por tal razão, anular "ex officio" a decisão do juízo de piso, não conduz em ofensa aos arts. 128, 460 e 514 do Código de Processo Civil. 3. A aplicação do art. 285-A do CPC, mecanismo de celeridade e economia processual, supõe alinhamento entre o juízo sentenciante, quanto à matéria repetitiva, e o entendimento cristalizado nas instâncias superiores, sobretudo no Superior Tribunal de Justiça e Supremo Tribunal Federal. 4. A demanda de revisão de contratos bancários, em regra, também versa sobre questões de fato, o que, por si, afasta a possibilidade de aplicação do art. 285-A da legislação processual civil. 5. O simples fato de existir jurisprudência consolidada do STJ acerca de determinadas matérias não gera a conclusão de que a questão suscitada é unicamente de direito para, em seguida, invocar o art. 285-A do CPC, pois a subsunção à norma e à interpretação dos julgados dos tribunais superiores necessitam do amplo conhecimento do arcabouço fático. (STJ, 4ª T., REsp 1201357, Rel. Min. Luis Felipe Salomão, DJe 29.9.2015)

○ (...). Quanto à preliminar, embora a improcedência prima facie não esteja dentro das hipóteses previstas do art. 332 do CPC, não há nulidade que se falar em nulidade da sentença. É que a causa corre no rito dos Juizados Especiais Federais, aplicando-se, em primeiro lugar, as regras do microssistema próprio, estabelecidas na Lei 10.259/01 e 9.099/95, possuindo o CPC incidência meramente subsidiária. No caso, deve prevalecer a determinação do art. 2º da Lei 9.099/95, segundo o qual o presente processo deverá ser orientado pelos critérios, dentre outros, da simplicidade, informalidade, economia processual e celeridade. Assim, considerando que a matéria é unicamente de direito, dispensando a dilação probatória, a anulação da improcedência liminar do pedido autoral seria uma mera formalidade que se limitaria a atrasar a solução final da lide, afrontando o artigo 2º já mencionado. Isso porque, após a contestação, o magistrado proferiria a mesma sentença, aguardando superveniente interposição de novo recurso que repetiria a impugnação de mérito (...). (Turma Recursal de PE, 2ª T., 05029759320164058311, Rel. Jorge André de Carvalho Mendonça, DJe. 10.2.2017)

○ (...). Ação de indenização por danos morais. Espera em fila de banco. Improcedência liminar. Preliminar de nulidade por ofensa ao contraditório e ao direito à ampla produção de provas afastada. Questão fática que prescinde de instrução processual. A demora em fila de banco é circunstância que não justifica a reparação por dano moral. Mero dissabor. Sentença de improcedência mantida. Recurso da parte autora improvido. (1ª Turma Recursal de SE, 05000019820164058500, Rel. Edmilson da Silva Pimenta, DJe 6.8.2016)

○ Compra e venda de imóvel em estande de vendas. Ação objetivando a devolução da comissão de corretagem. Sentença de improcedência liminar. Recurso objetivando a anulação da sentença, sob a alegação de se tratar de hipótese diversa. Tese firmada junto ao STJ em incidente de recurso repetitivo (REsp 1551951, REsp 1551956 e REsp 1599511, 2ª S. Rel. Min. Paulo de Tarso Sanseverino, Tema 938) reconhecendo a legalidade da comissão de corretagem. Sentença mantida por seus próprios fundamentos. Recurso improvido. (Turma Recursal da BA, RI 1014852-03.2014.8.26.0008, Rel. Jorge Tosta, j. 25.11.2016)

▶ **CPC. Art. 332**. Nas causas que dispensem a fase instrutória, o juiz, independentemente da citação do réu, julgará liminarmente improcedente o pedido que contrariar: I – Enunciado de súmula do Supremo Tribunal Federal ou do Superior Tribunal de Justiça; II – acórdão proferido pelo Supremo Tribunal Federal ou pelo Superior Tribunal de Justiça em julgamento de recursos repetitivos; III – entendimento firmado em incidente de resolução de demandas repetitivas ou de assunção de competência; IV – Enunciado de súmula de tribunal de justiça sobre direito

CAPÍTULO I ● CÓDIGO DE PROCESSO CIVIL (LEI Nº13.105/15)

67

> local. **§ 1º** O juiz também poderá julgar liminarmente improcedente o pedido se verificar, desde logo, a ocorrência de decadência ou de prescrição. **§ 2º** Não interposta a apelação, o réu será intimado do trânsito em julgado da sentença, nos termos do art. 241. **§ 3º** Interposta a apelação, o juiz poderá retratar-se em 5 (cinco) dias. **§ 4º** Se houver retratação, o juiz determinará o prosseguimento do processo, com a citação do réu, e, se não houver retratação, determinará a citação do réu para apresentar contrarrazões, no prazo de 15 (quinze) dias.
>
> ▶ **LJEF. Art.** 1º São instituídos os Juizados Especiais Cíveis e Criminais da Justiça Federal, aos quais se aplica, no que não conflitar com esta Lei, o disposto na Lei n. 9.099, de 26 de setembro de 1995.
>
> ▶ **LJE. Art.** 2º O processo orientar-se-á pelos critérios da oralidade, simplicidade, informalidade, economia processual e celeridade, buscando, sempre que possível, a conciliação ou a transação.

ENUNCIADO 160. NÃO CAUSA NULIDADE A NÃO-APLICAÇÃO DO ART. 10 DO NCPC E DO ART. 487, PARÁGRAFO ÚNICO, DO NCPC NOS JUIZADOS, TENDO EM VISTA OS PRINCÍPIOS DA CELERIDADE E INFORMALIDADE.

Enunciado comentado no item *Das Normas Processuais Civis (arts. 1º a 15).*

ENUNCIADO 169. A SOLUÇÃO DE CONTROVÉRSIAS PELA VIA CONSENSUAL, PRÉ-PROCESSUAL, PRESSUPÕE A NÃO DISTRIBUIÇÃO DA AÇÃO.

▶ *Cristiane Conde Chmatalik*

O Enunciado veio para dirimir a dúvida em relação ao procedimento a ser adotado para a realização das sessões prévias de conciliações e mediações por conta do novo Código de Processo Civil, Lei 13.105/15, que entrou em vigor em 17 de março de 2016, e fixou parâmetros claros para a obrigatoriedade das audiências de conciliação, expressamente no art. 334, *caput* e parágrafo 4º, inciso I. Já o art. 3º, em seus parágrafos 2º e 3º, previu, respectivamente, o Estado como promovedor da solução consensual dos conflitos; e a conciliação, a mediação e outros métodos de solução consensual de conflitos como categoria (excepcional ou não[36]) do princípio constitucional da inafastabilidade de jurisdição e acesso à Justiça, que são plenamente compatíveis com o referido princípio.

O objetivo da lei é claro, resolver os conflitos antes mesmo deles se agravarem. Conflitos sempre vão existir e a realidade atual do Poder Judiciário brasileiro tem demonstrado, através de pesquisas recentes realizadas pelo CNJ, que há uma ação

---

36. Há um conflito aparente entre os métodos consensuais de resolução de conflitos e o Princípio da Inafastabilidade de jurisdição. Doutrinadores de escol (GRINOVER, Ada Pellegrini; DINAMARCO, Cândido; CINTRA, António Carlos Araújo. **Teoria geral do processo**. 23. ed. São Paulo: Malheiros, 2007, p. 145) delimitam a jurisdição como uma das funções do Estado. Autores mais modernos (DIDIER JR., Fredie e ZANETI JR., Hermes. **Curso de direito processual civil**. v. 4, Salvador: Juspodivm, 2009, p. 77-78) destacam a autotutela, autocomposição, mediação e o julgamento de conflito por tribunais administrativos como equivalentes jurisdicionais.

judiciária para cada dois brasileiros, sendo esse um número altíssimo se levarmos em consideração a estrutura disponível para a solução dos conflitos.

É inegável que o CPC/2015 veio a consagrar a conciliação e a mediação e nesse ponto não vejo conflito em relação à própria política da consensualidade consagrada primordialmente no âmbito dos Juizados Especiais. Alguns conceitos teóricos básicos serão utilizados de modo a disciplinar a matéria, como, por exemplo, a diferenciação da mediação da conciliação. Quando se utiliza o termo "conciliação" de conflitos, em geral, estão se referindo "a métodos que buscam simplesmente alcançar um acordo entre as partes com relação ao objeto do conflito"[37].

Nesse sentido, seria a principal diferença entre mediação e conciliação a atuação do conciliador como sendo mais ativa na condução das partes; e do mediador como facilitador do diálogo, estando expressamente proibido de exercer qualquer intervenção direta na vontade das partes. A conciliação como uma forma de atuação no curso do processo judicial[38] e a mediação como método melhor utilizado fora do âmbito do Poder Judiciário, por requerer uma série de ações que dificultariam o andamento do processo.

O CPC/2015, não alheio a essa questão conceitual, traz em seu artigo 165, §§ 2º e 3º, a distinção entre os dois métodos. Os parágrafos 2º e 3º traçam a distinção básica entre o conciliador e o mediador na sua atuação, sendo o conciliador utilizado preferencialmente nos casos em que não houver vínculo anterior entre as partes, e o mediador em que preferencialmente houver esse vínculo.

Atente-se que o legislador foi extremamente técnico e fez a distinção entre os métodos dando ênfase à Teoria da Negociação, nos moldes da Escola de Harvard[39], ao ressaltar que o mediador, sempre capacitado e treinado, auxiliará as partes a compreenderem as "questões" e os "interesses" em conflito, consagrando a Teoria da Negociação Integrativa e da Comunicação, que levam ao empoderamento das partes e a solução dos conflitos por elas mesmas (cf. Res. 125/CNJ, adiante transcrita).

A despeito da diferenciação estabelecida pelo novo Código, há de se buscar, na prática, quais técnicas e métodos serão mais adequados para o caso em concreto. Pensamos que num conflito envolvendo questões de reparação de danos materiais e morais, as partes envolvidas têm vínculo anterior e, muitas vezes, querem continuar essa relação contratual, sendo a mediação a forma mais correta de resolver tal conflito.

O mesmo ocorre em relação à questão de alta complexidade envolvendo desapropriações ou ações de demolição, questões ambientais, temas passíveis de solução

---

37. SOUZA, Luciane Moessa de. Curso *on line*. **Resolução consensual de conflitos coletivos envolvendo políticas públicas.** Brasília: Fundação Universidade de Brasília –FUB, 2014, p. 27.
38. CALMON, Petrônio. **Fundamentos da mediação e da conciliação.** Brasília: Gazeta Jurídica, 2007, p. 144.
39. URY, William L.; FISHER, Roger; PATTON, Bruce. **Como chegar ao sim: a negociação de acordos sem concessões.** 2. ed. Imago, 2013.

Capítulo I ● Código de Processo Civil (Lei nº13.105/15)

consensual e que podem estar postas no âmbito da Justiça Federal. Ou, ainda, questões envolvendo ações envolvendo crianças e adolescentes sequestrados do país.

A mediação, nesses casos, trata-se de solução mais eficiente a longo prazo, pois a conciliação poderia trazer uma solução mais imediata e simples para a questão, mas sem atingir o real interesse das partes envolvidas.

Por essas e outras razões é que alguns autores, entre eles a douta Procuradora do Banco Central, Luciane Moessa (ob. cit., p. 34), defende que as mediações sempre seriam mais adequadas para a solução de conflitos envolvendo o Poder Público:

> Assim sendo, pode-se concluir que a mediação é o método de soluções de conflitos mais adequado para as disputas que envolvam o Poder Público, em todas as suas manifestações, sendo preferível a abordagem ampla e uma prática que seja, sempre que possível, pedagógica e transformativa, possibilitando às pessoas e organizações envolvidas aprender em cada conflito, a fim de administrarem de forma produtiva os novos problemas que inevitavelmente surgirão em seu relacionamento futuro.

Nessa esteira, é fundamental buscarmos o conhecimento de tais conceitos e sua distinção, mas de forma mais corrente temos a conciliação como o método mais utilizado no âmbito da Justiça Federal, após a ação ter sido distribuída, razão pela qual temos enunciados voltados exclusivamente para a conciliação.

É mister ressaltar que já contamos com mediadores/conciliadores formados pelas técnicas e métodos propagados pelo Conselho Nacional de Justiça – CNJ, nos moldes da Resolução n. 125/10, contudo, o Manual de Mediação Judicial[40], material básico fornecido pelo CNJ, está totalmente voltado para a mediação, método mais utilizado na Justiça Estadual, mas que foi se aperfeiçoando para se adaptar aos fatos e situações que ocorrem na Justiça Federal.

Importante trazermos essa distinção conceitual para entendermos quais as vias consensuais possíveis mencionadas nesse Enunciado, conciliação e mediação, como métodos de solução de controvérsias também de forma pré-processual.

A Lei 9.099/95 já disciplinava a matéria ao estabelecer logo a designação da sessão de conciliação, podendo ser antes mesmo da distribuição, no prazo de 15 dias, em seu art. 16.

A sessão de conciliação pré-processual não é novidade no ordenamento jurídico. A Resolução 125/10 do CNJ também previu a realização de sessões de conciliação e mediação pré-processuais pelos Centros Judiciários de Solução de Conflitos e Cidadania – CEJUSC OU CEJUSCON – desde que por conciliadores cadastrados e supervisionados pelo Juiz Coordenador do Centro.

Em seu art. 12-C, parágrafo único, a referida Resolução excepciona o cadastro das Câmaras Privadas de Conciliação e Mediação junto aos tribunais, tornando-o facultativo, desde que nas sessões de conciliação ou mediação pré-processual.

---

40. AZEVEDO, André Gomma. (Org). **Manual de mediação judicial**. Brasília: Ministério da Justiça e Programa das Nações Unidas para o Desenvolvimento – PNUD, 2009.

A Resolução 398/2016, do Conselho da Justiça Federal – CJF, que dispõe sobre a Política Judiciária de solução consensual dos conflitos no âmbito da Justiça Federal, também previu expressamente em seu art. 24 o sistema de conciliação e mediação pré-processual para qualquer conflito de interesse em que houver possibilidade de acordo.

Deste modo, a preocupação dos juízes dos Juizados foi destacar o critério da especialidade das leis referentes aos Juizados Especiais. Tais leis, contudo, não têm como preverem todas as situações concretas possíveis de ocorrer no âmbito dos Juizados.

A questão que envolve o Enunciado é se ocorreria algum prejuízo para as partes, quando não há a distribuição imediata da ação, ou se haveria vedação da não distribuição em face das normas previstas no CPC.

O Código de Processo Civil é lei ordinária e geral, que disciplina o direito processual brasileiro, sendo possível sua aplicação no microssistema dos Juizados, mas apenas no que não contrariar com suas regras e seus princípios basilares.

O Enunciado corrobora o entendimento que a aplicação do CPC somente se dará na inexistência de norma prevista no próprio sistema dos Juizados Especiais, cujas leis se integram, tanto a Lei 10.259/01, como a Lei 9.099/95.

Como dito anteriormente, desde o início da vigência da Lei 9.099/95, em seu art. 16, já havia a previsão das sessões de conciliação ou de mediação prévias à distribuição. Além disso, todas as resoluções posteriores vieram a consagrar tal possibilidade, como uma das formas de resolução consensual de conflito.

Deste modo, seria o Enunciado compatível com o procedimento do art. 334 do CPC/2015, que determina que seja designada audiência de conciliação ou de mediação com antecedência mínima de trinta dias, devendo ser citado o réu com pelo menos vinte dias de antecedência. Além disso, o parágrafo 12 desse artigo estabeleceu, ainda, que a pauta das audiências de conciliação ou de mediação será organizada de modo a respeitar o intervalo mínimo de vinte minutos entre o início de uma e o início da seguinte.

Ora, as críticas aos prazos para a realização da audiência e o intervalo entre essas causou grande discussão, para alguns juízes haveria uma afronta ao princípio da celeridade dos Juizados, pois a Lei 9.099/95 disciplina a matéria de forma diferente, ao estabelecer logo a designação da sessão de conciliação, podendo ser antes mesmo da distribuição, no prazo de 15 dias, em seu art. 16. E por não haver intervalo mínimo para a pauta das audiências na lei especial, o que alongaria as pautas mais extensas.

Assim, considerando que a petição pode ser recebida pelo setor competente da Justiça ou encaminhada de forma digital diretamente aos Centros, que a recebe e imediatamente marca a sessão de conciliação, em até 15 (quinze) dias, não resultará em prejuízo para as partes, pois, em não ocorrendo o acordo, também, ato contínuo, as ações são distribuídas, consagrando o princípio da celeridade dos Juizados, já que a Lei 9.099/95, ao estabelecer logo a designação da sessão de conciliação prevê que seja no prazo de 15 dias, em seu art. 16.

Capítulo I • Código de Processo Civil (Lei nº13.105/15)

71

Uma vez distribuída a ação, o juiz natural poderá avaliar desde a pertinência de realização de nova audiência de conciliação, pois muitas vezes a parte ré ainda não tem dados objetivos para a propositura de acordo tão célere, por isso se mostra frustrada a primeira conciliação pré-processual. O juiz natural também pode passar marcar uma audiência de instrução e julgamento, ou, ainda, imediatamente julgar antecipadamente a lide, fazendo a conclusão para a sentença.

A rápida instalação da sessão de conciliação pré-processual, além de acalmar os ânimos dos litigantes, facilita o acordo, pois estes demonstram interesse em resolver a questão no ato, para evitar o alargamento do conflito e a criação de mais estresse.

A política judiciária nacional de tratamento de conflitos com o objetivo de pacificação social trouxe um arcabouço de normas e novos institutos com o fim precípuo de pacificação social, utilizando dos instrumentos da conciliação e mediação. Cabe a nós, juízes, partes, outros envolvidos com o conflito, buscarmos uma mudança de mentalidade, diminuindo a resistência com a utilização dos métodos disponíveis e criando meios para alcançar esse desiderato através de um procedimento mais célere e eficaz.

A solução é investir na conscientização das pessoas acerca da importância da conciliação e criar a estrutura para que os Centros de Solução de Conflitos tenham um setor pré-processual preparado com conciliadores e mediadores capacitados, a fim de designar a sessão pré-processual, com o comparecimento espontâneo das partes, com dispensa de distribuição e da citação, na forma do Enunciado, que já é realidade em muitas seções da Justiça Federal, dentre elas a Seção Judiciária do Rio de Janeiro e do Espírito Santo.

▶ **CPC.** ▶**Art. 3º** Não se excluirá da apreciação jurisdicional ameaça ou lesão a direito. **§ 1º** É permitida a arbitragem, na forma da lei. **§ 2º** O Estado promoverá, sempre que possível, a solução consensual dos conflitos. **§ 3º** A conciliação, a mediação e outros métodos de solução consensual de conflitos deverão ser estimulados por juízes, advogados, defensores públicos e membros do Ministério Público, inclusive no curso do processo judicial. ▶**Art. 165. § 2º** O conciliador, que atuará preferencialmente nos casos em que houver vínculo anterior entre as partes, poderá sugerir soluções para o litígio, sendo vedada a utilização de qualquer tipo de constrangimento ou intimidação para que as partes concic. **§ 3º** O mediador, que atuará preferencialmente nos casos em que houver vínculo anterior entre as partes, auxiliará aos interessados a compreender as questões e os interesses em conflito, de modo que eles possam, pelo restabelecimento da comunicação, identificar, por si próprios, soluções consensuais que gerem benefícios mútuos. ▶ **Art. 334.** Se a petição inicial preencher os requisitos essenciais e não for o caso de improcedência liminar do pedido, o juiz designará audiência de conciliação ou de mediação com antecedência mínima de 30 (trinta) dias, devendo ser citado o réu com pelo menos 20 (vinte) dias de antecedência. **§ 1º** O conciliador ou mediador, onde houver, atuará necessariamente na audiência de conciliação ou de mediação, observando o disposto neste Código, bem como as disposições da lei de organização judiciária. **§ 12.** A pauta das audiências de conciliação ou de mediação será organizada de modo a respeitar o intervalo mínimo de 20 (vinte) minutos entre o início de uma e o início da seguinte.

▶ **LJE. Art. 16.** Registrado o pedido, independentemente de distribuição e autuação, a Secretaria do Juizado designará a sessão de conciliação, a realizar-se no prazo de quinze dias.

► **Res. CNJ 125/2010. Art. 12-C.** As Câmaras Privadas de Conciliação e Mediação ou órgãos semelhantes, bem como seus mediadores e conciliadores, para que possam realizar sessões de mediação ou conciliação incidentes a processo judicial, devem ser cadastradas no tribunal respectivo (art.167 do Novo Código de Processo Civil) ou no Cadastro Nacional de Mediadores Judiciais e Conciliadores, ficando sujeitas aos termos desta Resolução. **Parágrafo único.** O cadastramento é facultativo para realização de sessões de mediação ou conciliação pré-processuais. ►**Anexo III. Art. 1º.** (...). VII – Empoderamento – dever de estimular os interessados a aprenderem a melhor resolverem seus conflitos futuros em função da experiência de justiça vivenciada na autocomposição.

► **Res. CJF 398/2016. Art. 24.** Qualquer conflito de interesse em que houver possibilidade de acordo poderá, previamente, ser submetido ao sistema de conciliação e mediação pré-processual.

ENUNCIADO 171. SEMPRE QUE POSSÍVEL, AS SESSÕES DE MEDIAÇÃO/CONCILIAÇÃO SERÃO REALIZADAS POR VIDEOCONFERÊNCIA, A SER EFETIVADA POR SISTEMA DE LIVRE ESCOLHA.

▶ *Etiene Martins*

A utilização de métodos alternativos de solução de conflitos é uma necessidade cada vez maior em nosso sistema. Olhando o sistema processual brasileiro por uma perspectiva histórica, verifica-se que a litigiosidade sempre foi uma característica forte. As partes quase nunca eram estimuladas a chegarem a um acordo e os procedimentos eram caracterizados pelo infindável contraditório e submissão da decisão final ao juiz. O tecnicismo e a formalidade eram importantes componentes a ponto de causar nulidades mesmo quando o prejuízo era pequeno ou as partes não se importassem. Quando contextualizamos essas características com o momento histórico do CPC/73 ou anterior, encontramos alguma razão de ser, já que, naquela época, o acesso ao judiciário era bem mais restrito e as demandas eram menos complexas e em menor quantidade. A partir da década de 90, em especial por conta da Constituição de 1988 e uma série de legislações específicas (Código do Consumidor, etc.), a concretização e a consciência dos direitos cresceram e, em consequência, também aumentou a demanda pelo Judiciário. Como este era um meio eficaz e ao alcance das pessoas, a judicialização passou a ser o método mais utilizado para a resolução dos conflitos de todos os gêneros, complexos ou não. Não é à toa que se escuta com frequência as frases "vou te processar!", ou "vamos discutir isso na Justiça!".

Este cenário tem sido estimulado também nas Escolas de Direito, as quais eram e ainda são muito focadas no litígio judicial para a resolução dos conflitos. O estudante é educado a lançar mão dos institutos processuais e jurídicos para resolver o problema de seus clientes, não sendo orientados a procurar outros meios menos custosos, mais rápidos e mais satisfativos. Este estudante, por sua vez, se tornará uma advogado, juiz, promotor e defensor, o qual, também, apenas será capacitado para lidar com conflitos por meio de um processo. A consequência disso é o colapso que vivemos hoje, havendo mais de 100 milhões de processos em todo o país. Não há como se ter um judiciário célere se todo e qualquer conflito for judicializado sem qualquer tentativa prévia de solução. Na intenção de corrigir este quadro, o CPC traz expressamente

Capítulo I ● Código de Processo Civil (Lei nº13.105/15)

73

como requisito da petição inicial a opção pela realização da mediação/conciliação: "Art. 319. A petição inicial indicará: VII – a opção do autor pela realização ou não de audiência de conciliação ou de mediação". Havendo tal opção, é feita a citação para o comparecimento à audiência. Apenas no caso de a parte ré manifestar desinteresse ou mesmo o próprio autor já na inicial optar pela não realização da audiência de conciliação/mediação é que haverá a contestação. Note que a preocupação do legislador foi que a resolução do conflito pelas partes devesse ocorrer antes mesmo da parte ré demonstrar seus argumentos (o que o faz por meio da contestação). Isso, de fato, tende a tornar a resolução mais célere e mais simples.

Paralelamente ao processo de mudança de paradigma para a solução de conflitos, há uma forte tendência em trazer a tecnologia para tornar o processo judicial mais prático, simples e ágil. O chamado processo eletrônico vem ganhando espaço e incentivo por todo o país. E não poderia ser diferente, pois a vida está cada vez mais digital e as rotinas cada vez mais informatizadas. Tornar o processo eletrônico significa rapidez, economia e praticidade. Aliás, significa adentrar ao mundo globalizado. Para a Vara, há uma enorme economia de recursos humanos e materiais, na medida em que o atendimento ao balcão reduz, as partes têm total acesso ao processo de suas casas e inexiste a necessidade se transportar os autos de um local para outro. Para as partes, a economia de tempo e de recursos também é enorme, pois até para tomar ciência de uma decisão o advogado pode fazer de seu escritório, sem a necessidade de se deslocar até o Fórum. No campo penal, diga-se de passagem, já existe a previsão de realização de interrogatório por videoconferência, embora isso somente seja permitido em algumas hipóteses (CPP, art. 185, § 2º). Na oitiva de testemunhas, por exemplo, não existe restrição e é comumente realizada digitalmente quando ocorre em outra Subseção Judiciária, sem que isso traga prejuízo à defesa. Na esfera cível, o mesmo se aplica nos casos de oitiva por precatória, sendo regular o depoimento das testemunhas na audiência de instrução e julgamento por meio de videoconferência.

Se tomarmos o conceito de mediação/conciliação mais amplamente, vamos verificar que em várias situações as pessoas já são expostas a procedimentos de solução de conflitos por meio digital há algum tempo. E se pode afirmar isso fora do contexto do processo judicial mesmo! Sempre que se tem um problema com algum produto comprado, o recebimento de uma conta telefônica com uma tarifa a mais ou mesmo uma cobrança no cartão de crédito não efetuada, a primeira medida é recorrer ao serviço de atendimento ao cliente para abrir uma reclamação e tentar sanar o problema. Muitas vezes, o problema é resolvido. Nestes casos, raramente há contato visual e físico com a outra parte. Aliás, muito comum é que tal procedimento seja feito via e-mail ou mesmo uma reclamação escrita no *site* do vendedor ou responsável pelo produto. Essa negociação nada mais é do que uma forma de conciliar, de maneira que, inexistindo consenso, daí, sim, a pessoa recorre ao Judiciário. Alguns grandes bancos têm investido fortemente em seu sistema de atendimento ao cliente visando resolver a maior parte das reclamações previamente, evitando a judicialização da demanda. A razão para isso é que o processo judicial é muito mais custoso e prejudicial à imagem da instituição do que a sua solução via serviço de atendimento ao cliente.

No processo judicial, a realização da mediação/conciliação via videoconferência é válido e importante por diversas razões. Vale lembrar que, muitas vezes, a parte é hipossuficiente e não tem condições financeiras para realizar um deslocamento até ao fórum. Quando o tem, ainda assim é sacrificante. Isso sem contar aqueles que moram em áreas distantes e até o deslocamento é feito com dificuldades. Quando se trata de processos com muitas partes e em diferentes regiões, a videoconferência é um instrumento eficaz e que deve ser explorado. A probabilidade de se ter todas as partes presentes numa mesma audiência física se torna mais complicada na medida em que o número de envolvidos é grande. Como a mediação/conciliação deve ser praticada em qualquer momento do processo (Lei 13.105/15, art. 3º, § 3º), é salutar que seja facilitada via videoconferência, em especial se o processo já estiver instruído.

O presente Enunciado conta ainda com previsão legal, não se tratando, portanto, de uma mera interpretação. O CPC (art. 334, § 7º) trouxe previsão expressa indicando que a utilização de meios eletrônicos deve ser utilizado sem restrições. Afinal, não faz sentido um processo eletrônico sem a possibilidade de audiências por videoconferência. Lembro que o Código tem aplicação subsidiária ao procedimento dos Juizados Especiais Federais. E este é exatamente o caso, pois tal previsão positiva uma maneira de se garantir a celeridade que é a razão de ser dos Juizados Especiais. Numa sociedade cada vez mais virtual, globalizada e eletrônica, abrir portas para que as audiências conciliatórias possam ser feitas à distância vai ao encontro da realidade que nos cerca. Num momento em que se luta para que as partes estabeleçam a composição por métodos alternativos, facilitar isso por meio de videoconferências é extremamente útil.

Por último, vale ressaltar que, tomando como base o Princípio da Informalidade, a videoconferência é apenas um dos meios que a mediação/conciliação pode ser realizada. De fato, tais procedimentos devem ser operacionalizados por diversas outras formas além da videoconferência. Nada impede que sejam feitas por e-mail, telefone ou mesmo aplicativos, como o *whatsapp,* por exemplo. Tudo isso vem a concretizar o ideal de solução efetiva e rápida do conflito. Conforme afirmado acima, embora não se tenha a previsão expressa na Lei dos Juizados Especiais Federais ou mesmo na Lei 9.099/95, o art. 334, § 7º, pode ser aplicado subsidiariamente, além do próprio art. 2º da LJE. Portanto, embora o Enunciado apenas tenha mencionado a videoconferência, qualquer outro meio que facilite a conciliação/mediação e garanta a plena manifestação de ambas as partes deve ser entendido como possível em sede de solução de conflitos nos Juizados Especiais Federais.

▶ **CPC. Art. 334. § 7º** A audiência de conciliação ou de mediação pode realizar-se por meio eletrônico, nos termos da lei.

▶ **LJE. Art. 2º** O processo orientar-se-á pelos critérios da oralidade, simplicidade, informalidade, economia processual e celeridade, buscando, sempre que possível, a conciliação ou a transação.

▶ **Lei 13.105/2015. Art. 3º. § 3º** A conciliação, a mediação e outros métodos de solução consensual de conflitos deverão ser estimulados por juízes, advogados, defensores públicos e membros do Ministério Público, inclusive no curso do processo judicial.

Capítulo I ● Código de Processo Civil (Lei nº13.105/15)

> **CPP. Art. 185. § 2º** Excepcionalmente, o juiz, por decisão fundamentada, de ofício ou a requerimento das partes, poderá realizar o interrogatório do réu preso por sistema de videoconferência ou outro recurso tecnológico de transmissão de sons e imagens em tempo real, desde que a medida seja necessária para atender a uma das seguintes finalidades: I – prevenir risco à segurança pública, quando exista fundada suspeita de que o preso integre organização criminosa ou de que, por outra razão, possa fugir durante o deslocamento; II – viabilizar a participação do réu no referido ato processual, quando haja relevante dificuldade para seu comparecimento em juízo, por enfermidade ou outra circunstância pessoal; III – impedir a influência do réu no ânimo de testemunha ou da vítima, desde que não seja possível colher o depoimento destas por videoconferência, nos termos do art. 217 deste Código; IV – responder à gravíssima questão de ordem pública.

5.2. Do Cumprimento da Sentença (arts. 513 a 538)

ENUNCIADO 056. APLICA-SE ANALOGICAMENTE NOS JUIZADOS ESPECIAIS FEDERAIS A INEXIGIBILIDADE DO TÍTULO EXECUTIVO JUDICIAL, NOS TERMOS DO DISPOSTO NOS ARTS. 475-L, § 1º E 741, PAR. ÚNICO, AMBOS DO CPC.

▸ *André Dias Fernandes*

Aprovado no III FONAJEF, o presente Enunciado tangencia a controvertida tese da desconsideração ou relativização da coisa julgada inconstitucional.

Conquanto o Enunciado faça alusão aos arts. 475-L, § 1º, e 741, parágrafo único, do CPC/73, tais dispositivos encontram correspondência no art. 525, § 1º, III e §§ 12 e 14, e no art. 535, § 5º, do CPC, os quais mantiveram, com pequenas alterações, a disciplina do CPC/73.

Posto remanesça ainda controverso, o tema foi objeto de duas recentes decisões relevantes do plenário do STF.

No julgamento do RE 730462, com repercussão geral, o STF fixou a seguinte tese:

> A decisão do Supremo Tribunal Federal declarando a constitucionalidade ou a inconstitucionalidade de preceito normativo não produz a automática reforma ou rescisão das decisões anteriores que tenham adotado entendimento diferente. Para que tal ocorra, será indispensável a interposição de recurso próprio ou, se for o caso, a propositura de ação rescisória própria, nos termos do art. 485 do CPC, observado o respectivo prazo decadencial (art. 495).

No referido julgamento, o STF reconheceu que "nem mesmo a declaração de inconstitucionalidade proferida em fiscalização abstrata" acarreta a automática reforma ou rescisão das sentenças anteriores que hajam perfilhado entendimento diverso, sendo imprescindível o ajuizamento de ação rescisória, caso tenham produzido coisa julgada.

Subjaz a esse julgamento a ideia de que a sentença passada em julgado fundada em lei ou interpretação posteriormente declarada inconstitucional pelo STF (em controle abstrato ou incidental) não é juridicamente inexistente, nem nula de pleno direito, mas meramente anulável (rescindível), só podendo ser anulada (rescindida) mediante ação rescisória, no prazo decadencial, findo o qual não poderia mais ser desfeita.

Ao depois, em 2016, ao julgar a ADI 2418, proposta em 2001 pelo Conselho Federal da OAB visando à declaração de inconstitucionalidade dos arts. 475-L, § 1º, e 741, parágrafo único, do CPC/73, o STF conheceu da ação, malgrado a revogação dos referidos dispositivos, por entender que não houve alteração substancial na regulamentação operada pelo CPC/2015, e julgou improcedente o pedido de declaração de inconstitucionalidade, declarando expressamente a constitucionalidade não só dos arts. 475-L, § 1º, e 741, parágrafo único, do CPC/73, senão também do art. 525, § 1º, III e §§ 12 e 14, e do art. 535, § 5º, do CPC/2015.

Não houve decisão acerca do § 15 do art. 525 e do § 8º do art. 535 do CPC/2015 (que estabelecem como "dies a quo" do prazo para propositura da ação rescisória a data do trânsito em julgado da decisão do STF, e não a data do trânsito em julgado da decisão exequenda, na hipótese de a decisão divergente do STF ser posterior a esta última), por introduzirem substancial inovação em relação à disciplina do CPC/73.

A nosso sentir, o § 15 do art. 525 e o § 8º do art. 535 do CPC/2015 padecem de inconstitucionalidade porquanto fragilizam sobremaneira a coisa julgada e a segurança jurídica, seja porque (a) permitem a coexistência de dois prazos decadenciais para a mesma sentença (um contado a partir do trânsito em julgado desta, e outro tendo como termo inicial a data do trânsito em julgado da decisão do STF), ensejando até mesmo uma como ressurreição do direito de ajuizar a rescisória, já alcançado pela decadência em virtude do esgote do primeiro prazo, seja porque (b) propiciam que uma decisão que fizera coisa soberanamente julgada seja desconstituída mediante rescisória proposta 20 ou 30 anos depois do trânsito em julgado da sentença e do exaurimento do respectivo prazo decadencial bienal contado do seu trânsito em julgado, malferindo o núcleo essencial da proteção constitucional da coisa julgada e da segurança jurídica, gerando perene incerteza e imprevisibilidade.[41]

No julgamento da ADI 2418, o STF enfatizou que nem todas as "sentenças inconstitucionais" acarretam inexigibilidade da obrigação, mas só e unicamente aquelas modalidades de sentenças inconstitucionais referidas expressamente pelo CPC/2015, portadoras de um "vício de inconstitucionalidade qualificado". Assim, a "sentença inconstitucional" passada em julgado só ensejaria alegação de inexigibilidade quando da impugnação à execução nas seguintes hipóteses taxativas ("numerus clausus"):

> (a) a sentença exequenda esteja fundada em norma reconhecidamente inconstitucional – seja por aplicar norma inconstitucional, seja por aplicar norma em situação ou com um sentido

---

41. No sentido da inconstitucionalidade do § 15 do art. 525 e do § 8º do art. 535, confira-se: NERY JUNIOR, Nelson; NERY, Rosa Maria de Andrade. Comentários ao Código de Processo Civil. São Paulo: RT, 2016, p. 1413 e 1442-1445. Em sentido similar, aludindo ao art. 741, parágrafo único, do CPC/73: "Cumpre, por derradeiro, salientar que se o prazo decadencial de 2 (dois) anos da ação rescisória já se houver exaurido, a coisa julgada, até então desconstituível, transfunde-se em "coisa soberanamente julgada", não podendo ser *ressuscitado* o prazo para rescindir a sentença em razão da declaração de inconstitucionalidade do STF (pois esta não é dotada desse poder), quer em controle abstrato, quer em controle concreto". (FERNANDES, André Dias. **Eficácia das decisões do STF em ADIn e ADC: efeito vinculante, coisa julgada *erga omnes* e eficácia *erga omnes*.** Salvador: Juspodivm, 2009, p. 243).

CAPÍTULO I • CÓDIGO DE PROCESSO CIVIL (LEI Nº13.105/15)

> inconstitucionais; ou (b) a sentença exequenda tenha deixado de aplicar norma reconhecidamente constitucional; e (c) desde que, em qualquer dos casos, o reconhecimento dessa constitucionalidade ou a inconstitucionalidade tenha decorrido de julgamento do STF realizado em data anterior ao trânsito em julgado da sentença exequenda.

Destarte, há vários casos de sentença inconstitucional que não autorizam a alegação de inexigibilidade na fase de cumprimento. É o que sucede, *v.g.*, quando a sentença aplica norma constitucional reputada não autoaplicável pelo STF. Nessa hipótese, há aplicação direta da norma constitucional, e não de uma lei reputada inconstitucional pelo STF. Essa situação não se subsume às hipóteses taxativas previstas no CPC, não ensejando impugnação ao cumprimento da sentença com base em alegação de inexigibilidade da obrigação reconhecida no título executivo, segundo decidiu o STF (ADI 2418, Rel. Min. Teori Zavascki, voto, Pleno, DJe 17.11.2016):

> São muito variados, com efeito, os modos como as sentenças podem operar ofensa à Constituição. A sentença é inconstitucional não apenas (a) quando aplica norma inconstitucional (ou com um sentido ou a uma situação tidos por inconstitucionais), ou quando (b) deixa de aplicar norma declarada constitucional, mas também quando (c) aplica dispositivo da Constituição considerado não autoaplicável ou (d) quando o aplica à base de interpretação equivocada, ou (e) deixa de aplicar dispositivo da Constituição autoaplicável, e assim por diante. Em suma, a inconstitucionalidade da sentença ocorre em qualquer caso de ofensa à supremacia da Constituição, da qual a constitucionalidade das leis é parte importante, mas é apenas parte.

Para além disso, encareceu-se que inexigibilidade da obrigação reconhecida no título executivo só poderia ser alegada na impugnação à execução na hipótese de a decisão do STF ter sido prolatada antes do trânsito em julgado da sentença exequenda, consoante se extrai da própria ementa acima transcrita e do disposto nos arts. 525, § 14, e 535, § 7º. Se a decisão do STF for superveniente ao trânsito em julgado da sentença exequenda, caberá única e exclusivamente ação rescisória, conforme dispõem os arts. 525, § 15, e 535, § 8º, do CPC, dentro do respectivo prazo decadencial. Findo o prazo da ação rescisória, a sentença exequenda não mais poderá ser desfeita.

Todavia, embora incabível a impugnação à execução com fulcro na inexigibilidade da obrigação reconhecida na sentença inconstitucional quando a decisão do STF é sobreveniente ao trânsito em julgado da sentença exequenda, é possível que o executado obtenha tutela provisória na ação rescisória para suspender a execução até o desentrecho da ação rescisória (CPC, art. 969).

Ademais, ao que se infere do teor das discussões travadas na ADI 2418, a alegação de inexigibilidade da obrigação prevista no CPC não pode ser deduzida a qualquer tempo, mas apenas no prazo para impugnação ao cumprimento da sentença (arts. 525 e 535, *caput*). Passada essa oportunidade, só mediante ação rescisória, se ainda não decorrido o respectivo biênio decadencial, poderá ser paralisada a execução e rescindida a sentença exequenda.

Outrossim, no julgamento da ADI 2418, o STF buscou diferençar as hipóteses de inexigibilidade do título executivo previstas no CPC (art. 525, § 1º, III e §§ 12 e 14, e art. 535, § 5º) da tese da "relativização da coisa julgada", em princípio inadmissível, segundo a qual seria possível afastar os efeitos da coisa julgada fora das hipóteses legalmente previstas, normalmente com esteio num juízo de ponderação[42]. Confira-se:

> Repita-se, portanto, que a solução oferecida pelo § 1º do art. 475-L e parágrafo único do art. 741 do CPC/73 (e seus correspondentes no atual Código de Processo Civil) não abarca todos os possíveis casos de sentença inconstitucional. Muito pelo contrário, é solução legislativa para situações especificas, razão pela qual, contém alertar, não envolve e nem se confunde com a controvertida questão, aqui impertinente e por isso não tratada, a respeito da denominada "relativização da coisa julgada", questão essa centrada, como se sabe, na possibilidade ou não de negar eficácia a decisões judiciais em hipóteses não previstas pelo legislador processual, o que não é o caso. 12. Aqui, as hipóteses de ineficácia da sentença exequenda estão expressamente limitadas pelo texto normativo (parágrafo único do art. 741 do CPC/73).

Clarificado o alcance de tais dispositivos legais, cumpre indagar de sua aplicação *analógica* no âmbito do JEF, conforme prescreve o Enunciado.

Seria coerente aplicar analogicamente tais normas do CPC ao microssistema do JEF, que expressamente optou por proibir a ação rescisória? Essa aplicação analógica seria compatível com o procedimento, com o espírito e com os princípios do JEF?

A resposta parece ser negativa.

Com efeito, tais regras do CPC não encontram lastro expresso na CF/88, mas a ação rescisória sim. Se nem mesmo a rescisória (que tem previsão constitucional explícita) é admissível no JEF, por opção válida do legislador (liberdade de conformação), por que tais regras (que nem sequer têm lastro explícito na CF/88) seriam aplicadas por força de *analogia* ao microssistema do JEF?

Ora, se os mesmos fundamentos não podem ser deduzidos em ação rescisória por expressa vedação legal, como poderiam ser deduzidos mediante simples petição nos autos da execução? O contrassenso é evidente.

Ademais, o procedimento sumaríssimo do JEF não prevê prazo de trinta dias para impugnação à execução, conforme referido no *caput* do art. 535 do CPC. No procedimento sumaríssimo do JEF, transitada em julgado a sentença, o juiz oficiará imediatamente à autoridade para cumprir o julgado e expedirá a RPV (arts. 16 e 17 da Lei 10.259/01).

Por sua vez, a Lei 9.099/95 até prevê embargos à execução (art. 52, IX), mas não pelos fundamentos referidos nos arts. 525, § 12, e 535, § 5º, do CPC. Se a Lei 9.099/95 (que o art. 1º da Lei 10.259/01 determina seja aplicado subsidiariamente) trata do tema, mas não prevê a inexigibilidade da obrigação por tais motivos, não há razão para aplicar analogicamente o CPC.

---

42. Nada obstante, no regime da repercussão geral, num caso excepcional, concernente a investigação de paternidade, o STF autorizara a relativização da coisa julgada, com base num juízo de ponderação de valores, sobrepondo o "direito fundamental à busca da identidade genética" à coisa julgada (STF, RE 363889, Rel. Min. Dias Toffoli, Pleno, repercussão geral – mérito, DJe 16.12.2011).

Capítulo I • Código de Processo Civil (Lei nº 13.105/15)

79

Sobreleva notar que o CPC (arts. 1.064 a 1.066) alterou a redação de alguns artigos da Lei 9.099/95 (sobre embargos de declaração), mas não acrescentou essas hipóteses de inexigibilidade da obrigação reconhecida no título executivo previstas nos arts. 525, § 12, e 535, § 5º, do CPC ao art. 52, IX, da Lei 9.099/95, nem alterou a redação da Lei 10.259/01 para esse fim. Logo, infere-se claramente que não o fez porque não o quis, não cabendo ao intérprete sobrepor a sua vontade à "voluntas legis".

Em síntese, não há espaço para analogia, mediante aplicação subsidiária do CPC, porquanto não há lacuna na legislação específica (Lei 10.259/01 e Lei 9.099/95), mas verdadeiro "silêncio eloquente".

Portanto, a nosso ver, a aplicação analógica dos arts. 525, § 12, e 535, § 5º, do CPC ao microssistema do JEF não se justifica, razão pela qual o Enunciado mereceria ser revisto para assentar a inviabilidade dessa aplicação analógica.

◎ Constitucional e processual civil. Declaração de inconstitucionalidade de preceito normativo pelo Supremo Tribunal Federal. Eficácia normativa e eficácia executiva da decisão: distinções. Inexistência de efeitos automáticos sobre as sentenças judiciais anteriores proferidas em sentido contrário. Indispensabilidade de interposição de recurso ou propositura de ação rescisória para sua reforma ou desfazimento. 1. A sentença do Supremo Tribunal Federal que afirma a constitucionalidade ou a inconstitucionalidade de preceito normativo gera, no plano do ordenamento jurídico, a consequência (= eficácia normativa) de manter ou excluir a referida norma do sistema de direito. 2. Dessa sentença decorre também o efeito vinculante, consistente em atribuir ao julgado uma qualificada força impositiva e obrigatória em relação a supervenientes atos administrativos ou judiciais (= eficácia executiva ou instrumental), que, para viabilizar-se, tem como instrumento próprio, embora não único, o da reclamação prevista no art. 102, I, "l", da Carta Constitucional. 3. A eficácia executiva, por decorrer da sentença (e não da vigência da norma examinada), tem como termo inicial a data da publicação do acórdão do Supremo no Diário Oficial (art. 28 da Lei 9.868/1999). É, consequentemente, eficácia que atinge atos administrativos e decisões judiciais supervenientes a essa publicação, não os pretéritos, ainda que formados com suporte em norma posteriormente declarada inconstitucional. 4. Afirma-se, portanto, como tese de repercussão geral que a decisão do Supremo Tribunal Federal declarando a constitucionalidade ou a inconstitucionalidade de preceito normativo não produz a automática reforma ou rescisão das sentenças anteriores que tenham adotado entendimento diferente; para que tal ocorra, será indispensável a interposição do recurso próprio ou, se for o caso, a propositura da ação rescisória própria, nos termos do art. 485, V, do CPC, observado o respectivo prazo decadencial (CPC, art. 495). Ressalva-se desse entendimento, quanto à indispensabilidade da ação rescisória, a questão relacionada à execução de efeitos futuros da sentença proferida em caso concreto sobre relações jurídicas de trato continuado. 5. No caso, mais de dois anos se passaram entre o trânsito em julgado da sentença no caso concreto reconhecendo, incidentalmente, a constitucionalidade do artigo 9º da Medida Provisória 2.164-41 (que acrescentou o artigo 29-C na Lei 8.036/90) e a superveniente decisão do STF que, em controle concentrado, declarou a inconstitucionalidade daquele preceito normativo, a significar, portanto, que aquela sentença é insuscetível de rescisão. (...). (STF, Pleno, RE 730462, Rel. Min. Teori Zavascki, DJe 9.9.2015)

◎ (...). Legitimidade da norma processual que institui hipótese de inexigibilidade de título executivo judicial eivado de inconstitucionalidade qualificada (art. 741, parágrafo único e art. 475-l, § 1º do CPC/73; art. 525, § 1º, III e §§ 12 e 14 e art. 535, III, § 5º do CPC/2015). (...) 3. São constitucionais as disposições normativas do parágrafo único do art. 741 do CPC, do § 1º do art. 475-L, ambos do CPC/73, bem como os correspondentes dispositivos do CPC/2015, o art. 525, § 1º, III e §§ 12 e 14, o art. 535, § 5º. São dispositivos que, buscando harmonizar a garantia da coisa julgada com o primado da Constituição, vieram agregar ao sistema processual brasileiro um mecanismo com eficácia rescisória de sentenças revestidas de vício de inconstitucionalidade qualificado, assim caracterizado nas hipóteses em que (a) a sentença exequenda esteja fundada em norma reconhecidamente inconstitucional – seja por aplicar norma inconstitucional, seja por aplicar norma em situação ou com um sentido inconstitucionais; ou (b) a sentença exequenda tenha deixado de aplicar norma reconhecidamente constitucional; e (c) desde que, em qualquer dos casos, o reconhecimento dessa constitucionalidade ou a inconstitucionalidade tenha decorrido de julgamento do STF realizado em data anterior ao trânsito em julgado da sentença exequenda. 4. Ação julgada improcedente. (STF, Pleno, ADI 2418, Rel. Min. Teori Zavascki, DJe 17.11.2016)

◎ Previdenciário e processual civil. Revisão de benefício. Art. 75 da Lei 8.213/91. Mudança de interpretação do STF. Sentença com trânsito em julgado em 2006. Pagamento efetivado. Preclusão. Relativização da coisa julgada. Incabível no caso. 1. Cuida-se de apelação cível interposta pelo Instituto Nacional do Seguro Social – INSS contra sentença que extinguiu sem resolução de mérito a presente ação declaratória de nulidade, em virtude da ocorrência de coisa julgada. (...) 3. "Analisando os autos, verifico que assiste razão à demandada quanto à ocorrência da coisa julgada, uma vez que pretende o INSS rediscutir matéria já decidida e transitada em julgado nos autos da ação ordinária de nº 2004.85.10.001152-2 ajuizada no Juizado Federal dessa Seção Judiciária, já acobertada pela coisa julgada material e com execução exaurida". 4. "Decisão transitada em julgado, com execução já exaurida, mesmo que baseada em premissa posteriormente tida como inconstitucional não é passível de revisão, até porque, por opção legislativa, os provimentos dos feitos afetos ao JEF não são passíveis de ação rescisória, privilegiando-se a segurança em detrimento da certeza". 5. "Finalmente, lembro que a "querela nullitatis" objetiva a declaração de nulidade de processo por vício existencial, como ausência de citação, sendo esta via imprópria para rediscussão do mérito da causa, ainda que fundada em inconstitucionalidade da coisa julgada". (...). (TRF5, 1ª T., AC 200985000050795, Rel. José Maria Lucena, DJe 10.5.2013)

► **CPC. Art. 525.** Transcorrido o prazo previsto no art. 523 sem o pagamento voluntário, inicia-se o prazo de 15 (quinze) dias para que o executado, independentemente de penhora ou nova intimação, apresente, nos próprios autos, sua impugnação. **§ 1º** Na impugnação, o executado poderá alegar: (...). III - inexequibilidade do título ou inexigibilidade da obrigação; (...). **§ 12.** Para efeito do disposto no inciso III do § 1º deste artigo, considera-se também inexigível a obrigação reconhecida em título executivo judicial fundado em lei ou ato normativo considerado inconstitucional pelo Supremo Tribunal Federal, ou fundado em aplicação ou interpretação da lei ou do ato normativo tido pelo Supremo Tribunal Federal como incompatível com a Constituição Federal, em controle de constitucionalidade concentrado ou difuso. **§ 14.** A decisão do Supremo Tribunal Federal referida no § 12 deve ser anterior ao trânsito em julgado da decisão exequenda. **§ 15.** Se a decisão referida no § 12 for proferida após o trânsito em julgado da decisão exequenda, caberá ação rescisória, cujo prazo será contado do trânsito em julgado da decisão proferida pelo Supremo Tribunal Federal. ► **Art. 535.** A Fazenda Pública será intimada na pessoa de seu representante judicial, por carga, remessa ou meio eletrônico, para, querendo, no prazo de 30 (trinta) dias e nos próprios autos, impugnar a execução, podendo arguir (...). **§ 5º** Para efeito do disposto no inciso III do caput deste artigo, considera-se também inexigível a obrigação reconhecida em título executivo judicial fundado em lei ou ato normativo considerado inconstitucional pelo Supremo Tribunal Federal, ou fundado em aplicação ou interpretação da lei ou do ato normativo tido pelo Supremo Tribunal Federal como incompatível com a Constituição Federal, em controle de constitucionalidade concentrado ou difuso. **§ 7º** A decisão do Supremo Tribunal Federal referida no § 5º deve ter sido proferida antes do trânsito em julgado da decisão exequenda. **§ 8º** Se a decisão referida no § 5º for proferida após o trânsito em julgado da decisão exequenda, caberá ação rescisória, cujo prazo será contado do trânsito em julgado da decisão proferida pelo Supremo Tribunal Federal. ► **Art. 969.** A propositura da ação rescisória não impede o cumprimento da decisão rescindenda, ressalvada a concessão de tutela provisória.

Capítulo I • Código de Processo Civil (Lei nº13.105/15)

ENUNCIADO 063. CABE MULTA AO ENTE PÚBLICO PELO ATRASO OU NÃO CUMPRIMENTO DE DECISÕES JUDICIAIS COM BASE NO ART. 461 DO CPC, ACOMPANHADA DE DETERMINAÇÃO PARA A TOMADA DE MEDIDAS ADMINISTRATIVAS PARA APURAÇÃO DE RESPONSABILIDADE FUNCIONAL E/OU DANO AO ERÁRIO, INCLUSIVE COM A COMUNICAÇÃO AO TRIBUNAL DE CONTAS DA UNIÃO. HAVENDO CONTUMÁCIA NO DESCUMPRIMENTO, CABERÁ REMESSA DE OFÍCIO AO MINISTÉRIO PÚBLICO FEDERAL PARA ANÁLISE DE EVENTUAL IMPROBIDADE ADMINISTRATIVA.

▶ *Paulo Sérgio Ribeiro*

Verbete revisado no XI FONAJEF. Observação: o art. 461 do CPC/73 corresponde aos arts. 536 e 537 do CPC/2015.

Em primeiro lugar é essencial destacar que após a reforma do Código de Processo Civil, Lei 13.105/15, a obrigação de fazer, não fazer e entrega de coisa são disciplinadas nos artigos 497 a 501 do estatuto adjetivo.

A execução não pode ser reduzida a mecanismo cujo objetivo é a transferência de riquezas do devedor ao credor, trata-se de visão reducionista sedimentada na visão nitidamente patrimonialista. Hodiernamente, para a concretização de direitos fundamentais de natureza positiva (tutela de remoção do ilícito) ou negativa (tutela inibitória), é essencial uma releitura acerca dos mecanismos de tutela executiva, com a superação do individualismo patrimonialista de modo a que a execução seja "... vista como a forma ou o ato que praticado sob a luz da jurisdição, é imprescindível para a realização concreta da tutela jurisdicional do direito, e assim para a própria tutela prometida pela Constituição e pelo direito material"[43].

A concretização da tutela jurisdicional por meio da imposição de multa ou outro meio coercitivo em desfavor do devedor é reconhecido pela doutrina moderna como execução indireta, modalidade em que há a cominação de mecanismo de coerção cujo objetivo é atuar sobre o devedor para que cumpra com a obrigação, sob pena de sofrer a incidência do meio coercitivo.

Um dos mecanismos mais difundidos para a coerção é a multa cominatória ou astreintes, sanção monetária cominada em desfavor do obrigado o qual, não realizando sua obrigação no prazo fixado, passará a ser responsável pelo cumprimento da obrigação e do pelo valor referente a multa aplicada como mecanismo de convencimento.

Fixada a premissa sobre a necessidade da releitura acerca da execução e superação da visão individualista patrimonialista, é essencial ponderar os mecanismos de tutela para fazer concretizar a tutela jurisdicional conferida, de modo a materializar no mundo do ser o direito material.

Como disposto no comentário a respeito do Enunciado 8/FONAJEF o procurador que representa o ente público pode receber as intimações referentes ao cumprimento de obrigações de fazer, não fazer e entrega de coisa cabendo a ele, por dever funcional,

---

43. MARINONI, Luiz G. **Novo curso de processo civil: tutela dos direitos mediantes procedimento comum.** Vol. II. São Paulo: RT, 2015. p. 719.

comunicar a autoridade administrativa com competência para executar os atos essenciais para cumprimento da ordem judicial.

Realizada a comunicação do ente público acerca da ordem determinada, a autoridade administrativa competente deve efetivar o cumprimento no prazo determinado, sob pena do ente público ser responsabilizado pela mora no cumprimento da ordem judicial.

O Superior Tribunal de Justiça (*v.g.*, AgRg no AREsp 830066) consolidou entendimento acerca da possibilidade de aplicação de multa coercitiva destinada a compelir o ente público ao cumprimento da ordem judicial (no mesmo sentido: TRF4, AG 200604000015856; TRF1, AC 00332467920144019199; e TRF3, AC 00020586220064036105).

A multa, meio coercitivo cominado, tem como escopo assegurar a execução da ordem judicial determinada, de modo que o devedor seja compelido a efetivar o cumprimento da ordem judicial determinada, provendo o bem da vida (direito material) em favor do credor. Como oportunamente destaca Luiz Guilherme Marinoni[44], ao dissertar sobre a natureza jurídica da astreinte: "a multa não objetiva dar algo ao lesado em troca do dano, ou mais precisamente, obrigar o responsável a indenizar o lesado que sofreu o dano".

Como pondera Nelson Nery Junior, o valor da multa deve ser em valor suficiente para convencer/impor ao demandado – devedor da obrigação – a efetivação da ordem judicial, de modo a não ser mais conveniente pagar a sanção cominatória (multa) a cumprir com seu dever legal. Como destaca o processualista[45]:

> O objetivo das astreintes não é obrigar o réu a pagar o valor da multa, mas obrigá-lo a cumprir a obrigação na forma específica. A multa é apenas inibitória. Deve ser alta para que o devedor desista de seu intento de não cumprir a obrigação específica. Vale dizer, o devedor deve sentir ser preferível cumprir a obrigação na forma específica a pagar o alto valor da multa fixada pelo juiz.

Transcorrido o prazo para a efetivação da obrigação estabelecida pela ordem judicial sem sua efetivação pela pessoa jurídica de direito público, passa a incidir, em desfavor do ente público, a multa coercitiva destinada a compeli-lo à efetivar a obrigação determinada na decisão judicial.

É essencial pontuar que a decisão judicial deve ser cumprida pela pessoa jurídica de direito público, entretanto, como esta não apresente vontade própria, suas manifestações são efetivadas por interposta pessoa, qual seja, o representante legal com competência administrativa para efetivar os atos administrativos essenciais para a efetivação da ordem judicial. Deste modo, a vontade do ente público é expressa/materializada por meio da manifestação volitiva do servidor público competente para o ato administrativo necessário ao cumprimento da ordem.

---

44. Idem, p. 722.
45. NERY JUNIOR, Nelson. **Código de processo Civil comentado e legislação extravagante.** 14. ed. São Paulo: RT, 2014. Artigo 461, comentário 17.

CAPÍTULO I ● CÓDIGO DE PROCESSO CIVIL (LEI Nº13.105/15)

83

O cumprimento da ordem judicial não é opção é um dever imposto ao ente público, de modo que o servidor competente tem o dever funcional de efetivar os atos administrativos essenciais ao cumprimento da decisão, sob pena de responder administrativamente pela omissão ou desídia injustificável dos seus deveres funcionais, e a pessoa jurídica que ele representa, responder por eventual dano e/ou multa cominatória incidente em razão de sua desídia no cumprimento da ordem judicial.

Convém destacar, importante decisão do Tribunal Regional Federal da 3ª Região acerca da responsabilidade pelo não cumprimento de decisão judicial (AI 00194010920134030000). Na decisão o Egrégio Tribunal, analisando a particularidade da questão envolvida no cumprimento da ordem judicial, afastou a responsabilização do agente público pelo inadimplemento da ordem e atribui o ônus, exclusivamente, à pessoa jurídica, considerando que o servidor não dispunha de mecanismo suficiente para dar cumprimento à ordem judicial, ressalvando, no entanto, a possibilidade de eventual apuração de responsabilidade funcional do servidor.

Assim, existindo mora ou inadimplemento no cumprimento da ordem judicial determinada sob pena de multa coercitiva imposta em desfavor do ente público, sua omissão deve ser apurada, verificando a conduta do servidor competente, analisando eventual responsabilidade funcional pela inação do agente público, bem como sua responsabilização pelos danos sofridos pelo ente público em razão de eventual pagamento de multa cominatória/astreintes e/ou indenização em razão da mora no cumprimento da decisão judicial.

E ainda, em caso de a conduta desidiosa do agente público persistir, cabe ao magistrado, com fundamento nos artigos 14 e 22, da Lei 8.429/92 (Lei de Improbidade Administrativa), representar ao Ministério Público comunicando as condutas desidiosas praticadas pelo agente público visando instaurar investigação destinada a apurar eventual prática de ato de improbidade administrativa.

⊙ (...) Desapropriação. Fixação de prazo razoável para emissão de títulos da dívida agrária – TDAs. Imposição de multa diária cominatória. Cabimento. Incidência da súmula 83/stj. Revisão do valor. Redução. Razoabilidade e proporcionalidade. Súmula 7/STJ. 1. Constata-se que o acórdão recorrido encontra-se no mesmo sentido da jurisprudência do STJ quanto ao cabimento de multa diária, mesmo contra pessoa jurídica de direito público, segundo o qual é cabível a imposição de multa como medida processual de inteira adequação, porquanto vinculada à garantia de efetiva e imediata observância da tutela jurisdicional que foi prestada. (STJ, 2ª T., AgRg no AREsp 830066, Rel. Humberto Martins, DJe 8.3.2016).

⊙ (...). Fazenda pública. Obrigação de fazer. Imposição de multa. Fixação "ex officio". Possibilidade. 1. A jurisprudência desta Corte Superior de Justiça é firme na compreensão de que é possível a fixação "ex officio", pelo Juízo da Execução, de multa contra a Fazenda Pública por inadimplemento de obrigação de fazer. (...). (STJ, AgRg no Ag 773.576/SP, Rel. Min. Hamilton Carvalhido, 6ª T., DJ 26.2.2007)

⊙ (...). Cominação de multa diária. Descumprimento de decisão judicial. Cabimento. Impossibilidade de atribuição à autoridade impetrada em face de limitação do sistema informatizado para inclusão manual dos débitos. Multa em valor proporcional à situação de fato. Jurisprudência consolidada. Desprovimento do recurso. (...) 3. No caso concreto, não é possível atribuir a responsabilidade, pessoalmente, à autoridade impetrada, tendo em vista a informação de que a limitação do sistema é geral, atingindo, inclusive, a própria Superintendência Regional da Receita Federal na 8ª RF, com impossibilidade de inclusão manual dos débitos, motivo pelo qual a multa diária deve ser imposta ao ente público e não ao Delegado da RFB em Guarulhos, sendo, em última instância, a União a responsável pela disponibilização dos meios de desenvolvimento e adequação dos sistemas das Delegacias Regionais da RFB, a fim de que satisfaçam às necessidades dos servidores e usuários, cabendo-lhe proceder à eventual apuração de responsabilidade funcional, penal, civil ou administrativa, em procedimento específico, se julgar necessário. (TRF3, 3ª T., AI 00194010920134030000, Rel. Eliana Marcelo, e-DJF3 28.3.2014).

▶ **CPC. Art. 536.** No cumprimento de sentença que reconheça a exigibilidade de obrigação de fazer ou de não fazer, o juiz poderá, de ofício ou a requerimento, para a efetivação da tutela específica ou a obtenção de tutela pelo resultado prático equivalente, determinar as medidas necessárias à satisfação do exequente. **§ 1º** Para atender ao disposto no caput, o juiz poderá determinar, entre outras medidas, a imposição de multa, a busca e apreensão, a remoção de pessoas e coisas, o desfazimento de obras e o impedimento de atividade nociva, podendo, caso necessário, requisitar o auxílio de força policial. **§ 2º** O mandado de busca e apreensão de pessoas e coisas será cumprido por 2 (dois) oficiais de justiça, observando-se o disposto no art. 846, §§ 1º a 4º, se houver necessidade de arrombamento. **§ 3º** O executado incidirá nas penas de litigância de má-fé quando injustificadamente descumprir a ordem judicial, sem prejuízo de sua responsabilização por crime de desobediência. **§ 4º** No cumprimento de sentença que reconheça a exigibilidade de obrigação de fazer ou de não fazer, aplica-se o art. 525, no que couber. **§ 5º** O disposto neste artigo aplica-se, no que couber, ao cumprimento de sentença que reconheça deveres de fazer e de não fazer de natureza não obrigacional. ▶ **Art. 537.** A multa independe de requerimento da parte e poderá ser aplicada na fase de conhecimento, em tutela provisória ou na sentença, ou na fase de execução, desde que seja suficiente e compatível com a obrigação e que se determine prazo razoável para cumprimento do preceito. **§ 1º** O juiz poderá, de ofício ou a requerimento, modificar o valor ou a periodicidade da multa vincenda ou excluí-la, caso verifique que: I – se tornou insuficiente ou excessiva; II – o obrigado demonstrou cumprimento parcial superveniente da obrigação ou justa causa para o descumprimento. **§ 2º** O valor da multa será devido ao exequente. **§ 3º** A decisão que fixa a multa é passível de cumprimento provisório, devendo ser depositada em juízo, permitido o levantamento do valor após o trânsito em julgado da sentença favorável à parte ou na pendência do agravo fundado nos incisos II ou III do art. 1.042. **§ 4º** A multa será devida desde o dia em que se configurar o descumprimento da decisão e incidirá enquanto não for cumprida a decisão que a tiver cominado. **§ 5º** O disposto neste artigo aplica-se, no que couber, ao cumprimento de sentença que reconheça deveres de fazer e de não fazer de natureza não obrigacional.

ENUNCIADO 064. NÃO CABE MULTA PESSOAL AO PROCURADOR "AD JUDICIA" DO ENTE PÚBLICO, SEJA COM BASE NO ART. 14, SEJA NO ART. 461, AMBOS DO CPC.

▶ *Paulo Sérgio Ribeiro*

Verbete revisado no XI FONAJEF.

Em primeiro lugar é essencial destacar que após a reforma do Código de Processo Civil, Lei 13.105/15, o regime do "contempf of court" na legislação processual pátria está disciplinada no artigo 77 do Código de Processo Civil, bem como a disciplina do cumprimento das obrigações de fazer, não fazer e entrega de coisa estão disciplinadas nos artigos 497 a 501 e 536 a 538 do referido código.

O representante judicial do ente público, advogado público, não é parte da relação jurídica material e, portanto, não pode ser obrigado, em nome do ente, a efetivar a

Capítulo I ● Código de Processo Civil (Lei Nº13.105/15)

obrigação determinada na decisão judicial, encargo atribuído, exclusivamente, à pessoa jurídica.

O advogado tem atribuição de representar judicial o ente em juízo exercendo sua defesa processual ou extraprocessual, de modo a defender os interesses do ente, não possuindo competência administrativa para manifestar vontade em nome do ente público, ou seja, não tem poder de executar atos administrativos necessários para concretizar a vontade do ente que ele representa.

Ademais, o Advogado Público não possui poder hierárquico sobre os agentes públicos e gestores responsáveis pela execução dos atos administrativos necessários para cumprimento das determinações exaradas em processos judiciais.

O artigo 77, § 8º do Código de Processo Civil estabeleceu uma sutil diferença muito importante quando se analisa o cumprimento das obrigações de fazer, não fazer ou entregar, porquanto fixou de modo claro que o representante judicial, no caso o advogado, não pode ser compelido a cumprir a decisão.

O que se estabelece no referido diploma normativo é a vedação expressa de imputar ao advogado a obrigação/responsabilidade pela efetivação da ação tendente a cumprir a ordem judicial, em nome de seu representado, restando ao ente público apurar eventual responsabilidade administrativa do representante judicial (advogado) em razão de sua conduta, nos termos do parágrafo § 6º, do artigo 77 do CPC.

A alteração no Código de Processo Civil tem importante papel na definição da responsabilidade por eventual descumprimento de ordens mandamentais ou executivas, delimitando as atribuições dos atores processuais, separando de forma evidente as funções do representante judicial – advogado – ator processual cuja função limita-se à defesa judicial e extrajudicial dos interesses do ente público – e do representante da pessoa jurídica de direito público, pessoa física cuja atribuição é manifestar a vontade do ente público, materializados por atos administrativos.

Convém destacar, ainda, o artigo 38 da Lei 13.327/16, que proíbe a prisão de Advogado da União em razão de descumprimento de decisão judicial no exercício de suas funções.

O Supremo Tribunal Federal, utilizando como parâmetro normativo os dispositivos do CPC/73, estabeleceu a impossibilidade de cominação de multa em face do advogado público, porquanto não figura como parte ou interveniente na ação (vide Rcl 5133).

E ainda, o Supremo Tribunal Federal (ADI 2652), analisando o artigo 14 do CPC/73, fixou que a ressalva acerca das sanções em razão do descumprimento da decisão judicial aplicável aos advogados é extensível aos advogados públicos, os quais ficam submetidos disciplinarmente ao estabelecido no estatuto funcional da carreira:

Apesar das decisões citadas terem como base normativa diploma revogado, a norma jurídica construída pela Suprema Corte não resta afetada com a alteração do texto normativo, muito pelo contrário, o Código de Processo Civil em vigor reafirma a norma estabelecida pela Suprema Corte, porquanto estruturou, de forma didática, o regime jurídico das sanções decorrentes do descumprimento das decisões judiciais, estabelecendo, expressamente que a responsabilização não pode ser atribuída ao representante judicial da pessoa jurídica responsável pela execução da ordem.

A questão sobre a responsabilização dos procuradores judiciais pelo descumprimento de decisões judiciais tomou relevo quanto representantes judiciais foram ameaçados com sanções de ordem penal em razão do descumprimento de decisão imposta em desfavor da pessoa jurídica. Neste sentido decidiu o Tribunal Regional da Terceira Região (HC 0017246-28.2016.4.03.0000).

A questão debatida pelo Conselho Nacional de Justiça por ocasião do julgamento de pedido de providência formulado pela União dos Advogados Público do Brasil (PP 0000749-61.2011.2.00.0000), oportunidade em aquele colegiado reconheceu a impossibilidade de imputar sanção ao advogado público pelo descumprimento de decisão, emitindo recomendação aos Tribunais no sentido de absterem de ameaçar ou determinar a prisão de Advogados Públicos nos casos de descumprimento de decisão.

Por fim, não obstante eventual motivação nobre dos magistrados em concretizar a decisão proferida, não há como reconhecer validade à responsabilização pessoal do procurador pelo descumprimento da decisão, muito porque sua atuação limita-se à defesa judicial e extrajudicial do ente, não detendo competência para efetivar os atos administrativos necessários ao cumprimento da ordem judicial.

Apesar de imunes em relação as sanções aplicadas em face do descumprimento da ordem, o advogado público poderá responder administrativamente, com fundamento no estatuto jurídico que rege a disciplina de sua carreira, por eventuais desvios de comportamento que tipifiquem infração administrativa, conforme reafirmado no parágrafo 6º do artigo 77 do Código de Processo Civil, cabendo ao magistrado que conduz o processo oficiar ao órgão de classe ou a corregedoria a que o servidor público está vinculado.

⊙ Reclamação. Procurador federal. Multa pessoal. Sanção disciplinar. Descumprimento da ação direta de inconstitucionalidade n. 2652/DF. 1. Os procuradores federais estão incluídos na ressalva do parágrafo único do art. 14 do Código de Processo Civil, não sendo possível, assim, fixar-lhes multa em razão de descumprimento do dever disposto no art. 14, inc. V, do Código de Processo Civil. 2. Sem discutir o acerto ou desacerto da condenação por litigância de má-fé – prevista no art. 17, inc. V, do Código de Processo Civil –, imposta pela autoridade reclamada, tem-se que a condenação pessoal do Procurador do Instituto Nacional do Seguro Social ao pagamento de multa processual é inadequada porque, no caso vertente, ele não figura como parte ou interveniente na Ação. 3. Reclamação julgada procedente. (STF, Pleno, Rcl 5133, Rel. Min. Cármen Lúcia, DJe 21.8.2009).

⊙ Ação direta de inconstitucionalidade. Impugnação ao parágrafo único do artigo 14 do Código de Processo Civil, na redação dada pela Lei 10358/2001. Procedência do pedido. 1. Impugnação ao parágrafo único do artigo 14 do Código de Processo Civil, na parte em que ressalva "os advogados que se sujeitam exclusivamente aos estatutos da OAB" da imposição de multa por obstrução à Justiça. Discriminação em relação aos advogados vinculados a entes estatais, que estão submetidos a regime estatutário próprio da entidade. Violação ao princípio da isonomia e ao da inviolabilidade no exercício da profissão. Interpretação adequada, para afastar o injustificado discrímen. 2. Ação Direta de Inconstitucionalidade julgada procedente para, sem redução de texto, dar interpretação ao parágrafo único do artigo 14 do Código de Processo Civil

CAPÍTULO I ● CÓDIGO DE PROCESSO CIVIL (LEI Nº13.105/15)

conforme a Constituição Federal e declarar que a ressalva contida na parte inicial desse artigo alcança todos os advogados, com esse título atuando em juízo, independentemente de estarem sujeitos também a outros regimes jurídicos. (STF, Pleno, ADI 2652, Rel. Min. Maurício Corrêa, DJ 14.11.2003).

○ "Habeas corpus". Determinação de prisão de advogado da união em ação cível por crime de desobediência. Ilegalidade. Ordem concedida. 1. Como representante da União, judicial e extrajudicialmente, não é de competência do Advogado da União a realização de atos administrativos que são próprios do órgão que ele representa. 2. Não se confundindo o representante com seu representado, os Advogados da União, até por não fazerem parte da estrutura administrativa que representam, estando vinculados à Advocacia-Geral da União, não possuem poder para, diretamente, adotar qualquer medida no sentido de fazer ou não fazer cumprir ordens judiciais, ainda porque nem sequer possuem poder hierárquico sobre os agentes representados. 3. A alteração legislativa promovida pela Lei 13.327/16 proíbe expressamente a prisão do Advogado da União por descumprimento de decisão judicial no exercício de suas funções, prevendo os casos em que a prisão é possível. 4. Eivada de ilegalidade qualquer decisão judicial no sentido pretender impelir o cumprimento de decisão judicial por meio de prisão do representante judicial da União. 5. Não pode ser imputado ao Advogado da União, o cometimento de crime de desobediência ou prevaricação no exercício das suas funções. 6. O paciente atuou de maneira diligente, executando regularmente suas funções institucionais, requerendo, por diversas vezes, o cumprimento da decisão judicial, o que não ocorreu por motivos alheios à sua vontade e sem que ele tivesse poder de atuação direta no órgão representado. 7. É ilícita a prisão civil do depositário infiel, restando à jurisdição cível a prisão nos casos de inadimplemento inescusável de alimentos. 8. A decisão que determinou a prisão caso não efetuado o depósito deixou de indicar, de maneira individualizada e fundamentada, o paciente, razão pela qual haveria responsabilidade penal objetiva caso subsistisse, mormente quando não há imputação alguma de infração penal, uma vez que o Advogado da União teria sua liberdade de locomoção cerceada tão somente por ser representante judicial do ente político. 9. Ordem de "habeas corpus" concedida. (TRF3, 3ª T., HC 0017246-28.2016.4.03.0000, Rel. Antonio Cedenho, DJ 21.10.2016).

○ Advogado público. Descumprimento de decisão judicial. Prisão. Recomendação. 1. Não se pode admitir que advogados públicos sejam punidos com a pena mais grave em vigor neste País – a restrição da liberdade – por desempenharem as funções a eles acometidas por lei, ou seja, pelo exercício de suas atribuições funcionais. A determinação de prisão do advogado público por descumprimento de decisão judicial configura procedimento incorreto, nos termos da LOMAN, e enseja punição disciplinar. 2. Mesmo que promova as medidas judiciais para buscar a reforma das decisões que julgar merecedoras de reparo, não se pode admitir a punição do advogado público por descumprimento de ato que compete unicamente ao gestor do bem ou serviço em questão. O advogado tem o dever de recorrer das decisões que julgar equivocadas e é credor da inviolabilidade constitucionalmente assegurada para exercer sua atividade profissional. 3. Recomendação aos Tribunais no sentido de se absterem de ameaçar ou determinar a prisão de Advogados Públicos Federais e Estaduais diante de casos de descumprimento de decisões judiciais dirigidas aos gestores das Autarquias e Fundações. 4. Pedido procedente. (CNJ. Plenário. PP 0000749-61.2011.2.00.0000, Rel. Conselheiro Jorge Hélio Chaves de Oliveira, DJ 1.9.2011).

▶ **CPC. Art. 77.** Além de outros previstos neste Código, são deveres das partes, de seus procuradores e de todos aqueles que de qualquer forma participem do processo: I – expor os fatos em juízo conforme a verdade; II – não formular pretensão ou de apresentar defesa quando cientes de que são destituídas de fundamento; III – não produzir provas e não praticar atos inúteis ou desnecessários à declaração ou à defesa do direito; IV – cumprir com exatidão as decisões jurisdicionais, de natureza provisória ou final, e não criar embaraços à sua efetivação; V – declinar, no primeiro momento que lhes couber falar nos autos, o endereço residencial ou profissional onde receberão intimações, atualizando essa informação sempre que ocorrer qualquer modificação temporária ou definitiva; VI – não praticar inovação ilegal no estado de fato de bem ou direito litigioso. **§ 1º** Nas hipóteses dos incisos IV e VI, o juiz advertirá qualquer das pessoas mencionadas no caput de que sua conduta poderá ser punida como ato atentatório à dignidade da justiça. **§ 2º** A violação ao disposto nos incisos IV e VI constitui ato atentatório à dignidade da justiça, devendo o juiz, sem prejuízo das sanções criminais, civis e processuais cabíveis, aplicar ao responsável multa de até vinte por cento do valor da causa, de acordo com a gravidade da conduta. **§ 3º** Não sendo paga no prazo a ser fixado pelo juiz, a multa prevista no § 2º será inscrita como dívida ativa da União ou do Estado após o trânsito em julgado da decisão que a fixou, e sua execução observará o procedimento da execução fiscal, revertendo-se aos fundos previstos no art. 97. **§ 4º** A multa estabelecida no § 2º poderá ser fixada independentemente da incidência das previstas nos arts. 523, § 1º, e 536, § 1º. **§ 5º** Quando o valor da causa for irrisório ou inestimável, a multa prevista no § 2º poderá ser fixada em até 10 (dez) vezes o valor do salário-mínimo. **§ 6º** Aos advogados públicos ou privados e aos membros da Defensoria Pública e do Ministério Público não se aplica o disposto nos §§ 2º a 5º, devendo eventual responsabilidade disciplinar ser apurada pelo respectivo órgão de classe ou corregedoria, ao qual o juiz oficiará. **§ 7º** Reconhecida violação ao disposto no inciso VI, o juiz determinará o restabelecimento do estado anterior, podendo, ainda, proibir a parte de falar nos autos até a purgação do atentado, sem prejuízo da aplicação do § 2º. **§ 8º** O representante judicial da parte não pode ser compelido a cumprir decisão em seu lugar. ► **Art. 536.** No cumprimento de sentença que reconheça a exigibilidade de obrigação de fazer ou de não fazer, o juiz poderá, de ofício ou a requerimento, para a efetivação da tutela específica ou a obtenção de tutela pelo resultado prático equivalente, determinar as medidas necessárias à satisfação do exequente. **§ 1º** Para atender ao disposto no caput, o juiz poderá determinar, entre outras medidas, a imposição de multa, a busca e apreensão, a remoção de pessoas e coisas, o desfazimento de obras e o impedimento de atividade nociva, podendo, caso necessário, requisitar o auxílio de força policial. **§ 2º** O mandado de busca e apreensão de pessoas e coisas será cumprido por 2 (dois) oficiais de justiça, observando-se o disposto no art. 846, §§ 1º a 4º, se houver necessidade de arrombamento. **§ 3º** O executado incidirá nas penas de litigância de má-fé quando injustificadamente descumprir a ordem judicial, sem prejuízo de sua responsabilização por crime de desobediência. **§ 4º** No cumprimento de sentença que reconheça a exigibilidade de obrigação de fazer ou de não fazer, aplica-se o art. 525, no que couber. **§ 5º** O disposto neste artigo aplica-se, no que couber, ao cumprimento de sentença que reconheça deveres de fazer e de não fazer de natureza não obrigacional. ► **Art. 537.** A multa independe de requerimento da parte e poderá ser aplicada na fase de conhecimento, em tutela provisória ou na sentença, ou na fase de execução, desde que seja suficiente e compatível com a obrigação e que se determine prazo razoável para cumprimento do preceito. **§ 1º** O juiz poderá, de ofício ou a requerimento, modificar o valor ou a periodicidade da multa vincenda ou excluí-la, caso verifique que: I – se tornou insuficiente ou excessiva; II – o obrigado demonstrou cumprimento parcial superveniente da obrigação ou justa causa para o descumprimento. **§ 2º** O valor da multa será devido ao exequente. **§ 3º** A decisão que fixa a multa é passível de cumprimento provisório, devendo ser depositada em juízo, permitido o levantamento do valor após o trânsito em julgado da sentença favorável à parte ou na pendência do agravo fundado nos incisos II ou III do art. 1.042. **§ 4º** A multa será devida desde o dia em que se configurar o descumprimento da decisão e incidirá enquanto não for cumprida a decisão que a tiver cominado. **§ 5º** O disposto neste artigo aplica-se, no que couber, ao cumprimento de sentença que reconheça deveres de fazer e de não fazer de natureza não obrigacional.

► **Lei 12.327/16. Art. 38.** São prerrogativas dos ocupantes dos cargos de que trata este Capítulo, sem prejuízo daquelas previstas em outras normas: (...). III – não ser preso ou responsabilizado pelo descumprimento de determinação judicial no exercício de suas funções;

ENUNCIADO 065. NÃO CABE A PRÉVIA LIMITAÇÃO DO VALOR DA MULTA COERCITIVA (ASTREINTES), QUE TAMBÉM NÃO SE SUJEITA AO LIMITE DE ALÇADA DOS JUIZADOS ESPECIAIS FEDERAIS, FICANDO SEMPRE ASSEGURADA A POSSIBILIDADE DE REAVALIAÇÃO DO MONTANTE FINAL A SER EXIGIDO NA FORMA DO PARÁGRAFO 6º DO ARTIGO 461 DO CPC.

▶ *Paulo Sérgio Ribeiro*

Em primeiro lugar é essencial destacar que após a reforma do Código de Processo Civil, Lei 13.105/15, a disciplina do cumprimento das obrigações de fazer, não fazer e entrega de coisa estão disciplinadas nos artigos 497 a 501 e 536 a 538 do referido código.

A questão da multa coercitiva (astreinte) aplicável como mecanismo de coerção para o cumprimento de ordem judicial restou disciplinada de forma didática e elucidativa, no artigo 537, caput e parágrafos, do Código de Processo Civil.

O diploma normativo contribuiu para regulamentar o regime jurídico aplicável para a multa coercitiva, de modo a superar grande parte das discussões travadas em sede jurisdicional acerca do tema.

Considerando a natureza da multa como mecanismo de coerção cujo escopo é convencer o demandado a cumprir a decisão judicial, não faz sentido estabelecer limitação, como algumas decisões judiciais têm fixado, porquanto o objetivo é compelir o obrigado a executar o fazer.

Consoante a lição de Nelson Nery Junior ao comentar o artigo 461 do CPC/73, a multa tem caráter inibitório/coercitivo, de modo que seu escopo não é incidir na situação, mas convencer o devedor de cumprir a obrigação na forma específica sob pena de pagar alto valor em razão da atitude contrária à ordem judicial.

Portanto, restringir a multa cominatória ao limite da obrigação é erro crasso, porquanto há confusão entre a obrigação – direito subjetivo a ser recomposto – e a obrigação/crédito (obrigação de pagar) decorrente da incidência de multa coercitiva, obrigações de natureza diversa.

Como destaca Luiz Guilherme Marinoni (2015, 726) "a multa deve incidir de maneira a convencer o demandado, não estando limitada pelo valor do dano ou pelo valor da prestação inadimplida". Deste modo, como pontua o eminente processualista, o valor da multa pode superar o valor da obrigação em discussão no processo em que cominado o meio coercitivo, pois "... sua finalidade é a de convencer ao cumprimento da prestação e não de dar ao credor o seu valor equivalente".

Se o meio coercitivo não foi eficaz o magistrado tem o poder e o dever de substituí-lo, aplicando outro mais eficiente para convencer o obrigado a cumprir com seu dever, inexistindo relação entre eventual crédito decorrente de multa incidente e o valor equivalente da obrigação a que faz jus o credor, importância que poderá ser exigida em eventual perecimento da obrigação específica.

Com relação à exigibilidade da multa vencida é importante pontuar que a limitação da competência dos Juizados Especiais Federais a 60 salários mínimos, conforme disposto no artigo 3º da Lei 10.259/01, refere-se à alçada da pretensão formulada no momento do ingresso da ação, não havendo incompetência superveniente em razão da exigência de valor vencido durante o processamento do feito que importe em crédito que ultrapasse limite de alçada.

Portanto, a cobrança de crédito referente à multa coercitiva vencida durante o curso do processo acrescido do valor referente ao bem da vida perseguido no processo não altera a competência para tramitação do feito perante o Juizado Federal, independentemente de o valor total exigido superar o teto de alçada fixado no artigo 3º da Lei 10.259/01.

Apesar de não altera a competência do Juizado Especial Federal, conforme destacado, é importante ressaltar que a exigibilidade do valor superior a 60 salários mínimos, considerando o valor monetário da obrigação principal acrescida do crédito decorrente da multa, demanda a expedição de precatório requisitório para liquidação do crédito, caso o devedor das obrigações – principal e multa – for igual. Com efeito, o pagamento por meio de RPV é limitado a crédito em desfavor de ente público federal no valor máximo de 60 salários mínimos apurados na data da expedição da ordem de pagamento.

A questão da possibilidade de revisão do valor referente à multa coercitiva está relacionada com a destinação do proveito econômico, pois seguindo o entendimento de que a multa deveria ser destinada ao Estado, considerando que este foi o lesado pela não observância da ordem, não haveria que se falar em enriquecimento sem causa independentemente do valor do crédito decorrente da multa.

Com efeito, respeitado entendimento diverso, não há razão lógica para a redução do valor resultando pela multa já incidente em desfavor do executado, tendo em vista a natureza coercitiva da multa, mecanismo necessário para induzir o obrigado a cumprir com seu mister, inexistindo relação entre esta e o bem da vida perseguido.

Na realidade, em razão do descumprimento da ordem judicial, o lesado na situação é o Estado o qual teve sua dignidade vilipendiada pela atitude desrespeitosa e omissiva do executado em não cumprir com o comando judicial proferido. Desta forma, o sujeito processual (exequente) sofre lesão transversa/indireta na situação do descumprindo da ordem pelo executado, porquanto o executado viola, na realidade, bem jurídico de titularidade do Estado (dignidade da Justiça). Por sua vez o exequente pode sofrer danos em razão da mora no cumprimento representados pelos lucros cessantes ou danos emergentes, restando a ele pleitear, via indenização, a reparação dos danos.

Apesar das críticas bem articuladas apresentadas pela doutrina pátria acerca do tema, a alteração do Código de Processo Civil aderiu às formulações do Direito Francês, (MARINONI, 2015, p. 724), fixando no artigo 537, § 2º, do CPC que o valor da

Capítulo I ● Código de Processo Civil (Lei nº13.105/15)

91

multa é devido ao exequente, dando ensejo à discussão acerca do enriquecimento sem causa por parte do beneficiado do valor referente ao crédito.

O Superior Tribunal de Justiça, em período precedente à alteração na lei processual, já contemplava a possibilidade de revisão do valor qual o total tornava-se excessivo. Vide excerto do AgRg no AgRg nos EDcl no AREsp 83814, adiante.

É importante pontuar que o artigo 537, § 1º do Código de Processo Civil não contempla a hipótese de modificação do valor referente à multa vencida, o referido diploma limita-se em estabelecer regramento acerca da possibilidade de o juiz, de ofício ou a requerimento da parte interessada, modificar o valor ou periodicidade da multa vincenda, ou seja, a hipótese tem eficácia prospectiva, de modo que o juiz, verificando que o meio coercitivo (multa) é excessivo ou não surtiu o efeito desejado, possa modificar o valor, excluí-la ou alterar o mecanismo de coerção imposto.

Com o respeito devido, a redução do valor referente à multa vencida não se coaduna com sua natureza coercitiva, de modo que o executado, deliberadamente tergiversando seus deveres e desrespeitando a autoridade da decisão, deixou de cumprir a obrigação, dando causa, exclusivamente, à incidência da multa e ao crédito a ser exigido.

Reconhecer a possibilidade de mitigação da obrigação em razão do valor excessivo do crédito global, retira a força coercitiva do mecanismo, pois o executado não será estimulado a cumprir seu dever, tendo em vista a possibilidade de o crédito final decorrente da incidência ser reduzido.

⊙ (...). Astreintes. Valor exorbitante. Redução. Possibilidade. Decisão mantida. 1. Em regra, é inviável, no recurso especial, revisar o valor da multa cominatória fixado pelo Tribunal "a quo". Contudo, nas hipóteses em que o valor alcançado na origem se afigure ínfimo ou exorbitante, é possível a reavaliação do montante por esta Corte. 2. No caso concreto, tendo em vista o elevado valor total alcançado pela multa cominatória, o recurso especial foi provido para reduzir a quantia que penaliza a mora do agravado, levando em consideração as especificidades da causa, sem, contudo, propiciar o enriquecimento ilícito do ora agravante. (...). (STJ, 4ª T., AgRg no AgRg nos EDcl no AREsp 83814, Rel. Antonio Carlos Ferreira, DJe 14.10.2015)

▶ **CPC. Art. 537.** A multa independe de requerimento da parte e poderá ser aplicada na fase de conhecimento, em tutela provisória ou na sentença, ou na fase de execução, desde que seja suficiente e compatível com a obrigação e que se determine prazo razoável para cumprimento do preceito. **§ 1º** O juiz poderá, de ofício ou a requerimento, modificar o valor ou a periodicidade da multa vincenda ou excluí-la, caso verifique que: I – se tornou insuficiente ou excessiva; II – o obrigado demonstrou cumprimento parcial superveniente da obrigação ou justa causa para o descumprimento. **§ 2º** O valor da multa será devido ao exequente. **§ 3º** A decisão que fixa a multa é passível de cumprimento provisório, devendo ser depositada em juízo, permitido o levantamento do valor após o trânsito em julgado da sentença favorável à parte. **§ 4º** A multa será devida desde o dia em que se configurar o descumprimento da decisão e incidirá enquanto não for cumprida a decisão que a tiver cominado. **§ 5º** O disposto neste artigo aplica-se, no que couber, ao cumprimento de sentença que reconheça deveres de fazer e de não fazer de natureza não obrigacional.

6. DOS PROCESSOS NOS TRIBUNAIS E DOS MEIOS DE IMPUGNAÇÃO DAS DECISÕES JUDICIAIS (ARTS. 926 A 1.044)

6.1. Da Ordem dos Processos e dos Processos de Competência Originária dos Tribunais (arts. 926 a 993)

ENUNCIADO 029. CABE AO RELATOR, MONOCRATICAMENTE, ATRIBUIR EFEITO SUSPENSIVO A RECURSO, NÃO CONHECÊ-LO, BEM ASSIM LHE NEGAR OU DAR PROVIMENTO NAS HIPÓTESES TRATADAS NO ARTIGO 932, IV, C, DO CPC, E QUANDO A MATÉRIA ESTIVER PACIFICADA EM SÚMULA DA TURMA NACIONAL DE UNIFORMIZAÇÃO, ENUNCIADO DE TURMA REGIONAL OU DA PRÓPRIA TURMA RECURSAL.

▸ *Kylce Anne Collier de Mendonça*

O texto do verbete foi revisado no XIII FONAJEF. A redação original[46] fazia referência a dispositivo do antigo Código de Processo Civil (CPC/73, art. 557, caput e § 1-A) que encontra correspondência no art. 1.011, I, do novo Código de Processo Civil. Por essa razão, deve ser aplicado à luz da nova legislação a respeito da matéria, uma vez que, na época em que editado, o objetivo era exatamente permitir que, por decisão monocrática do Relator no âmbito da Turma Recursal, o processo fosse prontamente solucionado.

As hipóteses (atualmente previstas no art. 932, III a V, do CPC) correspondem a situações de não conhecimento do recurso ou mesmo de se negar ou se dar provimento a ele.

Não será o recurso conhecido se manifestamente inadmissível, restar prejudicado ou caso não haja impugnação específica dos fundamentos da decisão recorrida.

Por outro lado, a decisão monocrática negará provimento ao recurso se contrário a súmula do Supremo Tribunal Federal, do Superior Tribunal de Justiça ou do própria Turma Recursal, a acórdão proferido pelo Supremo Tribunal Federal ou pelo Superior Tribunal de Justiça em julgamento de recursos repetitivos ou a entendimento firmado em incidente de resolução de demandas repetitivas ou de assunção de competência.

De forma análoga, se a decisão recorrida estiver contrária a tais precedentes jurisprudenciais, por decisão monocrática, o Relator poderá dar provimento ao recurso, hipótese em que deverá ser previamente aberto o prazo para apresentação de contrarrazões.

Surgem, portanto, como inovações decorrentes do advento do CPC as referências ao julgamento de recursos repetitivos e a entendimento firmado em incidente de resolução de demandas repetitivas ou de assunção de competência como fundamentos para decisão do recurso interposto, via decisão monocrática.

---

46. Enunciado 29. "Cabe ao Relator, monocraticamente, atribuir efeito suspensivo a recurso, bem assim lhe negar seguimento ou dar provimento nas hipóteses tratadas no art. 557, caput e § 1-A, do CPC, e quando a matéria estiver pacificada em súmula da Turma Nacional de Uniformização, enunciado de Turma Regional ou da própria Turma Recursal". (Redação original).

Capítulo I ● Código de Processo Civil (Lei nº13.105/15)

Evidentemente, permanece aplicável a parte final do Enunciado, que faz menção a súmula da Turma Nacional de Uniformização, Enunciado de Turma Regional ou da própria Turma Recursal como fundamentos da decisão monocrática do Relator.

A previsão decorre da própria natureza do subsistema dos Juizados Especiais Federais, uma vez que, uniformizado o entendimento da matéria por meio de súmula em âmbito nacional, regional ou mesmo local, condiz com os princípios da celeridade e da economia processuais que o processo seja imediatamente resolvido por meio de decisão monocrática.

A aplicação atual, no âmbito da Turma Nacional de Uniformização dos Juizados Especiais, do sistema de julgamento de representativos de controvérsias enseja a possibilidade de a decisão tomada nos autos destes processos servirem também como fundamento para que o Relator venha a prolatar decisão monocrática sobre o mérito do processo, seja para negar ou dar provimento ao recurso.

> **CPC. Art. 932.** Incumbe ao relator: (...) III – não conhecer de recurso inadmissível, prejudicado ou que não tenha impugnado especificamente os fundamentos da decisão recorrida; IV – negar provimento a recurso que for contrário a: a) súmula do Supremo Tribunal Federal, do Superior Tribunal de Justiça ou do próprio tribunal; b) acórdão proferido pelo Supremo Tribunal Federal ou pelo Superior Tribunal de Justiça em julgamento de recursos repetitivos; c) entendimento firmado em incidente de resolução de demandas repetitivas ou de assunção de competência; V – depois de facultada a apresentação de contrarrazões, dar provimento ao recurso se a decisão recorrida for contrária a: a) súmula do Supremo Tribunal Federal, do Superior Tribunal de Justiça ou do próprio tribunal; b) acórdão proferido pelo Supremo Tribunal Federal ou pelo Superior Tribunal de Justiça em julgamento de recursos repetitivos; c) entendimento firmado em incidente de resolução de demandas repetitivas ou de assunção de competência; (...). ▶ **Art. 1.011.** Recebido o recurso de apelação no tribunal e distribuído imediatamente, o relator: I - decidi-lo-á monocraticamente apenas nas hipóteses do art. 932, incisos III a V.

Enunciado 156. Não se aplica aos Juizados Especiais a técnica de julgamento não unânime (art. 942, CPC/2015).

▶ *João Cabrelon*

Os Juizados Especiais foram dotados pelas Leis 10.259/01 e 9.099/95 de um microssistema recursal próprio, que tem aplicação privilegiada sobre as regras gerais estabelecidas pelo CPC. A própria Constituição Federal legitima a criação de um sistema recursal específico para os Juizados Especiais quando, em seu art. 98, I, expressamente prevê a possibilidade de a lei estabelecer o "julgamento de recursos por turmas de juízes de primeiro grau".

O caminho indicado pela Constituição Federal, quanto à necessidade de simplificação do trâmite recursal em sede de Juizados, foi estritamente seguido pela Lei 9.099/95, a qual previu apenas os embargos de declaração (art. 48) e o recurso contra a sentença (art. 41) como formas de irresignação do sucumbente em face das decisões judiciais proferidas nos Juizados Cíveis.

Tentou-se, à época da edição dessa lei, aumentar-se a complexidade do sistema recursal dos Juizados. O projeto de lei que deu origem à Lei 9.099/95 criava, em seu art. 47, um "recurso de divergência", recurso esse dirigido ao Tribunal de Justiça nas hipóteses de divergência entre a sentença proferida nos Juizados e a jurisprudência do próprio Tribunal ou de outra turma de Juízes, ou nas hipóteses em que o valor do pedido julgado improcedente ou o valor da condenação fosse superior a vinte salários mínimos. Em boa hora esse artigo foi vetado, constando como razão de veto o "interesse público", o qual seria frustrado com o aumento de número de recursos que deixaria de "propiciar maior agilidade processual" aos Juizados.

Mesma cautela não houve quando da edição da Lei 10.259/01, a qual, ao disciplinar a matéria recursal, afastou-se parcialmente da orientação constitucional já citada. Além dos já citados embargos de declaração e do recurso contra a sentença (também conhecido como recurso inominado), aplicáveis aos Juizados Especiais Federais por conta do que dispõe seu art. 1º, a Lei 10.259/01, contemplou essa lei outros três tipos de recursos: a) recurso (também inominado) contra a decisão que deferir medidas cautelares no curso do processo (art. 5º); b) pedido de uniformização de interpretação de lei federal, limitado à divergência sobre questões de direito material quanto às decisões proferidas pelas Turmas Recursais (art. 14); e c) recurso extraordinário (art. 15). Excluiu-se, ao menos, a possibilidade de reexame necessário nos Juizados Federais (art. 13), e de prazos recursais diferenciados para as pessoas jurídicas de direito público (art. 9º).

A ampliação da gama de recursos no microssistema dos Juizados Especiais Federais veio de encontro aos princípios propugnados pelo art. 2º da Lei 9.099/95, razão pela qual são constantes os apelos para a simplificação desse microssistema, mediante alteração legislativa.

Nesse contexto, não se mostra viável qualquer interpretação no sentido de que recursos previstos exclusivamente no CPC tenham cabimento perante os Juizados Especiais Federais, como o recurso de agravo ou os embargos infringentes. Essa interpretação é rebatida em face da especialidade das regras das Leis 9.099/95 e 10.259/01 quanto às regras do CPC, o que leva à conclusão de que são taxativos os recursos nelas previstos.

Cuida o Enunciado em análise, então, de afastar a possibilidade de se estender a técnica de julgamento não unânime, prevista no CPC, para os julgamentos proferidos pelas Turmas Recursais. De acordo com o disposto no art. 942 do CPC, sempre que o resultado da apelação não for unânime, o julgamento terá prosseguimento com a presença de outros julgadores, convocados em número suficiente para se garantir a possibilidade de inversão do resultado inicial. Não contemplada pelas leis que regem os Juizados Especiais Federais, essa regra simplesmente a eles não se aplica. Ademais, regra dessa natureza atentaria contra o princípio da celeridade e da simplicidade, norteadores dos Juizados Especiais Federais.

 O rito processual sumário aplicável no âmbito dos Juizados Especiais Cíveis e Federais não prevê o cabimento de embargos infringentes. Sendo assim, não tem interesse recursal a parte autora em que seja disponibilizado o voto vencido (...) (TJ-RS, 1º TRC, EDcl 71004813275, Rel. Pedro Luiz Pozza, j. 16.4.2014)

CAPÍTULO I ● CÓDIGO DE PROCESSO CIVIL (LEI Nº13.105/15)

○ Entende o Autor que em razão do resultado do julgamento ter sido por maioria, e não por unanimidade, necessária a convocação de outros julgadores para os fins do artigo 942, do CPC/2015. Reconheço que a matéria é nova, mas ouso dizer que a Jurisprudência irá se consolidar no sentido de que não cabe na sistemática dos Juizados Especiais a convocação de outros julgadores para novo julgamento nos casos em que não há decisão por unanimidade. É que em relação aos recursos, vigoram nos Juizados Especiais os princípios da economia processual, simplicidade e taxatividade. É nesse sentido que não se aceita a figura do recurso adesivo, por exemplo. A diligência prevista no artigo 942, do CPC/2015, denominada pela Doutrina como técnica de suspensão de julgamentos não unânimes apareceu em substituição à figura dos efeitos infringentes, que em tempo algum foi admitido nos Juizados Especiais. (Turma Recursal de SP, 6ª T., RI. 00035518420104036315, Rel. Kyu Soon Lee, e-DJF3 27.6.2016)

▶ **CPC. Art. 942.** Quando o resultado da apelação for não unânime, o julgamento terá prosseguimento em sessão a ser designada com a presença de outros julgadores, que serão convocados nos termos previamente definidos no regimento interno, em número suficiente para garantir a possibilidade de inversão do resultado inicial, assegurado às partes e a eventuais terceiros o direito de sustentar oralmente suas razões perante os novos julgadores.

6.2. Dos Recursos (arts. 994 a 1.044)

ENUNCIADO 030. A DECISÃO MONOCRÁTICA REFERENDADA PELA TURMA RECURSAL, POR SE TRATAR DE MANIFESTAÇÃO DO COLEGIADO, NÃO É PASSÍVEL DE IMPUGNAÇÃO POR INTERMÉDIO DE AGRAVO INTERNO.

▶ *Leonardo Augusto de Almeida Aguiar*

A Resolução CJF 347/15, com a redação determinada pela Resolução CJF n. 393/16, expressamente prevê que:

> Art. 2º. § 4º Da decisão do relator e do presidente da turma recursal caberá agravo regimental no prazo de quinze dias. Se não houver retratação, o prolator da decisão apresentará o processo em mesa, proferindo voto.

Cumpre acentuar, neste ponto, que o Pleno do Supremo Tribunal Federal já reconheceu a plena validade de norma legal (no caso, o art. 38 da Lei 8.038/90) que inclui, na esfera de atribuições jurisdicionais do Relator, a competência para negar trânsito, em decisão monocrática, a ações, pedidos ou recursos incabíveis, intempestivos, sem objeto ou que veiculem pretensão incompatível com a jurisprudência predominante do Tribunal.

Veja-se, a propósito, o que restou decidido pelo Eg. STF por ocasião do julgamento do MS 28097-AgR: "O reconhecimento dessa competência monocrática, deferida ao Relator da causa, não transgride o postulado da colegialidade, pois sempre caberá, para os órgãos colegiados do Supremo Tribunal Federal (Plenário e Turmas), recurso contra as decisões singulares que venham a ser proferidas por seus Juízes". Na mesma linha, veja-se o AgRg no RE 159892. Ainda no ponto, vale citar o Enunciado 87/FONAJEF.

Ocorre que, em razão do princípio da colegialidade, é permitido ao Relator submeter sua decisão monocrática ao crivo do colegiado, que pode então referendá-la ou não.

Uma vez referendada, contudo, essa decisão deixa de ter natureza meramente monocrática e passa a ter natureza colegiada.

Assim sendo, tratando-se de uma decisão com natureza colegiada, ela passa a não mais poder ser impugnada através de agravo interno, senão apenas pelas vias próprias e adequadas de impugnação das decisões colegiadas da Turma Recursal.

Nesse sentido é a norma regimental presente no § 5º do art. 2º da Resolução CJF 347, de 2 de junho de 2015, com a redação determinada pela Resolução CJF 393, de 19 de abril de 2016, adiante transcrita.

Esta é, pois, a essência do Enunciado. Tem-se, assim, o manifesto não cabimento de agravo interno contra esse tipo de decisão, posto que uma vez referendada pelo colegiado, não há mais falar em decisão monocrática.

◎ Enunciado FONAJEF 87. A decisão monocrática proferida por relator é passível de agravo interno.

◎ Mandado de segurança. Impetração contra ato de conteúdo jurisdicional emanado do Supremo Tribunal Federal. Inadmissibilidade. Possibilidade de o relator da causa, no Supremo Tribunal Federal, dela não conhecer mediante decisão monocrática. Legitimidade constitucional desse poder processual do relator. Inexistência de ofensa ao postulado da colegialidade. Recurso de agravo improvido. Descabimento de mandado de segurança contra ato jurisdicional emanado do Supremo Tribunal Federal. Não cabe mandado de segurança contra julgamentos impregnados de conteúdo jurisdicional, não importando se monocráticos ou colegiados, proferidos no âmbito do Supremo Tribunal Federal. É que tais decisões, ainda quando emanadas de Ministro-Relator, somente serão suscetíveis de desconstituição mediante utilização dos recursos pertinentes, ou, tratando-se de pronunciamentos de mérito já transitados em julgado, mediante ajuizamento originário da pertinente ação rescisória. Precedentes. /// Poderes processuais do ministro-relator e princípio da colegialidade. Assiste, ao Ministro-Relator, competência plena para exercer, monocraticamente, com fundamento nos poderes processuais de que dispõe, o controle de admissibilidade das ações, pedidos ou recursos dirigidos ao Supremo Tribunal Federal. Pode, em consequência, negar trânsito, em decisão monocrática, a ações, pedidos ou recursos, quando incabíveis, intempestivos, sem objeto ou, ainda, quando veicularem pretensão incompatível com a jurisprudência predominante na Suprema Corte. Precedentes. O reconhecimento dessa competência monocrática, deferida ao Relator da causa, não transgride o postulado da colegialidade, pois sempre caberá, para os órgãos colegiados do Supremo Tribunal Federal (Plenário e Turmas), recurso contra as decisões singulares que venham a ser proferidas por seus Juízes. (STF. MS 28097-AgR, Rel. Min. Celso de Mello, Pleno, DJe 1.7.-2011)

◎ Medida cautelar. Efeito suspensivo a recurso especial. Execução. Penhora de renda da empresa. Liminar referendada pela turma. Regimental prejudicado. I. Referendado pela Turma o despacho concessivo de liminar, resta prejudicado o agravo regimental em que se visa o pronunciamento do órgão colegiado acerca da decisão. (...). (STJ, AgRgMC 1475, Rel. Min. Waldemar Zveiter, DJ 16.11.1999)

◎ Agravo regimental. Liminar referendada. Não subsistindo decisão monocrática agravável, em virtude de a decisão concessiva da liminar haver sido referendada pela Turma julgadora, julga-se prejudicado o agravo regimental. (STJ, AgRgMC 1573, Rel. Min. Costa Leite, DJ 30.8.1999)

CAPÍTULO I • CÓDIGO DE PROCESSO CIVIL (LEI Nº13.105/15)

> **Res. CJF 347/2015. Art. 2º. § 4º** Da decisão do relator e do presidente da turma recursal caberá agravo regimental no prazo de quinze dias. Se não houver retratação, o prolator da decisão apresentará o processo em mesa, proferindo voto. **§ 5º** Caso a decisão do relator tenha sido submetida à turma recursal e por ela confirmada, não será cabível a interposição de agravo regimental.

ENUNCIADO 031. O RECURSO DE AGRAVO INTERPOSTO CONTRA DECISÃO QUE NEGA SEGUIMENTO A RECURSO EXTRAORDINÁRIO PODE SER PROCESSADO NOS PRÓPRIOS AUTOS PRINCIPAIS, DISPENSANDO-SE A FORMAÇÃO DE INSTRUMENTO NO ÂMBITO DAS TURMAS RECURSAIS.

▸ *Kylce Anne Collier de Mendonça*

O Enunciado dispunha ser viável que fosse processado nos autos principais o agravo de instrumento em face da decisão do Presidente da Turma Recursal que negasse seguimento a recurso extraordinário, sem necessidade de formação de instrumento.

Veio a ser posteriormente cancelado, por ocasião do V FONAJEF.

Com efeito, o processamento do recurso extraordinário nos autos principais se mostrava inviável, notadamente porque o sistema de movimentação processual do Supremo Tribunal Federal era diverso dos existentes no âmbito das Turmas Recursais, de modo que o acesso aos autos principais não seria possível por parte do Ministro Relator.

Em tese, com a utilização de um sistema unificado, o que tende a ocorrer com a implantação, em todo o Judiciário, do Processo Judicial Eletrônico (PJE), pode-se cogitar novamente a respeito da adoção dessa sistemática de tramitação do agravo.

ENUNCIADO 034. O EXAME DE ADMISSIBILIDADE DO RECURSO PODERÁ SER FEITO APENAS PELO RELATOR, DISPENSADO O PRÉVIO EXAME NO PRIMEIRO GRAU.

▸ *Kylce Anne Collier de Mendonça*

Verbete cancelado no XII FONAJEF.

O CPC, no art. 1.010, § 3º, consagra o mesmo entendimento do Enunciado.

Ao dispensar o juízo de admissibilidade pelo juiz quando do processamento das apelações, o legislador teve o intuito de conferir maior celeridade ao rito processual, dispensando a prolação de uma decisão e, em consequência, a interposição de um novo recurso em face dela.

Atualmente, como regra geral, e não apenas em sede de Juizados Especiais Federais, o juízo de admissibilidade apenas deve ser realizado pelo juízo "ad quem".

A principal finalidade é a de evitar uma decisão que contava com um nítido caráter provisório, pois estava sujeita à reanálise por parte da corte recursal.

Tal prática se mostra ainda mais condizente com o rito dos Juizados Especiais Federais, pois otimiza o andamento do processo, que de logo é encaminhado para julgamento pela instância superior, sem necessidade de prévio exame no primeiro grau.

> **CPC. Art. 1.010.** A apelação, interposta por petição dirigida ao juízo de primeiro grau, conterá: (...). **§ 1º** O apelado será intimado para apresentar contrarrazões no prazo de 15 (quinze) dias. **§ 2º** Se o apelado interpuser apelação adesiva, o juiz intimará o apelante para apresentar contrarrazões. **§ 3º** Após as formalidades previstas nos §§ 1º e 2º, os autos serão remetidos ao tribunal pelo juiz, independentemente de juízo de admissibilidade.

ENUNCIADO 036. O MOMENTO PARA OFERECIMENTO DE CONTRARRAZÕES DE RECURSO É ANTERIOR AO SEU EXAME DE ADMISSIBILIDADE.

> *Antônio César Bochenek e Márcio Augusto Nascimento*

O escopo do Enunciado 36, cancelado no XIII FONAJEF, após o novo Código de Processo Civil, era evitar que houvesse a apreciação do exame de admissibilidade do recurso pelo juiz singular antes da apresentação das contrarrazões da parte contrária. O objetivo do Enunciado era possibilitar a parte recorrida a oportunidade de apresentar nas contrarrazões elementos de convencimento para eventual não recebimento do recurso interposto pela parte recorrente, juntamente no exame de admissibilidade que era realizado ainda em primeira instância e anteriormente ao envio a Turma Recursal.

A recomendação contida no Enunciado também estava na linha do entendimento de que sempre é necessário ouvir a parte contrária antes da tomada de deliberação. Os princípios este textualmente consagrados no novo Código de Processo Civil nos artigos 9º e 10.

No XIII FONAJEF, em 2016, constatou-se que não havia mais razão para a manutenção do Enunciado, pois agora o juízo de admissibilidade é realizado pela Turma Recursal, por força da inovação do art. 1.010, § 3º, do CPC e não mais pelo juízo de primeira instância.

> **CPC. Art. 9º** Não se proferirá decisão contra uma das partes sem que ela seja previamente ouvida. **Parágrafo único.** O disposto no caput não se aplica: I – à tutela provisória de urgência; II – às hipóteses de tutela da evidência previstas no art. 311, incisos II e III; III – à decisão prevista no art. 701. **Art. 10.** O juiz não pode decidir, em grau algum de jurisdição, com base em fundamento a respeito do qual não se tenha dado às partes oportunidade de se manifestar, ainda que se trate de matéria sobre a qual deva decidir de ofício. **Art. 1.010.** A apelação, interposta por petição dirigida ao juízo de primeiro grau, conterá: (...). **§ 3º** Após as formalidades previstas nos §§ 1º e 2º, os autos serão remetidos ao tribunal pelo juiz, independentemente de juízo de admissibilidade.

ENUNCIADO 037. EXCEPCIONALMENTE, NA AUSÊNCIA DE DEFENSORIA PÚBLICA, PODE SER NOMEADO ADVOGADO DATIVO OU VOLUNTÁRIO, OU SER FACULTADO À PARTE O PREENCHIMENTO DE TERMO DE RECURSO, POR ANALOGIA AO DISPOSTO NO CÓDIGO DE PROCESSO PENAL.

> *Etiene Martins*

Este Enunciado não se encontra mais em vigor, tendo sido cancelado no IV FONAJEF, ocorrido em agosto de 2007, em Fortaleza.

CAPÍTULO I ● CÓDIGO DE PROCESSO CIVIL (LEI Nº13.105/15)

Conforme prevê o art. 10 da Lei dos Juizados Especiais Federais, a presença do advogado assistindo a parte é opcional. Trata-se de uma exceção à regra prevista no art. 103 do CPC e no art. 3º do Estatuto da OAB. Esta exceção apenas se aplica aos processos cíveis de primeira instância, entretanto. Assim, se houver recurso, a parte deverá estar assistida por advogado. Embora o art. 10 não traga qualquer exceção neste sentido, aplica-se aqui a regra geral disposta na Lei 9.099/95 (art. 41, § 2º), a qual é aplicada subsidiariamente, nos termos do art. 1º da Lei dos Juizados Especiais Federais.

Outra exceção ao art. 10 são os processos criminais. Havendo um crime de competência dos Juizado Especial Federal Criminal, o réu deve necessariamente estar assistido por um advogado desde o início do feito. Esse dispositivo da Lei 10.529/01 foi objeto da Ação Direta de Inconstitucionalidade nº 3168, ocasião em que o STF assim se pronunciou:

> Já quanto aos processos de natureza criminal, em homenagem ao princípio da ampla defesa, é imperativo que o réu compareça ao processo devidamente acompanhado de profissional habilitado a oferecer-lhe defesa técnica de qualidade, ou seja, de advogado devidamente inscrito nos quadros da Ordem dos Advogados do Brasil ou defensor público. Aplicação subsidiária do art. 68, III, da Lei 9.099/95. Interpretação conforme, para excluir do âmbito de incidência do art. 10 da Lei 10.259/01 os feitos de competência dos juizados especiais criminais da Justiça Federal.

Aplicou-se, aqui, a técnica da interpretação conforme a Constituição, mantendo-se o dispositivo intacto, mas excluindo-se a interpretação que contraria o texto constitucional.

Via de regra, para a parte que não tem condições financeiras de constituir um advogado para a sua defesa, a Defensoria Pública é a instituição incumbida de promover a assistência. Nos termos do artigo 1º da Resolução 85/2014 do Conselho Superior da DPU, entende-se como sem condições financeiras aqueles que tiverem renda familiar inferior a três ou quatro salários mínimos.

Esse critério é aplicado para os feitos cíveis, administrativos (processo administrativo disciplinar, por exemplo) e criminais. Contudo, há uma mitigação a tal regra quanto aos feitos criminais, pois, caso o réu não constitua advogado após intimação, deverá a DPU atuar independentemente da sua condição econômica (Res. CSDPU 85/14, art. 6º, § 1º). Assim, mesmo com renda familiar acima de 3 ou 4 salários mínimos, deverá a DPU assistir o réu sem advogado e intimado para tanto.

Lamentavelmente, a DPU não tem seus quadros completos e nem está instalada em todas as Subseções Judiciárias da Justiça Federal. Aliás, é comum não haver Defensor Público Federal em diversas localidades do interior do país ou mesmo encontrar um Defensor para atuar em diversas Varas de diferentes Subseções Judiciárias. Nestes casos, deve o Juiz nomear um defensor dativo ou voluntário para a prática de um ato específico ou por todo o processo. Note que esta nomeação é excepcional e somente deve ter lugar quando não houver Defensor disponível. O defensor dativo recebe honorários fixados pelo Juiz a depender dos atos que praticar no processo, daí a sua nomeação apenas ocorrer de maneira subsidiária, quando da impossibilidade de atuação da DPU.

Essas hipóteses de defesa patrocinada pelo Estado, seja por meio da Defensoria Pública, seja por meio de advogado dativo, vêm ao encontro da concretização de um dos prismas do acesso à Justiça. De fato, a defesa técnica por meio de um advogado é essencial para que se possa garantir um processo justo e uma prestação jurisdicional eficaz. Ainda que se permita à parte a capacidade postulatória nos processos cíveis, fato é que isso não lhe impede de requerer a assistência por meio da Defensoria Pública. Essa possibilidade não retira e nem minimiza o direito à assistência gratuita proporcionada pelo Estado. Na verdade, essa defesa incorpora e concretiza o ideal maior de acesso à Justiça, o qual é consagrado como Direito Fundamental pela Constituição.

E é com base no acesso à Justiça que o Código de Processo Penal (art. 577, *caput*) prevê que o próprio réu pode manifestar sua intenção em recorrer. Essa prerrogativa se refere apenas à manifestação do desejo de recorrer, de maneira que, a partir de então, inicia-se o prazo de 8 dias para a apresentação das razões do recurso, ocasião que deverá necessariamente ser feita pelo advogado (art. 600, *caput*).

Como se nota, o procedimento recursal do CPP é divido em duas partes, uma referente ao desejo de recorrer, e outra referente aos fundamentos do recurso. Apenas neste segundo momento é que o CPP exige a presença do advogado e o faz baseado no fato de que o réu não tem o preparo necessário para realizar a sua própria defesa de maneira técnica.

Neste contexto, aliás, vale mencionar uma discussão quanto ao recurso da sentença. Imagine a situação em que houve condenação e o réu opta por não recorrer. O seu advogado, por sua vez, orienta que se recorra, mas, mesmo assim, o réu insiste em não recorrer. Pode o advogado recorrer à revelia do cliente? A questão é controvertida porque o réu é quem será afetado pela decisão e cabe a ele decidir se vai ou não recorrer. Isso não cabe a terceiros (no caso, o seu advogado). No âmbito da jurisprudência, o STF sedimentou entendimento no sentido de que prevalece a vontade da defesa técnica, nos termos de sua Súmula 705. Prevaleceu essa conclusão sob o argumento de que o recurso não prejudicará o réu em hipótese alguma, face ao princípio do "non reformatio in pejus". Tendo em vista que o réu não possui conhecimento técnico jurídico, entende-se que o advogado seria a pessoa mais adequada a dar um ponto final à questão. Deve prevalecer, então, a vontade da defesa técnica em prejuízo da do réu, já que nenhum prejuízo poderá advir dessa situação.

No âmbito do Juizado, o procedimento trazido pelo art. 577 do CPP levanta questionamentos, pois o sistema recursal é distinto daquele previsto no CPP. Segundo o que prevê o § 1º do art. 82 da Lei 9.099/95 (a qual é aplicada aos Juizados Especiais Federais neste procedimento recursal), o recurso se dá no prazo de dez dias. Não existe aqui um prazo para a manifestação do desejo de recorrer por meio do termo de apelação e um prazo para apresentar as razões recursais. De fato, ambos ocorrem dentro do mesmo e único prazo para apelar: dez dias. Daí ser discutível a possibilidade de se facultar à parte sem advogado a prerrogativa de assinar o termo de apelação num momento e a apresentação das razões num momento posterior.

O Enunciado foi cancelado. Diante da hipótese de ausência da DPU, deve ser nomeado um defensor dativo para que se apresente a apelação do réu. A hipótese de se

Capítulo I • Código de Processo Civil (Lei n°13.105/15)

101

aceitar a assinatura do termo a fim de manifestar o interesse em recorrer não é plenamente aceita, justamente porque a legislação especial dos Juizados prevê uma sistemática distinta. Argumenta-se, ainda, que a apelação via assinatura do termo pelo réu e apresentação das razões do recurso posteriormente iria de encontro ao Princípio da Celeridade, já que acarretaria certa demora no prosseguimento do feito. Por conta disso, tendo em vista que não há consenso sobre a questão, foi proposto e aceito o cancelamento do presente Enunciado no IV FONAJEF.

⊙ Súmula STF 705. A renúncia do réu ao direito de apelação, manifestada sem a assistência do defensor, não impede o conhecimento da apelação por este interposta.

▶ **CPC art. 103.** A parte será representada em juízo por advogado regularmente inscrito na Ordem dos Advogados do Brasil. **Parágrafo único.** É lícito à parte postular em causa própria quando tiver habilitação legal.

▶ **CPP. Art. 577.** O recurso poderá ser interposto pelo Ministério Público, ou pelo querelante, ou pelo réu, seu procurador ou seu defensor. ▶**Art. 600.** Assinado o termo de apelação, o apelante e, depois dele, o apelado terão o prazo de oito dias cada um para oferecer razões, salvo nos processos de contravenção, em que o prazo será de três dias.

▶ **LJEF. Art. 10.** As partes poderão designar, por escrito, representantes para a causa, advogado ou não.

▶ **LJE. Art. 41.** (...). **§ 2°** No recurso, as partes serão obrigatoriamente representadas por advogado. ▶**Art. 82.** (...). **§ 1°** A apelação será interposta no prazo de dez dias, contados da ciência da sentença pelo Ministério Público, pelo réu e seu defensor, por petição escrita, da qual constarão as razões e o pedido do recorrente.

▶ **EOAB. Art. 3°** O exercício da atividade de advocacia no território brasileiro e a denominação de advogado são privativos dos inscritos na Ordem dos Advogados do Brasil (OAB)

▶ **Res. CSDPU 85/2014. Art. 1°** Presume-se economicamente necessitada a pessoa natural que integre núcleo familiar, cuja renda mensal bruta não ultrapasse o valor total de 3 (três) salários mínimos. **§ 1°** Adotar-se-á a renda mensal bruta de 4 (quatro) salários mínimos, quando a pessoa natural integrar núcleo familiar que conte com 6 (seis) ou mais integrantes. ▶**Art. 6°.** (...). **§ 1°** A atuação da Defensoria Pública da União na defesa criminal independerá da necessidade econômica do beneficiário quando, na condição de réu, intimado para constituir advogado, não o fizer, e os autos forem encaminhados à instituição).

Enunciado 041. Devido ao princípio da celeridade processual, não é recomendada a suspensão dos processos idênticos em primeiro grau, quando houver incidente de uniformização de jurisprudência no STJ ou recurso extraordinário pendente de julgamento.

▶ *Antônio César Bochenek e Márcio Augusto Nascimento*

Verbete cancelado no V FONAJEF.

Quando o Enunciado 41 foi aprovado no II FONAJEF (2005) o objetivo era evitar que os processos idênticos ficassem suspensos no primeiro grau de jurisdição, passando a falsa impressão ao jurisdicionado que não estava sendo dada a devida atenção e celeridade ao seu processo.

Em 2008, no V FONAJEF, foi decidido cancelar esse Enunciado 41, porque se verificou que a movimentação de milhares de processos idênticos no primeiro grau, quando existia incidente de uniformização no STJ ou recurso extraordinário pendente de julgamento, somente provocava gastos financeiros de grande monta e desperdício de energia de juízes e servidores, uma vez que a decisão dos Tribunais Superiores iria determinar o desfecho de todos os milhares de processos idênticos, com aplicação nas instâncias inferiores. Até porque os artigos 14, § 5º, e 15 da Lei 10.259/01, previam que o Relator poderia (discricionariedade fundamentada) conceder, de ofício ou a requerimento do interessado, medida liminar determinando a suspensão dos processos nos quais a controvérsia esteja estabelecida.

Esse comando de suspensão processual de todos os processos idênticos tornou-se obrigatório pelo art. 982 do CPC/2015, quando for admitido incidente de resolução de demandas repetitivas, e está em sintonia com o sistema de precedentes expressamente consignados no NCPC.

▶ **LJEF. Art. 14.** Caberá pedido de uniformização de interpretação de lei federal quando houver divergência entre decisões sobre questões de direito material proferidas por Turmas Recursais na interpretação da lei. (...). **§ 4º** Quando a orientação acolhida pela Turma de Uniformização, em questões de direito material, contrariar súmula ou jurisprudência dominante no Superior Tribunal de Justiça – STJ, a parte interessada poderá provocar a manifestação deste, que dirimirá a divergência. **§ 5º** No caso do § 4º, presente a plausibilidade do direito invocado e havendo fundado receio de dano de difícil reparação, poderá o relator conceder, de ofício ou a requerimento do interessado, medida liminar determinando a suspensão dos processos nos quais a controvérsia esteja estabelecida. **§ 6º** Eventuais pedidos de uniformização idênticos, recebidos subsequentemente em quaisquer Turmas Recursais, ficarão retidos nos autos, aguardando-se pronunciamento do Superior Tribunal de Justiça. (...). **§ 9º** Publicado o acórdão respectivo, os pedidos retidos referidos no § 6º serão apreciados pelas Turmas Recursais, que poderão exercer juízo de retratação ou declará-los prejudicados, se veicularem tese não acolhida pelo Superior Tribunal de Justiça. ▶**Art. 15.** O recurso extraordinário, para os efeitos desta Lei, será processado e julgado segundo o estabelecido nos §§ 4º a 9º do art. 14, além da observância das normas do Regimento.

▶ **CPC. Art. 982.** Admitido o incidente, o relator: I – suspenderá os processos pendentes, individuais ou coletivos, que tramitam no Estado ou na região, conforme o caso.

ENUNCIADO 054. O ARTIGO 515 E PARÁGRAFOS DO CPC INTERPRETAM-SE AMPLIATIVAMENTE NO ÂMBITO DAS TURMAS RECURSAIS, EM FACE DOS PRINCÍPIOS QUE ORIENTAM O MICROSSISTEMA DOS JUIZADOS ESPECIAIS FEDERAIS.

▶ *Bruno Augusto Santos Oliveira*

Microssistema dos Juizados Especiais Federais.

Em se tratando de Juizados Especiais, a existência de um verdadeiro sistema dotado de princípios, objetivos e ritos próprios encontra respaldo tanto na construção

Capítulo I • Código de Processo Civil (Lei Nº13.105/15)

103

doutrinária quanto no direito positivo, que estabelece não apenas um sistema operativo, mas aponta para um conjunto orgânico e estável de instituições e normas voltadas à ampliação do acesso efetivo à justiça (cf. LJE, art. 93 e LJEFP, art. 1º, caput e parágrafo único).

Esse microssistema é composto das Leis 9.099/95 (Juizados Especiais Estaduais), 10.259/01 (Juizados Especiais Federais) e Lei 12.153/09 (Juizados Especiais da Fazenda Pública Estadual e Municipal).

Teoria da Causa Madura.

Trata-se de Enunciado editado antes do advento do Novo Código de Processo Civil. O primeiro aspecto a ser observado é se a nova redação legislativa do dispositivo alterou de alguma forma a essência e função do comando legal, o que afetaria a pertinência, utilidade ou mesmo incidência da proposição.

O cotejo do texto do artigo 515 do CPC/73, referido no Enunciado, com o do artigo 1.013 do CPC permite afirmar que o novo texto não alterou substancialmente o conteúdo axiológico prévio: os princípios da celeridade e eficiência continuam norteando o dispositivo, que se mantém como base a Teoria da Causa Madura.

Continuam válidos e pertinentes, portanto, as reflexões elaboradas com base no artigo 515 do CPC/73.

A aplicação do julgamento imediato do mérito nas Turmas Recursais (teoria de causa madura recursal)

Como é sabido, a Lei 10.259/01 introduziu no CPC/73 a possibilidade de o Tribunal julgar imediatamente o mérito da causa, ao acolher a apelação interposta em face de uma sentença terminativa (art. 515, § 3º, I). A doutrina tem identificado esse expediente pelo nome de 'teoria da causa madura recursal'. Isso porque a aplicação de tal regra depende da verificação, no momento do julgamento do recurso, da presença dos requisitos legais autorizadores do julgamento imediato do mérito (art. 355 do CPC), ou seja, quando a causa estiver madura para julgamento, não necessitando de dilação instrutória para ser apreciada.

Pois bem, não se observa qualquer óbice à aplicação da determinação contida no art. 1.013, § 3º, I, do CPC/2015 no sistema recursal dos Juizados Especiais. Muito pelo contrário, o procedimento em questão, além de estar afinado com os princípios fundamentais expressos no art. 2º da Lei, se mostra adequado para apreciar causas em que a sentença terminativa é proferida, via de regra, após a realização da instrução (art. 28)[47].

---

47. ROCHA, Felippe Borring. **Manual dos juizados especiais cíveis estaduais: teoria e prática.** 8. ed. São Paulo: Atlas, 2016. p. 279.

◎ Enunciado FONAJEF 101. A Turma Recursal tem poder para complementar os atos de instrução já realizados pelo juiz do Juizado Especial Federal, de forma a evitar a anulação da sentença.

◎ Enunciado FONAJEF 102. Convencendo-se da necessidade de produção de prova documental complementar, a Turma Recursal produzirá ou determinará que seja produzida, sem retorno do processo para o juiz do Juizado Especial Federal.

◎ Enunciado FONAJEF 103. Sempre que julgar indispensável, a Turma Recursal, sem anular a sentença, baixará o processo em diligências para fins de produção de prova testemunhal, pericial ou elaboração de cálculos.

◎ Incidente de uniformização de jurisprudência. Administrativo. Servidor público aposentado. Conversão de licença-prêmio em pecúnia. Prescrição. Termo inicial. Ato complexo. Registro pelo Tribunal de Contas da União. Entendimento da corte especial do Superior Tribunal de Justiça no MS 17406. Incidente de uniformização a que se nega provimento. Trata-se de incidente de uniformização interposto pela União em face de acórdão da 5ª TR do Rio Grande do Sul que reformou a sentença para afastar a prescrição e julgar procedente o pedido de conversão em pecúnia de períodos de licença-prêmio não usufruída na atividade. Sustenta a requerente que o acórdão combatido diverge da jurisprudência do STJ, no sentido de que o termo inicial da prescrição deve ser fixado na data da aposentadoria do servidor. Com contrarrazões e após admitido o incidente pela Presidência da Turma Recursal de origem, vieram os autos distribuídos a este relator. É o breve relatório. Por consequência, tratando-se de causa madura para julgamento, passo à análise das demais questões de mérito. (...). (TNU, Pedilef 50696594820134047100, Rel. Gerson Luiz Rocha, DOU 27.9.2016)

◎ Pedido de uniformização regional. Imposto de renda. Prescrição. "Dies a quo": retenção indevida versus data do pagamento realizado após a declaração anual de ajuste do imposto de renda. Dissídio demonstrado. Prescrição afastada, à luz da jurisprudência do STJ. Causa madura para julgamento. Questão de ordem n. 38 da TNU. Regime de competência. Jurisprudência do STF e do STJ. Aplicação das tabelas e alíquotas de imposto de renda vigentes à época em que os valores deveriam ter sido adimplidos, considerando-se a renda auferida mês a mês pela parte autora. (...). (TRU-RJ, 05174622720134058100, Rel. André Dias Fernandes, j. 24.11.2016)

▶ **CPC. Art. 1.013.** A apelação devolverá ao tribunal o conhecimento da matéria impugnada. § **1º** Serão, porém, objeto de apreciação e julgamento pelo tribunal todas as questões suscitadas e discutidas no processo, ainda que não tenham sido solucionadas, desde que relativas ao capítulo impugnado. § **2º** Quando o pedido ou a defesa tiver mais de um fundamento e o juiz acolher apenas um deles, a apelação devolverá ao tribunal o conhecimento dos demais. § **3º** Se o processo estiver em condições de imediato julgamento, o tribunal deve decidir desde logo o mérito quando: I – reformar sentença fundada no art. 485; II – decretar a nulidade da sentença por não ser ela congruente com os limites do pedido ou da causa de pedir; III – constatar a omissão no exame de um dos pedidos, hipótese em que poderá julgá-lo; IV – decretar a nulidade de sentença por falta de fundamentação. § **4º** Quando reformar sentença que reconheça a decadência ou a prescrição, o tribunal, se possível, julgará o mérito, examinando as demais questões, sem determinar o retorno do processo ao juízo de primeiro grau. § **5º** O capítulo da sentença que confirma, concede ou revoga a tutela provisória é impugnável na apelação.

▶ **LJE. Art. 93.** Lei Estadual disporá sobre o Sistema de Juizados Especiais Cíveis e Criminais, sua organização, composição e competência.

▶ **LJEFP. Art. 1º** Os Juizados Especiais da Fazenda Pública, órgãos da justiça comum e integrantes do Sistema dos Juizados Especiais, serão criados pela União, no Distrito Federal e nos Territórios, e pelos Estados, para conciliação, processo, julgamento e execução, nas causas de sua

Capítulo I ● Código de Processo Civil (Lei nº13.105/15)

competência. **Parágrafo único.** O sistema dos Juizados Especiais dos Estados e do Distrito Federal é formado pelos Juizados Especiais Cíveis, Juizados Especiais Criminais e Juizados Especiais da Fazenda Pública.

▶ **CPC/73. Art. 515.** A apelação devolverá ao tribunal o conhecimento da matéria impugnada. **§ 1º** Serão, porém, objeto de apreciação e julgamento pelo tribunal todas as questões suscitadas e discutidas no processo, ainda que a sentença não as tenha julgado por inteiro. **§ 2º** Quando o pedido ou a defesa tiver mais de um fundamento e o juiz acolher apenas um deles, a apelação devolverá ao tribunal o conhecimento dos demais. **§ 3º** Nos casos de extinção do processo sem julgamento do mérito (art. 267), o tribunal pode julgar desde logo a lide, se a causa versar questão exclusivamente de direito e estiver em condições de imediato julgamento. **§ 4º** Constatando a ocorrência de nulidade sanável, o tribunal poderá determinar a realização ou renovação do ato processual, intimadas as partes; cumprida a diligência, sempre que possível prosseguirá o julgamento da apelação.

ENUNCIADO 058. EXCETUANDO-SE OS EMBARGOS DE DECLARAÇÃO, CUJO PRAZO DE OPOSIÇÃO É DE CINCO DIAS, OS PRAZOS RECURSAIS CONTRA DECISÕES DE PRIMEIRO GRAU NO ÂMBITO DOS JUIZADOS ESPECIAIS FEDERAIS SÃO SEMPRE DE DEZ DIAS, INDEPENDENTEMENTE DA NATUREZA DA DECISÃO RECORRIDA.

Enunciado comentado no capítulo *Lei dos Juizados Especiais – Dos Embargos de Declaração (arts. 48 a 50)*.

ENUNCIADO 060. A MATÉRIA NÃO APRECIADA NA SENTENÇA, MAS VEICULADA NA INICIAL, PODE SER CONHECIDA NO RECURSO INOMINADO, MESMO NÃO HAVENDO A OPOSIÇÃO DE EMBARGOS DE DECLARAÇÃO.

▶ *Lívia de Mesquita Mentz*

A hipótese de matéria suscitada na inicial, mas não apreciada na sentença, configura julgamento "citra petita", defeito que viola o dever de congruência com relação à delimitação da lide feita pelo autor e torna a sentença inexistente no ponto. Ocorrendo julgamento "citra petita", a sua impugnação poderá ser feita através de embargos de declaração, para que o magistrado supra a omissão. A questão que se coloca, contudo, é sobre como solucionar a omissão na hipótese de não ter havido a oposição dos embargos.

A ausência de oposição dos aclaratórios não impede que a omissão seja sustentada em sede de recurso inominado, tendo em vista que, nessa situação, não se opera a preclusão. Aliás, mesmo transitando em julgado sentença omissa quanto a determinado pedido, este poderá ser objeto de nova ação, tendo em vista a inexistência de decisão e, assim, de coisa julgada (nesse sentido, o Enunciado 7 do Fórum Permanente de Processualistas Civis (FPPC).

Ainda que, a rigor, se trate de hipótese de inexistência, na vigência do CPC/73 o entendimento dos tribunais e turmas recursais pátrios sempre foi o de que a consequência da omissão, caso não sanada pela interposição de embargos de declaração pelas partes, era a anulação da sentença pelo órgão julgador de segundo grau, para que uma nova fosse proferida, com a integral apreciação da matéria objeto da inicial[48]. Contudo, mesmo diante da ausência de previsão específica, já se admitia, em alguns casos, que o art. 515, § 3º, fosse aplicado por analogia, para que, não apenas nas hipóteses de extinção do processo sem julgamento do mérito, mas também naquelas de julgamento "citra petita", a causa fosse diretamente julgada em segunda instância, quando envolvesse somente matéria de direito e já estivesse em condições de julgamento.

Especialmente no rito dos Juizados Especiais, porque o ideal de celeridade resta maculado pela eventual anulação da sentença e retorno dos autos para novo julgamento em primeiro grau, entendeu-se possível que a instância superior apreciasse diretamente a matéria, independentemente se de fato ou de direito, aproveitando os atos processuais até então praticados, sem a decretação de invalidade da decisão. Nesse contexto, o Enunciado em análise teve como fundamento os princípios de simplicidade, economia processual e celeridade, que regem os Juizados Especiais. O julgamento em segunda instância, evidentemente, tem como pressuposto que a causa esteja "madura", ou seja, que a relação processual esteja angularizada e que já tenham sido produzidas as provas necessárias à apreciação da matéria omitida, possibilitando, assim, a sua análise diretamente pela turma recursal. Contudo, mesmo na ausência de prova necessária para a apreciação da questão omitida na sentença, poderá, ainda, a turma recursal – novamente prestigiando o princípio da celeridade, assim como o da economia processual – converter o julgamento em diligência, remetendo o processo à primeira instância, para que seja produzida a prova e, por fim, julgar integralmente a matéria, sem necessidade de que seja proferida nova sentença.

A partir da entrada em vigor do CPC/2015, a questão restou positivada, prevendo o art. 1.013, § 3º, III, que, quando houver omissão no exame de um dos pedidos, poderá o tribunal decidir desde logo o mérito, inclusive não mais restringindo a possibilidade apenas a questões de direito. Na hipótese de omissão quanto a argumento alegado pelas partes, que caracterize falta de fundamentação, poderá igualmente o tribunal apreciar a questão, a teor do inciso IV do citado artigo. A inovação legislativa ampliou a hipótese expressa já existente no CPC/73 de julgamento diretamente pela segunda instância, que se limitava aos casos de extinção do processo sem resolução do mérito (art. 515, § 3º), favorecendo a duração razoável do processo. Ressalta-se que o fato de o CPC/2015 se referir apenas a tribunal, inserindo o artigo no capítulo que trata da apelação, não afasta a aplicabilidade do dispositivo legal aos recursos

---

48. Fredie Didier traz preciso argumento para sustentar que o CPC/15 adotou o entendimento de que a sentença "citra petita" não padece de vício, mas sim é inexistente quanto ao pedido omisso: "Note o uso do verbo "constatar". Nos incisos II e IV desse § 3º, o legislador usa o verbo "decretar". Há uma razão para a diferença – é uma sutileza técnica que não pode passar desapercebida. A omissão judicial em relação a um pedido faz com que a decisão, nesse ponto, não exista. Porque não há decisão, ela não pode ser invalidada. Não se invalida o que não existe. Nos casos dos incisos II e IV do § 3º do art. 1.013 do CPC, há imposição da sanção de nulidade a sentença que cometa tais 'errores in procedendo' – ali, há decisão defeituosa, que precisa ser desfeita. No inciso III, ora examinado, fala-se apenas em 'constatar a omissão' (...)". (DIDIER JR, Fredie; CUNHA, Leonardo J. C. **Curso de direito processual civil.** v. 3. 13. ed. Salvador: Juspodivm, 2016, p. 196).

Capítulo I ● Código de Processo Civil (Lei Nº13.105/15)

107

inominados no âmbito dos Juizados Especiais, uma vez que plenamente compatível com os seus princípios orientadores.

Importante anotar, por fim, a inaplicabilidade da regra no que toca ao julgamento do recurso extraordinário, cabível no procedimento do Juizado Especial, tendo em vista a obrigatoriedade de pré-questionamento da matéria para o conhecimento do recurso.

◎ Enunciado FPPC 7. O pedido, quando omitido em decisão judicial transitada em julgado, poderá ser objeto de ação autônoma

---

◎ (...). Sentença citra petita. Hipóteses de apreciação direta do pedido em segundo grau sem declaração de nulidade. Previdenciário. Auxílio-acidente. Visão monocular. Ausência de limitação à capacidade laborativa. Improcedência. 1. Sentença "citra petita", por não ter analisado o pedido de auxílio-acidente. A despeito desse vício, que poderia levar à nulidade da sentença, é possível a apreciação direta do pedido por esta Turma Recursal, mediante a aplicação do art. 515, § 3º, do CPC, em conjunto com o princípio da devolutividade dos recursos. Em se tratando de processo de competência dos Juizados Especiais, incidem, ainda, os princípios da economia processual, celeridade e informalidade. (Turma Recursal de SC, 1ª T., RCI 2007.72.60.001677-9, Rel. Andrei Pitten Velloso, j. 27.8.2008)

▶ **CPC. Art. 1.013.** A apelação devolverá ao tribunal o conhecimento da matéria impugnada. (...). **§ 3º** Se o processo estiver em condições de imediato julgamento, o tribunal deve decidir desde logo o mérito quando: III – constatar a omissão no exame de um dos pedidos, hipótese em que poderá julgá-lo.

Enunciado 085. Não é obrigatória a degravação, tampouco a elaboração de resumo, para apreciação de recurso, de audiência gravada por meio magnético ou equivalente, desde que acessível ao órgão recursal.

▶ *Ailton Schramm de Rocha*

A Lei 9.099/95 dispõe em seu artigo 13, § 3º, que apenas os atos considerados essenciais serão registrados resumidamente, em notas manuscritas, datilografadas, taquigrafadas ou estenotipadas. É prática consolidada no âmbito do Judiciário a utilização de sistemas e equipamento de gravação de audiência, que tornaram mais fidedignos os registros dos atos orais produzidos em juízo. A gravação registra eventos processuais produzidos em audiência tais como o depoimento das partes e a oitiva de testemunhas.

"Degravar" consiste em reduzir a termo escrito o conteúdo da gravação. Já a elaboração de resumo significa sintetizar os principais relatos e decisões oralmente produzidos. O Enunciado dispensa reduzir a termo as declarações prestadas, já que o resultado dessa tarefa seria um conteúdo indireto dos atos orais produzidos, sem a mesma sutileza de entonação e linguagem, sujeito a uma seletividade subjetiva.

De acordo com o Enunciado, para a validade da prova, o fundamental é que as partes e o órgão recursal tenham acesso ao conteúdo da gravação. A mídia deve estar presente nos autos (físicos ou eletrônicos) ou ao menos disponível às partes, sempre que solicitado.

Exigir-se a degravação ou elaboração de resumo dos atos processuais praticados oralmente é medida que contraria o princípio da oralidade que norteia os Juizados Especiais Federais, compromete a celeridade processual e, no que se refere especificamente ao resumo, corre o risco de ser imprecisa.

O atual Código de Processo Civil disciplina que a audiência poderá ser integralmente gravada em imagem e em áudio, em meio digital ou analógico, desde que assegure o rápido acesso das partes e dos órgãos julgadores (artigo 367, § 5º). Se nem mesmo a norma processual ordinária condiciona a validade da prova à sua degravação, não faria mesmo sentido exigir-se maior grau de formalidade no âmbito dos juizados especiais federais. A forma como a gravação é feita seja em meio magnético ou digital, fica a critério dos sistemas informatizados de cada tribunal.

Dificuldade maior pode surgir caso a prolação de sentença seja oral. Nessa hipótese, ainda que seja recomendável que a decisão judicial seja reduzida a termo escrito para otimizar a fase de eventual interposição de recurso e julgamento em segundo grau, não há que se falar em nulidade caso não ocorra a degravação. Vale aqui a máxima de que não há nulidade sem prejuízo. Caso a sentença seja oral, melhor, nesse caso, degravá-la ou resumi-la, embora não se fale em nulidade caso essa providência não aconteça (cf. Proc. 05000215020154059850, adiante transcrito).

Cabe lembrar que se faz aplicável no âmbito dos Juizados o disposto no § 6º do art. 367 do Código de Processo Civil, segundo o qual as partes têm direito à gravação da audiência, independentemente de autorização judicial. Com isso, mais um fundamento para justificar a desnecessidade de degravação ou elaboração de resumo, uma vez que as partes podem elas mesmas providenciar gravação não clandestina, no legítimo exercício do direito de ampla defesa e contraditório e da publicidade que rege as relações processuais.

O Enunciado se aplica ainda no âmbito processual penal dos Juizados Especiais Federais, entendimento que se alinha à jurisprudência sobre a matéria (cf. AgRg no AREsp 714484, adiante transcrito).

No âmbito do JEF, admite-se sentença oral proferida em audiência sem a necessidade de degravação. (Turma Recursal de SE, 05000215020154059850, Rel. Fábio Cordeiro de Lima, j. 6.8.2015)

(...). Tribunal do júri. Segunda fase. Degravação da audiência. Desnecessidade. Art. 475, parágrafo único do CPP. Art. 405, §§ 1º e 2º do CPP. Celeridade processual. Necessidade não demonstrada. Inexistência de prejuízo. Agravo regimental não provido. 1. A celeridade processual trazida pelas Leis n. 11.689/2008 e 11.719/2008 não pode ser esquecida, sob pena de se vulnerar o direito fundamental à razoável duração do processo. 2. O parágrafo único do art. 475 do CPP tem a mesma redação do § 1º do art. 405 do CPP que, em seu § 2º, reza: "No caso de registro por meio audiovisual, será encaminhado às partes cópia do registro original, sem necessidade de transcrição". Este dispositivo legal, embora não se refira ao procedimento do Júri, serve de norte à interpretação do parágrafo único do art. 475 do CPP. 3. Se feita a degravação, a transcrição do registro, por óbvio, constará dos autos. Em outras palavras, é inexigível a transcrição dos depoimentos e do interrogatório colhidos no plenário do Tribunal do Júri. 4. A degravação da audiência de instrução e julgamento, em meio magnético ou audiovisual, só se justifica em casos excepcionais e devidamente comprovada a sua necessidade. 5. Para ser declarada a nulidade do art. 475 do Código de Processo Penal, deve haver a demonstração inequívoca do prejuízo

CAPÍTULO I ● CÓDIGO DE PROCESSO CIVIL (LEI Nº13.105/15)

109

sofrido pela parte, sob pena de convalidação. (...). (STJ, AgRg no AREsp 714484, Rel. Min. Rogerio Schietti Cruz, 6ª T., DJe 19.5.2016)

▶ **CPC. Art. 367.** (...). **§ 5º** A audiência poderá ser integralmente gravada em imagem e em áudio, em meio digital ou analógico, desde que assegure o rápido acesso das partes e dos órgãos julgadores, observada a legislação específica. **§ 6º** A gravação a que se refere o § 5º também pode ser realizada diretamente por qualquer das partes, independentemente de autorização judicial.

▶ **LJE. Art. 13.** (...). **§ 3º** Apenas os atos considerados essenciais serão registrados resumidamente, em notas manuscritas, datilografadas, taquigrafadas ou estenotipadas. Os demais atos poderão ser gravados em fita magnética ou equivalente, que será inutilizada após o trânsito em julgado da decisão.

ENUNCIADO 087. A DECISÃO MONOCRÁTICA PROFERIDA POR RELATOR É PASSÍVEL DE AGRAVO INTERNO.

▶ *Leonardo Augusto de Almeida Aguiar*

Assiste, ao Juiz Federal Relator de Turma Recursal, competência plena para exercer, monocraticamente, com fundamento nos poderes processuais de que dispõe, o controle de admissibilidade das ações, pedidos ou recursos dirigidos ao órgão jurisdicional respectivo.

Pode assim o Relator, em decorrência da aplicação analógica do art. 932 do CPC/2015, a este órgão jurisdicional de segundo grau específico e peculiar do microssistema dos Juizados Especiais Federais.

O julgamento monocrático dos Recursos Inominados, previsto nos incisos IV e V do art. 932 do CPC, tem regramento adaptado ao microssistema dos Juizados Especiais Federais pelos §§ 2º e 3º do art. 2º da Resolução CJF 347/15, com a redação determinada pela Resolução CJF 393/16.

No ponto, vale lembrar que já se encontra totalmente refutada a objeção no sentido de que esse tipo de julgamento monocrático em segunda instância implica transgressão ao princípio da colegialidade, eis que o postulado em questão sempre restará preservado ante a possibilidade de submissão da decisão singular ao controle recursal do órgão colegiado.

Nesse sentido, o parágrafo 4º do artigo 2º da Resolução CJF 347/15, adiante transcrita, com a redação determinada pela Resolução CJF 393/2016. Exatamente no mesmo sentido do Enunciado ora comentado.

A razão de ser desta regra, como se pode perfeitamente perceber, está na preservação do princípio da colegialidade, que deve permear toda a atividade jurisdicional de segundo grau, aí incluídas as Turmas Recursais dos Juizados Especiais Federais.

▶ **CPC. Art. 932.** Incumbe ao relator: I – dirigir e ordenar o processo na Turma Recursal, inclusive em relação à produção de prova, bem como, quando for o caso, homologar autocomposição das partes; II – apreciar o pedido de tutela provisória nos recursos e nos processos de competência originária da Turma Recursal; III – não conhecer de recurso inadmissível, prejudicado ou que não tenha impugnado especificamente os fundamentos da decisão recorrida; IV – negar provimento a recurso que for contrário a: a) súmula do Supremo Tribunal Federal, do Superior Tribunal de Justiça ou da própria Turma Recursal; b) acórdão proferido pelo Supremo Tribunal Federal ou pelo Superior Tribunal de Justiça em julgamento de recursos repetitivos; c) entendimento firmado em incidente de resolução de demandas repetitivas ou de assunção de competência; V – depois de facultada a apresentação de contrarrazões, dar provimento ao recurso se a decisão recorrida for contrária a: a) súmula do Supremo Tribunal Federal, do Superior Tribunal de Justiça ou da própria Turma Recursal; b) acórdão proferido pelo Supremo Tribunal Federal ou pelo Superior Tribunal de Justiça em julgamento de recursos repetitivos; c) entendimento firmado em incidente de resolução de demandas repetitivas ou de assunção de competência; VI – decidir o incidente de desconsideração da personalidade jurídica, quando este for instaurado originariamente perante a Turma Recursal; VII – determinar a intimação do Ministério Público, quando for o caso; VIII – exercer outras atribuições estabelecidas no regimento interno do tribunal. ▶ **Art. 1.021**. Contra decisão proferida pelo relator caberá agravo interno para o respectivo órgão colegiado, observadas, quanto ao processamento, as regras do regimento interno do tribunal.

▶ **Res. CJF 347/2015. Art. 2º.** (...). **§ 2º** Ao relator compete negar seguimento a recurso manifestamente inadmissível, improcedente, prejudicado ou em confronto com súmula ou com jurisprudência dominante da Turma Nacional de Uniformização, do Superior Tribunal de Justiça ou do Supremo Tribunal Federal, ou em confronto com tese firmada em julgamento em incidente de resolução de demandas repetitivas". **§ 3º** Ao relator compete dar provimento ao recurso se a decisão recorrida estiver em manifesto confronto com súmula ou com jurisprudência dominante da Turma Nacional de Uniformização, do Superior Tribunal de Justiça ou do Supremo Tribunal Federal, ou com tese firmada em julgamento em incidente de resolução de demandas repetitivas. **§ 4º** Da decisão do relator e do presidente da turma recursal caberá agravo regimental no prazo de quinze dias. Se não houver retratação, o prolator da decisão apresentará o processo em mesa, proferindo voto.

7. QUADRO SINÓPTICO

CÓDIGO DE PROCESSO CIVIL (LEI 13.105/15)	
1. DAS NORMAS PROCESSUAIS CIVIS (ARTS. 1º A 15)	
Enunc. 151. O CPC/2015 só é aplicável nos Juizados Especiais naquilo que não contrariar os seus princípios norteadores e a sua legislação específica.	aplicável
Enunc. 160. Não causa nulidade a não-aplicação do art. 10 do NCPC e do art. 487, parágrafo único, do NCPC nos juizados, tendo em vista os princípios da celeridade e informalidade.	aplicável
Enunc. 177. É medida contrária à boa-fé e ao dever de cooperação, previstos nos arts. 5º e 6º do CPC/2015, a impugnação genérica a cálculos, sem a indicação concreta dos argumentos que justifiquem a divergência.	aplicável
2. DOS SUJEITOS DO PROCESSO (ARTS. 70 A 187)	
2.1. DAS PARTES E DOS PROCURADORES (ARTS. 70 A 112)	
Enunc. 40. Havendo sucumbência recíproca, independentemente da proporção, não haverá condenação em honorários advocatícios.	cancelado
Enunc. 149. É cabível, com fundamento no art. 14, p. único, do CPC, a aplicação de multa pessoal à autoridade administrativa responsável pela implementação da decisão judicial.	aplicável

CAPÍTULO I ● CÓDIGO DE PROCESSO CIVIL (LEI Nº13.105/15)

111

2.2. DO LITISCONSÓRCIO (ARTS. 113 A 118)	
Enunc. 18. No caso de litisconsorte ativo, o valor da causa, para fins de fixação de competência deve ser calculado por autor.	aplicável
Enunc. 19. Aplica-se o parágrafo único do art. 46 do CPC em sede de Juizados Especiais Federais.	aplicável
Enunc. 21. As pessoas físicas, jurídicas, de direito privado ou de direito público estadual ou municipal podem figurar no polo passivo, no caso de litisconsórcio necessário.	aplicável
2.3. DA INTERVENÇÃO DE TERCEIROS (ARTS. 119 A 138)	
Enunc. 14. Nos Juizados Especiais Federais, não é cabível a intervenção de terceiros ou a assistência.	aplicável
2.4. DOS CONCILIADORES E MEDIADORES JUDICIAIS (ARTS. 165 A 175)	
Enunc. 170. Aos conciliadores que atuarem na fase pré-processual não se aplicam as exigências previstas no art. 11 da Lei 13.140/2015.	aplicável
3. DOS ATOS PROCESSUAIS (ARTS. 188 A 293)	
3.1. DA COMUNICAÇÃO DOS ATOS PROCESSUAIS (ARTS. 236 A 275)	
Enunc. 66. Os Juizados Especiais Federais somente processarão as cartas precatórias oriundas de outros Juizados Especiais Federais de igual competência.	aplicável
3.2. DA DISTRIBUIÇÃO E DO REGISTRO (ARTS. 284 A 290)	
Enunc. 5. As sentenças e antecipações de tutela devem ser registradas tão-somente em meio eletrônico.	aplicável
3.3. DO VALOR DA CAUSA (ARTS. 291 A 293)	
Enunc. 15. Na aferição do valor da causa, deve-se levar em conta o valor do salário mínimo em vigor na data da propositura de ação.	aplicável
Enunc. 18. No caso de litisconsorte ativo, o valor da causa, para fins de fixação de competência deve ser calculado por autor.	aplicável
Enunc. 48. Havendo prestação vencida, o conceito de valor da causa para fins de competência do Juizado Especial Federal é estabelecido pelo art. 260 do CPC.	aplicável
Enunc. 49. O controle do valor da causa, para fins de competência do Juizado Especial Federal, pode ser feito pelo juiz a qualquer tempo.	aplicável
Enunc. 123. O critério de fixação do valor da causa necessariamente deve ser aquele especificado nos arts. 259 e 260 do CPC, pois este é o elemento que delimita as competências dos JEFs e das Varas (a exemplo do que foi feito pelo art. 2º, § 2º, da Lei 12.153/09).	aplicável
4. DA TUTELA PROVISÓRIA (ARTS. 294 A 311)	
Enunc. 5. As sentenças e antecipações de tutela devem ser registradas tão-somente em meio eletrônico.	aplicável
Enunc. 86. A tutela de urgência em sede de Turmas Recursais pode ser deferida de oficio.	aplicável
Enunc. 89. Não cabe processo cautelar autônomo, preventivo ou incidental, no âmbito dos Juizados Especiais Federais.	aplicável

5. DO PROCESSO DE CONHECIMENTO E DO CUMPRIMENTO DE SENTENÇA (ARTS. 318 A 770)	
5.1. DO PROCEDIMENTO COMUM (ARTS. 318 A 512)	
Enunc. 1. O julgamento liminar de mérito não viola o princípio do contraditório e deve ser empregado na hipótese de decisões reiteradas de improcedência pelo juízo, bem como nos casos que dispensem a fase instrutória, quando o pedido contrariar frontalmente norma jurídica.	aplicável
Enunc. 46. A litispendência deverá ser alegada e provada, nos termos do CPC (art. 301), pelo réu, sem prejuízo dos mecanismos de controle desenvolvidos pela justiça federal.	aplicável
Enunc. 153. A regra do art. 489, parágrafo primeiro, do NCPC deve ser mitigada nos juizados por força da primazia dos princípios da simplicidade e informalidade que regem o JEF.	aplicável
Enunc. 155. As disposições do CPC/2015 referentes às provas não revogam as disposições específicas da Lei n. 10.259/2001, sobre perícias (art. 12), e nem as disposições gerais da Lei n. 9.099/1995.	aplicável
Enunc. 159. Nos termos do Enunciado nº 1 do FONAJEF e à luz dos princípios da celeridade e da informalidade que norteiam o processo no JEF, vocacionado a receber demandas em grande volume e repetitivas, interpreta-se o rol do art. 332 como exemplificativo.	aplicável
Enunc. 160. Não causa nulidade a não-aplicação do art. 10 do NCPC e do art. 487, parágrafo único, do NCPC nos juizados, tendo em vista os princípios da celeridade e informalidade.	aplicável
Enunc. 169. A solução de controvérsias pela via consensual, pré-processual, pressupõe a não distribuição da ação.	aplicável
Enunc. 171. Sempre que possível, as sessões de mediação/conciliação serão realizadas por videoconferência, a ser efetivada por sistema de livre escolha.	aplicável
5.2. DO CUMPRIMENTO DA SENTENÇA (ARTS. 513 A 538)	
Enunc. 56. Aplica-se analogicamente nos Juizados Especiais Federais a inexigibilidade do título executivo judicial, nos termos do disposto nos arts. 475-L, § 1º e 741, par. único, ambos do CPC.	aplicável
Enunc. 63. Cabe multa ao ente público pelo atraso ou não cumprimento de decisões judiciais com base no art. 461 do CPC, acompanhada de determinação para a tomada de medidas administrativas para apuração de responsabilidade funcional e/ou dano ao erário, inclusive com a comunicação ao Tribunal de Contas da União. Havendo contumácia no descumprimento, caberá remessa de ofício ao Ministério Público Federal para análise de eventual improbidade administrativa.	aplicável
Enunc. 64. Não cabe multa pessoal ao procurador "ad judicia" do ente público, seja com base no art. 14, seja no art. 461, ambos do CPC.	aplicável
Enunc. 65. Não cabe a prévia limitação do valor da multa coercitiva (astreintes), que também não se sujeita ao limite de alçada dos Juizados Especiais Federais, ficando sempre assegurada a possibilidade de reavaliação do montante final a ser exigido na forma do parágrafo 6º do artigo 461 do CPC.	aplicável
6. DOS PROCESSOS NOS TRIBUNAIS E DOS MEIOS DE IMPUGNAÇÃO DAS DECISÕES JUDICIAIS (ARTS. 926 A 1.044)	

CAPÍTULO I • CÓDIGO DE PROCESSO CIVIL (LEI Nº13.105/15)

113

6.1. DA ORDEM DOS PROCESSOS E DOS PROCESSOS DE COMPETÊNCIA ORIGINÁRIA DOS TRIBUNAIS (ARTS. 926 A 993)	
Enunc. 29. Cabe ao relator, monocraticamente, atribuir efeito suspensivo a recurso, não conhecê-lo, bem assim lhe negar ou dar provimento nas hipóteses tratadas no artigo 932, IV, c, do CPC, e quando a matéria estiver pacificada em súmula da Turma Nacional de Uniformização, enunciado de Turma Regional ou da própria Turma Recursal.	aplicável
Enunc. 156. Não se aplica aos Juizados Especiais a técnica de julgamento não unânime (art. 942, CPC/2015).	aplicável
6.2. DOS RECURSOS (ARTS. 994 A 1.044)	
Enunc. 30. A decisão monocrática referendada pela Turma Recursal, por se tratar de manifestação do colegiado, não é passível de impugnação por intermédio de agravo interno.	aplicável
Enunc. 31. O recurso de agravo interposto contra decisão que nega seguimento a recurso extraordinário pode ser processado nos próprios autos principais, dispensando-se a formação de instrumento no âmbito das Turmas Recursais.	cancelado
Enunc. 34. O exame de admissibilidade do recurso poderá ser feito apenas pelo relator, dispensado o prévio exame no primeiro grau.	cancelado
Enunc. 36. O momento para oferecimento de contrarrazões de recurso é anterior ao seu exame de admissibilidade.	cancelado
Enunc. 37. Excepcionalmente, na ausência de Defensoria Pública, pode ser nomeado advogado dativo ou voluntário, ou ser facultado à parte o preenchimento de termo de recurso, por analogia ao disposto no Código de Processo Penal.	cancelado
Enunc. 41. Devido ao princípio da celeridade processual, não é recomendada a suspensão dos processos idênticos em primeiro grau, quando houver incidente de uniformização de jurisprudência no STJ ou recurso extraordinário pendente de julgamento.	cancelado
Enunc. 54. O artigo 515 e parágrafos do CPC interpretam-se ampliativamente no âmbito das Turmas Recursais, em face dos princípios que orientam o microssistema dos Juizados Especiais Federais.	aplicável
Enunc. 58. Excetuando-se os embargos de declaração, cujo prazo de oposição é de cinco dias, os prazos recursais contra decisões de primeiro grau no âmbito dos Juizados Especiais Federais são sempre de dez dias, independentemente da natureza da decisão recorrida.	aplicável
Enunc. 60. A matéria não apreciada na sentença, mas veiculada na inicial, pode ser conhecida no recurso inominado, mesmo não havendo a oposição de embargos de declaração.	aplicável
Enunc. 85. Não é obrigatória a degravação, tampouco a elaboração de resumo, para apreciação de recurso, de audiência gravada por meio magnético ou equivalente, desde que acessível ao órgão recursal.	aplicável
Enunc. 87. A decisão monocrática proferida por relator é passível de agravo interno.	aplicável

CAPÍTULO II
LEI DOS JUIZADOS ESPECIAIS (LEI 9.099/95)

SUMÁRIO		
1. Disposições Gerais (LJE, arts. 1º e 2º)	6. Da Resposta do Réu (arts. 30 e 31)	11. Da Execução (arts. 52 e 53)
2. Das Partes (arts. 8ª a 11)	7. Das Provas (arts. 32 a 37)	12. Das Despesas (arts. 54 e 55)
3. Dos Atos Processuais (arts. 12 e 13)	8. Da Sentença (arts. 38 a 47)	
4. Do Pedido (arts. 14 a 17)	9. Dos Embargos de Declaração (arts. 48 a 50)	13. Disposições Finais (arts. 56 a 59)
5. Da Conciliação e do Juízo Arbitral (arts. 21 a 26)	10. Da Extinção do Processo sem Julgamento do Mérito (art. 51)	14. Quadro Sinóptico

1. DISPOSIÇÕES GERAIS (LJE, ARTS. 1º E 2º)

ENUNCIADO 180. O INTERVALO ENTRE AUDIÊNCIAS DE INSTRUÇÃO (CPC/2015, ART. 357, § 9º) É INCOMPATÍVEL COM O PROCEDIMENTO SUMARÍSSIMO (CF, ART. 98, I) E COM OS CRITÉRIOS DE CELERIDADE, INFORMALIDADE, SIMPLICIDADE E ECONOMIA PROCESSUAL DOS JUIZADOS (LEI 9.099/1995, ART. 2º).

▶ *Frederico Augusto Leopoldino Koehler*

O Enunciado foi elaborado para esclarecer que a norma nele referida (art. 357, § 9º do CPC) não se aplica no microssistema dos juizados especiais, em virtude da incompatibilidade com o procedimento sumaríssimo (previsto no art. 98, inc. I, da Constituição Federal), e por ferir os princípios da celeridade, informalidade, simplicidade e economia processual que regem os juizados especiais, conforme prescrito pelo art. 2º da Lei 9.099/95.

De fato, a organização das pautas com intervalo mínimo de 1 (uma) hora entre as audiências de instrução e julgamento não se coaduna com o microssistema dos juizados especiais, pelos seguintes motivos:

1) os processos nos juizados são de menor complexidade, conforme previsão do art. 3º da Lei 9.099/95;

2) há uma maior incidência de casos repetidos nos juizados especiais, tendo em vista que nele tramitam demandas de massa, como as questões de direito do consumidor, previdenciário, tributário, administrativo;

3) o número de audiências nos juizados especiais é muito maior do que nas demais varas, gerando pautas enormes, com audiências previstas para meses depois do ajuizamento da ação.

Os itens 1 e 2 indicam que é possível fazer mais audiências nos juizados especiais em um período mais curto, pois os processos são de matérias menos complexas e há muita repetição de casos. O item 3 nada mais é do que a imposição de uma realidade inescapável: um intervalo maior entre as audiências de instrução e julgamento implicaria um número bem menor de audiências por dia, o que traria muita morosidade ao sistema dos juizados. Tudo isso demonstra a incompatibilidade do art. 357, § 9º do CPC com o sistema e os princípios dos juizados especiais.

A propósito, o mesmo raciocínio aqui desenvolvido se aplica ao intervalo mínimo de vinte minutos entre a marcação do início das audiências de conciliação ou mediação estabelecido pelo art. 334, § 12, do CPC.

Em suma, o magistrado deve zelar pela boa gestão da unidade jurisdicional, preparando as pautas de forma a que as audiências nos juizados especiais – seja de conciliação, mediação ou instrução e julgamento – se desenvolvam nem de forma lenta e nem de forma açodada, mas sim de modo a atender concomitantemente, e da melhor forma possível, o período necessário a uma boa instrução e julgamento da causa, e o princípio da razoável duração do processo.

▶ **CF. Art. 98.** A União, no Distrito Federal e nos Territórios, e os Estados criarão: I – juizados especiais, providos por juízes togados, ou togados e leigos, competentes para a conciliação, o julgamento e a execução de causas cíveis de menor complexidade e infrações penais de menor potencial ofensivo, mediante os procedimentos oral e sumaríssimo, permitidos, nas hipóteses previstas em lei, a transação e o julgamento de recursos por turmas de juízes de primeiro grau.

▶ **CPC.** ▶**Art. 334. § 12.** A pauta das audiências de conciliação ou de mediação será organizada de modo a respeitar o intervalo mínimo de 20 (vinte) minutos entre o início de uma e o início da seguinte. ▶**Art. 357. § 9º** As pautas deverão ser preparadas com intervalo mínimo de 1 (uma) hora entre as audiências.

▶ **LJE. Art. 2º** O processo orientar-se-á pelos critérios da oralidade, simplicidade, informalidade, economia processual e celeridade, buscando, sempre que possível, a conciliação ou a transação. ▶**Art. 3º** O Juizado Especial Cível tem competência para conciliação, processo e julgamento das causas cíveis de menor complexidade, assim consideradas: I – as causas cujo valor não exceda a quarenta vezes o salário mínimo; II – as enumeradas no art. 275, inciso II, do Código de Processo Civil; III – a ação de despejo para uso próprio; IV – as ações possessórias sobre bens imóveis de valor não excedente ao fixado no inciso I deste artigo.

2. DAS PARTES (ARTS. 8ª A 11)

Enunciado 014. Nos Juizados Especiais Federais, não é cabível a intervenção de terceiros ou a assistência.

Enunciado comentado no capítulo *Código de Processo Civil - Da Intervenção de Terceiros*.

3. DOS ATOS PROCESSUAIS (ARTS. 12 E 13)

ENUNCIADO 120. NÃO É OBRIGATÓRIA A DEGRAVAÇÃO DE JULGAMENTOS PROFERIDOS ORAL-MENTE, DESDE QUE O ARQUIVO DE ÁUDIO ESTEJA ANEXADO AO PROCESSO, RECOMENDANDO-SE O REGISTRO, POR ESCRITO, DO DISPOSITIVO OU ACÓRDÃO.

▶ *Oscar Valente Cardoso*

O Enunciado dispõe sobre um aspecto prático da oralidade, que é, ao mesmo tempo, um critério e um princípio, e está prevista de forma expressa como norteadora do procedimento dos Juizados Especiais no art. 2º da Lei 9.099/95.

Em primeiro lugar, é uma forma de realização do ato processual, ou seja, designa o modo verbal da prática dos atos (critério). Em um processo oral deve estar presente o predomínio (mas não necessariamente a exclusividade) da palavra como meio de expressão, admitindo-se o uso da escritura na preparação e na documentação. Ainda, não basta a oitiva das partes e testemunhas, seguida por debates orais em audiência, para caracterizar um processo como oral; exige-se que sejam orais todos os atos que demandarem a valoração de uma declaração. De outra parte, a prática de atos escritos não é incompatível com a oralidade, pois a escrita é usada para perpetuar o pensamento e possui dupla função: prepara o exame da causa (por meio da petição inicial e da resposta do réu, e eventuais réplica e tréplica, que delimitam a demanda) e documenta tudo o que for importante para o processo (especialmente durante a realização da audiência, a fim de auxiliar o juiz a proferir a sentença e permitir que as instâncias superiores tenham acesso aos atos praticados).

Vista como um princípio, é norma informadora de outras regras e (sub)princípios, especialmente a identidade física do juiz, a imediatidade, a concentração dos atos (na audiência, em regra) e a irrecorribilidade imediata das decisões interlocutórias. Motiva a intervenção do juiz na produção da prova e exige a prática oral dos atos processuais (admitindo, excepcionalmente, a forma escrita).

A oralidade não se confunde com a oratória, pois não indica apenas a prática de atos orais no processo, e trata-se de um "termo infeliz", por não conseguir explicar de forma clara o conceito jurídico que representa[1].

Ao designar um conjunto de princípios interdependentes, a oralidade abrange outros quatro (sub)princípios:

a) a imediação (ou imediatidade) da relação entre o julgador e as pessoas cujas declarações ele deve valorar: o contato direito em audiência do juiz com as partes,

---

1. NICORA, Attilio. *Il princípio di oralità nel diritto processuale civile italiano e nel diritto processuale canonico.* Roma: Università Gregoriana, 1977, p. 338.

testemunhas, peritos, etc., é imprescindível para a valoração da prova e a formação do convencimento[2], ou seja, o juiz deve participar diretamente da produção de provas[3];

b) a identidade física do juiz: decorre dos dois princípios anteriores e considera que quem instrui o processo deve julgá-lo, ou seja, só o magistrado que acompanhou o desenvolvimento e a instrução do processo e, principalmente, que participou da audiência, deve prolatar a sentença (o julgador deve ser aquele que participou da produção da prova oral), pois suas impressões, convicções e reflexões sobre a prova diretamente obtida ou presenciada não se transferem para outro julgador[4];

c) a concentração da análise da causa a um período único (debates) concretizado em uma audiência (ou em poucas audiências entre datas próximas): reduz a prática dos atos processuais, concentrando-os em um ou em poucos atos, busca a aplicação da identidade física do juiz e que as provas sejam devidamente valoradas e o processo julgado em um curto espaço temporal, para que o magistrado tenha lembrança dos atos praticados e suas impressões sobre eles no momento da sentença;

d) e a irrecorribilidade imediata (ou "inapelabilidade") das decisões interlocutórias: auxilia na concentração da causa e evita incidentes dilatórios, pois a oralidade e a concentração não são eficazes caso se permita a impugnação de incidentes de forma separada do mérito[5].

A oralidade incide nos Juizados Especiais Cíveis desde o pedido inicial até o cumprimento da decisão, ressalvada a forma escrita para os atos essenciais. Admite-se a gravação das audiências, com a documentação limitada ao que for reputado essencial para o processo. Por isso, o art. 13, § 3º, da Lei 9.099/95 (regra incidente sobre os Juizados Especiais Cíveis Estaduais, Federais e da Fazenda Pública) dispõe que somente os atos considerados essenciais devem ser reduzidos a termo de forma resumida (ou seja, não integralmente). Os demais atos poderão ser gravados em

---

2. A imediação "(...) consiste em fazer o juiz assistir à produção das provas donde tirar sua convicção, isto é, entrar em relações diretas com as testemunhas, peritos e objetos do juízo, de modo a colher de tudo uma impressão imediata e pessoal; (...) só no procedimento oral pode ser plena e eficazmente aplicado" (MORATO, Francisco. A oralidade. **Revista Forense.** Rio de Janeiro, nº 74, Fascículo 419, p. 11-18, maio 1938, p. 14).

3. Sobre a relação entre oralidade e imediação: JOLOWICZ, J. A. Orality and inmediacy in english civil procedure. **Boletín Mexicano de Derecho Comparado.** Ciudad de México, nº 24, p. 595-608, set./dez. 1975. O autor, todavia, conclui que a adoção maior da escrita no processo inglês (em detrimento da oralidade) poderia tornar a Justiça mais célere e barata.

4. Chiovenda afirma que isso é dispensável e indiferente no processo escrito, como se o processo fosse um quadro, uma estátua ou edifício que pudesse ser projetado por uma pessoa e concluído por outra, ao invés de ser fruto de uma cadeia ordenada de pensamentos (CHIOVENDA, Giuseppe. *Relación sobre el proyecto de reforma del procedimiento elaborado por la comisión de postguerra*. In: CHIOVENDA, Giuseppe. **Ensayos de derecho procesal civil.** vol. II. Buenos Aires: Ediciones Jurídicas Europa-América, 1969, p. 255).

5. Sobre a oralidade no novo CPC: CARDOSO, Oscar Valente. A oralidade no novo Código de Processo Civil: de volta para o passado. *In:* FREIRE, Alexandre. (Org.). *et al.* **Novo CPC – Doutrina Selecionada, Parte Geral**. v. 1. 2. ed. Salvador: Juspodivm, 2016. p. 683-711.

meio digital, que será inutilizado após o trânsito em julgado da decisão. Ainda, o art. 33 da Lei 9.099/95 positivou o do princípio da concentração dos atos, em virtude do qual os atos processuais devem ser praticados em um único ato (a audiência), na medida do possível, de modo a conferir celeridade e evitar a prática dos atos em fases ou em momentos diferentes. Com base na oralidade, pode ser indeferida a expedição de cartas precatórias ou a realização de outras provas exteriores à audiência de instrução e julgamento. Além disso, caso uma das partes apresente documentos novos na audiência, a parte contrária deve se manifestar sobre eles no ato, sem a interrupção deste ou a concessão de prazo para impugnação (art. 29, parágrafo único, da Lei 9.099/95).

Como afirmado inicialmente, o Enunciado 120 do FONAJEF contém uma aplicação prática do princípio da oralidade, ao dispor que as decisões judiciais proferidas oralmente não precisam ser degravadas.

Porém, dois requisitos devem ser observados: (a) o registro por escrito no processo do que for essencial ao ato (tendo em vista o previsto no § 3º do art. 13 da Lei 9.099/95), o que, neste caso, é satisfeito pela transcrição do dispositivo da sentença ou da ata de julgamento do acórdão; (b) e o arquivo de áudio (ou de registro audiovisual) do ato processual deve ser anexado ao processo ou disponibilizado às partes, para permitir o acesso posterior à sua integra:

> ► **LJE. Art. 2º** O processo orientar-se-á pelos critérios da oralidade, simplicidade, informalidade, economia processual e celeridade, buscando, sempre que possível, a conciliação ou a transação. ►**Art. 13. § 3º** Apenas os atos considerados essenciais serão registrados resumidamente, em notas manuscritas, datilografadas, taquigrafadas ou estenotipadas. Os demais atos poderão ser gravados em fita magnética ou equivalente, que será inutilizada após o trânsito em julgado da decisão. ►**Art. 29.** (...). **Parágrafo único.** Sobre os documentos apresentados por uma das partes, manifestar-se-á imediatamente a parte contrária, sem interrupção da audiência. ►**Art. 33.** Todas as provas serão produzidas na audiência de instrução e julgamento, ainda que não requeridas previamente, podendo o Juiz limitar ou excluir as que considerar excessivas, impertinentes ou protelatórias.

ENUNCIADO 175. POR FALTA DE PREVISÃO LEGAL ESPECÍFICA NAS LEIS QUE TRATAM DOS JUIZADOS ESPECIAIS, APLICA-SE, NESTES, A PREVISÃO DA CONTAGEM DOS PRAZOS EM DIAS ÚTEIS (CPC/2015, ART. 219).

Enunciado comentado no capítulo *Lei dos Juizados Especiais Federais – Prazos (art. 9º).*

4. DO PEDIDO (ARTS. 14 A 17)

ENUNCIADO 130. O ESTABELECIMENTO PELO JUÍZO DE CRITÉRIOS E EXIGÊNCIAS PARA ANÁLISE DA PETIÇÃO INICIAL, VISANDO A EVITAR O TRÂMITE DE AÇÕES TEMERÁRIAS, NÃO CONSTITUI RESTRIÇÃO DO ACESSO AOS JEFs.

▶ *Lucilio Linhares Perdigão de Morais*

O Enunciado concretiza os princípios orientadores dos Juizados Especiais, em observância ao comando insculpido no art. 2º da Lei 9.099/95, com destaque para a celeridade, a economia processual, e a simplicidade.

O disposto no Enunciado dá cumprimento ao comando do art. 5º, também da Lei 9.099/95, reforçando a atribuição do juiz de dirigir o processo "com liberdade para determinar as provas a serem produzidas, para apreciá-las e para dar especial valor às regras de experiência comum ou técnica".

Sendo assim, até mesmo por necessidade de dar transparência à instrução, evitando surpresa às partes, é permitido ao magistrado adotar os critérios e as exigências que entender necessários para a análise da petição inicial, os quais devem ser informados às partes.

É imperioso frisar que tal medida não restringe o acesso ao Judiciário, tendo exatamente o objetivo contrário. O que se pretende é, de forma transparente e motivada, dar clareza as partes dos critérios utilizados pelo magistrado para o julgamento dos feitos submetidos ao JEF's, o que acaba também tendo como consequência o controle ao ajuizamento indiscriminado e temerário de ações que não atendem aos requisitos mínimos para a análise pelo Judiciário.

Logo, a partir dos critérios estabelecidos de forma transparente e impessoal, incumbe ao juiz realizar a devida análise dos feitos, promovendo a intimação das partes para a regularização da instrução processual, quando cabível.

Esse poder atribuído ao magistrado na verdade consiste em verdadeiro dever, dando cumprimento, além dos comandos da Lei 9.099/95 já demonstrados, ao preceito hoje expresso no art. 139, IX, do CPC, que estipula como incumbência do juiz "determinar o suprimento de pressupostos processuais e o saneamento de outros vícios processuais".

Não se trata, frise-se, de indiscriminada e imotivada liberdade instrutória dada ao magistrado, mas sim de transparência às partes dos elementos que o juiz entende imprescindíveis para a análise dos pedidos apresentados aos juizados, os quais devem ser observados.

O que se procura esclarecer com este Enunciado é que a liberdade de acesso assegurada pela legislação aos juizados não exime as partes de comprovarem, seja no ajuizamento, seja quando provocadas, os elementos mínimos a assegurarem os seus direitos.

▶ **Lei 9.099/95. Art. 5º** O Juiz dirigirá o processo com liberdade para determinar as provas a serem produzidas, para apreciá-las e para dar especial valor às regras de experiência comum ou técnica.

▶ **CPC. Art. 139.** O juiz dirigirá o processo conforme as disposições deste Código, incumbindo--lhe: (...). IX – determinar o suprimento de pressupostos processuais e o saneamento de outros vícios processuais.

5. DA CONCILIAÇÃO E DO JUÍZO ARBITRAL (ARTS. 21 A 26)

ENUNCIADO 045. HAVENDO CONTÍNUA E PERMANENTE FISCALIZAÇÃO DO JUIZ TOGADO, CONCILIADORES CRITERIOSAMENTE ESCOLHIDOS PELO JUIZ, PODERÃO, PARA CERTAS MATÉRIAS, REALIZAR ATOS INSTRUTÓRIOS PREVIAMENTE DETERMINADOS, COMO REDUÇÃO A TERMO DE DEPOIMENTOS, NÃO SE ADMITINDO, CONTUDO, PROLAÇÃO DE SENTENÇA A SER HOMOLOGADA.

> ▶ *Cristiane Conde Chmatalik*

A preocupação com a conciliação e a mediação vem pautando as discussões da Justiça Federal desde há muito tempo. A Lei 10.259/01, lei que disciplina o procedimento dos Juizados Especiais Federais em vigor desde 2001, já estabeleceu em seu art. 18 que o "Juiz presidente do Juizado designará os conciliadores pelo período de dois anos, admitida a recondução".

Esse Enunciado foi elaborado no ano de 2005 (II FONAJEF), tendo sido mantido por ocasião do V FONAJEF, 2008. Sua elaboração foi para dar maior efetividade ao critério informador da celeridade, pois ao invés de prever a realização de atos a cargo do juiz togado, admitiu sua realização aos auxiliares designados para a conciliação.

Devido ao número alto de audiências previdenciárias[6], na época, pensou-se numa forma de estabelecer-se uma melhor utilização do tempo útil dos juízes em relação às instruções necessárias e ao mesmo tempo consagrar a conciliação. De fato, a medida resultou num ganho de produtividade, visto que a um só tempo podem-se realizar várias audiências de tentativa de conciliação presididas por conciliadores, geralmente servidores treinados na própria vara, assim como diversas audiências convovadas em instrução, com o fim de colheita de provas, na esteira do já preconizado nos Juizados Especiais Cíveis dos Estados que se utilizavam de juízos leigos que, ainda, elaboravam minuta de decisão a ser submetida à apreciação do juiz para homologação.

O Enunciado, no entanto, frisou a questão de a elaboração da sentença ficar a cargo exclusivo do juiz togado, a fim de espancar dúvidas acerca do limite da atribuição estar restrita aos atos instrutórios previamente determinados, dando exemplo da colheita de provas, com redução a termo dos depoimentos.

Nos Juizados Especiais Federais, desde a sua implantação pela Lei Federal n. 10.259/01, buscou-se primordialmente a instalação dos JEF's especializados em matéria previdenciária (art. 19, parágrafo único, da Lei 10.259/01) e algumas regiões, como a 4ª Região[7] já funcionavam as Centrais de Conciliação, em que as audiências já eram presididas por conciliadores designados por juízes federais. Mesmo nas regiões em que a questão não estava organizada, os juízes passaram a adotar as audiências de conciliação em matéria previdenciária, que já era o maior cliente dos Juizados.

---

6. O INSS é o maior demandante nos JEFS, com 73,1% dos processos, segundo o Conselho da Justiça Federal, Centro de Estudos Judiciários, 2012, p. 108.

7. Pesquisa CJF-CEJ/IPEA, Acesso à Justiça Federal: dez anos de juizados especiais, Brasília: Conselho da Justiça Federal, Centro de Estudos Jurídicos, 2012, p. 136-137.

Contudo, para haver o acordo, estabeleceu-se um procedimento na audiência conciliatória que demandava uma pequena instrução, com a oitiva do depoimento pessoal da parte autora e de uma ou duas testemunhas, a fim de que o procurador federal, representando a autarquia (INSS), pudesse convencer-se da procedência do pedido e oferecesse uma proposta de acordo.

Merece ser destacado que essa pequena instrução tem sido objeto de críticas por juízes e partes, posto que demonstrado na prática que o INSS somente formula propostas de acordo quando a pretensão do autor se revele inequívoca, e a maioria dos benefícios pretendidos como aposentadoria rural ou reconhecimento de pensão por morte, exigem algum início de prova material conjugada com prova testemunhal. A crítica dos juízes que atuam na área, então, reside no fato de que o INSS acaba por fazer um reconhecimento do pedido e não propriamente um acordo, levando os juízes a serem contrários à conciliação[8]. Ademais, quando os efeitos financeiros a serem pagos pela autarquia vinham propostos com valores de prestações vencidas (atrasados) reduzidas em percentuais baixos. Foram estabelecidos, à época, alguns parâmetros de, no mínimo, 80% de atrasados a serem pagos, a fim de que os autores não saíssem prejudicados.

Deste modo, voltando ao Enunciado, a fim de que aqueles atos instrutórios não fossem inócuos, quando não houvesse um acordo, pensou-se numa alternativa para aproveitamento daqueles atos, como forma de celeridade e oralidade como princípios basilares dos Juizados.

Alguns juízes foram contrários a essa possibilidade de delegar atos processuais instrutórios para os conciliadores, por ser, segundo defendido por eles, uma atividade jurisdicional inerente ao juiz togado, mas a tese que prevaleceu foi justamente a de se consagrar a conciliação como via de resolução dos conflitos, dando ao conciliador a possibilidade de atuar amplamente, mediante supervisão, para se chegar à solução do conflito.

Na Justiça Estadual é comum que conciliadores já atuem com delegação de poderes inerentes ao exercício da jurisdição. Sem dúvida, há expressivo ganho de produtividade, pois esses realizam audiências de conciliação, assim como as audiências concomitantes de instrução e julgamento, a cargo de juízes leigos preparados para tal fim e com a prerrogativa delegada de decidir as questões suscitadas durante a solenidade, colher prova e, ainda, elaborar a sugestão de decisão a ser submetida à apreciação do juiz togado que, homologando-a, atribui-lhe força de sentença[9].

O próprio Conselho Nacional de Justiça, desde a sua criação, vem consagrando a consensualidade e instituiu a Semana da Conciliação, para que se tornasse política administrativa nacional, com a campanha bem-sucedida do "Conciliar é Legal".

---

8. DIEFENTHALER, Gustavo A. Gastal. Os juizados especiais cíveis e seus desafios. *In* LINHARES, Erick (Coord.). **Os Juizados especiais cíveis e o novo CPC.** Curitiba: Juruá, 2015.

9. GARCIA, Silvio Marques. A solução de demandas previdenciárias nos juizados especiais federais por meio da conciliação. *In*: SERAU JR., Marco Aurélio; DONOSO, Denis. (Coords.). **Juizados federais: reflexões nos dez anos de sua instalação.** Curitiba: Juruá, 2012. p. 223.

O CNJ recomenda desde então que os Tribunais de Justiça mantivessem quadro de conciliadores e de juízes leigos com a edição do Provimento 7/10 e sua revisão por meio do Provimento 22/12, sendo oportuno ainda referir a Resolução 174, que disciplina o recrutamento, a seleção, o exercício, a remuneração e o código de ética daqueles colaboradores.

A Constituição da República, em seu artigo 98, inciso I, coloca a conciliação no nível de princípio constitucional, prevendo, inclusive, a possibilidade de seu provimento por juízes togados e leigos. O argumento à época em se delegar a instrução aos conciliadores também se baseou nessa possibilidade de existência de juízes leigos nos Juizados, a despeito de no âmbito da Justiça Federal ainda não ter sido aceita essa possibilidade, ao não haver menção expressa no art. 18 da Lei 10.259/01.

A Lei Federal 10.259/01, em seu artigo 3º, dispôs expressamente que compete ao JEF processar, "conciliar e julgar causas...", e seu artigo 10 autoriza os representantes judiciais da União, autarquias, fundações e empresas públicas federais a conciliar, transigir ou desistir, nos processos de competência dos Juizados, a confirmar a consensualidade.

Até o advento da Resolução 125 do Conselho Nacional de Justiça não havia disciplina para a seleção e o recrutamento dos conciliadores, assim o Enunciado veio também para estabelecer ser a critério do juiz a escolha do conciliador, além da extensão das atribuições do conciliador.

A conciliação, contudo, após a edição da Resolução 125/10 do Conselho Nacional de Justiça, que dispôs sobre a Política Nacional de Treinamento Adequado dos Conflitos de Interesses no âmbito do Poder Judiciário, ganhou contornos totalmente diferentes, exigindo uma especialização do conciliador e do mediador. O papel do conciliador e do magistrado ficou mais definido, do magistrado passou-se a se exigir uma posição de condução, organização e supervisão das audiências/mutirões de conciliação, e de homologação dos acordos. Aos conciliadores, para atuarem, ficou estabelecida a necessidade de realização de cursos de mediação e conciliação com número de horas teóricas e práticas.

Nesse ponto, o CPC/2015 e a Lei de Mediação fizeram distinção entre o conciliador e o mediador, sendo, em brevíssima síntese, o conciliador quem tem uma participação mais ativa no processo, atua preferencialmente nos casos em que não há vínculo anterior entre as partes e pode sugerir soluções para o litígio. Acrescente--se a essa distinção que o conciliador sempre foi referido como atuando no curso do processo judicial e o mediador pode atuar tanto dentro como fora do trâmite judicial (vide Enunciado 169/FONAJEF).

O art. 12 da Resolução 125/10, alterada pela Emenda 1/13, estabeleceu que somente são admitidos conciliadores capacitados de acordo com seus anexos. Além de disciplinar as diretrizes curriculares, em seu Anexo I, o Anexo III, trata do Código de Ética de Conciliadores e Mediadores.

Com o advento do CPC/2015 e da Lei 13.140/15, Lei de Mediação, a questão da mediação e conciliação ganhou matizes legais, devendo ser analisado o Enunciado à luz desses novos diplomas normativos. Dessa forma, o juiz não poderá mais a seu critério escolher o conciliador, que deverá estar inscrito no Cadastro Nacional de Mediadores Judiciais e Conciliadores, ou junto ao Tribunal Regional Federal respectivo, após um longo percurso em sua capacitação.

Vários artigos do CPC/2015 regulam a matéria da conciliação e dos conciliadores. Como por exemplo, o art. 165 do CPC que trata da criação de centros judiciários de solução consensual de conflitos e traz a necessidade de criação de mais centros para atender a obrigatoriedade das audiências de conciliação. Sem dúvida que alguns centros já foram criados nos moldes da Resolução do CNJ 125 e quanto a isso não há grandes mudanças, mas a atividade dos centros será muito mais efetiva e abrangente de acordo com o novo Código. A composição e organização desses centros serão definidas pelo respectivo Tribunal, observadas as normas do CNJ. Assim, o CNJ já adaptou sua Resolução 125/10 dando concretude às regras do CPC/2015.

A necessidade primordial está em se estruturar os Centros de modo que possam atender às demandas das Varas/Juizados e do próprio Tribunal. Há necessidade de um número maior de servidores e equipamentos específicos que atendam à Conciliação, como móveis especiais (mesas redondas, por exemplo), além de equipamentos de informática para as mesas de conciliação, estrutura de recepção (dotadas de televisão, espaço para criança, salas específicas para perícias médicas, etc.).

O mesmo entendimento quanto ao art. 166, que trata dos princípios informadores da mediação e conciliação e é praticamente uma reprodução da Resolução 125/10, não haverá grandes alterações. O novo Código fala em oralidade e informalidade, deixando de fora a competência, o empoderamento e a validação, previstos no Anexo III, art. 1º da Resolução CNJ 125/2010, com redação dada pela Emenda n. 1, de 31 de janeiro de 2013, constantes da parte referente ao Código de Ética de Conciliadores e Mediadores Judiciais.

O parágrafo 3º, do art. 166, prevê a aplicação de técnicas negociais, podendo haver menção a esse aspecto numa futura alteração da Resolução do CNJ.

O parágrafo 4º fala em livre autonomia dos interessados em relação, inclusive, às regras procedimentais. Em casos de mediação, principalmente, serão revistas às regras procedimentais por conta da necessidade de haver um prazo maior para a realização da mediação. Contudo, nas conciliações, que são mais comuns na Justiça federal, corre *a latere* essa tentativa de conciliar, não havendo necessidade de suspensão do processo ou alargamento de prazos.

O art. 167 traz um ponto muito importante a respeito do cadastro nacional de conciliadores e mediadores, inclusive das câmaras privadas de conciliação, que serão os habilitados para o exercício da conciliação.

O parágrafo 6º, do art. 167, inova ao deixar uma opção aos tribunais de criarem um quadro próprio de conciliadores e mediadores, a ser preenchido por concurso público de provas e títulos.

Capítulo II ● Lei dos Juizados Especiais (Lei 9.099/95)

Sendo que ressalvada a hipótese de um quadro próprio de concursados, os tribunais deverão remunerar o conciliador e mediador pelo seu trabalho através de uma remuneração prevista em tabela fixada pelo tribunal, conforme parâmetros a serem estabelecidos pelo CNJ, ou pelo CJF, no caso da Justiça Federal, conforme o art. 169 do CPC. Essa é outra questão que deverá ser disciplinada pelo CNJ, de modo a se garantir isonomia e efetividade a essa norma. Hoje muitos tribunais contam com o trabalho voluntário, não remunerado, como é no caso do TRF da 2ª Região.

O art. 174 inova mencionando que a União, os Estado, o Distrito Federal e os Municípios criarão câmaras de mediação e conciliação, com atribuições relacionadas à solução consensual de conflitos no âmbito administrativo. Com isso, a União terá que disciplinar a matéria criando câmaras administrativas e o CNJ poderá antecipar a importância da não jurisdição da demanda e a preferência que o Código fez pelo estímulo a medidas de solução consensual dos conflitos, prevista já no art. 3º, parágrafos 2º e 3º, do novo Código, em que o Estado promoverá, sempre que possível, a solução consensual de conflitos.

Os artigos 172 e 173 tratam acerca da exclusão dos mediadores e conciliadores por falta grave, ficando impedidos por um ano de atuarem, assessorarem, representarem ou patrocinarem qualquer das partes, prazo que não era previsto na Resolução 125/10.

Finalmente, mas não menos importante, outro aspecto a se considerar relativamente ao Enunciado 45 é se persiste a segunda parte do Enunciado em relação à possibilidade de o conciliador realizar atos instrutórios após o advento dos novos normativos legais.

Pelo critério da economia processual, em relação a determinadas matérias, e sendo o conciliador servidor do Juizado, ou mesmo da Justiça Federal, designado para o ato instrutório, com poderes expressos, há possibilidade de adaptação do Enunciado para a realidade fática. Ademais, as audiências já podem ser gravadas em mídia digital ou equivalente propiciando um rendimento melhor, sem a redução a termo. O CPC/2015, em seu art. 367, parágrafo 5º, já prevê essa hipótese de gravação, que representa um grande avanço.

Algumas questões, contudo, devem ser observadas. A primeira é que atualmente podem ser recrutados conciliadores de fora dos quadros da Justiça, que, apesar de capacitados para a conciliação, podem não estar familiarizados com questões jurídicas mais complexas, o que os tornariam inábeis para o prosseguimento da instrução, com a colheita da prova eficiente para a decisão fundamentada, sobretudo quais pontos mais relevantes apontar e esclarecer para dirimir a questão posta.

A segunda questão é que a sessão da conciliação muitas vezes pressupõe a confidencialidade do que foi dito, o que impediria a redução a termo do depoimento da parte autora. Contudo, por se tratar de procedimento posterior à conciliação, para se tentar ultrapassar esse óbice, bastaria que conciliador expressamente dê ciência às partes que os atos de instrução, em não havendo a conciliação, serão reduzidos a termo ou produzidos por mídia gravada para fins de celeridade e economia processual, além de se evitar gastos desnecessários com deslocamentos, ausência das testemunhas ao local de trabalho delas e outros inconvenientes.

As partes que já estarão no local com certeza estarão propensas a resolver logo a questão, prescindindo de um prolongamento do feito, com nova marcação de audiência e demora na solução jurisdicional. Não havendo impugnação das partes, ou mesmo que haja, o juiz poderá afastá-la se não houver prova do prejuízo ou de eventual nulidade pela audiência de instrução ter sido conduzida de forma suficiente e perfeita pelo próprio conciliador.

Por fim, a interpretação atual mais recomendada desse Enunciado é que o mesmo não seja voltado para o conciliador, e sim estarmos diante da possibilidade do juiz designar servidor para a consequente instrução em caso da não solução consensual. Isso seria mais adequado para se manter intacto o sistema e dar-se maior valorização para a conciliação e não transformá-la, como no passado, em mera passagem rápida e protocolar com a pergunta: "tem possibilidade de acordo?", e com a rápida resposta das partes que não, imediatamente passava-se à instrução e julgamento, esvaziando-se, portanto, a importância da solução consensual.

Ademais, como dito, a própria prática do INSS de exigir a instrução prévia à conciliação também deve ser evitada, pois procedem às críticas em relação aos acordos de "reconhecimento do pedido" e não acordo propriamente dito, já que as chances de êxito do INSS são mínimas, resultando num desequilíbrio injustificado de redução de valores e prejuízo de uma das partes em detrimento da outra. A única vantagem do requerente seria a celeridade em se resolver logo a questão, sem maiores delongas, e isso conta muito quando se trata de benefícios assistenciais e sociais.

Apesar do modelo exitoso da Justiça Estadual, a Justiça Federal ainda resiste à ideia de terem juízes leigos ou servidores com delegação de poderes instrutórios, num temor de enfraquecimento de prerrogativas próprias da magistratura de carreira, por isso a edição do Enunciado e a tentativa de aos poucos se quebrar esse paradigma.

Por fim, tais medidas podem assegurar a celeridade, pois não se exige dos Juizados a mesma erudição nas decisões da instância ordinária, mas se espera a rápida solução do conflito e a efetiva entrega da prestação jurisdicional.

▶ **CPC. Art. 167.** Os conciliadores, os mediadores e as câmaras privadas de conciliação e mediação serão inscritos em cadastro nacional e em cadastro de tribunal de justiça ou de tribunal regional federal, que manterá registro de profissionais habilitados, com indicação de sua área profissional. **§ 1º** Preenchendo o requisito da capacitação mínima, por meio de curso realizado por entidade credenciada, conforme parâmetro curricular definido pelo Conselho Nacional de Justiça em conjunto com o Ministério da Justiça, o conciliador ou o mediador, com o respectivo certificado, poderá requerer sua inscrição no cadastro nacional e no cadastro de tribunal de justiça ou de tribunal regional federal. **§ 2º** Efetivado o registro, que poderá ser precedido de concurso público, o tribunal remeterá ao diretor do foro da comarca, seção ou subseção judiciária onde atuará o conciliador ou o mediador os dados necessários para que seu nome passe a constar da respectiva lista, a ser observada na distribuição alternada e aleatória, respeitado o princípio da igualdade dentro da mesma área de atuação profissional. **§ 3º** Do credenciamento das câmaras e do cadastro de conciliadores e mediadores constarão todos os dados relevantes para a sua atuação, tais como o número de processos de que participou, o sucesso ou insucesso

CAPÍTULO II ● LEI DOS JUIZADOS ESPECIAIS (LEI 9.099/95)

da atividade, a matéria sobre a qual versou a controvérsia, bem como outros dados que o tribunal julgar relevantes. **§ 4º** Os dados colhidos na forma do § 3º serão classificados sistematicamente pelo tribunal, que os publicará, ao menos anualmente, para conhecimento da população e para fins estatísticos e de avaliação da conciliação, da mediação, das câmaras privadas de conciliação e de mediação, dos conciliadores e dos mediadores. **§ 5º** Os conciliadores e mediadores judiciais cadastrados na forma do caput, se advogados, estarão impedidos de exercer a advocacia nos juízos em que desempenhem suas funções. **§ 6º** O tribunal poderá optar pela criação de quadro próprio de conciliadores e mediadores, a ser preenchido por concurso público de provas e títulos, observadas as disposições deste Capítulo. ▶**Art. 168.** As partes podem escolher, de comum acordo, o conciliador, o mediador ou a câmara privada de conciliação e de mediação. **§ 1º** O conciliador ou mediador escolhido pelas partes poderá ou não estar cadastrado no tribunal. **§ 2º** Inexistindo acordo quanto à escolha do mediador ou conciliador, haverá distribuição entre aqueles cadastrados no registro do tribunal, observada a respectiva formação. **§ 3º** Sempre que recomendável, haverá a designação de mais de um mediador ou conciliador. ▶**Art. 169.** Ressalvada a hipótese do art. 167, § 6º, o conciliador e o mediador receberão pelo seu trabalho remuneração prevista em tabela fixada pelo tribunal, conforme parâmetros estabelecidos pelo Conselho Nacional de Justiça. **§ 1º** A mediação e a conciliação podem ser realizadas como trabalho voluntário, observada a legislação pertinente e a regulamentação do tribunal. **§ 2º** Os tribunais determinarão o percentual de audiências não remuneradas que deverão ser suportadas pelas câmaras privadas de conciliação e mediação, com o fim de atender aos processos em que deferida gratuidade da justiça, como contrapartida de seu credenciamento. ▶**Art. 174.** A União, os Estados, o Distrito Federal e os Municípios criarão câmaras de mediação e conciliação, com atribuições relacionadas à solução consensual de conflitos no âmbito administrativo, tais como: I - dirimir conflitos envolvendo órgãos e entidades da administração pública; II - avaliar a admissibilidade dos pedidos de resolução de conflitos, por meio de conciliação, no âmbito da administração pública; III - promover, quando couber, a celebração de termo de ajustamento de conduta.

ENUNCIADO 076. A APRESENTAÇÃO DE PROPOSTA DE CONCILIAÇÃO PELO RÉU NÃO INDUZ A CONFISSÃO.

▶ *Cristiane Conde Chmatalik*

A conciliação nos Juizados Especiais sempre foi uma das formas de solução do litígio buscadas pelos juízes e partes, logo se apresentando como instrumento para a pacificação e solução de conflitos. O Enunciado 76 tem o objetivo de propiciar que a parte ré proponha livremente acordos para resolver os conflitos antes mesmo deles se agravarem. Conflitos sempre vão existir e a realidade atual do Poder Judiciário brasileiro tem demonstrado, através de pesquisas recentes realizadas pelo CNJ, que há uma ação judiciária para cada dois brasileiros, sendo esse um número altíssimo se levarmos em consideração a estrutura disponível para a solução dos conflitos.

É inegável que também o CPC/2015 veio a consagrar a conciliação e a mediação e nesse ponto não vejo conflito em relação à própria política da consensualidade consagrada primordialmente no âmbito dos Juizados Especiais.

Segundo o CPC/2015, as consequências para o não comparecimento à audiência de conciliação também são diversos em relação à Lei 9.099/95, já que nessa decreta-se a revelia do demandado, "ex vi" art. 20, e a extinção do processo se o autor do pedido não comparecer, consoante o art. 51, inciso I. Já no CPC/2015, conforme o art. 334, parágrafos 8º e 9º, o não comparecimento injustificado do autor e do réu é considerado ato atentatório à dignidade da justiça e será sancionado com multa, além de que as partes devem estar acompanhadas por seus advogados ou defensores públicos.

Em relação à matéria contida nesse Enunciado não há previsão expressa na Lei 10.259/01, mas o artigo 1º traz referência à aplicação subsidiária para resolver suas lacunas nas normas da Lei 9.099/95. Restou clara, portanto, a intenção do legislador em criar um procedimento distinto do que era conhecido como procedimento ordinário.

A Lei 9.099/95, aplicada subsidiariamente ao procedimento dos Juizados Especiais Federais, somente em três momentos faz remissão ao CPC: no art. 30 (suspeição ou impedimento do juiz), 52 e 53 (execução de sentença). Por essa razão, a doutrina específica dos Juizados defendeu que para uma melhor interpretação das normas processuais do sistema dos Juizados e sua integração em caso de lacuna, a despeito de não haver impedimento para a aplicação analógica das normas processuais ordinárias, na forma do art. 4º da LINDB, melhor se recomendava a superação das omissões do legislador com base nos princípios norteadores do microssistema dos JEF's.

A instituição do Fórum Nacional dos Juizados Especiais Federais – FONAJEF veio justamente para que essas lacunas fossem pensadas para criar soluções processuais novas, vanguardistas, procurando soluções com resultados eficazes e céleres, baseadas na experiência e boas práticas pensadas pelos juízes dos JEF´s de todas as regiões do Brasil.

Assim, deliberaram os juízes dos Juizados Especiais Federais, que nas conciliações, o Réu quando apresenta proposta de acordo, não está reconhecendo o pedido, confessando como verdadeiros os fatos alegados na inicial ou assumindo sua responsabilidade.

Frise-se que nos Juizados Especiais Federais, igualmente atende ao art. 109 da Constituição, em que atribuição de capacidade para ser réu é restrita aos legitimados constitucionais, quais sejam, União, autarquias, fundações e empresas públicas. Pode-se afirmar que daí adveio à resistência inicial em se admitir composição consensual, com o argumento da presença do poder público na lide e de seus direitos serem indisponíveis, mas a própria Lei 10.259/01 afastou expressamente no seu artigo 10 essa impossibilidade, abrindo ao ente público avaliar a solução consensual e o desfecho amigável.

Na Justiça do Trabalho há sentenças de procedência baseadas em confissão ficta, onde não houve produção de provas a comprovar os fatos alegados, mas apenas pela ausência da parte ré na audiência de conciliação. A fim de afastar que o mesmo ocorresse no âmbito da Justiça Federal foi aprovado o presente Enunciado.

Além disso, na verdade, a propositura de acordo, não raras vezes tem como finalidade puramente o encerramento da demanda pela parte ré, que não quer perpetuar os custos de uma ação judicial. A questão econômica para as empresas públicas, como CEF e Correios, é de extrema importância, já que estudos apontam que uma demanda tem um custo elevado.

Em artigo[10] publicado por ocasião das reflexões acerca dos dez anos dos Juizados Federais, o procurador federal Silvio Marques Garcia aponta que para o INSS a proposição do acordo não significa o reconhecimento de que houve ilegalidade no indeferimento do benefício. Em sua visão, a judicialização da demanda envolve a possibilidade de outros critérios envolvidos, nem sempre de ordem legal, para o deferimento dos benefícios, como a concretização de direitos fundamentais sociais e o afastamento de situações incompatíveis com a Constituição.

O mesmo entendimento vem sendo admitido pelas cortes superiores, o E. STJ quando da decisão do REsp 1366156, Rel. Min. Marco Buzzi, em suas razões de decidir, assim estabeleceu:

> O reconhecimento do pedido não se confunde com a confissão, que é apenas meio de prova e se refere a um ou alguns fatos arrolados pela parte contrária, tampouco com a transação, considerada o ato pelo qual as partes, mediante concessões recíprocas, abrem mão de parcela de suas pretensões, visando a uma conciliação e composição do litígio, consoante preceitua o artigo 840 do Código Civil (É lícito aos interessados prevenirem ou terminarem o litígio mediante concessões mútuas). No particular, ressalta-se que o reconhecimento tem por objeto o próprio pedido do autor, com todos os seus consectários jurídicos. Trata-se de ato unilateral da parte, isto é, verdadeira adesão do réu ao pedido do autor, ensejando autocomposição do litígio e dispensando o juiz de dar sua própria solução ao mérito.

O Enunciado consagra, ainda, em caso da não composição amigável, sejam atendidos o contraditório e a ampla defesa, como princípios processuais constitucionais (art. 5º, incisos LV e LIV), imprescindíveis para a própria existência do processo e, como consequência, para a prolação do provimento jurisdicional, aplicáveis igualmente aos Juizados. Se até mesmo a revelia é vista com rigor, por se tratar de entes públicos, quiçá a proposta de acordo realizada ainda na primeira fase de negociação entre as partes.

Outro aspecto relevante é que o código de ética das conciliações e mediações tem como princípio a confidencialidade, devendo as partes que participam da sessão de conciliação autorizarem, ou não, que fique expressamente consignado na ata o que foi proposto.

De qualquer modo, no modelo constitucional processual cabe ao juiz motivar suas decisões, buscando se aproximar da verdade e do comprometimento com as partes. É seu ônus conduzir o processo, independentemente da situação, em busca de uma decisão adequada e bem fundamentada.

Em suma, a intenção à época foi permitir que a parte ré não se sentisse constrangida para propor acordo, principalmente, quando o próprio juiz da causa presidia a audiência e não conciliadores designados, o que poderia levar a conclusão de que o acordo estava sendo proposto para se evitar a sucumbência.

---

10. GARCIA, Silvio Marques. A solução de demandas previdenciárias nos juizados especiais federais por meio da conciliação. *In*: SERAU JR., Marco Aurélio; DONOSO, Denis. (Coords.). **Juizados federais: reflexões nos dez anos de sua instalação.** Curitiba: Juruá, 2012.

É justo que as partes proponham o acordo quando ainda desconhecem qual será o desfecho do processo, ocorrendo, no mínimo, a celeridade do encerramento da demanda. O acordo pode se basear apenas na quantidade de certeza de que os fatos alegados restarão provados no curso da demanda.

Busca-se, por fim, promover com a conciliação e a mediação uma mudança nas relações entre os entes públicos e os seus jurisdicionados, em que se mostra uma inovação promissora de melhorar o serviço público, tornando-o mais eficiente e restando para o Poder Judiciário resolver conflitos mais complexos, impossíveis de serem sanados administrativamente de modo consensual.

> (...). Locação. Denúncia vazia. Audiência de conciliação. Proposta de majoração do aluguel com renovação do contrato. Mudança do pedido para denúncia cheia. Inocorrência e descabimento. Afirmações e manifestações colhidas em audiência de conciliação não têm força de confissão, nem importam alteração do pedido inicial. O procedimento conciliatório é pressuposto do procedimento contencioso (arts. 447 e 448, CPC). (...). (STJ, 5ª T., REsp 201356, Rel. Min. José Arnaldo da Fonseca, DJ 21.6.99)

ENUNCIADO 081. CABE CONCILIAÇÃO NOS PROCESSOS RELATIVOS A PESSOA INCAPAZ, DESDE QUE PRESENTE O REPRESENTANTE LEGAL E INTIMADO O MINISTÉRIO PÚBLICO.

> *Cristiane Conde Chmatalik*

A conciliação nos Juizados Especiais sempre foi uma das formas de solução do litígio buscadas pelos juízes e partes, logo se apresentando como instrumento para a pacificação e solução de conflitos. Diante da conciliação com o Instituto Nacional de Seguridade Social ter sido uma das iniciativas mais bem-sucedidas nos Juizados Especiais Federais, após o decurso de algum tempo de sua criação e explosão de litigiosidade, fez-se necessária à introdução do presente Enunciado.

Nos processos previdenciários quase sempre se lida com partes incapazes, seja em decorrência de benefícios assistenciais, de pensões por morte pleiteadas por menores[11], ou de benefícios por incapacidade. Assim, para pleitearem em juízo podem estar representadas legalmente (atual art. 71 do CPC, que não alterou o antigo art. 8º do CPC/73) e, na forma da lei, haverá manifestação do Ministério Público Federal (art. 178, inciso II, do CPC/2015, sem alteração nesse ponto ao art. 82 do CPC/73).

No Juizado Estadual Cível somente as pessoas físicas capazes podem ser parte, na forma do art. 8º da Lei 9.099/95. Já nos Juizados Especiais Federais, de acordo com o art. 6º podem estar em juízo pessoas físicas, sem menção se capazes ou não. Essa é a melhor interpretação por conta da matéria previdenciária a cargo da Justiça Federal.

---

11. BOCHENEK, Antônio César. NASCIMENTO. Márcio Augusto. **Juizados especiais federais cíveis e casos práticos.** 3. ed. Curitiba: Juruá, 2015, p. 64: em relação a maioridade civil de 18 anos pelo CC/2002 e art. 8º, § 2º, da Lei 9.099/95. O menor, com mais de 18 anos, mesmo antes do CC/2002, podia ser autor perante o Juizado, independente de assistência e também sem obrigação legal de intervenção do Ministério Público.

Capítulo II ● Lei dos Juizados Especiais (Lei 9.099/95)

131

Desde o I FONAJEF foi aprovado o Enunciado 10 que estabeleceu que "o incapaz pode ser parte autora nos Juizados Especiais Federais, dando-se-lhe curador especial, se ele não tiver representante constituído", numa clara preocupação dos juízes dos Juizados em permitir que aos incapazes não se restringissem o ingresso de demandas com o procedimento mais célere dos Juizados. A preocupação foi a de que se sanasse qualquer irregularidade de representação, inclusive com a indicação de curador especial, que na ausência de representante legal, está a cargo da Defensoria Pública da União (art. 72, inciso I, do CPC c/c art. 4º, XVI, da LC n. 80/94, na redação dada pela LC n. 132/2009).

Assim, muitas vezes, por ocasião dos mutirões de conciliação dos Juizados Especiais, vários processos contendo como parte pessoas incapazes eram incluídos na pauta, com propostas de acordo muito boas, por isso impedir a inclusão desses processos nos mutirões poderia resultar em verdadeiro prejuízo para as partes, sobretudo as incapazes, pela celeridade na finalização do conflito pelo acordo.

Ressalte-se que o INSS é o maior litigante dos Juizados Especiais Federais, consequentemente ações contendo incapazes também existem em número considerável. É inegável que a conciliação traduz-se na política da consensualidade consagrada primordialmente no âmbito dos Juizados Especiais e, agora, pelo CPC/2015. Sendo certo que impedir que os processos contendo partes incapazes fossem levados às audiências de conciliação resultaria em prejuízo para os próprios incapazes.

Além disso, a ausência do incapaz, desde que representado, nos moldes do art. 10 da Lei 10.259/01, não trará prejuízo ao processo, porque tais pessoas estão autorizadas a conciliar, transigir ou desistir, conforme o parágrafo único do mesmo artigo[12].

Quanto à representação legal, nas lições de De Plácido e Silva[13], sabe-se que é o meio legal ou jurídico para que a pessoa não presente ou incapaz se faz substituir por outrem, como se fosse ela própria, para a prática de atos, que tenha autorizado ou que não possam ser praticados por ela.

Essa definição não pode ser confundida com substituição processual, em que o substituto processual é parte, no sentido processual, como autor ou como réu, da qual participa em nome próprio, não em nome do substituído. Diversamente do representante, que não é parte, mas apenas representante da parte e age em seu nome, que é o representado.

Além disso, esse Enunciado traz a lume uma das inovações e peculiaridades introduzidas pela Lei 10.259/01, lei que instituiu os Juizados Especiais Cíveis e Criminais no âmbito da Justiça Federal, que foi o surgimento da figura do representante judicial, previsto no art. 10, *caput*, em que "as partes poderão designar, por escrito, representantes para a causa, advogado ou não".

---

12. BOCHENEK, Antônio César. NASCIMENTO. Márcio Augusto. **Juizados especiais federais cíveis e casos práticos.** 3. ed. Curitiba: Juruá, 2015., p. 63.

13. SILVA, De Plácido e. **Vocabulário jurídico.** 32. ed. Rio de Janeiro: Forense, 2016.

Esse art. 10 da Lei 10.259/01, quando abre a possibilidade da representação, não se refere diretamente aos incapazes, mas atinge diretamente aos litigantes que propõem ações em face do INSS, eis que, em sua maioria, são idosos e com dificuldade de locomoção, sendo para esses um benefício serem representados por pessoas da família ou de seu conhecimento[14]. Nos casos dessa representação exige-se um instrumento escrito, com poderes expressos para as transações e renúncias.

Diante disso, poderia a parte incapaz estar apenas representada por seu representante judicial, na forma do referido art: 10, ou sem advogado?

Nesse aspecto, exige-se a cautela para não ensejar a nulidade do procedimento. Sendo a parte incapaz, esta não está livremente apta a transigir pela lei material aplicável e, de fato, não terá discernimento para avaliar o interesse real de solução do litígio, por vezes estará absolutamente alheia ao que está posto em juízo. Por isso a necessidade de haver um representante legal e, preferencialmente, estar assistida por um advogado. Isso porque não raro há um desequilíbrio entre a parte autora sem advogado e o representante da autarquia, procurador federal, com grande conhecimento técnico da legislação envolvida na causa.

Cabe destacar a inovação prevista no parágrafo único, deste art. 10, da Lei dos Juizados Especiais Federais, que previu expressamente que os representantes, indicados na forma do *caput*, ficam autorizados a conciliar, transigir ou desistir, nos processos de competência dos Juizados Especiais Federais. O mesmo já havia previsão no art. 331, *caput, in fine*, do CPC/73, que admitia que a parte se fizesse representar por procurador ou preposto com poderes para transigir, na audiência preliminar de conciliação.

O atual art. 334 do CPC admite as mesmas regras, mas com alguns acréscimos, em seu parágrafo 9º estabelece que "as partes devem estar acompanhadas por seus advogados ou defensores públicos", e no parágrafo 10, estabelece que "a parte poderá constituir representante, por meio de procuração específica, com poderes para negociar e transigir".

Como pelo procedimento ordinário do CPC não se admite a ausência dos advogados a regra do CPC atual foi no sentido de sempre garantir a presença do mesmo nas audiências de conciliação. Convém ressaltar, no entanto, que nos Juizados não há obrigatoriedade da presença do advogado, mas como dito acima, nas causas previdenciárias, nas sessões de conciliação em que o início de instrução, a melhor solução é a presença do advogado, ou a da defensoria pública, ou de um advogado dativo a ser designado pelo juiz que preside as sessões de conciliação.

Dentro dessa sistemática, pela previsão legal e pelo princípio da informalidade, os juízes dos juizados sempre estiveram preocupados em aproveitar os atos processuais, desde que sua finalidade tenha sido atingida. Sempre na busca da solução consensual para obter a tutela jurisdicional mais rápida e efetiva, o normativo inovador procurou

---

14. Exige-se uma pertinência subjetiva entre o representante legal e o detentor do direito, sob pena de se permitir que uma pessoa exerça a advocacia, sem estar habilitada.

Capítulo II Lei dos Juizados Especiais (Lei 9.099/95)

133

afastar a rigidez do Código Civil que exige para a transação sempre partes capazes, o que estava vigente expressamente na Lei 9.099/95.

Sobre capacidade civil, vide os arts. 3º, II e 4º, II do Novo Código Civil de 2002, adiante transcritos.

Assim, aos Juízes dos Juizados Federais coube uma mudança de postura, com a aceitação das novas normas que regem os procedimentos judiciais, atuando de forma menos formalista, e mais sensível à importância da instrumentalidade do processo e a justa composição da lide, como escopo da jurisdição, nos ensinamentos de Cândido Dinamarco[15].

> ▶ **CC. Art. 3º** São absolutamente incapazes de exercer pessoalmente os atos da vida civil: I – os menores de dezesseis anos; II – os que, por enfermidade ou deficiência mental, não tiverem o necessário discernimento para a prática desses atos; III – os que, mesmo por causa transitória, não puderem exprimir sua vontade. ▶ **Art. 4º** São incapazes, relativamente a certos atos, ou à maneira de os exercer: I – os maiores de dezesseis e menores de dezoito anos; II – os ébrios habituais, os viciados em tóxicos, e os que, por deficiência mental, tenham o discernimento reduzido; III – os excepcionais, sem desenvolvimento mental completo; IV – os pródigos. **Parágrafo único.** A capacidade dos índios será regulada por legislação especial.

Enunciado 152. A conciliação e a mediação nos Juizados Especiais Federais permanecem regidas pelas leis 10.259/2001 e 9.099/1995, mesmo após o advento do novo Código de Processo Civil.

> ▶ *Antônio César Bochenek e Márcio Augusto Nascimento*

A redação desse verbete foi revisada no XIII FONAJEF.

Uma das principais inovações da Lei 10.259/01 foi justamente a possibilidade das partes realizaram a conciliação, a mediação ou a transação, inclusive com a autorização expressa para o procurador público (parágrafo único do artigo 10 da Lei 10.259/01). Ainda, os procuradores estão autorizados a desistir de recursos já interpostos.

O CPC/2015 ampliou o campo de atuação da conciliação e mediação, além de incentivar a utilização de técnicas e meios alternativos de resolução de conflitos, bem como estimular a promoção da profissionalização destes métodos, bem como também incentivar a criação das Câmaras Privadas (artigos 3º, 139, 149, 165 a 175, 334 e 359).

As regras sobre mediação e conciliação do CPC e demais instrumentos legislativos, podem e devem ser aplicados nos juizados desde que não contrariem os dispositivos expressos nas Leis 10.259/01 e 9.099/95, nem os princípios orientados dos juizados especiais, em face a expressa possibilidade de aplicação subsidiária do artigo 1º. Aliás, são muitas as inovações no meio legislativo que podem ser adaptadas e utilizadas nos juizados especiais federais.

---

15. DINAMARCO, Cândido Rangel. **A instrumentalidade do processo.** 8. ed., São Paulo: Malheiros, 2000.

No artigo 166 do CPC há uma referência expressa aos princípios de conciliação e mediação: independência, imparcialidade, autonomia da vontade, confidencialidade, oralidade, informalidade e decisão informada. A confidencialidade estende-se a todas as informações produzidas no curso do procedimento, cujo teor não poderá ser utilizado para fim diverso daquele previsto por expressa deliberação das partes. Em razão do dever de sigilo, inerente às suas funções, o conciliador e o mediador, assim como os membros de suas equipes, não poderão divulgar ou depor acerca de fatos ou elementos oriundos da conciliação ou da mediação. Admite-se a aplicação de técnicas negociais, com o objetivo de proporcionar ambiente favorável à autocomposição. E ainda a mediação e a conciliação serão regidas conforme a livre autonomia dos interessados, inclusive no que diz respeito à definição das regras procedimentais.

A profissionalização dos meios de autocomposição imbricados com a atividade jurisdicional foi reafirmada e ampliada nos artigos 167 a 173, que regulamentam as formas de cadastro nacional (Conselho Nacional de Justiça) e local (tribunal de segunda instância) dos conciliadores, dos mediadores e das câmaras privadas de conciliação e mediação, bem como a sua nomeação, impedimentos, remuneração.

As inovações também aconteceram na seara pública e certamente com repercussão em inúmeras situações que hoje originam demandas de competência dos juizados especiais federais. O artigo 174 do CPC estabelece um comando para a União, os Estados, o Distrito Federal e os Municípios criarem câmaras de mediação e conciliação, com atribuições relacionadas à solução consensual de conflitos no âmbito administrativo, tais como: dirimir conflitos envolvendo órgãos e entidades da administração pública; avaliar a admissibilidade dos pedidos de resolução de conflitos, por meio de conciliação, no âmbito da administração pública; promover, quando couber, a celebração de termo de ajustamento de conduta. Tais medidas podem representar sobretudo o aperfeiçoamento das atividades administrativas na formulação de novas políticas públicas para uma melhor prestação dos serviços públicos.

A implementação destas câmaras auxiliará sobremaneira as atividades jurisdicional dos juizados especiais federais, pois haverá uma diminuição do número de litígios que atualmente chegam ao judiciário, especialmente aquelas demandas repetitivas. O aperfeiçoamento destas técnicas permitirá o reaproveitamento da capacidade de trabalho dos demais integrantes do sistema de justiça para as demandas mais complexas.

É preciso destacar que as Leis 9.099/95 e 10.259/01 contemplam artigos específicos a respeito da aplicação dos mecanismos de conciliação e mediação no âmbito dos juizados especiais.

▶ **LJEF. Art. 9º** Não haverá prazo diferenciado para a prática de qualquer ato processual pelas pessoas jurídicas de direito público, inclusive a interposição de recursos, devendo a citação para audiência de conciliação ser efetuada com antecedência mínima de trinta dias. ▶**Art. 10.** As partes poderão designar, por escrito, representantes para a causa, advogado ou não. **Parágrafo único.** Os representantes judiciais da União, autarquias, fundações e empresas públicas federais, bem como os indicados na forma do caput, ficam autorizados a conciliar, transigir ou desistir, nos processos da competência dos Juizados Especiais Federais. ▶ **Art. 11**. A entidade pública ré

> deverá fornecer ao Juizado a documentação de que disponha para o esclarecimento da causa, apresentando-a até a instalação da audiência de conciliação. **Parágrafo único.** Para a audiência de composição dos danos resultantes de ilícito criminal (arts. 71, 72 e 74 da Lei n. 9.099, de 26 de setembro de 1995), o representante da entidade que comparecer terá poderes para acordar, desistir ou transigir, na forma do art. 10. ▶ **Art. 12.** Para efetuar o exame técnico necessário à conciliação ou ao julgamento da causa, o Juiz nomeará pessoa habilitada, que apresentará o laudo até cinco dias antes da audiência, independentemente de intimação das partes. ▶ **Art. 18.** Os Juizados Especiais serão instalados por decisão do Tribunal Regional Federal. O Juiz presidente do Juizado designará os conciliadores pelo período de dois anos, admitida a recondução. O exercício dessas funções será gratuito, assegurados os direitos e prerrogativas do jurado (art. 437 do Código de Processo Penal).

6. DA RESPOSTA DO RÉU (ARTS. 30 E 31)

ENUNCIADO 012. NO JUIZADO ESPECIAL FEDERAL, NÃO É CABÍVEL O PEDIDO CONTRAPOSTO FORMULADO PELA UNIÃO FEDERAL, AUTARQUIA, FUNDAÇÃO OU EMPRESA PÚBLICA FEDERAL.

▶ *Fábio Moreira Ramiro*

O Enunciado em apreço confere interpretação restritiva à norma que trata da capacidade das pessoas de litigar nos Juizados Especiais Federais Cíveis, e essa interpretação vai ao encontro dos critérios norteadores do microssistema jurídico, quais sejam a oralidade, a simplicidade, a informalidade, a economia processual e a celeridade.

Com efeito, dispõe o art. 6º, da Lei 10.259/01, que podem ser partes no Juizado Especial Federal Cível, como autores, as pessoas físicas e as microempresas e empresas de pequeno porte, definidas em lei (atualmente, a Lei Complementar 126/06, art. 74), e, como rés, a União, autarquias, fundações e empresas públicas federais.

O pedido contraposto, ou contrapedido, é uma forma de cumulação objetiva de ações, ao que se comumente denomina contra-ataque da parte ré à ação proposta pela parte autora, tal como ocorre na reconvenção prevista no art. 343, do Código de Processo Civil.

Logo, proposta uma ação contra a União, autarquia ou empresa pública federal, não poderão esses entes, em sua contestação, formular pedido contraposto em desfavor do autor da ação, pois isso implicaria admitir-se que tais entes ocupassem, na demanda cumulada, o seu polo ativo, infringindo a regra encartada no art. 6º, I, da Lei 10.259/01.

A impossibilidade consagrada no Enunciado objetiva viabilizar à pessoa física a obtenção de tutela jurisdicional de forma mais célere, informal e simples, o que poderá ser obstado pela oposição de contrapedido pelos entes acima referidos, porquanto isso implicaria solução mais demorada da demanda originariamente proposta.

Não se desconhece posição diametralmente oposta na doutrina, a exemplo de Joel Dias Figueira Júnior[16], segundo o qual:

---

16. FIGUEIRA JÚNIOR, Joel D. **Juizados especiais federais cíveis e criminais: comentários à Lei 10.259, de 24.7.2001**. São Paulo: RT, 2002, p. 181.

A impossibilidade de apresentação de contrapedido pela Fazenda Pública contra a pessoa física, em sede de Juizado Especial Federal milita manifestamente contra o próprio autor, que haverá de responder ainda como réu em outro feito e com todos os ônus processuais" e que "a proibição legal reside na formulação de pretensão inaugural, na qualidade de 'autor', polo ativo a ser integrado tão-somente pelos privados (art. 6º, I).

Sobreleva notar, todavia, que a despeito de possibilidade da União, empresas públicas federais ou autarquias virem a propor ação na vara federal comum, isso ocorreria apenas na hipótese de ser a pessoa natural vencida na demanda especial proposta no JEF. Assim, a admissão do contrapedido tão somente implicaria indevida cumulação, que se revela contrária aos termos legais e causadora de complexidade de toda indesejável no simplificado procedimento aplicado aos Juizados Especiais Federais.

◎ (...). 2. Havendo conflito entre as Leis 9.099/95 e 10.259/01, não se aplica o instituto do pedido contraposto previsto no art. 31 da primeira, que manda observar os limites de seu art. 3º. 3. Reconhecida, de ofício, a ilegitimidade da União para formular pedido contraposto nos Juizados Especiais Federais. (TNU, Pedilef 200235007073116, Rel. Lindoval Marques de Brito, DJGO 24.3.2003)

◎ E nem se fale de pedido contraposto. Esse instituto, ademais, não é cabível em se tratando de Juizados Especiais Federais, considerado o teor do artigo 6º, I, da Lei 10.259/01 que proíbe o INSS de litigar no polo ativo de relação jurídica processual estabelecida nos Juizados Especiais Federais. (1ª Turma Recursal de SP, 0000717-27.2013.4.03.6308, Rel. Nilce Cristina Petris de Paiva, e-DJF3 12.1.2017)

▶ **LJEF. Art. 6º** Podem ser partes no Juizado Especial Federal Cível: I – como autores, as pessoas físicas e as microempresas e empresas de pequeno porte, assim definidas na Lei n. 9.317, de 5 de dezembro de 1996.

▶ **LJE. Art. 31.** Não se admitirá a reconvenção. É lícito ao réu, na contestação, formular pedido em seu favor, nos limites do art. 3º desta Lei, desde que fundado nos mesmos fatos que constituem objeto da controvérsia. **Parágrafo único.** O autor poderá responder ao pedido do réu na própria audiência ou requerer a designação da nova data, que será desde logo fixada, cientes todos os presentes.

7. DAS PROVAS (ARTS. 32 A 37)

Enunciado 117. A perícia unificada, realizada em audiência, é válida e consentânea com os princípios informadores dos juizados especiais.

▶ *Antônio César Bochenek e Márcio Augusto Nascimento*

O Enunciado 117 contém informações relacionadas ao modo da prática de atos do processo, em especial a perícia e a audiência. Em atenção aos princípios da celeridade e da economia processual, há vários JEF que realizam a perícia judicial, especialmente a médica, no próprio prédio da Justiça Federal, inclusive concomitantemente com a realização da audiência.

Em várias sedes da Justiça Federal há salas adequadamente equipadas e preparadas para a realização do exame pericial por parte dos peritos nomeados pelos juízes nos processos de competência dos juizados. Na data e horário previamente

Capítulo II ● Lei dos Juizados Especiais (Lei 9.099/95)

137

agendados, a parte autora comparece à Justiça Federal, munida com seus documentos médicos (exames, prontuários, laudos particulares, etc.). Lá, o médico perito nomeado pelo Juízo aguarda o autor e realiza os procedimentos de análise do quadro clínico da parte. Após o exame médico, as partes e o perito são chamados à sala de audiência para a apresentação do laudo e também para prestar eventuais esclarecimentos necessários a solução da lide. O juiz, se entender necessário, realiza as perguntas pertinentes ao perito. Os advogados das partes têm a mesma oportunidade. Após o fim do debate, é o momento em que as partes são incentivadas a conciliação após terem sido subsidiadas com informações a respeito do caso fático objeto do processo. Não havendo conciliação, o juiz profere sentença na audiência ou posteriormente.

Um dos motivos da elaboração e aprovação do Enunciado é que algumas Turmas Recursais anularam muitas sentenças sob a alegação de que o exame técnico deveria ser realizado obrigatoriamente por escrito, entregue cinco dias antes da audiência, nos termos legais, em especial do artigo 12 da Lei 10.259/01. Parece ser apego a um formalismo que não é consentâneo com o espírito e os princípios dos JEF que buscam a celeridade e a efetividade dos provimentos jurisdicionais.

O princípio da instrumentalidade dos atos processuais no processo civil ordinário (art. 277 do CPC) e as previsões da Lei 9.099/95 são aplicáveis na defesa da validade da perícia unificada nos juizados, além de ser um grande avanço na busca da prestação jurisdicional com qualidade e rapidez. O artigo 13 acentua que os atos processuais serão válidos sempre que preencherem as finalidades para as quais forem realizados, atendidos os critérios indicados no art. 2º desta Lei, ou seja, critérios da oralidade, simplicidade, informalidade, economia processual e celeridade, buscando, sempre que possível, a conciliação ou a transação. Ainda no parágrafo primeiro do mesmo artigo 13 da Lei dos Juizados Estaduais, que são aplicáveis aos juizados especiais federais, expressamente consta que não se pronunciará qualquer nulidade sem que tenha havido prejuízo. Desta forma, a perícia unificada realizada em audiência é válida e está em sintonia com os princípios informadores dos juizados especiais.

▶ **CPC Art. 277.** Quando a lei prescrever determinada forma, o juiz considerará válido o ato se, realizado de outro modo, lhe alcançar a finalidade.

▶ **LJE. Lei 9.099/95. Art. 2º** O processo orientar-se-á pelos critérios da oralidade, simplicidade, informalidade, economia processual e celeridade, buscando, sempre que possível, a conciliação ou a transação. ▶ **Art. 13.** Os atos processuais serão válidos sempre que preencherem as finalidades para as quais forem realizados, atendidos os critérios indicados no art. 2º desta Lei. **§ 1º** Não se pronunciará qualquer nulidade sem que tenha havido prejuízo.

▶ **LJEF. Art. 12.** Para efetuar o exame técnico necessário à conciliação ou ao julgamento da causa, o Juiz nomeará pessoa habilitada, que apresentará o laudo até cinco dias antes da audiência, independentemente de intimação das partes. **§ 1º** Os honorários do técnico serão antecipados à conta de verba orçamentária do respectivo Tribunal e, quando vencida na causa a entidade pública, seu valor será incluído na ordem de pagamento a ser feita em favor do Tribunal. **§ 2º** Nas ações previdenciárias e relativas à assistência social, havendo designação de exame, serão as partes intimadas para, em dez dias, apresentar quesitos e indicar assistentes.

ENUNCIADO 118. É VÁLIDA A REALIZAÇÃO DE PROVA PERICIAL ANTES DA CITAÇÃO, DESDE QUE VIABILIZADA A PARTICIPAÇÃO DAS PARTES.

▶ *Etiene Martins*

No nosso sistema processual, a relação processual apenas se completa com a citação válida da outra parte, oportunidade em que poderá contestar e apresentar sua defesa. Antes disso, o juiz apenas analisa algum requerimento liminar e questões de ordem técnica, tais como os requisitos de validade do processo ou exercício do direito de ação. Com o CPC/2015, também deve marcar uma audiência de conciliação quando possível. A produção de prova é sempre em momento posterior, após a angulação da relação processual. E isto ocorre porque a parte ré, quando da contestação, pode confessar ou mesmo apresentar algum argumento de direito que possa levar à extinção do processo ou mesmo ao julgamento do mérito. Do mais, a intenção é também prestigiar a ampla defesa e o contraditório, de maneira que a parte possa se defender das alegações trazidas na petição inicial. De posse dos argumentos de ambas as partes, o juiz fica em uma situação mais confortável para conduzir processo, determinando a produção de provas, saneando o processo, antecipando o julgamento do mérito, propondo um novo incidente conciliatório, etc.

Conforme mencionado anteriormente, de acordo com o CPC, a produção de provas (testemunhais, periciais etc.) ocorre em momento posterior à contestação, ocasião em que a parte ré mencionará as provas que pretende produzir, e ao saneamento do processo, ocasião em que o juiz definirá as questões controvertidas que serão objeto de prova durante a instrução (art. 357). Como se nota, a produção de provas se dá, via de regra, em momento secundário no trâmite processual. E não poderia ser diferente, pois a prova pericial exige que as partes formulem os quesitos e se manifestem sobre o ponto que é objeto da perícia. Do mais, havendo confissão do réu (o que normalmente ocorre na contestação), este ponto se torna incontroverso e desnecessária é a dilação probatória. Assim, a antecipação de alguma prova, via de regra, é prejudicial ao regular trâmite processual, trazendo mais problemas que soluções.

E é via de regra porque o CPC trouxe uma inovação no art. 381 e permitiu que a parte pudesse requerer a produção antecipada de provas. Esta possibilidade pode ocorrer, inclusive, antes do início do processo! De acordo com o Código, a produção antecipada de provas é cabível quando: a) haja fundado receio de que venha a tornar-se impossível ou muito difícil a verificação de certos fatos na pendência da ação; b) a prova a ser produzida seja suscetível de viabilizar a autocomposição ou outro meio adequado de solução de conflito; e c) o prévio conhecimento dos fatos possa justificar ou evitar o ajuizamento de ação. Este procedimento é feito mediante a participação das partes interessadas, de maneira que o réu neste procedimento (que também o será na futura ação que poderá ser ajuizada) terá a oportunidade de se manifestar, elaborar peritos ou mesmo solicitar outro tipo prova desde que esteja relacionada com o objeto do procedimento. Tal procedimento não admite discussão de teses jurídicas, mas tão somente a produção de prova específica. Ao que se nota, a preocupação do legislador foi tentar evitar o ajuizamento de uma ação no futuro, já que, com a prova antecipadamente produzida em juízo, várias questões se tornam incontroversas e,

Capítulo II ● Lei dos Juizados Especiais (Lei 9.099/95)   **139**

em última análise, conforme menciona o próprio art. 381, estimula-se a composição do litígio antecipadamente.

Tendo em vista essa disposição geral para o momento de produção da prova pericial, mesmo nos Juizados Especiais Federais, face à aplicação subsidiária do CPC, o momento adequado seria após a contestação. Contudo, muitos juízes têm optado por produzir a prova pericial antes mesmo da citação, caso isso não venha a ofender o direito à ampla defesa e contraditório e nem trazer prejuízo às partes. A base para tal prática são os Princípios da Informalidade e da Celeridade, os quais norteiam a interpretação e rotina dos Juizados. Partindo-se da ideia de que os casos são via de regra de baixa complexidade e muitas vezes refletem demandas repetitivas, a inversão do momento probatório pode se traduzir em grande rapidez para a solução do litígio. No geral, também é uma forma de se acelerar e estimular um acordo conciliatório, já que a matéria controversa objeto de prova já foi produzida logo no início do processo. Nestas hipóteses, já existe prévio contato com a outra parte para que ofereça os quesitos e possibilite a participação de todos na produção da perícia.

O Enunciado tem grande aplicabilidade prática nos processos previdenciários. Boa parte dos processos previdenciários no Juizado Especial tem como objeto um benefício previdenciário negado administrativamente pelo Instituto Nacional do Seguro Social – INSS, seja porque carece de algum requisito legal, seja porque a perícia não identificou qualquer incapacidade (para o gozo de auxílio doença ou aposentadoria por invalidez, por exemplo). Quando a demanda é ajuizada, a parte autora sempre pede que seja feita uma perícia judicial a fim de que se produza prova por perito imparcial e de confiança do juízo sobre a situação de incapacidade do autor. Pela regra geral, o juiz primeiramente cita o INSS que, na contestação, também concorda pela produção de prova pericial. Na ocasião, também são apresentados os quesitos a serem respondidos pelo perito. Então, é marcada uma perícia. Após, o laudo é apresentado pelo perito e o juiz abre vista para as partes se manifestarem. Havendo discordância a respeito do laudo, o juiz pode marcar uma nova perícia, pedir uma complementação do laudo ao perito ou afastar os argumentos e sentenciar. Algumas vezes, quando o laudo é favorável à parte, o INSS já oferece proposta conciliatória. É muito comum também, nestes casos de laudo favorável ao autor, o juiz antecipar os efeitos da tutela e mandar implantar o benefício previdenciário de imediato.

Como se nota, nestes processos previdenciários de incapacidade (auxílio acidente, auxílio doença ou aposentadoria por invalidez), a questão controversa geradora do litígio e que também impede o juiz de tomar uma decisão antecipada é a existência ou não de alguma incapacidade (já que é ela um requisito fundamental para o gozo de determinados benefícios previdenciários). Em outras palavras, é o autor incapaz para o exercício de atividade laborativa? Totalmente ou parcialmente? Temporariamente ou definitivamente? Ele pode exercer alguma outra atividade que não a habitualmente exercida? Todas essas perguntas somente são respondidas com o laudo pericial. Por essa razão, alguns juízes optam por antecipar a perícia e já definir essa questão logo no início do processo, permitindo que o INSS realize a sua contestação partindo da premissa de que existe um laudo pericial produzido em juízo (favorável ou não). Nos locais em que existe essa prática, há um acordo prévio com o INSS a fim de que este deixe à disposição do Juízo os quesitos a serem respondidos pelos peritos, de maneira que, uma vez protocolada a inicial, já é possível marcar a data da perícia, o envio dos quesitos do autor (que já vem na inicial) e do INSS, e a intimação das partes. Dessa forma, é respeitada a produção da prova sob o contraditório e, logo no início do processo, já é possível antecipar os efeitos da tutela ou mesmo já encerrar o processo por meio de um acordo conciliatório (já que o INSS pode abrir mão da contestação se a tese defensiva for apenas a questão da incapacidade e laudo for favorável ao autor).

Importante ressaltar que, atualmente, o CPC traz o incidente conciliatório antes mesmo da contestação, nos termos do art. 334 e 335, I:

Tal orientação veio ao encontro da política de utilização de meios alternativos para solução de conflitos, visando desafogar o judiciário e direcionar os recursos para os casos mais complexos ou cuja composição seja inviável. Aliás, a opção pela conciliação ou mediação deve vir já na inicial, como requisito, nos termos do art. 319, VII. Portanto, a produção de prova pericial antes mesmo da citação vem ao encontro dessa orientação, viabilizando a ocorrência de acordos logo no início do processo a partir da inversão da prova pericial que é, em regra, o principal ponto nos processos previdenciários de incapacidade. Por último, vale ressaltar que também vem a concretizar os princípios da celeridade e informalidade, os quais são os pilares dos Juizados Especiais Federais.

▶ **CPC. Art. 319.** A petição inicial indicará: (...). VII – a opção do autor pela realização ou não de audiência de conciliação ou de mediação ▶ **Art. 334.** Se a petição inicial preencher os requisitos essenciais e não for o caso de improcedência liminar do pedido, o juiz designará audiência de conciliação ou de mediação com antecedência mínima de 30 (trinta) dias, devendo ser citado o réu com pelo menos 20 (vinte) dias de antecedência. ▶ **Art. 335.** O réu poderá oferecer contestação, por petição, no prazo de 15 (quinze) dias, cujo termo inicial será a data: I – da audiência de conciliação ou de mediação, ou da última sessão de conciliação, quando qualquer parte não comparecer ou, comparecendo, não houver autocomposição. ▶ **Art. 357.** Não ocorrendo nenhuma das hipóteses deste Capítulo, deverá o juiz, em decisão de saneamento e de organização do processo: II – delimitar as questões de fato sobre as quais recairá a atividade probatória, especificando os meios de prova admitidos; III – definir a distribuição do ônus da prova, observado o art. 373.

Enunciado 122. É legítima a designação do oficial de justiça, na qualidade de "longa manus" do juízo, para realizar diligência de constatação de situação socioeconômica.

▶ *Fábio Moreira Ramiro*

A implantação dos Juizados Especiais Federais, em janeiro de 2002, encontrou diversos obstáculos concernentes à gigantesca demanda reprimida tendo por objeto benefícios previdenciários, bem assim com referência às ações tendentes à obtenção do benefício assistencial de prestação continuada, previsto na Lei 8.742/93.

Sendo um imprescindível requisito para a concessão do BPC a comprovação da condição socioeconômica de quem o requer, na forma do art. 20, § 3º, da lei acima mencionada, a instrução processual mostrava-se insuficiente para tal fim. Ademais',

CAPÍTULO II ● LEI DOS JUIZADOS ESPECIAIS (LEI 9.099/95)

com a interiorização da Justiça Federal e a instalação de Juizados Especiais Federais Adjuntos, muitos deles em cidades sem profissionais de serviço social aptos à aferição da condição social das famílias, não raras vezes a prova passou a ser realizada, com pleno atendimento dos fins a que se propõe, por oficiais de justiça.

Essa forma de verificação social, a despeito de não ser encerrada por assistente social, fornece valorosos elementos de convicção, muitas vezes como complemento ao próprio estudo socioeconômico já existente nos autos, como a aferição de trabalho informal, porém lucrativo, realizado pelo requerente do benefício ou por membro de sua família, não detectado em estudo socioeconômico apresentado aos autos, inviabilizando o deferimento que ocorreria, indevidamente, caso não houvesse sido autorizada a diligência. Noutra parte, reforça conclusão no sentido de dar efetividade à norma assistencial, afastando dúvida que porventura persista na análise do pedido em juízo.

O art. 34, parágrafo único, da Lei 9.099/95, de aplicação subsidiária aos JEFs, autoriza ao magistrado condutor do feito realizar inspeção em pessoas ou coisas ou indicar pessoa de sua confiança, que lhe relatará informalmente o verificado. A prática forense tem evidenciado a ausência de complexidade na produção da chamada prova da miserabilidade do autor, estando a norma legal em consonância com os princípios da simplicidade e informalidade, que orientam o microssistema dos Juizados Especiais Federais.

A atividade do oficial de justiça é, essencialmente, realizar atos tendentes à efetivação das medidas determinadas pelo órgão jurisdicional, fora da sede do juízo, atuando como sua "longa manus" (art. 154, CPC). Em se tratando de verificação social, seu trabalho estará adstrito ao que se mostra controverso nos autos, fazendo esclarecer a situação socioeconômica de quem requer o amparo assistencial.

A opção pela verificação social através de oficial de justiça, portanto, atende ao interesse do procedimento previsto nos Juizados Especiais Federais, tornando-o mais efetivo e econômico processualmente, em acolhimento aos critérios da informalidade e simplicidade que justificam a própria criação desses órgãos.

◉ Súmula TNU 79. Nas ações em que se postula benefício assistencial, é necessária a comprovação das condições socioeconômicas do autor por laudo de assistente social, por auto de constatação lavrado por oficial de justiça ou, sendo inviabilizados os referidos meios, por prova testemunhal.

◉ Preliminarmente, alega, em síntese, que a perícia social foi realizada por profissional não competente para tal, devendo ter sido feita por assistente social. Não acolho a preliminar suscitada, uma vez que o laudo em questão não demandava conhecimentos técnicos específicos, sendo suficiente o oficial de justiça para realizá-lo. (Turma Recursal de PE, 1ª T., RI 05011140820164058300, Rel. Paulo Roberto Parca de Pinho, DJ 9.2.2017)

▶ **LJE. Art. 35.** Quando a prova do fato exigir, o Juiz poderá inquirir técnicos de sua confiança, permitida às partes a apresentação de parecer técnico. **Parágrafo único.** No curso da audiência, poderá o Juiz, de ofício ou a requerimento das partes, realizar inspeção em pessoas ou coisas, ou determinar que o faça pessoa de sua confiança, que lhe relatará informalmente o verificado.

► **CPC. Art. 154.** Incumbe ao oficial de justiça: I – fazer pessoalmente citações, prisões, penhoras, arrestos e demais diligências próprias do seu ofício, sempre que possível na presença de 2 (duas) testemunhas, certificando no mandado o ocorrido, com menção ao lugar, ao dia e à hora; II – executar as ordens do juiz a que estiver subordinado; III – entregar o mandado em cartório após seu cumprimento; IV – auxiliar o juiz na manutenção da ordem; V – efetuar avaliações, quando for o caso; VI – certificar, em mandado, proposta de autocomposição apresentada por qualquer das partes, na ocasião de realização de ato de comunicação que lhe couber. **Parágrafo único.** Certificada a proposta de autocomposição prevista no inciso VI, o juiz ordenará a intimação da parte contrária para manifestar-se, no prazo de 5 (cinco) dias, sem prejuízo do andamento regular do processo, entendendo-se o silêncio como recusa.

ENUNCIADO 168. A PRODUÇÃO DE AUTO DE CONSTATAÇÃO POR OFICIAL DE JUSTIÇA, DETERMINADA PELO JUÍZO, NÃO REQUER PRÉVIA INTIMAÇÃO DAS PARTES, SOB PENA DE FRUSTRAR A EFICÁCIA DO ATO, CASO EM QUE HAVERÁ O CONTRADITÓRIO DIFERIDO.

▸ *Frederico Augusto Leopoldino Koehler*

O direito fundamental à prova, embora muitas vezes concebido apenas como o direito de requerer e de produzir provas, é atualmente entendido como abrangendo as seguintes situações jurídicas: a) o direito à adequada oportunidade de requerer provas; b) o direito de produzir provas; c) o direito de participar da produção da prova; d) o direto de se manifestar sobre a prova produzida; e) o direito ao exame, pelo órgão julgador, da prova produzida.

O Enunciado enquadra-se na situação descrita no item c) "o direito de participar da produção da prova". Isso porque a intimação prévia das partes de um ato de instrução probatória tem justamente a finalidade de permitir que haja ampla participação de todos no momento da produção da prova.

É possível inclusive fazer-se uma analogia com a previsão dos artigos 9º e 10 do CPC (adiante transcritos), que vedam a prolatação de decisões-surpresa.

Ou seja, da mesma forma que não se pode proferir uma decisão com base em fundamento sobre o qual não tenha havido a prévia intimação das partes para se pronunciarem, também não é possível produzir-se prova sem que as partes tenham sido comunicadas, a fim de que possam efetivamente participar da feitura da prova.

A intimação prévia das partes, especialmente no que tange à prova pericial – objeto do Enunciado –, visa a permitir que possam eventualmente arguir o impedimento ou a suspeição do perito, indicar assistente técnico ou apresentar quesitos complementares a serem respondidos pelo perito. Nesse sentido, vide o que prescreve o art. 465, § 1º do CPC.

Nota-se, entretanto, que o Enunciado traz justamente uma exceção à regra acima exposta. Isto é, para preservar a utilidade do ato permite-se que a produção de auto de constatação por oficial de justiça seja feita sem que haja prévia intimação das partes.

Capítulo II ● Lei dos Juizados Especiais (Lei 9.099/95)

A razão para tal exceção é clara: se houvesse a intimação prévia das partes, o auto de constatação por oficial de justiça ficaria prejudicado, pois a parte poderia encenar uma situação diferente da realmente existente. A surpresa, no caso, ao invés de prejudicial, é essencial ao pleno êxito do objetivo do auto de constatação.

A título exemplificativo, podemos referir dois casos em que o Enunciado tem aplicação: 1) nos pleitos de benefício assistencial de prestação continuada com base na Lei nº 8.742/93 (Lei Orgânica da Assistência Social), em que seja necessária a comprovação da miserabilidade[17-18]; 2) nos pleitos de concessão de benefícios previdenciários para segurados especiais, para aferir se realmente o demandante trabalha no campo. Nesses dois casos, o oficial de justiça, ou um assistente social designado pelo juízo, visitarão o domicílio do demandante para averiguar o que for útil ao deslinde da causa, tudo registrando em um laudo social ou auto de constatação. O contraditório será diferido para o momento da entrega do laudo social/auto de constatação, preservando o direto das partes se manifestarem sobre a prova produzida.

Esse foi um dos motivos que levou ao cancelamento do Enunciado 84 (adiante transcrito) no XIII FONAJEF, realizado em 2016. Ou seja, o FONAJEF, que entendia pela desnecessidade de intimação das partes da entrega do laudo pericial, indica agora (com o cancelamento do seu Enunciado 84) que deve haver a intimação das partes para se manifestarem sobre o laudo pericial, e também sobre o auto de constatação de oficial de justiça e sobre o laudo social produzido por assistente social.

....

◉ Enunciado FONAJEF 50. Sem prejuízo de outros meios, a comprovação da condição sócio-econômica do autor pode ser feita por laudo técnico confeccionado por assistente social, por auto de constatação lavrado por oficial de justiça ou através de oitiva de testemunha.

....

◉ Enunciado FONAJEF 84. Não é causa de nulidade nos juizados especiais federais a mera falta de intimação das partes da entrega do laudo pericial. (Cancelado).

....

◉ Súmula TNU 79. Nas ações em que se postula benefício assistencial, é necessária a comprovação das condições socioeconômicas do autor por laudo de assistente social, por auto de constatação lavrado por oficial de justiça ou, sendo inviabilizados os referidos meios, por prova testemunhal.

....

◉ Súmula TNU 80. Nos pedidos de benefício de prestação continuada (LOAS), tendo em vista o advento da Lei 12.470/11, para adequada valoração dos fatores ambientais, sociais, econômicos e pessoais que impactam na participação da pessoa com deficiência na sociedade, é necessária a realização de avaliação social por assistente social ou outras providências aptas a revelar a efetiva condição vivida no meio social pelo requerente.

---

17. Sobre o tema, há que se relembrar duas importantes súmulas da TNU (79 e 80, adiante transcritas). Para um aprofundamento sobre esses verbetes, vide: KOEHLER, Frederico A. L. (Coord.). **Comentários às súmulas da Turma Nacional de Uniformização dos Juizados Especiais Federais.** Brasília: Conselho da Justiça Federal, Centro de Estudos Judiciários, 2016, p. 400-413.

18. O Enunciado 50/FONAJEF trata dessa temática.

8. DA SENTENÇA (ARTS. 38 A 47)

ENUNCIADO 002. NOS CASOS DE JULGAMENTOS DE PROCEDÊNCIA DE MATÉRIAS REPETITIVAS, É RECOMENDÁVEL A UTILIZAÇÃO DE CONTESTAÇÕES DEPOSITADAS NA SECRETARIA, A FIM DE POSSIBILITAR A IMEDIATA PROLAÇÃO DE SENTENÇA DE MÉRITO.

▶ *Marco Bruno Miranda Clementino*

A iniciativa de se oferecer tratamento racional às demandas repetitivas, macrodesafio do Poder Judiciário para o quinquênio 2015-2020, surgiu no direito brasileiro, há mais de uma década, justamente nos Juizados Especiais Federais. A avalanche de demandas repetitivas propostas nesse subsistema em todo o país obrigou os juízes federais a se utilizarem de criatividade a fim de imprimir razoável duração e economia processual a milhões de processos judiciais em tramitação. Nesse contexto, o princípio da informalidade figurou como uma espécie de talismã a possibilitar a realização de interpretações criativas que permitissem a tramitação racional dos processos, sem prejuízo da higidez das garantias constitucionais processuais.

Hoje já se reconhece que o tratamento de demandas repetitivas pressupõe certa objetivação dos ritos processuais, algo não tão evidente quando o Enunciado 2 foi aprovado, no II FONAJEF, realizado no Rio de Janeiro-RJ, em 2005. Contudo, já havia a percepção de que, nas demandas repetitivas, desde o ajuizamento já se conhecia o resultado futuro da pretensão, eis que naquela época os precedentes já ganhavam contornos cada vez mais claros de persuasão, já se antevendo o contexto de vinculação atualmente consolidado. Por isso, simplesmente não fazia sentido promover tramitação burocrática a processos apenas para cumprir certos formalismos processuais.

Assim, com base no princípio da informalidade, inicialmente os juízes federais passaram a julgar "prima facie" os pedidos cuja improcedência final já era conhecida desde o início da tramitação, dispensando a contestação, prática que resultou na edição do Enunciado 1. Entretanto, havia casos em que o inverso ocorria: já se conhecia o resultado final pela procedência do pedido. Foi então que, numa aplicação pioneira do princípio da cooperação, de iniciativa de alguns juízes e procuradores, surgiu a prática de se depositar nas secretarias das varas federais contestações padronizadas para serem certificadas nos autos em que tramitavam demandas repetitivas, a fim de evitar a circulação física desnecessária de processos, com impacto no custo de tramitação ao erário.

Registre-se que, mais adiante, verificou-se que alguns procuradores não se mostraram tão cooperativos, o que resultou numa prática ainda mais vanguardista por alguns juízes de Juizados Especiais Federais: a extensão de contestações entre processos quando se tratava de demandas repetitivas, prática que o Supremo Tribunal Federal, no RE 613656, não entendeu como violadora das garantias constitucionais processuais.

◎ Assim como o julgamento de plano desfavorável ao autor, previsto no art. 285-A, do CPC, não ofende a tais princípios, a inclusão de ofício da peça constestatória também não o faz, pois, além de o demandado poder se manifestar acerca da sentença no momento do recurso, alegando questões fáticas porventura não observadas, a peça de defesa já apresentada em outras

Capítulo II ● Lei dos Juizados Especiais (Lei 9.099/95)

145

ações de idêntica natureza, figura nos autos e foi objeto de análise pelo juiz. Alerta-se que tal solução não deve ser admitida em situações em que aja especificidades ou mesmo em demandas eventuais, resguardando tal mecanismo para a tutela objetivada dos direitos individuais homogêneos. Ou seja, para as ações de massa onde se enfrenta a situação idêntica em todos os caso, essa forma de saneamento, aliás, supre em parte uma lacuna decorrente da inexistência de súmula vinculante editada pelo STF para determinadas matérias já definidas, da inércia da publicação pelo Senado Federal da resolução a fim de suspender a eficácia de lei declarada inconstitucional pelo Supremo e da ausência de efeito vinculante dos julgamentos dos recursos extraordinários, na medida em que viabiliza, já na formação do processo, uma procedimentalização que se coadune com os precedentes dos Tribunais Superiores. (STF, RE 613656, Rel. Min. Ayres Britto, DJ 12.5.2011)

ENUNCIADO 032. A DECISÃO QUE CONTENHA OS PARÂMETROS DE LIQUIDAÇÃO ATENDE AO DISPOSTO NO ART. 38, PARÁGRAFO ÚNICO, DA LEI N. 9.099/95.

▶ *Lucilio Linhares Perdigão de Morais*

O presente Enunciado é de fundamental importância para a dinâmica dos Juizados Especiais Federais. De acordo com o texto do parágrafo único, do artigo 38, da Lei 9.099/95, adiante transcrito, verifica-se que não se admite sentença ilíquida nos Juizados Especiais.

Essa disposição legal concretiza os princípios que orientam os juizados, com destaque para a concentração dos atos, a simplicidade, a celeridade e a economia processual. Ora, se o juizado preza por ser uma justiça simplificada e de fácil acesso, não faria sentido a necessidade de uma fase ou processo de execução para a liquidação de seus julgados. Ainda, temos a questão da competência dos Juizados Especiais, que se submetem a um teto no tocante ao valor. Logo, imperiosa se faz a liquidez da sentença, garantindo que foi preservada a competência do juízo.

Contudo, a norma, não obstante útil e necessária para a dinâmica dos juizados, traz consigo a necessidade de interpretação pelos operadores do direito, já que uma interpretação estritamente literal dos seus comandos pode levar à própria ineficiência dos Juizados Especiais. Esse é justamente o objetivo do Enunciado agora estudado.

O objetivo do Fórum Nacional dos Juizados Especiais Federais nessa hipótese foi esclarecer que a liquidez da sentença não decorre exclusivamente da presença do valor da condenação em seu dispositivo. Ao contrário, pode-se chegar ao perfeito cumprimento do comando legal, respeitando os princípios dos juizados, realizando-se a devida parametrização da sentença.

É dizer, sentença líquida não é exclusivamente aquela que indica expressamente o valor, mas também a que apresenta como deve se dar toda a dinâmica do cálculo, já deixando claro às partes como se dará a regra pela qual se chegará ao valor devido.

Ou seja, respeita-se o objetivo da norma quando a sentença, ainda que não aponte o valor expressamente, indique a base de cálculo, a regra de atualização e todos os demais elementos a serem considerados, tais como, por exemplo, a data de início do benefício, a compensação de valores já recebidos administrativamente e a limitação temporal do direito assegurado (exatamente nesse sentido, veja-se: Turma Recursal de SP, 1ª T., 16 00052012420094036309).

Conforme destacou o precedente colacionado, inclusive citando o Enunciado agora estudado, exigir sempre a realização dos cálculos propriamente ditos para fins de prolação da sentença é medida contrária aos próprios princípios que regem os juizados, já que a devida parametrização da regra de cálculo é suficiente para cumprir o comando do art. 38 da Lei 9.099, de 1995, assegurando a celeridade do feito, preservada a liquidez dos julgados.

◎ Súmula STJ 318. Formulado pedido certo e determinado, somente o autor tem interesse recursal em arguir o vício da sentença ilíquida.

◎ (...). Anoto que a previsão contida no parágrafo único do artigo 38 da Lei 9.099/95, no sentido de que não se admitirá sentença condenatória por quantia ilíquida, ainda que genérico o pedido, é também estabelecida no Código de Processo Civil, em seu artigo 459, parágrafo único, que estatui que quando o autor tiver formulado pedido certo, é vedado ao juiz proferir sentença ilíquida. Como se verifica dos dispositivos legais, o que a lei veio estabelecer foi uma garantia ao autor do pedido, que em havendo deduzido pedido certo, deve receber uma sentença líquida. (...). A realização dos cálculos pelo setor responsável do Poder Judiciário, compreensivelmente mais reduzido, certamente comprometeria a celeridade da prestação jurisdicional, além de implicar dispêndio muito maior de recursos humanos e econômicos. Por fim, consigno que o acórdão que contenha os parâmetros para a elaboração dos cálculos de liquidação atende ao disposto no artigo 38, parágrafo único, da Lei 9.099/95, nos termos do Enunciado 32, do FONAJEF e da Súmula 318, do Superior Tribunal de Justiça. (Turma Recursal de SP, 1ª T., 16 00052012420094036309, Rel. Fernando Moreira Gonçalves, e-DJF3 14.8.2015).

▶ **LJE. Art. 38.** A sentença mencionará os elementos de convicção do Juiz, com breve resumo dos fatos relevantes ocorridos em audiência, dispensado o relatório. **Parágrafo único.** Não se admitirá sentença condenatória por quantia ilíquida, ainda que genérico o pedido.

ENUNCIADO 107. FORA DAS HIPÓTESES DO ARTIGO 4º DA LEI N. 10.259/2001, A IMPUGNAÇÃO DE DECISÕES INTERLOCUTÓRIAS PROFERIDAS ANTES DA SENTENÇA DEVERÁ SER FEITA NO RECURSO DESTA (ART. 41 DA LEI N. 9.099/95).

▶ *André Dias Fernandes*

Subjazem ao Enunciado os princípios da irrecorribilidade (imediata) das decisões interlocutórias, da concentração dos atos processuais, da celeridade e da efetividade da prestação jurisdicional.

O art. 5º da Lei 10.259/01 é meridianamente claro ao estatuir que, à exceção das hipóteses do art. 4º, só poderá haver recurso da sentença definitiva ("exceto nos casos do art. 4º, somente será admitido recurso de sentença definitiva").

Dessarte, decisões interlocutórias acerca de deferimento ou indeferimento de prova, de justiça gratuita, de inversão de ônus da prova, ou que possam acarretar cerceamento de defesa, dentre outras que não envolvam tutela provisória, devem ser impugnadas só e unicamente no recurso contra a sentença, não precluindo antes disso.

Capítulo II ● Lei dos Juizados Especiais (Lei 9.099/95)

Tais questões devem, pois, ser arguidas em preliminar no bojo do recurso inominado contra a sentença, podendo, se for o caso, ensejar a anulação desta e de outros atos processuais, com restituição dos autos ao juizado de origem para prosseguimento do feito[19].

A Lei 9.099/95 não prevê nenhum recurso antes da sentença (até mesmo os embargos de declaração só seriam cabíveis de sentença ou acórdão, conforme art. 48), sendo incabível aplicação subsidiária do CPC, pois não se reza de lacuna intencional, mas sim de silêncio intencional, compatível com a natureza sumaríssima do procedimento (CF/88, art. 98, I)[20]. A remissão feita no Enunciado ao art. 41 da Lei 9.099/95 se justifica pelo fato de somente nele haver previsão de recurso, exatamente contra a sentença.

Já no que respeita aos Juizados Especiais da Fazenda Pública, a Lei 12.153/2009 (arts. 3º e 4º) permite recurso contra decisões concessivas de tutela cautelar ou antecipatória, a símile do que dispõe a Lei 10.259/01.

Pese embora a ausência de referência explícita no art. 4º da Lei 10.259/01 (que só alude às decisões que deferem medidas cautelares), as decisões que indeferem medidas cautelares, bem assim as que deferem ou indeferem tutela antecipatória no JEF, também podem ser objeto de recurso inominado. Nesse sentido, o art. 2º, I, da Resolução 347/15 do CJF admite recurso inominado de tais decisões, ao referir a "decisões que apreciam pedidos de medidas liminares, cautelares ou antecipatórias dos efeitos da tutela"[21].

Idêntico tratamento, a nosso viso, deve ser emprestado às decisões que deferem ou indeferem tutela provisória de evidência (CPC, art. 311), sendo para logo recorríveis, não havendo necessidade de aguardar a prolação de sentença.

Cumpre pontuar que, a despeito da similitude entre ambos, o recurso inominado previsto na Lei 10.259/01 contra decisões interlocutórias concessivas ou denegatórias de tutela provisória não é o agravo de instrumento (previsto nos arts. 937, VIII, e 1.015, I, do CPC). Em verdade, trata-se de outra modalidade recursal, específica dos Juizados Especiais, que também não se confunde com a apelação prevista no CPC (arts. 1.009 e ss.), embora o regime jurídico seja semelhante.[22] Para além disso, não

---

19. À semelhança do que dispõe o art. 1.009, § 1º, do CPC/2015 quanto à apelação e ao agravo: "Art. 1.009. (...) § 1º As questões resolvidas na fase de conhecimento, se a decisão a seu respeito não comportar agravo de instrumento, não são cobertas pela preclusão e devem ser suscitadas em preliminar de apelação, eventualmente interposta contra a decisão final, ou nas contrarrazões".

20. Acerca da inviabilidade do agravo de instrumento nessas situações, confira-se o decidido pelo STF no RE 576847, adiante transcrito. Na mesma linha, dispõe o Enunciado 15 do FONAJE: "Nos Juizados Especiais não é cabível o recurso de agravo, exceto nas hipóteses dos artigos 544 e 557 do CPC".

21. O Regimento Interno das Turmas Recursais da Seção Judiciária do Ceará também é explícito a este respeito: "Art. 7º. Compete à Turma Recursal processar e julgar: I – em matéria cível, o recurso de sentença, excetuada a homologatória de conciliação ou laudo arbitral, e o de decisão que defere ou indefere medidas cautelares ou antecipatórias dos efeitos da tutela".

22. Eis algumas diferenças: o prazo da apelação é de 15 dias (CPC/2015, art. 1.003, § 5º), ao passo que o do recurso inominado é de 10 dias (Lei 9.099/95, art. 42); a apelação pode ser interposta adesivamente (CPC/2015, arts. 997, § 2º, II, e 1.010, § 2º), o recurso inominado não (Enunciado 59 do FONAJEF);

há dois recursos inominados de natureza diversa, mas uma mesma espécie de *recurso (dito inominado, porque a lei não lhe confere um nome específico)*, o qual pode ser interposto tanto da sentença, quanto da decisão acerca de tutela provisória, a depender do caso. Tanto assim é que o prazo é o mesmo (de 10 dias) nas duas hipóteses (contra decisões interlocutórias e contra sentença)[23], e não o prazo de 15 (quinze) dias do agravo de instrumento. Assim o reconhece a Resolução 347/15 do CJF, com redação posterior à vigência do CPC (o qual dilatou o prazo do agravo de instrumento de 10 para 15 dias).[24] Ademais, o recurso inominado não se sujeita aos rigores da formação de instrumento (CPC, art. 1.017), embora deva ser instruído com as peças necessárias ao seu julgamento.

Por fim, importa sublinhar que a "intentio legis" de impedir a proliferação de recursos contra decisões interlocutórias não alusivas a tutela provisória não pode ser frustrada por via oblíqua, mediante a impetração de mandado de segurança contra tais decisões interlocutórias.

A este propósito, o STF, em julgamento com repercussão geral (RE 576847, adiante transcrito), não só reconheceu a constitucionalidade da irrecorribilidade imediata das decisões interlocutórias nos Juizados Especiais (dada a possibilidade de interposição de recurso inominado da sentença), como também assentou como tese de repercussão geral que "não cabe mandado de segurança das decisões interlocutórias exaradas em processos submetidos ao rito da Lei 9.099/95", tendo ficado vencido o Min. Marco Aurélio, que admitia o manuseio do mandado de segurança em hipóteses excepcionalíssimas, para evitar dano irreparável.

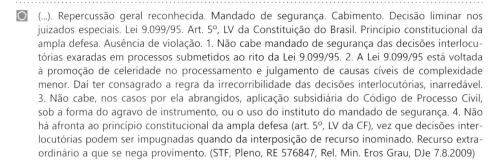

(...). Repercussão geral reconhecida. Mandado de segurança. Cabimento. Decisão liminar nos juizados especiais. Lei 9.099/95. Art. 5º, LV da Constituição do Brasil. Princípio constitucional da ampla defesa. Ausência de violação. 1. Não cabe mandado de segurança das decisões interlocutórias exaradas em processos submetidos ao rito da Lei 9.099/95. 2. A Lei 9.099/95 está voltada à promoção de celeridade no processamento e julgamento de causas cíveis de complexidade menor. Daí ter consagrado a regra da irrecorribilidade das decisões interlocutórias, inarredável. 3. Não cabe, nos casos por ela abrangidos, aplicação subsidiária do Código de Processo Civil, sob a forma do agravo de instrumento, ou o uso do instituto do mandado de segurança. 4. Não há afronta ao princípio constitucional da ampla defesa (art. 5º, LV da CF), vez que decisões interlocutórias podem ser impugnadas quando da interposição de recurso inominado. Recurso extraordinário a que se nega provimento. (STF, Pleno, RE 576847, Rel. Min. Eros Grau, DJe 7.8.2009)

---

a apelação tem, em regra, efeito suspensivo (CPC/ 2015, art. 1.012), entanto que o recurso inominado, em regra, é recebido no efeito meramente devolutivo (Lei 9.099/95, art. 43), embora haja controvérsias quanto a isso no âmbito dos Juizados Federais (v. Enunciado 61 do FONAJEF), etc.

23. Como a Lei 10.259/01 não estatui o prazo para recurso inominado, nem da sentença, nem das decisões sobre tutela provisória, tem-se aplicado o prazo de 10 dias previsto no art. 42 da Lei 9.099/95 para o recurso inominado da sentença.

24. "Art. 2º Compete às turmas recursais dos juizados especiais federais processar e julgar: I – em matéria cível, os recursos interpostos *de sentenças* ou *de decisões* que apreciam pedidos de medidas liminares, cautelares ou antecipatórias dos efeitos da tutela; (...) § 1º O prazo para interposição do recurso previsto no inciso I deste artigo, bem como para o recorrido apresentar a respectiva resposta, é de dez dias. Após os autos serão remetidos às turmas recursais, independentemente de juízo de admissibilidade. (Alterado pela Resolução n. 417, de 28 de outubro de 2016)".

CAPÍTULO II ● LEI DOS JUIZADOS ESPECIAIS (LEI 9.099/95)

> **LJE. Art. 41.** Da sentença, excetuada a homologatória de conciliação ou laudo arbitral, caberá recurso para o próprio Juizado.

> **LJEF. Art. 4º** O juiz poderá, de ofício ou a requerimento das partes, deferir medidas cautelares no curso do processo, para evitar dano de difícil reparação.

ENUNCIADO 124. É CORRETA A APLICAÇÃO DO ART. 46 DA LEI 9.099/95 NOS JUIZADOS ESPE-CIAIS FEDERAIS, COM PRESERVAÇÃO INTEGRAL DOS FUNDAMENTOS DA SENTENÇA.

> *Antônio César Bochenek e Márcio Augusto Nascimento*

O artigo 46 da Lei 9.099/95 é aplicável no âmbito dos juizados especiais federais em face da determinação expressa do artigo 1º da Lei 10.259/01, nos seguintes termos "o julgamento em segunda instância constará apenas da ata, com a indicação suficiente do processo, fundamentação sucinta e parte dispositiva. Se a sentença for confirmada pelos próprios fundamentos, a súmula do julgamento servirá de acórdão". A norma é adequada a ser aplicada aos JEF, pois estão de acordo com os princípios norteadores, ou seja, oralidade, simplicidade, informalidade, economia processual e celeridade, bem como de toda sistemática que sustenta e fundamenta o microssistema de prestação jurisdicional.

Assim, a Turma Recursal não precisa lavrar acórdão com a elaboração de ementa, nem votos longos do relator ou revisor. Basta a ata, com dados do processo, fundamentação sucinta e parte dispositiva. E se a sentença for confirmada pelos próprios fundamentos, basta uma súmula do julgamento informando que o acórdão confirma a sentença. Tudo isso com o objetivo de imprimir celeridade e efetividade aos julgamentos na instância recursal.

Alguns autores defendem que o CPC/2015 teria revogado o artigo 46 da Lei 9.099/95, ao dispor expressamente os elementos que devem constar uma decisão judicial, bem como estabelecer balizas precisas do que é considerada uma decisão fundamentada no parágrafo primeiro do artigo 489, do CPC. As premissas são relevantes para a melhoria da qualidade das decisões judiciais e atentam para a evolução da aplicação do direito nos tribunais tanto na sentença quanto nos acórdãos.

Entretanto, cabe ao intérprete fazer a análise e a quantificação da influência do artigo 46 da Lei 9.099/95. Em primeira análise, não são contraditórios os dispositivos, mas apenas regulam de modo diferente situações que são diferentes, ou seja, a fundamentação mais sucinta é um dos valores e critérios amplamente utilizados e consagrados nos juizados especiais federais, bem como o inverso é válido para o processo civil ordinário.

Ademais, a lógica do disposto no artigo 46 não ignora a fundamentação, apenas remete aos argumentos e justificativas da decisão de primeira instância, para evitar repetições desnecessárias.

> **LJE. Art. 2º** O processo orientar-se-á pelos critérios da oralidade, simplicidade, informalidade, economia processual e celeridade, buscando, sempre que possível, a conciliação ou a transação.

► **Art. 46.** O julgamento em segunda instância constará apenas da ata, com a indicação suficiente do processo, fundamentação sucinta e parte dispositiva. Se a sentença for confirmada pelos próprios fundamentos, a súmula do julgamento servirá de acórdão.

► **CPC. Art. 489.** (...). **§ 1º** Não se considera fundamentada qualquer decisão judicial, seja ela interlocutória, sentença ou acórdão, que: I – se limitar à indicação, à reprodução ou à paráfrase de ato normativo, sem explicar sua relação com a causa ou a questão decidida; II – empregar conceitos jurídicos indeterminados, sem explicar o motivo concreto de sua incidência no caso; III – invocar motivos que se prestariam a justificar qualquer outra decisão; IV – não enfrentar todos os argumentos deduzidos no processo capazes de, em tese, infirmar a conclusão adotada pelo julgador; V – se limitar a invocar precedente ou Enunciado de súmula, sem identificar seus fundamentos determinantes nem demonstrar que o caso sob julgamento se ajusta àqueles fundamentos; VI – deixar de seguir Enunciado de súmula, jurisprudência ou precedente invocado pela parte, sem demonstrar a existência de distinção no caso em julgamento ou a superação do entendimento. **§ 2º** No caso de colisão entre normas, o juiz deve justificar o objeto e os critérios gerais da ponderação efetuada, enunciando as razões que autorizam a interferência na norma afastada e as premissas fáticas que fundamentam a conclusão. **§ 3º** A decisão judicial deve ser interpretada a partir da conjugação de todos os seus elementos e em conformidade com o princípio da boa-fé.

ENUNCIADO 154. O ART. 46, DA LEI 9.099/95, NÃO FOI REVOGADO PELO NOVO CPC.

▶ *Antônio César Bochenek e Márcio Augusto Nascimento*

O art. 46 da Lei 9.099/95, oportuniza que os julgamentos em segunda instância dos juizados especiais constem apenas da ata, com a indicação suficiente do processo, fundamentação sucinta e parte dispositiva. Se a sentença for confirmada pelos próprios fundamentos, a súmula do julgamento servirá de acórdão.

Por sua vez, o CPC/2015 trouxe inovações nos aspectos de fundamentação da decisão judicial, especialmente em seu art. 489. Entretanto, o CPC somente é aplicável aos JEF quando não existir dispositivo expresso na Lei 10.259/01 e, subsidiariamente, na Lei 9.099/95. E, sobretudo, quando as normas do CPC não contrariarem os princípios norteadores dos JEF (v. comentários ao Enunciado 151/FONAJEF).

O verbete complementa o Enunciado 124, ao qual remete-se o leitor para aprofundar o tema.

Por conseguinte, o art. 46 da Lei 9.099/95 simplifica e confere celeridade aos julgamentos das Turmas Recursais. Portanto, os juizados não devem contar com sentenças e acórdãos exaustivos, longos, mas com qualidade, presteza e eficiência com o objetivo de dar uma resposta célere e adequada aos conflitos. Desta forma, as regras de fundamentação do CPC são atenuadas para não comprometer o andamento dos feitos nem converter o rito procedimental dos JEF em complexos e demorados.

► **LJE. Art. 46.** O julgamento em segunda instância constará apenas da ata, com a indicação suficiente do processo, fundamentação sucinta e parte dispositiva. Se a sentença for confirmada pelos próprios fundamentos, a súmula do julgamento servirá de acórdão.

9. DOS EMBARGOS DE DECLARAÇÃO (ARTS. 48 A 50)

Enunciado 042. Em caso de embargos de declaração protelatórios, cabe a condenação em litigância de má-fé (princípio da lealdade processual).

▶ *João Felipe Menezes Lopes*

A Lei 10.259/01, ao regular o regramento recursal dos Juizados Especiais Federais, não previu a interposição do recurso de embargos de declaração contra sentenças e acórdãos ali proferidos, sendo o cabimento desta espécie recursal resultante de construção doutrinária e jurisprudencial a partir de interpretação sistemática do microssistema dos Juizados Especiais e da influência principiológica da Constituição Federal.

Com efeito, mesmo sem a expressa previsão legal do recurso na Lei 10.259/01, a doutrina entendia que o cabimento dos embargos de declaração no processo dos Juizados Especiais Federais decorria da previsão de aplicação subsidiária da Lei 9.099/95, contida no artigo 1º da Lei dos JEFs.

O fato é que a Lei 9.099/95 previa, já em sua redação original, a possibilidade de interposição do recurso "quando, na sentença ou acórdão, houver obscuridade, contradição, omissão ou dúvida" (artigo 48, redação originária). Entendia-se que a previsão em questão não conflitava com os princípios que regiam o Juizado Especial Federal, de modo a tornar viável sua aplicação subsidiária. Outrossim, a fundamentar o cabimento do aludido recurso à míngua de previsão na lei específica, invocava-se a natureza saneadora do aludido instrumento de insurreição, cujo cabimento teria relação com hipóteses em que as decisões não fossem devidamente motivadas e, portanto, nas hipóteses em que descumprido o dever constitucional previsto no inciso IX do artigo 93 da Constituição Federal.

Nestas condições, decorrendo o dever de motivação das decisões judiciais do próprio texto constitucional e sendo ele um corolário do devido processo legal e do contraditório (artigo 5º, LV, da Constituição da República), os embargos de declaração não poderiam deixar de ter lugar nos Juizados Especiais Federais, mesmo porque cumpririam o importante papel de impedir o prolongamento desnecessário do processo, viabilizando que o próprio magistrado recorrido saneasse eventual desacerto de sua decisão ("error in procedendo"), o que atenderia aos princípios da simplicidade, informalidade, economia processual e celeridade.

Sem entrar no mérito dos fundamentos invocados, o que cabe aqui registrar é que a jurisprudência das Turmas Recursais dos Juizados Especiais Federais acolheu amplamente este entendimento, não registrando maiores divergências quanto ao recebimento desta modalidade de recurso (cita-se os seguintes precedentes: 200000937622016403930, Rel. Omar Chamon, 5ª TR de SP, e-DJF3 14.4.2016; 200000149622013403920, Rel. Raquel Domingues do Amaral, 1ª TR de MS, e-DJF3 11.3.2016; 200000344672015403930, Rel. David Rocha Lima de Magalhaes e Silva, 3ª TR de SP, e-DJF3 22.10.2015).

Sedimentado o cabimento dos embargos de declaração nos Juizados Especiais Federais, restava investigar quais regras atinentes ao regime deste recurso poderiam ser importadas das normas gerais ao processo especial dos JEFs. Trata-se de tarefa da maior importância, na medida em que integração legislativa em questão, levada a efeito com base no disposto no artigo 4º da Lei de Introdução às Normas do Direito Brasileiro, poderia ampliar ou restringir direitos processuais das partes.

Foi este o intento dos magistrados reunidos em Fórum dos Juizados Especiais Federais ao emanaram o entendimento de que "Em caso de embargos de declaração protelatórios, cabe a condenação em litigância de má-fé (princípio da lealdade processual)". Como se observa, o Enunciado pressupõe a ausência de divergência quanto ao cabimento do recurso no âmbito dos JEFs, tratando já da questão dos vícios de sua utilização abusiva ou desviada.

O entendimento subjacente ao Enunciado é o de que o princípio da lealdade processual decorreria dos direitos constitucionais do devido processo legal e da duração razoável do processo, cujo influxo no direito processual infraconstitucional seria marcado pelo fenômeno que a doutrina convencionou denominar filtragem constitucional. Luís Roberto Barroso explica que "este fenômeno (...) consiste em que toda a ordem jurídica deve ser lida e apreendida sob a lente da Constituição, de modo a realizar os valores nela consagrados"[25].

Nesse contexto, sendo a lealdade processual uma consequência direta da força normativa da Constituição[26], especialmente de suas normas consagradoras de direitos e garantias fundamentais, de aplicabilidade direta e imediata (artigo 1º, § 1º, da Constituição da República), e estando o valor axiológico a si subjacente em concordância com os vetores que regem os Juizados Especiais Federais, seria possível uma analogia que permitisse a aplicação da regra processual que busca restaurá-la (ou a penalizar a deslealdade), também no âmbito do processo que tramite sob o rito especial dos Juizados.

O Superior Tribunal de Justiça, no precedente REsp 1410839, Segunda Seção, DJe 2.10.2013 (sob regime dos recursos repetitivos), delineou as características que apontariam para o caráter protelatório dos embargos, fixando a seguinte tese: "caracterizam-se como protelatórios os Embargos de Declaração que visam rediscutir matéria já apreciada e decidida pela Corte de origem em conformidade com súmula do STJ ou STF, ou, ainda, precedente julgado pelo rito dos artigos 543-C e 543-B, do CPC". Por óbvio, o universo de condutas subjetiva ou objetivamente maculadas pela procrastinação deliberada e imotivada do processo não se encerra no precedente em questão, cabendo ao julgador, no caso concreto, analisar quando uma postura processual releva traços procrastinatórios ou não.

---

25. BARROSO, Luís Roberto. Neoconstitucionalismo e constitucionalização do Direito (o triunfo tardio do Direito Constitucional no Brasil). **Revista de Direito Administrativo.** Rio de Janeiro, 240: p. 1-42, abr./jun. 2005.

26. HESSE, Konrad. **A força normativa da Constituição.** Trad. Gilmar Ferreira Mendes, Porto Alegre: Sérgio Fabris Editor, 1999.

Capítulo II • Lei dos Juizados Especiais (Lei 9.099/95)

O conceito de protelação, como fenômeno processual, relaciona-se com a utilização deliberada de mecanismos tendentes a prolongar indevidamente o curso do processo, mesmo quando inexistentes motivos que justifiquem a procrastinação. O comportamento protelatório não se verifica exclusivamente no manejo de embargos de declaração que não guardam relação com suas causas de interposição, podendo ser manifestado em situações outras como quando a parte furta-se a receber citações e intimações, apresenta justificativas infundadas ou inverídicas para não comparecer a algum ato processual.

O Enunciado em análise, contudo, trata especificamente do comportamento protelatório manifestado por intermédio da interposição indevida do recurso de embargos de declaração. Seu conteúdo decorre da integração do regime recursal do microssistema dos Juizados Especiais com as normas gerais do CPC/73. Com o advento do CPC/2015 e da alteração promovida no artigo 48 da Lei 9.099/95, a integração entre as regras gerais do CPC e as especiais do microssistema dos Juizados Especiais, no particular, ficou ainda mais evidente, por força da remissão expressa de cabimento dos embargos nos processos dos Juizados Especiais "nos casos previstos no Código de Processo Civil".

A previsão de condenação em multa, a ser convertida à parte adversa, pelo manejo de embargos de declaração considerados protelatórios, foi mantida no CPC/2015 (artigo 1.026, §§ 2º e 3º), o que torna o Enunciado sob comento atual e aplicável, mesmo depois do advento do "novo" Código.

⊙ O exercício abusivo do direito de recorrer e a litigância de má-fé. O ordenamento jurídico brasileiro repele práticas incompatíveis com o postulado ético-jurídico da lealdade processual. O processo não pode ser manipulado para viabilizar o abuso de direito, pois essa é uma ideia que se revela frontalmente contrária ao dever de probidade que se impõe à observância das partes. O litigante de má-fé – trate-se de parte pública ou de parte privada – deve ter a sua conduta sumariamente repelida pela atuação jurisdicional dos juízes e dos tribunais, que não podem tolerar o abuso processual como prática descaracterizadora da essência ética do processo. (...). Não há, pois, o que prover quanto às alegações do Recorrente. (Turma Recursal de SP, 8ª T., 16 00085993920054036302, Rel. Ricardo Geraldo Rezende Silveira, e-DJF3 9.2.2015)

⊙ Assim, bastaria leitura mais atenta dos autos para evitar a interposição de embargos desnecessários. Ao usar dos embargos de declaração para postular análise de matéria que não lhe traria qualquer proveito, o recorrente gera não só adiamento indefensável da solução final, como também usurpa desnecessariamente tempo que poderia ser usado para apreciar feitos de outros segurados, especialmente quando se trata de órgão destinado à apreciação de lides previdenciárias, com cunho social e alimentar por natureza. Diante dessa constatação, tenho que os presentes embargos são manifestamente protelatórios (...). Portanto, evidenciado o caráter protelatório dos embargos, bem como a litigância de má-fé, condeno a embargante ao pagamento de indenização à parte embargada, arbitrada em 10% sobre o valor da causa, nos termos do art. 81 do Novo Código de Processo Civil, além da multa de 2% também sobre o valor da causa, nos termos do parágrafo único do art. 1.026 do mesmo diploma processual. (Turma Recursal do PR, 4ª T., ED RI 5027245-44.2013.404.7000, Rel. Narendra Borges Morales, j. 11.10.2016)

▶ **LJE. Art. 42.** O recurso será interposto no prazo de dez dias, contados da ciência da sentença, por petição escrita, da qual constarão as razões e o pedido do recorrente. ▶ **Art. 48.** Caberão embargos de declaração contra sentença ou acórdão nos casos previstos no Código de

Processo Civil. (Redação dada pela Lei 13.105/15). ▶**Art. 49.** Os embargos de declaração serão interpostos por escrito ou oralmente, no prazo de cinco dias, contados da ciência da decisão.

▶ **LINDB. Art. 4º** Quando a lei for omissa, o juiz decidirá o caso de acordo com a analogia, os costumes e os princípios gerais de direito.

▶ **CF. Art. 5º.** (...). **§ 1º** As normas definidoras dos direitos e garantias fundamentais têm aplicação imediata. ▶**Art. 93.** (...). IX - Todos os julgamentos dos órgãos do Poder Judiciário serão públicos, e fundamentadas todas as decisões, sob pena de nulidade, podendo a lei limitar a presença, em determinados atos, às próprias partes e a seus advogados, ou somente a estes, em casos nos quais a preservação do direito à intimidade do interessado no sigilo não prejudique o interesse público à informação;

▶ **CPC. Art. 1.026.** (...). **§ 2º** Quando manifestamente protelatórios os embargos de declaração, o juiz ou o tribunal, em decisão fundamentada, condenará o embargante a pagar ao embargado multa não excedente a dois por cento sobre o valor atualizado da causa. **§ 3º** Na reiteração de embargos de declaração manifestamente protelatórios, a multa será elevada a até dez por cento sobre o valor atualizado da causa, e a interposição de qualquer recurso ficará condicionada ao depósito prévio do valor da multa, à exceção da Fazenda Pública e do beneficiário de gratuidade da justiça, que a recolherão ao final.

▶ **CPC/73. Art. 538.** (...). **Parágrafo único.** Quando forem manifestamente protelatórios, o tribunal, declarando expressamente que o são, condenará o embargante a pagar ao embargado multa, que não poderá exceder de 1% (um por cento) sobre o valor da causa.

ENUNCIADO 058. EXCETUANDO-SE OS EMBARGOS DE DECLARAÇÃO, CUJO PRAZO DE OPOSIÇÃO É DE CINCO DIAS, OS PRAZOS RECURSAIS CONTRA DECISÕES DE PRIMEIRO GRAU NO ÂMBITO DOS JUIZADOS ESPECIAIS FEDERAIS SÃO SEMPRE DE DEZ DIAS, INDEPENDENTEMENTE DA NATUREZA DA DECISÃO RECORRIDA.

▶ *Luiz Bispo da Silva Neto*

De início, aponto que o enunciado em questão foi aprovado no III FONAJEF, realizado em São Paulo/SP, em outubro de 2006, não tendo sua redação sido alterada desde então.

O tema do Enunciado revolve os recursos disponíveis para impugnar as decisões tomadas no âmbito do primeiro grau do Juizado Especial Federal.

A Lei 9.099/95 prevê a possibilidade de recurso aviado contra sentença, que é o recurso inominado (justamente porque a lei não atribuiu qualquer nome à peça recursal, referindo-se tão só a recurso) e os embargos de declaração.

O recurso inominado tem prazo de interposição expresso em lei de 10 dias (art. 42 da Lei 9.099/95), enquanto os embargos de declaração devem ser opostos em 5 dias (art. 49 da Lei 9.099/95).

Já a Lei 10.259/01, em seu art. 5º, prevê a possibilidade de recurso contra sentença definitiva, ressalvando a possibilidade de recurso nos casos de decisões que o juiz poderá deferir, no curso do processo, de ofício ou a requerimento das partes, que são medidas cautelares, destinadas a evitar dano de difícil reparação.

CAPÍTULO II ● LEI DOS JUIZADOS ESPECIAIS (LEI 9.099/95)

155

A Lei 12.153/09, que criou o Juizado Especial da Fazenda Pública, em seus arts. 3º e 4º, agregou a possibilidade de recorribilidade não só das medidas cautelares, como, outrossim, das providências antecipatórias:

Cuida-se, portanto, da possibilidade de escrutinar decisões interlocutórias.

A lei, novamente, não trata de qual recurso, tampouco revela qual o prazo para a parte prejudicada materializar seu intento. Para tanto, buscou-se a solução no sistema principiológico processual, que é justamente o Código de Processo Civil, o qual aponta a possibilidade do manejo do recurso de agravo de instrumento.

Na vigência do CPC/73 não havia entraves do uso do agravo de instrumento, ao menos no que se diz respeito ao prazo de interposição do recurso que era de 10 dias (art. 522 do CPC/73), tempo esse que se igualava ao prazo do recurso inominado.

Todavia, o CPC unificou o prazo recursal, excetuados os embargos de declaração, passando a prever o tempo de 15 dias tanto para interpor, quanto para responder ao recurso (art. 1.003, § 5º do CPC). Dessa forma, o prazo de interposição do agravo de instrumento, segundo o CPC, passa a ser de 15 dias. No sistema do Juizado Especial Federal, a questão se torna problemática, pois a parte teria um prazo mais dilatado para recorrer de decisão interlocutória do que da própria sentença.

É importante apontar que, segundo o Enunciado 15 FONAJE, não é cabível o manejo do agravo de instrumento no âmbito do Juizado Especial Estadual.

As exceções trazidas pelo suso mencionado Enunciado não fazer referência ao primeiro grau de jurisdição, e sim a destrancamento de recurso extraordinário e à decisão do relator que nega seguimento ao recurso manifestamente improcedente.

Isso não significa dizer que as decisões interlocutórias proferidas no primeiro grau de jurisdição do Juizado Especial Estadual sejam irrecorríveis, pois que é possível o manejo de "recurso" (inonimado), no prazo de 10 dias. Nesse sentido, é o Enunciado 5 do FONAJE da Fazenda Pública.

Essa diretriz, ao que tudo indica, apresenta-se como uma solução interessante para a sindicância das decisões proferidas no primeiro grau de jurisdição do Juizado Especial Federal, evitando-se a contradição acima indicada, de que o recurso contra decisão interlocutória teria prazo mais amplo do que o recurso contra a própria sentença.

Note-se, outrossim, que a Resolução CJF 347/15 (com redação alterada pela Resolução CJF 393/16), em seu art. 2º, inc. I e § 1º, caminhando na senda indicada pela Justiça Estadual, prevê a possibilidade de "recurso" (inonimado) contra sentença ou decisões interlocutórias, no prazo de 10 dias.

◉ Enunciado FOJAJE 15. Nos Juizados Especiais não é cabível o recurso de agravo, exceto nas hipóteses dos artigos 544 e 557 do CPC.

◉ Enunciado FOJAJE Fazenda Pública 5. É de 10 dias o prazo de recurso contra decisão que deferir tutela antecipada em face da Fazenda Pública.

- **LJE. Art. 42.** O recurso será interposto no prazo de dez dias, contados da ciência da sentença, por petição escrita, da qual constarão as razões e o pedido do recorrente. ▶ **Art. 49.** Os embargos de declaração serão interpostos por escrito ou oralmente, no prazo de cinco dias, contados da ciência da decisão.

- **LJEFP. Art. 3º** O juiz poderá, de ofício ou a requerimento das partes, deferir quaisquer providências cautelares e antecipatórias no curso do processo, para evitar dano de difícil ou de incerta reparação. ▶ **Art. 4º** Exceto nos casos do art. 3º, somente será admitido recurso contra a sentença.

- **Res. CJF 347/2015. Art. 2º** Compete às turmas recursais dos juizados especiais federais processar e julgar: I – em matéria cível, os recursos interpostos de sentenças ou de decisões que apreciam pedidos de medidas liminares, cautelares ou antecipatória dos efeitos da tutela; (...). § 1º O prazo para interposição do recurso previsto no inciso I deste artigo, bem como para o recorrido apresentar a respectiva resposta, é de dez dias.

ENUNCIADO 060. A MATÉRIA NÃO APRECIADA NA SENTENÇA, MAS VEICULADA NA INICIAL, PODE SER CONHECIDA NO RECURSO INOMINADO, MESMO NÃO HAVENDO A OPOSIÇÃO DE EMBARGOS DE DECLARAÇÃO.

Enunciado comentado no capítulo *Novo Código de Processo Civil – Dos Recursos (arts. 994 a 1.044).*

10. DA EXTINÇÃO DO PROCESSO SEM JULGAMENTO DO MÉRITO (ART. 51)

ENUNCIADO 024. RECONHECIDA A INCOMPETÊNCIA DO JUIZADO ESPECIAL FEDERAL, É CABÍVEL A EXTINÇÃO DE PROCESSO, SEM JULGAMENTO DE MÉRITO, NOS TERMOS DO ART. 1º DA LEI N. 10.259/2001 E DO ART. 51, III, DA LEI N. 9.099/95, NÃO HAVENDO NISSO AFRONTA AO ART. 12, § 2º, DA LEI 11.419/06.

▶ *André Wasilewski Duszczak*

Nos termos do artigo 1º da Lei 10.259/01, aos Juizados Federais "se aplica, no que não conflitar com esta Lei, o disposto na Lei n. 9.099, de 26 de setembro de 1995".

E como a Lei dos Juizados Federais não regulamenta as formas de extinção do processo, a esta são aplicáveis, subsidiariamente, as regras constantes na Lei 9.099/95, que, dentre outros casos de extinção do processo sem julgamento do mérito, estabelece o "reconhecimento da incompetência territorial" (art. 51, III).

Ou seja, a Lei dos Juizados Estaduais estabelece que em caso de incompetência territorial, de caráter relativo, o processo será extinto sem resolução de mérito, fato que se aplica também aos Juizados Federais.

Também se aplica, e com muito mais razão, em caso de incompetência em razão do valor da causa, pois, se uma competência relativa gera a extinção do processo, então mais ainda deve gerar uma incompetência absoluta.

Capítulo II • Lei dos Juizados Especiais (Lei 9.099/95)

157

Assim, reconhecida a incompetência em razão do valor da causa, por superar o limite de 60 salários mínimos, então, nos termos deste Enunciado, o juiz não deve declinar a competência para uma Vara Federal, mas extinguir o processo, devendo a parte ajuizar nova demanda no juízo competente.

No entanto, existem julgados que, em face aos princípios da celeridade e economia processual, entendem possível a declinação de competência com a remessa dos autos ao juízo federal competente (TRF3, AC 00368933620074036301).

Como ressaltado no início, a redação deste Enunciado foi alterado no V FONA-JEF. A redação anterior era a seguinte: "Reconhecida a incompetência do JEF é cabível a extinção do processo, sem julgamento de mérito, nos termos do art. 1º da Lei 10.259/01 e do art. 51, III, da Lei 9.099/95".

Ou seja, foi apenas e tão somente acrescido ao verbete a informação de que este não afronta o art. 12, parágrafo 2, da Lei 11.419/06 que dispõe sobre a informatização do processo judicial:

Embora a Justiça atualmente esteja em processo de informatização plena, como já ocorre atualmente na 4ª Região, em 2006, quando da edição desta lei, apenas algumas poucas Justiças dos Estados ou Federais possuíam sistema eletrônico de processos, com isso, chegou a acontecer casos em que o juiz que atuava em um processo eletrônico, ao reconhecer sua incompetência para julgar o feito, ao invés de remeter este para o juízo competente que não tinha processamento eletrônico ou que tinha outro sistema eletrônico, simplesmente extinguia o processo sem resolução de mérito sob o fundamento de impossibilidade técnica de conversão dos autos eletrônicos em físicos ou de compatibilidade com o outro sistema.

Assim, este artigo de lei visou evitar que isso ocorresse, determinando ao juiz de um processo eletrônico que tenha que enviá-lo a outro juízo, que deverá imprimir as peças do mesmo e então remetê-lo ao juízo competente ou à instância superior que não tenha processo eletrônico ou que tenha um sistema diverso.

Portanto, este artigo em nada é incompatível com as disposições do art. 1 da Lei 10.259/01 e do art. 51, III, da Lei 9.099/95, vez que nos Juizados, reconhecida a incompetência, os autos devem ser extintos por determinação legal, diante da incompatibilidade do rito dos Juizados Federais com o ordinário, e não por incompatibilidade de sistemas ou impossibilidade técnica de conversão de autos.

⊙ Em face dos princípios da celeridade e da economia processual, cada vez mais acentuados em nossa legislação e, nos termos do artigo 64, § 3º do novo Código de Processo Civil, não se vislumbra a impossibilidade do prosseguimento do feito, sendo possível a redistribuição para uma das Varas Previdenciárias, em razão do reconhecimento da incompetência absoluta do Juizado Especial Federal, prestigiando-se os atos processuais já efetuados, inclusive a citação. (TRF3, 10ª T., AC 00368933620074036301, Rel. Lucia Ursaia, e-DJF3 27.7.2016)

⊙ Reconhecida a incompetência do JEF é cabível a extinção do processo, sem julgamento de mérito, nos termos do art. 1º da Lei 10.259/01 e do art. 51, III, da Lei 9.099/95 (Enunciado FONAJEF 24). Fica ressalvada à parte autora a possibilidade de renovar a pretensão deduzida perante o juízo competente. Ante o exposto, extingo o feito sem a resolução do mérito, nos termos do artigo 267, inciso IV do CPC, bem como artigo 51, III, da Lei 9.099/95, que aplico subsidiariamente, em face da incompetência deste Juízo. (Turma Recursal de SP, 6ª T., 16 00099103920084036309, Rel. Rafael Andrade de Margalho, e-DJF3 19.3.2015)

○ O reconhecimento da incompetência, absoluta ou relativa, acarreta a extinção do processo sem resolução do mérito nos Juizados Especiais Cíveis (art. 51, II e III da Lei 9.099/95), pois o funcionamento do microssistema destes é diferente do sistema processual comum, no qual a declaração de incompetência produz a remessa dos autos ao juízo competente. Todavia, em nome dos princípios da economia processual e da celeridade, se o processo foi originalmente autuado na justiça comum, tendo havido citação e apresentação de contestação, não é o caso de extinguir o processo sem resolução do mérito por incompetência absoluta do Juizado Especial Federal decorrente da vedação à citação por edital, mas de declinar da competência em favor de uma das Varas Federais, voltando o processo a tramitar no juízo prevento. (TRF2, 7ª T., AC 00063323520104025110, Rel. Sergio Schwaitzer)

○ Processual civil. Juizado especial federal. Valor da causa. Incompetência absoluta. Lei 9.099/95. Extinção. Remessa dos autos ao juízo competente. Princípios da celeridade e economia processual. Não recolhimento das custas. Pedido de desistência. Homologação sem condenação em honorários advocatícios. 1. Nos termos do art. 51, II, da Lei 9.099/95, a incompetência em razão da matéria resulta na extinção do processo. 2. De acordo com o art. 55 da Lei dos Juizados Especiais Cíveis, não haverá condenação em custas e honorários advocatícios pela sentença de primeiro grau, ressalvados os casos de litigância de má-fé. 3. Apesar da previsão de extinção processual, em atenção aos princípios da celeridade e economia processual, admite-se a aplicação do art. 113, § 2º, do CPC, de modo que o processo seja remetido do Juizado Especial Federal para o Juízo competente. 4. Remetido os autos ao Juízo competente e indeferido o benefício da assistência judiciária gratuita, a aplicação dos aludidos princípios não pode ser feita em prejuízo do autor, que afirma não possuir condições de arcar com as custas do processo e requer a desistência, de modo que deve ser homologada sem condenação em honorários advocatícios. (...). (TRF3, 5ª T., AC 00039114120084036201, Rel. Mauricio Kato, e-DJF3 10.2.2016)

▶ **LJE. Art. 51.** Extingue-se o processo, além dos casos previstos em lei: III – quando for reconhecida a incompetência territorial.

▶ **LJEF. Art. 1º** São instituídos os Juizados Especiais Cíveis e Criminais da Justiça Federal, aos quais se aplica, no que não conflitar com esta Lei, o disposto na Lei n. 9.099, de 26 de setembro de 1995.

▶ **Lei 11.419/06. Art. 12. § 2º** Os autos de processos eletrônicos que tiverem de ser remetidos a outro juízo ou instância superior que não disponham de sistema compatível deverão ser impressos em papel, autuados na forma dos arts. 166 a 168 da Lei n. 5.869, de 11 de janeiro de 1973 – Código de Processo Civil, ainda que de natureza criminal ou trabalhista, ou pertinentes a juizado especial.

ENUNCIADO 094. O ARTIGO 51, INC. I, DA LEI 9.099/95 APLICA-SE AOS JEFs, AINDA QUE A PARTE ESTEJA REPRESENTADA NA FORMA DO ARTIGO 10, CAPUT, DA LEI 10.259/01.

▶ *João Felipe Menezes Lopes*

Os Juizados Especiais Federais têm como princípios a oralidade, a simplicidade, a informalidade, a economia processual e a celeridade. A oralidade impõe um procedimento no qual as comunicações entre as partes sejam realizadas de modo direto, sem intermediários, viabilizando a aceleração do ritmo processual e a obtenção de uma resposta jurisdicional mais apropriada às particularidades do litígio.

Marinoni e Arenhart pontuam que[27]:

O contato direto com os sujeitos do conflito, com a prova e com as nuances do caso permitem ao magistrado apreender de forma muito mais completa a realidade vivida, possibilitando-lhe adotar visão mais ampla da controvérsia e decidir de maneira mais adequada.

Dada a importância da oralidade em um procedimento no qual a perfeita limitação fática do litígio é requisito de essencial importância para o julgamento da causa, o legislador impôs ao autor o dever de comparecer pessoalmente a todas as audiências do processo, sob pena de extinção do feito sem resolução do mérito (artigo 51, inciso I, da Lei 9.099/95, aplicável subsidiariamente aos Juizados Especiais Federais).

Afinal, ninguém melhor do que a própria parte para esclarecer em que consistia a atividade rurícola que alega ter exercido em uma ação cujo pedido é a aposentadoria por idade rural ou a efetiva relação sentimental mantida com o "de cujus" em ação cujo pedido é a implantação do benefício de pensão por morte, quando a dependência previdenciária é fruto de união estável. Por outro lado, é no momento do contato pessoal do julgador com a parte que as compreensões sobre as circunstâncias do litígio afloram, tendo lugar o exame visual da parte que se alega doente, para fins de obtenção de benefício por incapacidade, ou a aferição de seu grau de conhecimento acerca das lides do campo, do qual alega ter provido sua subsistência. Sem falar nos casos em que a perícia médica da parte autora é designada para ocorrer na própria audiência de instrução e julgamento, apresentando o perito seu laudo de forma verbal, perante as partes, que devem fazer suas considerações de imediato antes da prolação da sentença.

Todas essas circunstâncias estão a indicar mesmo a imprescindibilidade do comparecimento pessoal da parte autora.

Por essa razão, o Enunciado veicula o entendimento de que, mesmo representado por advogado para a causa e presente este em audiência, a parte autora deve necessariamente comparecer perante o Juízo no aludido ato processual. Caso não venha a fazê-lo, seu processo será extinto sem resolução do mérito, independentemente de prévia intimação (artigo 55, I, Lei 9.099/95).

A compatibilidade entre a extinção independentemente de intimação prevista na Lei dos Juizados Especiais e o regramento constante do artigo 317 do CPC/2015 é matéria que desafia maior reflexão, procedida na análise do Enunciado 176/FONAJEF.

(...). 3. Restou demonstrado nos autos que a autora foi devidamente intimada para comparecer a audiência de instrução e julgamento, por publicação, como se vê da leitura do Diário Eletrônico anexado em 10.5.2016. (...) 4. A norma do art. 51, I, da Lei 9.099/95 é clara quanto ao não comparecimento do autor a qualquer audiência do processo ser causa de extinção do processo. Cumpre esclarecer que não foi apresentada nenhuma justificativa plausível para a ausência, o que demonstra falta de interesse no deslinde da causa. Ademais o § 1º do referido artigo

---

27. MARINONI, Luis G.; ARENHART, Sérgio C. **Processo de conhecimento.** 7. ed. São Paulo: RT, 2008. p. 703.

também prescreve que a extinção do processo independerá, em qualquer hipótese, de prévia intimação pessoal das partes. 5. Assim, tendo em conta os princípios norteadores do Juizado Especial Federal, entendo que a parte deveria ter comparecido na audiência previamente designada ou apresentado tempestivamente uma justificativa plausível, o que não ocorreu, impondo-se a decretação da extinção do feito. 6. Posto isto, nego provimento ao recurso da parte autora e julgo extinto o feito, sem apreciação do mérito, nos termos do inciso I do art. 51 da Lei 9.099/95. (Turma Recursal de SP, 2ª T., 16 00014779020154036312, Rel. Uilton Reina Cecato, e-DJF3 7.6.2016)

◉ O processo deve ser extinto sem resolução do mérito. Com efeito, nos termos do art. 51, I, da Lei 9.099/95, abaixo transcrito, o não comparecimento do autor em qualquer das audiências do processo enseja a extinção do processo. Art. 51. Extingue-se o processo, além dos casos previstos em lei: I – quando o autor deixar de comparecer a qualquer das audiências do processo; (...) § 1º A extinção do processo independerá, em qualquer hipótese, de prévia intimação pessoal das partes. § 2º No caso do inciso I deste artigo, quando comprovar que a ausência decorre de força maior, a parte poderá ser isentada, pelo Juiz, do pagamento das custas. Desta forma, ante a ausência injustificada da parte autora, julgo extinto o processo, sem resolução do mérito, com fulcro no art. 51, inciso I, da Lei 9.099/95. (Turma Recursal de SP, 6ª T., 16 00366103220154036301, Rel. Herbert Cornelio Pieter de Bruyn Junior, e-DJF3 28.4.2016)

▶ **LJE. Art. 51.** Extingue-se o processo, além dos casos previstos em lei: I – quando o autor deixar de comparecer a qualquer das audiências do processo.

▶ **LJEF. Art. 10.** As partes poderão designar, por escrito, representantes para a causa, advogado ou não.

▶ **CPC. Art. 317.** Antes de proferir decisão sem resolução do mérito, o juiz deverá conceder à parte oportunidade para, se possível, corrigir o vício

---

ENUNCIADO 176. A PREVISÃO CONTIDA NO ART. 51, § 1º, DA LEI 9.099/1995 AFASTA A APLICAÇÃO DO ART. 317 DO CPC/2015 NO ÂMBITO DOS JUIZADOS ESPECIAIS.

▶ *Bruno Augusto Santos Oliveira*

Quando o autor deixar de comparecer a qualquer das audiências do processo, o processo será extinto sem o julgado do mérito, é o que determina o art. 51, § 1º, da Lei 9.099/95. De outro lado, o art. 317 do CPC prevê que antes de proferir decisão sem resolução de mérito, o juiz deverá conceder à parte oportunidade para, se possível, corrigir o vício. Considerando que a norma da Lei 9.099/95 é especial em relação à regra geral do CPC, conclui-se que deverá prevalecer aquela sobre esta última.

Em se tratando de Juizados Especiais, a existência de um verdadeiro sistema dotado de princípios, objetivos e ritos próprios encontra respaldo tanto na construção doutrinária quanto no direito positivo, que estabelece não apenas um sistema operativo, mas aponta para um conjunto orgânico e estável de instituições e normas voltadas à ampliação do acesso efetivo à justiça (cf. artigos 93 da LJE e 1º da LJEFP).

Capítulo II • Lei dos Juizados Especiais (Lei 9.099/95)

161

Esse microssistema é composto das Leis 9.099/95 (Juizados Especiais Estaduais), 10.259/01 (Juizados Especiais Federais) e Lei 12.153/09 (Juizados Especiais da Fazenda Pública Estadual e Municipal). Nesta toada, Koehler e Siqueira propõem uma técnica de verificação de aplicabilidade das normas do CPC no microssistema dos juizados especiais em casos concretos[28]:

> 1) observar se há norma sobre o ponto controvertido na Lei do Juizado Especial em que o processo esteja tramitando (Lei 9.099/95, Lei 10.259/01 ou Lei 12.153/09, a depender do caso concreto). Em caso positivo, aplica-se a norma própria do juizado especial e encerra-se o processo de verificação; 2) em caso negativo, observar se há norma nas outras leis que compõem o microssistema. Se existir norma adequada no microssistema, deverá ser aplicada, encerrando-se o processo de verificação; 3) caso tal norma não exista no microssistema dos juizados especiais, observar se há norma sobre o tema no CPC/2015; 4) Se a resposta for positiva, deve-se observar se a norma do CPC/2015 ofende os princípios positivados no art. 2º da Lei 9.099/95, hipótese em que será inaplicável. Caso não haja a ofensa referida no tópico anterior, o CPC/2015 será aplicável na questão concreta em trâmite nos juizados especiais.

A primeira fase do teste acima proposto já define a questão nos termos do Enunciado ora comentado: com fundamento no princípio da especialidade, pronunciou-se o Fórum pela aplicação da regra específica do art. 51, § 1º, da Lei 9.099/95, afastando-se a utilização do artigo 317 do Código de Processo Civil.

De outro lado, os valores e os critérios dos juizados especiais informam e requerem que as partes compareçam as audiências com o objetivo de buscar sempre a autocomposição dos litígios. Se a parte autora não estiver presente nem justificar sua ausência em relação aos atos processuais, em especial as audiências, o legislador entendeu que esta atitude revela o seu desinteresse pela demanda e o processo será extinto sem a apreciação do mérito. Nada impede que a parte autora volte a ajuizar a demanda para ter reconhecido o direito.

▶ **CPC. Art. 317.** Antes de proferir decisão sem resolução de mérito, o juiz deverá conceder à parte oportunidade para, se possível, corrigir o vício.

▶ **LJE. Art. 51. § 1º** A extinção do processo independerá, em qualquer hipótese, de prévia intimação pessoal das partes. ▶ **Art. 93.** Lei Estadual disporá sobre o Sistema de Juizados Especiais Cíveis e Criminais, sua organização, composição e competência.

▶ **LJEFP. Art. 1º** Os Juizados Especiais da Fazenda Pública, órgãos da justiça comum e integrantes do Sistema dos Juizados Especiais, serão criados pela União, no Distrito Federal e nos Territórios, e pelos Estados, para conciliação, processo, julgamento e execução, nas causas de sua competência. **Parágrafo único.** O sistema dos Juizados Especiais dos Estados e do Distrito Federal é formado pelos Juizados Especiais Cíveis, Juizados Especiais Criminais e Juizados Especiais da Fazenda Pública.

---

28. KOEHLER, Frederico Augusto Leopoldino; SIQUEIRA, Júlio Pinheiro Faro Homem. A Contagem dos prazos processuais em dias úteis e a sua (in)aplicabilidade no microssistema dos juizados especiais. **Revista CEJ**, Brasília, ano XX, n. 70, p. 23-28, set./dez. 2016.

11. DA EXECUÇÃO (ARTS. 52 E 53)

ENUNCIADO 013. NÃO SÃO ADMISSÍVEIS EMBARGOS DE EXECUÇÃO NOS JUIZADOS ESPECIAIS FEDERAIS, DEVENDO AS IMPUGNAÇÕES DO DEVEDOR SER EXAMINADAS INDEPENDENTEMENTE DE QUALQUER INCIDENTE.

▸ *Clécio Alves de Araújo*

No que se referem aos Juizados Especiais Federais, as sentenças proferidas possuem natureza preponderantemente mandamental, na medida em que não há a previsão de um processo autônomo de execução de sentença.

De acordo com o art. 16 da Lei 10.259/01, o cumprimento do acordo ou da sentença, com trânsito em julgado, que imponham obrigação de fazer, não fazer ou entrega de coisa certa, será efetuado mediante ofício do Juiz à autoridade citada para a causa, com cópia da sentença ou do acordo. Em complemento, o art. 17 especifica que, tratando-se de obrigação de pagar quantia certa, após o trânsito em julgado da decisão, o pagamento será efetuado no prazo de sessenta dias, contados da entrega da requisição, por ordem do Juiz, à autoridade citada para a causa, na agência mais próxima da Caixa Econômica Federal ou do Banco do Brasil, independentemente de precatório.

No que se refere às obrigações de pagar quantia certa, a Lei 10.259/01 estabelece que, para efeitos de dispensa da submissão à regra do precatório, art. 100 da Constituição Federal, as obrigações ali definidas como de pequeno valor terão como limite o mesmo valor estabelecido nesta para a competência do Juizado Especial Federal Cível, ou seja: 60 (sessenta) salários-mínimos.

Destaque-se, entretanto, que, na prática, os magistrados, especialmente em demandas previdenciárias, têm se utilizado da concessão de antecipação de tutela, antes ou quando da prolação da sentença, impondo sempre uma obrigação de fazer, o que obriga a autarquia previdenciária ao imediato cumprimento da obrigação, consistente na implantação ou restabelecimento de benefício previdenciário, por exemplo. Porém, o pagamento de quaisquer valores a título de parcelas em atraso somente pode ocorrer após o trânsito em julgado, em respeito ao art. 100 da Constituição Federal.

Como se observa, todo o procedimento previsto para os juizados especiais é pensado tendo em vista a simplicidade, a informalidade e a celeridade do processo, de modo que, com o trânsito em julgado da decisão, passa-se aos atos necessários à expedição de Requisição de Pequeno Valor, devendo qualquer divergência/impugnação quanto a valores, ou mesmo à matéria impeditiva da satisfação do que determinado em sentença, ser analisada como integrante do procedimento de satisfação do crédito, sem a necessidade de instauração de incidente autônomo de impugnação.

Com isso, não são admitidos no procedimento dos Juizados Especiais Federais embargos à execução, modalidade de ação autônoma de defesa prevista no art. 914 e seguintes do Código de Processo Civil. A vedação tem duas consequências importantes: a primeira, em benefício do autor da demanda, pois não há a possibilidade de discussão ampla da matéria, como ocorreria nos embargos à execução; a segunda,

CAPÍTULO II ● LEI DOS JUIZADOS ESPECIAIS (LEI 9.099/95)

em benefício do executado, pois este terá suas impugnações apreciadas sem maiores formalidades, tendo suas postulações analisadas independentemente de qualquer incidente.

Em arremate, cumpre frisar que a Lei dos Juizados Especiais Federais não contemplou a figura dos embargos à execução, de sorte que se interpreta que, no caso, em razão da incompatibilidade com os princípios fundamentais dos juizados, há um silêncio eloquente; portanto, pela vedação de sua utilização.

⊚ (...). Embargos à execução fundada em título judicial. Remédio não contemplado no procedimento dos juizados especiais federais. (...). (TRF1, AC 2009.35.00.701202-5, DJ 10.9.2009)

⊚ Releva-se, ainda, que os Juizados Especiais Federais não são dotados de processo de execução próprio, hábil a interposição de embargos à execução que implicasse nova discussão da matéria. Com efeito, o artigo 17 da Lei de regência prevê simplesmente o pagamento do valor devido em prazo de 60 dias a contar da requisição. Assim, inaplicável o indigitado dispositivo legal no caso em apreço. (TRF2, Incjur 200550500064471, Rel. Cristiane Conde Chmatalik, DJU 1.9.2009)

▶ **CF. Art. 100.** Os pagamentos devidos pelas Fazendas Públicas Federal, Estaduais, Distrital e Municipais, em virtude de sentença judiciária, far-se-ão exclusivamente na ordem cronológica de apresentação dos precatórios e à conta dos créditos respectivos, proibida a designação de casos ou de pessoas nas dotações orçamentárias e nos créditos adicionais abertos para este fim. (...). **§ 3º** O disposto no caput deste artigo relativamente à expedição de precatórios não se aplica aos pagamentos de obrigações definidas em leis como de pequeno valor que as Fazendas referidas devam fazer em virtude de sentença judicial transitada em julgado. **§ 4º** Para os fins do disposto no § 3º, poderão ser fixados, por leis próprias, valores distintos às entidades de direito público, segundo as diferentes capacidades econômicas, sendo o mínimo igual ao valor do maior benefício do regime geral de previdência social.

▶ **CPC. Art. 914.** O executado, independentemente de penhora, depósito ou caução, poderá se opor à execução por meio de embargos.

▶ **LJEF. Art. 16.** O cumprimento do acordo ou da sentença, com trânsito em julgado, que imponham obrigação de fazer, não fazer ou entrega de coisa certa, será efetuado mediante ofício do Juiz à autoridade citada para a causa, com cópia da sentença ou do acordo. ▶ **Art. 17.** Tratando-se de obrigação de pagar quantia certa, após o trânsito em julgado da decisão, o pagamento será efetuado no prazo de sessenta dias, contados da entrega da requisição, por ordem do Juiz, à autoridade citada para a causa, na agência mais próxima da Caixa Econômica Federal ou do Banco do Brasil, independentemente de precatório.

ENUNCIADO 035. A EXECUÇÃO PROVISÓRIA PARA PAGAR QUANTIA CERTA É INVIÁVEL EM SEDE DE JUIZADO, CONSIDERANDO OUTROS MEIOS JURÍDICOS PARA ASSEGURAR O DIREITO DA PARTE.

▶ *Antônio César Bochenek e Márcio Augusto Nascimento*

O artigo 17, da Lei 10.259/01, determina que o pagamento dos valores devidos nas decisões condenatórias dos juizados especiais federais para pagar quantia certa somente ocorre após o trânsito em julgado. Em princípio, desta forma legal parece não admitir a possibilidade de execução provisória nos juizados.

Efetivamente, se o julgado ainda não está imutável não seria possível executar a decisão judicial, porque poderá haver alterações processuais no qual quem era inicialmente vencedor acaba por perder a demanda. De outro lado, de acordo com o artigo 6º, apenas as entidades públicas federais são parte passiva nos juizados e todas elas de solvência dos seus débitos. Por este motivo, não há um processo de execução ou cumprimento detalhado como nos juizados estaduais e CPC e os valores são pagos por meio de requisição de pagamento. Esses são os motivos que inspiraram o Enunciado.

Contudo, é possível a execução da sentença de forma provisória naquele capítulo que transitou em julgado ou da parte incontroversa da sentença da qual não caiba recurso. Dificilmente uma sentença contém o julgamento de uma só pretensão, assim como é comum a solução de um processo com cumulação de pedidos na parte final de uma mesma decisão. A esta decomposição os italianos denominaram "capítulos de sentença", ainda não muito aprofundada pelos nossos doutrinadores, cuja referência no Brasil é Cândido Rangel Dinamarco (*in* Capítulos da sentença, Malheiros, 6. ed., p. 10 e ss.).

Por exemplo, uma situação particular que tem afligido os autores e seus advogados nos JEFs, vem a ser os índices de correção monetária e dos juros de mora aplicáveis sobre o montante devido pelo INSS. A causa principal numa ação previdenciária é a concessão do benefício previdenciário, e a causa acessória seriam os índices de correção e juros de mora aplicáveis. Neste caso, o INSS defende a aplicação da Lei 11.960/09, mesmo com a decisão do STF que afastou a TR, sobre a alegação de que ainda não fora decidido o pedido de modulação dos efeitos daquele caso de repercussão geral. Compartilha-se o entendimento da TNU, que, para cancelar a então Súmula 61, levou em conta a declaração de inconstitucionalidade, pelo Supremo Tribunal Federal, do disposto no artigo 1º-F da Lei 11.960/09:

> O Plenário do STF, quando do julgamento das ADIs 4357 e 4425, ao apreciar o artigo 100 da Constituição Federal, com redação que lhe foi conferida pela Emenda Constitucional 62/06, declarou a inconstitucionalidade de determinadas expressões constantes dos parágrafos do citado dispositivo constitucional, além de, por arrastamento, declarar inconstitucional o artigo 1º-F da Lei 9.494/97, com redação dada pela Lei 11.960/09.

Explicou o relator do caso na TNU, juiz federal João Batista Lazzari. Segundo o magistrado, em razão da declaração de inconstitucionalidade do artigo 1º-F, decisão com efeitos para todos e eficácia vinculante, não é possível continuar aplicando os índices previstos na Lei 11.960/09. Por esse motivo, o relator propôs:

> O cancelamento da Súmula TNU 61 e, consequentemente, o restabelecimento da sistemática vigente anteriormente ao advento da Lei 11.960/09, no que concerne a juros e correção monetária, qual seja, juros de mora de 1% (um por cento) ao mês e atualização monetária pelo INPC.

Ainda existem Turmas Recursais acolheu a argumentação do INSS e aplicou a Lei 11.960/09. Quem é o prejudicado no final desse embate? O segurado que venceu o mérito da ação, obtendo o benefício previdenciário pretendido, mas não consegue receber as parcelas vencidas atrasadas, porque o INSS recorreu ou ainda discute somente a matéria relacionada à correção monetária e aos juros de mora.

Parece que no caso concreto o nome mais adequado seria execução parcial do julgado ou execução do montante incontroverso na lide. Pois o que é incontroverso e

CAPÍTULO II ● LEI DOS JUIZADOS ESPECIAIS (LEI 9.099/95)

165

já fez coisa julgada não é provisório, e sim, definitivo. Seria uma execução definitiva do capítulo (ou parcela) transitado em julgada nos autos[29]. Soa injusto que os autores e seus advogados fiquem esperando de forma indefinida o julgamento do pedido pelo STF, que não coloca fim nas ADIs 4357 e 4425, desde maio de 2013.

Portanto, há situações concretas peculiares em que a aplicação do Enunciado pode ser atenuada.

> ▶ **LJEF. Art. 17.** Tratando-se de obrigação de pagar quantia certa, após o trânsito em julgado da decisão, o pagamento será efetuado no prazo de sessenta dias, contados da entrega da requisição, por ordem do Juiz, à autoridade citada para a causa, na agência mais próxima da Caixa Econômica Federal ou do Banco do Brasil, independentemente de precatório.

ENUNCIADO 071. A PARTE AUTORA DEVERÁ SER INSTADA, NA FASE DA EXECUÇÃO, A RENUN-CIAR AO EXCEDENTE À ALÇADA DO JUIZADO ESPECIAL FEDERAL, PARA FINS DE PAGAMENTO POR REQUISIÇÕES DE PEQUENO VALOR, NÃO SE APROVEITANDO, PARA TANTO, A RENÚNCIA INICIAL, DE DEFINIÇÃO DE COMPETÊNCIA.

▶ *João Felipe Menezes Lopes*

O entendimento enunciado no Fórum Nacional dos Juizados Especiais Federais, no particular, demanda do intérprete a compreensão de duas etapas processuais que se afiguram distintas (apesar de ocorrentes em um mesmo processo sincrético[30]), quando em voga a questão das renúncias ao excedente ao valor de alçada do Juizado Especial Federal.

A primeira delas tem lugar no momento do ajuizamento da ação. A Constituição Federal, ao prever devido processo legal dos Juizados Especiais, atribuiu aos magistrados vinculados a este microssistema competência jurisdicional para a conciliação, o julgamento e a execução de "causas cíveis de menor complexidade" (artigo 98, inciso I), cabendo ao legislador infraconstitucional a definição de critérios para a classificação das causas como tais. No âmbito dos Juizados Especiais Federais, o critério legal foi definido no artigo 3º da Lei 10.259/01, que dispõe submeterem-se[31] ao procedimento especial dos juizados "as causas de competência da Justiça Federal até o valor de sessenta salários mínimos".

A lei em questão não prevê de modo expresso, mas é pertinente registrar que se admite que o autor renuncie ao valor excedente ao de alçada dos Juizados Especiais

---

29. DINAMARCO, Cândido Rangel. **Instituições de direito processual civil.** 2. ed. São Paulo: Malheiros, 2002. v. 1., p. 129-130.

30. "O sincretismo processual traduz uma tendência do direito processual, de combinar fórmulas e procedimentos, de modo a possibilitar a obtenção de mais de uma tutela jurisdicional (...) no bojo de um mesmo processo, com o que, além de evitar a proliferação de processos, simplifica (e humaniza) a prestação jurisdicional" (ALVIM, José Eduardo Carreira. **Alterações do Código de Processo Civil.** 3. ed. Rio de Janeiro: Impetus, 2004. p. 40-41).

31. Aqui se fala em "submissão" porque a competência dos JEFs é absoluta, nos termos do artigo 3º, § 3º, da Lei 10.259/01: "No foro onde estiver instalada Vara do Juizado Especial, a sua competência é absoluta".

Federais (ou seja, excedente a sessenta salários mínimos), caso tenha interesse em optar pelo ajuizamento da ação sob o rito dos JEF's, em detrimento ao processo comum ordinário. A questão da renúncia ao valor excedente diz respeito menos à seara do direito processual do que à do próprio direito material. Vale dizer, se o bem da vida almejado por intermédio da ação é de natureza disponível, o autor pode dele abrir mão (no caso, parcialmente) para veicular sua pretensão através do instrumento processual que entenda mais útil e adequado a seus interesses.

O certo é que a renúncia ao valor excedente ao de alçada dos Juizados Especiais Federais é feita em um momento processual embrionário, ainda quando do ajuizamento da ação, antes mesmo da triangulação da relação processual. Por meio de uma declaração do titular do direito ou de seu representante legal (quando a procuração contenha cláusula específica com a outorga deste poder), o autor da ação leva ao conhecimento do juízo a intenção de ver sua demanda processada sob o rito especial, adequando sua causa, para tanto, àqueles parâmetros que o legislador constituinte convencionou denominar "causas cíveis de menor complexidade".

Trata-se, no caso, da "renúncia inicial" a que se refere o Enunciado, em sua parte final, a qual produz efeitos na definição da competência jurisdicional da Justiça Federal.

De outro vértice, tanto a Constituição Federal como a Lei 10.259/01 atribuíram aos Juizados Especiais Federais competência não apenas para a conciliação e o julgamento, mas também para a execução das sentenças transitadas em julgado no curso deste processo de rito especial. Rememore-se que as decisões definitivas proferidas no âmbito dos Juizados Especiais Federais não extinguem o processo. Pelo contrário, o processo nos JEFs é sincrético, constituindo sua fase executiva apenas um novo momento processual, cuja abertura dá-se na forma dos artigos 16 e 17 da Lei 10.259/01, a depender da natureza obrigação imposta na sentença (de fazer, não fazer, entregar coisa certa ou pagar quantia certa). É nesta fase executiva que se opera a segunda renúncia de que trata o Enunciado.

Antes, porém, de analisar as particularidades na execução dos julgados e, consequentemente, o ambiente processual em que se dá a segunda renúncia mencionada no Enunciado, é necessário pontuar que a competência executória dos Juizados Especiais Federais atrai, para a intelecção do Enunciado, um elemento de complexidade resultante da qualidade dos entes públicos que figuram no polo passivo destas ações. Isso porque as ações que tramitam nos JEF's têm em seu polo passivo apenas "a União, autarquias, fundações e empresas públicas federais" (artigo 6º, inciso II, LJEF).

A União, as autarquias e as fundações possuem natureza jurídica de direito público, o que as insere no conceito de "Fazenda Pública"[32]-[33] previsto no artigo 100 da Consti-

---

32. Sobre o conceito processual de Fazenda Pública: CUNHA, Leonardo J. C. **A Fazenda Pública em Juízo.** 7. ed. São Paulo: Dialética, 2009.

33. Apesar de serem pessoas jurídicas de direito privado, o Supremo Tribunal Federal vem estendendo alguns benefícios concedidos à Fazenda Pública para empresas públicas e sociedades de economia mista prestadoras de serviço público (em especial quando atuam sob regime de monopólio, à exemplo da Empresa Brasileira de Correios e Telégrafos-CORREIOS). A referência, apesar de importante,

Capítulo II ● Lei dos Juizados Especiais (Lei 9.099/95)

167

tuição Federal. Por força desse regramento constitucional, estes entes somente podem ser compelidos ao pagamento de quantia certa, em virtude de sentença judiciária, por intermédio da expedição de precatório ou de requisições de pequeno valor. Dada a importância da compreensão deste regime especial para o entendimento do Enunciado em estudo, torna-se oportuna a transcrição do artigo e de seu parágrafo 3º, adiante.

O aludido regime contempla, como regra, o pagamento por intermédio da sistemática dos precatórios, pela qual as entidades de direito público devem incluir em seus orçamentos verba necessária ao pagamento de seus débitos, oriundos de sentenças transitadas em julgado, "constantes de precatórios apresentados até 1º de julho, fazendo-se o pagamento até o final do exercício seguinte, quando terão seus valores atualizados monetariamente" (artigo 100, § 5º, da CF/88).

Excepcionam a regra em questão os débitos considerados por lei como de pequeno valor (§ 3º do artigo 100 da CF/88). Mais uma vez, coube à Lei 10.259/01 estipular o montante a ser considerado para o fim de distinguir os regimes de pagamento dos débitos (precatório ou requisição de pequeno valor), tendo-o feito utilizando o mesmo patamar previsto para a limitação da competência dos Juizados Especiais Federais: sessenta salários mínimos (artigo 17, § 1º, da Lei 10.259/01).

Portanto, em se tratando de obrigação de pagar quantia certa de valor inferior a sessenta salários mínimos, imposta às entidades de direito público demandadas nos Juizados Especiais Federais, o pagamento dar-se-á por meio de ordem judicial veiculada em requisição de pequeno valor (RPV), sendo realizado no prazo de sessenta dias, contados da entrega da requisição, independentemente de precatório (artigo 17 da Lei 10.259/01). Este procedimento é mais célere do que o pagamento pela via do precatório, viabilizando até mesmo o sequestro de valores pertencentes ao executado caso a quitação não se ultime no prazo de sessenta dias previsto em lei (§ 2º, artigo 17, Lei 10.259/01). Tendo isso em conta, a legislação de regência facultou ao exequente "a renúncia ao crédito do valor excedente (ao de alçada), para que possa optar pelo pagamento do saldo sem o precatório" (artigo 17, § 4º, Lei 10.259/01).

Eis, então, a renúncia de que trata a primeira parte do Enunciado, que deverá ser renovada caso eventualmente, no momento da execução do julgado, o valor da obrigação exequenda seja superior ao montante de sessenta salários mínimos. O cenário processual previsto no Enunciado pressupõe que já tenha havido renúncia no momento do ajuizamento da ação, permitindo que o processo tramitasse sob o rito dos Juizados, assim como deixa claro que aquela renúncia inicial, com efeitos sobre a competência para processamento e julgamento do feito, não supre a necessidade de nova renúncia em fase executória, caso o exequente queira optar pelo pagamento dos valores que lhe são devidos mediante a expedição de simples ofício requisitório, independentemente da expedição de precatório.

---

afasta-se em grande medida do tema objeto de análise, que é a renúncia processual ao valor de alçada dos Juizados Especiais Federais, razão pela qual não será tratado amiúde nesta exposição. Indica-se, para aprofundamento do tema, os seguintes julgados: RE 852302 AgR, Rel. Min. Dias Toffoli, 2ª T., DJe 29.2.2016 e RE 393032 AgR, Rel. Min. Cármen Lúcia, 1ª T., DJe 18.12.2009.

Estas renúncias envolvem um cálculo de custo-benefício, no qual o custo corresponde ao valor a ser renunciado do total do direito titulado pelo autor/exequente e o benefício corresponde à diminuição do ônus do tempo do processo, com a entrega do bem da vida ao interessado em menor espaço temporal. O equilíbrio desta balança pode variar de acordo com o tempo de tramitação da ação até o trânsito em julgado da sentença.

Apenas a título de exemplo, menciona-se que a conclusão da parte sobre a conveniência da renúncia ao início de uma demanda na qual o valor da causa some o montante de 66 salários mínimos (renúncia a aproximadamente dez por cento do montante total a que teria direito o autor) pode não ser a mesma quando do trânsito em julgado da ação, passados três anos do ajuizamento, depois da incidência dos índices de correção monetária e juros moratórios sobre os montantes em atraso. Neste caso, o exequente pode vir a julgar desfavorável a ele o novo equilíbrio na relação de custo-benefício, e, consequentemente, vir a optar pelo recebimento de seu crédito mediante a expedição de precatório que contemple o valor total da obrigação, nada obstante sua renúncia inicial, para fins de fixação da competência dos Juizados Especiais Federais, quando do ajuizamento da ação.

Por esta razão, o Enunciado alberga o entendimento de que a renúncia inicial não elide a necessidade de nova renúncia ao tempo da fase de execução de obrigação de pagar quantia.

◙ Previdenciário. Revisão de benefício. Aplicação do art. 29, II, da Lei 8.213/91. Revisão devida aos benefícios concedidos entre 29.11.1999 (vigência da Lei 9.876/1999) e 18.8.2009 (vigência do Decreto n. 6.939/2009). Sentença de improcedência. Parecer da contadoria informando que o benefício foi revisto nos termos da ação civil pública 0002320-59.2012.4.03.61838, mas sem pagamento das diferenças. Provimento para o recebimento das diferenças em atraso. (...) 8.2. Os valores devidos deverão ser pagos via ofício requisitório de pequeno valor ou precatório, conforme o valor que se apurar em sede de execução. (...). Desta forma, compatibiliza-se também o disposto no referido artigo 3º (que trata da competência dos JEF) com o § 4º do artigo 17, ambos da mesma Lei dos Juizados (que faculta à parte receber os atrasados em 60 dias via RPV, pela renúncia do que sobejar 60 salários-mínimos entre a data do ajuizamento da demanda e o efetivo pagamento do crédito). (Turma Recursal de SP, 3ª T., 16 00029998720124036303, Rel. David Rocha Lima de Magalhães e Silva, e-DJF3 20.7.2016)

▶ **CF. Art. 98.** A União, no Distrito Federal e nos Territórios, e os Estados criarão: I – juizados especiais, providos por juízes togados, ou togados e leigos, competentes para a conciliação, o julgamento e a execução de causas cíveis de menor complexidade e infrações penais de menor potencial ofensivo, mediante os procedimentos oral e sumariíssimo, permitidos, nas hipóteses previstas em lei, a transação e o julgamento de recursos por turmas de juízes de primeiro grau. ▶ **Art. 100.** Os pagamentos devidos pelas Fazendas Públicas Federal, Estaduais, Distrital e Municipais, em virtude de sentença judiciária, far-se-ão exclusivamente na ordem cronológica de apresentação dos precatórios e à conta dos créditos respectivos, proibida a designação de casos ou de pessoas nas dotações orçamentárias e nos créditos adicionais abertos para este fim. (...). § **3º** O disposto no caput deste artigo relativamente à expedição de precatórios não se aplica aos pagamentos de obrigações definidas em leis como de pequeno valor que as Fazendas referidas devam fazer em virtude de sentença judicial transitada em julgado.

CAPÍTULO II ● LEI DOS JUIZADOS ESPECIAIS (LEI 9.099/95)

169

▶ **LJEF. Art. 3°** Compete ao Juizado Especial Federal Cível processar, conciliar e julgar causas de competência da Justiça Federal até o valor de sessenta salários mínimos, bem como executar as suas sentenças. ▶**Art. 17.** Tratando-se de obrigação de pagar quantia certa, após o trânsito em julgado da decisão, o pagamento será efetuado no prazo de sessenta dias, contados da entrega da requisição, por ordem do Juiz, à autoridade citada para a causa, na agência mais próxima da Caixa Econômica Federal ou do Banco do Brasil, independentemente de precatório. **§ 1°** Para os efeitos do § 3° do art. 100 da Constituição Federal, as obrigações ali definidas como de pequeno valor, a serem pagas independentemente de precatório, terão como limite o mesmo valor estabelecido nesta Lei para a competência do Juizado Especial Federal Cível (art. 3°, caput). **§ 2°** Desatendida a requisição judicial, o Juiz determinará o sequestro do numerário suficiente ao cumprimento da decisão.

▶ **CPC. Art. 105.** A procuração geral para o foro, outorgada por instrumento público ou particular assinado pela parte, habilita o advogado a praticar todos os atos do processo, exceto receber citação, confessar, reconhecer a procedência do pedido, transigir, desistir, renunciar ao direito sobre o qual se funda a ação, receber, dar quitação, firmar compromisso e assinar declaração de hipossuficiência econômica, que devem constar de cláusula específica.

ENUNCIADO 090. OS HONORÁRIOS ADVOCATÍCIOS IMPOSTOS PELAS DECISÕES DE JUIZADO ESPECIAL FEDERAL SERÃO EXECUTADOS NO PRÓPRIO JUIZADO, POR QUAISQUER DAS PARTES.

▶ *Antônio César Bochenek e Márcio Augusto Nascimento*

As regras de processo civil brasileiras seguem a sistemática de que o juízo que decidiu uma demanda também é o competente para executar ou cumprir a decisão. É uma decorrência lógica do processo sincrético, além da aplicação dos princípios processuais da economia, simplificação, celeridade. Ademais, qualquer ponto relacionado ao título judicial será apreciado pelo mesmo juízo que processou e julgou a demanda. Neste sentido, o artigo 3º da Lei 10.259/01, estabeleceu expressamente que os juizados especiais federais são competentes para o cumprimento e a execução das decisões dele emanadas. Logo, a regra é de que os juizados especiais federais devem executam as suas próprias decisões.

Os demais títulos judiciais, exceto as decisões transitadas em julgado dos juizados especiais federais, são de competência de outros juízos distintos nos termos da legislação processual. Um ponto controvertido é a possibilidade ou não da execução de um título extrajudicial nos juizados. Em face de um procedimento específico previsto na legislação ou o procedimento do CPC, é possível dizer a execução de título extrajudicial não é compatível com o procedimento especializado dos juizados especiais federais. A especialidade dos procedimentos, nos termos previstos pelo legislador, é justamente para dar o melhor e adequado tratamento a solução da lide de direito material. Logo, cada procedimento possui as suas peculiaridades e especificidades próprias do direito envolvido no litígio.

Desta forma, também não é admissível trazer um título judicial de outro órgão jurisdicional para executar no JEF, ainda que o valor da execução seja inferior ao limite de 60 salários mínimos.

Em detalhe relevante no estudo do presente Enunciado é o estabelecimento do cumprimento da decisão que condena nas verbas sucumbências, honorários advocatícios, será de competência dos juizados. Até aqui não há nenhuma dificuldade de interpretativa como acima referido, ou seja, quando decisão judicial que condene uma das partes a pagar honorários (ou ambas, no caso de sucumbência recíproca, uma vez que o CPC/2015 proíbe a compensação de honorários), então abre-se a possibilidade de execução ou cumprimento, no próprio JEF, das verbas de sucumbência como o pagamento dos honorários, além da restituição dos valores adiantados com perícias e cobrança de valores das custas judiciais.

Uma celeuma interpretativa é o pedido de cumprimento de decisão transitada em julgado de honorários advocatícios devidos por pessoas físicas, microempresas ou empresas de pequeno porte para a qualquer ente federal. O ponto de diferenciações verificado nas decisões decorre da análise do artigo 6º da LJEF (quem pode ser parte nos juizados), o que, numa primeira análise, impediria que a União, por exemplo, seja exequente de honorários devidos por uma pessoa física. Contudo, este ponto procedimental pode ser ultrapassado pela aplicação do final do artigo 3º que integrou e colocou a execução como uma fase do processo iniciada com o conhecimento, ou seja, não existe tecnicamente a inversão de polos processuais, mas simplesmente a cobrança dos ônus sucumbências (honorários advocatícios, custas e despesas processuais) do vencedor contra o vencido. Ressalvado, evidentemente, o caso de litigante sob o pálio da assistência judiciária gratuita (Lei 1.060/1950).

Outro ponto de análise seria o cumprimento da obrigação judicial transitada em julgado (execução) contra pessoa física ou pessoa jurídica de direito privado, nos casos em que elas são aceitas como litisconsortes necessárias em algumas demandas. A Lei 10.259/01 apenas estabelece uma forma especial de cumprimento de decisões judiciais com a expedição de oficio requisitório para o cumprimento da obrigação constante do título extrajudicial. Em princípio, o juiz de juizados especial poderia solicitar o cumprimento da decisão (quantia certa, fazer, não fazer, entregar coisa) mediante a expedição de ordem judicial para pagamento e, no caso de descumprimento, determinar o sequestro do numerário, tal qual ocorre no cumprimento da sentença transitada em julgado contra a Caixa Econômica Federal (empresa pública federal). Se o devedor não tiver dinheiro, como será o procedimento de bens que terão que ser penhorados, avaliados e levados à praça ou leilão? Então teria que se aplicar as normas jurídicas da execução prevista na Lei 9.099/95 e subsidiariamente no CPC? Parece que sim, embora possa provocar demora na satisfação do devedor, mas não se vislumbra outra solução legítima que não seja a aplicação subsidiária das regras de cumprimento de execução e cumprimento das decisões judiciais.

► **LJEF. Art. 3º** Compete ao Juizado Especial Federal Cível processar, conciliar e julgar causas de competência da Justiça Federal até o valor de sessenta salários mínimos, bem como executar as suas sentenças. ►**Art. 6º** Podem ser partes no Juizado Especial Federal Cível: I – como autores, as pessoas físicas e as microempresas e empresas de pequeno porte, assim definidas na Lei n. 9.317, de 5 de dezembro de 1996; II – como rés, a União, autarquias, fundações e empresas públicas federais.

Capítulo II ● Lei dos Juizados Especiais (Lei 9.099/95)

171

▶ **LJE. Art. 52.** A execução da sentença processar-se-á no próprio Juizado, aplicando-se, no que couber, o disposto no Código de Processo Civil, com as seguintes alterações: I – as sentenças serão necessariamente líquidas, contendo a conversão em Bônus do Tesouro Nacional – BTN ou índice equivalente; II – os cálculos de conversão de índices, de honorários, de juros e de outras parcelas serão efetuados por servidor judicial; III – a intimação da sentença será feita, sempre que possível, na própria audiência em que for proferida. Nessa intimação, o vencido será instado a cumprir a sentença tão logo ocorra seu trânsito em julgado, e advertido dos efeitos do seu descumprimento (inciso V); IV – não cumprida voluntariamente a sentença transitada em julgado, e tendo havido solicitação do interessado, que poderá ser verbal, proceder-se-á desde logo à execução, dispensada nova citação; V – nos casos de obrigação de entregar, de fazer, ou de não fazer, o Juiz, na sentença ou na fase de execução, cominará multa diária, arbitrada de acordo com as condições econômicas do devedor, para a hipótese de inadimplemento. Não cumprida a obrigação, o credor poderá requerer a elevação da multa ou a transformação da condenação em perdas e danos, que o Juiz de imediato arbitrará, seguindo-se a execução por quantia certa, incluída a multa vencida de obrigação de dar, quando evidenciada a malícia do devedor na execução do julgado; VI – na obrigação de fazer, o Juiz pode determinar o cumprimento por outrem, fixado o valor que o devedor deve depositar para as despesas, sob pena de multa diária; VII – na alienação forçada dos bens, o Juiz poderá autorizar o devedor, o credor ou terceira pessoa idônea a tratar da alienação do bem penhorado, a qual se aperfeiçoará em juízo até a data fixada para a praça ou leilão. Sendo o preço inferior ao da avaliação, as partes serão ouvidas. Se o pagamento não for à vista, será oferecida caução idônea, nos casos de alienação de bem móvel, ou hipotecado o imóvel; VIII – é dispensada a publicação de editais em jornais, quando se tratar de alienação de bens de pequeno valor; IX – o devedor poderá oferecer embargos, nos autos da execução, versando sobre: a) falta ou nulidade da citação no processo, se ele correu à revelia; b) manifesto excesso de execução; c) erro de cálculo; d) causa impeditiva, modificativa ou extintiva da obrigação, superveniente à sentença. ▶ **Art. 53.** A execução de título executivo extrajudicial, no valor de até quarenta salários mínimos, obedecerá ao disposto no Código de Processo Civil, com as modificações introduzidas por esta Lei. § 1º Efetuada a penhora, o devedor será intimado a comparecer à audiência de conciliação, quando poderá oferecer embargos (art. 52, IX), por escrito ou verbalmente. § 2º Na audiência, será buscado o meio mais rápido e eficaz para a solução do litígio, se possível com dispensa da alienação judicial, devendo o conciliador propor, entre outras medidas cabíveis, o pagamento do débito a prazo ou a prestação, a dação em pagamento ou a imediata adjudicação do bem penhorado. § 3º Não apresentados os embargos em audiência, ou julgados improcedentes, qualquer das partes poderá requerer ao Juiz a adoção de uma das alternativas do parágrafo anterior. § 4º Não encontrado o devedor ou inexistindo bens penhoráveis, o processo será imediatamente extinto, devolvendo-se os documentos ao autor.

Enunciado 129. Nos Juizados Especiais Federais, é possível que o Juiz determine que o executado apresente os cálculos de liquidação.

▶ *Wanessa Carneiro Molinaro Ferreira*

Nos Juizados Especiais Federais, a União, suas Autarquias, Fundações e empresas públicas federais figuram no polo passivo das demandas, nos termos do art. 6º, inciso II, da Lei 10.259/01, e, uma vez vencedor o particular, esses entes passam a sofrer a execução dos julgados, logo após o trânsito em julgado das decisões proferidas, conforme disciplina o art. 16, da mesma lei.

Assim, os entes públicos e a empresa pública federal passam a serem executados, e, não raro os juízes determinam a estes que elaborem e apresentem os cálculos de liquidação ("quantum debeatur").

A determinação se justifica na medida em que Poder Público e empresa pública federal possuem estrutura, informações, dados, e, portanto, melhores meios, facilidades e aparelhamento para apresentarem os cálculos de liquidação. Nesse passo, a determinação mencionada está de acordo com o disposto no art. 6º, da Lei 9.099/95 e art. 4º, do CPC. E mais, atua o juiz de forma a adaptar o procedimento às peculiaridades do caso concreto, norteado pelo princípio da adequação, também chamado de princípio da adaptabilidade ou adequação formal do processo[34].

Nos casos em que ao próprio executado é determinada a apresentação dos cálculos de liquidação tem sido chamada de execução invertida, uma vez que ocorre o oposto à regra prevista nos art. 513, § 1º e 524, do CPC, e diversa do regramento previsto no art. 52, incisos II, parte final, da Lei 9.099/95.

As pessoas de direito público e empresas públicas federais alegam, em síntese, ao impugnarem a referida determinação, que a execução invertida ocorre ao arrepio da lei, além de causar inconvenientes de ordem administrativa, econômica e operacional, prejudicando, assim, o funcionamento e organização das entidades.

Por outro lado, o art. 11, da Lei 10.259/01, trata do dever da entidade pública fornecer documentos que disponha para esclarecimento da causa.

Observa-se, a partir do dispositivo acima mencionado, que o legislador, já em 2001, e, portanto, quando ainda vigia o CPC/73, estabeleceu regra de distribuição do ônus da prova específica, e distinta da regra usual sobre ônus da prova processual (prevista no art. 333, do código revogado). Atualmente, a situação foi temperada pela previsão do art. 373, § 1º, do CPC, que adota a teoria da distribuição dinâmica do ônus da prova.

O regramento contido no art. 11, da Lei dos Juizados Federais, ocorre em razão da parte ré, no sistema dos Juizados Especiais Federais, possuir dados e elementos que muitas vezes a parte autora sequer tem acesso, existindo, em certa medida, vulnerabilidade do autor em relação ao ente público. Neste ponto, o Ministro Marco Aurélio refere-se a uma relação assimétrica entre o particular e o Poder Público, em seu voto proferido no julgamento da Ação por Descumprimento de Preceito Fundamental (ADPF) n. 219.

Soma-se a isso, como já mencionado, o fato do atual CPC prevê, em seu art. 6º, o princípio da cooperação, que estabelece aos sujeitos do processo deveres, no sentido de estes colaborem com a marcha processual, e com a efetivação da prestação jurisdicional. Tal cooperação, por óbvio, subsiste inclusive nas etapas posteriores à decisão de mérito.

---

34. TORRANO, Marco Antonio Valencio. **Devido processo legal e outros princípios constitucionais do processo**, disponível em: http://advtorrano.jusbrasil.com.br/artigos/139178458/uma-homenagem-a-fredie-didier-jr-o-devido-processo-legal-e-outros-principios-constitucionais-do-processo.

Capítulo II • Lei dos Juizados Especiais (Lei 9.099/95)

Para Oscar Valente Cardoso e Adir José da Sila Junior[35], o art. 11 da Lei 10.259/01, já havia trazido ao ordenamento dos juizados especiais o dever de cooperação, que foi, posteriormente, também previsto no art. 9º, da Lei 12.153/09 (lei que disciplina os Juizados Especiais da Fazenda Pública), e no art. 6º, do CPC, como já mencionado.

Nessa esteira, a determinação expressa no Enunciado também vai ao encontro da garantia à razoável duração do processo (art. 5º, inciso LXXVIII, da CF e art. 4º, do CPC), pois o juiz ao determinar que o executado apresente os cálculos de liquidação, visa efetivar o provimento jurisdicional de forma mais célere, tendo em vista que o direito do exequente já foi reconhecido ("an debeatur") pelo Poder Judiciário.

O provimento jurisdicional precisar ser efetivado para que seja atingido o resultado útil do processo. Garantir uma melhor prestação jurisdicional significa garantir uma prestação eficiente, em que o vencedor do pleito tem que alcançar de forma plena o bem material que lhe foi reconhecido pela jurisdição, conforme determina o art. 4º, parte final, do CPC, que menciona "incluída a atividade satisfativa'. Neste sentido, válida é a lição de José Antonio Savaris[36] que afirma "é ineficiente facilitar o acesso à jurisdição bem como proferir decisão definitiva, porém, não maximizar os resultados da prestação Jurisdicional".

O tema aqui tratado é objeto da ADPF 219, relatada pelo Ministro Marco Aurélio, cujo julgamento está suspenso no Supremo Tribunal Federal, em razão de pedido de vista do Ministro Luiz Fux. O fundamento da ação de arguição é o suposto descumprimento dos artigos 2º, 5º, "caput" e incisos II, LIV, LV, 22, inciso I e 37, "caput", todos da Constituição da República, por parte das decisões que determinam à União a apuração do valor devido.

Em seu voto, o relator julga improcedente o pedido da União, reconhecendo a validade da determinação de serem os cálculos de liquidação apresentados pelo executado, ressaltando a inexistência de vedação legal a adoção de tal medida. Como aqui já referido, o Ministro Marco Aurélio aponta a existência de uma relação assimétrica entre Poder Público e o particular, além de reforçar que o dever de colaboração por parte do Estado é ainda maior, na medida em que decorre dos princípios da legalidade, moralidade e eficiência (art. 37, caput, da CF), e que a nomeação de perito técnico em todos os processos seria incompatível com o princípio da economicidade. Destaca, também, o Ministro que a redação do artigo 139, do CPC, determina ao magistrado assegurar a igualdade das partes, no sentido de paridade de armas.

Além disso, o próprio art. 139, do CPC, notadamente, em seus incisos II e IV, confere aos juízes poderes, deveres e responsabilidade para alcançar, em tempo razoável, o cumprimento da ordem judicial emanada. Neste ponto, extremamente importantes

---

35. CARDOSO, Oscar Valente. SILA JUNIOR, Adir José da. Principais reflexos da cooperação e do contraditório do novo CPC nos processos previdenciários dos juizados especiais federais. **Revista de Previdência Social.** Ano XL, n. 430, São Paulo, set./2016, p. 727.
36. SAVARIS, José Antonio. **Direito Processual Previdenciário.** 6. ed. Curitiba: Alteridade, 2016, p. 525.

são as observações de Leslie S. Ferraz[37] de que a duração razoável do processo, e, portanto, a solução rápida nas ações mais simples e de menor valor, é ainda mais importante, sob pena de deixar de ser vantajoso reclamar por elas. Outro aspecto ressaltado pela autora é no sentido de que a demora processual é muito mais onerosa para as pessoas de baixa renda.

O tema do Enunciado também era questão central no RE 729884 (adiante transcrito), porém este não foi conhecido, pois o entendimento que prevaleceu na Corte foi que a questão seria pertinente à esfera da legalidade, inexistindo, assim, questão constitucional.

É de se ponderar, por último, que a relutância na apresentação dos cálculos não se justifica do ponto de vista prático. Isto porque a elaboração da conta pela parte autora jamais dispensaria o Poder Público de elaborar seu cálculo para cotejo, e assim, concordar ou não com o apresentado pelo exequente, na medida em que não poderia renunciar recursos públicos, salvo em caso de previsão legal expressa neste sentido.

As decisões que determinam o ônus de apresentação dos cálculos a serem executados pelo Poder Público e pela empresa pública federal vencida nas ações dos Juizados Especiais Federais, prestam a atender aos princípios da celeridade, eficiência e da economia processual, que norteiam todo o microssistema dos Juizados, bem como as garantias constitucionais de igualdade entre as partes (isonomia substancial), da razoável duração do processo e da efetividade da prestação jurisdicional, como preconizam o art. 6º, da Lei 9.099/95, e art. 4º e 139, inciso I e IV, do CPC, bem como art. 5º, inciso I, XXXV e LXXVIII, da Constituição da República.

◎ (...). Em seu voto, o ministro Marco Aurélio lembrou que os Juizados Especiais Federais (JEFs) foram criados com o objetivo de ampliar o acesso à Justiça e desburocratizar o processo, reduzindo os custos da litigância e o tempo de entrega da prestação jurisdicional. Entre os princípios que regem o microssistema processual dos JEFs, constantes das Leis 9.099/95 e 10.259/01, estão os da simplicidade, da economia processual e da celeridade. O ministro lembrou que a regra geral a ser observada nas execuções cíveis é a de que a iniciativa é do credor, a quem cabe instruir a execução com os cálculos da obrigação materializada no título judicial. Apesar disso, ressaltou o ministro, não há vedação legal a que seja exigida a colaboração do executado, principalmente quando se trata de ente da administração pública federal. O artigo 139 do novo Código de Processo Civil, frisou o ministro, regra geral aplicável à matéria, diz que cabe ao magistrado conduzir o processo assegurando igualdade de tratamento entre as partes. E a relação entre o cidadão e o Poder Público, segundo ele, é assimétrica: o Poder Público possui servidores altamente especializados, enquanto o particular, às vezes, nem de advogado dispõe. Por fim, o ministro lembrou que, mesmo que o cálculo seja efetuado por perito judicial, a administração fazendária também terá que fazê-lo, para confirmar sua exatidão. Assim, haverá duplo custo para o Erário. Considerando que o dever de colaboração imputado ao Estado, nesses casos, decorre dos princípios da legalidade, da moralidade e da eficiência, o ministro votou no sentido de julgar improcedente a ADPF, sob entendimento de ser legítimo determinar que a União proceda aos cálculos, uma vez que é detentora dos dados necessários para sua confecção. (ADPF 219, "Suspenso julgamento sobre obrigatoriedade de a União apresentar cálculo em processos em que é ré", disponível em Notícias STF, 23.6.2016)

---

37. FERRAZ, Leslie S. **Juizados especiais cíveis e duração razoável do processo uma análise empírica**. Revista de Processo. Ano 40. Vol. 245. RT, jul./2015, p. 524.

Capítulo II ● Lei dos Juizados Especiais (Lei 9.099/95)   **175**

◉ (...) Imposição ao INSS, nos processos em que figure como parte ré, do ônus de apresentar cálculo de liquidação de seu próprio débito. Tema n. 597 da Gestão por Temas da Repercussão Geral do portal do STF. Matéria infraconstitucional. Ausência de questão constitucional. Repercussão geral inexistente. 1. Jurisprudência da Corte no sentido de que a alegada violação dos princípios da legalidade, do devido processo legal, do contraditório e da ampla defesa, em virtude da prolação de sentenças ilíquidas e da definição do ônus de apresentar o cálculo nos juizados especiais não se encontra na Constituição Federal, mas na legislação ordinária, e que eventuais ofensas, caso existam, são reflexas. 2. Reconhecimento da inexistência de questão constitucional e, por conseguinte, de repercussão geral da matéria. (...). (STF, RE 729884, Rel. Min. Dias Toffoli, Pleno, DJ 1.2.2017)

▶ **CPC. Art. 4º** As partes têm o direito de obter em prazo razoável a solução integral do mérito, incluída a atividade satisfativa. ▶ **Art. 6º** Todos os sujeitos do processo devem cooperar entre si para que se obtenha, em tempo razoável, decisão de mérito justa e efetiva.

▶ **LJEF. Art. 6º** Podem ser partes no Juizado Especial Federal Cível: (...). II – como rés, a União, autarquias, fundações e empresas públicas federais. ▶ **Art. 11.** A entidade pública ré deverá fornecer ao Juizado a documentação de que disponha para o esclarecimento da causa, apresentando-a até a instalação da audiência de conciliação.

ENUNCIADO 150. A MULTA DERIVADA DE DESCUMPRIMENTO DE ANTECIPAÇÃO DE TUTELA COM BASE NO ARTIGO 461, DO CPC, APLICADO SUBSIDIARIAMENTE, É PASSÍVEL DE EXECUÇÃO MESMO ANTES DO TRÂNSITO EM JULGADO DA SENTENÇA.

▶ Oscar Valente Cardoso

O Enunciado prevê que a multa eventualmente fixada na decisão judicial que, em tutela provisória de urgência, conceder a tutela específica para o cumprimento de obrigação de fazer ou de não fazer, pode ser executada antes do trânsito em julgado.

Recorda-se que, excepcionalmente, o julgador pode conceder um "resultado prático equivalente ao adimplemento" no cumprimento de obrigação de fazer ou não fazer, ou seja, providência diversa da pleiteada, prevista no art. 461 do CPC/73 e mantida no art. 497 do CPC/2015, com teor similar ao previsto no art. 84 da Lei 8.078/90 (Código de Defesa do Consumidor). O parágrafo único do art. 497 vai além e prevê a tutela específica contra o ilícito, ou seja, que busca combater o ato ilícito, e não as suas consequências, por meio da prevenção (tutela inibitória) ou do desfazimento (tutela de remoção).

Por se tratar de tutela contra o ilícito, dispensa-se a prova de dano ou de culpa/dolo (que só importam quando se busca a indenização), o que é expressamente esclarecido na parte final do parágrafo único do art. 497 do CPC/2015.

Interpretando o dispositivo (ainda na vigência do CPC/73), o Superior Tribunal de Justiça fixou a seguinte tese no Tema nº 743 de seus Recursos Repetitivos:

> A multa diária prevista no § 4º do art. 461 do CPC, devida desde o dia em que configurado o descumprimento, quando fixada em antecipação de tutela, somente poderá ser objeto de execução provisória após a sua confirmação pela sentença de mérito e desde que o recurso eventualmente interposto não seja recebido com efeito suspensivo.

A possibilidade de cominação de multa instituída no art. 461 do CPC/73, a partir da modificação realizada pela Lei 8.952/94, foi mantida pelo CPC, especialmente pelo poder geral de efetivação das decisões judiciais positivado no inciso IV do art. 139.

O CPC/2015 deixa claro ainda que, mesmo no cumprimento provisório de decisão condenatória de obrigação de pagar quantia, incide a multa de 10% (além dos honorários de sucumbência) pelo descumprimento (art. 520, § 2º). A regra se aplica ao cumprimento provisório das decisões judiciais que imponham obrigação de fazer ou não fazer, por força do previsto nos arts. 297, parágrafo único, 520, § 5º, e 536, § 5º, todos do CPC.

Outra novidade importante está na impossibilidade de redução do valor de multa vencida. O art. 537, § 1º, do CPC/2015 deixa claro que o juiz pode, de ofício ou a requerimento, alterar o valor ou a periodicidade ou excluir a multa *vincenda*, quando: (a) ela se tornar insuficiente ou excessiva; (b) ou o obrigado provar cumprimento parcial superveniente ou justa causa para o descumprimento.

Ademais, o CPC esclarece que o valor da multa se destina ao exequente (art. 537, § 2º).

Quanto ao período de incidência, a multa é devida desde o dia em que se configurar o descumprimento da decisão e é devida até o seu cumprimento (art. 537, § 4º, CPC). Recorda-se que a multa é acessória, logo, se o direito não for reconhecido, ela não é devida, por não ter autonomia. Por isso, a multa não deve ser utilizada para o cumprimento de obrigações de valor ínfimo ou reduzido, porque não pode se tornar mais importante do que o valor principal.

Ainda, o art. 537, § 3º, do CPC, preceitua expressamente que a decisão judicial que fixar multa pode ser objeto de cumprimento provisório. Quando isso ocorrer, incumbe ao devedor depositar em juízo o valor da multa, mas o credor só pode levantar o valor após o trânsito em julgado da decisão, desde que lhe seja favorável.

Portanto, o Enunciado (e o Tema nº 743 dos Recursos Repetitivos do STJ) deve ser interpretado em conformidade com o art. 537, § 3º, do CPC/2015, no sentido de que: (a) em regra, a multa deve ser executada ao final do processo; (b) a multa pode ser executada provisoriamente (inclusive aquela derivada do descumprimento de decisão de tutela específica concedida provisoriamente), mas só pode ser levantada pelo credor após o trânsito em julgado da decisão que a fixou.

▶ **CPC. Art. 139.** O juiz dirigirá o processo conforme as disposições deste Código, incumbindo-lhe: IV – determinar todas as medidas indutivas, coercitivas, mandamentais ou sub-rogatórias necessárias para assegurar o cumprimento de ordem judicial, inclusive nas ações que tenham por objeto prestação pecuniária. ▶**Art. 297.** (...). **Parágrafo único.** A efetivação da tutela provisória observará as normas referentes ao cumprimento provisório da sentença, no que couber. ▶**Art. 497.** Na ação que tenha por objeto a prestação de fazer ou de não fazer, o juiz, se procedente o pedido, concederá a tutela específica ou determinará providências que assegurem a obtenção de tutela pelo resultado prático equivalente. **Parágrafo único.** Para a concessão da tutela específica destinada a inibir a prática, a reiteração ou a continuação de um ilícito, ou a sua remoção, é irrelevante a demonstração da ocorrência de dano ou da existência de culpa ou

Capítulo II ● Lei dos Juizados Especiais (Lei 9.099/95)

177

> dolo. ▶**Art. 520.** (...). **§ 2º** A multa e os honorários a que se refere o § 1º do art. 523 são devidos no cumprimento provisório de sentença condenatória ao pagamento de quantia certa. **§ 5º** Ao cumprimento provisório de sentença que reconheça obrigação de fazer, de não fazer ou de dar coisa aplica-se, no que couber, o disposto neste Capítulo. ▶**Art. 536.** (...). **§ 5º** O disposto neste artigo aplica-se, no que couber, ao cumprimento de sentença que reconheça deveres de fazer e de não fazer de natureza não obrigacional. ▶**Art. 537.** (...). **§ 1º** O juiz poderá, de ofício ou a requerimento, modificar o valor ou a periodicidade da multa vincenda ou excluí-la, caso verifique que: I – se tornou insuficiente ou excessiva; II – o obrigado demonstrou cumprimento parcial superveniente da obrigação ou justa causa para o descumprimento. **§ 2º** O valor da multa será devido ao exequente. **§ 3º** A decisão que fixa a multa é passível de cumprimento provisório, devendo ser depositada em juízo, permitido o levantamento do valor após o trânsito em julgado da sentença favorável à parte. **§ 4º** A multa será devida desde o dia em que se configurar o descumprimento da decisão e incidirá enquanto não for cumprida a decisão que a tiver cominado.

▶ **CDC. Art. 84.** Na ação que tenha por objeto o cumprimento da obrigação de fazer ou não fazer, o juiz concederá a tutela específica da obrigação ou determinará providências que assegurem o resultado prático equivalente ao do adimplemento.

12. DAS DESPESAS (ARTS. 54 E 55)

Enunciado 039. Não sendo caso de justiça gratuita, o recolhimento das custas para recorrer deverá ser feito de forma integral nos termos da resolução do Conselho da Justiça Federal, no prazo da Lei n. 9.099/95.

> ▶ *Flávio Roberto Ferreira de Lima*

O Enunciado regula o tratamento peculiar de recolhimento das custas processuais perante o Juizado Especial Federal. O pagamento das despesas processuais, inclusive das custas, regula-se pelos arts. 42 § 1º e 54, da Lei 9.099/95 (Lei do Juizado Especial – LJE), em face do contido no art. 1º da Lei 10.259/01 (Lei dos Juizados Especiais Federais – LJEF) e por se tratar de norma especial prevalece, também, sobre a sistemática da Lei 9.289/96 (norma que trata das despesas processuais perante a Justiça Federal), a qual estabelece em seu art. 14, que a parte deverá antecipar metade do valor das custas quando a demanda for distribuída ou quando houver o despacho inicial, o que for o caso.

A LJEF também afasta a aplicação das normas do Código de Processo Civil que dispõem em sentido diverso, notadamente no caso das custas processuais, ao disposto no art. 82 do CPC, que diz que a parte deverá antecipar o recolhimento das despesas processuais, "desde o início", da demanda.

O pagamento das custas processuais será devido no caso de a parte ficar sucumbente e ingressar com recurso da sentença do Juiz de 1º grau. Nesse caso, o pagamento deverá ocorrer por inteiro, no valor integral e, se a parte não efetuar o recolhimento das custas, no prazo de 48 (quarenta e oito) horas, como fixado no § 1º, do art. 42, da Lei 9.099/95, o recurso estará sujeito ao reconhecimento da deserção. Ou seja, o recurso não será conhecido e não será examinado em 2º grau de jurisdição.

O art. 55 da LJE possibilita, no entanto, a condenação da parte vencida em custas processuais e também em honorários advocatícios em 1º grau de jurisdição quando se tratar de condenação por litigância de má-fé. Tal qualificação jurídica se extrai entre as hipóteses do art. 80 do CPC, exigindo a devida comprovação. O Manual de Cálculos do CJF e o texto do Enunciado não inibem a possibilidade legal de condenação em custas processuais em 1º grau de jurisdição, no caso de comprovada litigância de má-fé.

Atualmente a Resolução 134 do CJF, com redação dada pela Resolução 26713, aprova o Manual de Orientação de Procedimentos para os Cálculos na Justiça Federal e trata da Custas processuais no âmbito do Juizado Especial Federal, nos seguintes termos:

> 1.1.5. Nos processos de competência dos juizados especiais federais, não são devidas custas no ajuizamento da ação, sujeitando-se, entretanto, o recurso ao respectivo preparo (art. 42 § 1º e 54, da Lei 9.099/95)

A sistemática adotada pela norma aplicável ao Juizado Especial de não recolhimento das custas processuais na distribuição da demanda, tem a clara finalidade de facilitar o acesso à Justiça à parte com dificuldades para efetuar o pagamento, mas que não se enquadra como beneficiária da gratuidade da Justiça, nos termos dos arts. 98 e seguintes do CPC.

O beneficiário da Justiça gratuita, segundo o art. 98 § 3º, do CPC, se tiver uma mudança comprovada em seu *status* econômico, de modo a não mais se enquadrar como carente de recursos, no prazo de até 5 (cinco) anos após o trânsito em julgado (não da sentença, mas da decisão que reconheceu os benefícios da Justiça gratuita), poderá vir a ser executado pelos valores das custas processuais. A decisão que reconhece a gratuidade da justiça gratuita não isenta a parte carente de recursos de pagar as custas processuais, mas atribui a coloração de obrigação suspensiva ao direito estatal de receber o pagamento das custas processuais.

A norma do CPC que dispõe sobre a suspensão da exigibilidade do valor das custas foi em parte copiada da Lei 1.060/50, mas que nunca demonstrou ser efetiva, ante a clara dificuldade e o elevado custo de se examinar a condição econômica dos recorrentes vencidos com gratuidade da justiça concedida. Não me parece haver razões para se imaginar que o dispositivo, agora, terá resultados relevantes.

Deve-se destacar que o art. 4º, da Lei 9.289/96, isenta os entes de direito público, do pagamento das custas processuais, sendo norma aplicável no âmbito dos Juizados Especiais Federais, por não haver tratamento sobre o tema na legislação regente do Juizado. Assim, a União, os Estados, Distrito Federal e Municípios, suas autarquias e fundações públicas não precisam efetuar o preparo das custas processuais para recorrerem.

Sobre a aplicação do instituto da deserção no Juizado Especial Federal, confira-se trecho de aresto da TNU.

Capítulo II ● Lei dos Juizados Especiais (Lei 9.099/95) **179**

◉ Processual civil. Recurso. Deserção. Falta de recolhimento de custas. Assistência judiciária requerida somente após o escoamento do prazo do art. 42, § 1º da Lei 9.099/95. 1. O pedido de
assistência judiciária, formulado originariamente após a consumação da deserção (escoamento
do prazo do art. 41, § 1º da Lei 9.099/95 sem o recolhimento das custas), desacompanhado
da alegação e/ou comprovação de força maior ou caso fortuito (arts. 265, V, 507, 517 e 519
do CPC/73), não tem o efeito de afastar os efeitos da coisa julgada, sob pena de violação aos
princípios constitucionais da irretroatividade e do devido processo legal (art. 5º, XXXVI e LIV da
CF/88), e de ofensa aos dispositivos processuais correlatos (arts. 511, 467 e 473 do CPC c/c art.
41, § 1º da Lei 9.099/95 e art. 1º da Lei 10.259/01). 2. Ausência de anterior pedido de assistência
judiciária, ainda que aplicada a regra de interpretação do art. 112 do Novo Código Civil. (...).
(TNU, Pleno, Pedilef 200435007154246, Rel. Euler de Almeida Silva Júnior, j. 5.10.2004)

▶ **LJE. Art. 54.** O acesso ao Juizado Especial independerá, em primeiro grau de jurisdição, do
pagamento de custas, taxas ou despesas. **Parágrafo único.** O preparo do recurso, na forma do
§ 1º do art. 42 desta Lei, compreenderá todas as despesas processuais, inclusive aquelas dis-
pensadas em primeiro grau de jurisdição, ressalvada a hipótese de assistência judiciária gratuita.
▶ **Art. 42.** (...). **§ 1º** O preparo será feito, independentemente de intimação, nas quarenta e oito
horas seguintes à interposição, sob pena de deserção.

Enunciado 057. Nos Juizados Especiais Federais, somente o recorrente vencido
arcará com honorários advocatícios.

▶ *Flávio Roberto Ferreira de Lima*

O Enunciado interpreta com clareza o texto do art. 55, da Lei 9.099/95. Sobre
a matéria: "condenação em honorários advocatícios no âmbito do Juizado Especial
Federal – JEF", aplica-se a Lei 9.099/95 (LJE), que em seu art. 55 dispõe que os honorários advocatícios só serão devidos quando a parte (autora ou ré) restar vencida
em recurso por ela interposto e, mesmo assim, na decisão exarada em 2º grau de jurisdição. A norma prevalece sobre a sistemática do Código de Processo Civil (art. 85).

Admite-se, no entanto, excepcionalmente, a condenação da parte vencida em honorários advocatícios em 1º grau de jurisdição, na sentença, quando a parte vencida
for condenada por litigância de má-fé. Tal qualificação jurídica se extrai das hipóteses
do art. 80 do CPC.

A parte beneficiária pela Justiça gratuita, por sua vez, nos termos dos arts. 98 e
seguintes do CPC, só pagará os honorários advocatícios nos prazos e sob as condições
fixados pelo CPC. É bom se destacar que mesmo havendo a concessão da gratuidade
da justiça gratuita deve o Acórdão fixar os honorários advocatícios quando a parte
recorrente restar vencida, devendo haver a suspensão da eficácia da exigibilidade da
sucumbência, em cumprimento ao disposto no CPC.

No âmbito do Juizado Especial, portanto, não é a parte vencida na sentença de 1º
grau que é condenável em honorários advocatícios, mas aquela parte que se insurge
contra a sentença desafiada por recurso e derrotada na decisão (monocrática ou acórdão) em 2º grau de jurisdição.

A norma do art. 55 da LJE visa inibir os recursos temerários, aqueles interpostos sem razoabilidade lógico-jurídica ou ainda que colidam com o entendimento

pacificado nos tribunais. Com isso fortalece-se a decisão do juiz de 1º grau, proporcionando em muitos casos um resultado jurisdicional definitivo mais célere. O mesmo dispositivo estabelece que os honorários advocatícios serão fixados entre 10% a 20% do valor da condenação ou não havendo condenação, do valor corrigido da causa, não se aplicando, também, o CPC que possui tratamento diverso no artigo 85 § 3º e seguintes. Não se deve olvidar, também, que o cálculo dos honorários advocatícios nas ações previdenciárias "não incide sobre as prestações vencidas após a sentença", como diz a Súmula 111/STJ.

Sobre a condenação em honorários advocatícios no âmbito do Juizado Especial Federal, apenas na hipótese do recorrente vencido, invoco os seguintes trechos de precedente da Turma Nacional de Uniformização:

> ◎ (...). Condenação ao pagamento de honorários advocatícios. Recorrente vencido. Art. 55 da Lei 9.099/95 e art. 1º da Lei 10.259/01. Natureza sancionatória da verba honorária. Desestímulo ao manejo de recursos. Questão de Ordem n. 2 desta TNU. Embargos de declaração conhecidos e não providos. (...). No Sistema dos Juizados Especiais Federais, os honorários advocatícios somente são devidos pelo recorrente vencido, ou seja, aquele que não se contenta com a decisão anterior que lhe foi desfavorável, ainda que apenas parcialmente, pois constituem instrumento de política judiciária de desestímulo ao manejo de recursos pelas partes, em benefício da duração razoável do processo e do prestígio às decisões judiciais. (TNU, Pedilef 05159603520134058300, Rel. Marcos Antônio Garapa de Carvalho, DOU 21.10.2016)

> ▶ **LJE. Art. 55.** A sentença de primeiro grau não condenará o vencido em custas e honorários de advogado, ressalvados os casos de litigância de má-fé. Em segundo grau, o recorrente, vencido, pagará as custas e honorários de advogado, que serão fixados entre dez por cento e vinte por cento do valor de condenação ou, não havendo condenação, do valor corrigido da causa.

ENUNCIADO 062. A APLICAÇÃO DE PENALIDADE POR LITIGÂNCIA DE MÁ-FÉ, NA FORMA DO ART. 55 DA LEI N. 9.099/95, NÃO IMPORTA A REVOGAÇÃO AUTOMÁTICA DA GRATUIDADE JUDICIÁRIA.

> ▶ *Lívia de Mesquita Mentz*

O art. 55 da Lei 9.099/95, na esteira do art. 54 da mesma lei, estabelece a gratuidade de custas e honorários no primeiro grau de jurisdição no âmbito dos Juizados Especiais. Trata-se de regra geral de gratuidade, adotada por política legislativa que pretendeu ampliar ao máximo e facilitar o acesso à Justiça para o julgamento de causas de menor valor, independentemente de considerações acerca das condições econômicas dos litigantes. A previsão do art. 55, portanto, não tem qualquer relação com os institutos da assistência judiciária gratuita (Lei 1.060/50) ou da gratuidade de justiça (art. 98 do CPC). Essa isenção, contudo, é aplicável apenas no âmbito do primeiro grau. Para recorrer, deverá a parte arcar com as custas processuais (inclusive as iniciais), sujeitando-se o vencido, em segundo grau, ao pagamento de honorários, salvo se for beneficiário de gratuidade de Justiça, situação em que restará a condenação suspensa. Constata-se, desse modo, que a isenção de custas e honorários em primeiro grau não afasta a eventual necessidade de a parte pleitear o benefício da justiça gratuita, por não ter condições de arcar com os custos do processo, até mesmo porque, no curso da demanda, poderá ser necessário o pagamento de honorários periciais e de outras despesas não abrangidas pelas disposições dos arts. 54 e 55.

Capítulo II ● Lei dos Juizados Especiais (Lei 9.099/95)

181

A exceção a essa regra geral de isenção, trazida no art. 55, é a hipótese de ter sido a parte condenada por litigância de má-fé. Do dispositivo se extrai, portanto, que se a parte vencida em primeiro grau for considerada litigante de má-fé, deverá arcar com os ônus sucumbenciais. Tal medida se justifica porque o pagamento de custas e honorários é fator que coíbe o ajuizamento de lides temerárias, a que estaria especialmente vulnerável o sistema dos Juizados Especiais, diante da gratuidade irrestrita. Estabelece-se, assim, uma outra sanção a quem fizer uso indevido do processo, além daquelas previstas no art. 81 do CPC. Ocorre que, pela forma como redigido o dispositivo, e por não ter ele ressalvado as hipóteses de gratuidade judiciária, criou-se controvérsia acerca de ter a lei estabelecido uma causa de revogação automática do benefício.

Nesse contexto, o Enunciado traduz o entendimento predominante de que a revogação da gratuidade judiciária, nas hipóteses de imposição de pena por litigância de má-fé, só ocorre quando o ato tenha sido praticado pela parte justamente com a finalidade de ter deferido o benefício da justiça gratuita, quando a ele não faria jus.

A teor do art. 79 do CPC, a penalidade por litigância de má-fé será imposta à parte que incorrer em alguma das condutas enumeradas no art. 80 do mesmo diploma. Uma das situações em que se admite seja a parte condenada por litigância de má-fé, com fundamento no inciso II do art. 80, é aquela em que é apresentada falsa alegação de impossibilidade de arcar com os custos do processo. Nesse caso, a consequência será o indeferimento ou a revogação da gratuidade de justiça anteriormente concedida, acompanhado da imposição de multa, se comprovada a má-fé de quem pleiteou indevidamente o benefício.

Na verdade, como se percebe, a revogação ou o indeferimento do benefício da gratuidade, por ter o seu requerimento sido feito de má-fé, é que é condição prévia da imposição da penalidade de multa, não o contrário. Não há, portanto, revogação automática do benefício quando constatada a má-fé. A análise detalhada do art. 55 da Lei dos Juizados Especiais permite concluir que não trata ele da gratuidade judiciária, mas apenas da regra geral de isenção de custas e honorários na primeira instância. Afastada a isenção, em razão da penalidade por litigância de má-fé, deverá a parte vencida ser condenada aos ônus processuais. Por outro lado, o art. 98, § 3º, do CPC prevê que a concessão do benefício da justiça gratuita àqueles que dele necessitarem ensejará a suspensão da condenação. Assim, concedido o benefício, ainda que tenha a parte, considerada litigante de má-fé, sido condenada a pagar custas e honorários, restará suspensa a exigibilidade da condenação. É nítido que não há qualquer relação do citado artigo com a gratuidade de justiça, de forma que não haveria justificativa para que se entendesse que ele impõe a revogação automática do benefício, tendo em vista que o pressuposto para o seu gozo é unicamente a impossibilidade de a parte arcar com os custos do processo, situação que não se altera pela aplicação da pena por litigância de má-fé.

Ademais, o CPC assim como já ocorria no CPC/73, não prevê a revogação automática do benefício da gratuidade em razão da imposição de multa por litigância de má-fé. Pelo contrário, o art. 98, IX, § 4º, ao estabelecer que "a concessão de gratuidade não afasta o dever de o beneficiário pagar, ao final, as multas processuais que lhe sejam impostas", bem demonstra que se mantém hígido o benefício da justiça gratuita, o qual, todavia, não alcança a multa por litigância de má-fé. Assim, tendo em vista que o sistema processual deve guardar coerência, não haveria qualquer justificativa para que o ato de má-fé praticado na esfera dos Juizados Especiais ensejasse consequências mais drásticas do que aquele praticado no âmbito do procedimento comum, devendo, portanto, o disposto no art. 55 da Lei 9.099/95 ser interpretado de acordo com as demais normas do sistema processual.

Por outro lado, tendo a parte incorrido em ato de litigância de má-fé para o fim específico de ter deferida a gratuidade judiciária, por exemplo, declarando falsamente não possuir recursos para arcar com os custos do processo ou apresentando documentos falsos, a revogação do benefício será impositiva. Sem estar acobertada pela gratuidade e condenada por litigância de má-fé, sucumbente mesmo que em primeiro grau, deverá a parte arcar com custas e honorários.

Do exposto, conclui-se que, a teor do que dispõe o art. 55 da Lei 9.099/95, se a parte for penalizada por ato de litigância de má-fé que não tenha relação com a concessão do benefício da gratuidade em seu favor, apesar de ocorrer a imposição de pagamento de custas e honorários em primeiro grau de jurisdição, o benefício se mantém hígido e a condenação é suspensa. Por outro lado, não sendo a parte que foi condenada por litigar de má-fé beneficiária da justiça gratuita, haverá a condenação nas custas e honorários já na primeira instância, sem suspensão de exigibilidade.

> ◎ A constatação de má-fé e respectiva aplicação de multa processual, contudo, não obsta o reconhecimento da hipossuficiência da parte demandante para fins de concessão dos benefícios da justiça gratuita (...) (Turma Recursal de SE, 1ª T., 0501490-67.2016.4.05.8502, Rel. Gilton Batista Brito, j. 14.12.2016)

> ▶ **LJE. Art. 55.** A sentença de primeiro grau não condenará o vencido em custas e honorários de advogado, ressalvados os casos de litigância de má-fé. Em segundo grau, o recorrente, vencido, pagará as custas e honorários de advogado, que serão fixados entre dez por cento e vinte por cento do valor de condenação ou, não havendo condenação, do valor corrigido da causa.

ENUNCIADO 099. O PROVIMENTO, AINDA QUE PARCIAL, DE RECURSO INOMINADO AFASTA A POSSIBILIDADE DE CONDENAÇÃO DO RECORRENTE AO PAGAMENTO DE HONORÁRIOS DE SUCUMBÊNCIA.

> ▶ *José Baptista de Almeida Filho Neto*

O rito do Juizado Especial Federal Cível é regido pela Lei 10.259/01. Havendo omissão na citada lei, aplicar-se-á a Lei 9.099/95 e o Código de Processo Civil, nessa ordem, e desde que haja compatibilidade.

Pois bem, diante da omissão da Lei 10.259/01 sobre o assunto, é de rigor aplicar o art. 55, da Lei 9.099/95, o qual dispõe que o recorrente vencido pagará as custas processuais e os honorários advocatícios de sucumbência. Tentou o legislador desestimular o recurso meramente protelatório, pois sucumbindo totalmente, no recurso inominado interposto, o recorrente será condenado a pagar as citadas verbas

CAPÍTULO II ● LEI DOS JUIZADOS ESPECIAIS (LEI 9.099/95)

183

processuais. Restaram prestigiados o critério da celeridade processual e a eficácia da sentença, itens indispensáveis a uma rápida prestação jurisdicional.

Destarte, inexistindo vício de julgamento ou de procedimento no processo, deverá a parte sucumbente evitar recurso contra a sentença visando apenas embaraçar o trânsito em julgado da decisão, sob pena de pagar honorários advocatícios de sucumbência e custas processuais à parte adversa.

A "contrario sensu", sucumbindo, em parte, no recurso interposto contra a sentença, não haverá condenação em honorários advocatícios, uma vez que não existirá a figura do recorrente vencido. Com efeito, ele será vencido apenas em parte. Nesse ponto, é oportuno observar que a reforma da sentença, mesmo que parcial, torna prestação jurisdicional mais correta, sob o ponto de vista jurídico do bem de vida requestado. Logo, seria injusto condenar em honorários advocatícios sucumbência o recorrente que teve uma resposta inicial do Poder Judiciário imperfeita, a qual precisou ser aperfeiçoada pela Turma Recursal.

Resta evidenciado, portanto, que o princípio da causalidade, regente da matéria sobre honorários advocatícios no procedimento comum (art. 85, § 10º, do Código de Processo Civil), não foi adotado como critério balizador da mesma questão, nas causas do Juizado Especial Federal Cível.

Em suma, no âmbito do Juizado Especial Federal Cível, o critério utilizado para condenar ou não a parte recorrente, em honorários advocatícios, é a sucumbência total no recurso inominado interposto contra a sentença. Desprovendo-se totalmente o recurso, haverá condenação. Acolhendo-se, ao menos em parte o recurso, não haverá honorários advocatícios de sucumbência.

○ (...). Erro material. Sucumbência total do INSS e do autor. Inaplicabilidade da sucumbência recíproca. Aplicação do art. 55, caput, da Lei 9.099/95. Condenação da autarquia recorrente em honorários sucumbenciais. Embargos de declaração do autor conhecidos e providos. (...). No caso em análise, o autor defende a existência de contradição no acórdão embargado que não respeitou o art. 85, § 14 do CPC, o qual veda a compensação da verba honorária de sucumbência nos casos de sucumbência parcial. De fato, houve erro material no acórdão que não condenou os recorrentes em honorários sucumbenciais com base no instituto da sucumbência recíproca. Entretanto, tal instituto não se aplica nas ações em sede dos Juizados Especiais. É que o art. 55, caput, da Lei 9.099/95 dispõe, em sua segunda parte, que "em segundo grau, o recorrente, vencido, pagará as custas e honorários de advogado, que serão fixados entre dez por cento e vinte por cento do valor de condenação ou, não havendo condenação, do valor corrigido da causa". Assim, tendo em vista que ambos os recursos não foram providos (anexo 54), os recorrentes devem ser condenados em honorários sucumbenciais. No entanto, uma vez que somente o autor embargou no que se refere a este tema, entendo que não pode haver mudança para piorar a situação do demandante, ora embargante. (Turma Recursal de PE, 1ª T., 05010992420164058305, Rel. José Baptista de Almeida Filho Neto, j. 27.10.2016)

○ (...). Condenação ao pagamento de honorários advocatícios. Recorrente vencido. Art. 55 da Lei 9.099/95 e art. 1º da Lei 10.259/01. Natureza sancionatória da verba honorária. Desestímulo ao manejo de recursos. Questão de Ordem nº 2 desta TNU. Embargos de declaração conhecidos e não providos. (...) No Sistema dos Juizados Especiais Federais, os honorários advocatícios somente são devidos pelo recorrente vencido, ou seja, aquele que não se contenta com a decisão anterior que lhe foi desfavorável, ainda que apenas parcialmente, pois constituem instrumento de política judiciária de desestímulo ao manejo de recursos pelas partes, em benefício da duração razoável do processo e do prestígio às decisões judiciais. (TNU, Pedilef 05159603520134058300, Rel. Marcos Antônio Garapa de Carvalho, DOU 21.10.2016)

◎ Processo nos juizados especiais. Embargos de declaração. Omissão. Honorários de sucumbência. I. Se o acórdão da Turma Nacional de Uniformização aprecia questão referida no incidente de uniformização, como o pagamento de honorários advocatícios, os embargos de declaração interpostos não devem ser acolhidos. II. Há regra específica para as ações que tramitam nos juizados especiais federais a respeito do pagamento de honorários de advogado. O art. 55 da Lei 9.099/95, aplicável aos JEF por conta da regra do art. 1º da Lei 10.259/01, determina que apenas o recorrente vencido seja condenado em honorários de advogado. (...). (TNU, Pedilef 200470950044151. Rel. Guilherme Bollorini Pereira, DJU 24.3.2006)

▶ **LJE. Art. 55.** A sentença de primeiro grau não condenará o vencido em custas e honorários de advogado, ressalvados os casos de litigância de má-fé. Em segundo grau, o recorrente, vencido, pagará as custas e honorários de advogado, que serão fixados entre dez por cento e vinte por cento do valor de condenação ou, não havendo condenação, do valor corrigido da causa.

ENUNCIADO 125. É POSSÍVEL REALIZAR A LIMITAÇÃO DO DESTAQUE DOS HONORÁRIOS EM RPV OU PRECATÓRIO.

▷ *Antônio César Bochenek e Márcio Augusto Nascimento*

No Estatuto da OAB, Lei 8.906/94, o artigo 22, § 4º dispõe que se o advogado juntar aos autos o seu contrato de honorários antes da expedição do mandado de levantamento ou precatório, o juiz deve determinar que lhe sejam pagos diretamente, por dedução da quantia a ser recebida pelo constituinte, salvo se este provar que já os pagou.

Todavia, há casos em que o percentual de honorários contratados atinge o patamar de 40%, 50% ou 60% do valor devidos a título de atrasados, principalmente nas demandas previdenciárias e assistenciais, que são a grande maioria nos juizados especiais federais. Os beneficiários no momento da assinatura do contrato dificilmente têm noção ou compreensão dos valores envolvidos e assinam contratos de honorários que são apresentados em juízo para fins de destaque dos valores no momento do pagamento.

Parte dos magistrados entende que isso tornaria o advogado praticamente um sócio, algumas vezes majoritário, do autor da ação. Por isso, tal situação deveria ser coibida com a limitação de valores dos honorários no destaque em Requisição de Pequeno Valor ou precatório, sob pena do juiz chancelar uma posição nada razoável, sem falar em inúmeros casos de apropriação de valores e investigações criminais.

Outra parcela de magistrados, inclusive os autores, pensam que a contratação de profissionais jurídicos e os valores dos honorários são negócios privados entre o cliente e o advogado. Desde que lícito e presente todos os requisitos legais e contratuais, não caberia a mediação de ofício dos juízes do processo. Se o cliente assina o contrato de honorários sabedor de que irá pagar o percentual sobre o valor dos atrasados e isso é feito de livre e espontânea vontade, produz um ato jurídico perfeito. Caso tenha ocorrido algum vício de vontade, o cliente deverá acionar o seu advogado

Capítulo II ● Lei dos Juizados Especiais (Lei 9.099/95)

185

perante a Justiça Estadual para discutir a validade do contrato, bem como a redução do percentual dos honorários advocatícios. Também a parte poderá alegar contra o advogado outros vícios de consentimento ou contratuais, mas não caberia ao magistrado exceto nas excepcionalidades induzir ou impor a sua manifestação de vontade sobre as das partes. De outro lado, casos graves e infrações penais praticadas por advogados contra clientes, principalmente os menos favorecidos devem ser apurados e os agentes responsabilizados.

Eventualmente, o cliente que se sinta prejudicado poderá requerer, de forma fundamentada, ao Juízo do JEF para bloquear e depositar judicialmente o guerreado valor dos honorários até que a ação seja decidida pela Justiça Estadual, a quem caberá destinar o dinheiro para quem de direito.

▶ **CC. Art. 833.** São impenhoráveis: (...). IV – os vencimentos, os subsídios, os soldos, os salários, as remunerações, os proventos de aposentadoria, as pensões, os pecúlios e os montepios, bem como as quantias recebidas por liberalidade de terceiro e destinadas ao sustento do devedor e de sua família, os ganhos de trabalhador autônomo e os honorários de profissional liberal, ressalvado o § 2º disposto nos incisos IV e X do caput não se aplica à hipótese de penhora para pagamento de prestação alimentícia, independentemente de sua origem, bem como às importâncias excedentes a 50 (cinquenta) salários-mínimos mensais, devendo a constrição observar o disposto no art. 528, § 8º, e no art. 529, § 3º.

▶ **Lei 8.906/94. Art. 22.** A prestação de serviço profissional assegura aos inscritos na OAB o direito aos honorários convencionados, aos fixados por arbitramento judicial e aos de sucumbência. (...). **§ 4º** Se o advogado fizer juntar aos autos o seu contrato de honorários antes de expedir-se o mandado de levantamento ou precatório, o juiz deve determinar que lhe sejam pagos diretamente, por dedução da quantia a ser recebida pelo constituinte, salvo se este provar que já os pagou.

ENUNCIADO 145. O VALOR DOS HONORÁRIOS DE SUCUMBÊNCIA SERÁ FIXADO NOS TERMOS DO ARTIGO 55, DA LEI 9.099/95, PODENDO SER ESTIPULADO EM VALOR FIXO QUANDO FOR INESTIMÁVEL OU IRRISÓRIO O PROVEITO ECONÔMICO OU, AINDA, QUANDO O VALOR DA CAUSA FOR MUITO BAIXO, OBSERVADOS OS CRITÉRIOS DO ARTIGO 20, § 3º, CPC.

▶ *Aluisio Gonçalves de Castro Mendes*

O Enunciado foi aprovado no XI FONAJEF, realizado em novembro de 2014, em Campo Grande, no Mato Grosso do Sul. Diz respeito à possibilidade de se fixar, em caráter excepcional, o valor dos honorários de sucumbência recursal, previsto no art. 55 da Lei dos Juizados Especiais, em quantia fixa. O verbete faz menção aos critérios dispostos no art. 20, § 3º, do antigo CPC/73, agora previstos art. 85, especialmente nos §§ 2º, 8º, 11 e 12.

Dos parágrafos supramencionados, pertinentes ao art. 85 do CPC, o § 8º é o mais específico e prevê norma que se encontra em sintonia com o firmado no Enunciado comentado. Deve ser ressaltado que a regra geral é a fixação dos honorários recursais de sucumbência para os juizados especiais: i) no montante entre dez e vinte por cento do valor da condenação, quando esta existir; ii) na importância entre dez e vinte por cento do valor da causa. Quanto a este último parâmetro, registre-se a importância e a necessidade de se efetuar o devido controle em relação ao valor da causa indicado, exatamente para que este corresponda ao benefício, de fato, pretendido.

Contudo, há inúmeras demandas que não visam um benefício pecuniário ou que a vantagem econômica pretendida possui um valor irrisório. Nestas situações, tomar como base apenas o valor da causa levaria à fixação de honorários aviltantes. Pode-se pensar em um valor da causa estabelecido em cem reais, o que levaria, segundo o parâmetro primário, a uma condenação em honorários entre dez e vinte reais, o que seria, naturalmente, inconcebível, pois este montante não estaria remunerando minimamente o profissional pelos seus serviços prestados. Por isso, nestas situações, o Enunciado preconiza o poder-dever de se fixar em quantia fixa razoável.

> **LJE. Art. 55.** A sentença de primeiro grau não condenará o vencido em custas e honorários de advogado, ressalvados os casos de litigância de má-fé. Em segundo grau, o recorrente, vencido, pagará as custas e honorários de advogado, que serão fixados entre dez por cento e vinte por cento do valor de condenação ou, não havendo condenação, do valor corrigido da causa. **Parágrafo único.** Na execução não serão contadas custas, salvo quando: I – reconhecida a litigância de má-fé; II – improcedentes os embargos do devedor; III – tratar-se de execução de sentença que tenha sido objeto de recurso improvido do devedor.

> **CPC. Art. 85.** A sentença condenará o vencido a pagar honorários ao advogado do vencedor. (...) **§ 2º** Os honorários serão fixados entre o mínimo de dez e o máximo de vinte por cento sobre o valor da condenação, do proveito econômico obtido ou, não sendo possível mensurá-lo, sobre o valor atualizado da causa, atendidos: I – o grau de zelo do profissional; II – o lugar de prestação do serviço; III – a natureza e a importância da causa; (...). **§ 8º** Nas causas em que for inestimável ou irrisório o proveito econômico ou, ainda, quando o valor da causa for muito baixo, o juiz fixará o valor dos honorários por apreciação equitativa, observando o disposto nos incisos do § 2º.

ENUNCIADO 146. A SÚMULA 421 DO STJ APLICA-SE NÃO SÓ À UNIÃO COMO TAMBÉM A TODOS OS ENTES QUE COMPÕEM A FAZENDA PÚBLICA.

> *Luiz Régis Bonfim Filho*

Cumpre, de início, registrar que a Lei Orgânica Nacional da Defensoria Pública (Lei Complementar 80 de 12.1.94) declara, em seu artigo 4º, inciso XXI com redação dada pela Lei Complementar 132/09, como função institucional da Defensoria Pública executar e receber as verbas sucumbenciais decorrentes de sua atuação, inclusive quando devidas por quaisquer entes públicos. Tais quantias seriam destinadas, exclusivamente, nos termos do aludido dispositivo, ao aparelhamento da Defensoria Pública e à capacitação profissional de seus membros e servidores.

Nada obstante, alicerçado no instituto civil da confusão, o Superior Tribunal de Justiça entende ser juridicamente impossível a concessão de honorários sucumbenciais à Defensoria Pública quando atua contra o ente político do qual pertença. Em razão de possuir natureza jurídica de órgão estatal desprovido de personalidade jurídica, integrante de pessoa jurídica de direito público (União ou Estado), eventuais honorários sucumbenciais em causas ajuizadas por Defensor Público em face da própria União/Estado, caso fossem concedidos, seriam destinados ao próprio ente político

Capítulo II • Lei dos Juizados Especiais (Lei 9.099/95)   **187**

o qual pertence o órgão defensório. Para o STJ, tal fato configuraria confusão entre credor e devedor, inviabilizando o pleito honorário.

Ademais, o STJ foi além e, em sede do REsp 1199715, submetido ao rito do recursos repetitivos, firmou entendimento no sentido de que também não são devidos honorários advocatícios à Defensoria Pública quando ela atua contra pessoa jurídica de direito público que integra a mesma Fazenda Pública. Desta feita, a título ilustrativo, não será devido honorários sucumbenciais a Defensoria Pública da União quando vencedora de ação ajuizada em desfavor do INSS, autarquia previdenciária federal. O Ministro Arnaldo Esteves Lima, relator do precedente em comento no qual envolve insurgência do Rioprevidência, autarquia fluminense, contra acórdão que manteve a condenação ao pagamento de honorários advocatícios à Defensoria Pública do Estado do Rio de Janeiro, apresentou a seguinte argumentação:

> De fato, se mostra desarrazoado admitir que o Rioprevidência, autarquia estadual, ao litigar contra servidor público estadual patrocinado pela Defensoria Pública do Estado do Rio de Janeiro, venha a ser condenado ao pagamento de honorários advocatícios, quando considerado que os recursos públicos envolvidos são oriundos do próprio Estado do Rio de Janeiro. Nessas circunstâncias, faz-se necessário dar à Súmula 421/STJ uma interpretação mais extensiva, no sentido de alcançar não apenas as hipóteses em que a Defensoria Pública atua contra a pessoa jurídica de direito público à qual pertença, bem como naquelas em que atuar contra pessoa jurídica que integra a mesma Fazenda Pública.

Registre-se, ainda, que a Advocacia Geral da União (AGU) editou o Parecer nº 52/2012/DECOR/CGU/AGU, aprovado pelo então Advogado-Geral Luís Adams em 22.11.2012, que tratou da questão atinente ao pagamento pelo INSS de honorários de sucumbência a DPU, sustentando a necessidade de observância da Súmula nº 421 do STJ nos termos Enunciados no julgamento do REsp 1199715. Relevante salientar que a AGU entende que a expressão "inclusive quando devidas por quaisquer entes públicos" constante do artigo 4º, inciso XXI, LC 80/94, acima mencionado, deve ser lida de modo restritivo como "inclusive quando devidas por entes públicos de outras esferas políticas".

Apesar da tese fixada pelo STJ em sede da sistemática dos recursos repetitivos e do parecer exarado pela AGU, o tema ainda é tormentoso e ganha novos contornos ao se debater acerca da autonomia da Defensoria Pública. É cediço que a Defensoria Pública obteve conquistas institucionais que merecem destaque.

Com a promulgação das Emendas Constitucionais 45/2004, 74/2013 e 80/2014, a Defensoria Pública passa a deter a qualidade de instituição guardiã dos Direitos Humanos, expressão e instrumento do regime democrático, função essencial à Justiça, auferindo autonomia funcional e administrativa. Autonomia esta reafirmada pelo Supremo Tribunal Federal nos precedentes: ADI 3965 e ADI 4056.

Na ADI 3965, em que se questiona a subordinação de Defensoria Pública ao Poder Executivo, a Ministra Cármen Lúcia é peremptória. Nessa linha de raciocínio, o Tribunal Regional Federal da 4ª Região detém o precedente 50549677820124047100 (ambos adiante transcritos)

Destarte, com a devida vênia aos entendimentos exarados pelo STJ e pela AGU, para afastar o pleito honorário da Defensoria Pública, alicerça-se em premissa equivocada e simplória (instituto civil da confusão), desconsiderando dispositivo legal de Lei Orgânica (LC 80/94) bem como flexibilizando e/ou enfraquecendo a autonomia constitucionalmente garantida aos órgãos defensórios. Por outro lado, não se está propugnando plausibilidade no deferimento de verbas sucumbenciais a Defensoria Pública, mas, sim, está-se aduzindo que a "ratio fundante" dos precedentes que originaram a Súmula 421/STJ não são juridicamente subsistentes diante do atual enquadramento institucional da Defensoria Pública.

⊙ Súmula STJ 421. Os honorários advocatícios não são devidos à Defensoria Pública quando ela atua contra a pessoa jurídica de direito público à qual pertença.

⊙ "(...). As normas questionadas colocaram a Defensoria Pública em posição de subordinação ao Governador do Estado (alínea h do inc. I do art. 26 da Lei Delegada n. 112/2007), além de integrá-la à Secretaria de Estado de Defesa Social, o que não se coaduna com o conceito de autonomia, sob pena da Constituição da República tornar-se letra morta. Considerada a Defensoria Pública da União e, também, as Defensorias Públicas do Estado, competentes pela defesa dos economicamente desprovidos, na justa garantia da jurisdição, a Emenda Constitucional n. 45/2004 garantiu autonomia funcional e administrativa das defensorias estaduais, porque consideradas um dos alicerces do Estado Democrático de Direito, não podendo, por isso, subordinar-se a órgão específico do Poder Executivo. (STF, ADI 3965, Pleno, Rel. Min. Cármen Lúcia, voto, DJ 30.3.2012).

⊙ Constitucional. Arts. 7º, VII, 16, caput e parágrafo único, da Lei 8.559/2006, do Estado do Maranhão, que inserem a Defensoria Pública daquela unidade da federação na estrutura do Poder Executivo local. Ofensa ao art. 134, § 2º, da Constituição Federal. ADI procedente. I. A EC 45/04 reforçou a autonomia funcional e administrativa às defensorias públicas estaduais, ao assegurar-lhes a iniciativa para a propositura de seus orçamentos (art. 134, § 2º). II. Qualquer medida normativa que suprima essa autonomia da Defensoria Pública, vinculando-a a outros Poderes, em especial ao Executivo, implicará violação à Constituição Federal. Precedentes. III. ADI julgada procedente. (STF, ADI 4056, Rel. Min. Ricardo Lewandowski, Pleno, DJe 1.8.2012)

⊙ (...). Benefício assistencial. Pessoa incapacitada de prover a própria manutenção ou tê-la provida de outra forma. Comprovação. Concessão. Honorários advocatícios sucumbenciais. Defensoria Pública da União. Cabimento. 1. Procede o pedido de concessão do benefício assistencial previsto no art. 203, V da CF/88 quando atendidos os requisitos previstos na Lei 8.742/1993. 2. São devidos honorários advocatícios à Defensoria Pública mesmo atuando contra pessoa jurídica de direito público que integra a mesma Fazenda Pública, a partir da edição da Lei Complementar nº 132/2009, objetivando o fortalecimento e autonomia administrativa e financeira da Entidade, bem como o aparelhamento e capacitação de seus membros e servidores por meio das verbas sucumbenciais decorrentes de sua atuação. 3. Os precedentes contrários do Superior Tribunal de Justiça estão baseados na tese da confusão, ou seja, de que a Defensoria Pública é parte do Estado e com ele se confunde. Todavia, a Defensoria Pública da União não pertence à Autarquia Previdenciária, tratando-se de pessoas jurídicas distintas, com personalidade, patrimônio e receita própria, de modo que não há confusão possível entre as Instituições. 4. Como a Instituição possui personalidade jurídica própria e pode executar suas verbas sucumbenciais, pressupõe-se o direito de percepção dos honorários por ocasião da atuação judicial vitoriosa. 5. Entendimento no sentido contrário ensejaria a declaração de inconstitucionalidade do art. 4º, inciso XXI, da Lei Complementar nº 80/1994, alterado pela Lei Complementar nº 132/2009, em vista da expressa previsão da execução e recebimento das verbas sucumbenciais decorrentes da atuação da Defensoria Pública. (TRF4, 5ª T., 50549677820124047100, Rel. Rogério Favreto, j. 10.6.2014)

Capítulo II ● Lei dos Juizados Especiais (Lei 9.099/95)

○ (...) Rioprevidência. Honorários advocatícios. Pagamento em favor da Defensoria Pública do Estado do Rio de Janeiro. Não cabimento. Recurso conhecido e provido. 1. "Os honorários advocatícios não são devidos à Defensoria Pública quando ela atua contra a pessoa jurídica de direito público à qual pertença" (Súmula 421/STJ). 2. Também não são devidos honorários advocatícios à Defensoria Pública quando ela atua contra pessoa jurídica de direito público que integra a mesma Fazenda Pública. 3. Recurso especial conhecido e provido, para excluir da condenação imposta ao recorrente o pagamento de honorários advocatícios. (STJ, REsp 1199715, repetitivo, Rel. Ministro Arnaldo Esteves Lima, Corte Especial, DJe 12.4.2011)

13. DISPOSIÇÕES FINAIS (ARTS. 56 A 59)

ENUNCIADO 044. NÃO CABE AÇÃO RESCISÓRIA NO JUIZADO ESPECIAL FEDERAL. O ARTIGO 59 DA LEI N. 9.099/95 ESTÁ EM CONSONÂNCIA COM OS PRINCÍPIOS DO SISTEMA PROCESSUAL DOS JUIZADOS ESPECIAIS, APLICANDO-SE TAMBÉM AOS JUIZADOS ESPECIAIS FEDERAIS.

▶ *André Dias Fernandes*

Aprovado no II FONAJEF, o vertente Enunciado, à sombra do disposto no art. 1º da Lei 10.259/01, estima aplicável ao JEF o art. 59 da Lei 9.099/95, o qual interdita o manejo de ação rescisória nos Juizados Especiais.

O sistema dos Juizados Especiais parte da ideia de que erros podem acontecer, mas são toleráveis em razão da pequena expressão econômica da demanda e da necessidade de pacificação célere e definitiva dessas lides de reduzido valor, mas de elevadíssima quantidade. De fato, a solução dessas miríades de ações certamente sofreria retardo se fosse possível rediscutir-lhes o mérito na via da ação rescisória.

Se assim é quanto aos Juizados Especiais Estaduais, com maioria de razão o é no que pertence aos Juizados Especiais Federais.

É que, no caso específico da Justiça Federal, a existência de mais instâncias recursais no microssistema do JEF do que no sistema federal comum (seis instâncias de julgamento, afora as reclamações perante os TRFs em virtude de IRDR - CPC, art. 985, I)[38], ampliando significativamente as possibilidades de revisão do julgado no curso do processo, compensam e reforçam o descabimento da ação rescisória no JEF, visto que a lide foi (ou, pelo menos, pôde ter sido) mais amplamente debatida antes do trânsito em julgado. Se com duas instâncias recursais a mais (TRU e TNU) e uma pletora de

---

38. "De feito, além das 6 (seis) instâncias que o processo do JEF pode percorrer – juízo de 1º grau, Turma Recursal (TR), Turma Regional de Uniformização (TRU), Turma Nacional de Uniformização (TNU), STJ (pedido de uniformização) e STF –, poderá ainda ter seu andamento paralisado por Reclamação perante o TRF, com os recursos e a demora a ela inerentes. (...) Em suma, são muito mais instâncias revisoras do que as previstas para os processos das varas comuns, que, no máximo, percorrem 4 instâncias (Vara, TRF, STJ e STF). São instâncias revisoras demais para um processo de menos de 60 salários mínimos, de baixa complexidade e que a CF/88 pretende seja julgado com toda a celeridade possível". (FERNANDES, André Dias; LIMA, Tiago Asfor Rocha. Reclamação e causas repetitivas: alguns pontos polêmicos. *In*: DIDIER JR, Fredie; CUNHA, Leonardo J. C. (Orgs.). **Julgamento de casos repetitivos.** Salvador: Juspodivm, 2016. p. 460-462)

processos por julgar, ainda coubesse ação rescisória, decerto ficaria comprometida a celeridade dos JEFs.

Em face do descabimento de ação rescisória no JEF, as sentenças transitadas em julgado produzem desde logo "coisa soberanamente julgada", apta a sanar todos os vícios porventura existentes no processo.

Assim, ilustrativamente, a eiva de incompetência absoluta (*e.g.*, valor da causa superior a 60 salários mínimos) fica sanada com o trânsito em julgado, ao contrário do que sucede no processo civil comum regido pelo CPC/2015, em que o trânsito em julgado sana parcialmente o vício, transformando-o, nos termos do art. 966, II, em causa de rescindibilidade (anulabilidade), deixando assim de ser causa de nulidade absoluta como o era no curso do processo (cf. TNU, Pedilef 200733007130723, Rel. Alcides Saldanha Lima, DOU 25.11.2011). No regime do CPC/2015, só após o transcurso do prazo da rescisória é que o vício da incompetência absoluta fica totalmente sanado, não podendo mais ser invocado, pois só então haverá "coisa soberanamente julgada".

A jurisprudência do STF e do STJ admite, porém, a alegação de vícios transrescisórios, consistentes na ausência ou nulidade da citação se, na fase de conhecimento, o processo correu à revelia. Estas situações excepcionais não figuram dentre as hipóteses de cabimento da ação rescisória prevista no art. 966 do CPC/2015. Nem deveriam, porque a ação rescisória pressupõe a existência de coisa julgada, inocorrente nesses casos. Com efeito, a ausência ou nulidade da citação, correndo o processo à revelia, ao impedirem a participação do réu na relação processual, acarretam a própria inexistência da relação processual no que lhe concerne e, por conseguinte, a inexistência de coisa julgada em relação ao réu revel não citado, ou nulamente citado.

Todavia, podem ser alegadas em impugnação à execução (CPC, arts. 525, § 1º, I, e 535, I) e em ação declaratória de nulidade ("querela nullitatis insanabilis"), a qual não estaria sujeita ao biênio decadencial da ação rescisória.

Mister é de ressaltar, porém, que devem ser repelidas tentativas de ampliação indevida do conceito de "vícios transrescisórios", a fim de evitar que a ação declaratória de nulidade seja empregada como uma forma oblíqua de ação rescisória indireta, sem prazo algum. Os "vícios transrescisórios" são aqueles que acarretam a *inexistência jurídica* da sentença ou da própria relação processual, ainda que relativamente a apenas uma das partes. A ampliação indevida do conceito de "vícios transrescisórios", em ordem a contornar a vedação de ação rescisória no âmbito do JEF, é manifestamente inadmissível.

Semelhantemente, o mandado de segurança não pode ser empregado como sucedâneo de ação rescisória. Há expressa vedação legal nesse sentido (Lei 12.016/09, art. 5º, III), além de farta jurisprudência (Súmula 268/STF: "Não cabe mandado de segurança contra decisão judicial com trânsito em julgado"). A seu turno, a reclamação também não se presta a esta finalidade, conforme se extrai da Súmula 734/STF ("Não cabe reclamação quando já houver transitado em julgado o ato judicial que se alega tenha desrespeitado decisão do Supremo Tribunal Federal").

Capítulo II • Lei dos Juizados Especiais (Lei 9.099/95)   **191**

De outra parte, releva observar que a ação rescisória proposta por ente público no JEF é duplamente inadmissível: pelo art. 59 da Lei 9.099/95 e pelo art. 6º da Lei 10.259/01, que impede tais entes de figurar no polo ativo de quaisquer ações no JEF.

Por fim, é de salientar que o STF (AI 808968-RG) concluiu pela ausência da repercussão geral da matéria alusiva ao descabimento de ação rescisória no âmbito dos Juizados Especiais Federais mediante aplicação subsidiária do art. 59 da Lei 9.099/95.

◎ Cabimento de ação rescisória em Juizados Especiais Federais. Vedação pelo art. 59, da Lei 9.099/95. Matéria restrita ao âmbito infraconstitucional. Inexistência de repercussão geral. (STF, AI 808968-RG, Rel. Min. Gilmar Mendes, DJe 16.6.2011)

◎ (...). Reclamação que se busca discutir ato judicial já acobertado pela coisa julgada. Aplicação da Súmula 734/STF. Agravo não provido. 1. Incabível reclamação constitucional ajuizada para discutir ato decisório que já tenha transitado em julgado e acobertado pela coisa julgada. Nesse contexto fático e decisório aplica-se a Súmula 734/STF. 2. Reclamação constitucional é ação vocacionada para a tutela específica da competência e autoridade das decisões proferidas por este Supremo Tribunal Federal, não servindo como sucedâneo recursal ou ação rescisória. (...). (STF, 1ª T., Rcl 23003 AgR, Rel. Min. Rosa Weber, DJe 13.3.2017)

◎ Ação de nulidade. Alegação de negativa de vigência dos artigos 485, 467, 468, 471 e 474 do CPC/73. Para a hipótese prevista no artigo 741, I, do atual Código de Processo Civil – que é a de falta ou nulidade de citação, havendo revelia –, persiste, no direito positivo brasileiro, a "querela nullitatis", o que implica dizer que a nulidade da sentença, nesse caso, pode ser declarada em ação declaratória de nulidade, independentemente do prazo para a propositura da ação rescisória, que, em rigor, não é a cabível. (...). (STF, 2ª T., RE 96374, Rel. Min. Moreira Alves, DJ 11.11.1983)

◎ A "querela nullitatis" é instrumento utilizado para impugnar sentença contaminada pelos vícios mais graves de erros de atividade ("errores in procedendo"), nominados de vícios transrescisórios, que tornam o ato judicial inexistente, não se sanando com o transcurso do tempo. (STJ, 3ª T., AgInt no AREsp 882992, Rel. Min. Ricardo Cueva, DJe 14.11.2016)

◎ Previdenciário. Processual civil. Mandado de segurança. Ato de turma recursal. Decisão judicial transitada em julgado. Valor da causa. Valor da condenação. Juizados especiais federais. Competência. 1. A impetração de mandado de segurança contra decisão judicial tem sido admitida em hipóteses excepcionais, notadamente quando se tratar de caso teratológico ou que extrapole os limites da razoável interpretação da lei. Duas condicionantes, entrementes, não podem ser olvidadas: a) a decisão judicial combatida não pode ser passível de insurgência mediante recurso com efeito suspensivo (art. 5º, II, da Lei 12.016/09 – Súmula 267/STF); e b) a decisão judicial combatida não pode ter transitado em julgado (art. 5º, III, da Lei 12.016/09 – Súmula 268/STF). 2. Transitada em julgado a decisão da Turma Recursal que se reputa ilegal (por não ter alegadamente decidido questão ligada à competência absoluta dos Juizados Especiais Federais), inviável a impetração de mandado de segurança, até em respeito ao inciso XXXVI do artigo 5º da Constituição Federal. 3. A admissão de impetração de mandado de segurança contra decisão judicial transitada implicaria, no caso, por vias indiretas, criação de hipótese indevida de ação rescisória, que sequer existe no âmbito dos Juizados Especiais Federais (art. 59 da Lei 9.055/95, c.c. art. 1º da Lei 10.259/01). Não se pode admitir mandado de segurança ao qual se pretenda emprestar efeitos rescisórios sequer cogitados na legislação de regência. 4. Não há óbice à impugnação ao valor da causa durante o trâmite da ação que tramita nos Juizados Especiais Federais, a qual pode ou não ser acolhida pelo Julgador originário, ao apreciar os fundamentos apresentados. A retificação do valor atribuído originalmente também pode ser efetuada de ofício pelo Juízo. 5. Tendo sido atribuído à causa um valor inferior ao limite que estabelece a competência dos JEFs, e ausente qualquer impugnação, não é a posterior fixação do valor da condenação na sentença em patamar superior que deslocará a competência para a Justiça Federal, até porque o art. 17, § 4º, da Lei 10.259/01 admite a possibilidade de o valor da execução ultrapassar o limite de sessenta salários mínimos, caso em que o pagamento dar-se-á mediante precatório, a menos que o exequente renuncie ao crédito excedente. 6. Ausente prova da prática de ato ilegal ou abusivo, impõe-se a denegação da segurança. (TRF4, 5ª T., MS 200904000299501, Rel. Des. Ricardo Teixeira do Valle Pereira. DE 8.5.2015)

▶ **CPC. Art. 525.** (...). **§ 1º** Na impugnação, o executado poderá alegar: I - falta ou nulidade da citação se, na fase de conhecimento, o processo correu à revelia; (...). ▶**Art. 535.** A Fazenda Pública será intimada na pessoa de seu representante judicial, por carga, remessa ou meio eletrônico, para, querendo, no prazo de 30 (trinta) dias e nos próprios autos, impugnar a execução, podendo arguir: I – falta ou nulidade da citação se, na fase de conhecimento, o processo correu à revelia.

▶ **LJE. Art. 59.** Não se admitirá ação rescisória nas causas sujeitas ao procedimento instituído por esta Lei.

▶ **LJEF. Art. 6º** Podem ser partes no Juizado Especial Federal Cível: I – como autores, as pessoas físicas e as microempresas e empresas de pequeno porte, assim definidas na Lei n. 9.317, de 5 de dezembro de 1996.

14. QUADRO SINÓPTICO

LEI DOS JUIZADOS ESPECIAIS (LEI 9.099/95)	
1. DISPOSIÇÕES GERAIS (LJE, ARTS. 1º E 2º)	
Enunc. 180. O intervalo entre audiências de instrução (CPC/2015, art. 357, § 9º) é incompatível com o procedimento sumaríssimo (CF, art. 98, I) e com os critérios de celeridade, informalidade, simplicidade e economia processual dos juizados (Lei 9.099/1995, art. 2º).	aplicável
2. DAS PARTES (ARTS. 8ª A 11)	
Enunc. 14. Nos Juizados Especiais Federais, não é cabível a intervenção de terceiros ou a assistência.	aplicável
3. DOS ATOS PROCESSUAIS (ARTS. 12 E 13)	
Enunc. 120. Não é obrigatória a degravação de julgamentos proferidos oralmente, desde que o arquivo de áudio esteja anexado ao processo, recomendando-se o registro, por escrito, do dispositivo ou acórdão.	aplicável
Enunc. 175. Por falta de previsão legal específica nas leis que tratam dos juizados especiais, aplica-se, nestes, a previsão da contagem dos prazos em dias úteis (CPC/2015, art. 219).	aplicável
4. DO PEDIDO (ARTS. 14 A 17)	
Enunc. 130. O estabelecimento pelo juízo de critérios e exigências para análise da petição inicial, visando a evitar o trâmite de ações temerárias, não constitui restrição do acesso aos JEFs.	aplicável
5. DA CONCILIAÇÃO E DO JUÍZO ARBITRAL (ARTS. 21 A 26)	
Enunc. 45. Havendo contínua e permanente fiscalização do juiz togado, conciliadores criteriosamente escolhidos pelo juiz, poderão, para certas matérias, realizar atos instrutórios previamente determinados, como redução a termo de depoimentos, não se admitindo, contudo, prolação de sentença a ser homologada.	aplicável

CAPÍTULO II ● LEI DOS JUIZADOS ESPECIAIS (LEI 9.099/95)

193

Enunc. 76. A apresentação de proposta de conciliação pelo réu não induz a confissão.	aplicável
Enunc. 81. Cabe conciliação nos processos relativos a pessoa incapaz, desde que presente o representante legal e intimado o Ministério Público.	aplicável
Enunc. 152. A conciliação e a mediação nos Juizados Especiais Federais permanecem regidas pelas leis 10.259/2001 e 9.099/1995, mesmo após o advento do novo Código de Processo Civil.	aplicável
6. DA RESPOSTA DO RÉU (ARTS. 30 E 31)	
Enunc. 12. No Juizado Especial Federal, não é cabível o pedido contraposto formulado pela União Federal, autarquia, fundação ou empresa pública federal.	aplicável
7. DAS PROVAS (ARTS. 32 A 37)	
Enunc. 117. A perícia unificada, realizada em audiência, é válida e consentânea com os princípios informadores dos juizados especiais.	aplicável
Enunc. 118. É válida a realização de prova pericial antes da citação, desde que viabilizada a participação das partes.	aplicável
Enunc. 122. É legítima a designação do oficial de justiça, na qualidade de "longa manus" do juízo, para realizar diligência de constatação de situação socioeconômica.	aplicável
Enunc. 168. A produção de auto de constatação por oficial de justiça, determinada pelo Juízo, não requer prévia intimação das partes, sob pena de frustrar a eficácia do ato, caso em que haverá o contraditório diferido.	aplicável
8. DA SENTENÇA (ARTS. 38 A 47)	
Enunc. 2. Nos casos de julgamentos de procedência de matérias repetitivas, é recomendável a utilização de contestações depositadas na secretaria, a fim de possibilitar a imediata prolação de sentença de mérito.	aplicável
Enunc. 32. A decisão que contenha os parâmetros de liquidação atende ao disposto no art. 38, parágrafo único, da Lei n. 9.099/95.	aplicável
Enunc. 107. Fora das hipóteses do artigo 4º da Lei n. 10.259/2001, a impugnação de decisões interlocutórias proferidas antes da sentença deverá ser feita no recurso desta (art. 41 da Lei n. 9.099/95).	aplicável
Enunc. 124. É correta a aplicação do art. 46 da Lei 9.099/95 nos Juizados Especiais Federais, com preservação integral dos fundamentos da sentença.	aplicável
Enunc. 154. O art. 46, da Lei 9.099/95, não foi revogado pelo novo CPC.	aplicável
9. DOS EMBARGOS DE DECLARAÇÃO (ARTS. 48 A 50)	
Enunc. 42. Em caso de embargos de declaração protelatórios, cabe a condenação em litigância de má-fé (princípio da lealdade processual).	aplicável
Enunc. 58. Excetuando-se os embargos de declaração, cujo prazo de oposição é de cinco dias, os prazos recursais contra decisões de primeiro grau no âmbito dos Juizados Especiais Federais são sempre de dez dias, independentemente da natureza da decisão recorrida.	aplicável
Enunc. 60. A matéria não apreciada na sentença, mas veiculada na inicial, pode ser conhecida no recurso inominado, mesmo não havendo a oposição de embargos de declaração.	aplicável
10. DA EXTINÇÃO DO PROCESSO SEM JULGAMENTO DO MÉRITO (ART. 51)	
Enunc. 24. Reconhecida a incompetência do Juizado Especial Federal, é cabível a extinção de processo, sem julgamento de mérito, nos termos do art. 1º da Lei n. 10.259/2001 e do art. 51, III, da Lei n. 9.099/95, não havendo nisso afronta ao art. 12, § 2º, da Lei 11.419/06.	aplicável

Enunc. 94. O artigo 51, inc. I, da Lei 9.099/95 aplica-se aos JEFs, ainda que a parte esteja representada na forma do artigo 10, caput, da Lei 10.259/01.	aplicável
Enunc. 176. A previsão contida no art. 51, § 1º, da Lei 9.099/1995 afasta a aplicação do art. 317 do CPC/2015 no âmbito dos juizados especiais.	aplicável

11. DA EXECUÇÃO (ARTS. 52 E 53)

Enunc. 13. Não são admissíveis embargos de execução nos Juizados Especiais Federais, devendo as impugnações do devedor ser examinadas independentemente de qualquer incidente.	aplicável
Enunc. 35. A execução provisória para pagar quantia certa é inviável em sede de juizado, considerando outros meios jurídicos para assegurar o direito da parte.	aplicável
Enunc. 71. A parte autora deverá ser instada, na fase da execução, a renunciar ao excedente à alçada do Juizado Especial Federal, para fins de pagamento por requisições de pequeno valor, não se aproveitando, para tanto, a renúncia inicial, de definição de competência.	aplicável
Enunc. 90. Os honorários advocatícios impostos pelas decisões de Juizado Especial Federal serão executados no próprio juizado, por quaisquer das partes.	aplicável
Enunc. 129. Nos Juizados Especiais Federais, é possível que o juiz determine que o executado apresente os cálculos de liquidação.	aplicável
Enunc. 150. A multa derivada de descumprimento de antecipação de tutela com base no artigo 461, do CPC, aplicado subsidiariamente, é passível de execução mesmo antes do trânsito em julgado da sentença.	aplicável

12. DAS DESPESAS (ARTS. 54 E 55)

Enunc. 39. Não sendo caso de justiça gratuita, o recolhimento das custas para recorrer deverá ser feito de forma integral nos termos da resolução do Conselho da Justiça Federal, no prazo da Lei n. 9.099/95.	aplicável
Enunc. 57. Nos Juizados Especiais Federais, somente o recorrente vencido arcará com honorários advocatícios.	aplicável
Enunc. 62. A aplicação de penalidade por litigância de má-fé, na forma do art. 55 da Lei n. 9.099/95, não importa a revogação automática da gratuidade judiciária.	aplicável
Enunc. 99. O provimento, ainda que parcial, de recurso inominado afasta a possibilidade de condenação do recorrente ao pagamento de honorários de sucumbência.	aplicável
Enunc. 125. É possível realizar a limitação do destaque dos honorários em RPV ou precatório.	aplicável
Enunc. 145. O valor dos honorários de sucumbência será fixado nos termos do artigo 55, da Lei 9.099/95, podendo ser estipulado em valor fixo quando for inestimável ou irrisório o proveito econômico ou, ainda, quando o valor da causa for muito baixo, observados os critérios do artigo 20, § 3º, CPC.	aplicável
Enunc. 146. A Súmula 421 do STJ aplica-se não só à União como também a todos os entes que compõem a Fazenda Pública.	aplicável

13. DISPOSIÇÕES FINAIS (ARTS. 56 A 59)

Enunc. 44. Não cabe ação rescisória no Juizado Especial Federal. O artigo 59 da Lei n. 9.099/95 está em consonância com os princípios do sistema processual dos juizados especiais, aplicando-se também aos Juizados Especiais Federais.	aplicável

CAPÍTULO III

LEI DOS JUIZADOS ESPECIAIS FEDERAIS (LEI 10.259/01)

SUMÁRIO

1. Aplicação Subsidiária da LJE (art. 1º)
2. Competência do JEF Cível (art. 3º)
3. Recursos (art. 5º)
4. Partes (art. 6º)
5. Citações e Intimações (art. 7º)
6. Prazos (art. 9º)
7. Representantes (art. 10)
8. Documentos de Entes Públicos (art. 11)
9. Exame Técnico (art. 12)
10. Uniformização de Interpretação de Lei Federal (art. 14)
11. Recurso Extraordinário (art. 15)
12. Obrigação de Pagar Quantia Certa (art. 17)
13. Turmas Recursais (art. 21)
14. Marco Temporal da Competência (art. 25)
15. Quadro Sinóptico

1. APLICAÇÃO SUBSIDIÁRIA DA LJE (ART. 1º)

ENUNCIADO 024. RECONHECIDA A INCOMPETÊNCIA DO JUIZADO ESPECIAL FEDERAL, É CABÍVEL A EXTINÇÃO DE PROCESSO, SEM JULGAMENTO DE MÉRITO, NOS TERMOS DO ART. 1º DA LEI N. 10.259/2001 E DO ART. 51, III, DA LEI N. 9.099/95, NÃO HAVENDO NISSO AFRONTA AO ART. 12, § 2º, DA LEI 11.419/06.

Enunciado comentado no capítulo *Lei dos Juizados Especiais – Da Extinção do Processo sem Julgamento do Mérito.*

2. COMPETÊNCIA DO JEF CÍVEL (ART. 3º)

ENUNCIADO 009. ALÉM DAS EXCEÇÕES CONSTANTES DO § 1º DO ARTIGO 3º DA LEI N. 10.259, NÃO SE INCLUEM NA COMPETÊNCIA DOS JUIZADOS ESPECIAIS FEDERAIS, OS PROCEDIMENTOS ESPECIAIS PREVISTOS NO CÓDIGO DE PROCESSO CIVIL, SALVO QUANDO POSSÍVEL A ADEQUAÇÃO AO RITO DA LEI N. 10.259/2001.

▶ *Antônio César Bochenek e Márcio Augusto Nascimento*

Os chamados procedimentos especiais constantes de leis processuais especiais ou ainda do CPC podem ser definidos como aqueles que se acham submetidos a trâmites procedimentais específicos, com características próprias, que exigem um tratamento processual diferenciado, para atender a contento um determinado tipo de pretensão das partes, principalmente em face das peculiaridades do direito material envolvido no litígio.

O Enunciado foi editado ainda na vigência do CPC/73, que tinha um livro especial sobre os procedimentos especiais. No NCPC alguns destes procedimentos deixaram de existir e outros foram adaptados e constam de modo esparso no código. Com estas anotações o Enunciado ainda está vigente.

Como regra e princípio dos juizados, todas as ações que seguem procedimentos especiais estariam excluídas da competência do Juizado Especial Federal, em razão da especialidade do microssistema, seus critérios e valores. O objetivo é não sobrecarregar o Juizado com várias espécies de procedimentos incompatíveis com a celeridade, simplicidade, autocomposição e informalidade, preservando as particularidades inerentes ao novo microssistema, e também para aproveitar as vantagens da especialização, em regra, com observações pontuais e em sintonia com o direito material defendido pelas partes em juízo. Neste sentido, não são admitidas as ações sujeitas a procedimentos especiais, em face das vedações explícitas na Lei 10.259/01 (ações populares, de divisão e demarcação, de desapropriação, execuções fiscais e de mandado de segurança) como as implícitas (ações civis públicas, de "habeas data", restauração de autos, embargos de terceiro, monitórias e de execuções em geral).

Por exemplo, a ação constitucional do mandado de segurança, prevista em procedimento especial na Lei 12.016/09, não será processada no âmbito dos juizados especiais federais, em face da vedação legal prevista na Lei 10.259/01. No entanto, não há vedação expressa na legislação para as ações de "habeas data". Assim, parte da jurisprudência entende que é possível adaptar o procedimento aos juizados especiais na linha do Enunciado ora comentado. A jurisprudência sobre o tema revela duas posições. Primeira, por ser um procedimento especial, no mesmo sentido das exclusões previstas no artigo, não seria da competência dos juizados. A segunda, considera que a restrição deveria estar expressamente consignada, ou seja, ao não prever a exclusão da competência no dispositivo legal, leva o interprete a entender que permitido o processamento do "habeas data" no âmbito dos juizados, seja porque a restrição deve ser expressa, seja porque não cabe ao interprete incluir aquilo que o legislador não contemplou (TRF4, 2ª S., CC 5001533-37.2012.404.0000, Rel. Fernando Quadros da Silva, j. 18.5.2012). Segue trecho do parecer do Ministério Público Federal, que foi adotado como razões do voto:

> Quisesse o legislador excluir as ações de rito especial previstas na Constituição, não teria excepcionado exclusivamente o mandado de segurança. É certo as duas ações constitucionais possuem natureza semelhante e visam à proteção de direito líquido e certo. Porém, se o "habeas data" não foi excepcionado pelo legislador, não pode fazê-lo o intérprete.

Entretanto, em sentido oposto ao aqui defendido, o TRF da 4ª Região entendeu que a ação de prestação de contas, denominada ações de exigir contas pelo CPC, apesar de sujeita a procedimento especial, não configura hipótese de exclusão dos Juizados Especiais Federais (TRF4, CC 2004.04.01.051631, Rel. Des. Fed. Sílvia Goiareb).

É um exemplo patente da corrente jurisprudencial que pretende que os Juizados Especiais Federais julguem toda e qualquer causa cujo valor seja inferior a sessenta salários mínimos. Os autores têm reserva em relação a extensão ampliativa totalitária defendida pela jurisprudência por entender que o posicionamento pode ferir a finalidade dos Juizados de julgar as causas de pequena expressão econômica e menor complexidade com rapidez e economia. Noutras vezes, os procedimentos especiais são detalhados e colocados à disposição das partes para atender um tipo de demanda,

Capítulo III • Lei dos Juizados Especiais Federais (Lei 10.259/01)

197

como por exemplo uma prestação de contas ou uma exibição de documentos, com fases específicas para dar a atenção devida com o respeito aos princípios processuais a solução da pretensão resistida com foco no direito material que subsidia o pedido na esfera judicial. Com isto, as matérias especiais não seriam apreciadas pela via comum do procedimento padrão nem pelo microssistema de juizados.

Mas a jurisprudência majoritária do STJ decide reiteradamente que se o valor da causa é inferior a sessenta salários mínimos e não há vedação expressa no texto legal, é possível que a demanda seja adaptada aos procedimentos dos juizados, ainda que as leis ou o CPC estabeleçam um procedimento especial.

◉ Administrativo. Conflito de competência. Juizado especial federal e juízo federal comum. "Habeas data". Não excepcionado pelo legislador. Competência do JEF. 1. A impetração de "habeas data" não se inclui entre as causas excludentes da competência do Juizado Especial Federal e que o valor da causa atribuído à ação, "in casu", encontra-se abaixo do limite estabelecido no caput do artigo 3º da Lei 10.259/01. Desta forma, não há que falar em incompetência do juízo suscitante. 2. Quisesse o legislador excluir as ações de rito especial previstas na Constituição, não teria excepcionado exclusivamente o mandado de segurança. É certo que as duas ações constitucionais (mandado de segurança e "habeas data") possuem natureza semelhante e visam à proteção de direito líquido e certo. Porém, se o "habeas data" não foi excepcionado pelo legislador, não pode fazê-lo o intérprete. (TRF4, 2ªT., CC 5021586-97.2016.404.0000, Rel. Loraci Flores de Lima, j. 21.7.2016)

◉ Processual civil. Conflito negativo de competência. Ação cautelar de exibição de documentos. Extratos bancários de conta vinculada ao FGTS. Valor da causa inferior a sessenta salários-mínimos. Competência do juizado especial. 1. A Lei 10.259/01, que instituiu os Juizados Cíveis e Criminais no âmbito da Justiça Federal, estabeleceu que a competência desses Juizados tem natureza absoluta e que, em matéria cível, obedece como regra geral a do valor da causa: são da sua competência as causas com valor de até sessenta salários mínimos (artigo 3º). (CC 58796..). 2. O fato de tratar-se de uma ação cautelar de exibição de extratos bancários de conta vinculada ao FGTS não retira a competência do juizado Especial, visto que não se enquadra entre as hipóteses excluídas da competência do juizado, previstas no artigo 3º, caput, da Lei 10.259/01. 3. Conflito de competência conhecido para declarar a competência do Juízo Federal do Terceiro juizado Especial da Seção Judiciária do Estado do Rio de Janeiro, o suscitante. (STJ, 1ª S., RCC 99168, Rel. Min. Mauro Campbell Marques, DJe 27.2.2009)

◉ Conflito de competência. Juizado especial. Ação cautelar de exibição de documentos. 1. A Lei 10.259/01, que dispõe acerca da instituição dos Juizados Especiais Cíveis no âmbito da Justiça Federal, elenca, de forma taxativa, as hipóteses que refogem à competência daqueles Juizados (artigo 3º). 2. Diversamente do o que ocorre em relação aos Juizados Especiais Estaduais, em que sua competência é determinada pela natureza da ação – causas de menor complexidade – no âmbito federal, a competência, de natureza absoluta, é fixada com base no valor atribuído à causa. Nos casos em que a demanda veicula pretensão de exibição de documento, inobstante ausente proveito econômico direto, é possível que o autor atribua à causa o valor de até sessenta salários e, com isso, determine a fixação da competência dos juizados especiais federais. 3. Fixado o valor da causa dentro do limite de competência do JEF, compete ao Juízo suscitado o processamento e julgamento da causa. (TRF4, 3ª S., CC 0004470-76.2010.404.0000, Rel. João Batista Pinto Silveira, DE 14.5.2010)

◉ Previdenciário. Processual civil. Cautelar de exibição de documentos. Valor da causa. Competência. O valor da causa da ação cautelar deve estar vinculado ao que nesta foi postulado, independentemente, do valor econômico discutido na ação principal (Precedentes do STJ). Tratando-se de ação cautelar de exibição de documentos a serem utilizados no ajuizamento de ação ordinária de revisão de benefício previdenciário, não especificada pelo segurado, a fixação do valor da causa no valor de alçada é, perfeitamente, adequada à espécie. Em razão do caráter absoluto da competência dos Juizados Especiais Federais, cabe ao juiz exercer – inclusive de ofício – o controle do valor estimado pelo autor e proceder a eventuais retificações, pois a fixação desse quantum não é reservada ao livre arbítrio das partes, devendo aproximar-se do conteúdo econômico da demanda (artigos 258 e 260 do CPC). As ações cautelares não se encontram arroladas dentre as exceções à regra prevista no artigo 3º da Lei 10.259/01. A competência dos Juizados Especiais Federais é absoluta e o critério definidor é o valor da causa. (TRF4/RS. AC 5007756-25.2012.404.7107, Rel. Vivian Josete Pantaleão Caminha, j. 5.3.2013)

◎ Conflito de competência. Processual civil. Ação ordinária. Levantamento de FGTS. Resistência da CEF. Pedido sucessivo de condenação. Súmula 82/STJ. 1. Ação ordinária em que se pretende a concessão de alvará de levantamento de saldo de FGTS da conta de titular falecido. Em pedido sucessivo, existência de requerimento de condenação da Caixa Econômica Federal caso não seja localizada a respectiva conta. 2. Se o levantamento dos depósitos de FGTS encontrar qualquer resistência por parte da Caixa Econômica Federal-CEF, é da Justiça Federal a competência para processar e julgar a ação, em face da litigiosidade que assume o feito, nos termos da Súmula 82/STJ: "Compete à Justiça Federal, excluídas as reclamações trabalhistas, processar e julgar os feitos relativos a movimentação do FGTS". 3. No caso, a Caixa Econômica Federal, de maneira expressa, resiste à pretensão, alegando não poder restituir qualquer importância à autora por inexistir a conta ou porque não houve a regular transferência pelo antigo banco depositário. 4. A existência de pedido sucessivo de condenação da empresa pública não altera a solução do incidente, pois o fator determinante para a fixação de competência se dá em momento anterior, qual seja, quando a CEF oferece resistência à pretensão da autora. 5. Conflito conhecido para declarar a competência do Juízo Federal da Vara do Juizado Especial Cível de Chapecó, o suscitado. (STJ, 1ª S., CC 94476, Rel. Min. Castro Meira, DJe 25.5.2009)

◎ Conflito de competência. Pedido de alvará. Levantamento de FGTS. Competência do juízo da ação principal. Valor da ação principal inferior a sessenta salários mínimos. Juizado. 1. Essa Corte já se manifestou no sentido de que, embora o pedido de alvará judicial tenha característica diferenciada, o valor da causa define com caráter absoluto a competência dos Juizados Especiais Federais, não estando a ação – de natureza simples e, portanto, compatível com o rito dos Juizados Especiais Federais – arrolada dentre as exceções à regra prevista no artigo 3º da Lei 10.259/01. 2. Ademais, trata-se de medida cautelar preparatória, de modo que a competência para o julgamento da causa deve considerar a competência para o julgamento da ação principal. Tal entendimento já foi consubstanciado por este Tribunal quando da decisão do conflito de Competência nº 5018577-35.2013.404.0000/SC pela Corte Especial, segundo a qual a medida cautelar preparatória deve ser proposta perante o juiz competente para conhecer da ação principal, por força do artigo 800, caput, do Código de Processo Civil. 3. Valor da ação principal não excedente aos 60 (sessenta) salários mínimos. Competência do Juizado Especial Federal. (TRF4, 2ª S., CC 5018098-42.2013.404.0000, Rel. Vivian Josete Pantaleão Caminha, j. 30.10.2014)

▶ **LJEF. Art. 3º. § 1º** Não se incluem na competência do Juizado Especial Cível as causas: I – referidas no art. 109, incisos II, III e XI, da Constituição Federal, as ações de mandado de segurança, de desapropriação, de divisão e demarcação, populares, execuções fiscais e por improbidade administrativa e as demandas sobre direitos ou interesses difusos, coletivos ou individuais homogêneos; II – sobre bens imóveis da União, autarquias e fundações públicas federais; III – para a anulação ou cancelamento de ato administrativo federal, salvo o de natureza previdenciária e o de lançamento fiscal; IV – que tenham como objeto a impugnação da pena de demissão imposta a servidores públicos civis ou de sanções disciplinares aplicadas a militares.

Enunciado 016. Não há renúncia tácita nos Juizados Especiais Federais para fins de fixação de competência.

▶ *André Wasilewski Duszczak*

Este Enunciado é idêntico a Súmula 17 da TNU.

A necessidade de se estabelecer expressamente a inexistência de renúncia tácita nos Juizados Especiais Federais decorre do fato de que, nos Juizados Estaduais, quando a parte ajuíza ação há renúncia tácita aos valores excedentes a 40 salários mínimos.

Ou seja, quando a parte opta por ajuizar a ação nos Juizados Estaduais, ela está automaticamente abrindo mão de quaisquer valores excedentes a 40 salários mínimos na data do ajuizamento da ação, firmando assim a competência do Juizado, conforme preceitua o artigo 3º, § 3º, da Lei 9.099/95.

Em resumo, o que este Enunciado quer dizer é que, diferentemente dos Juizados Estaduais, nos Juizados Federais quando se opta pelo rito dos Juizados Federais não existe renúncia automática, ou seja, para que a parte possa manter a competência dos Juizados Federais, ela tem que expressamente afirmar que está abrindo mão de quaisquer valores excedentes a 60 salários mínimos na data do ajuizamento da ação[1]:

> Melhor explicando: no rito estabelecido pela Lei 9.099/95, o demandante tem direito a optar genericamente entre o procedimento especial ou comum, o que faz com que a regra de competência dos juizados especiais no âmbito estadual seja apenas relativa. O raciocínio é integrativo em correspondência com a regra de regência entabulada. Se a parte interessada optou por socorrer-se do rito mais simples e (provavelmente) mais eficiente que o comum, já presume a Lei que houve a renúncia ao saldo excedente. O legislador atua, assim, complementando o que, dentro de uma perspectiva razoável, parece ser a própria vontade do interessado. Diversamente, quando a Lei 10.259/01 determina como sendo absoluta sua competência termina, por óbvio, retirando do postulante a possibilidade de optar por qual dos ritos sua demanda deverá seguir. Vale dizer, já não existe a opção disjuntiva entre o rito comum ou o especial. A obrigatoriedade de utilização do rito dos juizados especiais federais é a única hipótese vislumbrada quando se trata de demandas de sua competência".

Portanto, ajuizada a demanda, caso a parte não mencione na peça inicial que abre mão ao excedente a 60 salários mínimos, deve então o magistrado intimá-la para que diga se renuncia ao excedente sob pena de extinção sem resolução de mérito.

Se renunciar, então se estabelece a competência do Juizado Federal e a ação terá prosseguimento.

Caso não se manifeste, então deverá o juiz extinguir o processo sem resolução de mérito.

Mas caso a parte se manifeste no sentido de que o valor da causa não ultrapassa o limite, então o juiz deverá verificar a pretensão econômica da parte, se necessário

---

1. CARRÁ, Bruno. KOEHLER, Frederico A. L. (Coord.). **Comentários às súmulas da Turma Nacional de Uniformização dos Juizados Especiais Federais.** Brasília: Conselho da Justiça Federal - Centro de Estudos Judiciários, 2016. p. 101.

solicitando parecer de contador judicial, para apurar se na data do ajuizamento da ação a soma do valor das parcelas vencidas, mais 12 vincenda, ultrapassa ou não os 60 salários mínimos (vide comentários ao Enunciado 48/FONAJEF).

Não ultrapassado o limite, se estabelece a competência do Juizado Federal e a ação terá prosseguimento.

Caso a soma exceda os 60 salários mínimos, então o magistrado deverá reconhecer a incompetência absoluta (nos Juizados Federais a competência pelo valor da causa é absoluta, art. 3º, § 3º, da Lei 10.259/01) e extinguir a ação sem resolução de mérito.

Deve-se extinguir a ação e não declinar a competência, em razão da disposição constante do artigo 51, III da Lei 9.099/95 que se aplica subsidiariamente à Lei dos juizados Especiais Federais (art. 1º da Lei 10.259/01) (vide comentários ao Enunciado 24/FONAJEF).

E em razão da aplicação subsidiária da Lei 9.099/95, é que se chegou a cogitar da aplicação do artigo 3º, § 3º, da Lei 9.099/95 nos Juizados Federais, possibilitando com isto a renúncia tácita. No entanto, esta possibilidade foi afastada pela Turma Nacional de Uniformização no julgamento dos autos Pedilef 2002.85.10.000594-0.

Como se trata de competência absoluta, a questão da renúncia passa a ser matéria de ordem pública, podendo ser alegada a qualquer momento no processo, mesmo em grau de recurso, até o trânsito em julgado da ação, quando então este deve prevalecer.

A renúncia, portanto, é questão de grande importância no âmbito dos processos que se desenrolam perante os Juizados Especiais, vez que afeta tanto o direito material, pretensão econômica, como o direito processual, fixação de competência.

◎ Súmula TNU 17. Não há renúncia tácita no Juizado Especial Federal, para fins de competência.

◎ Quanto à aplicação, subsidiária, do art. 3º, § 3º da Lei 9.099/95, entendo não ser cabível na esfera dos Juizados Especiais Federais, pois, no âmbito Federal, inexiste a opção pelo rito sumário dos Juizados. Tal procedimento é obrigatório e a competência é absoluta – art. 3º, caput e § 3º, ambos da Lei 10.259/01. O art. 1º da Lei 10.259/01 impede a aplicação subsidiária da Lei 9.099/95, naquilo em que houver conflito. Logo, entendo que não se presume, em sede de Juizados Especiais Federais, a renúncia do autor pelo simples ajuizamento da ação. O que se poderia aceitar, e ainda com as devidas cautelas, seria a renúncia expressa e circunstanciada, colocada de maneira clara e precisa e indicando os seus contornos e abrangências, o que "in casu", não ocorreu. (TNU, Pedilef 200285100005940, Rel. Hélio Silvio Ourem Campos, DOU 1.4.2004)

◎ No âmbito dos Juizados Especiais Federais, não há renúncia tácita para fins de fixação de competência, nos termos do Enunciado da Súmula 17/TNU. Desse modo, a renúncia deve ser expressa, sendo o momento processual mais adequado para manifestá-la o do ajuizamento da ação. (TNU 200733007130723, Rel. Alcides Saldanha Lima, DOU 25.11.2011)

◎ Deixo de limitar o valor da causa de ofício na data do ajuizamento da ação em virtude da vedação a renúncia tácita nos Juizados Especiais Federais para fins de fixação de competência (Súmula 17/TNU). Ademais, não foi apresentada demonstração de que o valor da causa ultrapassava sessenta salários-mínimos à época do ajuizamento da ação, sendo a incompetência alegada com base no valor da condenação. O cálculo de atrasados deverá ser realizado no momento

CAPÍTULO III ● LEI DOS JUIZADOS ESPECIAIS FEDERAIS (LEI 10.259/01)   **201**

da execução do julgado. (Turma Recursal de São Paulo, 1ª T., 16.00367689720094036301, Juíza Federal Nilce Cristina Petris de Paiva, e-DJF3 4.5.2015)

◎ Não há renúncia tácita para fins de fixação de competência, conforme Enunciado da Súmula 17 da TNU dos Juizados Especiais, devendo ser expressa a renúncia aos valores excedidos. (TRF1, 1ª S., CC 00530611420144010000, Rel. Jamil Rosa de Jesus Oliveira, e-DJF1 20.3.2015)

◎ No âmbito dos Juizados Especiais Federais, não há renúncia tácita para fins de fixação de competência, nos termos do Enunciado da Súmula 17 da TNU. Desse modo, a renúncia deve ser expressa, sendo o momento processual mais adequado para manifestá-la o do ajuizamento da ação. (TNU, 200733007130723, Rel. Alcides Saldanha Lima, DOU 25.11.2011)

▶ **LJE. Art. 3º** O Juizado Especial Cível tem competência para conciliação, processo e julgamento das causas cíveis de menor complexidade, assim consideradas: I – as causas cujo valor não exceda a quarenta vezes o salário mínimo; II – as enumeradas no art. 275, inciso II, do Código de Processo Civil; III – a ação de despejo para uso próprio; IV – as ações possessórias sobre bens imóveis de valor não excedente ao fixado no inciso I deste artigo. (...). **§ 3º** A opção pelo procedimento previsto nesta Lei importará em renúncia ao crédito excedente ao limite estabelecido neste artigo, excetuada a hipótese de conciliação.

ENUNCIADO 017. NÃO CABE RENÚNCIA SOBRE PARCELAS VINCENDAS PARA FINS DE FIXAÇÃO DE COMPETÊNCIA NOS JUIZADOS ESPECIAIS FEDERAIS.

▶ *André Wasilewski Duszczak*

Para se apurar a competência dos Juizados Federais, deve-se verificar se, na data do ajuizamento da ação, a soma do valor das parcelas vencidas, mais 12 vincenda, ultrapassa ou não os 60 salários mínimos (vide comentários ao Enunciado 48/FONAJEF).

Como já referido nos comentários ao Enunciado 16/FONAJEF, a renúncia nos Juizados Federais não é tácita, ou seja, a parte necessita afirmar expressamente sua pretensão em abrir mão dos valores excedentes a 60 salários mínimos.

No entanto, esta renúncia somente se pode dar sobre as parcelas vencidas, jamais sobre as vincendas, pois se trata de crédito ainda não disponível, além do fato de que, por serem créditos futuros de natureza alimentar, são entendidos como necessários à sobrevivência da parte, sendo, portanto, irrenunciáveis.

Nesse sentido, o Enunciado 46 das Turmas Recursais da Seção Judiciária do Rio de Janeiro, adiante transcrito.

Assim, somente sobre as parcelas vencidas, disponíveis, e que não mais possuem caráter de preservação à vida, vez que são parcelas atrasadas que a parte não necessitou utilizar para sua sobrevivência, é que podem ser renunciadas.

Portanto, como são irrenunciáveis, caso a soma das 12 parcelas vincendas ultrapasse o montante de 60 salários mínimos, então, mesmo que a parte renuncie ao total das parcelas vencidas, ainda assim os Juizados Federais serão incompetentes para a acusa, vez que esta ultrapassa, inevitavelmente, o limite dos Juizados Federais.

◎ Enunciado 46 das Turmas Recursais da Seção Judiciária do Rio de Janeiro. O Juizado Especial Federal é absolutamente incompetente para processar e julgar as causas envolvendo obrigações de trato sucessivo, cuja soma das doze prestações vincendas ultrapassar o limite de sessenta salários mínimos, não cabendo, neste caso, renúncia ao excedente.

◎ Embora não se possa renunciar às parcelas vincendas, perfeitamente possível a limitação e renúncia aos atrasados para a eleição do rito dos Juizados Especiais. (TNU, Pedilef 200951510669087. Rel Kyu Soon Lee, DOU 17.10.2014)

◎ (...). 4. De acordo com o disposto no artigo 3º, § 2º, da Lei 10.259/01, "quando a pretensão versar sobre obrigações vincendas, para fins de competência do Juizado Especial, a soma de doze parcelas não poderá exceder o valor referido no artigo 3º, caput", de 60 (sessenta) salários mínimos, não cabendo, para fins de fixação de competência, de acordo com o disposto no Enunciado nº 46, das Turmas Recursais da Seção Judiciária do Rio de Janeiro, e no Enunciado nº 17, do Fórum Nacional dos Juizados Especiais Federais, renúncia sobre parcelas vincendas. 5. Como o valor da vantagem pretendida pela parte autora corresponde a R$ 6.309,39 (seis mil, trezentos e nove reais e trinta e nove centavos), a soma equivalente a 12 (doze) parcelas totaliza o montante de R$ 75.712,68 (setenta e cinco mil, setecentos e doze reais e sessenta e oito centavos), superior ao limite de 60 (sessenta) salários mínimos previsto para os Juizados Especiais Federais. 6. Desta forma, considerando que a soma de 12 (doze) parcelas vincendas, sobre as quais não cabe renúncia, ultrapassa o limite de 60 (sessenta salários mínimos) previsto para os Juizados Especiais Federais, a demanda originária deve ser processada e julgada perante a 1 Justiça Federal Comum. (TRF2, 5ª T., CC 00092053620154020000, Rel. Aluisio Gonçalves de Castro Mendes)

◎ Versando a causa sobre prestações vencidas e vincendas e tendo a contadoria judicial constatado que a soma das doze parcelas vincendas excede o valor de 60 salários mínimos, deve ser afastada a competência do Juizado Especial para processar e julgar o feito. 4. Conforme Enunciado 17 do Fórum Nacional dos Juizados Especiais Federais "Não cabe renúncia sobre parcelas vincendas para fins de fixação de competência nos Juizados Especiais Federais. (TRF1, 1ª S., CC 00114334520144010000, Rel. Carlos Augusto Pires Brandão, e-DJF1 23.4.2015)

▶ **LJEF. Art. 3º** Compete ao Juizado Especial Federal Cível processar, conciliar e julgar causas de competência da Justiça Federal até o valor de sessenta salários mínimos, bem como executar as suas sentenças. (...). **§ 2º** Quando a pretensão versar sobre obrigações vincendas, para fins de competência do Juizado Especial, a soma de doze parcelas não poderá exceder o valor referido no art. 3º, caput.

ENUNCIADO 020. NÃO SE ADMITE, PARA FIRMAR COMPETÊNCIA DOS JUIZADOS ESPECIAIS FEDERAIS, O FRACIONAMENTO DE PARCELAS VENCIDAS, OU DE VENCIDAS E VINCENDAS, DECORRENTES DA MESMA RELAÇÃO JURÍDICA MATERIAL.

▶ *Gessiel Pinheiro de Paiva*

A competência dos Juizados Especiais Federais em razão do valor da causa é absoluta, e o limite para firmar sua competência é de sessenta salários mínimos (art. 3º, *caput* e § 3º, da Lei 10.259/01).

Ainda, o § 2º do artigo 3º da mesma Lei 10.259/01, prevê que, quando a pretensão versar sobre obrigações vincendas, para fins de competência do Juizado Especial, a soma de doze parcelas não poderá exceder os sessenta salários mínimos previsto no *caput* do artigo.

Capítulo III ● Lei dos Juizados Especiais Federais (Lei 10.259/01)

203

Quando a pretensão versar sobre parcelas vencidas e vincendas, a regra a ser seguida para fixação do valor da causa é aquela prevista nos §§ 1º e 2º do art. 292, do CPC, segundo os quais "quando se pedirem prestações vencidas e vincendas, considerar-se-á o valor de umas e outras" e "o valor das prestações vincendas será igual a uma prestação anual, se a obrigação for por tempo indeterminado ou por tempo superior a 1 (um) ano, e, se por tempo inferior, será igual à soma das prestações".

Assim, também a soma das parcelas vencidas com as vincendas (iguais a uma prestação anual, em regra), não pode exceder o limite para fixação da competência dos Juizados Especiais Federais, ou seja, os sessenta salários mínimos, salvo se a parte autora previamente renunciar ao valor que exceder esse limite.

As obrigações em quantia certa decorrentes de sentença dos Juizados Especiais Federais, que não ultrapassem o valor de sessenta salários mínimos, não estão sujeitas ao regime de precatórios previsto no *caput* do artigo 100, da Constituição, por serem consideradas obrigações de pequeno valor, excepcionadas pelo parágrafo 3º do mesmo artigo.

Regulamenta esse dispositivo, no âmbito federal, a própria Lei 10.259/01, no seu artigo 17, § 1º. E nessa linha, o *caput* desse mesmo artigo estabelece que "tratando-se de obrigação de pagar quantia certa, após o trânsito em julgado da decisão, o pagamento será efetuado no prazo de sessenta dias, contados da entrega da requisição, por ordem do Juiz, à autoridade citada para a causa, na agência mais próxima da Caixa Econômica Federal ou do Banco do Brasil, independentemente de precatório".

Já a regra prevista no parágrafo 3º desse mesmo artigo 17 é idêntica à regra prevista no parágrafo 8º do art. 100 da Constituição, incluído pela Emenda Constitucional n. 62/09 (que constava anteriormente no parágrafo 4º, incluído pela Emenda Constitucional n. 37/02).

Com base nesse conjunto de regras que se interligam, tratando tanto de competência do Juizado Especial Federal, quanto da forma de pagamento, pelos entes públicos sujeitos ao regime do art. 100 da Constituição, das obrigações de pequeno valor decorrentes de sentenças dos Juizados, se firmou o entendimento de que, já no ajuizamento da demanda, é vedado o fracionamento de parcelas vencidas, ou de parcelas vencidas e vincendas, para fins de fixar sua competência.

É que, se tal procedimento fosse admitido, se estaria burlando, por via transversa, a vedação do § 3º do art. 17 da Lei 10.259/01 e, por consequência, também a vedação atualmente prevista no § 8º do art. 100 da Constituição.

Além disso, o processo deve ser visto como um todo unitário, sujeitando-se o julgamento da lide, em relação a todas as parcelas vencidas e também em relação às vincendas ao mesmo juízo, sob o risco de poder ocorrer decisões conflitantes ou, até mesmo, ser violada a coisa julgada eventualmente já formada em algum dos processos.

Há que se observar, por fim, que o fato de as parcelas vencidas somadas a doze vincendas, no ajuizamento da demanda, não ultrapassar sessenta salários mínimos, e restar, assim, fixada a competência do Juizado Especial Federal, não determina necessariamente que, por ocasião do pagamento, a obrigação deva ser limitada a essa quantia, podendo excedê-la em decorrência das prestações que vencerem e se acumularem no curso da lide.

Nessa hipótese, o autor pode optar entre sujeitar-se ao recebimento de seus valores pelo regime de precatórios, sem a possibilidade de fracionamento, ou renunciar ao excedente a sessenta salários mínimos e receber seu crédito na forma prevista no *caput* do art. 17 da Lei 10.259/01. Essa é a regra prevista no parágrafo 4º desse mesmo artigo.

No que tange ao recurso do autor, verifico que O magistrado de primeiro grau entendeu que o valor da condenação deve observar a limitação do teto dos Juizados Especiais Federais correspondente a sessenta salários mínimos. Tenho que uma coisa é o critério para determinação de competência, e outra coisa é o critério para determinar a via pela qual se realizará o pagamento do valor da condenação, se por precatório ou por requisitório. A confusão talvez ocorra porque o valor estabelecido como limite para fins de expedição de requisitório (art. 17, § 1º da Lei 10.259/01) tem a mesma expressão daquele utilizado pela lei para efeito de definição de competência dos Juizados (idem, artigo 3º). De fato, a definição do valor da causa, para efeito de alçada, não guarda correlação alguma com o quantum da condenação, até porque, em se tratando de prestações de trato sucessivo, como são aquelas decorrentes de benefício previdenciário, inúmeras parcelas fatalmente se vencerão no curso da lide, e na grande maioria dos casos, a agregação delas aos atrasados, vencidos antes da propositura do pedido, suplantará o valor de 60 salários mínimos. De modo que, quanto mais o trâmite da ação demorasse, maior seria o prejuízo do segurado, o qual, a vingar a interpretação dada pelo acórdão recorrido, em nenhuma hipótese poderia receber, ao final de tudo, quantia que superasse 60 salários mínimos. Assim, poderia o requerido retardar ao máximo, seja na via administrativa ou judicial, o pagamento daquilo a que o autor tivesse direito, pois teria a certeza de que, posteriormente, na via judicial, seria proferida sempre uma sentença condenatória limitada a sessenta salários mínimos. A prevalecer o entendimento constante da sentença recorrida, todas as parcelas vencidas no decurso da lide restariam perdidas pelo segurado, contidas que ficariam na limitação de 60 salários mínimos. Penso que, na execução, a parte autora terá direito a receber não apenas os valores vencidos, no momento da propositura da ação, limitados a 60 salários mínimos, como também os valores vencidos durante o trâmite do processo, além de juros e correção monetária sobre ambos. A renúncia, para fins de fixação de competência dos Juizados Especiais Federais, só é cabível sobre parcelas vencidas até a data do ajuizamento da ação, tendo por base o valor do salário mínimo então em vigor. Não há renúncia tácita no Juizado Especial Federal, como já deixou assentado esta Turma Nacional de Uniformização, ao editar, com base no precedente firmado quando do julgamento do PU nº 2002.85.10.000594/0, a Súmula nº 17. Acrescento que é possível a expedição de precatório nos Juizados Especiais Federais, quando o montante da condenação ultrapassar o equivalente a 60 salários mínimos, facultada à parte vencedora a renúncia ao valor excedente, caso queira receber seu crédito mediante requisitório: Art. 17. Tratando-se de obrigação de pagar quantia certa, após o trânsito em julgado da decisão, o pagamento será efetuado no prazo de sessenta dias, contados da entrega da requisição, por ordem do Juiz, à autoridade citada para a causa, na agência mais próxima da Caixa Econômica Federal ou do Banco do Brasil, independentemente de precatório. § 1º Para os efeitos do § 3º do art. 100 da Constituição Federal, as obrigações ali definidas como de pequeno valor, a serem pagas independentemente de precatório, terão como limite o mesmo valor estabelecido nesta Lei para a competência do Juizado Especial Federal Cível (art. 3º, caput). § 2º Desatendida a requisição judicial, o Juiz determinará o sequestro do numerário suficiente ao cumprimento da decisão. § 3º São vedados o fracionamento, repartição ou quebra do valor da execução, de modo que o pagamento se faça, em parte, na forma estabelecida no § 1º deste artigo, e, em parte, mediante expedição do precatório, e a expedição de precatório complementar ou suplementar do valor

Capítulo III ● Lei dos Juizados Especiais Federais (Lei 10.259/01)   **205**

pago. § 4º Se o valor da execução ultrapassar o estabelecido no § 1º, o pagamento far-se-á, sempre, por meio do precatório, sendo facultado à parte exequente a renúncia ao crédito do valor excedente, para que possa optar pelo pagamento do saldo sem o precatório, da forma lá prevista. Exatamente por isso, a disposição contida no artigo 39 da Lei 9.099/95 (É ineficaz a sentença condenatória na parte que exceder a alçada estabelecida nesta Lei) não se aplica aos Juizados Especiais Federais, em que, na grande parte dos casos, as ações dizem respeito a prestações de trato sucessivo – especialmente de natureza previdenciária –, com o vencimento, mês a mês, de parcelas que, uma vez reconhecidas, haverão de ser satisfeitas ao final, quer por requisitório, quer por precatório. Se o valor da execução ultrapassar quantia correspondente a 60 salários mínimos, e não havendo renúncia por parte do credor, será feito o pagamento, sempre, por meio de precatório. Por todo o exposto, voto no sentido de dar provimento ao recurso do autor concluindo que o valor da condenação, nos Juizados Especiais Federais, não guarda correlação com o critério definido em lei para fins de determinação de competência, só possuindo relevância para determinar a via de satisfação do crédito, se por requisitório (caso haja renúncia expressa da parte ao excedente a 60 salários mínimos), ou por precatório. Ante o exposto, dou provimento ao recurso do autor e nego provimento ao recurso do réu. (Turma Recursal de SP, 5ª T., 00045914320064036315, Rel. Claudio Roberto Canata, DJF3 6.6.2012)

....

◎ Revisional. IRSM de fevereiro de 1994. Demanda duplicada. Vara federal e juizado previdenciário e processual civil. Ação especial federal. Renúncia ao crédito excedente a 60 salários mínimos. Pretensão de executar, na ação ordinária, o que sobejou a essa renunciação unilateral de vontade. 1. A execução do montante vencido em ação revisional sumaríssima, que correu paralelamente à demanda em processamento no Juízo Comum, cujo título, desta feita, deseja a parte-embargada executar, implica a quitação da obrigação imposta àquele que ocupou o polo passivo da relação processual na qual o débito foi satisfeito, no caso, o Instituto Nacional do Seguro Social. 2. A renúncia do excedente ao limite do valor estabelecido pela Lei 10.259/01 para a competência do Juizado (artigo 3º, caput), para viabilizar a expedição de requisição de pequeno valor – RPV, é faculdade do credor (artigo 17, § 1º), pois, do contrário, o pagamento far-se-á sempre por precatório (artigo 17, § 4º). Exercida voluntariamente essa faculdade, a execução encontrará impedimento legal a que o próprio autor terá dado causa, no artigo 17, § 3º, pelo qual "São vedados o fracionamento, repartição ou quebra do valor da execução, de modo que o pagamento se faça, em parte, na forma estabelecida no § 1º deste artigo (RPV), e, em parte, mediante expedição do precatório, e a expedição de precatório complementar ou suplementar do valor pago". 3. Nessa perspectiva, se na ação que tramitou no Juizado Especial Federal o segurado expressamente renunciou ao crédito excedente a 60 salários mínimos, não lhe é dado executar, na ação ordinária, a porção do crédito que sobejar a essa manifestação unilateral de vontade, que tem origem no mesmo direito material reconhecido na demanda onde os efeitos financeiros já foram solvidos pelo INSS, sendo válido aplicar-se o mesmo raciocínio em relação aos honorários advocatícios de sucumbência cuja execução é ora propugnada pela parte-exequente. (TRF4, 5ª T., AC 2005.4.01.052812-8, Rel. Fernando Quadros da Silva, DE 19.10.2009)

▶ **CF. Art. 100. § 8º** É vedada a expedição de precatórios complementares ou suplementares de valor pago, bem como o fracionamento, repartição ou quebra do valor da execução para fins de enquadramento de parcela do total ao que dispõe o § 3º deste artigo.

▶ **LJEF. Art. 3º** Compete ao Juizado Especial Federal Cível processar, conciliar e julgar causas de competência da Justiça Federal até o valor de sessenta salários mínimos, bem como executar as suas sentenças. (...). **§ 2º** Quando a pretensão versar sobre obrigações vincendas, para fins de competência do Juizado Especial, a soma de doze parcelas não poderá exceder o valor referido no art. 3º, caput. **§ 3º** No foro onde estiver instalada Vara do Juizado Especial, a sua competência é absoluta. ▶ **Art. 17.** Tratando-se de obrigação de pagar quantia certa, após o trânsito em julgado da decisão, o pagamento será efetuado no prazo de sessenta dias, contados da entrega da requisição, por ordem do Juiz, à autoridade citada para a causa, na agência mais próxima da Caixa Econômica Federal ou do Banco do Brasil, independentemente de precatório. **§ 1º** Para os efeitos do § 3º do art. 100 da Constituição Federal, as obrigações ali definidas como de pequeno valor, a serem pagas independentemente de precatório, terão como limite o mesmo valor estabelecido nesta Lei para a competência do Juizado Especial Federal Cível (art. 3º, caput) (...). **§ 3º** São vedados o fracionamento, repartição ou quebra do valor da execução, de modo que o pagamento se faça, em parte, na forma estabelecida no § 1º deste artigo, e, em parte, mediante expedição do precatório, e a expedição de precatório complementar ou suplementar do valor pago. **§ 4º** Se o valor da execução ultrapassar o estabelecido no § 1º, o pagamento far-se-á, sempre, por meio do precatório, sendo facultado à parte exequente a renúncia ao crédito do valor excedente, para que possa optar pelo pagamento do saldo sem o precatório, da forma lá prevista.

ENUNCIADO 022. A EXCLUSÃO DA COMPETÊNCIA DOS JUIZADOS ESPECIAIS FEDERAIS QUANTO ÀS DEMANDAS SOBRE DIREITOS OU INTERESSES DIFUSOS, COLETIVOS OU INDIVIDUAIS HOMOGÊNEOS SOMENTE SE APLICA QUANTO A AÇÕES COLETIVAS.

▶ *Gessiel Pinheiro de Paiva*

O § 1º do artigo 3º da Lei 10.259/01 possui quatro incisos prevendo diversas hipóteses que não se incluem na competência dos Juizados Especiais Federais Cíveis, ainda que o valor da causa seja inferior a sessenta salários mínimos.

Dentre essas hipóteses, a parte final do inciso I menciona "as demandas sobre direitos ou interesses difusos, coletivos ou individuais homogêneos".

A conceituação legal do que são direitos ou interesses difusos, coletivos ou individuais homogêneos é dada pelo art. 81, da Lei 8.078/90, que instituiu o Código de Defesa do Consumidor, mas que se aplicam a todo tipo de direito.

Assim, conforme os conceitos legais: interesses ou direitos difusos são os transindividuais, de natureza indivisível, de que sejam titulares pessoas indeterminadas e ligadas por circunstâncias de fato; interesses ou direitos coletivos são os transindividuais, de natureza indivisível de que seja titular grupo, categoria ou classe de pessoas ligadas entre si ou com a parte contrária por uma relação jurídica base; e interesses ou direitos individuais homogêneos são os decorrentes de origem comum.

Conforme o *caput* do mesmo art. 81, a defesa de tais direitos pode ser feita individualmente (logicamente, quando o titular puder ser individualizado) ou de forma coletiva.

A tutela coletiva, via de regra, se dá através de ação civil pública, de forma que, ainda que esse tipo de ação não seja expressamente referido nas exceções à competência dos Juizados Especiais Federais, a exclusão de competência para demandas sobre direitos difusos, coletivos e individuais homogêneos acaba por excluir também a ação civil pública do âmbito dos Juizados Especiais, mesmo porque os legitimados para sua propositura não estão arrolados no inciso I do artigo 6º da Lei 10.259/01.

Conforme o Enunciado em estudo, somente a tutela coletiva dos direitos difusos, coletivos ou individuais homogêneos resta excluído do âmbito dos Juizados Especiais Federais.

Capítulo III ● Lei dos Juizados Especiais Federais (Lei 10.259/01)   **207**

Portanto, ainda que se trate de um interesse coletivo ou individual homogêneo, não há qualquer óbice para que algum dos titulares do direito proponha individualmente uma demanda visando assegurá-lo perante o Juizado Especial Federal, desde que o valor da causa seja inferior a sessenta salários mínimos.

Nesse sentido, explicou, ainda em 2002, em Brasília, durante o Seminário Juizados Especiais Federais – Aspectos Polêmicos e Inovações, o já saudoso Ministro do STF, Teori Albino Zavascki[2]:

> Coloco, como exceção de natureza procedimental, a ação para tutela de direitos individuais homogêneos. A Lei, quando fala na exceção, fala em direitos difusos e coletivos e direitos individuais homogêneos, misturando-os. Devemos fazer uma distinção: os direitos individuais homogêneos não são da competência do juizado apenas nos casos em que haja uma demanda para sua tutela coletiva, ou seja, pela natureza coletiva do procedimento, não há compatibilidade com o juizado especial, não pelo fato de se tratar de direito individual homogêneo. O titular de um direito individual será da mesma origem de um direito individual de titularidade de muitas pessoas, que, em tese, são suscetíveis de tutela coletiva, por um substituto processual: o Ministério Público, uma associação, etc.; quando tutelado individualmente, pelo próprio titular, pode, sim, ser demandado perante o Juizado Especial, não perdendo a natureza substancial de direito individual homogêneo. O que foge à competência do Juizado Especial é o procedimento de tutela coletiva desses direitos individuais.

Ainda, com base nesse entendimento, o STJ (AgRg no REsp 1354068; AgRg no REsp 1469836) tem admitido a tramitação nos juizados especiais federais de ações civis públicas propostas pelo Ministério Público Federal ou pela Defensoria Pública da União como substituto processual de pessoa enferma, visando o fornecimento de medicamento com custo inferior a sessenta salários mínimos, por entender que se está diante de processo verdadeiramente individual, embora proposto por substituto processual e pelo rito da ação civil pública.

· ·

◉ Conflito de competência. Vara federal e juizados especiais federais. Direitos individuais homogêneos. Ações individuais propostas pelo próprio titular do direito. Competência dos juizados. 1. A Primeira Seção desta Corte firmou o entendimento de que a exceção à competência dos Juizados Especiais Federais prevista no art. 3º, § 1º, I, da Lei 10.259/01 se refere apenas às ações coletivas para tutelar direitos individuais homogêneos, e não às ações propostas individualmente pelos próprios titulares (CC 83676...). 2. Conflito conhecido para declarar a competência do Juizado Especial Federal. (STJ, 1ª S., CC 80398, Rel. Castro Meira, DJ 8.10.2007)

· ·

◉ Conflito de competência. Juízo federal de juizado especial e de juizado comum. Competência. Ação coletiva movida por sindicato na condição de substituto processual. Incompetência do juizado especial. 1. O art. 3º, § 1º, I, da Lei dos Juizados Especiais Federais exclui da competência destes as demandas sobre direitos ou interesses difusos, coletivos ou individuais homogêneos. Conforme jurisprudência do Tribunal, "ao excetuar da competência dos Juizados Especiais Federais as causas relativas a direitos individuais homogêneos, a Lei 10.259/01 (art. 3º, § 1º, I) se refere apenas às ações coletivas para tutelar os referidos direitos, e não às ações propostas individualmente pelos titulares" (CC 58211...). 2. No caso, o Sindicato dos Policiais Rodoviários Federais no Estado do Pernambuco – SINPRF/PE, propôs, em nome próprio, demanda visando a defender direito subjetivos individuais de sindicalizados. Trata-se, portanto, não de litisconsórcio ativo em sentido estrito, mas de ação coletiva movida em regime de substituição processual e,

---

2. ZAVASCKI, Teori. *apud* SILVA, Fernando Schenkel do Amaral e. **Juizados especiais federais cíveis – competência e conciliação.** Florianópolis: Conceito, 2007, p. 78.

como tal, está fora da competência dos Juizados Especiais Federais Cíveis. 3. Conflito conhecido, declarando-se a competência do Juízo Federal da 5ª Vara da Subseção Judiciária do Recife/PE, o suscitado. (STJ, 1ª S., CC 86781, Rel. Teori Albino Zavascki, DJ 1.10.2007)

○ Conflito de competência. Vara federal e juizados especiais federais. Direitos individuais homogêneos. Ações individuais propostas pelo próprio titular do direito. Competência dos juizados. 1. Ao excetuar da competência dos Juizados Especiais Federais as causas relativas a direitos individuais homogêneos, a Lei 10.259/01 (art. 3º, § 1º, I) se refere apenas às ações coletivas para tutelar os referidos direitos, e não às ações propostas individualmente pelos próprios titulares. É que o conceito de homogeneidade supõe, necessariamente, uma relação de referência com outros direitos individuais assemelhados, formando uma pluralidade de direitos com uma finalidade exclusivamente processual, de permitir a sua tutela coletiva. 2. Considerados individualmente, cada um desses direitos constitui simplesmente um direito subjetivo individual e, nessa condição, quando tutelados por seu próprio detentor, estão sujeitos a tratamento igual ao assegurado a outros direitos subjetivos, inclusive no que se refere à competência para a causa. 3. Conflito conhecido para declarar a competência do Juizado Federal. (STJ, 1ª S., CC 58211, Rel. Castro Meira, DJ 18.9.2006)

○ Administrativo e processual civil. Agravo regimental no recurso especial. Fornecimento de medicamento. Ação civil pública, ajuizada pelo Ministério Público Federal. Atuação como substituto processual de determinada pessoa. Valor da causa inferior a 60 salários mínimos. Competência do juizado especial federal. Precedentes do STJ. Agravo regimental improvido. I. Hipótese em que o Ministério Público Federal atua como substituto processual de pessoa determinada, em ação ajuizada contra a União, o Estado do Paraná e o Município de Umuarama/PR, de valor inferior a sessenta salários-mínimos, objetivando a condenação dos réus ao fornecimento gratuito de medicamento. II. Nos termos da jurisprudência do Superior Tribunal de Justiça (a) "as causas relacionadas a fornecimento de medicamentos até 60 salários mínimos submetem-se ao rito dos Juizados Especiais, não sendo a necessidade de perícia argumento hábil a afastar a referida competência" (STJ, AgRg no REsp 1469836...); (b) "a exceção à competência dos Juizados Especiais Federais prevista no art. 3º, § 1º, I, da Lei 10.259/01 se refere apenas às ações coletivas para tutelar direitos individuais homogêneos, e não às ações propostas individualmente pelo próprios titulares" (STJ, CC 83676...); e (c) "Não há óbice para que os Juizados Especiais procedam ao julgamento de ação que visa o fornecimento de medicamentos/tratamento médico, quando o Ministério Público atua como substituto processual de cidadão idoso enfermo" (STJ, REsp 1409706...). (...). (STJ, 2ª T., AgRg no REsp 1354068, Rel. Assusete Magalhães, DJe 1.7.2015)

○ (...). Fornecimento de medicamento. Valor até 60 salários mínimos. Ação civil pública proposta pelo ministério público. Reconhecimento de direito individual. Competência dos juizados especiais federais. 1. A orientação desta Corte de Justiça é no sentido de que as causas relacionadas a fornecimento de medicamentos até 60 salários mínimos submetem-se ao rito dos Juizados Especiais, não sendo a necessidade de perícia argumento hábil a afastar a referida competência. 2. A presente ação civil pública, ajuizada pela Defensoria Pública do Estado de Minas Gerais, busca o reconhecimento de direito individual determinado, ainda que sob a forma de ação coletiva, qual seja, o direito da assistida para acesso a medicamento para tratamento de nefrite lúpica (lúpus). Portanto, a competência é do Juizado Especial Federal. 3. "A Primeira Seção desta Corte firmou o entendimento de que a exceção à competência dos Juizados Especiais Federais prevista no art. 3º, § 1º, I, da Lei 10.259/2001 se refere apenas às ações coletivas para tutelar direitos individuais homogêneos, e não às ações propostas individualmente pelos próprios titulares" (CC 83676...). (STJ, AgRg no REsp 1469836, Rel. Min. Humberto Martins, 2ª T., DJe 9.3.2015)

▶ **LJEF. Art. 3º** Compete ao Juizado Especial Federal Cível processar, conciliar e julgar causas de competência da Justiça Federal até o valor de sessenta salários mínimos, bem como executar as suas sentenças. **§ 1º** Não se incluem na competência do Juizado Especial Cível as causas: I - referidas no art. 109, incisos II, III e XI, da Constituição Federal, as ações de mandado de segurança,

Capítulo III ● Lei dos Juizados Especiais Federais (Lei 10.259/01)

> de desapropriação, de divisão e demarcação, populares, execuções fiscais e por improbidade administrativa e as demandas sobre direitos ou interesses difusos, coletivos ou individuais homogêneos; II - sobre bens imóveis da União, autarquias e fundações públicas federais; III - para a anulação ou cancelamento de ato administrativo federal, salvo o de natureza previdenciária e o de lançamento fiscal; IV - que tenham como objeto a impugnação da pena de demissão imposta a servidores públicos civis ou de sanções disciplinares aplicadas a militares.

ENUNCIADO 023. NAS AÇÕES DE NATUREZA PREVIDENCIÁRIA E ASSISTENCIAL, A COMPETÊNCIA É CONCORRENTE ENTRE O JEF DA SUBSEÇÃO JUDICIÁRIA E O DA SEDE DA SEÇÃO JUDICIÁRIA (ART. 109, § 3º DA CF/88 E SÚMULA 689 DO STF).

▶ *Antônio César Bochenek e Márcio Augusto Nascimento*

O Enunciado foi cancelado no V FONAJEF com o objetivo de corrigir um equívoco na interpretação das normas processuais a respeito da competência.

Naquele momento e no início dos juizados especiais federais muitos operadores do sistema de justiça entenderam que as ações dessa natureza são propostas, via de regra, por hipossuficientes e pareceu ser uma solução adequada em 2005 o conteúdo da redação do Enunciado, que teria sido elaborado no intuito de facilitar o acesso à justiça. O verbete possibilitava a parte autora escolher entre ajuizar a ação de natureza previdenciária ou assistencial no JEF da Subseção Judiciária onde residisse ou na sede da Seção Judiciária (capital do Estado).

O artigo 99 do CPC/73 estabelecia que:

> O foro da Capital do Estado ou do Território é competente:

> I – para as causas em que a União for autora, ré ou interveniente;

> II – para as causas em que o Território for autor, réu ou interveniente. Parágrafo único. Correndo o processo perante outro juiz, serão os autos remetidos ao juiz competente da Capital do Estado ou Território, tanto que neles intervenha uma das entidades mencionadas neste artigo.

Contudo, a Constituição Federal de 1988, não recepcionou os dispositivos legais acima transcritos. Ao contrário, estabeleceu uma nova ordem constitucional e novas regras de competência territorial foram consagradas no artigo 109, adiante transcrito no que interessa ao tema.

O dispositivo constitucional foi elaborado em 1988 no momento que a Justiça Federal ainda estava sediada apenas nas capitais dos Estados e iniciava um processo de interiorização. A conjugação dos dispositivos levou ao equívoco em considerar a possibilidade da escolha de ajuizamento da ação na capital do Estado (Seção, como disposto na Constituição) ou na Subseção do interior. Entretanto, com o passar do tempo e a consequente interiorização da Justiça Federal foram instalados Juizados Especiais Federais em todas as Subseções Judiciárias, além das Unidades Avançadas de Atendimento (UAA). O Enunciado perdeu a razão de sua existência, motivo pelo qual foi cancelado em 2008.

Acrescente-se ainda neste repertório a previsão de delegação de competência da justiça federal para a justiça estadual (artigo 109 § 3º, da Constituição). Ainda a confusão interpretativa gerada e consubstanciada na Súmula 689, do Supremo Tribunal Federal.

O Pleno do Supremo Tribunal Federal, na Sessão do dia 2.8.2001, ao julgar o RE 287351-AgR, reafirmou o conteúdo de sua Súmula 689, asseverando que o segurado poderia ajuizar ação contra O INSS no juízo federal de seu domicílio ou nas varas federais da capital do Estado-membro.

Contudo, a disposição restou superada. A interpretação defendida pela imensa maioria dos escritores sobre o tema, bem como pela jurisprudência[3], afasta a possibilidade de aplicação da Súmula 689 do Supremo Tribunal Federal, pois a aplicabilidade do disposto do artigo 109, § 3º, é restrita a competência delegada aos juízes estaduais de parcela da competência da Justiça Federal. Ademais, a interiorização da Justiça Federal estabeleceu novos contornos de delimitação de competência territorial da Justiça Federal e está hoje presente em mais de 250 municípios brasileiros.

Por outro motivo, mas na mesma conclusão, o CPC/2015 não mais dispõe da regra de competência territorial nos termos do revogado artigo 99, do CPC/73, bem como repete os dispositivos constitucionais acima descritos quanto define as regras de competência territorial em seus artigos 44 e 51.

Vale ainda anotar que o Supremo Tribunal Federal estendeu os efeitos das normas relativa à competência territorial da União para as suas autarquias. Logo, hoje não há mais celeuma em relação ao ponto, e o Enunciado foi cancelado.

◎ Súmula STF 689. A ação do segurado contra instituição previdenciária pode ser proposta perante o Juízo Federal do seu domicílio ou nas Varas Federais da capital do Estado-membro.

◎ (...). Competência. Beneficiário da Previdência Social. Propositura de ação. Foro. Beneficiário da previdência social. Foro. Competência. Propositura de ação contra o Instituto Nacional do Seguro Social tanto no domicílio do segurado como no da Capital do Estado-membro. Faculdade que lhe foi conferida pelo artigo 109, § 3º, da Constituição Federal. Agravo regimental não provido.' Este entendimento foi consubstanciado na Súmula 689 (O segurado pode ajuizar ação contra a instituição previdenciária perante o juízo federal do seu domicílio ou nas varas federais da capital do Estado-membro). (STF, 1ª T., RE 341756 AgR, Rel. Min. Sepúlveda Pertence, DJ 1.7.2005).

◎ Nas ações propostas por servidores públicos federais que impliquem pagamento de diferenças salariais, o foro a ser aplicado é o do inciso II do artigo 4º da Lei 9.099/95, ou seja, aquele onde a obrigação deva ser satisfeita (foro do pagamento). 5. O afastamento da regra do parágrafo único do artigo 4º da Lei 9.099/95 em ações como esta deve-se ao fato de que, em matéria de competência, o interesse público sempre prevalecer sobre a preferência ou conveniência das partes. Com a criação das Procuradorias Regionais Federais descentralizando o contencioso, não faz o menor sentido se estabelecer a competência de foro em razão do lugar onde se encontra a sede da parte ré, sendo, não só razoável, mas, também, correto, fixar a competência no lugar onde a obrigação deve ser satisfeita, para a ação em que se lhe exigir o cumprimento (inciso II da Lei 9.099/95). 6. Outro ponto a ser levado em consideração é que a aplicação do parágrafo único do artigo 4º da Lei 9.099/95 em ações ajuizadas contra a Fazenda Pública implica

---

3. BOCHENEK, Antônio César; DALAZOANA, Vinicius. **Competência Cível da Justiça Federal e dos Juizados Especiais Federais.** 4. ed. Curitiba: Juruá, 2017.

Capítulo III ● Lei dos Juizados Especiais Federais (Lei 10.259/01)

211

estabelecer que qualquer cidade que possua estabelecimento, filial, agência ou sucursal de uma autarquia ou fundação pública passe a ser foro universal, o que, por óbvio, não foi a vontade do legislador constitucional. Urge que se diga, nesse ponto, que o referido artigo foi criado por lei que estabelece competência territorial no âmbito de litígios entre particulares e não entre particulares e entes públicos, não se afigurando razoável que se dê essa interpretação no âmbito dos Juizados Especiais Federais. 7. Além disso, admitir que, em qualquer caso, a ação possa ser ajuizada no foro elencado no inciso I do artigo 4º da Lei 9.099/95, implica desconsiderar o fato de que ajuizar ação em Varas de Juizado próximas às representações das Fundações e Autarquias nas quais a obrigação será cumprida dá celeridade ao cumprimento de diligências e decisões judiciais, além de possibilitar ao juiz da causa maior proximidade com as partes, elementos de prova e demais fatos e procedimentos relacionados ao processo, facilitando o acesso à Justiça e impondo celeridade e economia processual aos feitos. 8. A despeito disso, muito embora os juizados especiais federais tenham sido concebidos para facilitar o acesso à Justiça, os princípios que os informam não podem ser utilizados para afastar as regras que fixam sua competência territorial. Deve-se, portanto, encontrar uma solução, dentro do ordenamento jurídico, para aplicação dos princípios da celeridade e da economia processual, sem que isso implique na desconsideração desmotivada de uma regra de fixação de competência. 10. A solução é aplicar ao artigo 4º da Lei 9.099/95 a mesma técnica hermenêutica utilizada para o artigo 100 do Código de Processo Civil, segundo a qual a fixação de um foro especial afasta o foro geral. (Turma Recursal do DF, RI 0061723-59.2008.4.01.3400, Rel. Candice Levocat Galvão Jobim, j. 31.5.2012)

▶ **CPC. Art. 44.** Obedecidos os limites estabelecidos pela Constituição Federal, a competência é determinada pelas normas previstas neste Código ou em legislação especial, pelas normas de organização judiciária e, ainda, no que couber, pelas constituições dos Estados. ▶ **Art. 51.** É competente o foro de domicílio do réu para as causas em que seja autora a União. Parágrafo único. Se a União for a demandada, a ação poderá ser proposta no foro de domicílio do autor, no de ocorrência do ato ou fato que originou a demanda, no de situação da coisa ou no Distrito Federal.

▶ **LJEF. Art. 3º** Compete ao Juizado Especial Federal Cível processar, conciliar e julgar causas de competência da Justiça Federal até o valor de sessenta salários mínimos, bem como executar as suas sentenças. (...). **§ 3º** No foro onde estiver instalada Vara do Juizado Especial, a sua competência é absoluta.

▶ **CF. Art. 109.** Aos juízes federais compete processar e julgar: I – as causas em que a União, entidade autárquica ou empresa pública federal forem interessadas na condição de autoras, rés, assistentes ou oponentes, exceto as de falência, as de acidentes de trabalho e as sujeitas à Justiça Eleitoral e à Justiça do Trabalho; (...). **§ 1º** As causas em que a União for autora serão aforadas na seção judiciária onde tiver domicílio a outra parte. **§ 2º** As causas intentadas contra a União poderão ser aforadas na seção judiciária em que for domiciliado o autor, naquela onde houver ocorrido o ato ou fato que deu origem à demanda ou onde esteja situada a coisa, ou, ainda, no Distrito Federal. **§ 3º** Serão processadas e julgadas na justiça estadual, no foro do domicílio dos segurados ou beneficiários, as causas em que forem parte instituição de previdência social e segurado, sempre que a comarca não seja sede de vara do juízo federal, e, se verificada essa condição, a lei poderá permitir que outras causas sejam também processadas e julgadas pela justiça estadual.

Enunciado 106. Cabe à Turma Recursal conhecer e julgar os conflitos de competência apenas entre Juizados Especiais Federais sujeitos a sua jurisdição.

▸ *João Felipe Menezes Lopes*

O Enunciado em estudo tem conteúdo semântico bastante claro, podendo levar o intérprete mais apressado até mesmo à conclusão da desnecessidade de sua edição, em razão da obviedade do que nele contido. Afinal, caberia à Turma Recursal dos Juizados Especiais Federais conhecer e julgar conflitos de competência entre juízes distintos daqueles sujeitos à sua jurisdição? A resposta não é tão simples quanto parece.

Com efeito, as divergências jurisprudenciais que tocam a matéria demonstram o quanto ela já foi objeto de dissenso entre Tribunais Regionais Federais, o Superior Tribunal de Justiça e o Supremo Tribunal Federal. A boa notícia é que o dissenso foi parcialmente superado com o julgamento do Recurso Extraordinário com Repercussão Geral 590.409 pelo Supremo Tribunal Federal. A não tão boa é que o caminho até esse resultado produziu precedentes que merecem ser analisados com maior atenção, até mesmo porque as conclusões neles contidas são relevantes para a compreensão da natureza jurídica dos Juizados Especiais Federais e de seus órgãos componentes, servindo de referência para a intelecção do alcance a ser dado ao Enunciado.

Ao consolidar seu entendimento a respeito de conflitos de competência entre juízes federais com competência ordinária e juízes federais com competência para os processos do JEF, a Corte Especial do Superior Tribunal de Justiça editou, no ano de 2008, a (hoje cancelada) Súmula 348, dispondo no sentido de que "Compete ao Superior Tribunal de Justiça decidir os conflitos de competência entre juizado especial federal e juízo federal, ainda que da mesma seção judiciária".

O pressuposto jurídico subjacente ao entendimento então consolidado (e atualmente superado) era o de que os Juizados Especiais Federais configuravam estrutura administrativa "autônoma" à dos Tribunais Regionais Federais, o que levava à conclusão de que um conflito de competência entre um juízo federal (vinculado ao TRF) e um juizado especial federal (autônomo em relação ao TRF), ainda que de uma mesma Seção Judiciária, representaria um conflito "entre juízes vinculados a tribunais diversos", a justificar a competência originária do Superior Tribunal de Justiça para solver o conflito.

O aludido pressuposto jurídico decorria tanto da afirmação da competência do Superior Tribunal de Justiça para o julgamento do conflito, baseada na alínea "d" do inciso I do artigo 105 da Constituição Federal, como também da exclusão da incidência, na hipótese, da regra de competência prevista na alínea "e" do inciso I do artigo 108 da mesma Carta, que atribui aos Tribunais Regionais Federais a competência para processar e julgar originariamente os conflitos de competência "entre juízes federais vinculados ao Tribunal".

Levada ao Supremo Tribunal Federal, a matéria foi submetida ao regime de Repercussão Geral, tendo como paradigma o Recurso Extraordinário n. 590.409, de relatoria do Min. Ricardo Lewandowski. Neste precedente, julgado em agosto de 2009, as premissas nas quais o Superior Tribunal de Justiça baseou-se para editar a hoje cancelada Súmula 348 foram afastadas, prevalecendo o entendimento de que tanto os juízes que integram os Juizados Especiais Federais como aqueles que exercem a jurisdição nas Varas comuns da Justiça Federal, em uma mesma Região, estão vinculados ao respectivo Tribunal Regional Federal, de modo que eventual conflito de competência entre eles deve ser solvido pelo próprio Tribunal a que ambos se encontram

CAPÍTULO III ● LEI DOS JUIZADOS ESPECIAIS FEDERAIS (LEI 10.259/01)

213

vinculados, nos termos da regra inserta na alínea "e" do inciso I do artigo 108 da Constituição.

Os fundamentos invocados por ocasião do julgamento revelam a interpretação do STF a respeito da natureza jurídica dos Juizados Especiais Federais dentro da estrutura do Poder Judiciário Federal. No aludido precedente, a construção do resultado final do julgamento levou em conta as seguintes considerações: (a) os crimes comuns e de responsabilidade dos juízes de primeiro grau e das Turmas Recursais dos Juizados Especiais são julgados pelo respectivo Tribunal Regional Federal; (b) as Varas Federais e as Turmas Recursais dos Juizados Especiais Federais são instituídos pelos respectivos Tribunais Regionais Federais, estando subordinados a eles administrativamente; (c) a Lei 10.259/01 comete aos Tribunais Regionais Federais a faculdade de instituir as Turmas Recursais e de estabelecer sua área de competência territorial (artigo 21), bem como as missões de coordenar e prestar suporte administrativo aos JEFs (artigos 22 e 26); (d) a Constituição não arrola as Turmas Recursais como órgãos do Poder Judiciário, outorgando-lhes apenas a incumbência de julgar os recursos oriundos dos Juizados Especiais.

Portanto, as Turmas Recursais não se qualificariam como "tribunais" para os fins da incidência da regra de competência prevista na alínea "d" do inciso I do artigo 105 da Constituição Federal; "contrario sensu", a competência para o processamento e julgamento dos conflitos de competência entre juízo federal e juizado especial federal de uma mesma Região da Justiça Federal seria do respectivo Tribunal Regional Federal (alínea "e" do inciso I do artigo 108 da Constituição). Apenas na hipótese em que o conflito envolver juízo federal e juizado especial federal de diferentes Regiões da Justiça Federal (vinculados, portanto, a distintos Tribunais) é que a competência para o julgamento do conflito recairia sobre o Superior Tribunal de Justiça.

À vista do precedente do Supremo Tribunal Federal, o Superior Tribunal de Justiça cancelou a Súmula 348 e, em seu lugar, no ano de 2016, editou a de número 428, com o seguinte teor: "Compete ao Tribunal Regional Federal decidir os conflitos de competência entre juizado especial federal e juízo federal da mesma seção judiciária".

Solvida esta divergência, seria possível então afirmar que o Enunciado sob comento tem atualmente aplicação pacífica no âmbito da jurisprudência? Infelizmente, para o operador do Direito, a resposta é negativa.

O julgamento do Supremo Tribunal Federal pacificou a divergência de entendimento a respeito da competência jurisdicional do Superior Tribunal de Justiça e dos Tribunais Regionais Federais, quando em voga conflitos envolvendo juízes vinculados aos Juizados Especiais e juízes atuantes em Varas com competência ordinária em uma mesma Região da Justiça Federal. Porém, nada foi consolidado no âmbito do Supremo a respeito de qual órgão jurisdicional teria a atribuição de solver o conflito de competência entre dois juízes vinculados a Juizados Especiais de uma mesma Região. Esta última é a matéria tratada no Enunciado em análise.

Pois bem. Linhas atrás foi mencionado que a análise dos precedentes que estruturaram o entendimento hoje consolidado na Súmula 428 do STJ mereceria ser feita amiúde, em razão de as conclusões neles constantes serem relevantes para a compreensão da natureza jurídica dos Juizados Especiais Federais, assim como para a intelecção do conteúdo do Enunciado ora estudado. A afirmação tem a seguinte razão de ser: nem todos os Tribunais Regionais Federais acolhem o entendimento de que às Turmas Recursais teria sido reservada a competência para o julgamento de conflitos de competência entre juízes de juizados especiais federais "sujeitos à sua jurisdição", ou seja, juízes de Juizados Federais de uma mesma Seção Judiciária.

A exceção fica por conta do Tribunal Regional Federal da 3ª Região, que, em precedentes que invocam os fundamentos constantes do Recurso Extraordinário com Repercussão Geral n. 590.409, entende não existir previsão constitucional ou legal que albergue esta competência jurisdicional das Turmas Recursais. Pelo contrário, considera que juízes de Juizados Especiais Federais, ainda que de uma mesma Seção Judiciária, estão vinculados ao Tribunal Regional Federal (e não às Turmas), o que atrairia a incidência da regra prevista no artigo 108, inciso I, alínea "e", da Constituição Federal, que estabelece competência a originária dos TRFs para "processar e julgar originariamente os conflitos de competência entre juízes federais vinculados ao Tribunal".

A influência do precedente paradigmático do Supremo Tribunal Federal, afirmando não existir autonomia das Turmas Recursais em relação ao Tribunal a que estão vinculadas, é patente no caso. Segundo o entendimento do TRF da 3ª Região, se de fato não existe esta autonomia, o critério da vinculação previsto constitucionalmente para delimitação da competência dos Tribunais Regionais Federais haveria de pender em favor da aplicação da regra de competência constante do artigo 108, inciso I, alínea "e", da Constituição Federal, já que juízes federais (estejam eles exercendo sua jurisdição em Vara comum ou em Vara de Juizado Especial) vincular-se-iam sempre aos Tribunais (e não às Turmas Recursais).

De todo modo, é importante registrar que os demais Tribunais Regionais Federais não sustentam semelhante posicionamento, acolhendo o entendimento, constante do Enunciado, de que às Turmas Recursais cabe conhecer e julgar os conflitos de competência entre Juizados Especiais Federais "sujeitos a sua jurisdição", conforme consta da jurisprudência complementar colacionada adiante. Nesses precedentes, a competência funcional das Turmas para julgar os recursos interpostos contra as decisões proferidas no âmbito dos Juizados Federais foi tida como suficiente para atrair, de igual modo, a competência para o julgamento de conflitos de competência ocorridos no âmbito de sua jurisdição.

○ (...). Conflito de competência entre juizados especiais federais da mesma região. Incompetência deste tribunal regional federal para processamento e julgamento do conflito de competência. Remessa do feito para uma das turmas recursais. 1. Os conflitos de competência entre Juizados Especiais Federais devem ser processados e julgados pelas Turmas Recursais, por serem os órgãos colegiados responsáveis pela revisão das decisões proferidas pelos Juizados Especiais Federais. 2. De acordo com o artigo 4º, inciso VII, do Regimento Interno das Turmas Recursais dos Juizados Especiais Federais da 2ª Região, compete a cada Turma Recursal processar e julgar "os conflitos de competência entre Juizados Especiais Federais da respectiva Seção Judiciária". 3. Declaração, de ofício, da incompetência absoluta deste Tribunal Regional Federal para o processamento e julgamento do presente conflito de competência, com seu encaminhamento

CAPÍTULO III ● LEI DOS JUIZADOS ESPECIAIS FEDERAIS (LEI 10.259/01)

215

para uma das Turmas Recursais da Seção Judiciária do Rio de Janeiro. (TRF2, 5ª T., CC 0008331-17.2016.4.02.0000, Rel. Julio Emilio Abranches Mansur, j. 24.10.2016)

○ (...). Conflito negativo de competência entre juizados especiais federais vinculados a uma mesma turma recursal. Incompetência do Tribunal Regional Federal da 1ª Região. Competência declinada para a turma recursal. 1. Compete à Turma Recursal apreciar e julgar conflito de competência entre juízes de Juizados Especiais Federais a ela vinculados jurisdicionalmente. Precedentes deste TRF e do STJ. 2. Competência declinada para uma das Turmas Recursais do Juizado Especial Federal da Seção Judiciária do Estado da Bahia. (TRF1, 1ª S., CC 2009.01.00.065855-6, Rel. Francisco de Assis Betti, e-DJF1 30.4.2012)

○ (...). Conflito de competência entre juizados especiais federais. Competência das turmas recursais. Não dispondo os Tribunais Regionais Federais de competência, recursal ou originária, para análise de decisões pronunciadas por juízes integrantes do Juizado Especial Federal, cumprindo às Turmas Recursais a análise última, em instância ordinária, daqueles éditos, avulta a ausência jurisdição desta Corte para solução daquela divergência. Enunciado 91 do XVI Encontro Nacional dos Coordenadores de Juizados Especiais Federais. Precedente 3ª Seção desta Corte. (TRF4, 3ª S., CC 2009.04.00.039308-6, Rel. Fernando Quadros da Silva. DE 12.3.2010)

○ (...). Conflito de competência entre juizados especiais federais. Competência do Tribunal Regional Federal da 3ª Região para o julgamento. Instalação de juizado especial no domicílio do autor. Redistribuição de processo. Compete a este Tribunal – e não à Turma Recursal – processar e julgar conflito de competência entre Juizados Especiais Federais localizados na 3ª Região. (...). (TRF3, 2ª S., CC 0004119-91.2014.4.03.0000, Rel. Nelton dos Santos, e-DJF3 4.9.2014)

▶ **CF. Art. 105.** Compete ao Superior Tribunal de Justiça: I – processar e julgar, originariamente: (...) d) os conflitos de competência entre quaisquer tribunais, ressalvado o disposto no art. 102, I, "o", bem como entre tribunal e juízes a ele não vinculados e entre juízes vinculados a tribunais diversos. ▶ **Art. 108** Compete aos Tribunais Regionais Federais: I – processar e julgar, originariamente: (...) e) os conflitos de competência entre juízes federais vinculados ao Tribunal.

▶ **LJEF. Art. 21.** As Turmas Recursais serão instituídas por decisão do Tribunal Regional Federal, que definirá sua composição e área de competência, podendo abranger mais de uma seção. ▶**Art. 22.** Os Juizados Especiais serão coordenados por Juiz do respectivo Tribunal Regional, escolhido por seus pares, com mandato de dois anos. ▶ **Art. 26.** Competirá aos Tribunais Regionais Federais prestar o suporte administrativo necessário ao funcionamento dos Juizados Especiais.

ENUNCIADO 114. HAVENDO CUMULAÇÃO DE PEDIDOS, É ÔNUS DA PARTE AUTORA A IDENTIFICAÇÃO EXPRESSA DO VALOR PRETENDIDO A TÍTULO DE INDENIZAÇÃO POR DANOS MORAIS, A SER CONSIDERADO NO VALOR DA CAUSA PARA FINS DE DEFINIÇÃO DA COMPETÊNCIA DOS JUIZADOS ESPECIAIS FEDERAIS.

▶ *João Cabrelon*

Dispunha o art. 259, II, do CPC/73, que, havendo cumulação de pedidos, o valor da causa corresponderia à soma dos valores de todos eles. Essa determinação repetiu-se no CPC, conforme seu art. 292, VI.

Já a indicação do valor da causa quanto aos pedidos de indenização por danos morais não era expressamente prevista pelo revogado CPC. Durante algum tempo, vacilou a jurisprudência sobre a necessidade de se indicar, na petição inicial, a exata quantia pretendida pelo autor a título de danos morais. Tornou-se praxe no meio forense o requerimento do autor para que o juiz estipulasse esse valor, por ocasião da sentença condenatória. Nessas hipóteses, o autor simplesmente "estimava" o benefício econômico pretendido com a pretensão indenizatória, sem que, necessariamente, esse benefício correspondesse exatamente ao valor atribuído à causa quanto ao específico pedido de condenação do réu pelos alegados danos morais.

No entanto, a exata correspondência entre o benefício econômico pretendido com a ação e o valor a ela atribuído é de grande importância em sede de Juizados Especiais Federais. Conforme dispõe o art. 3º, § 3º, da Lei 10.259/01, "No foro onde estiver instalada Vara do Juizado Especial, a sua competência é absoluta". Um dos principais critérios para a definição da competência dos Juizados é o valor da causa, o qual não pode ultrapassar sessenta salários mínimos (art. 3º, caput, da Lei 10.259/01). Portanto, a adequada e precisa indicação do valor da causa afeta diretamente a definição da competência entre Juizados e Varas Federais comuns, razão pela qual não há espaço para imprecisões nessa matéria.

Esse raciocínio, que já era juridicamente válido quando da vigência do CPC/73, tornou-se ainda mais imperativo por força de importante alteração trazida pelo CPC. Com efeito, a alteração mais significativa nas disposições relativas ao valor da causa no CPC/2015 foi a introdução de regra que explicita a necessidade de, na ação indenizatória fundada em dano moral, o valor da causa corresponder ao valor pretendido (art. 292, V, do CPC).

Assim, não é mais admissível que o autor pleiteie, no corpo da petição, que o valor da indenização por danos morais seja fixado por estimativa, de acordo com o "prudente arbítrio do juiz". Compete-lhe, como bem fixa o Enunciado em estudo, explicitar qual o valor pretendido como indenização a título de danos morais, incluindo-o no cômputo do valor da causa, somando-se aos demais valores pretendidos pelo autor em face de eventuais pedidos cumulados. Somente assim é possível se aferir se a competência dos Juizados Especiais Federais restou ou não firmada.

Problema bastante atual, que tem forte imbricação com os pontos acima referidos, diz respeito à atribuição de valor excessivo à causa quanto à pretensão relativa aos danos morais, e sua consequência para fins de definição da competência.

É corriqueira a prática, nos casos de cumulação de pedidos, de o autor atribuir à causa, como quantia pleiteada a título de danos morais, valor muitas vezes superior ao do pedido cumulado, como o de indenização por danos materiais ou de concessão de benefício previdenciário. Nesses casos, também tem sido comum que os juízes, utilizando-se da faculdade estatuída no art. 292, § 3º, do CPC, corrijam de ofício o valor atribuído à causa, de forma a adequá-lo, no que tange ao pedido de indenização por danos morais, ao proveito econômico perseguido pelo autor, mediante, por exemplo, a utilização de critérios que levem em consideração o valor indenizatório normalmente fixado em casos semelhantes, ou tomando por limite o valor do benefício econômico do pedido cumulado.

Capítulo III ● Lei dos Juizados Especiais Federais (Lei 10.259/01)

217

Essa atuação de ofício dos juízes tem por principal objetivo evitar ofensa ao princípio do juiz natural, mediante burla às regras de competência, de caráter absoluto, dos Juizados Especiais Federais. Essas regras seriam atingidas pelo deslocamento da competência em favor das Varas Federais comuns, por conta de valor artificialmente excessivo atribuído à causa quanto ao pedido de condenação em danos morais.

A despeito da subjetividade inerente à indicação do valor da causa nas ações em que se pleiteiam danos morais, a qual poderia levar à conclusão de que o autor é absolutamente livre para fixar esse valor no patamar que considerar adequado, há vários precedentes abonando uma postura mais estrita dos juízes na aferição desse valor. É de se ponderar que, como a matéria repercute diretamente na definição de competência, não pode ser deixada ao alvedrio das partes, competindo ao Poder Judiciário exercer a fiscalização e controle, conforme autorizado, ademais, pelo CPC.

Por outro lado, considerando que a fixação do valor da causa repercute em outra questão processual importante, ao servir de base de cálculo para a fixação dos honorários advocatícios em caso de improcedência do pedido, seria de se esperar maior prudência na indicação do valor da causa, de forma a inibir sua atribuição em patamares excessivos quanto aos pedidos de indenização por danos morais, de forma a evitar a imposição de encargos sucumbenciais também excessivos ao autor. No entanto, a liberalidade na concessão dos benefícios da gratuidade da justiça no âmbito da Justiça Federal torna praticamente inócua essa constatação, haja vista a quase impossibilidade em se recobrar os honorários advocatícios impostos aos beneficiários dessa gratuidade.

◙ (...). Conflito negativo de competência. Juízo federal comum e juizado especial federal. Concessão de benefício previdenciário. Pedido de condenação ao pagamento de prestações vencidas e vincendas, além de indenização por danos morais. Fixação do valor da causa e da competência. Arts. 258, 259, II, e 260 do CPC c/c 3º, § 2º, da Lei 10.259/01. Precedentes do STJ. Competência do juízo comum federal. 1. A indenização por danos morais soma-se aos demais pedidos, a teor do art. 259, II, do Código de Processo Civil. 2. O conteúdo econômico da lide é determinante para a fixação do valor da causa e, por conseguinte, da competência do Juizado Especial Federal. "In casu", o montante de 60 salários mínimos, previsto na Lei 10.259/01, foi superado. 3. Conflito conhecido para declarar a competência do Juízo Federal da Vara Cível de Canoas, o suscitado. (STJ, 3ª S., CC 98679, Rel. Arnaldo Esteves Lima, DJe 4.2.2009)

◙ (...). Conflito de competência. Caixa econômica federal. Encerramento de conta corrente. Dano moral. Vara do juizado especial federal e vara de competência comum federal. Valor da causa. Aquele expressamente pretendido pelo autor. Parâmetro para a fixação da competência. I. O valor da causa nas ações de indenização por dano moral deve corresponder àquele expressamente pretendido pelo autor na peça inicial, já que serve de parâmetro para a fixação da competência. Precedentes. II. Somando-se o valor pretendido a título de danos morais (R$52.880,00) com aquele almejado como ressarcimento pelos danos materiais que afirma ter suportado (R$5.800,00) o valor real da causa atinge a cifra de R$58.680,00, quantia essa que ultrapassa o teto de alçada dos juizados especiais federais. III. Conflito de competência conhecido, para declarar competente para o processamento e julgamento da ação originária o MM. Juízo Federal da 4ª Vara da Seção Judiciária do Estado de Goiás, de competência geral (suscitado). (TRF1, 3ª S., CC. 0020087-50.2016.4.01.0000, Rel. Jirair Aram Meguerian, e-DJF1 27.9.2016)

◙ (...). Conflito de competência. Ação de indenização por danos materiais e morais. Alteração, de ofício, do valor do pleito indenizatório. Possibilidade. 1. Conflito de competência suscitado pelo

Juízo do Juizado Especial Federal de Osasco, tendo como suscitado o Juízo da 1ª Vara Federal de Osasco, em ação de indenização por danos materiais e morais. 2. A temática trazida no conflito diz com a possibilidade de alteração de ofício, pelo magistrado, do valor atribuído à causa no tocante ao pleito de indenização por danos morais. 3. O valor atribuído à causa pode ser retificado, de ofício, pelo magistrado, não se tratando de julgamento do pleito, mas de correção da estimativa posta na exordial. 4. Esta Corte Regional vem admitindo a retificação de ofício do valor da causa, relativo à indenização por dano moral, quando a indicação da parte autora representar visivelmente exagero e prestar-se à violação da competência absoluta dos Juizados Especiais. 5. Conflito de competência julgado improcedente. (TRF3, 1ª S., CC. 20232, Rel. p/ ac. Valdeci dos Santos, e-DJF3 16.2.2017)

ENUNCIADO 115. PARA A REUNIÃO DE PROCESSOS, A COMPETÊNCIA FUNCIONAL DENTRO DOS JUIZADOS ESPECIAIS FEDERAIS SE DEFINE EM VIRTUDE DA NATUREZA DO PEDIDO DO QUAL DECORRA A PRETENSÃO DE INDENIZAÇÃO POR DANOS MORAIS.

▶ *Antônio César Bochenek e Márcio Augusto Nascimento*

As regras de competência estão previstas na Constituição, legislação e atos emanados dos Tribunais, por meio da organização judiciária. Nas cidades maiores a divisão de trabalho entre os juízes é realizada pela divisão da competência funcional horizontal entre eles. Na Justiça Federal e nos juizados especiais é comum a divisão, na mesma base territorial, entre varas especializadas em competência previdenciária, cível e criminal. A organização suscita debates interpretativos entre os aplicadores do direito a respeito da definição da competência e também da reunião de processos.

O Enunciado visa apresentar um encaminhamento ao referir que a reunião de processos se define em razão da natureza do pedido do qual decorra a pretensão de indenização de danos morais. Em princípio, o pedido de indenização por danos morais é qualificado como uma matéria de natureza cível e assim seria sempre processado e julgado por uma unidade jurisdicional de competência cível. Contudo, a regra comporta exceções como a prevista no Enunciado, ou seja, nas demandas de natureza previdenciária com pedido de indenização por danos morais a reunião destes processos deve ocorrer perante o juizado especial previdenciário em virtude da natureza do pedido principal, isto é, previdenciário.

A respeito das regras de conexão, ela ocorre entre duas ou mais ações quando lhes for comum o pedido ou a causa de pedir. A continência se dá entre duas ou mais ações quando houver identidade de partes e da causa de pedir, mas o pedido de uma, por ser mais amplo, abrange o das demais. Assim, quando houver motivo processual para reunião de processos (conexão ou continência), e tiver mais de um JEF na sede do domicílio do autor, cada um com competência distinta, surge o ponto a ser definido em relação a competência que, em regra, seguirá a competência do pedido principal.

No caso de um processo de indenização por danos morais, se o pedido decorre de relação de natureza previdenciária e existe outro processo que discute este benefício, então o JEF que tem competência previdenciária prevalece sobre o JEF com competência cível. Destarte, os dois processos serão reunidos por conexão no JEF Previdenciário.

CAPÍTULO III ● LEI DOS JUIZADOS ESPECIAIS FEDERAIS (LEI 10.259/01)

219

> ▶ **CPC Art. 54.** A competência relativa poderá modificar-se pela conexão ou pela continência, observado o disposto nesta Seção. ▶**Art. 55.** Reputam-se conexas 2 (duas) ou mais ações quando lhes for comum o pedido ou a causa de pedir. **§ 1º** Os processos de ações conexas serão reunidos para decisão conjunta, salvo se um deles já houver sido sentenciado. **§ 2º** Aplica-se o disposto no caput: I – à execução de título extrajudicial e à ação de conhecimento relativa ao mesmo ato jurídico; II – às execuções fundadas no mesmo título executivo. **§ 3º** Serão reunidos para julgamento conjunto os processos que possam gerar risco de prolação de decisões conflitantes ou contraditórias caso decididos separadamente, mesmo sem conexão entre eles.
> ▶**Art. 56.** Dá-se a continência entre 2 (duas) ou mais ações quando houver identidade quanto às partes e à causa de pedir, mas o pedido de uma, por ser mais amplo, abrange o das demais.

3. RECURSOS (ART. 5º)

ENUNCIADO 059. NÃO CABE RECURSO ADESIVO NOS JUIZADOS ESPECIAIS FEDERAIS.

> ▶ *Lívia de Mesquita Mentz*

O recurso adesivo encontra previsão legal no art. 997, § 1º, do CPC, em redação equivalente à já trazida pelo CPC/73. Trata-se de uma forma subordinada de interposição de recurso, aplicável para a hipótese de sucumbência recíproca, que permite que a parte que inicialmente se conformara com o teor da decisão, diante do recurso da outra parte, decida também interpor o seu recurso, adesivamente. A Lei 9.099/95, assim como a Lei 10.259/01, silencia a respeito do cabimento do recurso adesivo nos Juizados Especiais, o que ensejou controvérsia acerca da matéria, tendo em vista a aplicabilidade subsidiária do CPC.

Para a solução da controvérsia, relevante constatar, inicialmente, que as citadas leis que regem os Juizados Especiais dispõem expressamente e de maneira completa acerca da estrutura recursal e da forma de interposição dos recursos nos Juizados, de modo que não há, em relação aos recursos cabíveis, qualquer necessidade de aplicação subsidiária do CPC, tendo em vista a especialidade daquelas normas. Assim, a omissão da previsão de interposição de recurso na forma adesiva é proposital e deve ser interpretada no sentido da sua não admissão.

Ademais, ainda que fosse o caso de aplicação subsidiária das normas do CPC que regem os recursos, a conclusão exarada no Enunciado advém da obrigatoriedade de que a aplicação daquele diploma legal no âmbito dos Juizados Especiais deve se dar apenas naquilo que não for incompatível com os princípios orientadores estabelecidos no art. 2º da Lei 9.099/95, em especial, nesta matéria, os da simplicidade e celeridade.

Assim, uma vez que a sistemática do recurso adesivo implica em elastecimento do tempo de duração do processo, tendo em vista que, apresentado no prazo das contrarrazões, novo prazo deverá ser aberto para que a contraparte apresente as suas, mostra-se incompatível com o rito simplificado e com o ideal de celeridade das causas de menor valor. Aqui, contudo, deve ser registrada ressalva no sentido de que parcela significativa da doutrina sustenta que o recurso adesivo atende também aos objetivos de economia e celeridade processuais[4]. O entendimento se justifica quando se considera que, eventualmente, poderia a parte se conformar com a decisão, ainda que esta não lhe tenha assegurado ganho integral, com o objetivo de que ela venha a transitar em julgado imediatamente, apenas interpondo o recurso na hipótese de que venha a fazê-lo também a outra parte.

Trata-se de reconhecer que a possibilidade de interpor recurso de forma adesiva permite às partes aguardar pelo comportamento da outra para decidir interpor o recurso ou não e, por vezes, abreviar o trâmite processual. Por outro lado, não havendo essa possibilidade e correndo o risco de ter que aguardar o julgamento de recurso que venha a lhe prejudicar, estimula-se que a parte sempre interponha recurso, por desconhecer o comportamento da outra. Essa impossibilidade de recorrer apenas diante do recurso da contraparte, assim, pode levar a um aumento do número de recursos para julgamento pelas turmas recursais e ao alongamento desnecessário dos processos, em desacordo com os objetivos de celeridade e economia processuais. Porém, ainda assim é certo que a sistemática do recurso adesivo não condiz com a simplicidade ritualística dos Juizados Especiais.

De todo modo, com o advento do CPC, o não cabimento de recurso adesivo no âmbito dos Juizados Especiais ganhou confirmação, já que o novo Código, desta vez editado quando já criados os Juizados e na vigência das Leis 9.099/95 e 10.259/01, ao contrário do CPC/73, expressamente estabeleceu que a adesão ao recurso da parte contrária será admissível na apelação, no recurso extraordinário e no recurso especial (art. 997, § 2º, II), excluindo, por consequência, o recurso inominado previsto para os Juizados Especiais.

A exceção se dá quanto ao recurso extraordinário manejado em processo em trâmite no Juizado Especial, tendo em vista a previsão legal expressa no CPC da admissibilidade da interposição adesiva nessa modalidade recursal, sem que tenha havido distinção quanto ao rito de tramitação do processo.

Por fim, relevante citar que Enunciado de igual conteúdo foi aprovado pelo XV Fórum Nacional de Juizados Especiais – FONAJE, promovido pela Associação dos Magistrados do Brasil ("Enunciado 88 – Não cabe recurso adesivo em sede de Juizado

---

4. "Ora, os objetivos do recurso adesivo coadunam-se muito harmonizadamente com os da criação do processo especialíssimo dos juizados, onde o zelo pela terminação rápida do serviço jurisdicional se situa entre as preocupações centrais, Faz parte do espírito conciliatório que aqui se alvitra essa atitude do litigante que, atendido em parte quanto à pretensão sustentada em juízo, prefere não recorrer e só recorrerá se o fizer o adversário. Por isso, também no processo dos juizados especiais é admissível o recurso adesivo, embora não se tenha aqui o recurso de apelação mas o inominado, uma vez que os objetivos práticos deste coincidem com os daquela". (DINAMARCO, Cândido Rangel. **Manual dos juizados cíveis**. São Paulo: Malheiros, 2001, p. 183). No mesmo sentido: "Esse entendimento não é o correto. Parte-se da falsa premissa de que o recurso adesivo é instituto que atenta contra a razoável duração do processo, o que é exatamente o contrário. O recurso adesivo é técnica que conspira em favor da duração razoável do processo. O órgão recursal irá examinar, a um só tempo, mais de uma pretensão recursal. Ademais, o recurso adesivo estimula a ausência de recurso". (DIDIER JR, Fredie; CUNHA, Leonardo J. C. **Curso de direito processual civil**. v. 3. 13. ed. Salvador: Juspodivm, 2016, p. 149-150).

CAPÍTULO III ● LEI DOS JUIZADOS ESPECIAIS FEDERAIS (LEI 10.259/01)

Especial, por falta de expressa previsão legal"), a demonstrar a uniformização do entendimento. Necessário registrar, todavia, que no âmbito jurisprudencial se verifica por vezes a admissão de recursos na forma adesiva, apesar de ser majoritária a corrente representada pelo Enunciado.

◉ (...). A Lei dos Juizados Especiais não contempla recursos outros que não aqueles previstos nos artigos 41 e 48 da Lei 9.099/95. (TNU, Pedilef 200241007001835, Rel. Mark Yshida Brandao, DJRO 9.9.2002)

◉ (...). Recurso adesivo. Não cabimento no âmbito dos juizados especiais federais. Indeferimento de benefício previdenciário. Ausência de dano moral "in re ipsa". Necessidade de comprovação do dolo ou erro grave por parte da administração. 1. A interposição de recurso adesivo é vedada no âmbito dos Juizados Especiais Federais, por ausência de previsão legal, e conforme o Enunciado 59/FONAJEF. (Turma Recursal de SC, 5012374-20.2015.404.7200, Rel. Antonio Fernando Schenkel do Amaral e Silva, j. 24.5.2016)

◉ (...). Incabível recurso adesivo nos juizados especiais federais. Recurso adesivo do autor a que se nega seguimento. Recurso do INSS conhecido e improvido. Sentença mantida (Turma Recursal do RJ, 7ª T., 0002831-08.2014.4.02.5151/01, Rel. Odilon Romano Neto, j. 12.5.2015)

▶ **CPC Art. 997.** Cada parte interporá o recurso independentemente, no prazo e com observância das exigências legais. § 1º Sendo vencidos autor e réu, ao recurso interposto por qualquer deles poderá aderir o outro. § 2º O recurso adesivo fica subordinado ao recurso independente, sendo-lhe aplicáveis as mesmas regras deste quanto aos requisitos de admissibilidade e julgamento no tribunal, salvo disposição legal diversa, observado, ainda, o seguinte: I – será dirigido ao órgão perante o qual o recurso independente fora interposto, no prazo de que a parte dispõe para responder; II – será admissível na apelação, no recurso extraordinário e no recurso especial; III – não será conhecido, se houver desistência do recurso principal ou se for ele considerado inadmissível.

ENUNCIADO 061. O RECURSO SERÁ RECEBIDO NO DUPLO EFEITO, SALVO EM CASO DE ANTECIPAÇÃO DE TUTELA OU MEDIDA CAUTELAR DE URGÊNCIA.

▶ *Antônio César Bochenek e Márcio Augusto Nascimento*

Doutrinariamente, o efeito devolutivo do recurso pode ser conceituado como a devolução do conhecimento da matéria recorrida para julgamento da instância superior, mas não impede a execução provisória do julgado ou o cumprimento de tutelas de urgência ou medidas liminares. O efeito suspensivo acontece quando a decisão recorrida não pode ser executada provisoriamente antes do julgamento do recurso ou do seu trânsito em julgado. As regras processuais para o recebimento do recurso estão previstas nos artigos 1.012 e 1.013 do CPC e 43 da Lei 9.099/95. A Lei 10.259/01 não trata expressamente do tema, mas nos artigos 16 e 17 apresenta pistas relevantes a respeito do tema.

No CPC (1.012 e 1.013), as apelações das sentenças são recebidas no duplo efeito: suspensivo e devolutivo. Diferente do Juizado Especial Estadual que tem regra específica no seu art. 43, da Lei 9.099/95. De acordo com a regra, o recurso será recebido somente no efeito devolutivo, mas o juiz pode atribuir efeito suspensivo para evitar dano irreparável para a parte.

Entretanto, na Lei 10.259/01, em razão dos artigos 16 e 17, somente após o trânsito em julgado pode ser cumprida a decisão no JEF, exceto nos casos de tutela de urgência. O principal motivo é que somente podem estar no polo passivo das demandas dos juizados especiais federais a União, suas autarquias e as entidades públicas federais, nos termos do artigo 6º, ou seja, apenas pessoas jurídicas com presumida solvência e procedimento próprio para pagamento das eventuais condenações oriundas de decisões judiciais. Logo, em regra, o recurso inominado da sentença de juizados especial federal é recebido no duplo efeito pelas Turmas Recursais a partir da interpretação dos artigos da Lei 10.259/01.

O art. 16 estabelece que apenas com trânsito em julgado, haverá expedição de ofício pelo Juiz à autoridade citada para a causa, com cópia da sentença ou do acordo, determinando o cumprimento do acordo ou da sentença, que imponham obrigação de fazer (*v.g.* implantar benefício previdenciário ou assistencial), não fazer (*v.g.* cessar o desconto indevido) ou entrega de coisa certa. O art. 17, estabelece a condição de trânsito em julgado para ser emitida ordem do Juiz à autoridade citada na causa, para no prazo de sessenta dias efetuar, contados da entrega da requisição, o pagamento da obrigação de pagar na agência mais próxima da Caixa Econômica Federal ou do Banco do Brasil, independentemente de precatório

Portanto, para cumprimento imediato de uma sentença de juizado especial federal é necessário constar expressamente na decisão a concessão ou a manutenção dos efeitos da tutela provisória de urgência, sob pena de o recurso ser recebido no efeito suspensivo.

▶ **LJEF. Art. 16.** O cumprimento do acordo ou da sentença, com trânsito em julgado, que imponham obrigação de fazer, não fazer ou entrega de coisa certa, será efetuado mediante ofício do Juiz à autoridade citada para a causa, com cópia da sentença ou do acordo. ▶**Art. 17.** Tratando-se de obrigação de pagar quantia certa, após o trânsito em julgado da decisão, o pagamento será efetuado no prazo de sessenta dias, contados da entrega da requisição, por ordem do Juiz, à autoridade citada para a causa, na agência mais próxima da Caixa Econômica Federal ou do Banco do Brasil, independentemente de precatório.

▶ **LJE. Art. 43.** O recurso terá somente efeito devolutivo, podendo o Juiz dar-lhe efeito suspensivo, para evitar dano irreparável para a parte.

ENUNCIADO 108. NÃO CABE RECURSO PARA IMPUGNAR DECISÕES QUE APRECIEM QUESTÕES OCORRIDAS APÓS O TRÂNSITO EM JULGADO.

▶ *André Dias Fernandes*

Também aprovado no VI FONAJEF, o presente verbete complementa o anterior (Enunciado 107), no sentido do descabimento de recursos que não estejam previstos no artigo 4º da Lei 10.259/01.

O Enunciado colima coibir a "ordinarização" do procedimento sumaríssimo do JEF na fase de cumprimento do julgado. Inexistindo previsão de recurso nessa fase, quer na Lei 9.099/95, quer na Lei 10.259/01, não há motivo para aplicar subsidiariamente o CPC para esse fim nesse estádio processual. De feito, se não há espaço para

Capítulo III ● Lei dos Juizados Especiais Federais (Lei 10.259/01)

importação de recurso previsto no CPC nem mesmo na fase de conhecimento, com maioria de razão não deve ela ser tolerada na fase de execução. A ausência de previsão legal de recurso na legislação específica configura autêntico *silêncio eloquente*.

Destarte, se é incabível a agravo de instrumento na fase cognitiva, não há como admiti-lo na fase de cumprimento do julgado.

Contudo, o Enunciado não impede o manejo de embargos de declaração contra tais decisões proferidas após o trânsito em julgado, porquanto neste caso há previsão legal explícita no art. 1.022 do CPC, aplicável subsidiariamente ao JEF.[5] Assim, presentes os pressupostos dos embargos (omissão, obscuridade, contradição, erro material), estes são cognoscíveis mesmo contra decisões proferidas empós o trânsito em julgado.

A teor do presente Enunciado, decisões na fase de cumprimento que fixam, elevam ou minoram multa periódica seriam, em regra, irrecorríveis. Outrossim, decisões sobre questões surgidas após a execução e arquivamento dos autos, com baixa na distribuição (*e.g.*, alegação de descumprimento da obrigação de fazer, em razão de fato ou norma legal superveniente alegadamente hábil a influir na coisa julgada) também seriam, em regra, insuscetíveis de recurso.

Por outro lado, se não cabe recurso em relação a questões surgidas após o trânsito em julgado (supervenientes a ele), "a fortiori" não cabe recurso alusivamente a questões surgidas antes do trânsito em julgado, mas não alegadas oportunamente, alcançadas que estarão pela coisa julgada ou pela denominada "eficácia preclusiva da coisa julgada" (CPC, art. 508). Assim, questões relativas à correta interpretação do julgado exequendo – que poderiam ter sido objeto de embargos declaratórios na fase de conhecimento, mas não o foram –, serão decididas em caráter definitivo pelo juízo da execução.

Entretanto, decisões manifestamente irrazoáveis, que claramente distorçam o decidido no julgado, poderão ser impugnadas na via do mandado de segurança, em ordem a assegurar a autoridade da coisa julgada e a da própria instância que prolatou a decisão passada em julgado.

De fato, a jurisprudência tem admitido o emprego de mandado de segurança nessas hipóteses excepcionais, posteriores ao trânsito em julgado, em que há grave prejuízo, não há recurso e a decisão se reveste de caráter teratológico.[6] Nesses casos, é inaplicável o decidido pelo STF no RE 576847, já que este versa sobre decisões

---

5. Em que pese a referência apenas a "sentença ou acórdão" no art. 48 da Lei 9.099/95 – mesmo após a modificação redacional determinada pelo art. 1.064 do CPC/2015 –, a jurisprudência e a doutrina têm admitido embargos de declaração contra decisões interlocutórias nos Juizados Especiais. Nesse sentido, dispõe o Enunciado 475 do FPPC: "Cabem embargos de declaração contra decisão interlocutória no âmbito dos juizados especiais".

6. Nessa linha, prevê o Regimento Interno das Turmas Recursais da Seção Judiciária do Ceará: "Art. 40. O mandado de segurança não será admitido como sucedâneo recursal, salvo em situações excepcionais, para evitar grave prejuízo à parte, quando o ato impugnado for manifestamente ilegal ou abusivo".

interlocutórias anteriores à sentença, passíveis de serem impugnadas no recurso contra esta, o que é inviável no que prende com decisões ulteriores ao trânsito em julgado.

⊙ (...). Repercussão geral reconhecida. Mandado de segurança. Cabimento. Decisão liminar nos juizados especiais. Lei n. 9.099/95. Art. 5°, LV da Constituição Do Brasil. Princípio constitucional da ampla defesa. Ausência de violação. 1. Não cabe mandado de segurança das decisões interlocutórias exaradas em processos submetidos ao rito da Lei n. 9.099/95. 2. A Lei n. 9.099/95 está voltada à promoção de celeridade no processamento e julgamento de causas cíveis de complexidade menor. Daí ter consagrado a regra da irrecorribilidade das decisões interlocutórias, inarredável. 3. Não cabe, nos casos por ela abrangidos, aplicação subsidiária do Código de Processo Civil, sob a forma do agravo de instrumento, ou o uso do instituto do mandado de segurança. 4. Não há afronta ao princípio constitucional da ampla defesa (art. 5°, LV da CB), vez que decisões interlocutórias podem ser impugnadas quando da interposição de recurso inominado. (...). (STF, RE 576847, Rel. Min. Eros Grau, Pleno, repercussão geral – mérito, DJe 7.8.2009)

⊙ (...). Pedido de uniformização interposto contra agravo de instrumento que desafia a decisão que homologou os cálculos da contadoria. (...) Impossibilidade de admissão do incidente contra decisões proferidas em sede de execução, salvo quando possam ser sindicadas por mandado de segurança. Ausência de previsão legal na lei 10.259/01. "Ordinarização" do procedimento especial que o desvirtuaria de sua "ratio essendi" de prestar soluções jurisdicionais céleres. (...). Incidente não conhecido. (TNU, 0058638-22.2009.4.01.3500, Rel. p/ ac. Bruno Carrá, j. 6.8.2014)

▶ **CPC. Art. 1.022.** Cabem embargos de declaração contra qualquer decisão judicial (...).

ENUNCIADO 109. A TEMPESTIVIDADE DO RECURSO PODE SER COMPROVADA POR QUALQUER MEIO IDÔNEO, INCLUSIVE ELETRÔNICO.

▶ *Antônio César Bochenek e Márcio Augusto Nascimento*

A comprovação da tempestividade da interposição dos recursos é um dos requisitos de admissibilidade realizado pela segunda instância nos Tribunais ou Turmas Recursais. São regras processuais de observância pelos magistrados para o prosseguimento, recebimento e processamento dos recursos interpostos contra as sentenças. Em tempos de avanço tecnológico é adequado permitir a comprovação da tempestividade por qualquer meio, inclusive o eletrônico. Neste sentido, foi a conclusão deliberativa do VI FONAJEF (2009), de que "a tempestividade do recurso pode ser comprovada por qualquer meio idôneo, inclusive eletrônico".

Na via eletrônica, a Lei 11.419/06, regulamentou o procedimento ao determinar que o envio de petições, de recursos e a prática de atos processuais em geral por meio eletrônico serão admitidos mediante uso de assinatura eletrônica, sendo obrigatório o credenciamento prévio no Poder Judiciário, conforme disciplinado pelos órgãos jurisdicionais. Ao credenciado nas unidades judiciárias será atribuído registro e meio de acesso ao sistema, de modo a preservar o sigilo, a identificação e a autenticidade de suas comunicações.

A assinatura eletrônica é assinatura digital baseada em certificado digital emitido por Autoridade Certificadora credenciada, na forma de lei específica, e mediante o cadastro (credenciamento) de usuário no Poder Judiciário, conforme disciplinado pelos órgãos respectivos.

Por conseguinte, o recurso em papel pode ter a sua tempestividade comprovada por carimbo, autenticação mecânica, aposição de assinatura de servidor com atribuição legal para tanto, e também por meio eletrônico, como, por exemplo, a geração eletrônica de um número de protocolo por via digital. E o recurso feito e assinado digitalmente pelo advogado credenciado produz um evento que é incorporado ao processo eletrônico, de forma que fica assegurada a prova de que o recurso foi interposto dentro do prazo processual. O aumento da utilização das ferramentas tecnológicas proporcionalmente diminui a necessidade de comprovação de atos processuais que são registrados eletronicamente, bem como a reduz a intervenção humana na realização de rotinas.

> **Lei 11.419/06. Art. 2º** O envio de petições, de recursos e a prática de atos processuais em geral por meio eletrônico serão admitidos mediante uso de assinatura eletrônica, na forma do art. 1º desta Lei, sendo obrigatório o credenciamento prévio no Poder Judiciário, conforme disciplinado pelos órgãos respectivos. **§ 1º** O credenciamento no Poder Judiciário será realizado mediante procedimento no qual esteja assegurada a adequada identificação presencial do interessado. **§ 2º** Ao credenciado será atribuído registro e meio de acesso ao sistema, de modo a preservar o sigilo, a identificação e a autenticidade de suas comunicações. **§ 3º** Os órgãos do Poder Judiciário poderão criar um cadastro único para o credenciamento previsto neste artigo.

Enunciado 144. É cabível recurso inominado contra sentença terminativa se a extinção do processo obstar que o autor intente de novo a ação ou quando importe negativa de jurisdição.

> *André Dias Fernandes*

Aprovado no XI FONAJEF, tal Enunciado excepciona a proibição de recurso contra sentenças terminativas (extintivas sem resolução de mérito) contida no art. 5º da Lei 10.259/01.

Cumpre observar que o STF tem reconhecido a constitucionalidade de determinadas normas legais que expressamente interditam o cabimento de apelação, a inviabilizar o exercício de um duplo grau de jurisdição.

A título ilustrativo, no que respeita ao art. 34 da Lei de Execução Fiscal, o STF fixou, como tese de repercussão geral (ARE 637975-RG), que "é compatível com a Constituição o art. 34 da Lei 6.830/1980, que afirma incabível apelação em casos de execução fiscal cujo valor seja inferior a 50 ORTN", negando assim a ocorrência de vulneração aos princípios da inafastabilidade do acesso à justiça ("a lei não excluirá da apreciação do Poder Judiciário lesão ou ameaça a direito") e do devido processo legal (CF/88, art. 5º, XXXV e LIV).

Conquanto persistam discussões acerca da existência ou não de um direito constitucional implícito ao duplo grau de jurisdição, derivante dos referidos princípios constitucionais ou da incorporação do Pacto de São José da Costa Rica ao direito interno brasileiro, há vários precedentes do STF negando-lhe assento constitucional (*v.g.*, RE 976178), ou, quando menos, reconhecendo-lhe um caráter relativo.

De qualquer sorte, é de salientar a inaplicabilidade à espécie do art. 8º, 2, "h", da Convenção Americana de Direitos Humanos (Pacto de São José da Costa Rica) – havido como norma supralegal (mas infraconstitucional) pela atual jurisprudência do STF –, porquanto tal dispositivo se adstringe à esfera processual penal, ao consagrar o direito de "toda pessoa acusada de delito", durante o processo, "de recorrer da sentença para juiz ou tribunal superior".

A vedação legal expressa de recurso contra sentenças terminativas busca concretizar o princípio da celeridade que preside o JEF, estando em consonância com disposto no art. 98, I, da CF/88, o qual permite o julgamento de recursos tão somente "nas hipóteses previstas em lei".

De fato, se a parte pode repropor a ação, corrigindo o defeito na petição inicial[7] ou instruindo-a com os documentos indispensáveis à propositura da ação faltantes quando do ajuizamento da ação primeira, será mais rápido, prático e eficaz fazê-lo desde logo do que interpor recurso da sentença a fim de seguir discutindo a necessidade ou não do suprimento da falha, até porque, se a Turma Recursal reputasse existente o vício, a demanda teria de ser reproposta.

Todavia, quando a ação não puder ser reproposta, haverá um gravame significativo ao direito autoral e ao próprio direito constitucional de acesso à justiça.

É o caso, *v.g.*, de extinção do feito sem resolução de mérito por ilegitimidade ativa. Se a parte ajuizar novamente a ação, esta será distribuída ao mesmo juízo que extinguira o feito anterior, o qual certamente prolatará nova sentença extintiva. Se esta não for passível de recurso, o direito material da parte autora, mesmo que efetivamente existente, nunca será assegurado, porque o mérito da sua pretensão nunca será sequer apreciado, nem pelo juízo de primeiro grau, que extinguiu o feito, nem pela Turma Recursal.

Portanto, nesse caso, à luz do Enunciado, impende garantir o exercício de um duplo grau de jurisdição acerca da questão processual, a fim de que a Turma Recursal examine se a extinção do feito foi acertada ou não, isto é, se a parte autora era ilegítima ou não. Se a Turma entender pela legitimidade da parte autora, anulará a sentença para que a instrução prossiga, ou, se a causa já estiver madura para julgamento, anulará a sentença, procedendo incontinenti ao exame do mérito da causa, sem devolução dos autos ao juízo de origem.

A solução do Enunciado (de permitir, excepcionalmente, o conhecimento de recurso inominado) é mais prática do que autorizar em casos que tais o manejo de

---

7. Consoante o art. 321 do CPC/2015, aplicável subsidiariamente ao JEF, o juiz deve intimar o autor a emendar a inicial, só extinguindo o feito se ele não o fizer. Contudo, a falta de intimação para emenda não importa em negativa de jurisdição, porquanto o autor poderá ajuizar novamente a ação, corrigindo o vício. Logo, o descumprimento do art. 321 não autoriza o cabimento do recurso contra a sentença extintiva.

Capítulo III ● Lei dos Juizados Especiais Federais (Lei 10.259/01)

mandado de segurança, o qual, por constituir uma nova ação, com os prazos, procedimentos e recursos inerentes, certamente conspiraria contra a celeridade do JEF. Assim, por esse prisma, a exceção feita no Enunciado estaria em harmonia com os princípios norteadores do JEF, designadamente os da celeridade e da informalidade, não comprometendo a teleologia do art. 98, I, da CF/88.

Na sua literalidade, o Enunciado abre duas exceções à regra legal proibitiva de recurso inominado contra sentenças terminativas: quando a extinção do processo obstar a que o autor intente de novo a ação ou quando importar em negativa de jurisdição. Na prática, porém, a negativa de jurisdição pressupõe a impossibilidade de repropositura da demanda, de modo que a primeira exceção já está abrangida na segunda.

Constituem exemplos de (possível) negativa de jurisdição as extinções decorrentes de ilegitimidade ativa ou passiva, de coisa julgada e de ausência de interesse processual. Até mesmo a extinção por inexistência de documento reputado indispensável à propositura da ação pode ensejar negativa de jurisdição se o documento não existir ou simplesmente não puder ser obtido pela parte. Em casos que tais, é imprescindível que a parte autora justifique explicitamente no recurso a impossibilidade de apresentação do documento exigido, comprovando, se necessário, a sua alegação.

De outra parte, releva consignar que vários regimentos internos de turmas recursais federais dispõem sobre o tema, alguns proibindo[8], outros reconhecendo[9] o cabimento do recurso quando houver negativa de jurisdição. Instado a uniformizar o trato da matéria por ocasião de atualização da Resolução 347/15 do CJF (Processo CJF-PPN-2014/00045, julgado em 27.10.2016), o CJF houve por bem não o fazer, à consideração de que a previsão regimental de recurso inominado em situações quejandas importaria em indevida atuação do CJF como legislador positivo, dada a explícita proscrição de recurso contra sentença terminativa no art. 5º da Lei 10.259/01.

Todavia, no seu voto, o Ministro Mauro Campbell, relator da matéria no CJF, ressaltou que o tema é de natureza jurisdicional, cabendo assim a cada Turma Recursal "decidir os casos concretos ao julgar os recursos inominados contra sentenças extintivas sem resolução do mérito, já que o órgão jurisdicional verificará a ocorrência, ou não, de negativa de prestação jurisdicional inviabilizadora da tutela do direito material".

Ao final, o CJF propôs o encaminhamento da matéria à Comissão Permanente dos Juizados Especiais Federais para formulação de proposta de alteração da Lei 10.259/01 em ordem a contemplar o cabimento de recurso contra sentenças terminativas que acarretem negativa de prestação jurisdicional.

---

8. Regimento Interno da Turma Recursal da Seção Judiciária do Rio Grande do Norte: "Art. 33. (...) § 3º. Não caberá recurso inominado de sentença terminativa bem como de sentença homologatória de acordo".

9. Regimento Interno das Turmas Recursais da Seção Judiciária do Ceará: "Art. 34. (...) § 6º Não caberá recurso inominado de sentenças terminativas (Lei 10.259/01, art. 5º), exceto se importarem em negativa de prestação jurisdicional".

| (...). Tributário. Pena de perdimento. Duplo grau de jurisdição. Inexistência de assento constitucional. Inafastabilidade da jurisdição. Devido processo legal. Ofensa reflexa. 1. Segundo a jurisprudência da Corte, não há no ordenamento jurídico brasileiro a garantia constitucional do duplo grau de jurisdição. A afronta aos princípios do devido processo legal e da inafastabilidade da jurisdição, em termos processuais, configura, via de regra, apenas ofensa indireta ou reflexa à Constituição. (STF, 2ª T., RE 976178-AgR, Rel. Min. Dias Toffoli, DJe 15.2.2017)

| Segundo a jurisprudência da Corte, não há no ordenamento jurídico brasileiro a garantia constitucional do duplo grau de jurisdição. (STF, RE 976178 AgR, Rel. Min. Dias Toffoli, 2ª Turma, DJe 15.2.2017)

▶ **CF. Art. 98.** A União, no Distrito Federal e nos Territórios, e os Estados criarão: I – juizados especiais, providos por juízes togados, ou togados e leigos, competentes para a conciliação, o julgamento e a execução de causas cíveis de menor complexidade e infrações penais de menor potencial ofensivo, mediante os procedimentos oral e sumaríssimo, permitidos, nas hipóteses previstas em lei, a transação e o julgamento de recursos por turmas de juízes de primeiro grau.

4. PARTES (ART. 6º)

Enunciado 075. É lícita a exigência de apresentação de CPF para o ajuizamento de ação no Juizado Especial Federal.

▶ *Rogério Moreira Alves*

Esse Enunciado foi aprovado no III FONAJEF, realizado em outubro de 2006, em São Paulo. Naquela época, não havia norma legal que previsse a indicação do número de inscrição do autor ou do réu no Cadastro de Pessoas Físicas (CPF). O inciso II do art. 282 do CPC/73 prescrevia como dados necessários à qualificação das partes na petição inicial apenas "os nomes, prenomes, estado civil, profissão, domicílio e residência do autor e do réu". Contudo, a praxe forense já revelava a conveniência de agregar informações adicionais que aprofundassem a identificação das pessoas chamadas a integrar a relação processual.

Num país em que existe uma multidão de pessoas homônimas, a indicação do número de inscrição no CPF constitui forma fácil e segura de superar potenciais dúvidas a respeito da individuação da personagem que ocupa algum dos polos da relação processual. Há diversas questões práticas que demandam a precisa identificação do autor e do réu, sendo as mais recorrentes aquelas associadas à aferição de dois importantes pressupostos processuais negativos: a litispendência e a coisa julgada.

Por tudo isso, o Enunciado ora comentado consagrou o entendimento de que, mesmo sem base legal expressa, o juiz podia exigir do autor documento que comprovasse seu número de inscrição no CPF.

Pouco tempo depois do III FONAJEF, foi editada a Lei 11.419, de 19 de dezembro de 2006, que dispõe sobre a informatização do processo judicial. Em seu artigo 15, a referida lei dispôs que "salvo impossibilidade que comprometa o acesso à justiça, a parte deverá informar, ao distribuir a petição inicial de qualquer ação judicial, o número no cadastro de pessoas físicas ou jurídicas, conforme o caso, perante a Secretaria da Receita Federal". Desde então, com a vigência de norma legal explícita sobre

CAPÍTULO III ● LEI DOS JUIZADOS ESPECIAIS FEDERAIS (LEI 10.259/01)

o tema, ficou destituída de significado prático qualquer discussão sobre a validade da exigência de apresentação de CPF para o ajuizamento de ação, seja no Juizado Especial Federal, seja em qualquer outra vara.

Para consolidar definitivamente a validade da exigência do número de inscrição no CPF, o novo Código de Processo Civil, no inciso II de seu artigo 319, passou a prever expressamente "o número de inscrição no Cadastro de Pessoas Físicas ou no Cadastro Nacional da Pessoa Jurídica" como requisito formal da petição inicial.

> ▶ **CPC. Art. 319.** A petição inicial indicará: (...) II – os nomes, os prenomes, o estado civil, a existência de união estável, a profissão, o número de inscrição no Cadastro de Pessoas Físicas ou no Cadastro Nacional da Pessoa Jurídica, o endereço eletrônico, o domicílio e a residência do autor e do réu; (...).

ENUNCIADO 010. O INCAPAZ PODE SER PARTE AUTORA NOS JUIZADOS ESPECIAIS FEDERAIS, DANDO-SE-LHE CURADOR ESPECIAL, SE ELE NÃO TIVER REPRESENTANTE CONSTITUÍDO.

▶ *Clécio Alves de Araújo*

O Enunciado em análise surgiu da necessidade de se afastar qualquer dúvida quanto à possibilidade de o incapaz ser parte autora nos Juizados Especiais Federais. O dilema surge em razão de o art. 8º da Lei 9.099/95, expressamente, destacar que o incapaz não pode ser parte nas demandas submetidas ao rito dos juizados.

Contudo, deve-se destacar que a Lei 10.259/01, em seu art. 6º, I, aponta que podem ser parte nas demandas que tramitam nos Juizados Especiais Federais as pessoas físicas. Observa-se, então, que não há a referência restritiva quanto à capacidade das partes para fins de verificação da legitimidade.

É inquestionável que a Lei 9.099/95 expressa normas gerais acerca dos juizados especiais, servido de paradigma para as diretrizes a serem seguidas nos feitos submetidos à Lei 10.259/01. Há, no caso, uma relação que se estabelece entre uma norma geral e uma norma especial, em que as disposições de uma não revogam as disposições da outra, havendo, nos limites de cada competência, a compatibilização de preceitos.

O art. 1º da Lei 10.259/01 é explícito quanto a esse aspecto, ao destacar que o disposto na Lei 9.099/95 somente se aplica aos Juizados Especiais Federais naquilo em que não conflitar com suas disposições específicas.

Com isso, observa-se que o art. 6º, I, da Lei 10.259/01 contempla regra específica no sentido de que as pessoas físicas podem ser parte nos Juizados Especiais Federais, o que afasta a regra geral prevista no art. 8º da Lei 9.099/95, no sentido de que o incapaz não pode ser parte nos Juizados.

Entendimento em sentido contrário acabaria por impor o afastamento dos Juizados Especiais Federais de indivíduos em situação de vulnerabilidade acentuada, como no caso dos menores que postulam benefício de pensão por morte ou mesmo os postulantes de benefício assistencial de prestação continuada (LOAS) devido aos incapazes, o que, de certo, nem de longe, reflete o espírito da norma.

Por fim, cabe destacar que, embora legítima a atuação do incapaz como parte nos Juizados Especiais Federais, tal conclusão não afasta a necessidade de que a atuação seja integrada pela assistência e pela representação, em respeito ao disposto nos artigos 70 e 71 do Código de Processo Civil, devendo o incapaz ser representado ou assistido por seus pais, por tutor ou por curador, na forma da lei.

◉ Enunciado nº 27 das Turmas Recursais do Juizado Especial Federal de São Paulo. O incapaz pode ser parte autora nas ações perante o Juizado Especial Federal.

◉ O art. 6º, I da Lei 10.259/01 contém regra específica de quem pode ser parte autora nos Juizados Especiais (as pessoas físicas e as microempresas e empresas de pequeno porte), afastando a norma geral prevista no art. 8º da Lei 9.099/95 de que o incapaz não pode ser parte nos Juizados. 4.2. Nos Juizados Especiais Federais, é praxe geral de que o menor pode ser parte ativa, a exemplo de benefícios assistenciais e pensões por mortes, não havendo sentido em restringir para outras demandas. (TRF1, 1ª TR, RI 05080088420134058500, Rel. Fábio Cordeiro de Lima. Creta 27.7.2016)

▶ **CPC. Art. 70.** Toda pessoa que se encontre no exercício de seus direitos tem capacidade para estar em juízo. ▶ **Art. 71.** O incapaz será representado ou assistido por seus pais, por tutor ou por curador, na forma da lei.

▶ **LJE. Art. 8º** Não poderão ser partes, no processo instituído por esta Lei, o incapaz, o preso, as pessoas jurídicas de direito público, as empresas públicas da União, a massa falida e o insolvente civil. **§ 1º** Somente serão admitidas a propor ação perante o Juizado Especial: I – as pessoas físicas capazes, excluídos os cessionários de direito de pessoas jurídicas.

▶ **LJEF. Art. 1º** São instituídos os Juizados Especiais Cíveis e Criminais da Justiça Federal, aos quais se aplica, no que não conflitar com esta Lei, o disposto na Lei n. 9.099, de 26 de setembro de 1995. ▶ **Art. 6º** Podem ser partes no Juizado Especial Federal Cível: I – como autores, as pessoas físicas e as microempresas e empresas de pequeno porte, assim definidas na Lei n. 9.317, de 5 de dezembro de 1996. II – como rés, a União, autarquias, fundações e empresas públicas federais.

ENUNCIADO 011. NO AJUIZAMENTO DE AÇÕES NO JUIZADO ESPECIAL FEDERAL, A MICROEMPRESA E A EMPRESA DE PEQUENO PORTE DEVERÃO COMPROVAR ESSA CONDIÇÃO MEDIANTE DOCUMENTAÇÃO HÁBIL.

▶ *Luiz Bispo da Silva Neto*

O desenho original dos juizados especiais estaduais, na forma da Lei 9.099/95, previa, com exclusividade, a legitimidade ativa da pessoa física. A alteração do quadro foi gradativa, iniciando-se com a microempresa, na forma do art. 38 da Lei 9.841/99 (Estatuto da Microempresa).

Já com a Lei dos Juizados Especiais Federais (Lei 10.259/01, art. 6º, I), houve a possibilidade de tanto as microempresas como as empresas de pequeno porte, demandarem, na condição de autoras, nos Juizados Especiais Federais.

Em 2006, a Lei Complementar 123, em seu art. 74, determinou que tanto as microempresas quanto as empresas de pequeno porte poderão demandar no Juizado

Capítulo III • Lei dos Juizados Especiais Federais (Lei 10.259/01)

Especial (posição essa já defendida desde 2001, haja vista a implementação já mencionada pela Lei 10.259/01).

Definido o suporte legal, tem-se que a prova da condição de microempresa e empresa de pequeno porte é condição indispensável para configurar a legitimidade ativa própria para demandar no Juizado Especial Federal.

O critério legal de definição do que seja microempresa e empresa de pequeno porte é meramente contábil, restando, atualmente, definido no art. 3º da Lei Complementar 123/06.

Decerto que a Lei Complementar 123/06 traça algumas situações específicas em que a empresa não será considerada microempresa e empresa de pequeno porte; especificidades essas que fogem ao objeto dos comentários em liça.

Todavia, havendo perda da condição de microempresa ou empresa de pequeno porte durante a lide, é causa de extinção do processo sem resolução de mérito, haja vista a perda superveniente da capacidade de ser parte no Juizado Especial Federal, na qualidade de parte autora.

Dessa sorte, mostram-se como documento hábil a caracterizar a pessoa jurídica como microempresa ou empresa de pequeno porte a declaração atualizada do Imposto de Renda Pessoa Jurídica ou a certidão simplificada fornecida pela junta comercial, a qual confirmará a condição de microempresa.

○ Recurso inominado. Ação de cobrança. Pessoa jurídica – ausência de prova da qualificação como microempresa ou empresa de pequeno porte. Aplicação do enunciado 135 do Fonaje: "O acesso da microempresa ou empresa de pequeno porte no sistema dos juizados especiais depende da comprovação de sua qualificação tributária atualizada e documento fiscal referente ao negócio jurídico objeto da demanda". Ausência da documentação necessária apta a comprovar sua condição. Extinção do processo sem resolução de mérito. Reconhecimento da ilegitimidade ativa. (...). (TJPR, 1ª TR, 0005504-22.2013.8.16.0030/0, Rel. Leo Henrique Furtado Araújo, j. 25.11.2014)

▶ **LC 123/06.** ▶ **Art. 3º** Para os efeitos desta Lei Complementar, consideram-se microempresas ou empresas de pequeno porte, a sociedade empresária, a sociedade simples, a empresa individual de responsabilidade limitada e o empresário a que se refere o art. 966 da Lei n. 10.406, de 10 de janeiro de 2002 (Código Civil), devidamente registrados no Registro de Empresas Mercantis ou no Registro Civil de Pessoas Jurídicas, conforme o caso, desde que: I – no caso da microempresa, aufira, em cada ano-calendário, receita bruta igual ou inferior a R$ 360.000,00 (trezentos e sessenta mil reais); e II – no caso de empresa de pequeno porte, aufira, em cada ano-calendário, receita bruta superior a R$ 360.000,00 (trezentos e sessenta mil reais) e igual ou inferior a R$ 4.800.000,00 (quatro milhões e oitocentos mil reais). ▶ **Art. 74.** Aplica-se às microempresas e às empresas de pequeno porte de que trata esta Lei Complementar o disposto no § 1º do art. 8º da Lei nº 9.099, de 26 de setembro de 1995, e no inciso I do caput do art. 6º da Lei nº 10.259, de 12 de julho de 2001, as quais, assim como as pessoas físicas capazes, passam a ser admitidas como proponentes de ação perante o Juizado Especial, excluídos os cessionários de direito de pessoas jurídicas. ▶ **Art. 74-A.** O Poder Judiciário, especialmente por meio do Conselho Nacional de Justiça - CNJ, e o Ministério da Justiça implementarão medidas para disseminar o tratamento diferenciado e favorecido às microempresas e empresas de pequeno porte em suas respectivas áreas de competência

▶ **LJEF. Art. 6º** Podem ser partes no Juizado Especial Federal Cível: I – como autores, as pessoas físicas e as microempresas e empresas de pequeno porte, assim definidas na Lei n. 9.317, de 5 de dezembro de 1996.

ENUNCIADO 021. AS PESSOAS FÍSICAS, JURÍDICAS, DE DIREITO PRIVADO OU DE DIREITO PÚBLICO ESTADUAL OU MUNICIPAL PODEM FIGURAR NO POLO PASSIVO, NO CASO DE LITISCONSÓRCIO NECESSÁRIO.

▶ *Gessiel Pinheiro de Paiva*

A Lei 10.259/01, que instituiu os Juizados Especiais Federais Cíveis e Criminais no âmbito da Justiça Federal, dispôs no seu artigo 6º, inciso II, que "podem ser partes no Juizado Especial Federal Cível como rés, a União, autarquias, fundações e empresas públicas federais".

Diante dessa previsão, surgiram questionamentos acerca da possibilidade de que outras pessoas ou entes que não os elencados na referida norma pudessem figurar no polo passivo de demandas do Juizado Especial Federal, na condição de litisconsortes necessários da União, autarquia, fundação ou empresa pública federal.

O litisconsórcio necessário, na dicção do CPC/73 (art. 47), ocorria "quando, por disposição de lei ou pela natureza da relação jurídica, o juiz tiver que decidir a lide de forma uniforme para todas as partes".

O CPC/2015 (art. 114) passou a prever que o "litisconsórcio será necessário por disposição de lei ou quando, pela natureza da relação jurídica controvertida, a eficácia da sentença depender da citação de todos que devam ser litisconsortes".

O litisconsórcio necessário pode ser unitário (quando a lide deve ser decidida de modo uniforme para todas as partes), hipótese em que a ausência de citação de todos os litisconsortes gera a nulidade da sentença (art. 115, inciso I, CPC), ou simples, nos casos em que, embora a lei exija a formação do litisconsórcio, o resultado não precisa ser o mesmo para todos aqueles que se encontram em idêntico polo da relação processual (por exemplo, na ação de usucapião). Na hipótese de litisconsórcio necessário simples, a ausência de citação de alguma das partes não gera a nulidade da sentença, mas apenas a sua ineficácia em relação àquele que não foi citado (art. 115, inciso II, CPC).

O litisconsórcio necessário decorre de previsão de lei ou da natureza da relação jurídica de direito material.

Assim, se a relação jurídica de direito material que levou ao ajuizamento da demanda enquadra-se dentre aquelas que devem tramitar perante o Juizado Especial Federal, e embora seja o caso de litisconsórcio necessário, ao menos uma das partes que devem ser citadas é um dos entes arrolados no art. 6º, inciso II, da Lei 10.259/01, não há óbice em que o processo tramite no Juizado, ainda que outros litisconsortes sejam pessoas físicas ou jurídicas de direito privado, ou ainda, pessoas jurídicas de direito público estadual ou municipal.

Capítulo III ● Lei dos Juizados Especiais Federais (Lei 10.259/01)

233

Uma observação importante a ser feita é que o Enunciado refere-se exclusivamente ao litisconsórcio necessário, descabendo a inclusão de entes não elencados no artigo 6º, inciso II, da Lei 10.259/01 no polo passivo em caso de litisconsórcio facultativo, mesmo em se tratando de relação jurídica decorrente de solidariedade obrigacional.

É que no litisconsórcio facultativo há verdadeira cumulação subjetiva de ações, sendo uma em face de cada um dos réus.

Ocorre que, para cumulação de ações, devem ser observadas outras questões processuais. A primeira delas é a competência do Juízo. A competência da Justiça Federal (incluindo a dos Juizados Especiais Federais) é de natureza funcional (em razão das pessoas que figuram no processo) em relação à competência da Justiça Estadual.

Uma das hipóteses de litisconsórcio facultativo é a conexão pelo pedido ou pela causa de pedir. Todavia, a conexão somente possibilita a reunião de processos em caso de competência relativa (art. 54, CPC). Logo, não é possível a cumulação subjetiva por conexão perante a Justiça Federal em face de réus que não estão dentre aqueles arrolados no artigo 109, da Constituição (que são os mesmos previstos no art. 6º, inciso II, da Lei 10.259/01), por se tratar de alteração de competência absoluta, à qual não aplicável as regras de conexão.

Outra hipótese de litisconsórcio facultativo é a comunhão de direitos ou obrigações em relação à lide, ou em resumo, a solidariedade. Ocorre que, na relação de solidariedade passiva, "o credor tem direito a exigir e receber de um ou de alguns dos devedores, parcial ou totalmente, a dívida comum" (art. 275, CC), podendo optar por ajuizar a ação em face de qualquer deles isoladamente ou em conjunto.

Trata-se a solidariedade, portanto, de uma cumulação de pedidos que podem ser veiculados isoladamente em face de cada devedor, o que atrai a incidência do artigo 327, do CPC/2015, segundo o qual um dos requisitos para essa cumulação é que para todos os pedidos seja competente o mesmo juízo.

Portanto, em se tratando de réus diversos daqueles previstos no art. 6º da Lei 10.259/01, não é cabível a cumulação subjetiva decorrente do litisconsórcio facultativo, já que a Justiça Federal, e mais especificamente, o Juizado Especial Federal não é competente para julgar a lide formada entre o autor particular e o réu particular ou entidade pública estadual ou municipal, salvo nos casos de litisconsórcio necessário.

Por fim, os mesmos fundamentos são aplicáveis à hipótese de litisconsórcio facultativo decorrente de mera afinidade de questões por ponto comum de fato ou de direito, pois também aqui ocorre o cúmulo subjetivo de demandas, na forma de litisconsórcio passivo, o que não firma a competência da Justiça Federal para julgar entes não arrolados no art. 109, da Constituição.

◉ Pedido de pagamento, pela CEF, de saldo de FGTS a companheira de titular falecido. Subsidiariamente, requer a autora a condenação dos filhos menores do de cujus à devolução dos valores levantados por estes a maior. Requer, ainda, indenização por danos morais pela CEF. (...) Antes de mais nada, destaco a admissão de pessoa física no polo passivo em litisconsórcio necessário, segundo o Enunciado n. 21 dos Fórum Nacional dos Juizados Especiais Federais: "As pessoas físicas, jurídicas, de direito privado ou de direito público estadual ou municipal podem figurar no polo passivo, no caso de litisconsórcio necessário. (Turma Recursal de SP, 11ª T., 00356660620104036301, Rel. Luciana Melchiori Bezerra, e-DJF3 7.10.2014)

▶ **CPC. Art. 114.** O litisconsórcio será necessário por disposição de lei ou quando, pela natureza da relação jurídica controvertida, a eficácia da sentença depender da citação de todos que devam ser litisconsortes. ▶ **Art. 115.** A sentença de mérito, quando proferida sem a integração do contraditório, será: I - nula, se a decisão deveria ser uniforme em relação a todos que deveriam ter integrado o processo; II - ineficaz, nos outros casos, apenas para os que não foram citados. **Parágrafo único.** Nos casos de litisconsórcio passivo necessário, o juiz determinará ao autor que requeira a citação de todos que devam ser litisconsortes, dentro do prazo que assinar, sob pena de extinção do processo.

▶ **LJEF. Art. 6º** Podem ser partes no Juizado Especial Federal Cível: I – como autores, as pessoas físicas e as microempresas e empresas de pequeno porte, assim definidas na Lei n. 9.317, de 5 de dezembro de 1996. II – como rés, a União, autarquias, fundações e empresas públicas federais.

ENUNCIADO 082. O ESPÓLIO PODE SER PARTE AUTORA NOS JUIZADOS ESPECIAIS CÍVEIS FEDERAIS.

▶ *Flávio Roberto Ferreira de Lima*

O art. 8º da Lei 9.099/95 (Lei do Juizado Especial) e o art. 6º da Lei 10.259/01 regulam quem pode ou não ser parte no âmbito do Juizado Especial. Não há qualquer referência na norma, no entanto, ao espólio. A doutrina sólida de Caio Mário da Silva Pereira[10], trata do instituto com precisão:

> Cumpre neste passo distinguir a herança jacente do espólio. Com este vocábulo, designa-se a sucessão aberta, até a partilha dos bens. Ambos têm em comum a ausência de personalidade e consequente incapacidade para adquirir direitos e contrair obrigações. Diferem, contudo, em que no espólio os herdeiros legítimos ou testamentários são conhecidos. Compreende os bens atuais e futuros, pode aumentar com os rendimentos que produza, e com os investimentos feitos, ou pode diminuir em razão de ônus ou deteriorações.

A LJEF somente será aplicada quando a LJE não se confrontar com alguma de suas próprias normas específicas (LJEF, art. 1º). Examinando o teor do art. 6º, da LJEF, extrai-se que podem ser partes autoras no JEF, as pessoas físicas, as microempresas e as empresas de pequeno porte, definidas na Lei 9.317/96, revogada pela Lei Complementar 123/06. Por seu turno a LJE também não tratou do espólio, tanto para excluir aqueles que não podem ser partes (art. 8º, *caput*), como para dispor sobre aqueles que podem ser partes no Juizado Especial (incisos do § 1º, do art. 8º). Por sua vez, o art. 75, VII, do Código de Processo Civil dispõe que o espólio deve ser representado pelo inventariante, estando esta figura jurídica legitimada para ingressar com demandas perante os processos que seja de interesse dos herdeiros e legatários do referido acervo patrimonial.

---

10. PEREIRA, Caio Mário da Silva. **Instituições de direito civil.** 17. ed., Rio de Janeiro: Forense, 2009. p. 56.

Capítulo III ● Lei dos Juizados Especiais Federais (Lei 10.259/01)

235

A omissão da norma não pode se transformar em impedimento à solução dos litígios, inclusive para a definição da competência. A LJEF não trouxe elenco exaustivo de legitimados que podem ser partes no Juizado Especial Federal. Tal intepretação se extrai da inexistência de dispositivo expresso excluindo o espólio da jurisdição do Juizado Especial, mas também da finalidade maior do Juizado Especial que é facilitar o acesso ao Poder Judiciário. Deve-se atentar, ainda, para os fins de fixação da competência no Juizado Especial Federal, os demais critérios previstos pela LJEF, inclusive o critério econômico, de que o valor da causa não ultrapasse a importância de sessenta salários mínimos.

Além do mais o espólio espalha o acervo patrimonial de pessoa que poderia ser (ou era) parte em demanda perante o Juizado Especial. É uma ficção jurídica, no aspecto da sucessão, mas tem por finalidade regular uma situação intermediária, pois não se tem mais a pessoa natural, que faleceu, e que era titular daquele acervo, nem tampouco se pode identificar qual é o quinhão cabível a cada herdeiro ou legatário. O espólio não é pessoa jurídica, nem pessoa natural, mas os direitos que ele expressa, quando o eram de uma pessoa natural, devem seguir a mesma sorte lógico-jurídica de onde provieram quanto a competência. O entendimento do FONAJEF vai nessa direção.

A Primeira Seção do STJ (CC 97522, adiante transcrito) já decidiu que o elenco do art. 6º, I, da LJEF é meramente indicativo, ou seja, que é possível considerar o espólio como parte ativa legítima para ingressar com demandas perante o Juizado Especial Federal. Passo a citar o precedente:

◉ Conflito negativo de competência. Ação declaratória. Polo ativo. Espólio. Lei 10.259/01. Rol exemplificativo. Competência do juizado especial federal. I. A hipótese em questão diz respeito a ação ordinária ajuizada por espólio contra a União, em que requer a condenação da ré para corrigir os saldos de conta do PIS/Pasep, cujo valor da causa é de mil reais. II. Em que pese ao fato de o espólio não figurar na lista prevista pelo art. 6º, inciso I, da Lei 10.259/01, tal rol não é exaustivo, devendo a competência dos Juizados Especiais Federais basear-se na expressão econômica do feito, a teor do art. 3º, caput, da citada norma. (...). III. Como a lide não se enquadra em quaisquer das exceções previstas no § 1º art. 3º da referida lei, não há de se falar em óbice ao seu julgamento no Juizado Especial Federal. IV. Conflito de competência conhecido, para declarar competente o MM. Juízo Federal do Juizado Especial Cível de Santos, suscitante. (STJ, 1ª S., CC 97522, Rel. Min. Francisco Falcão, j. 25.5.2009)

▶ **CPC. Art. 75.** Serão representados em juízo, ativa e passivamente: (...). VII - o espólio, pelo inventariante;

▶ **LJEF. Art. 1º** São instituídos os Juizados Especiais Cíveis e Criminais da Justiça Federal, aos quais se aplica, no que não conflitar com esta Lei, o disposto na Lei n. 9.099, de 26 de setembro de 1995. ▶ **Art. 6º** Podem ser partes no Juizado Especial Federal Cível: I – como autores, as pessoas físicas e as microempresas e empresas de pequeno porte, assim definidas na Lei n. 9.317, de 5 de dezembro de 1996; II – como rés, a União, autarquias, fundações e empresas públicas federais.

▶ **LJE. Art. 8º** Não poderão ser partes, no processo instituído por esta Lei, o incapaz, o preso, as pessoas jurídicas de direito público, as empresas públicas da União, a massa falida e o insolvente civil. § 1º Somente serão admitidas a propor ação perante o Juizado Especial: I - as pessoas físicas capazes, excluídos os cessionários de direito de pessoas jurídicas; II - as pessoas enquadradas como microempreendedores individuais, microempresas e empresas de pequeno porte na forma da Lei Complementar no 123, de 14 de dezembro de 2006; III - as pessoas jurídicas qualificadas como Organização da Sociedade Civil de Interesse Público, nos termos da Lei no 9.790, de 23 de março de 1999; IV - as sociedades de crédito ao microempreendedor, nos termos do art. 1o da Lei no 10.194, de 14 de fevereiro de 2001. § 2° O maior de dezoito anos poderá ser autor, independentemente de assistência, inclusive para fins de conciliação.

ENUNCIADO 121. OS ENTES PÚBLICOS, SUAS AUTARQUIAS E EMPRESAS PÚBLICAS NÃO TÊM LEGITIMIDADE ATIVA NOS JUIZADOS ESPECIAIS FEDERAIS.

▶ *João Felipe Menezes Lopes*

A Constituição Federal, ao prever o microssistema dos Juizados Especiais, atribuiu aos juízes vinculados a este sistema competência jurisdicional para a conciliação, o julgamento e a execução de "causas cíveis de menor complexidade" (artigo 98, inciso I), cabendo ao legislador infraconstitucional a definição dos critérios para a classificação das causas como tais.

No âmbito dos Juizados Especiais Federais, o critério legal foi definido com base na estimativa econômica do bem da vida pleiteado na ação, representado pelo valor da causa. Com efeito, o artigo 3º, *caput*, da Lei 10.259/01 delimitou as "causas cíveis de menor complexidade" como aquelas cujo valor não superasse o montante de sessenta salários mínimos.

O critério econômico, porém, não é suficiente para a compreensão de toda a extensão das peculiaridades que envolvem a competência e a legitimidade (ativa e passiva) para demandar nos Juizados Especiais Federais. Para tanto, o intérprete precisa atentar-se às regras de exclusão de competência previstas no § 1º do mesmo artigo 3º, assim como às especificidades dos sujeitos processuais, previstas no artigo 6º da aludida lei federal.

Sendo a questão da legitimidade ativa tratada no Enunciado em análise, faz-se relevante a leitura do disposto no art. 6º da LJEF, adiante transcrito.

Por força dessa regra, mesmo que uma demanda tenha valor inferior a sessenta salários mínimos, ela não poderá ser ajuizada no âmbito dos Juizados Especiais Federais caso seu autor não seja pessoa física, microempresa ou empresa de pequeno porte[11].

Apesar da clareza da redação legal, colhe-se da jurisprudência conflitos de competência envolvendo a definição do juízo para o processamento e julgamento de ações de valor inferior a sessenta salários mínimos, nas quais figuravam no polo ativo autarquias e empresas públicas federais. O exemplo mais recorrente envolve cobranças de pequenos valores pela Caixa Econômica Federal (empresa pública federal), oriunda de créditos obtidos a partir de sua atividade bancária.

---

11. Os requisitos para qualificar uma sociedade empresária como microempresa ou empresa de pequeno porte estão previstos na Lei Complementar 123/06.

Em vista disso, o Enunciado busca disseminar a interpretação jurisprudencial dominante, no sentido de que mesmo os entes públicos federais não estão legalmente legitimados a figurar no polo ativo de ações que tramitem nos Juizados Especiais Federais, ainda que estas demandas ostentem valor inferior ao de alçada dos JEFs, devendo demandar sua pretensão nas Varas da Justiça Federal com competência ordinária.

Como corolário desse entendimento, a jurisprudência também vem posicionando-se no sentido de que não se aplica aos Juizados Especiais Federais o disposto no art. 31 da Lei 9.099/95, afastando a possibilidade de formulação de pedido contraposto por essas pessoas jurídicas[12]. Afinal, ao permitir a postulação de pedido contraposto por essas entidades estar-se-ia admitindo, indiretamente, a atuação delas como parte autora nos processos dos Juizados, hipótese não admitida na Lei 10.259/01.

◎ (...). Conflito de competência. Juizado especial federal e juízo federal comum. Ação ajuizada por autarquia federal. Falta de legitimidade ativa para postular perante os juizados especiais federais (art. 6º, inciso I, da Lei 10.259/01). Competência do juízo suscitado. 1. Nos termos do art. 6º, inciso I, da Lei 10.259/01, podem ser partes no Juizado Especial Federal Cível, como autores, as pessoas físicas e as microempresas e empresas de pequeno porte, razão pela qual, independentemente do valor atribuído à causa, não se reconhece a sua competência para processar e julgar ações em que figure autarquia federal como autora. (TRF1, 3ª T., CC. 00543687120124010000, Rel. Daniel Paes Ribeiro, e-DJF1 31.8.2015)

◎ Conflito negativo entre juízo federal e juizado especial federal. Ação proposta por empresa pública federal – CEF. Competência da justiça comum federal. Art. 6º, I, da Lei 10.259/01. I. A competência absoluta do Juizado Especial Federal Cível para processar, conciliar e julgar as causas de valor até sessenta salários mínimos (art. 3º, caput e § 3º, da Lei 10.259/01) deve ser conjugada com a legitimidade ativa prevista no art. 6º, inciso I, da mesma Lei. Precedentes. II. Assim, independentemente do valor atribuído à causa, a ação ajuizada por pessoa jurídica que não seja microempresa ou empresa de pequeno porte deve ser processada e julgada pelo Juízo comum federal. III. Na espécie, a ação, com valor inferior a sessenta salários mínimos, foi ajuizada por empresa pública federal (Caixa Econômica Federal) que não se enquadra no conceito de microempresa ou empresa de pequeno porte, visando a cobrança de dívida oriunda de cartão de crédito. (STJ, 2ª S., CC. 200901154840, Rel. Des. Convocado Paulo Furtado, DJe 15.9.2009)

◎ Na verdade, a União Federal faz pedido contraposto o que é inadmissível em sede do rito dos Juizados Especiais Federais, pois pessoa jurídica não pode ser autora nesse rito. Nada impede que a União Federal, por meio de seu órgão competente, fiscalize e, se for o caso, efetive o lançamento de ofício. Porém, nesse processo, não é possível a compensação pleiteada ou mesmo a declaração de que a parte passa a ser tributada pela regra geral. (Turma Recursal de SP, 5ª T., RI 16 00090448120104036302, Rel. Omar Chamon, e-DJF3 9.2.2015)

▶ **LJEF. Art. 6º** Podem ser partes no Juizado Especial Federal Cível: I – como autores, as pessoas físicas e as microempresas e empresas de pequeno porte, assim definidas na Lei n. 9.317, de 5 de dezembro de 1996; II – como rés, a União, autarquias, fundações e empresas públicas federais.

---

12. Vale ressaltar que o entendimento não está pacificado, existindo precedentes em que se ingressa no mérito e se julga o pedido contraposto formulado (Turma Recursal de SP, 2ª T., 00450753020154036301, Rel. Uilton Reina Cecato, e-DJF3 17.8.2016).

Enunciado 128. O condomínio edilício, por interpretação extensiva do art. 6º, I, da Lei 10.259/01, pode ser autor no JEF.

▸ *Flávio Roberto Ferreira de Lima*

O entendimento lavrado neste Enunciado vem ao encontro de um processo evolutivo da doutrina e da jurisprudência que vem ampliando a eficácia do Juizado Especial, alcançando casos e situações não expressamente previstas nas Leis 9.099/95 (LJE) e 10.259/01 (LJEF).

O condomínio edilício não é contemplado no art. 44 do Código Civil como pessoa jurídica de direito privado, nem tampouco pode ser enquadrado em quaisquer das hipóteses do art. 6º, I, da LJEF), que trata daqueles que podem ser parte no Juizado Especial Federal. A LJE também não menciona o condomínio, tanto para excluir aqueles que não podem ser partes (art. 8º – caput), como para indicar os que podem ajuizar demandas perante o Juizado Especial (incisos do § 1º, do art. 8º).

A LJEF não trouxe elenco exaustivo de legitimados daqueles que podem ser parte autora no Juizado Especial Federal. Tal interpretação extrai-se da inexistência de dispositivo expresso excluindo o condomínio edilício da jurisdição do Juizado Especial, mas também de um dos objetivos da criação do Juizado Especial que foi facilitar o acesso ao Poder Judiciário. A Primeira Seção do STJ, nos autos do CC 97522 (Rel. Min. Francisco Falcão, DJe 25.5.2009) já decidiu que o elenco do art. 6º, I, da LJEF é meramente indicativo. Para não repetir comentários já realizados, informa-se que o aresto se encontra transcrito nos comentários ao Enunciado 82/FONAJEF.

A natureza jurídica do condomínio é controvertida. Para a maioria, por ausência de previsão legal, o condomínio edilício não pode ser enquadrado como pessoa jurídica, como se constata em inúmeros precedentes judiciais[13]. Há, no entanto, uma forte corrente doutrinária que se encontra formada defendendo a posição de que o condomínio edilício possui personalidade jurídica. Essa corrente, ainda minoritária, mostrou sua força na III Jornada de Direito Civil, promovida pelo CJF, ao revisar seu Enunciado 90. A VII Jornada de Direito Civil reforça essa posição quando editou o Enunciado 596/CJF.

Mas se o condomínio deve ter sua personalidade jurídica reconhecida, qual deve ser o enquadramento legal que deve ser atribuído à referida figura jurídica? Nos termos da LC 123/2006, art. 3º, considera-se microempresa, a empresa que tenha receita bruta anual igual ou inferior a R$ 360.000,00 e empresa de pequeno porte aquela que aufere receita bruta anual superior a R$ 360.000,00 e inferior a R$ 4.800.000,00. Assim, se a receita bruta do Condomínio não exceder os parâmetros fixados na referida legislação não há empecilho para o considerar como parte autora perante o Juizado Especial Federal.

---

13. TARTUCE, Flávio. **Manual de direito civil.** Volume único. 3. ed., Rio de Janeiro: Forense; São Paulo: Método, 2013. p. 327.

CAPÍTULO III ● LEI DOS JUIZADOS ESPECIAIS FEDERAIS (LEI 10.259/01)

239

Para fins tributários se evidenciou a personalidade jurídica do condomínio, nos termos do art. 11, da Instrução Normativa RFB 568/2005, bem como a sua caracterização como Empresa, nos termos da Instrução Normativa RFB 971, de 13 de novembro de 2009. O STJ expressamente o consagrou como pessoa jurídica para fins tributários (REsp 1256912, adiante transcrito).

O tema é rico em decisões judiciais. Invoco precedente do STJ que bem confirma a competência do Juizado Especial Federal para instruir e julgar demandas promovidas pelo condomínio, nos limites da Lei 10.259/01.

....

◉ Enunciado CJF/Civil 90. Deve ser reconhecida personalidade jurídica ao condomínio edilício.

....

◉ Enunciado CJF/Civil 596. O condomínio edilício pode adquirir imóvel por usucapião.

....

◉ (...). Conflito negativo de competência. Juízo federal e juizado especial federal. Ação de cobrança de cota condominial. Competência definida pelo valor da causa. Arts. 3º e 6º da Lei 10.259/01. I. Consoante entendimento da C. 2ª Seção, pode o condomínio figurar no polo ativo de ação de cobrança perante o Juizado Especial Federal, em se tratando de dívida inferior a 60 salários mínimos, para a qual a sua competência é absoluta. II. Embora o art. 6º da Lei° 10.259/01 não faça menção a condomínio, os princípios que norteiam os Juizados Especiais Federais fazem com que, na fixação de sua competência, prepondere o critério da expressão econômica da lide sobre a natureza das pessoas que figuram no polo ativo. (...). (STJ, 2ª S., AgRg no CC 80615, Rel. Sidnei Beneti, DJe 23.2.2010)

....

◉ Tributário. Condomínios edilícios. Personalidade jurídica para fins de adesão à programa de parcelamento. Refis. Possibilidade. 1. Cinge-se a controvérsia em saber se condomínio edilício é considerado pessoa jurídica para fins de adesão ao REFIS. 2. Consoante o art. 11 da Instrução Normativa RFB 568/2005, os condomínios estão obrigados a inscrever-se no CNPJ. A seu turno, a Instrução Normativa RFB 971, de 13 de novembro de 2009, prevê, em seu art. 3º, § 4º, III, que os condomínios são considerados empresas - para fins de cumprimento de obrigações previdenciárias. 3. Se os condomínios são considerados pessoas jurídicas para fins tributários, não há como negar-lhes o direito de aderir ao programa de parcelamento instituído pela Receita Federal. 4. Embora o Código Civil de 2002 não atribua ao condomínio a forma de pessoa jurídica, a jurisprudência do STJ tem-lhe imputado referida personalidade jurídica, para fins tributários. Essa conclusão encontra apoio em ambas as Turmas de Direito Público (...). (STJ, REsp 1256912, Rel. Min. Humberto Martins, 2ª T., DJe 13.2.2012)

▶ **LJEF. Art. 6º** Podem ser partes no Juizado Especial Federal Cível: I – como autores, as pessoas físicas e as microempresas e empresas de pequeno porte, assim definidas na Lei 9.317, de 5 de dezembro de 1996.

ENUNCIADO 178. A TUTELA PROVISÓRIA EM CARÁTER ANTECEDENTE NÃO SE APLICA AO RITO DOS JUIZADOS ESPECIAIS FEDERAIS, PORQUE A SISTEMÁTICA DE REVISÃO DA DECISÃO ESTABILIZADA (ART. 304 DO CPC/2015) É INCOMPATÍVEL COM OS ARTS. 4º E 6º DA LEI Nº 10.259/2001.

> ▶ *Francisco Glauber Pessoa Alves*

A Constituição Federal de 1988 conferiu prestígio às causas de menor complexidade e causas criminais de menor potencial ofensivo. As "pequenas causas" (na terminologia da Lei 7.244/84) passaram a ser nominadas e tratadas (registradas as existências das expressões juizados de pequenas causas e juizados especiais no corpo da

Lei Maior – art. 24, X, e 98, I, respectivamente) como "causas de menor complexidade", por força do art. 3º da Lei 9.099/95.

Romperam-se nortes processuais clássicos. A inspiração passou a ser o obséquio aos princípios da oralidade, simplicidade, informalidade, economia processual e celeridade, buscando-se, sempre que possível, a conciliação ou a transação (art. 2º da Lei 9.099/95). A norma foi um sucesso. Um novo microssistema normativo, tendente a furtar-se aos gargalos do processo comum (ordinário ou sumário) então existente, rapidamente se solidificou.

Especificamente em sede de tutela provisória, não a previu a Lei 9.099/95. Ainda assim, dentro do poder geral de cautela, reconhecido pelo STF (AC 3882 MC-AgR-3º, adiante transcrito) como inerente à atividade judicante (art. 5º, XXXV da Constituição Federal) e mesmo que absolutamente incompetente o juízo, a jurisprudência dos Juizados Especiais Cíveis passou a prevê-la. O Fórum Nacional dos Juizados Especiais (FONAJE), inclusive, editou o Enunciado 26 ("São cabíveis a tutela acautelatória e a antecipatória nos Juizados Especiais Cíveis, em caráter excepcional). Dito Enunciado restou atualizado pelo FONAJE XXIV, havido em Florianópolis/SC em 2015, que excluiu sua parte final ("São cabíveis a tutela acautelatória e a antecipatória nos Juizados Especiais Cíveis"), tornando irrestritamente aceitas as modalidades de tutela provisória. Porém, *ex lege*, somente a Lei 10.259/01 (art. 4º) e a Lei 12.153/09 (art. 3º) previram tal possibilidade expressamente.

Com o CPC/2015, adequada a análise da *tutela provisória* e sua incidência nos Juizados Especiais. No CPC atual (arts. 300-311), a tutela provisória engloba a (i) tutela de urgência e a (ii) de evidência. A tutela de urgência é subgênero, a demandar probabilidade do direito e perigo de dano (= tutela antecipada) ou risco ao resultado útil do processo (= tutela cautelar). Também é pressuposto da tutela antecipada a reversibilidade dos efeitos da decisão, salvo quando o risco de perecimento do direito em discussão sobrepujar a exigência. A tutela de urgência, que como dito engloba a tutela antecipada e a tutela cautelar, pode ser antecedente ou incidental.

Modalidade especial da tutela de urgência é a tutela antecipada antecedente, viabilizadora da estabilidade da decisão concessiva. Exceção que é, demanda requisitos e pedidos específicos. A tutela cautelar antecipada pode, se antecipatório e não cautelar o pedido, ser processada como tutela antecipada antecedente. Essa fungibilidade pode e deve ser entendida no sentido inverso, ainda que à míngua de norma expressa, por decorrer de lógica inegável[14].

---

14. Nos termos do art. 305, parágrafo único, do Novo CPC, caso o juiz entenda que o pedido antecedente de natureza cautelar tem natureza antecipada, o órgão jurisdicional observará o procedimento previstos para essa espécie de tutela. Curiosamente, o Novo Código de Processo Civil deixa de prever expressamente o caminho inverso, mantendo a falsa impressão de que a fungibilidade entre as diferentes espécies de tutela de urgência pode ter apenas uma via de direção. A omissão legislativa, ainda que pouco elogiável, não terá força para afastar a lógica de se aplicar a fungibilidade de tutela cautelar para antecipada e vice-versa (NEVES, 2015, p. 214). No mesmo sentido, Mitidiero (2015, p. 775).

Capítulo III ● Lei dos Juizados Especiais Federais (Lei 10.259/01)

A tutela de evidência independe de perigo de dano (= tutela antecipada) ou risco ao resultado útil do processo (= tutela cautelar) e possui, ao lado do lógico e implícito requisito da probabilidade do direito, outros mais específicos. Provisória que é, demanda, em princípio, confirmação no mérito, podendo ser revogada. Se concedida em antecipação parcial do mérito, porém, terá resolvido o mérito e, nessa parte, será definitiva. Enseja concessão liminar nos casos de alegações de fato puderem ser comprovadas apenas documentalmente e houver tese firmada em julgamento de casos repetitivos ou em súmula vinculante (art. 311, II) ou quando se tratar de pedido reipersecutório fundado em prova documental adequada do contrato de depósito, caso em que será decretada a ordem de entrega do objeto custodiado, sob cominação de multa (art. 311, III). Outras hipóteses de tutela de evidência são o abuso do direito de defesa ou o manifesto propósito protelatório da parte (art. 311, I), bem como a petição inicial instruída com prova documental suficiente dos fatos constitutivos do direito do autor, a que o réu não oponha prova capaz de gerar dúvida razoável (art. 311, IV).

De fato, a incidência do CPC junto aos Juizados Especiais, deve se dar com grão de sal, como já foi defendido (ALVES, 2016, *passim*). A aplicação do CPC não pode se dar seja pelo só argumento da novidade, seja pelo só sob color de incorporação (pelo CPC) de princípios constitucionais, como se os Juizados Especiais também não representassem princípios constitucionais. O motivo é que tanto sua existência quanto seu procedimento sumaríssimo e princípios regedores específicos (art. 98, I), particularmente o da celeridade e o da razoável duração do processo (art. 5º, LXXVIII), têm guarida constitucional tanto quanto o CPC/2015 e os princípios nele encartados, reproduzidos do Texto Constitucional. Dessa forma, há de sempre se ponderar, caso a caso, no plano das normas infraconstitucionais processuais, os princípios constitucionais que se lhes informam, o eventual discrímen normativo querido e se ele está legitimado, sem o que a simples transfiguração do CPC para os Juizados Especiais é totalmente descabida.

Uma premissa parece lógica e razoável, inclusive porque em linha com o princípio da celeridade: todo e qualquer preceito do CPC que, sem sacrificar o procedimento sumaríssimo dos Juizados Especiais, respeite à abreviação do tempo de tutela jurisdicional é consonante com o sistema dos Juizados Especiais. Dito isso, afigura-se-nos que as modalidades de tutelas provisórias antecedentes parecem não ser aplicáveis aos Juizados Especiais. Por duas razões, a saber, (i) a divergência total procedimental e (ii) a suficiência da sua concessão quando pedidas incidentalmente. Assim também o Enunciado 89/FONAJEF ("Não cabe processo cautelar autônomo, preventivo ou incidental, no âmbito do JEF"), entendimento que veio a ser reforçado pelo Enunciado n. 178 ora em comento, ainda que por argumentos distintos (A tutela provisória em caráter antecedente não se aplica ao rito dos juizados especiais federais, porque a sistemática de revisão da decisão estabilizada (art. 304 do CPC) é incompatível com os arts. 4º e 6º da Lei 10.259/01). Igualmente, o Enunciado 163/FONAJE (Os procedimentos de tutela de urgência requeridos em caráter antecedente, na forma prevista nos arts. 303 a 310 do CPC, são incompatíveis com o Sistema dos Juizados Especiais). Esse norte já vinha sendo seguido, conforme Enunciado 26/FONAJE ("São cabíveis a tutela acautelatória e a antecipatória nos Juizados Especiais Cíveis").

Sumaríssimo o procedimento dos Juizados Especiais e respeitante a causas de menor complexidade, suficiente que o autor requeira a providência cautelar ou antecipatória na inicial, bem como o réu em sua resposta. Não se afasta a possibilidade de postulação incidental, após o momento da propositura, nos próprios autos do processo principal, a ser devidamente justificada concretamente. Nada obsta e tudo mesmo aconselha, que as demais hipóteses de tutela provisória (tutela de urgência incidente e tutela de evidência) sejam aplicáveis aos Juizados Especiais, porque derivam de técnicas de aceleração da tutela jurisdicional há muito sedimentadas[15]. Pela aplicação do regime como um todo, Hartmann (2015, p. 254); pela aplicação das tutelas de urgência cautelares, Veiga (2015, 264); pela aplicação da tutela de evidência, Leal e Miranda Netto (2015, p. 690-691). Também o FPPC, no seu Enunciado 418 ("As tutelas provisórias de urgência e de evidência são admissíveis no sistema dos Juizados Especiais").

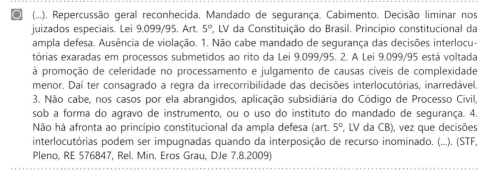

◎ (...). Repercussão geral reconhecida. Mandado de segurança. Cabimento. Decisão liminar nos juizados especiais. Lei 9.099/95. Art. 5º, LV da Constituição do Brasil. Princípio constitucional da ampla defesa. Ausência de violação. 1. Não cabe mandado de segurança das decisões interlocutórias exaradas em processos submetidos ao rito da Lei 9.099/95. 2. A Lei 9.099/95 está voltada à promoção de celeridade no processamento e julgamento de causas cíveis de complexidade menor. Daí ter consagrado a regra da irrecorribilidade das decisões interlocutórias, inarredável. 3. Não cabe, nos casos por ela abrangidos, aplicação subsidiária do Código de Processo Civil, sob a forma do agravo de instrumento, ou o uso do instituto do mandado de segurança. 4. Não há afronta ao princípio constitucional da ampla defesa (art. 5º, LV da CB), vez que decisões interlocutórias podem ser impugnadas quando da interposição de recurso inominado. (...). (STF, Pleno, RE 576847, Rel. Min. Eros Grau, DJe 7.8.2009)

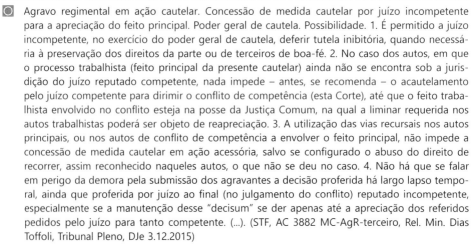

◎ Agravo regimental em ação cautelar. Concessão de medida cautelar por juízo incompetente para a apreciação do feito principal. Poder geral de cautela. Possibilidade. 1. É permitido a juízo incompetente, no exercício do poder geral de cautela, deferir tutela inibitória, quando necessária à preservação dos direitos da parte ou de terceiros de boa-fé. 2. No caso dos autos, em que o processo trabalhista (feito principal da presente cautelar) ainda não se encontra sob a jurisdição do juízo reputado competente, nada impede – antes, se recomenda – o acautelamento pelo juízo competente para dirimir o conflito de competência (esta Corte), até que o feito trabalhista envolvido no conflito esteja na posse da Justiça Comum, na qual a liminar requerida nos autos trabalhistas poderá ser objeto de reapreciação. 3. A utilização das vias recursais nos autos principais, ou nos autos de conflito de competência a envolver o feito principal, não impede a concessão de medida cautelar em ação acessória, salvo se configurado o abuso do direito de recorrer, assim reconhecido naqueles autos, o que não se deu no caso. 4. Não há que se falar em perigo da demora pela submissão dos agravantes a decisão proferida há largo lapso temporal, ainda que proferida por juízo ao final (no julgamento do conflito) reputado incompetente, especialmente se a manutenção desse "decisum" se der apenas até a apreciação dos referidos pedidos pelo juízo para tanto competente. (...). (STF, AC 3882 MC-AgR-terceiro, Rel. Min. Dias Toffoli, Tribunal Pleno, DJe 3.12.2015)

---

15. O legislador agrupou sob o gênero tutelas provisórias tanto as tutelas satisfativas como as tutelas cautelares que podem ser prestadas mediante cognição sumária, isto é, fundadas em juízo de probabilidade (art. 300). A técnica antecipatória pode dar lugar a uma decisão provisória que satisfaça desde logo o direito da parte fundada na urgência ou na evidência. A tutela cautelar, porém, é sempre fundada na urgência (art. 301). O legislador buscou caracterizar a urgência que dá lugar à tutela provisória no art. 300 e a evidência no art. 311. (MITIDIERO, 2015, p. 774).

CAPÍTULO III ● LEI DOS JUIZADOS ESPECIAIS FEDERAIS (LEI 10.259/01)   **243**

○ Tutela cautelar em caráter antecedente ajuizada para requerer a suspensão dos efeitos de acórdão proferido pela 4ª Turma Recursal em agravo de instrumento. Ação/recurso não conhecido. (Turma Recursal da BA, 1ª TFP, AI 0000038-85.2017.8.26.9000, Rel. Carmem Cristina Fernandes Teijeiro e Oliveira, j. 16.2.2017)

► **CF. Art. 5º.** LXXVIII – a todos, no âmbito judicial e administrativo, são assegurados a razoável duração do processo e os meios que garantam a celeridade de sua tramitação. ► **Art. 98.** A União, no Distrito Federal e nos Territórios, e os Estados criarão: I – juizados especiais, providos por juízes togados, ou togados e leigos, competentes para a conciliação, o julgamento e a execução de causas cíveis de menor complexidade e infrações penais de menor potencial ofensivo, mediante os procedimentos oral e sumariíssimo, permitidos, nas hipóteses previstas em lei, a transação e o julgamento de recursos por turmas de juízes de primeiro grau;

► **LJEF. Art. 4º** O Juiz poderá, de ofício ou a requerimento das partes, deferir medidas cautelares no curso do processo, para evitar dano de difícil reparação. ► **Art. 6º** Podem ser partes no Juizado Especial Federal Cível: I – como autores, as pessoas físicas e as microempresas e empresas de pequeno porte, assim definidas na Lei n. 9.317, de 5 de dezembro de 1996; II – como rés, a União, autarquias, fundações e empresas públicas federais.

► **LJEFP. Art. 3º** O juiz poderá, de ofício ou a requerimento das partes, deferir quaisquer providências cautelares e antecipatórias no curso do processo, para evitar dano de difícil ou de incerta reparação.

► **CPC. Art. 303.** Nos casos em que a urgência for contemporânea à propositura da ação, a petição inicial pode limitar-se ao requerimento da tutela antecipada e à indicação do pedido de tutela final, com a exposição da lide, do direito que se busca realizar e do perigo de dano ou do risco ao resultado útil do processo. **§ 1º** Concedida a tutela antecipada a que se refere o caput deste artigo: I – o autor deverá aditar a petição inicial, com a complementação de sua argumentação, a juntada de novos documentos e a confirmação do pedido de tutela final, em 15 (quinze) dias ou em outro prazo maior que o juiz fixar; II – o réu será citado e intimado para a audiência de conciliação ou de mediação na forma do art. 334; III – não havendo autocomposição, o prazo para contestação será contado na forma do art. 335. **§ 2º** Não realizado o aditamento a que se refere o inciso I do § 1º deste artigo, o processo será extinto sem resolução do mérito. **§ 3º** O aditamento a que se refere o inciso I do § 1º deste artigo dar-se-á nos mesmos autos, sem incidência de novas custas processuais. **§ 4º** Na petição inicial a que se refere o caput deste artigo, o autor terá de indicar o valor da causa, que deve levar em consideração o pedido de tutela final. **§ 5º** O autor indicará na petição inicial, ainda, que pretende valer-se do benefício previsto no caput deste artigo. **§ 6º** Caso entenda que não há elementos para a concessão de tutela antecipada, o órgão jurisdicional determinará a emenda da petição inicial em até 5 (cinco) dias, sob pena de ser indeferida e de o processo ser extinto sem resolução de mérito. ► **Art. 304.** A tutela antecipada, concedida nos termos do art. 303, torna-se estável se da decisão que a conceder não for interposto o respectivo recurso. **§ 1º** No caso previsto no caput, o processo será extinto. **§ 2º** Qualquer das partes poderá demandar a outra com o intuito de rever, reformar ou invalidar a tutela antecipada estabilizada nos termos do caput. **§ 3º** A tutela antecipada conservará seus efeitos enquanto não revista, reformada ou invalidada por decisão de mérito proferida na ação de que trata o § 2º. **§ 4º** Qualquer das partes poderá requerer o desarquivamento dos autos em que foi concedida a medida, para instruir a petição inicial da ação a que se refere o § 2º, prevento o juízo em que a tutela antecipada foi concedida. **§ 5º** O direito de rever, reformar ou invalidar a tutela antecipada, previsto no § 2º deste artigo, extingue-se após 2 (dois) anos, contados da ciência da decisão que extinguiu o processo, nos termos do § 1º. **§ 6º** A decisão que concede a tutela não fará coisa julgada, mas a estabilidade dos respectivos efeitos só será afastada por decisão que a revir, reformar ou invalidar, proferida em ação ajuizada por uma das partes, nos termos do § 2º deste artigo. ► **Art. 305.** A petição inicial da ação que visa à prestação de tutela cautelar em caráter antecedente indicará a lide e seu fundamento, a exposição sumária do direito que se objetiva assegurar e o perigo de dano ou o risco ao resultado útil do processo. **Parágrafo único.** Caso entenda que o pedido a que se refere o caput tem natureza antecipada, o juiz observará o disposto no art. 303. ▶ **Art. 311.** A tutela da evidência será concedida, independentemente da demonstração de perigo de dano ou de risco ao resultado útil do processo, quando: I – ficar caracterizado o abuso do direito de defesa ou o manifesto propósito protelatório da parte; II – as alegações de fato puderem ser comprovadas apenas documentalmente e houver tese firmada em julgamento de casos repetitivos ou em súmula vinculante; III – se tratar de pedido reipersecutório fundado em prova documental adequada do contrato de depósito, caso em que será decretada a ordem de entrega do objeto custodiado, sob cominação de multa; IV – a petição inicial for instruída com prova documental suficiente dos fatos constitutivos do direito do autor, a que o réu não oponha prova capaz de gerar dúvida razoável. **Parágrafo único.** Nas hipóteses dos incisos II e III, o juiz poderá decidir liminarmente.

5. CITAÇÕES E INTIMAÇÕES (ART. 7º)

ENUNCIADO 003. A AUTO INTIMAÇÃO ELETRÔNICA ATENDE AOS REQUISITOS DAS LEIS NS. 10.259/2001 E 11.419/2006 E É PREFERENCIAL À INTIMAÇÃO POR E-MAIL.

Enunciado comentado no capítulo *Lei do Processo Eletrônico – Da Comunicação Eletrônica dos Atos Processuais.*

ENUNCIADO 004. NA PROPOSITURA DE AÇÕES REPETITIVAS OU DE MASSA, SEM ADVOGADO, NÃO HAVENDO VIABILIDADE MATERIAL DE OPÇÃO PELA AUTOINTIMAÇÃO ELETRÔNICA, A PARTE FIRMARÁ COMPROMISSO DE COMPARECIMENTO, EM PRAZO PRÉ-DETERMINADO EM FORMULÁRIO PRÓPRIO, PARA CIÊNCIA DOS ATOS PROCESSUAIS PRATICADOS.

▶ *Marco Bruno Miranda Clementino*

A Constituição Federal de 1988 foi um marco no que se refere ao fenômeno das demandas repetitivas. Estabeleceu um sistema jurídico garantista num Estado culturalmente autoritário, porém com um sistema processual civil de perfil individualista. Como consequência, houve uma mudança radical no perfil de litigiosidade no Poder Judiciário e, em particular, na Justiça Federal, cuja competência constitucional abrange o controle jurisdicional das políticas públicas federais.

Assim, logo que a Constituição Federal entrou em vigor, multiplicaram-se na Justiça Federal as ações cujo objetivo era o reconhecimento de ilicitudes em políticas monetárias malsucedidas, a exemplo do bloqueio dos cruzados novos, resultando numa explosão de demandas, sempre repetitivas, visando à tutela de direitos individuais de caráter coletivo estrutural.

O Enunciado, aprovado em 2006, também exige uma contextualização histórica. Nessa época, a explosão de demandas repetitiva, envolvendo as mais variadas matérias, sobretudo previdenciárias, ainda eram uma realidade na Justiça Federal, só que haviam sido transferidas aos Juizados Especiais Federais, tendo em vista o limite de alçada por meio do qual se fixara a sua competência.

Capítulo III ● Lei dos Juizados Especiais Federais (Lei 10.259/01)

245

Diante disso, forte no princípio da simplicidade, o objetivo do Enunciado 4 foi viabilizar uma forma menos burocrática de intimação da parte que litigava sem advogado, a fim de possibilitar razoável duração aos milhões de processos que então tramitavam em todo o país. De certo modo, é um rudimento de negócio jurídico processual, numa tentativa de calendarização da tramitação, só que com as características exigidas para que o instituto se aplique de forma compatível com o perfil do conflito subjacente às demandas repetitivas.

Desse modo, tendo em vista a inviabilidade da intimação eletrônica, já que a parte, no caso, litigava sem advogado, a adesão, via formulário, a uma espécie de autointimação física permitiu a preservação de tempo razoável na tramitação processual, dispensando intimações burocráticas por carta ou mandado e mesmo intimações telefônicas.

ENUNCIADO 007. NOS JUIZADOS ESPECIAIS FEDERAIS O PROCURADOR FEDERAL NÃO TEM A PRERROGATIVA DE INTIMAÇÃO PESSOAL.

▶ *Clécio Alves de Araújo*

O presente Enunciado reflete a inviabilidade de se aplicar aos Juizados Especiais Federais a prerrogativa do procurador federal, integrante da carreira da Advocacia Geral da União, de ser intimado pessoalmente dos atos decisórios proferidos sob o rito da Lei 10.259/01, com aplicação de dispositivos da Lei 9.099/95.

A criação dos Juizados Especiais Federais decorreu, inicialmente, da Emenda Constitucional 22/99, vindo a ocorrer a sua efetiva instituição com a edição da Lei 10.259/01. A previsão está no art. 98, § 1º, da CF/88.

O procedimento no âmbito dos Juizados é pautado pelos princípios da oralidade, simplicidade, celeridade, informalidade e economia processual.

Da análise de seus dispositivos legais, verifica-se que a Lei 10.259/01 não traçou com precisão um rito para os processos a ela sujeitos, determinando, em seu art. 1º, a aplicação da Lei 9.099/95, no que com ela não conflitar. Desse modo, cabe principalmente aos juízes estabelecer o procedimento das ações em trâmite nos Juizados.

As principais particularidades estabelecidas pela Lei 10.259/01 são as seguintes:

a) igualdade de prazos para a prática de atos processuais (art. 9º): fim das prerrogativas da Fazenda Pública no que diz respeito à contagem em dobro ou em quádruplo dos prazos processuais;

b) fim do reexame necessário (art. 13): como todas as causas devem ter seu valor limitado a 60 salários-mínimos;

c) redução dos recursos (arts. 5º, 14 e 15): somente serão admitidos recursos das decisões finais e das decisões que deferirem medidas cautelares e antecipação de tutela no curso do processo. Muito embora, alguns magistrados e turmas recursais têm entendido pela viabilidade de um "agravo inominado", para fins de questionamento das decisões interlocutórias;

d) pagamento, das condenações, em regra, por Requisição de Pequeno Valor (RPV), desde que respeitado o limite de alçada do juizado;

e) desnecessidade de representação das partes por advogado (art. 10). Sobre o tema, o Supremo Tribunal Federal manifestou-se, quando do julgamento da Ação Direta de Inconstitucionalidade nº 3168, em que firmou entendimento no sentido de que a previsão de atuação sem a representação por advogado não viola a Constituição Federal.

Como se observa das características acima, o Juizado Especial Federal foi pensado como forma de desburocratizar o acesso à justiça, sendo pautado fundamentalmente pelo princípio da informalidade, o que impõe uma maior simplificação de seus procedimentos quando comparados com as regras de procedimentos especiais ou mesmo comum estabelecido no CPC.

Por outro lado, a Lei 10.910/04, em seu art. 17, determina a intimação dos ocupantes do cargo de Procurador Federal será pessoal.

Em razão disso, se estabeleceu um aparente conflito entre a previsão da informalidade e simplicidade do procedimento dos juizados, com a dispensa de intimação pessoal, e a previsão legal da prerrogativa de intimação pessoal ao procurador federal.

No caso, é inequívoca a aplicação do princípio da adequação, sob a perspectiva teleológica, já que a finalidade estabelecida nas leis que tratam dos juizados especiais justifica mitigar a prerrogativa de intimação pessoal do representante da fazenda pública. Com isso, a oralidade, a informalidade e a simplicidade devem se sobrepor à necessidade de intimação pessoal.

O Supremo Tribunal Federal já se manifestou acerca do tema, destacando, em recurso extraordinário submetido ao rito da repercussão geral (ARE 648629), ser inviável, por ser manifestamente incompatível com os princípios norteadores, a aplicação da prerrogativa de intimação pessoal aos procuradores federais. Destaca-se, por oportuno, fragmento do voto do Ministro Luiz Fux, relator do feito:

> Além disso, também é relevante assentar que o rito dos Juizados Especiais é talhado para ampliar o acesso à justiça (art. 5º, XXXV, da CF) mediante redução das formalidades e aceleração da marcha processual. Essa a inegável intenção do constituinte ao determinar, no art. 98, I, da Carta Magna, a criação dos Juizados Especiais, no bojo dos quais devem ser adotados "os procedimentos oral e sumariíssimo.

Devem ser vistas "cum grano salis" as interpretações que pugnem pela aplicação "subsidiária" de normas alheias ao microssistema dos Juizados Especiais que importem delongas ou incremento de solenidades. Especificamente quanto ao caso sub judice, a Lei 10.259/01, que rege o procedimento dos Juizados Especiais Federais, expressamente estabelece, em seu art. 9º, que: "Não haverá prazo diferenciado para a prática de qualquer ato processual pelas pessoas jurídicas de direito público, inclusive a interposição de recursos". O espírito da lei, portanto, é inequivocamente o de afastar a incidência de normas que alberguem prerrogativas processuais para a Fazenda Pública.

Capítulo III • Lei dos Juizados Especiais Federais (Lei 10.259/01)

Fixadas tais premissas, há que se concluir pela inaplicabilidade da prerrogativa de intimação pessoal dos ocupantes de cargo de Procurador Federal, prevista no art. 17 da Lei 10.910/04, ao procedimento dos Juizados Especiais Federais. À vista da simplicidade das causas versadas neste rito especial, tem-se que particular e Fazenda Pública apresentam semelhante, se não idêntica, dificuldade para o adequado exercício do direito de informação dos atos do processo, de modo que não se revela razoável a incidência de norma externa ao microssistema legislativo analisado para não só restringir o princípio da isonomia entre as partes, mas também comprometer a informalidade e a celeridade do procedimento".

Portanto, a tese fixada no Enunciado restou consolidada, de maneira que não há imposição da prerrogativa de intimação pessoal do procurador federal que atua perante os Juizados Especiais Federais.

....

◻ (...). É constitucional o art. 10 da Lei 10.259/01, que faculta às partes a designação de representantes para a causa, advogados ou não, no âmbito dos juizados especiais federais. No que se refere aos processos de natureza cível, o Supremo Tribunal Federal já firmou o entendimento de que a imprescindibilidade de advogado é relativa, podendo, portanto, ser afastada pela lei em relação aos juizados especiais. Precedentes. Perante os juizados especiais federais, em processos de natureza cível, as partes podem comparecer pessoalmente em juízo ou designar representante, advogado ou não, desde que a causa não ultrapasse o valor de sessenta salários mínimos (art. 3º da Lei 10.259/01) e sem prejuízo da aplicação subsidiária integral dos parágrafos do art. 9º da Lei 9.099/95. Já quanto aos processos de natureza criminal, em homenagem ao princípio da ampla defesa, é imperativo que o réu compareça ao processo devidamente acompanhado de profissional habilitado a oferecer-lhe defesa técnica de qualidade, ou seja, de advogado devidamente inscrito nos quadros da Ordem dos Advogados do Brasil ou defensor público. Aplicação subsidiária do art. 68, III, da Lei 9.099/95. Interpretação conforme, para excluir do âmbito de incidência do art. 10 da Lei 10.259/01 os feitos de competência dos juizados especiais criminais da Justiça Federal. (STF, ADI 3168, Pleno, Rel. Min. Joaquim Barbosa, DJ 3.8.2007)

....

◻ (...). Repercussão geral reconhecida. Rito dos juizados especiais federais. Prerrogativa de intimação pessoal dos ocupantes de cargo de procurador federal (art. 17 da Lei 10.910/2004). Inaplicabilidade. Princípio da paridade de armas. Contraditório (art. 5º, LV, da CF). Acesso à justiça (art. 5º, XXXV, da CF). Simplicidade do procedimento sumaríssimo (art. 98, I, da CF). Art. 9º da Lei 10.259/01. Agravo conhecido e recurso extraordinário desprovido. 1. A isonomia é um elemento ínsito ao princípio constitucional do contraditório (art. 5º, LV, da CF), do qual se extrai a necessidade de assegurar que as partes gozem das mesmas oportunidades e faculdades processuais, atuando sempre com paridade de armas, a fim de garantir que o resultado final jurisdicional espelhe a justiça do processo em que prolatado. Doutrina (FERNANDES, Antonio Scarance. Processo penal constitucional. 4. ed. São Paulo: RT, 2005. p. 66; DINAMARCO, Cândido Rangel. Fundamentos do Processo Civil Moderno. São Paulo: RT, 1986. p. 92; CINTRA, Antonio Carlos de Araújo. O princípio da igualdade processual. Revista da Procuradoria-Geral do Estado de São Paulo, São Paulo, v. 19; MOREIRA, José Carlos Barbosa. A garantia do contraditório na atividade de instrução. RePro 35/231). 2. As exceções ao princípio da paridade de armas apenas têm lugar quando houver fundamento razoável baseado na necessidade de remediar um desequilíbrio entre as partes, e devem ser interpretadas de modo restritivo, conforme a parêmia 'exceptiones sunt strictissimae interpretationis'. 3. O rito dos Juizados Especiais é talhado para ampliar o acesso à justiça (art. 5º, XXXV, da CF) mediante redução das formalidades e aceleração da marcha processual, não sendo outra a exegese do art. 98, I, da Carta Magna, que determina sejam adotados nos aludidos Juizados "os procedimentos oral e sumaríssimo", devendo, portanto, ser apreciadas cum grano salis as interpretações que pugnem pela aplicação "subsidiária" de normas alheias ao microssistema dos Juizados Especiais que importem delongas ou incremento de solenidades. 4. O espírito da Lei 10.259/01, que rege o procedimento dos Juizados Especiais Federais, é inequivocamente o de afastar a incidência de normas que alberguem prerrogativas processuais para a Fazenda Pública, máxime em razão do que dispõe o seu art. 9°, verbis: "Não haverá prazo diferenciado para a prática de qualquer ato processual pelas pessoas jurídicas de direito público, inclusive a interposição de recursos". 5. Não se aplica aos Juizados Especiais Federais a prerrogativa de intimação pessoal dos ocupantes de cargo de Procurador Federal, prevista no art. 17 da Lei 10.910/2004, na medida em que neste rito especial, ante a simplicidade das causas nele julgadas, particular e Fazenda Pública apresentam semelhante, se não idêntica, dificuldade para o adequado exercício do direito de informação dos atos do processo, de modo que não se revela razoável a incidência de norma que restringe a paridade de armas, além de comprometer a informalidade e a celeridade do procedimento. (...). (STF, Pleno, ARE 648629, Rel. Min. Luiz Fux, DJe 8.4.2014)

▶ **CF. Art. 98. § 1º** Lei federal disporá sobre a criação de juizados especiais no âmbito da Justiça Federal.

▶ **Lei 10.910/04. Art. 17.** Nos processos em que atuem em razão das atribuições de seus cargos, os ocupantes dos cargos das carreiras de Procurador Federal e de Procurador do Banco Central do Brasil serão intimados e notificados pessoalmente.

ENUNCIADO 008. É VÁLIDA A INTIMAÇÃO DO PROCURADOR FEDERAL PARA CUMPRIMENTO DA OBRIGAÇÃO DE FAZER, INDEPENDENTEMENTE DE OFÍCIO, COM BASE NO ARTIGO 461 DO CÓDIGO DE PROCESSO CIVIL.

▶ *Paulo Sérgio Ribeiro*

Observação: o art. 461 do CPC/73, referido no enunciado, corresponde ao art. 497 do CPC/2015.

Em primeiro lugar é essencial destacar que após a reforma do Código de Processo Civil com a edição da Lei 13.105/15 as obrigações de fazer, não fazer e entrega de coisa são disciplinadas nos artigos 497 a 501 do estatuto adjetivo.

A Lei Orgânica da Advocacia Pública, Lei complementar 73/03, estabelece no artigo 38 que as "intimações e notificações são feitas nas pessoas do Advogado da União ou do Procurador da Fazenda Nacional que oficie nos respectivos autos". Em sentido semelhante: o CPC/2015, artigo 269, § 3º.

Portanto, a intimação para cumprimento da obrigação de fazer, não fazer e entrega de coisa pode ser direcionada ao representante judicial, advogado público, o qual tem o dever de ofício de diligenciar o cumprimento da ordem, encaminhando à autoridade administrativa responsável pela execução do ato, a qual tem a atribuição para realizar o provimento determinado na decisão judicial.

Por sua vez, como especial destaque em razão do âmbito de aplicação do Enunciado comentado, o parágrafo 1º do artigo 8º da Lei 10.259/01, Lei dos Juizados Especiais Federais, estabelece que as intimações gerais, ressalvadas as referentes à comunicação em relação à sentença, devem ser efetivadas na pessoa do advogado ou procurados que atue nos autos.

A questão é deveras polêmica e controvertida em sede judicial, entretanto, em análise sistemática dos diplomas normativos não há como afastar a obrigação do

Capítulo III ● Lei dos Juizados Especiais Federais (Lei 10.259/01)   **249**

advogado público (Advogado da União, Procurador Federal, Procurador da Fazenda Nacional, Procurador do Estado e Procurador do Município) de receber, em nome de quem está representando, as intimações referentes ao cumprimento de tutelas específicas (fazer, não-fazer e dar) e, por dever de ofício, tem a obrigação de diligenciar o cumprimento da ordem, encaminhando a decisão à autoridade administrativa competente para a efetivação da ordem judicial.

O Tribunal Regional Federal da 3ª Região (AC 00076433920134036109) reconheceu como dever funcional do advogado público que recebeu a intimação do ato encaminhar à autoridade competente, no caso, agência responsável pela implantação do benefício, cópia da decisão que determinou a obrigação de fazer, para que esta promova o cumprimento da ordem judicial. Em sentido semelhante também decidiu o Tribunal Regional Federal da 4ª Região (AG 2003.04.01.036397-0).

Cumpre observar que a norma de decisão proposta no Enunciado não imputa responsabilidade ao representante judicial por eventual descumprimento da ordem, na realidade, seu dever funcional restringe em receber a intimação judicial e, dentro de sua esfera de atribuição, dar cumprimento à decisão, que, no caso, efetiva-se por meio da comunicação da ordem judicial à autoridade administrativa competente para efetivar os atos administrativos necessários ao cumprimento da decisão.

Necessário esclarecer que o Enunciado foi elaborado em período que antecedeu a edição da Súmula 410, Superior Tribunal de Justiça, a qual consolidou entendimento de que é essencial a intimação pessoal do devedor da obrigação como condição para a exigibilidade da multa coercitiva – astreinte.

Desse modo, como represente judicial do ente público (União, Estado, Município ou suas respectivas autarquias) os procuradores têm a atribuição de receber as intimações direcionadas em face dos entes e encaminhá-las à autoridade competente para implementar a ordem judicial. Por sua vez, as autoridades administrativas responsáveis pela execução da ordem efetivam a manifestação, representando o ente público, uma vez que este não tem "persona" própria capaz de manifestar, per si, sua vontade, necessitando de interposta pessoal para agir voluntariamente.

Cabe pontuar que eventual ônus pelo descumprimento da ordem deverá recair em face do ente público representado nos autos pelo procurador, o qual somente poderá ser responsabilizado, eventualmente, por descumprir os deveres funcionais inerentes ao cargo, que, no caso, limita-se em transmitir a ordem judicial para a autoridade administrativa responsável, inexistindo responsabilidade do advogado público pela mora ou inexecução da ordem atribuída ao ente administrativo.

O dever de implementar a ordem judicial determinando a efetivação do fazer, não-fazer ou entregar é da pessoa coletiva (ente político ou autarquia) que se manifesta no mundo do ser por meio de pessoa natural à qual é atribuída função de manifestar a vontade do ente. Deste modo, no caso de cumprimento de ordem judicial, a manifestação da vontade para efetivação compete à autoridade administrativa que detém a competência administrativa para executar o ato.

250 ENUNCIADOS FONAJEF ⬧ Clécio Alves de Araújo

O Enunciado tem como escopo assegurar a legalidade da intimação do procurado do ente público ao qual competente comunicar a autoridade administrativa que detém a atribuição administrativa para realizar o ato administrativo necessário ao cumprimento da obrigação, não obstante sua aplicabilidade resta mitigada, considerando a Súmula 410 do Superior Tribunal de Justiça.

◎ Súmula 410/STJ. A prévia intimação pessoal do devedor constitui condição necessária para a cobrança de multa pelo descumprimento de obrigação de fazer ou não fazer.

◎ (...). Retardamento no cumprimento da obrigação de implantação do benefício. Imposição de multa. Agravo desprovido. 1. A autarquia previdenciária tomou ciência da decisão, razão pela qual deve ser afastada a questão de nulidade da intimação para implantação do benefício, considerando-se dever funcional do Procurador intimado encaminhar à agência competente para implantação do benefício a cópia da r. sentença. (TRF3, 10ª T, AC 00076433920134036109, Rel. Baptista Pereira, e-DJF3 22.6.2016)

◎ (...). Intimação específica. Prescindibilidade. Multa pecuniária. Termo inicial. Alteração. 1. A tese de que a intimação quanto à porção da decisão relativa à fixação de multa diária por descumprimento de obrigação de fazer deve ser específica, mediante endereçamento de ofício à Gerência Executiva da Previdência Social, não subsiste, uma vez que a autarquia se faz representada nos autos por seu procurador, a quem cabe desincumbir-se das determinações judiciais. 2. O prazo para cumprimento da obrigação, segundo a posição cristalizada nas Turmas que compõem a 3ª Seção deste Tribunal, é de, no mínimo, 45 dias, com sustentáculo no artigo 174 do Decreto 3.048/99 e em homenagem aos princípios da razoabilidade e proporcionalidade. (TRF4, 6ª T., AG 2003.04.01.036397-0, Rel. Victor Luiz dos Santos Laus, DE 6.11.2008)

▶ **CPC. Art. 269. § 3º** A intimação da União, dos Estados, do Distrito Federal, dos Municípios e de suas respectivas autarquias e fundações de direito público será realizada perante o órgão de Advocacia Pública responsável por sua representação judicial. ▶**Art. 497.** Na ação que tenha por objeto a prestação de fazer ou de não fazer, o juiz, se procedente o pedido, concederá a tutela específica ou determinará providências que assegurem a obtenção de tutela pelo resultado prático equivalente. **Parágrafo único.** Para a concessão da tutela específica destinada a inibir a prática, a reiteração ou a continuação de um ilícito, ou a sua remoção, é irrelevante a demonstração da ocorrência de dano ou da existência de culpa ou dolo.

▶ **LJEF. Art. 8º** As partes serão intimadas da sentença, quando não proferida esta na audiência em que estiver presente seu representante, por ARMP (aviso de recebimento em mão própria). § **1º** As demais intimações das partes serão feitas na pessoa dos advogados ou dos Procuradores que oficiem nos respectivos autos, pessoalmente ou por via postal. § **2º** Os tribunais poderão organizar serviço de intimação das partes e de recepção de petições por meio eletrônico.

ENUNCIADO 055. A NULIDADE DO PROCESSO POR AUSÊNCIA DE CITAÇÃO DO RÉU OU LITISCON-SORTE NECESSÁRIO PODE SER DECLARADA DE OFÍCIO PELO JUIZ NOS PRÓPRIOS AUTOS DO PROCESSO, EM QUALQUER FASE, OU MEDIANTE PROVOCAÇÃO DAS PARTES, POR SIMPLES PETIÇÃO.

▶ Clécio Alves de Araújo

A citação é o ato processual através do qual se efetiva a comunicação ao sujeito passivo da relação jurídica processual, para cientificá-lo que, em relação a ele, foi manejada uma demanda. É instrumento de aperfeiçoamento da relação jurídico-processual, sendo condição necessária para que os efeitos impositivos do processo alcancem o réu. O CPC apresenta a mesma definição para a citação, nos termos do art. 238,

Capítulo III ● Lei dos Juizados Especiais Federais (Lei 10.259/01)

ressaltando ser o ato pelo qual são convocados o réu, o executado ou o interessado para integrar a relação processual.

No que se refere à Fazenda Pública Federal, inclusive nos Juizados Especiais Federais, a citação segue a lógica do disposto nos artigos que se seguem do 35 ao 38 da Lei Complementar nº 73/93, pela qual a União é citada nas causas em que seja interessada, na condição de autora, ré, assistente, oponente, recorrente ou recorrida, na pessoa do Advogado-Geral da União, privativamente, nas hipóteses de competência do Supremo Tribunal Federal; do Procurador-Geral da União, nas hipóteses de competência dos tribunais superiores; do Procurador-Regional da União, nas hipóteses de competência dos demais tribunais; do Procurador-Chefe ou do Procurador-Seccional da União, nas hipóteses de competência dos juízos de primeiro grau. Em complemento, dispõe o art. 36 que, nas causas de que trata o art. 12, a União será citada na pessoa do Procurador-Regional da Fazenda Nacional, nas hipóteses de competência dos demais tribunais; do Procurador-Chefe ou do Procurador-Seccional da Fazenda Nacional nas hipóteses de competência dos juízos de primeiro grau. Em caso de ausência das autoridades referidas nos artigos 35 e 36, a citação se dará na pessoa do substituto eventual (art. 37). Por fim, especifica o art. 38 que as intimações e notificações são feitas nas pessoas do Advogado da União ou do Procurador da Fazenda Nacional que oficie nos respectivos autos.

A especificidade da Lei 10.259/01 reside apenas na imposição de que seja observado o prazo mínimo de trinta dias para a realização de audiência de conciliação, momento limite para a apresentação de defesa, inclusive oral, o que se observa do teor do art. 9º.

Em relação aos efeitos que produz no processo, a citação é, ao mesmo tempo, condição de eficácia do processo em relação ao réu e requisito de validade dos atos processuais que lhe seguirem. O NCPC explicita, salvo quanto ao indeferimento da petição inicial ou à improcedência liminar do pedido, o caráter de indisponibilidade da citação, como se observa do art. 239.

No que diz respeito ao litisconsórcio necessário, o CPC dispõe, no art. 114, que o litisconsórcio será necessário por disposição de lei ou quando, pela natureza da relação jurídica controvertida, a eficácia da sentença depender da citação de todos que devam ser litisconsortes. Em complemento, o art. 115 especifica que a sentença de mérito, quando proferida sem a integração do contraditório, será nula, se a decisão deveria ser uniforme em relação a todos que deveriam ter integrado o processo, ou ineficaz, nos outros casos, apenas para os que não foram citados. Ainda de acordo com o CPC, nos casos de litisconsórcio passivo necessário, o juiz determinará ao autor que requeira a citação de todos que devam ser litisconsortes, dentro do prazo que assinar, sob pena de extinção do processo (art. 115, parágrafo único).

Da análise dos referidos dispositivos, nos casos de litisconsórcio necessário unitário passivo, a falta de citação de qualquer dos réus torna a sentença passível de nulificação a qualquer tempo, por provocação de qualquer deles (art. 115, I). Nos demais casos, haverá ineficácia (art. 115, II).

Porém, em qualquer litisconsórcio necessário, haverá nulidade da sentença por falta de citação de um consorte necessário. A diferença, entretanto, é que no litisconsórcio necessário passivo simples, o trânsito em julgado operará regulares efeitos entre os réus que participaram da lide, em razão da natureza da relação jurídica estabelecida entre as partes.

Em todo caso, o vício na citação ofende postulado básico do contraditório e da ampla defesa, resultando em nulidade absoluta, sendo matéria de ordem pública questionável a qualquer tempo e grau de jurisdição. Ressalte-se que o vício na citação é considerado de extrema gravidade a justificar o manejo de "querela nullitatis" ou simplesmente de ação rescisória.

O tema, no âmbito dos Juizados Especiais Federais, ganha maior relevância no caso específico de pensão por morte postulada por segurados do INSS, em que geralmente já há um beneficiário usufruindo da pensão e a demanda é proposta contra o INSS, sem que se inclua no polo passivo aquele que usufrui do benefício. Em tais casos, acertadamente, o STJ tem reconhecido a nulidade do processo.

Desse modo, há nítido vício de ordem pública na deficiência ou ausência de citação. Tal circunstância impõe processar da maneira mais simples possível, sem maiores formalidades, o questionamento de vício na citação no curso de uma demanda.

No entanto, o CPC, repetindo regra já estabelecida na norma pretérita, impõe à parte o ônus de correção do vício, sob pena de extinção do feito, não dando ao magistrado a prerrogativa de atuação "ex officio" no tema, o que se extrai do art. 115, parágrafo único.

Porém, referida regra, primeiramente pelo vício na citação representar ofensa de ordem pública e, segundo, em razão dos princípios da informalidade e da simplicidade que marcam os Juizados Especiais Federais, tem sido flexibilizada pela jurisprudência pátria, reconhecendo-se a possibilidade de o magistrado determinar, de ofício, a citação do litisconsorte para integrar a lide.

Em razão do exposto, observa-se a pertinência do Enunciado com a jurisprudência pátria e com a necessidade de um processo célere, sem formalidades desnecessárias e que atenda ao princípio da razoável duração do processo.

◎ A exclusividade da "querela nullitatis" para a declaração de nulidade de decisão proferida sem regular citação das partes, representa solução extremamente marcada pelo formalismo processual. Precedentes. 5. A desconstituição do acórdão rescindendo pode ocorrer tanto nos autos de ação rescisória ajuizada com fundamento no art. 485, V, do CPC/73 quanto nos autos de ação anulatória, declaratória ou de qualquer outro remédio processual. (STJ, 3ª T., REsp 1456632, Rel. Min. Nancy Andrighi, DJe 14.2.2017)

◎ Hipótese em que a ação, postulando o deferimento da pensão por morte, foi ajuizada apenas pelo filho maior inválido, sem a citação, como litisconsorte passiva necessária, da viúva do instituidor da pensão, conhecida nos autos. Assim, no momento do ajuizamento da ação havia dois beneficiários de pensão conhecidos, nos autos, de igual classe e com identidade de direito, quais sejam, o autor e a sua mãe, filho maior inválido e cônjuge do segurado falecido, respectivamente. A mãe do autor, por sua vez, renunciou extrajudicialmente, em prol do filho, por instrumento público, ao direito relativo à aposentadoria por idade do falecido marido – um

Capítulo III ● Lei dos Juizados Especiais Federais (Lei 10.259/01)   **253**

dos pedidos do autor, constantes da petição inicial –, mas nada disse em relação à pensão por morte, benefício a que teria direito, em situação de igualdade com o autor da ação. Diante desse quadro, considerando que o reconhecimento do direito da pensão, em favor do filho inválido, refletirá diretamente na quota de pensão da outra beneficiária, há, sob o aspecto formal, manifesto prejuízo, impondo-se a anulação do processo, para a citação da litisconsorte passiva necessária, como determinado pelo acórdão recorrido. II. Assim, caso julgado procedente o pedido do autor, quanto à pensão por morte, haverá invasão da esfera jurídica da viúva do instituidor da pensão, impondo-se o reconhecimento do litisconsórcio passivo necessário, nos termos do art. 47 do CPC. III. Com efeito, tratando-se de beneficiários de pensão da mesma classe (art. 16, I, da Lei 8.213/91), com igualdade de direito, o juiz, em face da natureza da relação jurídica, na análise do pedido deverá decidir, de modo uniforme, para todos os beneficiários conhecidos nos autos, de vez que a solução da lide envolve a esfera jurídica de todos eles, e, por isso, a eficácia da sentença dependerá, como regra, da citação de cada um deles, conforme determina o art. 47 do CPC. (STJ, 2ª T., REsp 1415262, Rel. Min. Mauro Campbell Marques, DJe 1.7.2015)

....

◎ Correta a determinação para que fosse citada a suposta companheira do segurado para compor o polo passivo da demanda, porquanto, caso julgados procedentes os pedidos formulados na exordial, necessariamente, haveria invasão da esfera jurídica desta, impondo-se o reconhecimento do litisconsórcio passivo necessário. 4. Reconhecida a existência de litisconsórcio passivo necessário – matéria de ordem pública –, cabe ao juiz de ofício ou a requerimento das partes, determinar a citação do litisconsorte para integrar a lide. (STJ, 5ª T., AgRg no REsp 1211517, Rel. Min. Laurita vaz, DJe 2.10.2012)

▶ **CPC. Art. 114.** O litisconsórcio será necessário por disposição de lei ou quando, pela natureza da relação jurídica controvertida, a eficácia da sentença depender da citação de todos que devam ser litisconsortes. ▶ **Art. 115.** A sentença de mérito, quando proferida sem a integração do contraditório, será: I – nula, se a decisão deveria ser uniforme em relação a todos que deveriam ter integrado o processo; II – ineficaz, nos outros casos, apenas para os que não foram citados. **Parágrafo único.** Nos casos de litisconsórcio passivo necessário, o juiz determinará ao autor que requeira a citação de todos que devam ser litisconsortes, dentro do prazo que assinar, sob pena de extinção do processo. ▶ **Art. 238.** Citação é o ato pelo qual são convocados o réu, o executado ou o interessado para integrar a relação processual. ▶ **Art. 239.** Para a validade do processo é indispensável a citação do réu ou do executado, ressalvadas as hipóteses de indeferimento da petição inicial ou de improcedência liminar do pedido.

▶ **LC 73/93. Art. 35.** A União é citada nas causas em que seja interessada, na condição de autora, ré, assistente, oponente, recorrente ou recorrida, na pessoa: I – do Advogado-Geral da União, privativamente, nas hipóteses de competência do Supremo Tribunal Federal; II – do Procurador--Geral da União, nas hipóteses de competência dos tribunais superiores; III – do Procurador--Regional da União, nas hipóteses de competência dos demais tribunais; IV – do Procurador--Chefe ou do Procurador-Seccional da União, nas hipóteses de competência dos juízos de primeiro grau. ▶ **Art. 36.** Nas causas de que trata o art. 12, a União será citada na pessoa: II – do Procurador-Regional da Fazenda Nacional, nas hipóteses de competência dos demais tribunais; III – do Procurador-Chefe ou do Procurador-Seccional da Fazenda Nacional nas hipóteses de competência dos juízos de primeiro grau. ▶ **Art. 37.** Em caso de ausência das autoridades referidas nos arts. 35 e 36, a citação se dará na pessoa do substituto eventual. ▶ **Art. 38.** As intimações e notificações são feitas nas pessoas do Advogado da União ou do Procurador da Fazenda Nacional que oficie nos respectivos autos.

▶ **LJEF. Art. 9º** Não haverá prazo diferenciado para a prática de qualquer ato processual pelas pessoas jurídicas de direito público, inclusive a interposição de recursos, devendo a citação para audiência de conciliação ser efetuada com antecedência mínima de trinta dias.

Enunciado 073. A intimação telefônica, desde que realizada diretamente com a parte e devidamente certificada pelo servidor responsável, atende plenamente aos princípios constitucionais aplicáveis à comunicação dos atos processuais.

▶ *Wanessa Carneiro Molinaro Ferreira*

Os princípios constitucionais contidos no art. 5º, *caput*, e incisos I, XXXV, LIV, LV, LX e LXXVIII, da Constituição da República, são respeitados através da adoção da intimação nos moldes definidos no Enunciado.

O devido processo legal tem sido compreendido como uma garantia constitucional de amplo espectro, na medida em que, juntamente com princípios correlacionados, como o da igualdade das partes (isonomia substancial), do contraditório, da ampla defesa, da publicidade dos atos processuais, do acesso à justiça, bem com o da duração razoável do processo, previstos nos incisos acima mencionados do art. 5º, da Carta Magna, orientam e fundamentam todos os atos processuais para a realização do ideal de processo justo, equânime e adequado[16].

Neste ponto, merece destaque o ensinamento de Alexandre Freitas Câmara[17]:

> Embora o Texto Constitucional brasileiro fale, expressamente, em "devido processo legal", não se pode ver neste princípio uma garantia de que se observará o devido processo da lei. O devido processo que o ordenamento jurídico brasileiro assegura é o devido processo constitucional.

E observa-se que todas essas garantias constitucionais que norteiam as normas processuais são respeitadas pela realização da comunicação através de intimação telefônica, nos termos do Enunciado. Existindo, assim, em última análise, o atendimento ao principal objetivo dos Juizados Especiais, qual seja, viabilizar o efetivo acesso à justiça (art. 5º, inciso XXXV, da CF) e à prestação jurisdicional.

A integração de todas as normas que formam o ordenamento processual aplicável aos Juizados Especiais abrange as garantias constitucionais, as leis que regem o próprio microssistema e o Código de Processo Civil, este último naquilo em que não conflitar com as leis e princípios dos Juizados[18].

Quanto ao direito à intimação da parte para ciência do ato praticado, e eventualmente, a correspondente comunicação de designação de perícia, de audiência, de prazo para apresentação de documentos, ou da necessidade de alguma diligência, é ponto fundamental para o exercício pleno da garantia do contraditório formal e substancial, ou seja, para que possa a parte realmente participar e influenciar, respectivamente, a decisão judicial a ser proferida, em observância ao determinado pelo legislador de 2015, nos art. 7º e 10º, do Código de Processo Civil.

---

16. SOUSA, Ilana Coelho de. **Princípio do devido processo legal.** Disponível em: <https://jus.com.br/artigos/22857/principio-do-devido-processo-legal>.
17. CÂMARA, Alexandre Freitas. Dimensão processual do princípio do devido processo constitucional. ***Revista Iberoamericana de Derecho Procesal.*** vol. 1, jan./jun. 2015.
18. BOLLMAN, Vilian. O Novo Código de Processo Civil e os Juizados Especiais Federais. **Revista de Processo.** n. 248. Ano 40. São Paulo: RT, out. 2015, p. 289-308.

Capítulo III ⬤ Lei dos Juizados Especiais Federais (Lei 10.259/01)

A publicidade dos atos processuais em relação as partes é plenamente satisfeita a partir da adoção da medida prevista no Enunciado. E, como nos Juizados Especiais Federais, muitos litigantes não são representados por advogados, conforme autorizado no art. 10, da Lei 10.259/01, torna-se ainda mais importante a utilização de método de intimação eficaz ao jurisdicionado.

Atento a isto, ocorre também o respeito ao tratamento igualitário das partes (isonomia substancial), pois diante da parte que litiga sem ser representada por defensor, é adequado realizar a comunicação dos atos processuais de forma a respeitar essa situação processual do particular, pois as partes representadas por advogados são intimadas na pessoa deste e, preferencialmente, por meio eletrônico, ou por publicação do ato em órgão oficial (art. 270 e 272, ambos do CPC).

É evidente que diante da importância da plena ciência de todos os atos do processo, a intimação por contato telefônico também tem que ser cercada dos necessários cuidados, para que alcance completamente, e de forma segura, o objetivo proposto.

Neste tocante, a certidão lavrada pelo servidor deverá conter todos os dados relativos à comunicação realizada, tais como, data e horário do contato, por meio de qual número telefônico foi realizada comunicação, bem como o teor da informação transmitida por ele à parte. Esses requisitos são fundamentais para assegurar que o ato atingiu a finalidade, e portanto, foi eficiente ao que se propôs.

Em última análise, a intimação telefônica, por trazer mais agilidade na comunicação dos atos processuais, permite que exista, em um aspecto mais amplo, a redução da duração do processo, em total consonância com o art. 5º, inciso LXXVIII, da CF, bem como, com o art. 4º, do CPC.

Os princípios que regem diretamente o microssistema dos Juizados também são atendidos.

O teor do Enunciado satisfaz plenamente o art. 2º, da Lei 9.099/95, que consagra os princípios da oralidade, simplicidade, informalidade, economia processual e celeridade, como orientadores dos Juizados Especiais. Isto porque ocorre a ciência do ato judicial pela parte de forma rápida, oral, eficaz e praticamente sem custo.

O respaldo legal que autoriza a utilização do contato telefônico para realizar a intimação da parte no rito dos Juizados Especiais encontra-se na parte final do art. 19, *caput*, da Lei 9.099/95, uma vez que a lei menciona que as intimações poderão ser feitas "por qualquer outro meio idôneo de comunicação".

Destarte, o princípio da instrumentalidade das formas, contido na disposição do art. 13, *caput*, da Lei 9.099/95, é concretizado, uma vez que a finalidade almejada, qual seja, intimação e ciência da parte em relação ao ato judicial objeto da comunicação, é plenamente alcançada.

Na mesma direção, o Enunciado atende a eficiência e economia processual, pois não há necessidade de expedição de cartas ou telegramas com aviso de recebimento, ou mandados de intimação pessoal, a serem cumpridos por oficiais de justiça, e, assim, os resultados úteis são otimizados e são reduzidos os custos processuais.

A comunicação dos atos processuais nos termos previsto no Enunciado atinge o objetivo precípuo, alcançando a finalidade em si, qual seja, ciência do ato à parte, possibilitando o exercício efetivo do devido processo constitucional e de todos os princípios dele decorrentes, realizando, de forma plena, o direito à prestação jurisdicional.

◎ Assim, a parte executada não pode se valer da própria torpeza. Ademais, ao contrário do sustentado, a intimação por telefone é válida, uma vez que certificada nos autos por quem detém fé pública, ou seja, o Oficial de Justiça. (STJ, AREsp 196312, Rel. Min. Maria Isabel Gallotti, DJe 30.9.2016)

◎ intimação. Via telefônica. Processo ordinário. Não se admite a intimação do advogado por via telefônica, salvo se há expressa determinação legal especial autorizando a intimação por qualquer meio, como dispõe a Lei 9.099/95. Na espécie, segue-se o que prescreve o CPC para intimação no processo ordinário. Assim, a Turma considerou nula a intimação por telefone e, por conseguinte, conheceu e deu provimento ao recurso. (STJ, REsp 655437, Rel. Min. Carlos Alberto Menezes Direito, j. 10.11.2005, Informativo 267)

◎ Ressalto que a regularidade da intimação feita por telefone ante ao princípio da informalidade que rege os atos processuais praticados nos Juizados Especiais Federais, haja vista que, conforme teor da certidão, o autor não mais reside no endereço cadastrado nos autos, deixando, inclusive, de cumprir a obrigação processual de manter seus dados atualizados nestes autos. (Turma Recursal de SP, 8ª T., Recurso Inominado 16002983222220104036301, Rel. Marcio Rached Millani, e-DJF3 9.6.2016)

◎ Previdenciário. Benefícios. Auxílio-doença. Aposentadoria por invalidez. Intimação por telefone. JEF. Informalidade. Celeridade. Qualidade segurada. Carência. Incapacidade permanente para o trabalho. Requisitos presentes. Benefício devido. I. A intimação feita por telefone não enseja a nulidade de sentença, visto que atende aos princípios norteadores do JEF. (Turma Recursal do MT, 1ª T, Rel. Julier Sebastião da Silva, DJMT 5.7.2007)

▶ **CPC. Art. 10.** O juiz não pode decidir, em grau algum de jurisdição, com base em fundamento a respeito do qual não se tenha dado às partes oportunidade de se manifestar, ainda que se trate de matéria sobre a qual deva decidir de ofício.

▶ **LJE. Art. 19.** As intimações serão feitas na forma prevista para citação, ou por qualquer outro meio idôneo de comunicação.

ENUNCIADO 074. A INTIMAÇÃO POR CARTA COM AVISO DE RECEBIMENTO, MESMO QUE O COMPROVANTE NÃO SEJA SUBSCRITO PELA PRÓPRIA PARTE, É VÁLIDA DESDE QUE ENTREGUE NO ENDEREÇO DECLARADO PELA PARTE.

▶ *Wanessa Carneiro Molinaro Ferreira*

A utilização da intimação através de carta com aviso de recebimento está prevista a partir dos artigos 19 e 18, da Lei 9.099/95. Marinoni, Arenhart e Mitidiero[19] afirmam:

---

19. MARINONI, Luiz G.; ARENHART, Sérgio C.; MITIDIERO, Daniel. **Novo Código de Processo Civil comentado.** São Paulo: RT, 2015. p. 121.

Capítulo III ● Lei dos Juizados Especiais Federais (Lei 10.259/01)

Como processo é um procedimento em contraditório, é natural que exista uma preocupação do legislador com a comunicação dos atos processuais, na medida em, que sem conhecimento do conteúdo dos atos, o que ocorre mediante a sua devida comunicação não é possível reagir e influenciar.

A intimação dos atos processuais visa permitir o atendimento a garantia constitucional do devido processo legal e de todos os princípios correlacionados a esta garantia, de tal forma que as partes consigam efetivamente participar e influenciar – realizando o contraditório em suas dimensões formal e substancial- as decisões a serem proferidas, atendendo aos art. 7º e 10ª, ambos do Código de Processo Civil, fortalecendo a legitimidade da solução proferida pelo órgão jurisdicional.

Um aspecto relevante atinente ao tema decorre do fato de muitas pessoas litigam, na primeira instância dos Juizados Especiais Federais, sem se fazerem representadas por advogados, por força do art. 10, *caput*, da Lei 10.259/01.

Os advogados são intimados preferencialmente por meio eletrônico, nos termos do art. 270, do CPC (art. 2º e 5º, da Lei 11.419/06), ou através de publicação dos atos em órgão oficial, conforme determina art. 272, também do CPC.

Diante da ausência de representação por advogados de quantidade expressiva dos jurisdicionados dos Juizados Especiais, a intimação através de carta com aviso de recebimento facilita a comunicação entre o Juízo e o particular.

O aviso de recebimento é medida necessária para assegurar que a intimação pela correspondência postal atingiu seu objetivo principal, e foi entregue ao destinatário existente naquele endereço, e atendeu a finalidade a que se propõe.

Nesse diapasão, é importante que as partes mantenham atualizado o endereço constante dos autos. Este dever da parte tem como escopo permitir a comunicação eficaz do Juízo com o jurisdicionado, e, a eficaz comunicação por meio da carta emitida para o referido endereço. Esta necessidade de manutenção de endereço atualizado está em consonância com os princípios da cooperação, da boa-fé processual, e com os deveres de esclarecimento e lealdade, conforme abordado adiante.

O antigo art. 238, parágrafo único, do CPC/73 (acrescentado pela Lei 11.382/06) e o art. 19, § 2º, da Lei 9.099/95 dispunham que seriam consideradas válidas as intimações enviadas para o endereço informado nos autos, devendo as partes comunicar eventual alteração.

A jurisprudência se consolidou, a partir dos artigos existentes no ordenamento jurídico, e firmou entendimento de que a validade da intimação por carta com aviso de recebimento para o endereço informado nos autos se manteria, ainda que o referido aviso tivesse sido assinado por outra pessoa que não a parte litigante.

Assim, quando da elaboração e aprovação do Enunciado, o entendimento jurisprudencial acima mencionado foi encampado, e a medida tem especial importância para a celeridade da tramitação das ações dos Juizados Especiais.

O atual Código de Processo Civil adotou o referido entendimento, contido também no Enunciado aqui comentado, e, através de art. 274, parágrafo único, trouxe expressamente a menção da validade da comunicação no endereço constante nos autos "ainda que não recebidas pessoalmente pelo interessado".

Os sujeitos do processo possuem deveres, no sentido de agirem sempre de forma a cooperar com a marcha processual, conforme dispõe o art. 6º, do CPC (princípio da cooperação). E, neste sentido, devem as partes agirem respeitando o dever de esclarecimento e de lealdade.

Assim, o dever de cooperar envolve diretamente a necessidade de que a parte atue sempre pautada pela boa fé objetiva no processo judicial, conforme determina o art. 5º, do CPC[20].

Na esteira desses princípios adotados pelo legislador de 2015, são elencados diversos deveres das partes e de seus procuradores nos artigos 77 e 78, do CPC, bem como são estabelecidas regras referentes à responsabilidade das partes por eventual dano processual que seja causado, no art. 79 e seguintes do código.

O dever de manter endereço atualizado no processo é atitude coerente com comportamento de um sujeito do processo que, agindo pautado pela boa fé processual, permite ao Juízo realizar comunicações válidas, e, assim, contribui para o desenvolvimento da marcha processual, e com a razoável duração do processo.

◎ 1. A jurisprudência do Superior Tribunal de Justiça é firme em aceitar como válida a intimação do advogado por carta registrada com aviso de recebimento (AR), quando encaminhada ao endereço profissional do patrono. (...)" (STJ, 5ª T., REsp 946289, Rel. Min. Arnaldo Esteves Lima, DJe 16.3.2009)

◎ (...). 2. Insta salientar que, mesmo fora do âmbito da LEF, a jurisprudência mais recente do Superior Tribunal de Justiça admite a validade da citação feita pelo correio, desde que comprovadamente entregue em seu endereço, independentemente de quem tenha assinado o AR. Diante do exposto, cabia ao executado manter atualizado seu endereço perante os órgãos pertinentes, não tendo havido qualquer comprovação de que a carta foi enviada a endereço distinto daquele constante, por exemplo, de seu cadastro perante a Receita Federal à época da citação. (TRF2, 7ª T., AG00102192120164020000, Rel. José Antonio Neiva, j. 23.11.2016)

◎ O julgamento foi convertido em diligência para intimação da parte autora da sentença, da decisão para apresentação de contrarrazões e do acórdão. Entretanto, conforme aviso de recebimento (AR) anexado aos autos em 2.6.2014, a autora mudou-se do último endereço informado nos autos e não comunicou ao juízo essa alteração. 3. O art. 19, § 2º, da Lei 9.099/95 dispõe que as partes comunicarão ao juízo as mudanças de endereço ocorridas no curso do processo, reputando-se eficazes as intimações enviadas ao local anteriormente indicado, na ausência de comunicação. 4. Assim, ante a validade da intimação efetuada, passo a apreciar o recurso. (Turma Recursal de SP, 1ª T., 1600029488920114026310, Rel. Nilce Cristina Petris de Paiva, e-DJF3 4.8.2014)

---

20. TORRANO, Marco Antonio Valencio. **Devido processo legal e outros princípios constitucionais do processo**. Disponível em: http://advtorrano.jusbrasil.com.br/artigos/139178458/uma-homenagem-a-fredie-didier-jr-o-devido-processo-legal-e-outros-principios-constitucionais-do-processo.

CAPÍTULO III ● LEI DOS JUIZADOS ESPECIAIS FEDERAIS (LEI 10.259/01)

> **CPC. Art. 5º** Aquele que de qualquer forma participa do processo deve comportar-se de acordo com a boa-fé. ▶**Art. 6º** Todos os sujeitos do processo devem cooperar entre si para que se obtenha, em tempo razoável, decisão de mérito justa e efetiva. ▶**Art. 10.** O juiz não pode decidir, em grau algum de jurisdição, com base em fundamento a respeito do qual não se tenha dado às partes oportunidade de se manifestar, ainda que se trate de matéria sobre a qual deva decidir de ofício. ▶**Art. 274.** (...). **Parágrafo único.** Presumem-se válidas as intimações dirigidas ao endereço constante dos autos, ainda que não recebidas pessoalmente pelo interessado, se a modificação temporária ou definitiva não tiver sido devidamente comunicada ao juízo, fluindo os prazos a partir da juntada aos autos do comprovante de entrega da correspondência no primitivo endereço.

> **LJE. Art. 19.** (...). **§ 2º** As partes comunicarão ao juízo as mudanças de endereço ocorridas no curso do processo, reputando-se eficazes as intimações enviadas ao local anteriormente indicado, na ausência da comunicação.

6. PRAZOS (ART. 9º)

ENUNCIADO 053. NÃO HÁ PRAZO EM DOBRO PARA A DEFENSORIA PÚBLICA NO ÂMBITO DOS JUIZADOS ESPECIAIS FEDERAIS.

> *Rogério Moreira Alves*

O artigo 44, inciso I, da Lei Complementar 80, de 1994, que organiza a Defensoria Pública da União, do Distrito Federal e dos Territórios, assim como o artigo 186 do CPC/2015, estabelecem que a Defensoria Pública gozará de prazo em dobro para todas as suas manifestações processuais.

Em contrapartida, o artigo 9º da Lei 10.259, de 2001, expressamente proíbe prazo diferenciado para a prática de qualquer ato processual pelas pessoas jurídicas de direito público no âmbito dos Juizados Especiais Federais.

O entendimento dominante é o de que as normas se contradizem, instaurando-se uma antinomia. E para resolver o conflito de normas propõe-se o critério da especialidade, segundo o qual a norma especial prevalece sobre a norma geral.

A norma que proíbe prazos diferenciados é mais específica, porque somente se aplica no âmbito dos nos Juizados Especiais Federais, onde se enaltece o princípio da celeridade processual. Em contrapartida, as normas que estabelecem o prazo em dobro para a Defensoria Pública são gerais, pois se aplicam indistintamente a qualquer processo em que um defensor público possa intervir.

Há uma corrente interpretativa minoritária segundo a qual o artigo 9º da Lei 10.259/01 não conflitaria com as normas que estabelecem o prazo em dobro para a Defensoria Pública da União. Argumenta-se que nos Juizados Especiais Federais somente impera a proibição de prazo diferenciado "para as pessoas jurídicas de direito público", mas os defensores públicos não são pessoa jurídica de direito público. As prerrogativas funcionais são inerentes ao cargo de Defensor Público da União, como direito subjetivo de seu titular, mas não da pessoa jurídica que eles representam em juízo (o Estado-defensor, que deve prestar assistência jurídica integral e gratuita aos necessitados, como ordena o artigo 5º, inciso LXXIV c/c artigo 134, ambos da Constituição).

Em sentido contrário, a orientação dominante, acolhida no Enunciado ora comentado, considera que a Defensoria Pública da União é um órgão federal integrante da estrutura da União e, por isso, a ela se aplica o previsto no art. 9º da Lei 10.259/01.

◉ O prazo em dobro previsto no art. 44, I, da Lei Complementar 80/94 não se aplica à Defensoria Pública no presente caso, pois é incompatível com o rito dos Juizados Especiais, norteado pelo Princípio da Celeridade. A propósito, o art. 9º, da Lei 10.259/01, segundo o qual: 'Não haverá prazo diferenciado para a prática de qualquer ato processual pelas pessoas jurídicas de direito público, inclusive a interposição de recursos, devendo a citação para audiência de conciliação ser efetuada com antecedência mínima de trinta dias'. Adotando o critério da especialidade e da cronologia, e por considerar a Defensoria Pública da União como órgão federal, integrante da estrutura da União, a ela se aplica o previsto no art. 9º, da Lei10.259/01. (TNU, Pedilef 2003.40.00.706363-7, DOU 3.12.2004)

◉ Diante do conflito de normas que, de um lado, atribuem à Defensoria Pública privilégios processuais (contagem em dobro dos prazos e intimação pessoal), e, de outro, afirmam não haver contagem em dobro dos prazos no âmbito dos Juizados Especiais Federais, resolve-se a controvérsia pelo princípio da especialidade da Lei 10.259, de 2001. (TNU, Pedilef 2006.38.00.748812-7, Rel. Juíza Joana Carolina Lins Pereira, DOU 30.1.2009)

▶ **CPC. Art. 186.** A Defensoria Pública gozará de prazo em dobro para todas as suas manifestações processuais.

▶ **LC 80/94. Art. 44.** São prerrogativas dos membros da Defensoria Pública da União (...). I – receber intimação pessoal em qualquer processo e grau de jurisdição, contando-se-lhe em dobro todos os prazos.

▶ **LJEF. Art. 9º** Não haverá prazo diferenciado para a prática de qualquer ato processual pelas pessoas jurídicas de direito público, inclusive a interposição de recursos, devendo a citação para audiência de conciliação ser efetuada com antecedência mínima de trinta dias.

ENUNCIADO 175. POR FALTA DE PREVISÃO LEGAL ESPECÍFICA NAS LEIS QUE TRATAM DOS JUIZADOS ESPECIAIS, APLICA-SE, NESTES, A PREVISÃO DA CONTAGEM DOS PRAZOS EM DIAS ÚTEIS (CPC/2015, ART. 219).

▶ *Frederico Augusto Leopoldino Koehler*

Dentre tantas questões polêmicas para os que atuam no microssistema dos juizados especiais, ganha destaque a que se põe sobre a contagem dos prazos, se deve ser feita em dias corridos – como tem sido feito tradicionalmente – ou em dias úteis – como determina o art. 219 do CPC. Eis o objeto do enunciado ora sob comento[21].

Reina no momento atual uma incerteza sobre o tema, havendo basicamente duas correntes opostas: 1) a corrente restritiva, segundo a qual o art. 219 do CPC é

---

21. Sobre o ponto, recomenda-se a leitura de KOEHLER, Frederico Augusto Leopoldino; SIQUEIRA, Júlio Pinheiro Faro Homem de. A contagem dos prazos processuais em dias úteis e a sua (in)aplicabilidade no microssistema dos juizados especiais. **Revista CEJ**, Brasília, Ano XX, n. 70, p. 23-28, set./dez. 2016.

Capítulo III • Lei dos Juizados Especiais Federais (Lei 10.259/01)

inaplicável aos juizados especiais, fundamentando-se, principalmente, no argumento de que a adoção da nova regra de contagem de prazos processuais em dias úteis conflita com os princípios do microssistema; 2) a corrente ampliativa, a qual entende que o art. 219 do CPC é aplicável, fundamentando-se, principalmente, no argumento de que a adoção da nova regra de contagem de prazos processuais em dias úteis não conflita com os princípios do microssistema dos juizados especiais, mormente em razão de que não há regra especial na legislação específica para a contagem de prazos processuais e o CPC tem aplicação subsidiária e supletiva[22].

Seguem a corrente restritiva o Fórum Nacional de Juizados Especiais (FONAJE), o Colégio Permanente de Corregedores-Gerais dos Tribunais de Justiça do Brasil (CCO-GE), a Corregedoria do Conselho Nacional de Justiça (CNJ) e o Fórum dos Juizados Especiais do Estado de São Paulo (FOJESP). Além disso, podem ser apontados como defensores da corrente os Juizados Especiais nos Estados de Alagoas, Maranhão, Pernambuco, Paraná, Santa Catarina, Sergipe e São Paulo[23], muito embora não haja enunciados ou resoluções específicas na maioria dos Estados, à exceção de São Paulo (FOJESP), que editou o Enunciado 74, e de Pernambuco, cujo Tribunal de Justiça editou a Instrução Normativa 14/16[24].

Em 4.3.2016, os magistrados membros da Diretoria e Comissões do FONAJE se reuniram em Florianópolis para debater alguns temas relativos ao CPC, tendo como um de seus temas centrais a aplicabilidade do art. 219 aos Juizados Especiais. O encontro teve como fruto a Nota Técnica nº 1/2016, em que se anuncia a orientação de não aplicar a contagem dos prazos em dias úteis nos juizados, à qual se seguiu conclusão idêntica, alcançada no encontro do FONAJE em Maceió, em junho de 2016, e que resultou no Enunciado 165: "Nos Juizados Especiais Cíveis, todos os prazos serão contados de forma contínua".

A corrente ampliativa, por sua vez, é adotada pelo Fórum Permanente de Processualistas Civis (FPPC)[25], Escola Nacional de Formação e Aperfeiçoamento de Magistrados (ENFAM)[26], Fórum Nacional dos Juizados Especiais Federais (FONAJEF), e

---

22. Nesse sentido, consulte-se: DELLORE, Luiz. *et al. Novo CPC e os prazos nos juizados, no processo penal e do trabalho.* Jota, 28 mar. 2016. Opinião. Disponível em: <http://jota.uol.com.br/novo-cpc-e-os-pra-zos-nos-juizados-no-processo-penal-e-no-processo-trabalho>. Acesso em: 8.jun.2017.

23. *Juizados especiais se dividem entre aplicar ou não contagem de prazos do CPC/2015.* Migalhas, São Paulo, 20 abr. 2016. Disponível em: <http://www.migalhas.com.br/Quentes/17,MI237194,101048-Juiza dos+Especiais+se+dividem+entre+aplicar+ou+nao+contagem+de+prazos>. Acesso em: 8 jun. 2017.

24. BRASIL. Tribunal de Justiça de Pernambuco (TJPE). Instrução Normativa n. 14, de 4 de julho de 2016. Disciplina a configuração de contagem de prazos processuais e não-processuais no Processo Judicial Eletrônico – PJe, para adequação das Unidades Judiciárias 1º e 2º Graus que se submetam ao NCPC e distinção da contagem no Sistema de Juizados Cíveis, conforme recomendações do Comitê Gestor Estadual do PJe e dos enunciados do III-FOJEPE e do 39º FONAJE, dentre outras providências. Disponível em: <http://www.tjpe.jus.br/documents/101861/102050/IN+14+--+Contagem+de+Prazos. pdf/7c67d086-d055-46a9-99f6-6cdad7474561>. Acesso em: 8 jun. 2017.

25. **Enunciado 415/FPPC.** Os prazos processuais no sistema dos Juizados Especiais são contados em dias úteis.

26. **Enunciado 45/ENFAM.** A contagem dos prazos em dias úteis (art. 219 do CPC/2015) aplica-se ao sistema de juizados especiais.

pelo Regimento Interno da Turma Nacional de Uniformização dos Juizados Especiais Federais (TNU)[27]. Além disso, podem ser apontados como defensores desse entendimento, os Juizados Especiais nos Estados do Amazonas, Amapá, Ceará, Distrito Federal, Minas Gerais, Paraíba, Rio de Janeiro, Rio de Janeiro, Roraima e Tocantins[28], muito embora não existam enunciados ou resoluções específicas na maioria dos Estados, à exceção do Distrito Federal, que editou o Enunciado nº 4.

A gravidade da questão avulta porque não cabe recurso especial no sistema dos juizados especiais e, no que tange especificamente aos juizados especiais federais, não cabe pedido de uniformização para a Turma Nacional de Uniformização (TNU) ou para as turmas regionais de uniformização a fim de tratar de matéria processual (exatamente o caso da contagem dos prazos). Assim, configura-se a dificuldade de uniformização jurisprudencial acerca do tema. Uma alternativa seria a instauração de um incidente de resolução de demandas repetitivas – IRDR sobre a matéria, mas há corrente doutrinária que defende a inconstitucionalidade da vinculação dos órgãos componentes dos juizados especiais ao IRDR julgado pelos TRFs/TJs[29].

Um ponto prévio e que vai influir diretamente na resposta ao questionamento que se aborda nesse tópico versa acerca do impacto do CPC (Lei 13.105/15) no âmbito dos juizados especiais. Para aprofundar-se nesse aspecto tão importante, recomenda-se a leitura dos comentários ao Enunciado 151/FONAJEF.

Ali se concluiu por uma proposta de técnica de verificação da (in)aplicabilidade das normas do CPC no microssistema dos juizados especiais, proposta esta que tem bastante utilidade no deslinde da problemática da contagem dos prazos nos juizados especiais. Portanto, ao deparar-se com um caso concreto em trâmite nos juizados especiais, e na dúvida sobre a (in)aplicabilidade de norma específica do CPC, o intérprete deverá trilhar os seguintes passos:

1) observar se há norma sobre o ponto controvertido na lei do juizado especial em que o processo esteja tramitando (Lei 9.099/95, Lei 10.259/01 ou Lei 12.153/09, a depender do caso concreto). Em caso positivo, aplica-se a norma própria do juizado especial e encerra-se o processo de verificação;

2) em caso negativo, observar se há norma nas outras leis que compõem o microssistema. Se existir uma norma adequada no microssistema, esta deverá ser aplicada, e não o CPC – em virtude do princípio *lex specialis derrogat lex generalis* – encerrando-se o processo de verificação;

---

27. O Regimento Interno da TNU, após as alterações promovidas pela Resolução do CJF n. 393/2016, de 19 de abril de 2016, passou a prever o seguinte em seu art. 6º-A: "Na contagem de prazo em dias, computar-se-ão somente os dias úteis".

28. Juizados especiais se dividem entre aplicar ou não contagem de prazos do CPC/2015. Migalhas, São Paulo, 20.abr.2016. Disponível em: <http://www.migalhas.com.br/Quentes/17,MI237194,101048-Juizados+Especiais+se+dividem+entre+aplicar+ou+nao+contagem+de+prazos>. Acesso em: 8.jun.2017.

29. Confira-se, no ponto: KOEHLER, Frederico Augusto Leopoldino. Questões polêmicas da aplicação do IRDR nos juizados especiais. *In*: DIDIER JR., Fredie. (Coord.). *et al*. **Precedentes.** Salvador: Juspodivm, 2016, p. 681-693.

Capítulo III ● Lei dos Juizados Especiais Federais (Lei 10.259/01)

3) caso tal norma não exista no microssistema dos juizados especiais, observar se há norma sobre o tema no CPC;

4) se a resposta for positiva, deve-se observar se a norma do CPC ofende os princípios positivados no art. 2º da Lei 9.099/95, hipótese em que será inaplicável. Caso não haja a ofensa referida no tópico anterior, o CPC será aplicável na questão concreta em trâmite nos juizados especiais.

Aplicando-se os quatro passos da técnica de verificação à regra do art. 219 do CPC, temos: 1) não há norma que regule a contagem dos prazos na Lei do Juizado Especial em que o processo esteja tramitando; 2) não há norma sobre o tema nas outras leis que compõem o microssistema dos juizados especiais; 3) existe norma no CPC sobre o ponto (o art. 219); 4) a referida norma não ofende os princípios positivados no art. 2º da Lei 9.099/95. Portanto, conclui-se pela aplicação da norma contida no art. 219 do CPC ao microssistema dos juizados especiais.

Por fim, importante registrar a existência do PL nº 6.465/16, de autoria do Deputado Federal Arnaldo Faria de Sá, que propõe a seguinte redação ao art. 219 do CPC[30]:

> Art. 219. Na contagem de prazo em dias, estabelecido por lei ou pelo juiz, computar-se-ão somente os dias úteis.
>
> § 1º O disposto neste artigo aplica-se somente aos prazos processuais.
>
> § 2º A contagem dos prazos em dias úteis aplica-se ao processo de competência dos juizados especiais.

▶ **CF. Art. 98.** A União, no Distrito Federal e nos Territórios, e os Estados criarão: I – juizados especiais, providos por juízes togados, ou togados e leigos, competentes para a conciliação, o julgamento e a execução de causas cíveis de menor complexidade e infrações penais de menor potencial ofensivo, mediante os procedimentos oral e sumaríssimo, permitidos, nas hipóteses previstas em lei, a transação e o julgamento de recursos por turmas de juízes de primeiro grau.

▶ **CPC. Art. 219.** Na contagem de prazo em dias, estabelecido por lei ou pelo juiz, computar-se-ão somente os dias úteis. **Parágrafo único.** O disposto neste artigo aplica-se somente aos prazos processuais.

▶ **LJE. Art. 2º** O processo orientar-se-á pelos critérios da oralidade, simplicidade, informalidade, economia processual e celeridade, buscando, sempre que possível, a conciliação ou a transação.

---

30. Disponível em: <http://www.camara.gov.br/proposicoesWeb/prop_mostrarintegra?codteor=1506588&filename=PL+6465/2016>. Acesso em: 08 jun. 2017. Consta o seguinte na justificativa do PL: "No que se refere à contagem dos prazos processuais, as três leis dos JECs são totalmente omissas em relação a tal matéria. Por conseguinte, considerando-se a ausência de lei especial e a necessidade de previsão legal sobre a questão, a solução possível é a aplicação da única norma legislada existente, que é a norma constante da lei geral – no caso, o NCPC/2015. Mesmo porque, conforme mencionado alhures, no caso dos Juizados Especiais da Fazenda Pública, a Lei n. 12.153/2009 prevê expressamente a aplicação subsidiária do CPC, não se mostrando razoável a adoção de normas ou orientações contrárias à previsão contida na lei especial, sob pena de caracterizar verdadeira ofensa ao princípio da legalidade. Assim, no âmbito dos Juizados da Fazenda Pública, devem prevalecer as normas insertas no NCPC, de forma subsidiária, por expressa previsão na Lei n. 12.153/2009. E, se os três juizados integram um sistema, também resta evidente que não pode haver distinção no procedimento adotado por eles, sob pena, inclusive, de causar insegurança jurídica aos jurisdicionados".

7. REPRESENTANTES (ART. 10)

ENUNCIADO 067. O CAPUT DO ARTIGO 9º DA LEI N. 9.099/1995 NÃO SE APLICA SUBSIDIARIAMENTE NO ÂMBITO DOS JUIZADOS ESPECIAIS FEDERAIS, VISTO QUE O ARTIGO 10 DA LEI N. 10.259/2001 DISCIPLINOU A QUESTÃO DE FORMA EXAUSTIVA.

▶ *Luíza Carvalho Dantas Rêgo*

O art. 1º da Lei 10.259/01 estabelece que se aplica aos Juizados Especiais Federais Cíveis e Criminais, no que não conflitar com o referido diploma legal, o disposto na Lei 9.099/95, com a aplicação subsidiária desta aos feitos que tramitam nos juizados federais.

É cediço que a competência, nos Juizados Especiais Federais Cíveis, é consubstanciada no valor da causa, que deve ser de até sessenta salários mínimos, ao passo que, nos Juizados Especiais Estaduais Cíveis, o teto é de quarenta salários mínimos.

Cotejando-se as redações dos art. 9º, *caput,* da Lei 9.099/95 e 10 da Lei 10.259/01, é possível constatar uma antinomia entre as normas. Enquanto o primeiro dispositivo traz a obrigatoriedade da assistência por advogado em processos cujo valor da causa supere vinte salários mínimos, o segundo estatui uma faculdade de designação de representantes para o feito, advogado ou não, independentemente do valor atribuído à causa. Conclui-se, portanto, que nas causas que tramitam nos Juizados Especiais Federais cujo valor supere vinte salários mínimos a assistência por advogado não é obrigatória, ao revés do que ocorre nos Juizados Especiais estaduais.

Destarte, exclui-se a aplicação subsidiária do art. 9º, *caput,* da Lei 9.099/95 aos Juizados Especiais Federais por inexistir lacuna legal a ensejar colmatação, tendo em vista que a lei própria foi clara sobre a desnecessidade de patrono nos processos que tramitam nos juizados federais cíveis, independentemente do valor atribuído à causa.

É relevante gizar que o microssistema dos juizados especiais é permeado pelos princípios de oralidade, efetividade, simplicidade, economia processual e celeridade, tendo por escopo precípuo o acesso à justiça, mediante a ampliação da prestação jurisdicional, adotando, entre outras medidas de desburocratização, a faculdade de a parte postular em juízo assistida ou não por advogado.

O art. 133 da Constituição Federal preceitua que o advogado é indispensável à administração da justiça, sendo inviolável por seus atos e manifestações no exercício da profissão, nos termos da lei. O Supremo Tribunal Federal entende, porém, que a imprescindibilidade do advogado no acesso à jurisdição estatal não é absoluta, podendo ser afastada por lei em relação a determinadas matérias. A Suprema Corte já decidiu, *v.g.*, que é legítima a outorga por lei, em hipóteses excepcionais, do "jus postulandi" à pessoa que não esteja inscrita nos quadros da Ordem dos Advogados do Brasil, como no "habeas corpus", na revisão criminal, na Justiça do Trabalho e na Justiça de Paz.

Neste pórtico, cumpre ressaltar que o Supremo Tribunal Federal, na Ação Direta de Inconstitucionalidade 3.168, atribuiu interpretação conforme a Constituição ao art. 10 da Lei 10.259/01, reputando constitucional a faculdade de designação de representantes para a causa, advogados ou não, apenas em relação aos processos de

CAPÍTULO III ● LEI DOS JUIZADOS ESPECIAIS FEDERAIS (LEI 10.259/01) **265**

natureza cível. Excluiu-se do âmbito de aplicação da norma os processos **criminais**, porquanto semelhante possibilidade malferiria os postulados do contraditório e ampla defesa na seara penal, sendo compulsória a pertinente defesa técnica em causas daquela natureza.

Foi manejada, outrossim, ação direta de inconstitucionalidade em face do art. 9º da Lei citada por suposta afronta ao art. 133 da Constituição Federal, ao conferir à parte a possibilidade de provocar o juizado especial sem a assistência de advogado. Na ocasião, o Tribunal, por decisão unânime, sufragou o entendimento de que "não é absoluta a assistência do profissional da advocacia em juízo, podendo a lei prever situações em que é prescindível a indicação de advogado, dados os princípios da oralidade e da informalidade adotados pela norma para tornar mais célere e menos oneroso o acesso à justiça".

Também merece relevo o fato de ter a Suprema Corte julgado procedente o pedido veiculado na ADI 1127 para declarar inconstitucional a expressão "qualquer" contida no inciso I do art. 1º da Lei 8.906/94 (Estatuto da OAB), tendo sido reputada prejudicada a alegação de inconstitucionalidade da expressão "aos juizados especiais" constante na parte final do dispositivo vergastado.

O art. 10 da Lei 10.259/01, portanto, disciplinou de forma exauriente a questão atinente à prescindibilidade de assistência advocatícia nos feitos cíveis que tramitam nos Juizados Especiais Federais, o que não é incompatível com o art. 133 da Constituição Federal, sendo incabível a incidência subsidiária do preceito segundo o qual é obrigatória a presença de advogado nas causas cujo valor exceda o montante de vinte salários mínimos, por contrariar a dicção expressa da lei específica.

Não obstante, há de se ter em conta que a dispensabilidade do advogado constitui regra geral, e que os parágrafos do art. 9º da Lei 9.099/95 têm aplicação subsidiária à hipótese. Destarte, considerando a hipossuficiência e fragilidade do segurado no processo judicial previdenciário, que possui como parte antagônica o INSS, representado judicialmente por um procurador tecnicamente habilitado, em alguns casos, poderá exsurgir um desequilíbrio entre as partes litigantes. Nestes casos, o magistrado deverá alertar o segurado sobre a conveniência do patrocínio por advogado ou encaminhá-lo à Defensoria Pública da União, com fulcro no art. 9º, § 2º, da Lei 9.099/95.

Além disso, na "praxis" judicial, o INSS poderá ser representado por preposto designado para tanto, no entanto, este não poderá formular a defesa da autarquia previdenciária, porquanto esta atribuição é privativa de seus procuradores, nos termos legais – sendo possível, porém, o preposto apresentar, em audiência, contestação assinada pelo procurador federal.

Ressalte-se, ademais, que na esfera recursal a presença de advogado é imprescindível, com fulcro no art. 41, § 2º, da Lei 9.099/95, aplicável subsidiariamente à espécie.

....

◉ Ação direta de inconstitucionalidade. Lei 8.906, de 4 de julho de 1994. Estatuto da Advocacia e a Ordem dos Advogados do Brasil. Dispositivos impugnados pela AMB. Prejudicado o pedido quanto à expressão "juizados especiais", em razão da superveniência da Lei 9.099/95. Ação direta conhecida em parte e, nessa parte, julgada parcialmente procedente. I. O advogado é indispensável à administração da Justiça. Sua presença, contudo, pode ser dispensada em certos atos jurisdicionais. (...) (STF, Pleno, ADI 1127, Rel. Min. Ricardo Lewandowski, DJ 10.6.2010)

○ (...). É constitucional o art. 10 da Lei 10.259/01, que faculta às partes a designação de representantes para a causa, advogados ou não, no âmbito dos juizados especiais federais. No que se refere aos processos de natureza cível, o Supremo Tribunal Federal já firmou o entendimento de que a imprescindibilidade de advogado é relativa, podendo, portanto, ser afastada pela lei em relação aos juizados especiais. Precedentes. Perante os juizados especiais federais, em processos de natureza cível, as partes podem comparecer pessoalmente em juízo ou designar representante, advogado ou não, desde que a causa não ultrapasse o valor de sessenta salários mínimos (art. 3º da Lei 10.259/01) e sem prejuízo da aplicação subsidiária integral dos parágrafos do art. 9º da Lei 9.099/95. Já quanto aos processos de natureza criminal, em homenagem ao princípio da ampla defesa, é imperativo que o réu compareça ao processo devidamente acompanhado de profissional habilitado a oferecer-lhe defesa técnica de qualidade, ou seja, de advogado devidamente inscrito nos quadros da Ordem dos Advogados do Brasil ou defensor público. Aplicação subsidiária do art. 68, III, da Lei 9.099/95. Interpretação conforme, para excluir do âmbito de incidência do art. 10 da Lei 10.259/01 os feitos de competência dos juizados especiais criminais da Justiça Federal. (STF, Pleno, ADI 3168, Rel. Min. Joaquim Barbosa, DJ 3.8.2007)

▶ **LJEF. Art. 10.** As partes poderão designar, por escrito, representantes para a causa, advogado ou não.

▶ **LJE. Art. 9º** Nas causas de valor até vinte salários mínimos, as partes comparecerão pessoalmente, podendo ser assistidas por advogado; nas de valor superior, a assistência é obrigatória.

ENUNCIADO 068. O ESTAGIÁRIO DE ADVOCACIA, NOS TERMOS DO ESTATUTO DA OAB, TÃO-SÓ PODE PRATICAR, NO ÂMBITO DOS JUIZADOS ESPECIAIS FEDERAIS, ATOS EM CONJUNTO COM ADVOGADO E SOB RESPONSABILIDADE DESTE.

▶ *Etiene Martins*

Para praticar atos processuais, deve-se possuir capacidade postulatória, a qual pode ser definida como a aptidão para atuar no processo e praticar atos eficazes. Conforme dispõe o art. 103 do CPC/2015 e o art. 3º do Estatuto da OAB, via de regra, apenas o advogado possui tal capacidade, carecendo, inclusive, a própria parte deste atributo:

E isso ocorre porque o peticionamento ou qualquer ato processual requer um conhecimento próprio que apenas as pessoas formadas em Direito e inscritas nos quadros da OAB possuem. A título de comparação, o mesmo também acontece com outras profissões, tal como a medicina e odontologia, de maneira que apenas pessoas com curso superior nas respectivas áreas possuem autorização para o exercício da profissão. Alguém que desempenha a atividade advocatícia sem inscrição nos quadros da OAB comete, em tese, contravenção penal de exercício irregular da profissão (art. 47). Portanto, o advogado é quem possui o ofício e capacidade postulatória. Essa é a regra geral!

Contudo, existem algumas exceções. Os membros do Ministério Público e os membros da Defensoria Pública, embora não sejam advogados (já que não possuem inscrição na Ordem dos Advogados do Brasil), possuem capacidade postulatória por

Capítulo III ● Lei dos Juizados Especiais Federais (Lei 10.259/01)

267

força da Constituição e/ou legislação específica. Aqui, cabe uma observação especificamente com relação aos Defensores Públicos, já que o Estatuto da OAB prevê expressamente que eles deverão estar inscritos nos quadros da Ordem (§ 1º, do artigo 3º) para terem capacidade postulatória. Contudo, tal dispositivo foi revogado pelo Estatuto da Defensoria Pública (Lei Complementar 80/94), nos termos do art. 4º, § 6º: "a capacidade postulatória do Defensor Público decorre exclusivamente de sua nomeação e posse no cargo público". Em algumas outras situações, também vemos a autorização legislativa para a inexigibilidade de advogados. É o caso da Justiça do Trabalho e da Justiça de Paz. Aliás, o Supremo Tribunal Federal teve a oportunidade de se manifestar pela constitucionalidade de tais situações quando da análise da ADI 1127, ocasião em que proclamou que a presença do advogado representando a parte não é uma prerrogativa absoluta.

Outra exceção é a prática de atos processuais nos Juizados Especiais. Conforme prevê o artigo 9º da Lei 9.099/95, a representação por advogado é opcional se o valor da causa for inferior a vinte salários mínimos. Previsão semelhante ocorre na Lei dos Juizados Especiais Federais (art. 10).

Esse dispositivo da Lei dos Juizados Especiais Federais foi objeto da ADI 3168. Na ocasião, o STF entendeu que não fere a Constituição a exceção trazida pela referida legislação:

> "Dessa forma, por maioria dos votos, o Tribunal afastou a inconstitucionalidade do artigo 10 da Lei 10.259/01 'desde que, excluídos os feitos criminais, respeitado o teto estabelecido no artigo 3º e sem prejuízo da aplicação subsidiária integral dos parágrafos do artigo 9ª da Lei 9.099'. Vencidos, parcialmente, os ministros Carlos Ayres Britto, Celso de Mello e Sepúlveda Pertence que especificam, ainda, que o representante não poderia exercer atos postulatórios".

Vale ressaltar que a obrigatoriedade do advogado apenas é dispensada nos Juizados Especiais Federais Cíveis e em primeira instância! Em caso de recurso e nos feitos criminais (primeira e segunda instâncias), entretanto, a assistência por um advogado é obrigatória, não obstante o art. 10 da Lei dos Juizados Especiais Federais não mencione tal exceção (tal entendimento também restou firmado pelo STF na ADI 3168).

Apesar dessa possibilidade, a prática demonstra que as partes não assistidas por um advogado ficam em situação de desvantagem. Isso porque a petição nem sempre é bem-feita e os pedidos nem sempre bem definidos. Além disso, os argumentos não são tecnicamente adequados e envolvem razões de ordem emocional em prejuízo das razões de ordem jurídica que possam, de fato, influenciar na decisão do juiz. Se o processo é encaminhado para uma audiência de conciliação, por exemplo, a parte também tem dificuldades em compreender os reais benefícios de se definir o processo nesta ocasião, ao invés de deixar que o juiz federal decida o feito. Diante de um argumento técnico da outra parte, mais uma vez, a ausência de um advogado pode conduzir a um trágico desfecho. Portanto, embora haja autorização legislativa para o ajuizamento de feitos pela própria e sem a assistência de um profissional tecnicamente preparado, isso não é aconselhável sob o ponto de vista prático, sendo recomendável que a parte lance mão da Defensoria Pública caso não tenha condições de pagar os honorários de um advogado constituído.

Feita esta introdução, vai-se ao ponto central do Enunciado. Como se verifica, o advogado é essencial à Justiça, sendo, como regra, o único ator com capacidade postulatória. O estagiário, como se sabe, é um estudante de Direito e, consequentemente, ainda não se graduou. Desta forma, não preenche os requisitos mínimos para se tornar um advogado. Tecnicamente, poderia atuar como representante da parte, em função da autorização legislativa na Lei dos Juizados Especiais Federais (art. 10). Contudo, optando a parte por um advogado, a atuação do estagiário resta descabida. Na verdade, a sua atuação se dará nos termos do Estatuto da Ordem dos Advogados do Brasil, o qual prevê que os estagiários podem praticar alguns atos no processo por si só e outros desde que acompanhados por um advogado, nos termos do seu parágrafo 2º do artigo 3º.

Segundo o Regulamento do Estatuto da OAB, os estagiários podem praticar atos em conjunto com o advogado ou isoladamente. Dentre os atos que devem ser praticados em conjunto com o advogado, estão aqueles dispostos no art. 1º do Estatuto da OAB: "a postulação a órgão do Poder Judiciário e aos juizados especiais, e as atividades de consultoria, assessoria e direção jurídicas". Estas atividades são privativas de advogado, devido à complexidade que podem sugerir, nos termos do próprio Estatuto.

De maneira residual, existem alguns atos que o estagiário pode executor por si só, sem a presença ou validação do advogado. O artigo 29 do Regulamento do Estatuto da OAB prevê esses seguintes casos. Como se nota, as atividades em que pode atuar isoladamente não requerem conhecimento técnico, mas devem sempre ser supervisionados pelo advogado, o qual, inclusive, resta como responsável em qualquer hipótese.

Nos Juizados Especiais Federais, o presente Enunciado se vale exatamente da legislação mencionada acima. Embora a representação por advogado seja opcional, uma vez escolhendo um advogado, o estagiário apenas pode atuar nos limites da presente regulamentação. Assim, o Enunciado dispõe que o estagiário não pode atuar como representante da parte com base no art. 10, praticando todos os atos que são privativos ao advogado. De fato, se a parte opta por ser assistida por um advogado, não pode outra pessoa atuar em seu nome e, caso o estagiário atue fora das hipóteses previstas, deve o juiz desconsiderar tais atos, negando-lhe eficácia. Além disso, deve comunicar o advogado responsável e, se for o caso, comunicar à OAB para eventual responsabilidade ética e administrativa.

Por último, conforme comentado anteriormente, no âmbito do Juizado Especial Federal com competência Criminal, não existe essa discussão, pois a representação por advogado é obrigatória e não opcional. Por se tratar da liberdade individual, um dos bens mais importantes, o pleno exercício da ampla defesa somente é alcançado por meio da assistência de um advogado. Não há espaço para que a parte realize a sua autodefesa, portanto. Desta forma, aqui se aplica regra geral e, consequentemente, tendo em vista a obrigatoriedade da assistência de um advogado ou Defensor Público, a atuação do estagiário também tem que se dar nos termos do art. 3º do EOAB e do art. 29 do seu Regulamento.

Capítulo III ● Lei dos Juizados Especiais Federais (Lei 10.259/01)   **269**

○ Ação direta de inconstitucionalidade. Juizados especiais federais. Lei 10.259/2001, art. 10. Dispensabilidade de advogado nas causas cíveis. Imprescindibilidade da presença de advogado nas causas criminais. Aplicação subsidiária da Lei 9.099/1995. Interpretação conforme a constituição. É constitucional o art. 10 da Lei 10.259/2001, que faculta às partes a designação de representantes para a causa, advogados ou não, no âmbito dos juizados especiais federais. No que se refere aos processos de natureza cível, o Supremo Tribunal Federal já firmou o entendimento de que a imprescindibilidade de advogado é relativa, podendo, portanto, ser afastada pela lei em relação aos juizados especiais. Precedentes. Perante os juizados especiais federais, em processos de natureza cível, as partes podem comparecer pessoalmente em juízo ou designar representante, advogado ou não, desde que a causa não ultrapasse o valor de sessenta salários mínimos (art. 3º da Lei 10.259/2001) e sem prejuízo da aplicação subsidiária integral dos parágrafos do art. 9º da Lei 9.099/1995. Já quanto aos processos de natureza criminal, em homenagem ao princípio da ampla defesa, é imperativo que o réu compareça ao processo devidamente acompanhado de profissional habilitado a oferecer-lhe defesa técnica de qualidade, ou seja, de advogado devidamente inscrito nos quadros da Ordem dos Advogados do Brasil ou defensor público. Aplicação subsidiária do art. 68, III, da Lei 9.099/1995. Interpretação conforme, para excluir do âmbito de incidência do art. 10 da Lei 10.259/2001 os feitos de competência dos juizados especiais criminais da Justiça Federal. (STF, ADI 3168, Rel. Min. Joaquim Barbosa, Pleno, DJ 3.8.2007)

▶ **CPC. Art. 103.** A parte será representada em juízo por advogado regularmente inscrito na Ordem dos Advogados do Brasil. Parágrafo único. É lícito à parte postular em causa própria quando tiver habilitação legal.

▶ **EOAB. Art. 3º** O exercício da atividade de advocacia no território brasileiro e a denominação de advogado são privativos dos inscritos na Ordem dos Advogados do Brasil (OAB). (...). **§ 2º** O estagiário de advocacia, regularmente inscrito, pode praticar os atos previstos no art. 1º, na forma do regimento geral, em conjunto com advogado e sob responsabilidade deste.

▶ **LJE. Art. 9º** Nas causas de valor até vinte salários mínimos, as partes comparecerão pessoalmente, podendo ser assistidas por advogado; nas de valor superior, a assistência é obrigatória.

▶ **LJEF. Art. 10.** As partes poderão designar, por escrito, representantes para a causa, advogado ou não.

▶ **RGEOAB. Art. 29.** Os atos de advocacia, previstos no Art. 1º do Estatuto, podem ser subscritos por estagiário inscrito na OAB, em conjunto com o advogado ou o defensor público. **§ 1º** O estagiário inscrito na OAB pode praticar isoladamente os seguintes atos, sob a responsabilidade do advogado: I – retirar e devolver autos em cartório, assinando a respectiva carga; II – obter junto aos escrivães e chefes de secretarias certidões de peças ou autos de processos em curso ou findos; III – assinar petições de juntada de documentos a processos judiciais ou administrativos. **§ 2º** Para o exercício de atos extrajudiciais, o estagiário pode comparecer isoladamente, quando receber autorização ou substabelecimento do advogado.

ENUNCIADO 083. O ART. 10, CAPUT, DA LEI N. 10.259/2001 NÃO AUTORIZA A REPRESENTAÇÃO DAS PARTES POR NÃO ADVOGADOS DE FORMA HABITUAL E COM FINS ECONÔMICOS.

▷ *Luíza Carvalho Dantas Rêgo*

O art. 10 da Lei 10.259/01 autoriza que a parte designe representante para a causa, advogado ou não, concedendo a faculdade de eleger para sua representação em Juízo outra pessoa, que não a regularmente inscrita nos quadros da Ordem dos Advogados do Brasil.

A exegese do referido dispositivo legal deve ser realizada à luz dos princípios que regem o microssistema dos juizados especiais, mormente o da efetividade e da simplicidade. Cuida-se de mecanismo vocacionado ao acesso simples e efetivo à justiça, desvinculando-a da burocracia ínsita ao litígio e da oneração do jurisdicionado (majoritariamente hipossuficiente), que desestimulam a busca pela tutela jurisdicional.

Nesse diapasão, a interpretação deve ser realizada levando em conta o espírito do sistema jurídico brasileiro, com respeito às prerrogativas da advocacia e, em última instância, à Constituição Federal, que a erigiu à condição de função essencial à justiça, de modo a entender que o ato de representação da parte no juizado especial federal por interposta pessoa que não advogado deve ser admitida, apenas, como exceção. É facultado à parte se fazer representar por preposto, porém, não é aceitável que este faça do encargo uma profissão ou atividade econômica.

À guisa de exemplificação, considerando o vultoso número de casos previdenciários submetidos ao crivo dos juizados especiais federais, caso uma mesma pessoa representasse diversos autores em ações especiais cíveis previdenciárias, em diferentes condições de tempo e espaço, de forma habitual e com escopo lucrativo, haveria inequívoco malferimento tanto às prerrogativas dos advogados, que estariam enfrentando uma concorrência desleal, quanto aos direitos das partes, que não seriam assistidas de forma escorreita, considerando que a lei não exige qualquer formação jurídica ou habilitação para a representação. A admissão de atuação de forma habitual e com fins econômicos destes representantes poderia acarretar a institucionalização do exercício ilegal de profissão, mediante o surgimento de uma nova categoria pseudoprofissional, que, apresentando-se como sucedâneos de advogados, trariam efeitos manifestamente deletérios ao tecido social que compõe os juizados especiais, podendo, inclusive, haver a ressuscitação da lendária categoria dos *rábulas*.

A figura dos provisionados, paralegais ou rábulas, historicamente, consistia em pessoas que possuíam formação exclusivamente "prática" na advocacia e obtinham, junto ao extinto Instituto dos Advogados, uma provisão que os tornava habilitados a realizar atos privativos de advogado em juízo. Com o advento da Ordem dos Advogados do Brasil, passou a ser exigido o bacharelado em Direito para se tornar advogado, sendo, contudo, respeitados os direitos dos que já tinham obtido a provisão. Hodiernamente, já houve a extirpação desta categoria do ordenamento jurídico pátrio, sendo, mormente ante os postulados do Estatuto da Advocacia, privativo dos advogados regularmente inscritos nos quadros da OAB o exercício do *jus postulandi*, ressalvados os casos previstos em lei.

Destarte, a interpretação do referido dispositivo legal não pode ser eminentemente literal, devendo ser guiada pelos primados da proporcionalidade e em consonância com o sistema em que se encontra inserto, sendo impossível conferir entendimento que sufrague o exercício da advocacia por pessoas inabilitadas. É admitida a representação por não advogado apenas com o escopo de facilitar o

Capítulo III ● Lei dos Juizados Especiais Federais (Lei 10.259/01)

acesso à justiça por pessoas que, seja por impossibilidade de locomoção seja por dificuldades na compreensão dos procedimentos necessários ao ajuizamento de uma demanda, pedem auxílio a pessoas em relação às quais haja relação de fidúcia (parentes, assistentes sociais, representantes de instituição em que a parte se encontre internada etc.), sendo tal situação excepcional, pois a regra é o comparecimento pessoal da parte.

A norma em tela foi idealizada com o fito de desburocratizar o acesso à justiça, no contexto da terceira onda renovatória aludida por Mauro Cappelletti e Bryant Garth, não tendo, obviamente, como objetivo chancelar a prática ilícita da advocacia por quem não esteja regularmente inscrito nos quadros da OAB. Logo, no momento da atermação processual, não pode a parte estar acompanhada de "intermediário" que, a pretexto de representá-la nos termos da lei, em verdade, está atuando com objetivo lucrativo.

Impende mencionar, ainda, que a representação por não advogado nos Juizados Especiais Federais apenas se aplica aos processos cíveis, não sendo extensível às causas criminais, sob pena de frontal violação aos princípios do contraditório e ampla defesa.

Vide comentários aos enunciados 61 e 67/FONAJEF.

○ (...). É constitucional o art. 10 da Lei 10.259/01, que faculta às partes a designação de representantes para a causa, advogados ou não, no âmbito dos juizados especiais federais. No que se refere aos processos de natureza cível, o Supremo Tribunal Federal já firmou o entendimento de que a imprescindibilidade de advogado é relativa, podendo, portanto, ser afastada pela lei em relação aos juizados especiais. Precedentes. Perante os juizados especiais federais, em processos de natureza cível, as partes podem comparecer pessoalmente em juízo ou designar representante, advogado ou não, desde que a causa não ultrapasse o valor de sessenta salários mínimos (art. 3° da Lei 10.259/01) e sem prejuízo da aplicação subsidiária integral dos parágrafos do art. 9° da Lei 9.099/95. Já quanto aos processos de natureza criminal, em homenagem ao princípio da ampla defesa, é imperativo que o réu compareça ao processo devidamente acompanhado de profissional habilitado a oferecer-lhe defesa técnica de qualidade, ou seja, de advogado devidamente inscrito nos quadros da Ordem dos Advogados do Brasil ou defensor público. Aplicação subsidiária do art. 68, III, da Lei 9.099/95. Interpretação conforme, para excluir do âmbito de incidência do art. 10 da Lei 10.259/01 os feitos de competência dos juizados especiais criminais da Justiça Federal. (STF, Pleno, ADI 3168, Rel. Min. Joaquim Barbosa, DJ 3.8.2007)

○ (...). A interpretação teleológica do art. 10 da Lei 10.259/01 veda que se chancele o surgimento de uma classe de "despachantes" ou "representantes" no âmbito dos Juizados Especiais Federais, apresentando petições iniciais, as quais, no mais das vezes, são obtidas no próprio site da Justiça Federal. Tais procuradores não são advogados, não guardam qualquer relação próxima com o autor, e, sem que exista motivo bastante e razoável a impossibilitar o comparecimento pessoal do autor em juízo, não se credenciam como representantes aptos a deduzirem pretensões judiciais perante o JEF. (Turma Recursal de MG, 3ª T., Proc. 2004.38.00.824074-5)

▶ **LJEF. Art. 10.** As partes poderão designar, por escrito, representantes para a causa, advogado ou não.

8. DOCUMENTOS DE ENTES PÚBLICOS (ART. 11)

ENUNCIADO 113. O DISPOSTO NO ART. 11 DA LEI N. 10.259/2001 NÃO DESOBRIGA A PARTE AUTORA DE INSTRUIR SEU PEDIDO COM A DOCUMENTAÇÃO QUE LHE SEJA ACESSÍVEL JUNTO ÀS ENTIDADES PÚBLICAS RÉS.

▶ *João Cabrelon*

Vige no ordenamento jurídico brasileiro o princípio dispositivo, segundo o qual cabe às partes a iniciativa "quanto às provas e às alegações em que se fundamentará a decisão: iudex secundum allegata et probata partium iudicare debet"[31]. O princípio dispositivo informa as regras processuais a respeito da distribuição do ônus da prova: como regra geral, ao autor cumpre produzir a prova quanto ao fato constitutivo de seu direito (CPC, art. 373, I). Como corolário dessa regra, o CPC determina competir ao autor instruir a petição inicial com os documentos indispensáveis à propositura da ação (art. 320), assim como aqueles destinados a provar suas alegações (art. 430), obrigação estendida, por esse último dispositivo legal, ao réu, por ocasião da contestação.

A obrigação estatuída pelo CPC, atinente à necessidade de instrução da petição inicial com a prova documental apta a comprovar os fatos ali alegados, encontra plena compatibilidade com os princípios dos Juizados Especiais Federais, a ele se aplicando sem reservas. O procedimento sintético e resumido dos Juizados não comporta espaços desnecessários de dilação probatória, e as disposições do CPC sobre os momentos de produção da prova documental pelas partes atende a esse pressuposto.

Não obstante, é prática comum nos Juizados Especiais Federais o autor deixar de instruir a petição inicial com documentos imprescindíveis, invocando, como justificativa de sua desobediência à regra processual prevista no CPC, a aplicação em seu favor do disposto no art. 11 da Lei 10.259/01. Também nessas hipóteses é comum que o autor requeira seja determinado judicialmente ao réu que providencie a vinda aos autos de documentos que deveriam ter acompanhado a petição inicial. Em outros termos, a pretensão do autor, invocando o dispositivo legal acima transcrito, é a de que se transfira ao réu o dever processual que, como autor, lhe competiria, qual seja, o de instruir corretamente a petição inicial.

Trata-se de leitura equivocada do art. 11 da Lei 10.259/01. O dever ali previsto não desonera o autor de obedecer ao princípio dispositivo, segundo o qual lhe compete produzir as provas de suas alegações. Não é esse o alcance desse dispositivo legal, e o Enunciado em exame busca desfazer esse equívoco.

As regras gerais do CPC a respeito da distribuição do ônus da prova prevalecem perante os Juizados Especiais Federais, como se verá, com maior vagar, nos comentários sobre o Enunciado 116/FONAJEF. Não há, portanto, razão jurídica para acolher essa espécie de interpretação. Ademais, essa conduta do autor é prejudicial ao bom andamento dos processos perante os Juizados.

---

31. CINTRA, Antônio C. A.; GRINOVER, Ada P.; DINAMARCO, Cândido. **Teoria geral do processo.** 7. ed. São Paulo: RT, 1990. p. 63.

Capítulo III ● Lei dos Juizados Especiais Federais (Lei 10.259/01)

Essa prática atenta contra o princípio da celeridade. A pretensão do autor de transferir ao réu a devida instrução documental do pedido inicial para momento posterior ao da propositura da ação posterga, desnecessária e indevidamente, seu curso, com o risco, sempre presente, de que a entidade pública ré não traga, com a contestação, todos os documentos requeridos pelo autor. Não raro, quando o juízo aceita essa linha de argumentação do autor, a correta instrução do feito se alonga de forma inadmissível nos Juizados Especiais Federais, em especial pelo cumprimento deficiente dessa determinação por parte do réu. Isso resulta em despachos sucessivos do juízo, até que venham aos autos todos os documentos imprescindíveis para o prosseguimento do feito.

Ademais, a instrução deficiente da inicial impede que o juiz analise de forma imediata, como convém, as medidas cautelares porventura requeridas pelo autor. Não é incomum que, em sede de Juizados, requeira o autor o deferimento imediato de tutela de urgência, ao mesmo tempo em que requer que ao réu incumba o dever de trazer a documentação necessária para a apreciação desse mesmo pedido. Trata-se de posição claramente contraditória, e que não deve ser prestigiada.

Assim, o descumprimento, nos Juizados Especiais Federais, das regras do CPC quanto à adequada instrução da petição inicial, vai de encontro aos interesses do próprio autor. Autoriza, outrossim, o indeferimento da petição inicial, caso o autor não corrija essa deficiência, nos termos do art. 321 do CPC, também aplicável aos Juizados.

Não obstante, há situações em que o disposto no art. 11 da Lei 10.259/01 virá em socorro do autor, como bem explicitado pelo Enunciado em análise.

Em regra, os documentos necessários para que o autor instrua convenientemente a petição inicial, e que tenham sido produzidos no âmbito de entidades públicas, são disponibilizados ao interessado sem o estabelecimento de maiores óbices. É o caso, por exemplo, dos processos administrativos de concessão de benefício previdenciário, em relação aos quais tem o INSS o dever de permitir o livre acesso e extração de cópias por parte do interessado. Nessas circunstâncias, compete ao autor trazer a documentação respectiva aos autos, juntamente com a inicial.

No entanto, há, por vezes, documentos que o Poder Público não disponibiliza livremente aos interessados, seja por invocar alguma espécie de sigilo, ou, como é mais comum, pelo estabelecimento de entraves burocráticos de difícil superação, eventualmente até mesmo ilegais. Nessas hipóteses, não pode ser obstado o direito de ação do autor por dificuldade de acesso à documentação que deveria, em princípio, acompanhar sua petição inicial.

Verificada essa situação, é lícito ao autor, demonstrando a dificuldade ou impossibilidade de acesso à documentação em poder da entidade pública, requerer que à respectiva entidade recaia o dever de trazer aos autos os documentos sonegados, lícita ou ilicitamente, em sede administrativa. Essa interpretação, aliás, guarda estreita consonância com as disposições do CPC/2015, que, em seu art. 373, § 1º, autoriza ao juiz distribuir o ônus da prova de modo diverso da regra geral, diante de peculiaridades do caso concreto, relacionadas à impossibilidade ou à excessiva dificuldade de uma das partes em produzir a prova documental, ou à maior facilidade da parte contrária na sua obtenção. Esse dispositivo do CPC tem especial guarida, em sede de Juizados Especiais Federais, nas hipóteses em que o autor não se faz assistido por advogado, quando, de acordo com a prudente avaliação do juiz, pode ser constatada uma excessiva dificuldade para que o autor vença eventuais trâmites burocráticos para trazer aos autos a prova documental que esteja em poder do ente público.

Conclui-se, portanto, que é ônus do autor, no âmbito dos Juizados Especiais Federais, instruir a petição inicial com os documentos imprescindíveis para a sua propositura, inclusive com os documentos que estejam acessíveis junto às entidades públicas rés. Somente é cabível ao autor descumprir essa regra processual caso demonstre a negativa de acesso, pelas entidades públicas, à documentação pertinente, ou a excessiva dificuldade em sua obtenção, hipóteses em que poderá requerer ao juiz que incumba o réu do cumprimento dessa obrigação.

⊙ Os requisitos da petição inicial devem ser apreciados in limine, antes mesmo da citação da ré, e são de responsabilidade do próprio(a) autor(a) da ação. Transferir essa responsabilidade para o INSS seria, por óbvio, uma teratologia jurídica, primeiro porque estar-se-ia transferindo ao réu um ônus que cabe ao demandante, conforme dispõe o artigo 333 do CPC, segundo, porque estar-se-ia obrigando o réu a fazer prova contra si próprio. Em meu entender, não resta a menor dúvida que, quando o legislador disciplinou que a entidade pública ré deveria fornecer a documentação de que disponha para o esclarecimento da causa, não tinha a intenção de inverter o ônus da prova, como podem imaginar os mais desavisados. O INSS tem a obrigação, tão somente, de agir dentro dos ditames da boa-fé, trazendo aos autos os documentos que estejam em seu poder e que se façam inacessíveis ao autor. Sendo assim, não é admissível a instrução dos autos sem informações essenciais para a elaboração dos cálculos, apreciação e julgamento do pedido, caso em que se enquadra a cópia do processo administrativo, considerando que a não observância dos requisitos mínimos exigidos para ingresso de ação judicial, nos casos em que implique necessidade de prazo para emenda ou complementação, impõe o reconhecimento da inadequação ao rito simplificado adotado pelos Juizados Especiais. Embora traumática a extinção do processo, em decorrência de indeferimento liminar, a medida "in casu" se impõe como forma de preservação dos valores e princípios consagrados no Código de Processo Civil e, como é o caso, do Juizado Especial Federal. Isto porque toda petição inicial deve vier acompanhada dos documentos que possam carrear elementos para a correta tramitação e julgamento do pedido vertido na peça vestibular. Esta moldura não pode ser alterada pelo juiz, cabendo à parte zelar pela instrução da petição a ser apresentada em Juízo. Em síntese, uma vez que não foi carreado aos autos virtuais a cópia integral do processo administrativo referente ao benefício objeto de discussão na presente demanda, inviável o regular prosseguimento e deslinde do feito, permitindo, assim, a aplicação analógica do artigo 51, I da Lei 9.099/95. (Turma Recursal de SP, 4ª T., RI 00036276220064036311, Rel. Angela Cristina Monteiro, e-DJF3 17.11.2016)

▶ **LJEF. Art. 11.** A entidade pública ré deverá fornecer ao Juizado a documentação de que disponha para o esclarecimento da causa, apresentando-a até a instalação da audiência de conciliação.

ENUNCIADO 116. O DEVER PROCESSUAL, PREVISTO NO ART. 11 DA N. LEI 10.259/2001, NÃO IMPLICA AUTOMATICAMENTE A INVERSÃO DO ÔNUS DA PROVA.

▶ *João Cabrelon*

O CPC estabelece a distribuição entre as partes do denominado "ônus da prova". Como regra, o art. 373, incisos I e II, do CPC, determina que o ônus da prova, quanto ao

Capítulo III ● Lei dos Juizados Especiais Federais (Lei 10.259/01)

fato constitutivo de seu direito, incumbe ao autor; quanto ao réu, incumbe-lhe comprovar as alegações a respeito da existência de fato impeditivo, modificativo ou extintivo do direito do autor.

Mais do que simplesmente disciplinar, dentro do processo, as regras quanto à iniciativa probatória das partes, "(...) as normas de distribuição do ônus da prova constituem regra de julgamento destinada ao juiz que estiver em estado de perplexidade irredutível na reconstituição dos fatos da causa"[32]. O objetivo principal de se conhecer a quem é imposto o ônus de produzir a prova quanto à existência de determinado fato está na possibilidade de se julgar a ação contrariamente ao seu interesse, caso deixe de produzi-la. A distribuição do ônus da prova, portanto, visa a municiar o juiz com um instrumento que pode se revelar decisivo para a procedência ou improcedência do pedido inicial, consubstanciado na penalização da parte que deixou de produzir a prova que lhe incumbia.

A redistribuição do ônus da prova, de forma diversa daquela prevista no CPC, depende de norma legal expressa. É o que dispõe o art. 373, § 1º, do CPC, dispositivo legal que possibilita ao juiz, em decisão fundamentada, proceder à distribuição dinâmica do ônus da prova, atribuindo-o de forma diversa da regra geral.

Talvez os casos mais comuns de inversão do ônus da prova ocorrem nos processos em que o direito material discutido encontra abrigo na legislação consumerista. Nesses casos, é possível a inversão desse ônus em favor do consumidor, quando for verossímil sua alegação ou quando for ele considerado hipossuficiente, a critério do juízo (Lei 8.078/90, art. 6º, VIII). Também se mostra corriqueiro o uso dessa regra de julgamento nas hipóteses legais de presunção relativa, a qual, militando em favor de determinada alegação, dispensa a parte que a sustenta da incumbência de produção da prova respectiva, admitindo-se, contudo, prova contrária da parte adversa.

Não há, nas leis que regem os Juizados Especiais Federais, qualquer norma expressa a respeito da inversão do ônus da prova. Tampouco os princípios norteadores dos Juizados, previstos no art. 2º da Lei 9.099/95, dentre eles a oralidade, simplicidade, informalidade, economia processual e celeridade, dizem respeito à distribuição do ônus da prova nos Juizados. A única regra de julgamento prevista no microssistema dos Juizados Cíveis está contida no art. 6º da Lei 9.099/95, segundo a qual "o Juiz adotará em cada caso a decisão que reputar mais justa e equânime, atendendo aos fins sociais da lei e às exigências do bem comum", regra essa que não tem qualquer relação com a distribuição do ônus da prova.

Assim, são plenamente compatíveis com o microssistema dos Juizados as regras de distribuição do ônus da prova previstas pelo CPC.

Não obstante, há vários precedentes, no âmbito dos Juizados Especiais Federais, no sentido de que o disposto no art. 11 da Lei 10.259/01, que impõe às entidades

---

32. CINTRA, Antônio C. A. **Comentários ao Código de Processo Civil**. vol. IV, arts. 332 a 475. Rio de Janeiro: Forense, 2000. p. 20.

públicas rés o dever de fornecer a documentação de que disponha para o esclarecimento da causa, consubstancia-se numa regra de inversão do ônus da prova.

O Enunciado, acertadamente, opõe-se a esse entendimento.

A Lei 10.259/01 fala em "dever" da entidade pública ré de trazer aos autos a documentação que esteja em seu poder. Não afirma que se trata de um ônus da entidade pública. Tratando-se de obrigação legalmente imposta à requerida, não se admite, portanto, omissão na produção da prova que lhe incumbe. Diverso é o escopo das regras de distribuição do ônus da prova. Por estas, a produção da prova de suas alegações, por se tratar de ônus, representa ao mesmo tempo uma faculdade, e não propriamente um dever. O não exercício dessa faculdade pode acarretar à parte sobre a qual recai o ônus uma sanção, caracterizada por um julgamento desfavorável. No entanto, não é correto se afirmar que a parte que não se desincumbe de provar suas alegações incorra na violação de um dever legal, como é o caso da entidade pública que desrespeita o comando do art. 11 da Lei 10.259/01.

Qual é, então, o exato alcance do art. 11 da Lei 10.259/01, em face das entidades públicas rés?

O dispositivo legal privilegia o direito à informação, direito esse de caráter fundamental, previsto na Constituição Federal (art. 5º, XIV e XXXIII). Com efeito, o direito de qualquer indivíduo receber dos órgãos públicos informações de seu interesse também tem curso perante um processo judicial. Note-se que o art. 11 da Lei 10.259/01 é dirigido às "entidades públicas rés", evidenciando que a estas se aplica na integralidade o direito de o autor ter conhecimento de todos os documentos que sejam idôneos para o esclarecimento da causa, inclusive aqueles que lhe sejam inacessíveis ou mesmo de existência desconhecida.

Assim, referido dispositivo legal atende ao imperativo de transparência que rege a Administração Pública, direta ou indireta, a qual tem o dever legal e constitucional de colaborar com a instrução do feito, apresentando em juízo todos os elementos probatórios que sirvam para o esclarecimento da causa.

O dever em comento também antecipou o modelo cooperativo perseguido pelo CPC/2015, o qual preconiza, em seu art. 6º, que todos os sujeitos do processo "cooperar entre si para que se obtenha, em tempo razoável, decisão de mérito justa e efetiva". Esse dever de cooperação, por parte das entidades públicas rés, será plenamente observado nas hipóteses em que, agindo de boa-fé (art. 5º do CPC), e independentemente de requerimento específico, traga aos autos a documentação relativa à causa posta nos autos que esteja em seu poder, e que o autor já não tenha produzido.

Por fim, importante atentar para a circunstância de que, por não se tratar de hipótese de inversão do ônus da prova, o descumprimento pela entidade pública ré do dever imposto pelo art. 11 da Lei 10.259/01 não lhe acarreta um julgamento de mérito desfavorável, a não ser que haja decisão judicial fundamentada e específica decidindo a respeito dessa inversão (CPC, art. 373, § 1º). Antes, o descumprimento do disposto no art. 11 da Lei 10.259/01, mormente quando violar decisão judicial, desafiará o juízo a adotar as medidas processuais pertinentes, como o estabelecimento de multa

CAPÍTULO III ● LEI DOS JUIZADOS ESPECIAIS FEDERAIS (LEI 10.259/01) 277

diária à entidade pública ré, o reconhecimento da prática de ato atentatório à dignidade da justiça, o a imposição de sanções ao servidor responsável etc. (art. 77, IV, § 2º, do CPC).

> ◉ A sentença, nos termos em que proferida, encontra-se em nítido confronto com o estabelecido no artigo 11 da lei 11.259/01, "in verbis": "Art. 11. A entidade pública ré deverá fornecer ao Juizado a documentação de que disponha para o esclarecimento da causa, apresentando-a até a instalação da audiência de conciliação". Com esteio no dispositivo legal acima transcrito, denota-se que a lei conferiu, nos processos sob a competência dos Juizados Especiais Federais, a inversão do ônus da prova quanto à apresentação de documentos produzidos em âmbito administrativo, como ocorre no caso dos autos. (Turma Recursal de SP, 6ª T., RI 00189000420124036301, Rel. Roberto Santoro Facchini, e-DJF3 26.6.2014)

> ▶ **LJEF. Art. 11.** A entidade pública ré deverá fornecer ao Juizado a documentação de que disponha para o esclarecimento da causa, apresentando-a até a instalação da audiência de conciliação.

> ▶ **CPC. Art. 373.** (...). **§ 1º** Nos casos previstos em lei ou diante de peculiaridades da causa relacionadas à impossibilidade ou à excessiva dificuldade de cumprir o encargo nos termos do caput ou à maior facilidade de obtenção da prova do fato contrário, poderá o juiz atribuir o ônus da prova de modo diverso, desde que o faça por decisão fundamentada, caso em que deverá dar à parte a oportunidade de se desincumbir do ônus que lhe foi atribuído.

9. EXAME TÉCNICO (ART. 12)

ENUNCIADO 084. NÃO É CAUSA DE NULIDADE NOS JUIZADOS ESPECIAIS FEDERAIS A MERA FALTA DE INTIMAÇÃO DAS PARTES DA ENTREGA DO LAUDO PERICIAL.

> ▶ *Ailton Schramm de Rocha*

O verbete foi cancelado no XIII FONAJEF.

O Enunciado advém de interpretação do artigo 12 da Lei 10.259/01. O Código de Processo Civil (artigo 477, § 1º) determina que, havendo prova pericial, deve o juiz intimar as partes da prova produzida. Nos juizados especiais federais, porém, incide a regra específica antes mencionada.

Essa regra decorre da necessidade de se agilizar o andamento dos feitos nos juizados especiais federais. Devido ao grande volume de processos, qualquer etapa adicional na rotina processual pode significar demora na prestação jurisdicional.

A redação do artigo 12 permite compreender que a intimação do laudo é dispensada, porque na audiência as partes têm a oportunidade de se manifestar sobre as provas produzidas, comportamento processual que se compatibiliza com o princípio da informalidade que deve prevalecer nos juizados especiais federais.

Diante da grande demanda processual dos juizados especiais federais e da indisponibilidade do interesse público estabeleceu-se uma cultura de não se realizar audiência de conciliação e instrução naqueles processos que prescindem de prova oral e cuja instrução se circunscreva à produção da prova pericial. Muitos julgados têm considerado dispensável a intimação das partes quanto à prova técnica produzida mesmo nos processos em que não há audiência de conciliação, instrução e julgamento.

Nos juizados, essa formalidade pode significar entrave à célere prestação jurisdicional, sobretudo diante da hodierna realidade dos juizados especiais federais, com sobrecarga de processos pendentes de julgamento. Os processos de auxílio-doença, por exemplo, são aqueles em que a regra do Enunciado tipicamente se aplica. Como normalmente a controvérsia gira em torno da incapacidade ou qualidade de segurado, dispensa-se a produção de outras provas que não a perícia médica. No mais, a grande parte se resolve pela interpretação da lei aplicável ao caso, a partir dos documentos colacionados.

Recentemente, o verbete foi cancelado. Atualmente encontra-se aprovado o Enunciado 179. Apesar do cancelamento, muitos julgados continuam a referir-se ao Enunciado[33], considerando-se a realidade de seções e subseções judiciárias em que os feitos se avolumam, impondo-se a necessidade de diminuir etapas processuais em prol da otimização dos julgamentos.

Ademais, o consenso jurisprudencial sobre o tema ainda é de que não obstante a falta de intimação, essa circunstância não impõe o reconhecimento de nulidade, sem a demonstração efetiva do prejuízo. Na fase recursal inclusive, a parte que se sentir prejudicada pela não intimação da perícia tem plenos meios de alegar, perante a Turma Recursal, eventual nulidade[34].

◎ Enunciado FONAJEF 179. Cumpre os requisitos do contraditório e da ampla defesa a concessão de vista do laudo pericial pelo prazo de cinco dias, por analogia ao caput do art. 12 da Lei 10.259/01.

▶ **CPC. Art. 447. § 1º** As partes serão intimadas para, querendo, manifestar-se sobre o laudo do perito do juízo no prazo comum de 15 (quinze) dias, podendo o assistente técnico de cada uma das partes, em igual prazo, apresentar seu respectivo parecer.

▶ **LJEF. Art. 12.** Para efetuar o exame técnico necessário à conciliação ou ao julgamento da causa, o Juiz nomeará pessoa habilitada, que apresentará o laudo até cinco dias antes da audiência, independentemente de intimação das partes.

ENUNCIADO 091. OS JUIZADOS ESPECIAIS FEDERAIS SÃO INCOMPETENTES PARA JULGAR CAUSAS QUE DEMANDEM PERÍCIAS COMPLEXAS OU ONEROSAS QUE NÃO SE ENQUADREM NO CONCEITO DE EXAME TÉCNICO (ART. 12 DA LEI N. 10.259/2001).

▶ *Antônio César Bochenek e Márcio Augusto Nascimento*

No procedimento do Juizado Estadual não são admitidas perícias, pois pela legislação do microssistema são consideradas causas de maior complexidade, nos termos do artigo 98 da Constituição. Contudo, na instrução processual o juiz poderá inquirir

---

33. Recurso Inominado 00062030620164036302, Rel. Juiz Federal Rafael Andrade de Margalho, 6ª Turma Recursal de São Paulo, e-DJF3 23.2.2017; Recurso Inominado 00033598520134036303, Rel. Juíza Federal Kyu Soon Lee, 5ª Turma Recursal de São Paulo, DJF3 16.12.2014.

34. "No rito dos Juizados Especiais não se pronunciará qualquer nulidade sem que tenha havido efetivo prejuízo à parte (artigo 13, §1º da Lei 9.099/95)". (Turma Recursal do PR, 3ª T., 5003538-03.2016.404.7013, Rel. Flávia da Silva Xavier, j. 20.3.2017)

Capítulo III • Lei dos Juizados Especiais Federais (Lei 10.259/01)

técnicos de sua confiança, a fim de que esses prestem esclarecimentos necessários ao julgamento da demanda (art. 35 da Lei 9.099/95).

No Juizado Especial Federal, o art. 12 da Lei 10.259/01 passou a admitir textualmente todas as espécies de exame técnico, realizado por pessoa habilitada com conhecimento específico para feitura do laudo, independentemente da complexidade do exame a ser elaborado. Na prática, o exame técnico assemelha-se perícia do processo civil e é realizado em todas as demandas sem qualquer ressalva quanto à complexidade da atividade do auxiliar do juízo, ou seja, em sentido diverso da proposta do Enunciado no FONAJEF.

Considerando a possibilidade de realizar de qualquer exame técnico, aplicam-se subsidiariamente aos juizados especiais, por não serem incompatíveis com o microssistema, as regras dos arts. 464, §§ 2º ao 4º e 472, ambos do CPC. De acordo com aqueles parágrafos do artigo citado, o juiz poderá, de ofício ou a requerimento das partes, em substituição à perícia, determinar a produção de prova técnica simplificada, quando o ponto controvertido for de menor complexidade. A prova técnica simplificada consistirá apenas na inquirição de especialista, pelo juiz, sobre ponto controvertido da causa que demande especial conhecimento científico ou técnico. Durante a arguição, o especialista, que deverá ter formação acadêmica específica na área objeto de seu depoimento, poderá valer-se de qualquer recurso tecnológico de transmissão de sons e imagens com o fim de esclarecer os pontos controvertidos da causa. E, nos termos do art. 472, o juiz poderá dispensar prova pericial quando as partes, na inicial e na contestação, apresentarem, sobre as questões de fato, pareceres técnicos ou documentos elucidativos que considerar suficientes.

Na visão dos autores, a aplicação do Enunciado deve ser realizada com grande cuidado, a fim de não prejudicar o acesso ao JEF àqueles que dele mais precisam, sobretudo também porque na Lei 10.259/01 não veda a realização do exame para qualquer demanda, independentemente do grau de complexidade, consoante entendimento da grande maioria da jurisprudência dos juizados especiais federais.

Existem certas perícias que são muito caras e que estão acima do limite máximo de pagamento de honorários pela Tabela do CJF, o que impediria, em tese, a realização daquela no JEF. Se isso ocorrer, em casos excepcionais, deverá ocorrer a declinação de competência do JEF para a Vara Federal Comum.

⊙ (...). Conflito negativo de competência. Cabimento. Ação de reparação de danos morais e materiais. Valor da causa. Necessidade de perícia técnica. Competência do JEF. "A necessidade de produção de prova pericial, além de não ser o critério próprio para definir a competência, não é sequer incompatível com o rito dos Juizados Federais, que prevê expressamente a produção dessa espécie de prova (artigo 12 da Lei 10.259/01)." (STJ, CC 97273). 5. A prova técnica que se faz necessária para o caso busca esclarecer se as deteriorações que ocorreram no imóvel se deram em razão de vícios de construção. Trata-se de situação que não requer conhecimentos especiais, além das que já detém um engenheiro civil, não sendo revestida de complexidade. Precedente do Pleno do TRF5. 6. Conflito conhecido. Declarada a competência Juízo da 10ª Vara Federal de Alagoas (JEF). (TRF5, Pleno, CC 08048280520154050000, Rel. Roberto Machado, j. 1.3.2016)

280 ENUNCIADOS FONAJEF ● *Luiz Bispo da Silva Neto*

▶ **LJEF. Art. 12.** Para efetuar o exame técnico necessário à conciliação ou ao julgamento da causa, o Juiz nomeará pessoa habilitada, que apresentará o laudo até cinco dias antes da audiência, independentemente de intimação das partes. **§ 1º** Os honorários do técnico serão antecipados à conta de verba orçamentária do respectivo Tribunal e, quando vencida na causa a entidade pública, seu valor será incluído na ordem de pagamento a ser feita em favor do Tribunal. **§ 2º** Nas ações previdenciárias e relativas à assistência social, havendo designação de exame, serão as partes intimadas para, em dez dias, apresentar quesitos e indicar assistentes.

▶ **LJE. Art. 35.** Quando a prova do fato exigir, o Juiz poderá inquirir técnicos de sua confiança, permitida às partes a apresentação de parecer técnico. **Parágrafo único.** No curso da audiência, poderá o Juiz, de ofício ou a requerimento das partes, realizar inspeção em pessoas ou coisas, ou determinar que o faça pessoa de sua confiança, que lhe relatará informalmente o verificado.

ENUNCIADO 127. PARA FINS DE CUMPRIMENTO DO DISPOSTO NO ART. 12, § 2º, DA LEI 10.259/01, É SUFICIENTE INTIMAR O INSS DOS HORÁRIOS PREESTABELECIDOS PARA AS PERÍCIAS DO JEF.

▶ *Luiz Bispo da Silva Neto*

A complexidade da causa não é elemento definidor da competência do Juizado Especial Federal.

De fato, ainda que haja necessidade de realização de perícia, a causa poderá ser julgada pelo Juizado Especial Federal, presentes as demais condicionantes de sua competência.

Uma significativa parcela dos processos previdenciários ajuizados no Juizado Especial Federal demanda a realização de perícia técnica, a exemplo dos benefícios de auxílio-doença, aposentadoria por invalidez e amparo social.

Nesses casos, são perscrutados a existência de capacidade laborativa ou a deficiência, no caso específico do benefício previsto na Lei 8.742/93, sendo necessário o parecer do médico perito, para delinear as limitações físicas e/ou mentais do demandante, bem como as possíveis datas de início da incapacidade e o prognóstico de sua cessação.

Doutra banda, há um número reduzido de médicos-peritos interessados em realizar perícias médicas judiciais, sobretudo em vista da limitação orçamentária própria para o pagamento, eis que os honorários periciais são inicialmente pagos pelo respectivo Tribunal Regional Federal, que somente cobrará da parte ré se a causa for julgada procedente ou da parte autora, caso não seja beneficiária do acesso gratuito à Justiça.

Dessa sorte, para fins de racionalizar o enfrentamento dessa crescente demanda, com espeque no princípio da celeridade e da razoável duração do processo, é comum a criação de centros de perícias médicas, nas sedes das seções judiciárias e em algumas subseções, que apresentam maior fluxo processual. Organiza-se a marcação dos exames, com agendamento informado no processo, permitindo a tempestiva manifestação das partes, quanto a quesitos e indicação de assistentes.

Capítulo III ● Lei dos Juizados Especiais Federais (Lei 10.259/01)

Sobre a quesitação, forte no princípio da informalidade dos atos, bem como no fato de que o INSS é litigante habitual nos feitos que circulam nos Juizados Especiais Federais, é praxe forense o depósito prévio, no cartório da vara, dos quesitos apresentados pela autarquia previdenciária, etapa essa que abrevia o tempo do processo e representa sensível economia de atos cartorários.

Dessa feita, basta a intimação do INSS do momento de realização da perícia, que segue um fluxo contínuo, que estará, segundo o entendimento sufragado no Enunciado 127 do FONAJEF, suprida a exigência contida no art. 12, § 2º, da Lei 10.259/01, pois se entremostra aberta a possibilidade de a autarquia previdenciária indicar assistente técnico (procedimento esse raro no âmbito do Juizado Especial Federal) ou complementar eventual quesitação, via de regra, já depositada em cartório.

A inobservância da norma prevista no art. 12, § 2º, da Lei 10.259/01, caso comprovado o efetivo prejuízo (art. 13, § 1º, da Lei 9.099/96), poderá gerar no processo nulidade. A razão é a possibilidade de restar caracterizado cerceamento do direito de defesa, de qualquer das partes, visto que se deve assegurar o direito de influência na formação do entendimento do magistrado, como, outrossim, verificar a forma como a prova foi colhida, possibilitando a sindicância de eventual irregularidade.

◉ Juizado especial. Procedimento. Intervenção graciosa do MPF em primeira instância. Desnecessidade de intervenção junto à turma recursal. Nulidade do processo. Inobservância do disposto nos artigos 9º e 12 da Lei 10.259/01 – prazo mínimo de 30 dias entre a citação e a realização da audiência de conciliação. Ação relativa à assistência social. Necessidade de intimação das partes para apresentar quesitos e indicar assistentes. Manutenção de decisão que antecipou os efeitos da tutela. (...). O descumprimento do disposto no artigo 12, parágrafo 2º, da Lei 10.259/01, segundo o qual nas ações relativas à assistência social em que houver designação de exame técnico, as partes serão intimadas para apresentar quesitos e indicar assistentes, acarreta a nulidade da prova. 4. Nulidade decretada. (TNU, Pedilef 200238007096538, Rel. Guilherme Mendonca Doehler)

◉ (...). Garantia à autoridade das decisões. Fornecimento de medicamento. Ilegitimidade passiva "ad causam" da União. Questão que não se constituiu em objeto de apreciação por este Superior Tribunal de Justiça. 1. Esta Corte de Justiça, nos autos de conflito de competência entre Juízo de Vara Federal e Juízo de Juizado Especial Federal, decidiu que as ações de fornecimento de medicamentos, com valor inferior a sessenta salários mínimos, estão submetidas ao rito do Juizado Especial e que a eventual necessidade de produção de prova pericial não configura causa de alta complexidade, a afastar a competência do juizado, por força do artigo 12, parágrafo 2º, da Lei 10.259/01. (STJ, 1ª S., AgRg na Rcl 2.939, Rel. Min. Hamilton Carvalhido, DJe 18.9.2009)

▶ **LJEF. Art. 12.** (...). **§ 2º** Nas ações previdenciárias e relativas à assistência social, havendo designação de exame, serão as partes intimadas para, em dez dias, apresentar quesitos e indicar assistentes.

Enunciado 147. A mera alegação genérica de contrariedade às informações sobre atividade especial fornecida pelo empregador, não enseja a realização de novo exame técnico.

▶ *Antônio César Bochenek e Márcio Augusto Nascimento*

As informações sobre as atividades especiais para fins de utilização em processos judiciais, via de regra, são fornecidas pela empresa empregadora, por meio de formulários SB-40, DSS-8030, e, mais recentemente, por PPP e laudos técnicos, estes elaborados por profissionais da área de segurança, de engenharia ou médica.

Se o autor que trabalhou na empresa alega que as informações estão erradas ou são falsas, deverá trazer impugnação específica, apontando exatamente os motivos pelos quais aquelas não se prestam como prova judicial, com a finalidade comprovar e esclarecer os pontos controvertidos. Como por exemplo, trazer laudos produzidos na mesma empresa em processo trabalhista, cujos resultados tenham sido diferentes daqueles originalmente informados pela empregadora. Outra forma, seria pedir a realização de audiência para colheita de prova oral em que buscasse provar que algumas máquinas eram desligadas, por ocasião da medição dos ruídos, a fim de que estes ficassem abaixo do limite de tolerância legal. Ou, ainda, que a função exercida pelo autor não era aquela descrita nos documentos da empresa empregadora.

Logo, meras alegações genéricas de discordância desprovidas de provas ou indícios devem ser afastadas de plano, pois não são medidas aptas a ensejar a realização de novo exame pericial.

ENUNCIADO 155. AS DISPOSIÇÕES DO CPC/2015 REFERENTES ÀS PROVAS NÃO REVOGAM AS DISPOSIÇÕES ESPECÍFICAS DA LEI N. 10.259/2001, SOBRE PERÍCIAS (ART. 12), E NEM AS DISPOSIÇÕES GERAIS DA LEI N. 9.099/1995.

Enunciado comentado no capítulo *Novo Código de Processo Civil – Do Procedimento Comum (arts. 318 a 512).*

ENUNCIADO 179. CUMPRE OS REQUISITOS DO CONTRADITÓRIO E DA AMPLA DEFESA A CONCESSÃO DE VISTA DO LAUDO PERICIAL PELO PRAZO DE CINCO DIAS, POR ANALOGIA AO CAPUT DO ART. 12 DA LEI 10.259/2001.

▶ *Lívia de Mesquita Mentz*

Um dos mais importantes princípios orientadores dos Juizados Especiais é a celeridade na solução de causas de pequeno valor, buscando-se a rápida tutela dos direitos afirmados. E a compatibilização da busca por celeridade com o fundamental direito das partes ao contraditório e à ampla defesa é, por sua vez, um dos principais dilemas enfrentados pelos magistrados que atuam nos Juizados Especiais. O Enunciado em análise nasceu dessa tentativa de compatibilização.

Sendo necessária a realização de perícia para o julgamento da causa no âmbito do Juizado Especial, a Lei 10.259/01 traz disposições acerca do prazo para a apresentação de quesitos (dez dias) e estabelece que o laudo será apresentado até cinco dias antes da audiência de instrução e julgamento, momento em que as partes dele terão vista, podendo apresentar impugnações, a serem apreciadas pelo magistrado na mesma oportunidade. Ocorre que a dinâmica dos Juizados Especiais, o volume de trabalho e as variadas matérias postas em julgamento, que exigem tratamento particularizado, nem sempre recomendam a realização de audiência para a instrução e

Capítulo III ● Lei dos Juizados Especiais Federais (Lei 10.259/01)

283

julgamento do processo. Para tais casos, a Lei 10.259/01 não traz qualquer previsão de prazo para que as partes tenham vista do laudo, não havendo, igualmente, previsão na Lei 9.099/95.

Restaria, assim, buscar a integração da lacuna das leis especiais nas normas gerais do CPC. Este, ao estabelecer as regras atinentes à perícia, fixou o prazo de quinze dias para vista do laudo (art. 477, § 1º). Contudo, considerando a fluência do prazo apenas em dias úteis, as partes terão três semanas para manifestação, prazo que é considerado excessivamente alargado para os padrões de celeridade impostos aos Juizados Especiais, ainda mais considerada a possibilidade de apresentação de quesitos complementares e a necessidade de concessão de nova vista após a complementação. Assim, uma vez que a aplicação subsidiária do CPC aos Juizados Especiais se dará apenas naquilo em que o Código for com estes compatível, verifica-se a inviabilidade de adoção do prazo de vista do laudo pericial previsto para o procedimento comum, uma vez que não condiz ele com a celeridade do rito especial.

Dessa incompatibilidade surgiu a prática nos Juizados de não se intimar as partes da apresentação do laudo pericial, com imediata conclusão do dos autos para sentença, o que, efetivamente, abrevia o período de tramitação do processo. Contudo, apesar da existência desse entendimento, ainda adotado em alguns juízos, forçoso concluir que a simples não concessão – em prol da celeridade processual – de vista do laudo pericial, em razão da ausência de previsão legal de prazo específico, implica em cerceamento do direito de defesa das partes, que restam impossibilitadas de tomar conhecimento do teor da prova antes da prolação da sentença e, assim, de apresentar manifestação que possa influir na decisão[35]. Aliás, desde a edição do CPC, está positivada a regra da proibição da decisão-surpresa (art. 9º), norma de caráter fundamental e geral, aplicável a todos os procedimentos cíveis, inclusive aos do Juizado Especial.

Mesmo diante do disposto no Enunciado 160/FONAJEF, o fato de eventualmente se admitir o julgamento com base em fundamento a respeito do qual as partes não se manifestaram (mas poderiam tê-lo feito, por ocasião da petição inicial e da contestação) não pode permitir que se vede o acesso delas às provas produzidas no curso do processo, uma vez que impossível tivessem elas se manifestado a respeito antes.

Sobre esse entendimento, relevante registrar, por fim, que o Enunciado 84/FONAJEF, que encampava a tese da desnecessidade, foi cancelado no XIII encontro (já sob a vigência do CPC/2015), mesma oportunidade em que aprovado o Enunciado ora em análise, a evidenciar a tendência de se considerar impositiva a intimação das partes para vista e manifestação sobre o laudo, antes da prolação da sentença, em observância à dimensão substancial do princípio do contraditório (direito da parte

---

35. "A partir do momento em que se reconhece a existência de um *direito fundamental ao devido processo*, está-se reconhecendo, implicitamente, o direito de que a solução do caso deve cumprir, necessariamente, uma série de atos obrigatórios, que compõem o conteúdo mínimo desse direito. A exigência do contraditório, os direitos à produção de provas e aos recursos certamente atravancam a celeridade, mas são garantias que não podem ser desconsideradas ou minimizadas. É preciso fazer o alerta para evitar discursos autoritários, que pregam a celeridade como valor". DIDIER JR., Fredie. **Curso de direito processual civil**. v. 1. 18. ed. Salvador: JusPodivm, 2016, p. 98.

de apresentar argumentos que possam influir na decisão e de ter seus argumentos considerados).

Portanto, inexistente previsão legal acerca do tema, mas sendo imperiosa a oportunização de vista do laudo, resta integrar a legislação omissa, buscando-se na própria Lei dos JEFs prazo que possa ser aplicado de forma compatível com o procedimento especial, a ser adotado por analogia. Assim, porque as situações são suficientemente similares, o prazo de cinco dias, que a lei prevê como período de antecedência de apresentação do laudo em relação à audiência, pode ser aplicado de forma analógica para a intimação das partes para manifestação. Restam, dessa forma, respeitados os direitos ao contraditório e à ampla defesa, uma vez que no referido prazo poderão as partes apresentar impugnações, quesitos complementares e manifestações quanto às conclusões periciais, sem prejuízo da razoável duração do processo.

○ Enunciado FONAJEF 84. Não é causa de nulidade nos juizados especiais federais a mera falta de intimação das partes da entrega do laudo pericial. (Cancelado).

○ Enunciado FONAJEF 160. Não causa nulidade a não-aplicação do art. 10 do CPC e do art. 487, parágrafo único, do CPC nos juizados, tendo em vista os princípios da celeridade e informalidade.

○ (...). Auxílio-doença. Sentença de improcedência. Arguição de cerceamento de defesa. Falta de intimação das partes acerca do laudo técnico produzido. Ofensa aos princípios do contraditório e da ampla defesa caracterizada. Nulidade do julgado. (...). (Turma Recursal de SE, 1ª T., 0506705-64.2015.4.05.8500, Rel. Fábio Cordeiro de Lima, j. 30.3.2016)

▶ **CPC. Art. 9º** Não se proferirá decisão contra uma das partes sem que ela seja previamente ouvida. ▶**Art. 10.** O juiz não pode decidir, em grau algum de jurisdição, com base em fundamento a respeito do qual não se tenha dado às partes oportunidade de se manifestar, ainda que se trate de matéria sobre a qual deva decidir de ofício. ▶**Art. 477. § 1º** As partes serão intimadas para, querendo, manifestar-se sobre o laudo do perito do juízo no prazo comum de 15 (quinze) dias, podendo o assistente técnico de cada uma das partes, em igual prazo, apresentar seu respectivo parecer.

▶ **LJEF. Art. 12.** Para efetuar o exame técnico necessário à conciliação ou ao julgamento da causa, o Juiz nomeará pessoa habilitada, que apresentará o laudo até cinco dias antes da audiência, independentemente de intimação das partes. **§ 1º** Os honorários do técnico serão antecipados à conta de verba orçamentária do respectivo Tribunal e, quando vencida na causa a entidade pública, seu valor será incluído na ordem de pagamento a ser feita em favor do Tribunal. **§ 2º** Nas ações previdenciárias e relativas à assistência social, havendo designação de exame, serão as partes intimadas para, em dez dias, apresentar quesitos e indicar assistentes.

10. UNIFORMIZAÇÃO DE INTERPRETAÇÃO DE LEI FEDERAL (ART. 14)

ENUNCIADO 006. HAVENDO FOCO EXPRESSIVO DE DEMANDAS EM MASSA, OS JUIZADOS ESPECIAIS FEDERAIS SOLICITARÃO ÀS TURMAS RECURSAIS E DE UNIFORMIZAÇÃO REGIONAL E NACIONAL O JULGAMENTO PRIORITÁRIO DA MATÉRIA REPETITIVA, A FIM DE UNIFORMIZAR A JURISPRUDÊNCIA A RESPEITO E DE POSSIBILITAR O PLANEJAMENTO DO SERVIÇO JUDICIÁRIO.

Enunciado comentado no capítulo *Lei dos Juizados Especiais Federais (Lei 10.259/01) – Turmas Recursais (art. 21)*.

CAPÍTULO III ● LEI DOS JUIZADOS ESPECIAIS FEDERAIS (LEI 10.259/01)

ENUNCIADO 043. É ADEQUADA A LIMITAÇÃO DOS INCIDENTES DE UNIFORMIZAÇÃO ÀS QUESTÕES DE DIREITO MATERIAL.

▶ *Clécio Alves de Araújo*

O incidente de uniformização para a Turma Nacional de Uniformização dos Juizados Especiais Federais (TNU) tem previsão normativa no art. 14 da Lei 10.259/01, segundo o qual caberá pedido de uniformização de interpretação de lei federal quando houver divergência entre decisões sobre questões de direito material proferidas por Turmas Recursais na interpretação da lei.

A natureza jurídica do incidente de uniformização é de recurso. Apesar da terminologia consagrada, não se cuida propriamente de um incidente, detendo o instituto todas as características típicas de um recurso, sendo, portanto, meio voluntário de impugnação de decisões judiciais, no caso específico, acórdãos de Turmas Recursais ou Regionais.

A regulamentação da Turma Nacional de Uniformização dos Juizados Especiais Federais (TNU) consta da Resolução CJF 345/2015, constituindo seu regimento interno.

A TNU é presidida pelo Ministro Corregedor-Geral da Justiça Federal, tendo dez juízes federais como membros efetivos. Além disso, tem sede na Capital Federal e jurisdição em todo o território nacional.

O Regimento Interno da TNU estabelece, em seu art. 6º, as balizas para o cabimento do Incidente de Uniformização. Ressalta competir à Turma Nacional de Uniformização processar e julgar o pedido de uniformização de interpretação de lei federal, quanto à questão de direito material, nas seguintes situações:

a) quando o apelo se funda em divergência entre decisões de Turmas Recursais de diferentes Regiões. Atualmente, a Justiça Federal é estruturada em cinco regiões. Assim, a decisão, em tema de direito material, proferida por Turma Recursal da 1ª Região em ofensa a entendimento firmado na 2ª Região, possibilita o incidente;

b) quando o apelo se voltar contra decisão de Turma Recursal proferida em contrariedade à súmula ou jurisprudência dominante do Superior Tribunal de Justiça ou da própria TNU;

c) quando o apelo se voltar contra decisão de Turma Regional de Uniformização proferida em contrariedade à súmula ou jurisprudência dominante do Superior Tribunal de Justiça ou da própria TNU.

Como se observa do art. 14 da Lei dos Juizados Especiais Federais e do art. 6º do Regimento Interno da TNU, o incidente é espécie de impugnação que tem como característica a fundamentação vinculada, cabível apenas se o questionamento acerca de matéria de direito material se encaixar adequadamente nas hipóteses taxativas do art. 6º do Regimento Interno da TNU.

Desse modo, impugnações que envolvam matérias de natureza puramente processual, tais como relativas a valor da causa, valor da execução e honorários advocatícios não são aptas a abrir a via do incidente à TNU, como se observa da Súmula nº 7 da TNU. Além disso, com aplicação analógica à Súmula nº 7 do Superior Tribunal de Justiça, a TNU não tem admitido o incidente para se rediscutir questões fáticas.

Ressalte-se que não há ilegitimidade ou inconstitucionalidade da limitação de acesso ao Incidente de Uniformização de Jurisprudência para a TNU para as questões exclusivamente de direito material.

Por opção do legislador, a higidez do procedimento no Juizado Especial Federal já se considera suficientemente garantida por duas instâncias, os juizados em seu primeiro grau e as Turmas Recursais. De outro modo, o direito material, por conformar diretamente os direitos individuais, não pode ficar sem um centro nacional que o unifique, sob pena de, por exemplo, ocorrer de um determinado benefício previdenciário ser deferido em uma situação X, na Turma Recursal do Maranhão, enquanto essa mesma situação X, para a Turma Recursal do Piauí, levar à improcedência do pedido.

Inegavelmente, a possibilidade de impugnação das decisões das Turmas Recursais e Turmas Regionais pela via do incidente de uniformização já se mostra uma linha de exceção, pois prolonga significativamente a prestação jurisdicional nos Juizados Especiais Federais. Essa circunstância, para alguns, contraria até mesmo os princípios próprios dos juizados, resultando numa espécie de inconstitucionalidade finalística.

Além disso, por já expressar uma exceção à sistemática e à finalidade dos juizados, mostra-se razoável limitar o cabimento do incidente às questões de direito material, pois estas se mostram diminutas frente ao universo das questões processuais. Por essa razão, em virtude da limitação ao acesso, compatibiliza-se o princípio da isonomia e da verticalização das decisões judiciais quanto ao direito material, decorrentes da uniformização de entendimentos, com a celeridade processual, já que, ao menos em tese, as questões que levam ao incidente, dentro do universo de debate em um processo, são extremamente reduzidas.

Por essa razão, mostra-se adequado limitar o cabimento do Incidente de Uniformização à Turma Nacional de Uniformização às questões de direito material.

⊙ Súmula TNU 7. Descabe incidente de uniformização versando sobre honorários advocatícios por se tratar de questão de direito processual.

⊙ O artigo 6º do Regimento Interno da Turma Nacional de Uniformização, expressamente, limita a competência deste ente julgador às questões de direito material. Trata-se de uma clara distinção entre o preto e o branco, onde não há possibilidade de cinza, no entender desta Relatoria, muito embora tal entendimento pessoal não seja, necessariamente, o da Turma Nacional de Uniformização. Mais do que isso e o que é decisivo para o não conhecimento do incidente, o suposto paradigmas de Mato Grosso é da mesma região do acórdão impugnado, de modo que, não se prova divergência nacional. No que toca, especificamente, ao suposto paradigma apontado no Superior Tribunal de Justiça, não há comprovação da referida divergência com o acórdão impugnado, porque trata da possibilidade de eventual sustação de ações individuais, algo completamente diverso que se discute. Assim, ainda que superado o entendimento pessoal do Relator, quanto à natureza processual da matéria, que impediria o conhecimento, ainda há a falta de prova de divergência nacional. Por isso, não conheço do incidente. (TNU, Pedilef 00029876720124013801, Rel. Luis Eduardo Bianchi Cerqueira, DJe 5.4.2017)

CAPÍTULO III ● LEI DOS JUIZADOS ESPECIAIS FEDERAIS (LEI 10.259/01)

◎ Conforme o disposto no artigo 14, caput, da Lei 10.259/01, o pedido de uniformização de interpretação de lei federal pressupõe divergência "entre decisões sobre questões de direito material proferidas por Turmas Recursais na interpretação de lei". À luz desse dispositivo, é descabido o manejo do incidente para a superação de divergências relativas à interpretação de normas de direito processual, como o é a veiculada no artigo 5º da Lei 10.259/01, que trata dos recursos cabíveis no âmbito dos juizados especiais federais. (TRU 1ª Região, PUJ 2013.34.00.953235-3, Rel. Lucas Rosendo Máximo de Araújo, DJ 15.5.2017)

▶ **RITNU. Art. 6º** Compete à Turma Nacional de Uniformização processar e julgar pedido de uniformização de lei federal, quanto à questão de direito material: I – fundado em divergência entre decisões de Turmas Recursais de diferentes Regiões; II – em face de decisão de Turma Recursal proferida em contrariedade à súmula ou jurisprudência dominante do Superior Tribunal de Justiça ou da Turma Nacional de Uniformização; ou III – em face de decisão de Turma Regional de Uniformização proferida em contrariedade à súmula ou jurisprudência dominante do Superior Tribunal de Justiça ou da Turma Nacional de Uniformização.

▶ **LJEF. Art. 14.** Caberá pedido de uniformização de interpretação de lei federal quando houver divergência entre decisões sobre questões de direito material proferidas por Turmas Recursais na interpretação da lei.

ENUNCIADO 097. CABE INCIDENTE DE UNIFORMIZAÇÃO DE JURISPRUDÊNCIA QUANDO A QUESTÃO DEDUZIDA NOS AUTOS TIVER REFLEXO SOBRE A COMPETÊNCIA DO JUIZADO ESPECIAL FEDERAL.

▶ *José Baptista de Almeida Filho Neto*

O art. 14 da Lei 10.259/01 dispõe que caberá Pedido de Uniformização de Interpretação de Lei Federal – Pedilef quando houver divergências entre decisões sobre questões de direito material proferidas por Turmas Recursais diferentes na interpretação da lei. Em princípio, destarte, somente questões de direito material ensejariam os pedidos de uniformização de interpretação de lei federal. O Enunciado 43, da Súmula da Turma Nacional de Uniformização, chegou a afirmar expressamente: "não cabe incidente de uniformização que verse sobre matéria processual".

A jurisprudência da Turma Nacional de Uniformização, entretanto, a partir do julgamento do Pedilef nº 200970530057274, evoluiu para mitigar o rigor da citada súmula e aceitar Pedidos de Uniformização de Interpretação de Lei Federal fundados em divergências sobre questões processuais, quando estas "interferirem diretamente no direito material das partes". No julgamento do Pedilef nº 201151510243509, inclusive, restou expressamente consignado que:

> As questões processuais que obstam o conhecimento do PU, na forma da Súmula nº 43 deste Colegiado são somente aquelas de natureza meramente procedimentais, sem potencial de interferir substancialmente no direito material em discursão, a ponto de representar verdadeira negativa de entrega da jurisdição.

Considerando que a maioria das ações ajuizadas na Justiça Federal se funda na competência em razão da pessoa (art. 109, I, da Constituição Federal), ocorrendo isso também no âmbito dos Juizados Especiais Federais Cíveis, é forçoso concluir que questões sobre legitimidade das pessoas jurídicas, que possuem seu juiz natural na Justiça Federal, interferirão diretamente sobre a análise do direito material, já que a questão da competência diz respeito ao processamento e julgamento da demanda. Portanto, julgamentos de Turmas Recursais conflitantes sobre legitimidade passiva "ad causam" e competência, por refletirem diretamente na possibilidade de exame do mérito da demanda, poderão ensejar Pedidos de Uniformização de Interpretação de Lei Federal, desde que atendidos os demais requisitos legais.

◎ Súmula TNU 43. Não cabe incidente de uniformização que verse sobre matéria processual.

◎ Incidente de uniformização suscitado pela parte autora. Fornecimento de medicamentos à população. SUS. União federal. Competência para figurar no polo passivo da demanda. Matéria sedimentada na TNU. Incidente conhecido e provido. (...). 4. Dispõe o art. 14, caput e § 2º da Lei 10.259/01 que caberá pedido de uniformização de interpretação de lei federal quando houver divergência entre decisões sobre questões de direito material proferidas por Turmas Recursais na interpretação da lei. O pedido de uniformização nacional, contudo, deve estar escorado em divergência entre decisões de turmas de diferentes regiões ou em contrariedade a súmula ou jurisprudência dominante do e. Superior Tribunal de Justiça. 5. Quanto à questão preliminar suscitada pela União, diferentemente do quanto alegado, esta Corte Uniformizadora firmou entendimento de que legitimidade e competência embora se refiram a questões processuais interferem diretamente no direito material das partes, de modo que devem ser apreciadas por este colegiado (Pedilef 200970530057274...). Com efeito, as questões processuais que obstam o conhecimento do PU, na forma da Súmula n. 43 deste Colegiado são somente aquelas de natureza meramente procedimentais, sem potencial de interferir substancialmente no direito material em discussão, a ponto de representar verdadeira negativa de entrega da jurisdição. Impõe-se, assim, o exame do mérito do PU. (TNU, Pedilef 201151510243509, Rel. Paulo Ernane Moreira Barros, DOU 5.12.2014)

▶ **LJEF. Art. 14.** Caberá pedido de uniformização de interpretação de lei federal quando houver divergência entre decisões sobre questões de direito material proferidas por Turmas Recursais na interpretação da lei.

ENUNCIADO 098. É INADMISSÍVEL O REEXAME DE MATÉRIA FÁTICA EM PEDIDO DE UNIFORMIZAÇÃO DE JURISPRUDÊNCIA.

▸ *José Baptista de Almeida Filho Neto*

No âmbito dos Juizados Especiais Federais Cíveis, apenas as duas primeiras instâncias, Varas e Turmas Recursais, podem examinar e valorar as provas produzidas pelas partes sobre os fatos relevantes para o processo. As Turmas de Uniformização, seja nacional ou regional, não podem reexaminar a matéria fática. Estas decidem questões jurídicas puras ou fático-jurídicas, mas sem reexaminar as provas. Sobre a questão, o Enunciado 42, da Súmula da Turma Nacional de Uniformização, assim dispõe: "não se conhece do incidente de uniformização que implique reexame de matéria de fato".

Mas o que significa reexame de matéria de fato, em um Pedido de Uniformização? É verificar se o acórdão da Turma Recursal está corretamente embasado nas provas produzidas pelas partes, no processo, reavaliando-as.

Existe uma sutil diferença entre reexaminar provas, matéria fática, e revalorização probatória. A primeira é vedada, no Pedido de Uniformização. A segunda, permitida.

CAPÍTULO III ● LEI DOS JUIZADOS ESPECIAIS FEDERAIS (LEI 10.259/01)   **289**

Ocorre revalorização probatória quando a Turma de Uniformização qualifica juridicamente os fatos soberanamente encontrados pela Turma Recursal, partindo da premissa fática descrita no acórdão, sem examinar a justiça ou injustiça da decisão. Também é, no juízo de revaloração probatória, que a Turma de Uniformização examina se a prova considerada pelo acórdão impugnado infringiu ou não dispositivos legais acerca de direito probatório, por exemplo, se a prova considerada era lícita ou não.

Em decorrência da vedação ao reexame de provas, por vezes, a Turma de Uniformização necessita fixar uma premissa da matéria jurídica, no caso concreto, para, anulando o acórdão impugnado, baixar os autos à Turma Recursal para que esta, vinculada à tese jurídica já estabelecida, possa reexaminar as provas. Sobre essas situações extraordinárias, a Turma Nacional de Uniformização editou as questões de ordem 6, 20 e 38, adiante transcritas.

Destarte, resta claro, que em nenhum caso pode ser reexaminado matéria fática, no Pedido de Uniformização. Com efeito, o exame e o reexame de provas é da competência exclusiva das instâncias ordinárias, ou seja, Varas de Juizado Especial Federal, Juizados Especiais Federais Adjuntos e Turmas Recursais.

⬜ Súmula TNU 42. Não se conhece de incidente de uniformização que implique reexame de matéria de fato.

⬜ (...). Desapropriação indireta. Invasão de área particular. Loteamento. Ausência de prova do apossamento e conduta positiva por parte da administração pública. Reexame e revaloração de provas. Diferenças. Objeto do feito. (...) 12. Tendo por base esse cenário, entendo que o STJ pode fazer uma reavaliação do quadro probatório já posto para qualificá-lo juridicamente. Não se trata de reexaminar o acervo de provas. 13. É o caso de rememorarmos a conhecida dicotomia: reexame de provas x revaloração probatória. Esta Corte reconhece há tempos a diferença entre ambas as situações. Na revaloração, este Tribunal parte do que já foi estabelecido no julgamento "a quo", sem revolver as provas. Faz apenas a qualificação jurídica do que está descrito no acórdão recorrido a respeito do material probante. No reexame de matéria fática, há necessidade de se verificar se as conclusões a que chegaram os julgadores do Tribunal de Apelação estão embasadas nas provas produzidas nos autos. (...). (STJ, 2ª T., EDcl no AgRg no AREsp 18092, Rel. Min. Humberto Martins, DJe 16.11.2015)

⬜ (...). Previdenciário. Erro material. Súmula n. 7/STJ. Reexame do contexto fático e probatório. Valoração da prova. Diferenças. Recurso a que se nega provimento. 1. Na técnica da valoração da prova também denominada por alguns de "revaloração da prova" podem ocorrer duas situações em sede de recurso especial: (1ª) este Tribunal Superior, mantendo as premissas fáticas e probatórias delineadas pelo acórdão recorrido e sem reexaminar a justiça ou injustiça da decisão impugnada, qualifica juridicamente os fatos soberanamente comprovados na instância ordinária; e (2ª) esta Corte examina suposta afronta a dispositivos legais relativos ao direito probatório (o que provar, como provar, quando provar etc.). Precedentes. (STJ, 5ª T., AgRg no REsp 1195364, Rel. Min, Jorge Mussi, DJe 18.6.2013)

⬜ Pedido de uniformização nacional. Aposentadoria idade rural. Economia familiar. Extensos vínculos urbanos do autor e da esposa. Concomitância com a carência. Benefício não concedido em razão de contexto probatório desfavorável. Ausência de similitude fático-jurídica. Reexame de provas. Súmula 42 da TNU. Pedido não conhecido. (...). Não bastasse isso, como já posto, a r. sentença, mantida pelo v. acórdão, analisou e valorou todo o contexto probatório produzido nos autos, inclusive a prova testemunhal, a concluir pela improcedência do pedido. É assente

290 ENUNCIADOS FONAJEF ● Antônio César Bochenek e Márcio Augusto Nascimento

que não se admite Pedido de Uniformização que objetive o revolvimento ou a revaloração do contexto fático-probatório, a teor do disposto na Súmula 42 desta Turma Nacional, "in verbis": "Não se conhece de incidente de uniformização que implique reexame de matéria de fato". (...). (TNU, Pedilef 05049187420084058102, Rel. Paulo Ricardo Arena Filho, DOU 31.3.2012).

◉ TNU. Questão de Ordem n. 6. Se a Turma Recursal não reconhecer a existência de início de prova material e este juízo for contrariado pela Turma Nacional de Uniformização, esta só poderá prosseguir no julgamento da causa se a instância ordinária tiver aprofundado o exame da prova testemunhal; se a Turma Nacional só proclamar a existência do início de prova material, devolverá os autos à origem, para que a Turma Recursal extraia da prova as suas consequências, seja pela procedência, seja pela improcedência da ação.

◉ TNU. Questão de Ordem n. 20. Se a Turma Nacional decidir que o incidente de uniformização deva ser conhecido e provido no que toca a matéria de direito e se tal conclusão importar na necessidade de exame de provas sobre matéria de fato, que foram requeridas e não produzidas, ou foram produzidas e não apreciadas pelas instâncias inferiores, a sentença ou acórdão da Turma Recursal deverá ser anulado para que tais provas sejam produzidas ou apreciadas, ficando o juiz de 1º grau e a respectiva Turma Recursal vinculados ao entendimento da Turma Nacional sobre a matéria de direito.

◉ TNU. Questão de Ordem n. 38. Em decorrência de julgamento em pedido de uniformização, poderá a Turma Nacional aplicar o direito ao caso concreto decidindo o litígio de modo definitivo, desde que a matéria seja de direito apenas, ou, sendo de fato e de direito, não necessite reexaminar o quadro probatório definido pelas instâncias anteriores, podendo para tanto, restabelecer a sentença desconstituída por Turma Recursal ou Regional.

ENUNCIADO 104. CABE À TURMA DE UNIFORMIZAÇÃO REFORMAR OS ACÓRDÃOS QUE FOREM CONTRÁRIOS À SUA JURISPRUDÊNCIA PACÍFICA, RESSALVADA A HIPÓTESE DE SUPRESSÃO DE INSTÂNCIA, EM QUE SERÁ CABÍVEL A REMESSA DOS AUTOS À TURMA DE ORIGEM PARA FIM DE ADEQUAÇÃO DO JULGADO.

▷ *Antônio César Bochenek e Márcio Augusto Nascimento*

O pedido de uniformização de jurisprudência dirigido a Turma Regional ou Nacional de Uniformização (TNU ou TRU) será interposto, respectivamente, perante a Turma Recursal ou Regional de origem no prazo de quinze dias, a contar da intimação do acórdão recorrido (artigo 13, da Resolução 345/15).

O requerido será intimado pela Turma de origem para, no mesmo prazo, apresentar contrarrazões. O juízo preliminar de admissibilidade do pedido de uniformização será exercido pelo Presidente ou Vice-Presidente da Turma prolatora do acórdão recorrido ou ainda nos termos dos Regimentos dos Tribunais.

A intenção do Enunciado foi a de agilizar o andamento dos processos para que, se for o caso de jurisprudência pacífica da Turma de Uniformização, o acórdão recorrido seja desde logo reformado, e não simplesmente devolvido para juízo de retratação pela Turma Recursal recorrida.

Em regra, o Juiz Relator da Turma de Uniformização responsável pelo juízo preliminar de admissibilidade encaminhará o processo à Turma Recursal ou Regional para juízo de retratação, caso o acórdão recorrido esteja em manifesto confronto com súmula ou jurisprudência dominante da Turma Nacional de Uniformização, do Superior

CAPÍTULO III ● LEI DOS JUIZADOS ESPECIAIS FEDERAIS (LEI 10.259/01)

291

Tribunal de Justiça ou do Supremo Tribunal Federal. O feito deverá ser devolvido à Turma de origem quando o acórdão recorrido contrariar julgamento proferido em incidente de resolução de demandas repetitivas, para aplicação da tese firmada.

Sendo que a decisão constituída pela Turma de Uniformização servirá para fundamentar o juízo de retratação das ações com o processamento sobrestado ou para ser declarada a prejudicialidade dos recursos interpostos (QO 1/TNU, item 3). O acolhimento do pedido de uniformização gera dois efeitos: a reforma da decisão da Turma Recursal e a consequente estipulação de honorários advocatícios, se for o caso, bem assim a prejudicialidade do recurso extraordinário, se interposto (QO 2/TNU).

A QO 38/TNU, adiante transcrita, complementa o Enunciado, ao estabelecer que em decorrência de julgamento em pedido de uniformização, poderá a Turma Nacional aplicar o direito ao caso concreto decidindo o litígio de modo definitivo, desde que a matéria seja de direito apenas, ou, sendo de fato e de direito, não necessite reexaminar o quadro probatório definido pelas instâncias anteriores, podendo para tanto, restabelecer a sentença desconstituída por Turma Recursal ou Regional (TNU, Pedilef 0013873-13.2007.4.03.6302 e Pedilef 0006170-40.2011.4.01.3200).

De outro lado, se a Turma Nacional decidir que o incidente de uniformização deva ser conhecido e provido no que toca a matéria de direito e se tal conclusão importar na necessidade de exame de provas sobre matéria de fato, que foram requeridas e não produzidas, ou foram produzidas e não apreciadas pelas instâncias inferiores, a sentença ou acórdão da Turma Recursal deverá ser anulado para que tais provas sejam produzidas ou apreciadas, ficando o juiz de primeiro grau e a respectiva Turma Recursal vinculados ao entendimento da Turma Nacional sobre a matéria de direito (QO 20/TNU).

A sistemática adotada no artigo 14 da Lei 10.259/01 é uma das medidas legais precursoras do regime de precedente instituído pelo CPC, na lógica de que os juízes e Turmas Recursais devem obedecer aos julgamentos proferidos pelas instâncias superiores em sede de incidentes de recursos repetitivos.

....

▣ TNU. Questão de Ordem n. 1. I. Os Juizados Especiais orientam-se pela simplicidade e celeridade processual nas vertentes da lógica e da política judiciária de abreviar os procedimentos e reduzir os custos. II. Diante da divergência entre decisões de Turma Recursais de regiões diferentes, o pedido de uniformização tem a natureza jurídica de recurso, cujo julgado, portanto, modificando ou reformando, substitui a decisão ensejadora do pedido. III. A decisão constituída pela Turma de Uniformização servirá para fundamentar o juízo de retratação das ações com o processamento sobrestado ou para ser declarada a prejudicialidade dos recursos interpostos.

....

▣ TNU. Questão de Ordem n. 2. O acolhimento do pedido de uniformização gera dois efeitos: a reforma da decisão da Turma Recursal e a consequente estipulação de honorários advocatícios, se for o caso, bem assim a prejudicialidade do recurso extraordinário, se interposto.

....

▣ TNU. Questão de Ordem n. 20. Se a Turma Nacional decidir que o incidente de uniformização deva ser conhecido e provido no que toca a matéria de direito e se tal conclusão importar na necessidade de exame de provas sobre matéria de fato, que foram requeridas e não produzidas, ou foram produzidas e não apreciadas pelas instâncias inferiores, a sentença ou acórdão da Turma Recursal deverá ser anulado para que tais provas sejam produzidas ou apreciadas, ficando o juiz de 1º grau e a respectiva Turma Recursal vinculados ao entendimento da Turma Nacional sobre a matéria de direito.

○ TNU. Questão de Ordem n. 38. Em decorrência de julgamento em pedido de uniformização, poderá a Turma Nacional aplicar o direito ao caso concreto decidindo o litígio de modo definitivo, desde que a matéria seja de direito apenas, ou, sendo de fato e de direito, não necessite reexaminar o quadro probatório definido pelas instâncias anteriores, podendo para tanto, restabelecer a sentença desconstituída por Turma Recursal ou Regional.

ENUNCIADO 105. A TURMA DE UNIFORMIZAÇÃO, AO EXTERNAR JUÍZO ACERCA DA ADMISSIBILIDADE DO PEDIDO DE UNIFORMIZAÇÃO, DEVE CONSIDERAR A PRESENÇA DE SIMILITUDE DE QUESTÕES DE FATO E DE DIREITO NOS ACÓRDÃOS CONFRONTADOS.

▶ *Antônio César Bochenek e Márcio Augusto Nascimento*

Se houver discrepância entre a matéria fático-jurídica tratada no pedido de uniformização e a dos arestos paradigmas da TNU e do STJ, aquele recurso não deverá ser admitido. Este é o entendimento do Enunciado, porque para configurar a existência da divergência, necessária para o conhecimento do incidente de uniformização, é essencial que entre o acórdão impugnado e o paradigma haja idêntica base fática, sob pena de ocasionar distorção na uniformização pretendida. A falta de similitude fática entre acórdão impugnado e paradigma foi abordada em julgado da Turma Nacional de Uniformização, representando óbice intransponível ao seguimento do incidente (Pedilef 200832007033999, adiante transcrito).

Destarte, foi editado o Enunciado sob análise. Demais disso, o Regimento Interno da Turma Nacional de Uniformização dispõe, em seu art. 15, que o Presidente da Turma Recursal ou o Presidente da Turma Regional decidirão preliminarmente sobre a admissibilidade do incidente de uniformização. Na nova instância recursal, as Turmas de Uniformização objetivam tornar idêntica a aplicação do direito federal, sendo inoportuno e descabido o reexame probatório nos incidentes. Caso contrário, incidiria na contramão de toda filosofia que fundamenta os juizados especiais.

Por conseguinte, se ocorrer a ausência de divergência de questão de direito material, nos termos do art. 6º, caput do Regimento Interno da TNU, ou inexistir a similitude de questões de fato e de direito (QO 22/TNU), não deverá ser admitido o pedido de uniformização porventura interposto perante a TRU ou a TNU.

○ TNU. Questão de Ordem n. 22. É possível o não-conhecimento do pedido de uniformização por decisão monocrática quando o acórdão recorrido não guarda similitude fática e jurídica com o acórdão paradigma.

○ Pedido de uniformização nacional. Previdenciário. Acórdão recorrido. Jurisprudência predominante do STJ. Ausência de similitude fático-jurídica. Divergência em relação à jurisprudência de TRF. Dissenso em relação a turma recursal da mesma região. Ausência de cópia de decisão de turma recursal. Não-cabimento. 1. Inviável o seguimento de Pedido de Uniformização quando ausente similitude fático-jurídica entre a decisão recorrida e os precedentes oferecidos como paradigma. 2. A Lei 10.259/01 não contempla hipótese de interposição de Pedido de Uniformização dirigido à Turma Nacional de Uniformização quando fundado em jurisprudência de Tribunal Regional Federal. 3. É incabível o incidente de uniformização nacional quando o dissenso se

Capítulo III ● Lei dos Juizados Especiais Federais (Lei 10.259/01)

293

opera entre turmas recursais da mesma região. 4. A ausência de cópia de íntegra de precedente de Turma Recursal implica a negativa de seguimento do incidente de uniformização. Inteligência da Questão de Ordem n 3 da TNU. 5. Pedido de Uniformização não conhecido. (TNU, Pedilef 200832007033999 Rel. José Antonio Savaris, DJ 12.2.2010).

○ 1. Sentença de improcedência do pedido de auxílio-acidente reformada pela 2ª Turma Recursal da Seção Judiciária de Alagoas, por reconhecer, em resumo, o direito ao benefício, ante a demonstração da redução de capacidade para o trabalho em virtude de acidente. 2. Incidente de uniformização interposto pelo INSS baseado em precedente do STJ em que aquela Corte Superior entendeu não estarem configurados os requisitos para a concessão do auxílio-acidente. 3. Incidente admitido na origem. 4. O incidente, todavia, não merece ser conhecido. 5. Dispõe o art. 14, § 2º da Lei 10.259/01 que caberá pedido de uniformização de interpretação de lei federal quando houver divergência entre decisões sobre questões de direito material proferidas por Turmas Recursais na interpretação da lei. O pedido de uniformização nacional, contudo, deve estar escorado em divergência entre decisões de turmas de diferentes regiões ou em contrariedade a súmula ou jurisprudência dominante do e. Superior Tribunal de Justiça. 6. O recorrente traz como paradigma precedentes do STJ no sentido de ser imprescindível a efetiva redução parcial e permanente da capacidade laborativa, para fins de concessão do benefício de auxílio-acidente. 7. Entretanto, com a devida vênia ao entendimento manifestado pelo Relator, o incidente não pode ser conhecido, haja vista que o paradigma apresentado é inservível para a finalidade proposta. Isso porque no caso examinado pelo acórdão impugnado o decréscimo de 20% da capacidade laborativa do recorrido está devidamente comprovado nos autos, não havendo, por isso, a necessária similitude fático-jurídica entre os dois julgados. 8. Nesse passo, não havendo similitude fática ou jurídica, a admissão do incidente encontra óbice na Questão De Ordem nº 22 deste Colegiado. 9. Ante o exposto, voto pelo não conhecimento do Incidente de uniformização de jurisprudência. (TNU, Pedilef 50042815820124047205, Rel. Juiz Federal Boaventura João Andrade, DJ 31.10.2014)

▶ **Res. CJF 345/2015. Art. 6º** Compete à Turma Nacional de Uniformização processar e julgar pedido de uniformização de interpretação de lei federal, quanto à questão de direito material: I – fundado em divergência entre decisões de Turmas Recursais de diferentes Regiões; II – em face de decisão de Turma Recursal proferida em contrariedade à súmula ou jurisprudência dominante do Superior Tribunal de Justiça ou da Turma Nacional de Uniformização; ou III – em face de decisão de Turma Regional de Uniformização proferida em contrariedade à súmula ou jurisprudência dominante do Superior Tribunal de Justiça ou da Turma Nacional de Uniformização.

Enunciado 132. Em conformidade com o art. 14, § 9º, da Lei 10.259/01, cabe ao colegiado da Turma Recursal rejulgar o feito após a decisão de adequação de Tribunal Superior ou da TNU.

▶ *Aluisio Gonçalves de Castro Mendes*

O Enunciado foi aprovado no X FONAJEF, realizado em novembro de 2013, em Belo Horizonte, Minas Gerais, e tratou de tema importantíssimo e de grande atualidade, ou seja, relacionado a julgamentos repetitivos.

No caso específico do § 9º, do art. 14, da Lei 10.259/01, aborda-se a competência e o procedimento para a aplicação da tese firmada no âmbito da Turma Nacional de Uniformização (TNU) ou do Superior Tribunal de Justiça (STJ) aos casos concretos já julgados pelas Turmas Recursais, mas que se encontravam pendentes, nos termos do § 6º, do art. 14, de apreciação do pedido de uniformização por estes órgãos, em razão de já ter sido afetado anteriormente outro requerimento de uniformização sobre questão idêntica. Sendo assim, após a afetação da questão no "leading case", os demais casos repetitivos ficarão sobrestados até a apreciação da questão de direito material controvertida pela TNU ou pelo STJ. Proferido o julgamento final sobre a questão controvertida, os autos dos processos retornarão às Turmas Recursais para a reapreciação do recurso inominado anteriormente decidido, para que a Turma Recursal possa verificar se o seu pronunciamento anterior encontra-se ou não em sintonia com o entendimento firmado pelo órgão superior. Em caso afirmativo, ou seja, quando o julgado anterior estiver esposando a tese posteriormente firmada na instância superior, a própria Turma Recursal poderá considerar prejudicado o pedido de uniformização de interpretação de lei federal, pois não haverá qualquer sentido na remessa de pedido idêntico, se a questão já fora apreciada. Contudo, nos termos da norma e do Enunciado, caberá à turma o rejulgamento do recurso inominado, se o decisum anterior estiver em sentido diverso do que foi agasalhado pelo órgão superior.

É de se salientar que, nos termos do art. 15, da Lei 10.259/01, o mesmo tratamento deve ser conferido para a hipótese de interposição de recurso extraordinário. Portanto, leia-se, no Enunciado, não apenas Turma Nacional de Uniformização e Superior Tribunal de Justiça, mas, também, pelas mesmas razões, o Supremo Tribunal Federal.

O tema merece outras importantes considerações. A primeira é quanto ao caráter inovador e precursor das normas especiais dos juizados especiais federais sobre a sistemática dos recursos repetitivos, ainda que sob a denominação de pedidos de uniformização, no art. 14, mas englobando os recursos extraordinários, conforme art. 15, que seria incorporada, cinco anos depois, no próprio CPC/73, com as previsões contidas no art. 543-B, acrescentado pela Lei 11.418/06, e ampliada no art. 543-C, mediante a Lei 11.672/08. Note-se que a norma específica dos juizados especiais federais já possibilitava, de modo mais amplo que as próprias regulações ulteriores do CPC-73, com as modificações de 2006 e 2008, a possibilidade de suspensão dos processos, nos termos do § 5º do art. 14, quando as normas gerais introduzidas no antigo CPC estabeleciam expressamente apenas o sobrestamento dos recursos extraordinários e especiais interpostos sobre a questão idêntica afetada. Somente depois, em decorrência de construção jurisprudencial, inaugurou-se o entendimento de que a suspensão dos processos, e não apenas o sobrestamento dos recursos, seria também possível. Por fim, a sistemática do art. 14 foi incorporada, aprimorada e sistematizada no CPC/2015 em termos de julgamentos repetitivos, englobando os recursos repetitivos e o incidente de resolução de demandas repetitivas ("rectius" de questões comuns) (IRDR ou IRQC).

O Enunciado reforça a necessidade da reapreciação ou rejulgamento ser feito pelo colegiado da Turma Recursal e não monocraticamente. Por certo, a medida ensejará maior segurança na aferição da subsunção do entendimento firmado ao caso concreto, bem como de eventual distinção e até superação. É de se fazer aqui uma equiparação com as previsões contidas nos artigos 1.040 e 1.041 do atual Código de Processo Civil. Sobre o tema, reporta-se ao que já foi escrito no trabalho Incidente de Resolução

Capítulo III ● Lei dos Juizados Especiais Federais (Lei 10.259/01)

de Demandas Repetitivas: Contribuição para a sistematização, análise e interpretação do novo instituto processual[36].

Por fim, em termos de aplicação da tese jurídica ao caso concreto, cabe uma observação em relação ao disposto no art. 1.041 do Código de Processo Civil. Embora a norma esteja voltada para a sistemática dos recursos repetitivos, a sua análise se faz importante, pois a redação, semelhante à previsão contida no CPC revogado, aparentemente, autorizaria o tribunal "a quo", diante da tese fixada, a manter o seu entendimento. Portanto, a interpretação literal do dispositivo estaria em contradição com todas as demais normas que estabelecem expressamente o efeito vinculativo ainda que sob denominações diversas.

O melhor entendimento para se efetuar uma interpretação sistemática e teleológica coerente, parece ser o de que a possibilidade de manutenção do acórdão pelo tribunal "a quo" mencionada pelo dispositivo somente estará autorizada se houver (a) o reconhecimento da distinção entre o caso concreto e a tese firmada pelo tribunal superior ou (b) a superação da tese, em razão da formulação ou acolhimento de fundamentos jurídicos não enfrentados pelo tribunal superior quando do julgamento da questão de direito. Estas duas hipóteses se coadunam com as autorizações expressamente previstas no art. 489, § 1º, inciso VI, in fine, do Código de Processo Civil. Sendo assim, o que foi denominado, no art. 1.041, como acórdão divergente, somente poderá ser assim considerado, de fato, no caso da superação, pois haverá a manutenção do entendimento e do julgado em razão de fundamento contraposto que ainda não tenha sido enfrentado pelo tribunal superior. A interpretação literal, de que o tribunal poderia simplesmente não "aceitar" a tese, descumprindo a observância determinada no art. 927, colocaria por terra toda a construção formulada em torno do sistema de precedentes qualificados pelo efeito vinculativo no Código de Processo Civil brasileiro.

▶ **LJEF. Art. 14. § 9º** Publicado o acórdão respectivo, os pedidos retidos referidos no § 6o serão apreciados pelas Turmas Recursais, que poderão exercer juízo de retratação ou declará-los prejudicados, se veicularem tese não acolhida pelo Superior Tribunal de Justiça.

11. RECURSO EXTRAORDINÁRIO (ART. 15)

Enunciado 157. Aplica-se o art. 1.030, par. único, do CPC/2015 aos recursos extraordinários interpostos nas Turmas Recursais do JEF.

▶ *Aluisio Gonçalves de Castro Mendes*

---

36. MENDES, Aluisio Gonçalves de Castro. **Incidente de resolução de demandas repetitivas: contribuição para a sistematização, análise e interpretação do novo instituto processual**. Tese. Concurso de professor titular da Faculdade de Direito da UERJ. Rio de Janeiro: Universidade do Estado do Rio de Janeiro, 2017. No prelo. (Com aprovação unânime pela Banca Examinadora composta dos professores Paulo Cezar Pinheiro Carneiro, Cândido Rangel Dinamarco, Humberto Theodoro Júnior, Leonardo Greco e José Rogério Cruz e Tucci).

O Enunciado foi também aprovado no XII FONAJEF, realizado em junho de 2015, em Vitória, no Espírito Santo, durante o período da "vacatio legis" do novo Código de Processo Civil.

Contudo, o Enunciado parece estar prejudicado, pois o parágrafo único do art. 1.030 do Código de Processo Civil, que previa a remessa do recurso extraordinário pelo órgão "a quo" para o juízo "ad quem", no caso o Supremo Tribunal Federal, independentemente do juízo de admissibilidade pelo primeiro, foi revogado pela Lei 13.256/16. Esta lei atribuiu nova redação para o art. 1.030, restabelecendo o juízo de admissibilidade pelo órgão judicial de origem.

▶ **CPC. Art. 1.030. Parágrafo único**. A remessa de que trata o caput dar-se-á independentemente de juízo de admissibilidade.

12. OBRIGAÇÃO DE PAGAR QUANTIA CERTA (ART. 17)

ENUNCIADO 047. EVENTUAL PAGAMENTO REALIZADO PELOS ENTES PÚBLICOS DEMANDADOS DEVERÁ SER COMUNICADO AO JUÍZO PARA EFEITO DE COMPENSAÇÃO QUANDO DA EXPEDIÇÃO DA REQUISIÇÃO DE PEQUENO VALOR.

▸ *Lucilio Linhares Perdigão de Morais*

O primeiro ponto que deve ser destacado ao estudar esse verbete é que a compensação em análise não é a prevista no § 9º, do artigo 100, da Constituição da República, cuja constitucionalidade foi analisada pelo Supremo Tribunal Federal na ADI 4425.

O propósito do Enunciado foi conciliar a vedação ao enriquecimento ilícito decorrente do duplo recebimento de valores (administrativamente e judicialmente), com a rotina da expedição das requisições de pequeno valor.

Esclarecendo, não raro alguns valores decorrentes de condenações judiciais já foram recebidos administrativamente, ou até mesmo judicialmente, pelos requerentes. Esse fato nem sempre decorre da suposta "má-fé" da parte, mas sim de inúmeros fatores, tais como, o recebimento em sede administrativa durante o trâmite da ação judicial e o desconhecimento quando do ajuizamento da origem de alguns valores recebidos. Há, ainda, a possibilidade de recebimento anterior em decorrência de ações judiciais, como se verifica na hipótese de ações coletivas e individuais ajuizadas concomitantemente.

Sendo assim, a fim de garantir a regularidade dos pagamentos realizados pelos órgãos públicos, deve se assegurar a possibilidade de compensação desses valores que se referem ao próprio objeto da ação (nesse sentido: TRF1, 1ª T., AC 00436122020104013800).

Todavia, o Enunciado faz também um alerta à Administração Pública: o requerimento dessa compensação tem momento certo de apresentação, podendo gerar a preclusão no processo o seu não atendimento.

Capítulo III • Lei dos Juizados Especiais Federais (Lei 10.259/01)

297

A Administração deve, portanto, atentar para que, quando da expedição do ofício requisitório, sejam conferidos os valores eventualmente já recebidos, com a realização do devido alerta ao juízo, para fins de abatimento.

Caso verifique somente após a migração da requisição dos valores ao Tribunal, ficará sob seu ônus a eventual cobrança posterior dos valores pagos em duplicidade, não cabendo novo questionamento ao juízo que migrou a RPV, já que o ato foi praticado com a sua concordância.

> ◉ (...). Embargos à execução. Apelação. Título judicial coletivo. Reajuste de 28,86%. Acordo extrajudicial. Validade. Homologação. Ressalva quanto aos honorários advocatícios. Direito autônomo do advogado. Compensação de valores pagos administrativamente. Apelação parcialmente provida. (...). 5. Em se tratando de reajuste concedido a servidor, é preciso considerar-se eventuais acordos realizados na via administrativa, de modo a se evitar o pagamento em duplicidade e o consequente enriquecimento ilícito da parte exequente. (TRF1, 1ª T., AC 00436122020104013800, Rel. Jamil Rosa de Jesus Oliveira, e-DJF1 23.11.2016)

Enunciado 052. É obrigatória a expedição de requisição de pequeno valor – RPV em desfavor do ente público para ressarcimento de despesas periciais quando este for vencido.

> ▶ *Luiz Bispo da Silva Neto*

A competência do Juizado Especial Federal, diferente do Juizado Especial Estadual, é regida pelo valor da causa, ainda que haja necessidade de realização de perícia.

Vale lembrar que, por exceção, ainda que de valor inferior a 60 salários mínimos, estão fora da competência do Juizado Especial Federal as causas que versem sobre as matérias dispostas no art. 3, § 1º, incisos I a IV, da Lei 10.259/01.

Dessa feita, a complexidade da causa não é fator excludente da competência do JEF.

Havendo necessidade de exame técnico em causas de competência do Juizado Especial Federal, esse será viabilizado por pessoa habilitada para tanto, nomeada pelo Juiz da causa.

Os honorários do técnico serão antecipados à conta de verba orçamentária do respectivo tribunal, seguindo os termos da Resolução 305/14 do Conselho da Justiça Federal, devendo o sucumbente ressarcir a mencionada despesa, ressalvada a hipótese de o devedor ser beneficiário da assistência judiciária gratuita.

Em sendo a parte sucumbente entidade pública, que detenha a prerrogativa de pagamento na forma do art. 100 da CF/88, deverá o magistrado determinar a expedição de requisição de pequeno valor em favor da Justiça Federal, isso por força do art. art. 12, § 1º, da Lei 10.259/01. Na hipótese de a parte sucumbente for particular não beneficiário da assistência gratuita, ou pessoa jurídica de direito público, despida da prerrogativa do art. 100 da CF/88, v. g., a Caixa Econômica Federal, esta será intimada para efetuar o ressarcimento das despesas, sob pena de comunicação do fato à

Advocacia-Geral da União, para judicializar a cobrança. Nesse sentido, é o teor do art. 32 da Resolução 305/14 do CJF, adiante transcrito.

O fundamento da sobredita Resolução do CJF, como, outrossim, do presente Enunciado, é justamente o já mencionado art. 12, § 1º, da Lei 10.259/01.

▶ **LJEF. Art. 3º.** (...). **§ 1º** Não se incluem na competência do Juizado Especial Cível as causas: I – referidas no art. 109, incisos II, III e XI, da Constituição Federal, as ações de mandado de segurança, de desapropriação, de divisão e demarcação, populares, execuções fiscais e por improbidade administrativa e as demandas sobre direitos ou interesses difusos, coletivos ou individuais homogêneos; II – sobre bens imóveis da União, autarquias e fundações públicas federais; III – para a anulação ou cancelamento de ato administrativo federal, salvo o de natureza previdenciária e o de lançamento fiscal; IV – que tenham como objeto a impugnação da pena de demissão imposta a servidores públicos civis ou de sanções disciplinares aplicadas a militares. ▶**Art. 12.** Para efetuar o exame técnico necessário à conciliação ou ao julgamento da causa, o Juiz nomeará pessoa habilitada, que apresentará o laudo até cinco dias antes da audiência, independentemente de intimação das partes. **§ 1º** Os honorários do técnico serão antecipados à conta de verba orçamentária do respectivo Tribunal e, quando vencida na causa a entidade pública, seu valor será incluído na ordem de pagamento a ser feita em favor do Tribunal.

▶ **Res. CJF 32/2014. Art. 32.** Os pagamentos efetuados de acordo com esta resolução não eximem o sucumbente de reembolsá-los ao erário, salvo se beneficiário da assistência judiciária gratuita. **§ 1º** Se a sucumbência recair sobre entidade com prerrogativa de pagar suas dívidas na forma do art. 100 da Constituição da República, será expedida requisição de pagamento, em favor da Justiça Federal, no valor das despesas antecipadas no curso do processo, nos termos do art. 12, § 1º, da Lei 10.259/01. **§ 2º** Não sendo o caso do parágrafo anterior, o devedor será intimado para ressarcir à Justiça Federal as despesas com a assistência judiciária gratuita. Desatendida a intimação, a Advocacia-Geral da União será comunicada para que adote as medidas cabíveis.

ENUNCIADO 069. O LEVANTAMENTO DE VALORES E PRECATÓRIOS, NO ÂMBITO DOS JUIZADOS ESPECIAIS FEDERAIS, PODE SER CONDICIONADO À APRESENTAÇÃO, PELO MANDATÁRIO, DE PROCURAÇÃO ESPECÍFICA COM FIRMA RECONHECIDA, DA QUAL CONSTE, AO MENOS, O NÚMERO DE REGISTRO DO PRECATÓRIO OU RPV OU O NÚMERO DA CONTA DE DEPÓSITO, COM RESPECTIVO VALOR.

▶ *Luíza Carvalho Dantas Rêgo*

A Fazenda Pública possui forma especial de cumprimento de seus débitos pecuniários, uma vez que seus bens são afetados a uma finalidade pública, sendo inalienáveis e não passíveis de penhora. Nos casos de sentença transitada em julgado ou acórdão determinando a obrigação de pagar quantia certa em face da Fazenda Púbica, o pagamento é feito por meio de precatório ou requisição de pequeno valor, nos termos do art. 100 da Constituição Federal.

O precatório consiste em requisição judicial, cuja elaboração incumbe ao juízo da execução do título, direcionada à Fazenda Pública, para que realize o pagamento de quantia certa à parte exequente, sendo seu processamento realizado por meio do presidente do tribunal correlato. Nos termos do art. 100, § 5º, da Constituição Federal, é obrigatória a inclusão, no orçamento das entidades de direito público, de verba necessária ao pagamento de seus débitos, constantes de precatórios judiciais, apresentados

Capítulo III ● Lei dos Juizados Especiais Federais (Lei 10.259/01)

até 1º de julho, fazendo-se o pagamento até o final do exercício seguinte, quando terão seus valores atualizados monetariamente.

Tal regime não se aplica aos pagamentos de obrigações definidas em lei como de pequeno valor que as Fazendas referidas devam fazer em virtude de sentença judicial transitada em julgada, nos termos do § 3º do art. 100 da Constituição Federal. Considera-se como de pequeno valor, no que pertine à Fazenda Pública federal, a obrigação de até 60 salários mínimos, com fulcro no art. 17, § 1º, da Lei 10.259/01. Nestes casos, haverá a elaboração de requisição de pequeno valor (RPV), cujo pagamento será realizado na agência da Caixa Econômica Federal ou Banco do Brasil, independentemente de precatório. Com o trânsito em julgado da sentença, o pagamento deve ser realizado no prazo de sessenta dias, contados da entrega da requisição, sob pena de sequestro de numerário suficiente a garantir o cumprimento do *decisum*.

No âmbito federal, a regulamentação dos procedimentos relativos à expedição de ofícios requisitórios, ao cumprimento da ordem cronológica de pagamentos, às compensações, aos saques e aos levantamentos dos depósitos foi realizada pela Resolução 405, de 2016, do Conselho da Justiça Federal.

Nos termos do art. 105 do Código de Processo Civil, a procuração geral para o foro, outorgada por instrumento público ou particular assinado pela parte, habilita o advogado a praticar todos os atos do processo, exceto receber citação, confessar, reconhecer a procedência do pedido, transigir, desistir, renunciar ao direito sobre o qual se funda a ação, receber, dar quitação, firmar compromisso e assinar declaração de hipossuficiência econômica, que devem constar de cláusula específica. Quanto às exceções, porém, é possível atribuir ao causídico poderes especiais.

Interpretando-se conjuntamente o Código de Processo Civil e a Resolução 405/2016 do CJF, é possível chegar à conclusão de que a procuração "ad judicia" conferida pela parte ao advogado, ainda no início do processo, em que conste poder específico de dar quitação, autoriza o levantamento das quantias depositadas, prescindindo-se da apresentação de nova procuração com firma reconhecida. O art. 41, § 1º, da Resolução supramencionada, estabelece que os saques correspondentes a precatórios e a RPV serão feitos independentemente de alvará e reger-se-ão pelas normas aplicáveis aos depósitos bancários. Por inexistirem normas legais que versem sobre o levantamento dos depósitos bancários, elas poderiam ser livremente estabelecidas pelas instituições financeiras (Banco do Brasil e Caixa Econômica Federal), de modo que houve estabelecimento, por estas, de que a procuração "ad judicia" que conte com poderes especiais de dar e receber quitação autorizaria o referido levantamento.

O Conselho da Justiça Federal havia feito recomendação análoga a tal Enunciado do FONAJEF, no entanto, houve revisão desta recomendação, deferindo o pedido da Ordem dos Advogados do Brasil, Seccional do Ceará, restando ao final estabelecido que os patronos constituídos nos autos, com poderes para receber e dar quitação de com procuração cuja autenticidade tenha sido testificada pela Secretaria da Vara, seriam dispensados da exigência de apresentação de nova procuração atualizada e com poderes específicos para o saque de precatórios e requisitórios de pequeno valor. Destarte, atualmente, a exigência de apresentação, pelo mandatário, de procuração específica com firma reconhecida da qual conste, ao menos, o número de registro do Precatório ou RPV ou o número da conta de depósito, com respectivo valor, está jungida aos casos de terceiros não constituídos nos autos.

◎ (...). RPV. Levantamento por advogado condicionado à apresentação de procuração com firma do mandante reconhecida em cartório nas hipóteses de processo em que o impetrante ainda não esteja habilitado nos autos. Descabimento. Condenação em honorários advocatícios. Descabimento. 1. Relativamente à exigência de procuração com firma reconhecida do mandante para saques de depósitos de precatórios e RPVs, já decidiu o CJF, no processo CF-CJF-ADM-2012/253, que a procuração "ad judicia" com poderes para dar e receber quitação, acompanhada de certidão emitida pela secretaria da vara em que tramita o processo atestando a autenticidade do documento é suficiente para saques de depósitos de precatórios e RPVs. (TRF1, 5ª T, Rel. Maria Cecília de Marco Rocha, e-DJF1 19.11.2015)

◎ Processual civil. Mandado de segurança. Ato n. 357/2006, da Presidência deste Tribunal. Exigência de novas procurações para que os advogados procedam ao levantamento de valores referentes a precatórios e RPV's em nome dos seus representados. Afronta ao artigo 38, do CPC. 1. O Órgão Plenário deste Tribunal, ao apreciar o pedido liminar, entendeu que a determinação contida no Ato n. 357/2006 não se coaduna com os ditames da lei processual, eis que a exigência de novo instrumento procuratório, com a indicação expressa do número do Precatório ou da RPV, bem assim a identificação do depósito, excede os limites previstos na legislação processual (artigo 38, do vigente CPC). 2. O Conselho da Justiça Federal, revendo a "recomendação", deferiu pedido da Ordem dos Advogados do Brasil, Seccional do Ceará, estabelecendo que os advogados constituídos nos autos, com poderes para receber e dar quitação, e com procuração cuja autenticidade fosse testificada pela Secretaria da Vara, serão dispensados da exigência de uma nova procuração atualizada e com poderes específicos para o saque de precatórios e requisições de pequeno valor. Concessão da Ordem. (TRF5, Pleno, MS 200705000130500, Rel. Geraldo Apoliano, DJ 11.6.2007)

▶ **LJEF. Art. 17.** Tratando-se de obrigação de pagar quantia certa, após o trânsito em julgado da decisão, o pagamento será efetuado no prazo de sessenta dias, contados da entrega da requisição, por ordem do Juiz, à autoridade citada para a causa, na agência mais próxima da Caixa Econômica Federal ou do Banco do Brasil, independentemente de precatório. **§ 1º** Para os efeitos do § 3º do art. 100 da Constituição Federal, as obrigações ali definidas como de pequeno valor, a serem pagas independentemente de precatório, terão como limite o mesmo valor estabelecido nesta Lei para a competência do Juizado Especial Federal Cível (art. 3º, caput). **§ 2º** Desatendida a requisição judicial, o Juiz determinará o sequestro do numerário suficiente ao cumprimento da decisão. **§ 3º** São vedados o fracionamento, repartição ou quebra do valor da execução, de modo que o pagamento se faça, em parte, na forma estabelecida no § 1º deste artigo, e, em parte, mediante expedição do precatório, e a expedição de precatório complementar ou suplementar do valor pago. **§ 4º** Se o valor da execução ultrapassar o estabelecido no § 1º, o pagamento far-se-á, sempre, por meio do precatório, sendo facultado à parte exequente a renúncia ao crédito do valor excedente, para que possa optar pelo pagamento do saldo sem o precatório, da forma lá prevista.

ENUNCIADO 072. AS PARCELAS VENCIDAS APÓS A DATA DO CÁLCULO JUDICIAL PODEM SER PAGAS ADMINISTRATIVAMENTE, POR MEIO DE COMPLEMENTO POSITIVO.

▶ *Wanessa Carneiro Molinaro Ferreira*

O objetivo do Enunciado em comento é solucionar uma questão de ordem prática vivenciada nas ações que versam sobre obrigações de trato sucessivo, sem que isso

Capítulo III ● Lei dos Juizados Especiais Federais (Lei 10.259/01)

301

represente violação ou burla ao sistema a que devem ser submetidos todos os valores executados em face da Poder Público, após condenação judicial, como a seguir será demonstrado.

A execução em face da Fazenda Pública seguirá sempre a disciplina do art. 100, da Constituição da República, e os pagamentos serão realizados pelo sistema de precatórios e requisição de pequeno valor.

Nos Juizados Especiais Federais, o art. 3º, *caput*, da Lei 10.259/01, estabelece valor da alçada de competência, que corresponde ao mesmo valor fixado pelo legislador constitucional para que o pagamento ocorra através de requisição de pequeno valor, previsão contida no art. 100, § 3º, da CF (inicialmente com redação determinada pela Emenda Constitucional nº 3/00, e, posteriormente alterado pela EC nº 62/09), sendo, portanto, mais rápida a realização do pagamento do que através dos precatórios (art. 100, *caput*, e § 5º, da CF).

Isso ocorre, não por coincidência, mas sim para atingir o objetivo maior dos Juizados Especiais que consiste em proporcionar às partes um provimento jurisdicional mais rápido e efetivo, em se tratando de causa em que o proveito econômico envolvido não seja vultuoso, conforme disposição do art. 17, § 1º, da Lei dos JEFs.

Por outro lado, existem hipóteses em que os valores a serem executados pela parte vencedora poderão superar o montante a ser pago por requisição de pequeno valor, e, portanto, será expedido precatório para satisfação do crédito, sendo facultada a parte a renuncia ao que excede o valor de 60 salários mínimos, como expressamente prevê o art. 17, § 4º, da Lei 10.259/01.

Nas causas que versam sobre direito a prestações de trato sucessivo, o autor poderá ao propor a ação renunciar, expressamente (conforme orientação contida no Enunciado 16/ FONAJEF), a eventuais valores relativos aos atrasados, ou seja, prestações vencidas, conforme art. 3º, parágrafo 2º, da Lei dos JEFs, e Enunciado 17/FONAJEF, para, assim, litigar em um sistema mais célere e informal.

Conforme estabelece o art. 31, § 1º, da Lei 9.099/95, a preferência sempre será para que sejam proferidas sentenças líquidas, permitindo, dessa forma, execução rápida dos valores, nos exatos termos do art. 17, da Lei dos JEFs.

Todavia, em diversos casos (como por exemplo, nas ações que versam sobre concessão de benefício previdenciário), o juiz opta por proferir sentença ilíquida, mas já dizer o direito aplicável ao caso concreto e, postergar, para a fase de cumprimento do julgado, a liquidação do montante ali reconhecido.

Proferida sentença ilíquida, o juiz poderá determinar à contadoria judicial a elaboração dos cálculos (art. 52, inciso II, parte final, da Lei 9.099/95), caso estejam juntados aos autos informações necessárias para tanto, ou, ainda é possível, que determine que o executado apresente os cálculos de liquidação, isto ocorrerá principalmente nas ações em que o Poder Público possuir melhores condições operacionais para tanto (sobre o tema, ver comentários sobre Enunciado 129/FONAJEF).

Com a homologação dos cálculos, prossegue-se a fase de execução, expedindo, assim, o respectivo precatório, ou a requisição de pequeno valor, caso o "quantum debeatur" seja inferior ao previsto no art. 100, § 3º, da CF.

O Enunciado tem o escopo de solucionar questão de ordem prática nas ações que reconhecem direito relativos a prestações de trato sucessivo, quer relacionadas ao reconhecimento/concessão do direito, ou a revisão do montante das respectivas prestações sucessivas.

Nestas situações, é comum existir lapso entre a data de consolidação do cálculo judicial homologado e a data em que é realmente implantada ou revisada a prestação de trato sucessivo.

Diante da existência de período entre a data término dos cálculos judiciais que foram homologados e a concretização do direito, ou seja, o pagamento ou a majoração dos valores das prestações sucessivas reconhecidas, existirá, correspondente montante não contemplado na expedição do precatório ou da requisição de pequeno valor. E, apenas em relação a tais valores, será possível o pagamento em sede administrativa, através de complemento positivo.

O complemento positivo referido no Enunciado é o pagamento administrativo dessa diferença que eventualmente poderá existir, e, em existindo, será devida ao exequente.

É evidente que caso ocorra a implementação pelo executado da obrigação de trato sucessivo na competência imediatamente seguinte à data de encerramento dos cálculos judiciais, não existirão diferenças a serem pagas além daquelas já englobadas na expedição do RPV ou do precatório, e, portanto, não existirá complemento positivo a ser pago.

Assim é que, havendo sincronia entre as datas acima mencionadas, não existirão valores a serem pagos por meio de complemento positivo.

Observa-se que alguns julgados mencionam a impossibilidade de pagamento por complemento positivo. Em uma análise mais detida, percebe-se que os mencionados arrestos tratam de situação diversa, em que ocorreu burla ao sistema de pagamentos por precatórios ou RPVs, e não pagamento de eventual diferença do equivalente ao período do encerramento do cálculo judicial e implementação administrativa da obrigação de trato sucessivo objeto da ação judicial.

Importante destacar a distinção entre a utilização adequada do pagamento positivo, e sem qualquer violação à Constituição, da utilização incorreta, na realidade inconstitucional desta via. Na primeira hipótese, que é a tratada no Enunciado, o objetivo almejado com a utilização do pagamento por complemento positivo não se confunde com o montante judicialmente apurado e devido pela parte vencida ao

Capítulo III ● Lei dos Juizados Especiais Federais (Lei 10.259/01) **303**

vencedor, e ocorrerá apenas na hipótese em que há mora por parte do Poder Público na implementação ou revisão da obrigação de fazer referente à prestação de trato sucessivo. Já na segunda hipótese, ocorre na esfera administrativa, através de complemento positivo, o pagamento do principal apurado judicialmente, e, portanto, em inobservância ao disciplinado no art. 100, da Constituição da República.

Assim, a diferença após a consolidação do cálculo judicial não se confunde com o bem material objeto da ação, amplamente abordado e cujo direito foi reconhecido e quantificado judicialmente.

O complemento positivo evita que exista enriquecimento sem causa por parte do Poder Público executado, em decorrência de eventual demora por parte deste no cumprimento da obrigação de fazer reconhecida em sede judicial.

O Enunciado em tela não chancela qualquer ofensa à sistemática estabelecida no art. 100, da CF, visa tão somente resolver questão de ordem prática, evitando enriquecimento sem causa da parte vencida em detrimento do vencedor, nos casos em que há mora na concretização, em sede administrativa, do que fora judicialmente determinado.

⊙ (...). Revisão de benefício. IRSM de fevereiro de 1994 (39,65%). Aplicação aos salários de contribuição. Comprovação pelo INSS de pagamento das diferenças entre os cálculos judiciais e a efetivação da revisão administrativa. Complemento positivo. Necessidade. Honorários de advogado. Possibilidade. 1. Em se tratando de benefício previdenciário, é necessário que o INSS comprove nos autos o pagamento de complemento positivo relativo ao período entre a última competência dos cálculos judiciais e o efetivo cumprimento da decisão na via administrativa. (TRF1, AC, 1ª Câmara Regional Previdenciária de Minas Gerais, Rel. Murilo Fernandes Almeida, e-DJF1 28.5.2015)

⊙ (...). Execução de sentença. Juros de mora. Incidência sobre pagamentos efetuados na via administrativa. Possibilidade. 1. O fato de o pagamento das diferenças existentes entre a data do cálculo de liquidação executado e a efetiva implantação da revisão haver sido efetuado através de procedimento administrativo, no caso o complemento positivo, não possui o condão de afastar a mora do Instituto Previdenciário. (TRF4, 6ª T., AG 200904000428660, Rel. Celso Kipper, DE 8.3.2010)

▶ **CF. Art. 100.** Os pagamentos devidos pelas Fazendas Públicas Federal, Estaduais, Distrital e Municipais, em virtude de sentença judiciária, far-se-ão exclusivamente na ordem cronológica de apresentação dos precatórios e à conta dos créditos respectivos, proibida a designação de casos ou de pessoas nas dotações orçamentárias e nos créditos adicionais abertos para este fim. (...). **§ 3º** O disposto no caput deste artigo relativamente à expedição de precatórios não se aplica aos pagamentos de obrigações definidas em leis como de pequeno valor que as Fazendas referidas devam fazer em virtude de sentença judicial transitada em julgado.

▶ **LJEF. Art. 3º** Compete ao Juizado Especial Federal Cível processar, conciliar e julgar causas de competência da Justiça Federal até o valor de sessenta salários mínimos, bem como executar as suas sentenças. (...) **§ 2º** Quando a pretensão versar sobre obrigações vincendas, para fins de competência do Juizado Especial, a soma de doze parcelas não poderá exceder o valor referido no art. 3º, caput. ▶ **Art. 17.** Tratando-se de obrigação de pagar quantia certa, após o trânsito em julgado da decisão, o pagamento será efetuado no prazo de sessenta dias, contados da entrega da requisição, por ordem do Juiz, à autoridade citada para a causa, na agência mais próxima da Caixa Econômica Federal ou do Banco do Brasil, independentemente de precatório. § 1º Para os efeitos do § 3º do art. 100 da Constituição Federal, as obrigações ali definidas como de pequeno valor, a serem pagas independentemente de precatório, terão como limite o mesmo valor estabelecido nesta Lei para a competência do Juizado Especial Federal Cível (art. 3º, caput). (...) § 4º Se o valor da execução ultrapassar o estabelecido no § 1º, o pagamento far-se-á, sempre, por meio do precatório, sendo facultado à parte exequente a renúncia ao crédito do valor excedente, para que possa optar pelo pagamento do saldo sem o precatório, da forma lá prevista.

13. TURMAS RECURSAIS (ART. 21)

ENUNCIADO 006. HAVENDO FOCO EXPRESSIVO DE DEMANDAS EM MASSA, OS JUIZADOS ESPECIAIS FEDERAIS SOLICITARÃO ÀS TURMAS RECURSAIS E DE UNIFORMIZAÇÃO REGIONAL E NACIONAL O JULGAMENTO PRIORITÁRIO DA MATÉRIA REPETITIVA, A FIM DE UNIFORMIZAR A JURISPRUDÊNCIA A RESPEITO E DE POSSIBILITAR O PLANEJAMENTO DO SERVIÇO JUDICIÁRIO.

▶ *Marco Bruno Miranda Clementino*

O Enunciado tem como fundamento a ideia de que, sem a promoção de um saudável diálogo institucional, é impossível desenvolver um planejamento adequado do serviço judiciário, em particular num contexto de explosão de demandas repetitivas. Nesse sentido, o Enunciado contempla apenas recomendação de que as instâncias dos Juizados Especiais Federais se comuniquem ativamente, a fim de que as Turmas Recursais e de Uniformização (Regionais e Nacional) possam receber dados objetivos das varas de Juizado Especial Federal a fim de justificar a priorização do julgamento de certas demandas com o objetivo de uniformizar jurisprudência.

Parte-se da premissa de que, num contexto de repetição acelerada de demandas, a inexistência de jurisprudência consolidada nas instâncias superiores constitui um fator indireto de indução de litigiosidade e de geração de insegurança jurídica. Por outro lado, a própria dinâmica do procedimento impede uma priorização que leve em conta o planejamento do serviço prestado, permitindo um descontrole no ajuizamento de demandas que, ao final, poderiam ser evitadas por meio da persuasão através de precedentes das instâncias superiores.

Assim, o Enunciado propõe simplesmente que as instâncias superiores dos Juizados Especiais Federais sejam munidas de elementos sobre a necessidade de julgamento célere de determinada demanda repetitiva, a fim de possibilitar um planejamento quanto ao tratamento daquela matéria nos diversos processos que tramitam nas unidades jurisdicionais.

Registre-se que a promoção do diálogo institucional na prestação jurisdicional tem sido intensificado desde então com essa mesma finalidade, até com soluções mais sofisticadas, como a criação de fóruns interinstitucionais e a criação de centros de Inteligência para tratamento de demandas repetitivas, a exemplo da Comissão Judicial de Prevenção de Demandas da Justiça Federal do Rio Grande do Norte.

CAPÍTULO III ● LEI DOS JUIZADOS ESPECIAIS FEDERAIS (LEI 10.259/01)

ENUNCIADO 028. É INADMISSÍVEL A AVOCAÇÃO, POR TRIBUNAL REGIONAL FEDERAL, DE PROCESSOS OU MATÉRIA DE COMPETÊNCIA DE TURMA RECURSAL, POR FLAGRANTE VIOLAÇÃO AO ART. 98 DA CONSTITUIÇÃO FEDERAL.

▶ *Luiz Bispo da Silva Neto*

Avocar significa chamar para si, invocar, fazer vir. O NCPC utiliza expressamente a possibilidade de avocação de processo no art. 496, § 1º, que é a hipótese de remessa necessária não remetida ao Tribunal pelo Juízo de primeiro grau.

O Enunciado 28 foi aprovado em outubro de 2005, quando da realização do II FONAJEF. Havia, portanto, pouco tempo de maturação da jurisprudência sobre os contornos da competência do Juizado Especial Federal, sobretudo os traços próprios dos limites e definições da competência recursal.

A exemplo, há a situação da competência para julgamento do mandado de segurança contra ato de juizado especial.

A jurisprudência atual segue tranquila no sentido do Enunciado 376 da Súmula do Superior Tribunal de Justiça: "Compete a turma recursal processar e julgar o mandado de segurança contra ato de juizado especial".

Veja-se que, apesar de a súmula em exame ter sido publicada em março de 2009, os julgamentos que lhe deram sustentação são compreendidos entre 2005 e 2007, época em que havia decisões em que entendiam remanescer ao respectivo Tribunal de Justiça ou Tribunal Regional Federal o julgamento do mandado de segurança impetrado contra ato de juiz de primeiro grau proferido na competência do juizado especial.

As Turmas Recursais detinham estrutura precária, sem que houvesse a designação de um magistrado na titularidade exclusiva do acervo. Deveras, não raro era comum que os componentes das referidas Turmas cumulassem os processos de suas respectivas Varas. Tal perspectiva só veio a ser alterada com a vigência da Lei 12.665/12, que promoveu a criação de estrutura permanente para as Turmas Recursais dos Juizados Especiais Federais, bem como os respectivos cargos de Juízes Federais. Foram criadas setenta e cinco Turmas Recursais dos Juizados Especiais Federais permanentes.

Dessa forma, o sistema recursal desenhado para o juizado especial federal não trafega – em absoluto – sobre a competência dos Tribunais Regionais Federais, eis que exibe estrutura normativa própria, retirando fundamento do art. 98 da Constituição de 1988.

Todavia, ainda sobre o tema, há a questão delicada trazida pelo NCPC, de duvidosa constitucionalidade, que é o incidente de resolução de demandas repetitivas, o qual prevê, expressamente, a aplicação da tese jurídica firmada em todos os processos individuais ou coletivos que versem sobre idêntica questão de direito e que tramitem na área de jurisdição do respectivo tribunal, inclusive àqueles que tramitem nos juizados especiais do respectivo Estado ou região (art. 985, inc. I, do CPC).

Ou seja, apesar de a tese ter sido firmada no âmbito do Tribunal Regional Federal, haverá repercussão necessária sobre os processos que circulam no Juizado Especial

Federal, cabendo, em caso de inobservância da decisão, o manejo de reclamação (art. 985, § 1º, do CPC).

○ Juizado especiais cível. Decisão interlocutória. Agravo de instrumento. Competência. Turma recursal. 1. Cabe à Turma recursal e não ao Tribunal de Justiça julgar agravo de instrumento tirado de decisão singular do juiz que julga deserta apelação por insuficiência de preparo. 2. Os juizados especiais e os colegiados recursais respectivos não tem relação de subordinação recursal com os Tribunais de Justiça. 3. Conflito conhecido para declarar competente o Segundo Colégio Recursal dos Juizados Especiais Cíveis de São Paulo (Foro Regional I, Santana/SP). (STJ, 2ª S., CC 104476, Rel. Min. Fernando Gonçalves, DJe 12.6.2009)

▶ **CF. Art. 98.** A União, no Distrito Federal e nos Territórios, e os Estados criarão: I - juizados especiais, providos por juízes togados, ou togados e leigos, competentes para a conciliação, o julgamento e a execução de causas cíveis de menor complexidade e infrações penais de menor potencial ofensivo, mediante os procedimentos oral e sumariíssimo, permitidos, nas hipóteses previstas em lei, a transação e o julgamento de recursos por turmas de juízes de primeiro grau.

ENUNCIADO 030. A DECISÃO MONOCRÁTICA REFERENDADA PELA TURMA RECURSAL, POR SE TRATAR DE MANIFESTAÇÃO DO COLEGIADO, NÃO É PASSÍVEL DE IMPUGNAÇÃO POR INTERMÉDIO DE AGRAVO INTERNO.

Enunciado comentado no capítulo *Novo Código de Processo Civil -- Dos Recursos (arts. 994 a 1.044).*

ENUNCIADO 033. QUALQUER MEMBRO DA TURMA RECURSAL PODE PROPOR EMISSÃO DE ENUNCIADO O QUAL TERÁ POR PRESSUPOSTO DEMANDA EXCESSIVA NO JEF ACERCA DE DETERMINADA MATÉRIA OU QUANDO VERIFICADA, O JULGAMENTO DE CASO CONCRETO, A NECESSIDADE DE UNIFORMIZAÇÃO DE QUESTÃO PROCESSUAL. A APROVAÇÃO, ALTERAÇÃO E CANCELAMENTO DE ENUNCIADO SUJEITA-SE AO QUÓRUM QUALIFICADO ESTABELECIDO PELA TURMA RECURSAL.

▶ *Kylce Anne Collier de Mendonça*

Verbete cancelado no IV FONAJEF.

Menciona o Enunciado a possibilidade de ser suscitada, por qualquer membro de Turma Recursal, a necessidade de edição de Enunciado sobre matéria que demande uniformização de julgamentos, caso haja demanda excessiva a respeito do tema.

Um enunciado pode versar sobre matéria processual ou mesmo sobre o direito material aplicável à hipótese.

O objetivo da edição é uniformizar o entendimento a respeito da matéria no âmbito da Turma Recursal, de sorte a ensejar maior segurança jurídica e a orientar os magistrados a respeito da posição da Turma sobre o tema, embora possam evidentemente decidir de modo contrário.

Apesar de ter havido o cancelamento do verbete, ainda há previsão de edição de enunciados em diversos regimentos internos das Turmas Recursais do país.

A edição dos enunciados, na verdade, condiz com os princípios da celeridade e da economia processuais do subsistema dos Juizados Especiais Federais, na medida em

Capítulo III ● Lei dos Juizados Especiais Federais (Lei 10.259/01)

307

que a existência deles racionaliza o julgamento em todas as instâncias, por haver uma prévia orientação a respeito do entendimento firmado pela Turma Recursal sobre a matéria.

ENUNCIADO 086. A TUTELA DE URGÊNCIA EM SEDE DE TURMAS RECURSAIS PODE SER DEFERIDA DE OFÍCIO.

Enunciado comentado no capítulo *Novo Código de Processo Civil – Da Tutela Provisória (arts. 294 a 311).*

ENUNCIADO 088. NÃO SE ADMITE MANDADO DE SEGURANÇA PARA TURMA RECURSAL, EXCETO NA HIPÓTESE DE ATO JURISDICIONAL TERATOLÓGICO CONTRA O QUAL NÃO CAIBA MAIS RECURSO.

▶ *Cláudio Kitner*

A Lei dos Juizados Especiais Federais – Lei 10.259/09, por opção do legislador, concretizando o princípio da celeridade processual, adotou, como regra, a irrecorribilidade das decisões interlocutórias, exceto daquelas de natureza cautelar (vide art. 4º, c/c o art. 5º). Dispôs, ainda, que apenas as sentenças, com força de definitiva, seriam passíveis de recurso.

Nesse contexto, não é dado às partes, por meio do mandado de segurança, a pretexto da defesa de um direito líquido e certo, violar o espírito do legislador ordinário, impugnando decisões judiciais.

Importante registrar, de saída, que o uso do mandado de segurança nos Juizados Especiais Federais, por força do art. 3º, § 1º, inciso I, da Lei 10.259/09, não é possível. Assim, a sua admissão, nas Turmas Recursais, já subtrai a regra ordinária de que não é cabível o manejo de tal medida no âmbito dos JEFs.

A Lei do Mandado de Segurança (Lei 12.016/09), por outro lado, no seu art. 5º, incisos II e III, prescreve que não será cabível o remédio constitucional contra decisão judicial da qual caiba recurso com efeito suspensivo e de decisão judicial transitada em julgado.

Nesse aspecto, não se pode deixar de mencionar que, de regra, o recurso interposto contra sentença prolatada nos Juizados Especiais Federais não tem efeito suspensivo. Nesse ponto, a Lei do Mandado de Segurança não impõe uma restrição à utilização do "mandamus" em face de sentença. Entretanto, considerando que não é possível o seu manejo diante de decisão judicial transitada em julgado, é defesa a impetração do mandado de segurança após o prazo previsto para a interposição do recurso cabível em face da sentença proferida nos Juizados Especiais.

A jurisprudência do Superior Tribunal de Justiça, em meio às restrições previstas na Lei do Mandado de Segurança, consagrou o entendimento de que só é possível a impetração do "mandamus" nas restritas hipóteses em que, não havendo recurso cabível, a decisão judicial a ser combatida seja manifestamente ilegal ou teratológica.

Nesse sentido, confira-se, por exemplo, STJ, ROMS 46144, adiante transcrito. O Enunciado, portanto, reproduz, com bastante semelhança, a jurisprudência sedimentada naquela Corte.

Nessa ordem de ideias, crucial definir o que é um ato teratológico ou manifestamente ilegal. A decisão judicial contra a qual se pode combater com a utilização do mandado de segurança é aquela que contraria a lógica e o bom senso. Por óbvio, diante de tal definição, não há um critério objetivo para se definir em que hipóteses a parte pode ser valer do mandado de segurança para coibir decisões judiciais que violem direito líquido e certo no âmbito dos Juizados Especiais Federais.

Deve se ter em mente, entretanto, que, ante todas as restrições legais e jurisprudenciais verificadas, o seu manejo só será admitido em face de decisões judiciais cuja ilegalidade salte aos olhos, causando verdadeira repulsa ao operador de Direito.

Em que pese o teor do Enunciado, a jurisprudência da TNU se firmou em caráter mais ampliativo, admitindo, ainda, a impetração do mandado de segurança nas hipóteses em que configurada resta a negativa de prestação jurisdicional (Pedilef 00000826320154900000 e Resolução 345/15).

E em que casos se entende que uma decisão judicial se configura uma negativa de prestação jurisdicional? Naquelas hipóteses em que implicar uma situação jurídica consolidada, não mais passível de modificação, como, por exemplo, as sentenças extintivas sem resolução do mérito, por reconhecimento da coisa julgada ou falta de interesse de agir. Se não for possível a impetração de mandado de segurança, a parte terá suprimida a possibilidade de rever a decisão judicial, vendo-se tolhida da prestação jurisdicional completa, ou seja, com julgamento do próprio mérito da causa.

De ordinário, a impetração de mandado de segurança contra decisão judicial proferida por juiz federal é de competência dos tribunais regionais federais, em razão do previsto no art. 108, I, c, da Constituição Federal. O STJ, contudo, no âmbito dos Juizados Especiais, firmou entendimento de que a competência para julgamento de mandados de segurança impetrados contra decisões judiciais é das Turmas Recursais (STJ, AROMS 18431). Posteriormente, a Corte Superior editou a Súmula 376.

Crucial não deixar passar sem registro que não são só decisões judiciais proferidas pelos juízes de primeiro grau no âmbito dos Juizados Especiais Federais que são passíveis de impugnação por via do mandado de segurança de competência das Turmas Recursais. As decisões exaradas pelos juízes da própria Turma Recursal também podem ser alvo de impetração do remédio constitucional e o julgamento do processo é da alçada da própria Turma Recursal (STJ, AROMS 36864).

⊙ Súmula STJ 376. Compete à Turma Recursal processar e julgar o mandado de segurança contra ato de juizado especial.

⊙ (...). Mandado de segurança. Impetração contra ato judicial. DMAE. Tarifa de água e esgoto. Assunção da dívida. Exoneração do devedor primitivo. Ausência de teratologia. Não cabimento do "mandamus". Recurso ordinário em mandado de segurança não provido. 1. A utilização de mandado de segurança contra ato judicial exige, além de ausência de recurso apto a combatê-lo, que o decisum impugnado seja manifestamente ilegal ou teratológico. (...). 2. Hipótese em

Capítulo III ● Lei dos Juizados Especiais Federais (Lei 10.259/01)

que o Tribunal de origem manteve a decisão proferida pelo juízo da execução, que extinguiu o feito executivo ajuizado contra o devedor originário, reconhecendo que o termo de confissão e acordo extrajudicial realizado por terceiro interessado, para pagamento do débito equivaleria a assunção de dívida, prevista no art. 299 do Código Civil/2002, revelando-se ausente manifesta ilegalidade ou teratologia, sendo, incabível a utilização do writ. (...). (STJ, RMS 46144, Rel. Min. Diva Malerbi, 2ª T., DJe 14.6.2016)

◉ Agravo regimental no recurso em mandado de segurança. Impetração contra ato de juiz integrante de juizado especial. Competência originária da turma recursal. Precedentes. 1. O Superior Tribunal de Justiça firmou compreensão no sentido de que compete às Turmas Recursais processar e julgar o mandado de segurança impetrado contra ato de magistrado em exercício no Juizado Especial, assim como do Juiz da própria Turma Recursal. Precedentes. 2. No caso dos autos, tem-se que a decisão agravada encontra-se em harmonia com o posicionamento pacificado por esta Corte, na medida em que assim definiu a controvérsia: "(...) o julgamento de mandado de segurança impetrado contra ato de juiz do Juizado Especial compete, também, ao órgão colegiado competente em grau recursal, e, pois, à Turma Recursal, não sendo invocável o artigo 108, inciso I, alínea "c", da Constituição Federal". (...). (STJ, AgRg no RMS 18431, Rel. Min. Og Fernandes, 6ª T., DJe 19.10.2009)

◉ (...). Impetração contra acórdão de turma recursal perante o tribunal regional. Incabível. Competência da própria turma recursal. Precedentes do STF e do STJ. 1. Cuida-se de recurso ordinário interposto contra acórdão de Tribunal Regional Federal que denegou a ordem em writ que visava combater a extinção, sem resolução do mérito, por conta da complexidade do tema, de ação ordinária ajuizada em Juizado Especial Federal. 2. O Supremo Tribunal Federal enfrentou a matéria, e consignou que "o julgamento do mandado de segurança contra ato de turma recursal cabe à própria turma, não havendo campo para atuação quer de tribunal, quer do Superior Tribunal de Justiça" (AgRg no AI 666523...). 3. A jurisprudência do STJ indica que os Tribunais Regionais Federais não possuem a função revisional das decisões dos juizados especiais e de suas turmas recursais; ademais, no caso concreto, a impetração contra acórdão de turma recursal deve ser processada pela própria turma, e não por esta Corte Superior. (...). (STJ, AgRg no RMS 36864, Rel. Min. Humberto Martins, 2ª T., DJe 2.5.2012)

◉ Mandado de segurança contra ato do Ministro Presidente da TNU. Reconhecimento de deserção do recurso inominado. Matéria processual. Instrumento processual inadequado. Decisão não teratológica. Não cabimento do "mandamus". Petição inicial indeferida - Trata-se de Mandado de Segurança impetrado em face de ato do Excelentíssimo Ministro Presidente da Turma Nacional de Uniformização, o qual negou provimento ao agravo interposto pelos Impetrantes. - Segundo relato, os autores, servidores públicos federais, propuseram ação objetivando o reajuste a título de revisão geral de vencimentos no percentual de 13,23%, decorrente de interpretação do texto da Lei n. 10.698/2003, que criou a vantagem de caráter individual no valor de R$ 59,87. - No caso dos autos, Juiz sentenciante julgou improcedente o pedido, indeferindo, ainda, o pedido do benefício da gratuidade da judiciária. Interposto Recurso Inominado, o recurso foi julgado deserto pela Turma Recursal de Origem, situação que motivou a impetração de Mandado de Segurança junto à Turma Recursal de origem, cuja inicial foi indeferida, sob o argumento de não cabimento do citado remédio constitucional. - Inconformados, os impetrantes interpuseram pedido de uniformização, o qual foi inadmitido na origem. - Interposto agravo de instrumento, este foi improvido pelo Presidente desta Corte, nos termos do art. 7ª, inciso VII, alínea "c", do RITNU, por entender se tratar de matéria processual. - Alegam os Impetrantes que, de acordo com entendimento consolidado no Superior Tribunal de Justiça, "o Mandado de Segurança seria instrumento cabível quando não há recurso previsto no ordenamento jurídico". Alegam, destarte, que a autoridade dita coatora, ao proferir a decisão impugnada, violou seu direito líquido e certo. - A Lei 10.259/2001, no seu art. 14, prevê a possibilidade de Pedido de Uniformização de interpretação de lei federal quando houver divergência entre decisões de direito material proferidas por Turmas Recursais da mesma Região, entre Turmas Recursais de regiões diversas ou entre decisão de Turma Recursal e súmula ou jurisprudência dominante do Superior Tribunal de Justiça. Assim sendo, não poderá ser admitido o incidente que implique em exame de matéria processual. - Diante de tal hipótese, na qual o impetrante insurge-se em face de decisão do Presidente da TNU, que não conhece Pedido de Uniformização por exigir exame de matéria processual, há cristalino óbice previsto na Súmula n° 43 da Turma Nacional, in verbis: "Não cabe incidente de uniformização que verse sobre matéria processual". - Em outra vertente, conforme o art. 7°, inciso VII, letra "c", do RITNU, na redação dada pela Resolução n° 163, de 9 de novembro de 2011, compete ao Presidente da TNU, antes da distribuição, obstar a tramitação de Incidente de Uniformização manifestamente inadmissível ou em confronto com súmula ou jurisprudência dominante da Turma Nacional de Uniformização, do Superior Tribunal de Justiça ou do Supremo Tribunal Federal. Noutro prisma, na forma do § 1° do art. 7° do mesmo RI desta TNU, a decisão proferida pelo Presidente desta Turma Nacional de Uniformização é irrecorrível. Por seu turno, o entendimento perfilhado por esta Corte é no sentido de que somente é cabível o Mandado de Segurança quando a decisão do Presidente deste Colegiado Nacional evidenciar caráter teratológico ou materializar negativa de prestação jurisdicional, e que, não sendo esse o caso, a medida que se impõe é de indeferimento da inicial. - Pelo exposto, verificado que, no caso dos autos, inexiste violação a direito líquido e certo e, da mesma forma, não se afigurando a decisão do Presidente da TNU teratológica, voto por indeferir a petição inicial do mandado de segurança. (TNU, Pedilef 00000826320154900000, Rel. Juiz Federal Frederico Augusto Leopoldino Koehler, DJ 22.1.2016)

▶ **LJEF. Art. 4°** O Juiz poderá, de ofício ou a requerimento das partes, deferir medidas cautelares no curso do processo, para evitar dano de difícil reparação. ▶ **Art. 5°** Exceto nos casos do art. 4°, somente será admitido recurso de sentença definitiva.

ENUNCIADO 100. NO ÂMBITO DOS JUIZADOS ESPECIAIS FEDERAIS, A TURMA RECURSAL PODERÁ CONHECER DIRETAMENTE DAS QUESTÕES NÃO EXAMINADAS NA SENTENÇA QUE ACOLHEU PRESCRIÇÃO OU DECADÊNCIA, ESTANDO O PROCESSO EM CONDIÇÕES DE IMEDIATO JULGAMENTO.

▶ *Cláudio Kitner*

O art. 515, § 3º, do CPC/73 positivou a chamada teoria da causa madura, que é a possibilidade de a instância imediatamente superior julgar a causa diretamente pela primeira vez, sem que isso implique supressão de instância. Consoante tal preceito legal, nas hipóteses de extinção do processo sem resolução do mérito, versando o feito exclusivamente sobre matéria de direito, não é preciso que a instância julgadora anule a sentença para que outra seja proferida.

Desde logo há de se fazer o registro que o aludido dispositivo legal foi recepcionado pelo texto constitucional de 1988, porque o duplo grau de jurisdição não tem matriz constitucional, podendo ser restringido no âmbito legal, sem que isso ofenda o princípio da ampla defesa ou do devido processo legal.

Sabe-se que a sentença que reconhece ou afasta a prescrição ou a decadência, segundo o art. 269, IV, do CPC/73, reproduzido no art. 487, II, do Novo Código de Processo Civil, resolve o mérito do processo. De acordo com os processualistas, tais questões, por não se enquadrarem no conceito de mérito propriamente dito, são consideradas prejudiciais de mérito, porque, conquanto não sejam mérito, têm o mesmo conteúdo eficacial.

Capítulo III ● Lei dos Juizados Especiais Federais (Lei 10.259/01)

Doutrina e jurisprudência, contudo, já estendiam a aplicação de aludida regra legal para alcançar, também, as hipóteses de prescrição e decadência e não exigiam que a matéria fosse exclusivamente de direito, porque, mesmo sendo de fato, se não houvesse necessidade de produção de novas provas, também seria desnecessário o retorno dos autos ao primeiro grau, aplicando-se o art. 330, I, do CPC/73 ("O juiz conhecerá diretamente do pedido, proferindo sentença: I – quando a questão de mérito for unicamente de direito, ou, sendo de direito e de fato, não houver necessidade de produzir prova em audiência"). Nesse sentido, confira-se o REsp 968409, adiante transcrito.

O Novo Código de Processo Civil, no seu art. 1013, § 3º, I, alterou parcialmente o referido regramento, possibilitando o julgamento imediato pela instância superior noutras hipóteses, além da extinção sem resolução do mérito.

Além disso, tratou, de forma explicita, das questões prejudiciais em separado, no art. 1013, § 4º.

Há de se observar, contudo, uma alteração substancial no texto que trata da causa madura. Ao passo que, no regramento anterior, havia uma autorização ao tribunal para julgamento de imediato na hipótese lá descrita, o CPC impôs que a instância "ad quem" deve julgar a causa diretamente, quando se verificar uma das situações previstas no referido art. 487, II. Trata-se, pois, de uma imposição legal.

Deve-se observar, contudo, que, quando trata de decadência ou prescrição, o CPC dispõe que, nessa hipótese, o tribunal pode julgar o feito diretamente, reproduzindo, na essência, o texto do revogado CPC/73. Assim, diferentemente da regra ordinária, prevista no § 3º, aquela prevista no § 4º institui uma faculdade ao órgão colegiado.

É importante mencionar que o Enunciado foi aprovado durante a realização do 6º FONAJEF (2006), bem antes da edição do CPC, de modo que, diante da ausência de expressa autorização legal, justificava-se a sua aprovação, a fim de racionalizar o sistema dos Juizados Especiais Federias.

Atualmente, portanto, a possibilidade da Turma Recursal, ao afastar a decadência ou prescrição, enfrentar o mérito diretamente, tem respaldo no art. 1013, § 4º, do NCPC, que se aplica ao sistema dos Juizados Especiais Federais de forma subsidiária.

Por evidente, na hipótese em que o feito é sumariamente extinto, sem a formação da relação triangular, em grau de recurso, se a Turma Recursal entender ser o caso de afastar a prejudicial de mérito e aplicar a teoria da causa madura, deverá, antes, promover a citação da parte adversa, a fim de respeitar o princípio do contraditório e o art. 10, do CPC.

⊙ (...). Aprovação. Projeto de reflorestamento. Ato administrativo. Nulidade. Decadência. Não caracterizada. Julgamento da causa madura. Possibilidade. Prova pericial. Desnecessária. Cerceamento de defesa. Não caracterização. 1. O prazo decadencial para a Administração anular seus próprios atos previsto no artigo 54 da Lei 9.784/99 tem aplicação a partir da vigência da norma, quanto aos fatos ocorridos anteriormente, não se consumando o prazo na espécie. Precedentes. 2. É inviável o recurso especial que não ataca de forma específica o fundamento do acórdão, aplicando-se, por analogia, a Súmula 182/STJ. No caso, a recorrente insiste na tese

312 ENUNCIADOS FONAJEF ▪ *Cláudio Kitner*

da inviabilidade de aplicação do art. 515, § 3°, do CPC, olvidando-se, todavia, de combater o único fundamento do acórdão – incidência do art. 515, § 1°, do CPC. 3. Ademais, a Corte Especial já firmou o entendimento de que, afastadas a prescrição e a decadência, o Tribunal de origem pode adentrar no mérito, caso presentes os requisitos autorizadores do julgamento da causa madura. (...). 4. A Corte de origem concluiu ser desnecessária a produção de prova pericial, levando em conta a existência de inúmeras outras provas nos autos suficientes para firmar o convencimento. Rever tal conclusão esbarra na Súmula 7/STJ. (...). (STJ, 2ª T., REsp 968409, Rel. Castro Meira, DJe 12.9.2013)

▶ **CPC. Art. 10.** O juiz não pode decidir, em grau algum de jurisdição, com base em fundamento a respeito do qual não se tenha dado às partes oportunidade de se manifestar, ainda que se trate de matéria sobre a qual deva decidir de ofício. ▶**Art. 487.** Haverá resolução de mérito quando o juiz: (...). II - decidir, de ofício ou a requerimento, sobre a ocorrência de decadência ou prescrição. ▶**Art. 1.013. § 3°** Se o processo estiver em condições de imediato julgamento, o tribunal deve decidir desde logo o mérito quando: I – reformar sentença fundada no art. 485; II – decretar a nulidade da sentença por não ser ela congruente com os limites do pedido ou da causa de pedir; III – constatar a omissão no exame de um dos pedidos, hipótese em que poderá julgá-lo; IV – decretar a nulidade de sentença por falta de fundamentação. **§ 4°** Quando reformar sentença que reconheça a decadência ou a prescrição, o tribunal, se possível, julgará o mérito, examinando as demais questões, sem determinar o retorno do processo ao juízo de primeiro grau.

ENUNCIADO 101. A TURMA RECURSAL TEM PODER PARA COMPLEMENTAR OS ATOS DE INSTRUÇÃO JÁ REALIZADOS PELO JUIZ DO JUIZADO ESPECIAL FEDERAL, DE FORMA A EVITAR A ANULAÇÃO DA SENTENÇA.

▶ *Cláudio Kitner*

Não é incomum os processos que correm nos Juizados Especiais Federais serem remetidos à Turma Recursal com deficiência de instrução segundo o entendimento do órgão colegiado.

Como se sabe, cabe ao "juiz, de ofício ou a requerimento da parte, determinar as provas necessárias ao julgamento do mérito" (art. 370 do CPC).

Um exemplo recorrente que se verifica é, em litígios envolvendo a concessão de amparo social ao deficiente, o juízo originário concluir que não restou comprovado o requisito do impedimento de longo prazo e julgar improcedente o pleito. Remetido o feito à Turma Recursal, o órgão colegiado, aplicando o entendimento mais atual da Turma Nacional de Uniformização, conclui pela prova do requisito.

Em casos tais, como proceder? Anular a sentença para que se elabore o laudo socioeconômico e, com base no resultado, o juízo originário prolate nova decisão ou deve o relator do feito convertê-lo em diligência, produzir a prova faltante e julgá-lo diretamente. Penso ser essa última a melhor solução. Explico.

Na hipótese de anulação da sentença, para que profira uma nova decisão de mérito, o magistrado, de certa forma, terá cerceada sua liberdade decisória, porque já havia concluído que um dos requisitos não se encontrava presente. Se for proferir uma nova decisão, por certo reproduzirá o teor da primeira, julgando improcedente o processo.

Fica patente que uma solução dessa natureza é contraproducente, contrariando princípios vetores do sistema dos Juizados Especiais Federais, como celeridade e economicidade.

Por outro lado, trilhando caminho diverso, ou seja, convertendo o feito em diligência, valendo-se da prerrogativa prevista no citado art. 370, do CPC, para além de imprimir maior celeridade no julgamento final do processo, confere maior racionalidade ao sistema processual, evitando-se a prolação de duas sentenças praticamente iguais.

Outro exemplo recorrente nos Juizados Especiais Federais é o do pedido de benefício por incapacidade. Não raro, faz-se a perícia judicial e o médico, com base na documentação apresentada e o exame clínico, fixa a data de início de benefício depois de cessado o período de graça normal de doze meses após o último vínculo empregatício. Sabe-se que é possível prorrogar por mais doze meses o período de graça, uma vez provada a condição de desemprego involuntário.

Diante do quadro probatório, sói acontecer de os autos subirem à Turma Recursal sem que tenha sido franqueado ao postulante do benefício a possibilidade de comprovar a condição de desemprego involuntário. Que fazer? Simplesmente anular a sentença, que tolheu o direito à ampla defesa, ou converter em diligência o feito para investigar, em audiência de instrução, qual foi a fonte de renda após cessado o último vínculo empregatício.

Tem-se que a solução que melhor se coaduna com os princípios que informam o Juizado Especial Federal é a simples conversão do feito em diligência, pelas razões já declinadas acima.

Importante mencionar que tal possibilidade de conversão do feito em diligência para produção de provas encontra amparo no art. 938, § 3º, do CPC.

É comum os Regimentos Internos das Turmas Recursais já dispor sobre a atribuição do relator de converter o julgamento em diligência, se for necessário ao julgamento da causa. É o que se depreende do art. 10, inciso XIV, do RI das Turmas Recursais de Pernambuco ("compete ao relator converter o julgamento em diligência, quando necessário à decisão da causa")

Sempre relevante esclarecer que nem sempre a conversão em diligência é possível, porque, por vezes, há vícios insanáveis no ato recorrido, como, por exemplo, litisconsórcio necessário não citado para o feito. Nesse caso, não se vislumbra outra solução que não a anulação da sentença.

Outras vezes a diligência, embora possível, não é cumprida pela parte adversa. Duas soluções se avizinham possíveis: redistribuição do ônus da prova, atribuindo responsabilidade àquele que dificultou o desenlace da lide, ou realmente a anulação da sentença, com o retorno dos autos ao primeiro grau para realizar os atos processuais faltantes.

A conversão em diligência, em verdade, afigura-se como uma solução intermediária, quando a causa não se encontra madura para julgamento. Ao invés de anular-se a sentença, porque o feito não se encontra devidamente instruído, complementa-se, apenas, a instrução.

E a quem cabe cumprir a diligência? Como é sabido, as Turmas Recursais não têm estrutura própria para dar conta dos milhares de processos que lá tramitam, diferentemente das varas de Juizados Especiais Federais, que costumam ser contempladas com o mesmo número de servidores que uma vara comum dispõe.

Dessa forma, sempre que possível, a conversão do julgamento em diligência implicará a baixa dos autos ao juízo originário, para realização dos atos instrutórios faltantes. Finda a diligência, retornam os autos à relatoria preventa e essa, assim que possível, incluirá em pauta de julgamento o feito.

Importante o registro de que o Enunciado trata de hipótese em que a diligência complementar compete ao juízo originário, justamente pelas razões acima. Ao revés, quando a diligência faltante for a simples produção de prova documental, aí sim não será necessário o retorno do feito ao primeiro grau. São os termos do Enunciado 102/FONAJEF, que será tratado em seguida.

Como exemplo de uma diligência complementar que pode ser feita pelo próprio relator é requisição ao INSS do processo administrativo que lastreia uma ação judicial, não dependendo o desfecho do processo de qualquer outra providência além daquela determinada.

Não raro, a providência faltante é percebida durante a sessão de julgamento. Em casos tais, ao invés da Turma Recursal decidir por anular a sentença, o relator do processo retira-o de pauta, para determinar a realização da diligência faltante. Uma vez ultimada a diligência, reinclui novamente em pauta de julgamento.

▶ **CPC. Art. 370.** Caberá ao juiz, de ofício ou a requerimento da parte, determinar as provas necessárias ao julgamento do mérito. **Parágrafo único.** O juiz indeferirá, em decisão fundamentada, as diligências inúteis ou meramente protelatórias. ▶ **Art. 938.** (...). **§ 3º** Reconhecida a necessidade de produção de prova, o relator converterá o julgamento em diligência, que se realizará no tribunal ou em primeiro grau de jurisdição, decidindo-se o recurso após a conclusão da instrução.

Enunciado 102. Convencendo-se da necessidade de produção de prova documental complementar, a Turma Recursal produzirá ou determinará que seja produzida, sem retorno do processo para o juiz do Juizado Especial Federal.

▶ *Ailton Schramm de Rocha*

Esse Enunciado encontra respaldo normativo no artigo 5º da Lei 9.099/95, que versa sobre a ampla liberdade do juiz na determinação das provas a serem produzidas.

Também encontra fundamento no artigo 370 do Código de Processo Civil, que dispõe sobre o poder de o juiz de ofício determinar as provas necessárias ao julgamento do mérito. Muito embora hodiernamente se contemporize a aplicabilidade desse

Capítulo III ● Lei dos Juizados Especiais Federais (Lei 10.259/01)

artigo, em nome do princípio dispositivo[37], no âmbito dos juizados especiais federais, a produção de prova envolve em muitos casos a indisponibilidade do interesse público. Tanto que o artigo 11 da Lei 10.259/01 desde já estabelece que a entidade pública ré deverá fornecer ao Juizado a documentação de que disponha para o esclarecimento da causa, apresentando-a até a instalação da audiência de conciliação.

Com isso, pode o julgador verificar a falta de documento imprescindível ao julgamento da causa, seja ele ônus da parte autora, seja do réu.

A celeridade processual deve ser uma preocupação constante do julgador e por isso as diligências não imprescindíveis ao julgamento do processo devem ser evitadas. O Enunciado fala em necessidade de produção da prova. São situações em que pende controvérsia sobre tema central da lide e não sobre questões acessórias que possam facilmente ser resolvidas na fase de execução do julgado.

O Enunciado apresenta tanto a possibilidade de a própria Turma Recursal produzir a prova bem como determinar a produção. A hipótese mais comum de produção de prova documental pela própria Turma Recursal ocorre quando se oficia a autoridades judicantes, para que apresentem peças processuais relevantes, para a plena cognição do processo. É o caso da solicitação de cópias de outro processo para conferir se há coisa julgada, litispendência ou perda de objeto.

É possível também, por parte do próprio Judiciário, a juntada de informações cadastrais, aos quais os juízes têm acesso, cujos exemplos mais comuns em demandas previdenciárias são o CNIS – Cadastro Nacional de Informações sociais e o PLENUS – software usado pela Previdência Social que contém as informações sobre os benefícios previdenciários solicitados e concedidos.

A Turma Recursal pode ainda determinar a juntada de documentos pelas partes ou por terceiro. Pode se fazer necessário, por exemplo, para deslinde da controvérsia, examinar a certidão de casamento da parte autora, ou seu extrato bancário. Não é raro que o juiz observe a ausência de documento pessoal relevante, a exemplo da Carteira de Trabalho e Previdência Social do requerente – cujas anotações são relevantes para precisar o seu histórico profissional – e como normalmente está em poder do trabalhador, a este recai o ônus de sua juntada. Outros documentos devem ser juntados pela parte ré (*v.g.* o processo administrativo concessório, a cargo do INSS). A produção da prova pode ser dirigida a terceiro, que pode ser oficiado ou intimado a apresentar documentos relevantes para o julgamento da causa. O exemplo mais corriqueiro em demandas previdenciárias é a solicitação de informações e documentos ao empregador. Pode ser útil à solução da controvérsia ainda a juntada de cópia de livro

---

37. "Mesmo que esteja autorizado a agir de ofício, não pode se colocar de um lado do processo, olvidando a necessária imparcialidade, que deve ser entendida, no plano do Constitucionalismo Contemporâneo, como o princípio que obriga o juiz a uma fairness (Dworkin), isto é, a um jogo limpo, em que as provas são apreciadas com equanimidade. Isso também quer dizer que, mesmo que possa agir de ofício, o juiz não o faça agindo por políticas ou circunstâncias de moralidade, e sim por intermédio dos princípios constitucionais". (STRECK, Lenio Luiz. Art. 370. *In*: _____; NUNES, Dierle; CUNHA, Leonardo. (Orgs.). **Comentários ao Código de Processo Civil.** São Paulo: Saraiva. p. 550).

de empregados, laudo técnico das condições ambientais de trabalho emitido pela empresa – LTCAT, certidão de tempo de serviço etc.

Mais uma vez se ressalta a importância de se evitar o retorno dos autos ao juizado de origem, para não procrastinar o andamento processual.

Recomenda-se intimar as partes após a juntada de documento em homenagem à ampla defesa e contraditório. É questionável, no entanto, a obrigatoriedade de tal intimação quando se trata de simples juntada de extratos de informações de cadastros públicos, uma vez que seu conteúdo já é, presumidamente conhecido pelas partes[38]. De todo modo, para eventual reconhecimento de nulidade dos atos posteriores à juntada, o prejuízo deve ser demonstrado. Assim, se, por exemplo, a prova juntada sequer venha a ser considerada pela Turma Recursal – e esta eventualmente decida em sentido contrário ao que a prova anexada poderia indicar – não há que se falar em prejuízo processual.

▶ **LJE. Art. 5º** O Juiz dirigirá o processo com liberdade para determinar as provas a serem produzidas, para apreciá-las e para dar especial valor às regras de experiência comum ou técnica.

▶ **CPC. Art. 370.** Caberá ao juiz, de ofício ou a requerimento da parte, determinar as provas necessárias ao julgamento do mérito. **Parágrafo único.** O juiz indeferirá, em decisão fundamentada, as diligências inúteis ou meramente protelatórias.

ENUNCIADO 103. SEMPRE QUE JULGAR INDISPENSÁVEL, A TURMA RECURSAL, SEM ANULAR A SENTENÇA, BAIXARÁ O PROCESSO EM DILIGÊNCIAS PARA FINS DE PRODUÇÃO DE PROVA TESTEMUNHAL, PERICIAL OU ELABORAÇÃO DE CÁLCULOS.

▶ *Ailton Schramm de Rocha*

Mais uma vez se trata de Enunciado que encontra fundamento no artigo 5º da Lei 9.0900/95, que versa sobre a ampla liberdade do juiz na determinação das provas a serem produzidas.

Não é raro em sede de recurso o juiz da Turma Recursal se deparar com situações em que vislumbre necessidade de prova complementar. Seja porque entende carecer de prova testemunhal, nova perícia ou mesmo correção da planilha de cálculos.

Converter o julgamento em diligência significa fazer o processo sair da fase de conclusão para julgamento e retornar à instrução processual, com o objetivo de complementar ou refazer prova documental, técnica ou oral.

O artigo 938 e parágrafos do Código de Processo Civil admitem a conversão do julgamento em diligência para produção de prova necessária ao julgamento do mérito. "A iniciativa probatória do magistrado, em busca da veracidade dos fatos alegados, com realização de provas de ofício, não se sujeita à preclusão temporal, porque é feita no interesse público de efetividade da Justiça". (STJ, AgRg no REsp 1157796).

---

38. Confira-se precedente com esse entendimento: 00046167920124036304, Recurso Inominado, Rel. Juiz Federal Jairo da Silva Pinto, 7ª Turma Recursal de São Paulo, e-DJF3 1.10.2014.

Capítulo III ● Lei dos Juizados Especiais Federais (Lei 10.259/01)

317

Como visto na explanação acerca do Enunciado 102/FONAJEF, a simples produção de prova documental dispensa o retorno ao juizado de origem (ou como prefere a dicção do Enunciado, a "baixa" do processo à primeira instância de julgamento). De acordo com o presente Enunciado, não deve ser anulada a sentença recorrida mesmo nos casos de necessidade de complemento da instrução processual, para a produção de prova testemunhal, pericial ou elaboração de novos cálculos pela Contadoria do Juízo.

A regra visa a evitar que o processo tenha a sua celeridade comprometida por uma anulação da sentença. De fato, avaliar a suficiência da prova é tarefa com elevado grau de subjetividade, devendo o julgador ter o cuidado de preservar os atos processuais já praticados, sempre que possível, na medida em que diferente conceito acerca da suficiência da prova não se confunde com violação ao devido processo legal.

Anular a sentença nesses casos implicaria reconhecer a necessidade de se prolatar novo julgamento de 1º grau a partir da prova técnica produzida e sucessivamente abertura de prazo para eventuais recursos. O processo com isso retrocede etapas processuais desnecessariamente, razão pela qual a conversão em diligência significa economia processual e protege a estabilização da demanda. Ao se evitar nova prolação de sentença, não se reabrem prazos para recurso. Remanescem pendentes de apreciação as mesmas questões já postas na fase recursal, sem se dar azo a novas impugnações.

Recentemente, por exemplo, a TNU passou a entender que a hipótese de prorrogação da qualidade de segurado por mais doze meses em caso de segurado desempregado não deve ser reconhecida de modo automático, com a simples prova da demissão sem justa causa. Como a Turma Nacional consolidou o entendimento de que essa prova do desemprego poderia ser feita por qualquer meio admitido em direito, a solução encontrada por muitos julgadores foi encaminhar o processo de volta ao juizado de origem para que pudesse ser colhida a prova oral necessária a essa confirmação[39].

Importante destacar que o Enunciado ressalta que a turma recursal deve converter o julgamento em diligência "sempre que julgar indispensável". Como indispensáveis devem ser entendidas as questões essenciais ao julgamento da causa, concernentes ao próprio pedido deduzido na inicial ou a fatos impeditivos, modificativos ou extintivos do direito alegado. São exemplos de questões relevantes a discussão em torno da qualidade de segurado e dependência econômica, nos processos de concessão de benefício previdenciário; ou a extensão do dano moral configurado, nos processos que pleiteiam responsabilidade civil.

---

39. "Esta TNU já firmou a tese, com fundamento em sua Súmula 27 e do entendimento esposado no julgamento da Pet 7175 do STJ, no sentido de que em que pese não ser exigível exclusivamente o registro no Ministério do Trabalho, "a ausência de anotação laboral na CTPS, CNIS ou a exibição do Termo de Rescisão de Contrato de Trabalho não são suficientes para comprovar a situação de desemprego, devendo haver dilação probatória, por provas documentais e/ou testemunhais, para comprovar tal condição e afastar o exercício de atividade remunerada na informalidade. (...)". (TNU, Pedilef 200833007145103, Rel. Paulo Ricardo Arena Filho, DJ 6.9.2012).

Não é imprescindível ao julgamento a simples redefinição de questões acessórias passíveis de serem resolvidas no juízo da execução, como é o caso da simples alteração de critérios de atualização monetária adotados na planilha de cálculos. Dificuldade maior pode ocorrer, porém, quando se trate de sentença ilíquida, ou melhor, sentença que contenha os parâmetros da condenação, mas que não se faça acompanhar de planilha de cálculos. A Turma Recursal não necessita converter o julgamento em diligência para determinar a elaboração dos cálculos, a menos que esteja em questão matéria relacionada à própria validade do julgamento de primeiro grau. É o que ocorre quando a falta da planilha de cálculos dá margem a dúvidas sobre a competência dos juizados especiais federais frente ao valor de alçada, que, como se sabe, é limitada ao valor de sessenta salários mínimos nos juizados especiais federais.

A anulação da sentença, em vez da conversão em diligência, deve ser empreendida pela Turma Recursal quando a ausência da prova repercuta em nulidade do próprio julgamento de primeiro grau. Mas, além disso, cabe destacar que mesmo assim ainda resta ao órgão recursal a possibilidade de aplicar a teoria da causa madura. Com efeito, a conversão em diligência pode-se dar diante de duas situações diferentes: a primeira ocorre quando a complementação da prova não implica a anulação da sentença. A segunda, quando mesmo que se considere nula a decisão de primeiro grau, possível ainda ao julgador considerar a causa madura e prosseguir ao julgamento do feito sem necessidade de retorno à primeira instância. Isso porque dispõe o artigo 1.013, § 3º, do CPC que o tribunal pode proferir decisão que não se limitará a invalidar o julgamento anterior mas avançar no mérito e substituí-lo.

Complementar a prova não significa reabrir a instrução processual. Com efeito, há casos em que a instrução processual faltante pode obstar a simples conversão em diligência. Imagine-se que em processo de aposentadoria rural o juiz entende que não há início de prova material e julga antecipadamente a lide, julgando improcedente o pedido. A anulação da sentença pode ser determinada, uma vez que a realização da audiência de instrução abre oportunidade para a coleta de dados e diligências complementares, levando o julgador de primeiro grau inclusive a mudar a orientação anteriormente firmada. Converter em diligência em caso como esse termina por distanciar o juiz da prova produzida, não sendo o escopo do princípio da oralidade, da colaboração e da aproximação do julgador da realidade da causa concreta.

◎ (...). Imposto de renda. Conversão em diligência pelo tribunal "a quo" para o juízo monocrático realizar prova pericial. Art. 560 do CPC. Possibilidade. Preclusão que não se aplica, na hipótese. (...). 1. Caso em que o Tribunal a quo entendendo pela necessidade da produção de prova pericial para o efetivo esclarecimento do estado de saúde da autora, determinou, em preliminar, a conversão do julgamento em diligencia para que os autos retornassem à origem exclusivamente para a realização da prova. 2. Os juízos de primeiro e segundo graus de jurisdição, sem violação ao princípio da demanda, podem determinar as provas que lhes aprouverem, a fim de firmar seu juízo de livre convicção motivado, diante do que expõe o art. 130 do CPC. 3. A iniciativa probatória do magistrado, em busca da veracidade dos fatos alegados, com realização de provas de ofício, não se sujeita à preclusão temporal, porque é feita no interesse público de efetividade da Justiça. (...). (STJ, AgRg no REsp 1157796, Rel. Ministro Benedito Gonçalves, 1ª T., DJe 28.5.2010)

CAPÍTULO III ● LEI DOS JUIZADOS ESPECIAIS FEDERAIS (LEI 10.259/01)

> **CPC. Art. 1.013.** A apelação devolverá ao tribunal o conhecimento da matéria impugnada. (...).
> **§ 3º** Se o processo estiver em condições de imediato julgamento, o tribunal deve decidir desde logo o mérito quando: I – reformar sentença fundada no art. 485; II – decretar a nulidade da sentença por não ser ela congruente com os limites do pedido ou da causa de pedir; III – constatar a omissão no exame de um dos pedidos, hipótese em que poderá julgá-lo; IV – decretar a nulidade de sentença por falta de fundamentação.

ENUNCIADO 110. A COMPETÊNCIA DAS TURMAS RECURSAIS REUNIDAS, ONDE HOUVER, DEVE SER LIMITADA À DELIBERAÇÃO ACERCA DE ENUNCIADOS DAS TURMAS RECURSAIS DAS RESPECTIVAS SEÇÕES JUDICIÁRIAS.

> Antônio César Bochenek e Márcio Augusto Nascimento

Os juizados especiais federais contam com mecanismos de uniformização de interpretação de lei federal para solucionar as divergências entre decisões sobre questões de direito material proferidas por Turmas Recursais. O pedido de uniformização quando fundado em divergência entre Turmas da mesma Região será julgado, consoante determina o § 1º, do artigo 14, da Lei 10.259/01, em reunião conjunta das Turmas em conflito, sob a presidência do Juiz Coordenador, ou seja, a TRU (Turma Regional de Uniformização) decide sobre a divergência jurisprudencial de diferentes Turmas Recursais dentro do âmbito do mesmo Tribunal Regional Federal.

A opção legislativa foi pela vedação legal para impedir que a TRU delibere sobre julgados divergentes de Turmas Recursais de diferentes Regiões, pois o art. 14 da LJEF é expresso no seu § 1º de que o pedido fundado em divergência entre Turmas da mesma Região será julgado em reunião conjunta das Turmas em conflito, sob a presidência do Juiz Coordenador. Neste caso, o incidente de uniformização deve ser dirigido a TNU (Turma Nacional de Uniformização). O motivo da opção legislativa foi estabelecer uma ordem para a apreciação e julgamento do pedido uniformização, isto é, inicialmente entre as Turmas Recursais da mesma área de abrangência territorial do respectivo Tribunal Regional Federal. Se destas decisões não houver uniformização com a jurisprudência do Superior Tribunal de Justiça, responsável pela interpretação da legislação federal, ou com as decisões das TRUs de outros TRFs, o incidente será proposto a nível nacional para a TNU.

Neste sentido o Enunciado contempla que a competência das turmas recursais reunidas, onde houver, deve ser limitada à deliberação acerca de Enunciados das turmas recursais das respectivas Seções Judiciárias, pois o não atendimento do comando implica na afetação da competência da Turma Nacional de Uniformização e ultrapassa o comando legislativo.

Em tese, para a definição da competência da TRU não haveria impedimento em considerar outros Enunciados ou julgados de outras Turmas Recursais de outra Região, se o objeto estivesse limitado a uniformização da interpretação de lei federal. Ao contrário, seria até recomendável. Contudo, não foi esta a opção do legislador.

De outro lado, o debate aqui posto releva um entendimento crescente entre os operadores do direito em relação a desnecessidade da manutenção das Turmas

Regionais de Uniformização, sobretudo, em face da sobreposição de instâncias com os mesmos objetivos, inclusive em termos de redução de custos e tempo do processo.

No âmbito do Tribunal Regional Federal da 4ª Região, a Turma Regional de Uniformização, é composta de três membros de Turmas Recursais de cada Seção Judiciária (RS, SC e PR), ou seja, nove juízes das Turmas Recursais se reúnem para julgar os pedidos de incidentes de uniformização de lei federal decorrentes de decisões divergentes das Turmas das três Seções Judiciárias. O modelo estabelecido, em princípio, poderia afrontar a literalidade do disposto no artigo 14, § 1º que estabelece a reunião conjunta das Turmas em conflito. Entretanto, a opção revela-se mais homogênea, adequada e equilibrada à medida que a decisão da Turma Regional de Uniformização refletirá na decisão de todo o universo de membros das Turmas Regionais do âmbito territorial do Tribunal Regional Federal, bem como evitará decisões contraditórias e mais de uma reunião entre Turmas Recursais divergentes, além de estabelecer parâmetros para os demais julgamentos dos juizados especiais federais.

▶ **LJEF. Art. 14.** Caberá pedido de uniformização de interpretação de lei federal quando houver divergência entre decisões sobre questões de direito material proferidas por Turmas Recursais na interpretação da lei. **§ 1º** O pedido fundado em divergência entre Turmas da mesma Região será julgado em reunião conjunta das Turmas em conflito, sob a presidência do Juiz Coordenador.

ENUNCIADO 131. A TURMA RECURSAL, ANALISADAS AS PECULIARIDADES DO CASO CONCRETO, PODE CONHECER DOCUMENTOS JUNTADOS NA FASE RECURSAL, DESDE QUE NÃO IMPLIQUE APRECIAÇÃO DE TESE JURÍDICA NÃO QUESTIONADA NO PRIMEIRO GRAU.

▶ *Oscar Valente Cardoso*

Verbete revisado no XI FONAJEF.

Este Enunciado deve ser interpretado com fundamento no contraditório forte ou participativo previsto na parte final do art. 7º do CPC, que deixa de ver o contraditório apenas como forma e o trata em seu aspecto substancial, como um direito a ser efetivamente assegurado em todo o processo.

No CPC/2015, o juiz passa a fazer parte desse diálogo processual, além de permanecer responsável por assegurar a observância do contraditório pelos demais sujeitos processuais ("zelar pelo efetivo contraditório"). Há uma substituição do monólogo do juiz pelo diálogo deste com as partes. Embora ainda exerça o poder de polícia (art. 139, VII), o magistrado passa a ser um sujeito *participante* do processo, não mais exclusivamente um sujeito com voz imperativa no processo. Por essa razão, os provimentos do juiz devem respeitar os direitos fundamentais e o que foi previamente debatido com as partes.

Em consequência, os arts. 9º e 10 do CPC impõem ao juiz o dever de consulta prévia às partes, sobre os fundamentos que podem ser utilizados em sua decisão,

CAPÍTULO III ● LEI DOS JUIZADOS ESPECIAIS FEDERAIS (LEI 10.259/01)

impedem (em regra) a punição sem a prévia oitiva e asseguram às partes o direito de influenciar a decisão judicial[40]-[41].

Busca-se, com esses dois dispositivos, evitar as "decisões-surpresa"[42], ou seja, que uma ou ambas as partes sejam surpreendidas por uma decisão apoiada em fundamentos de fato ou de direito não discutidos no processo[43]. Assim, qualquer questão objeto do pronunciamento judicial deve ser previamente objeto de debate, deve ter integrado o diálogo processual. Caso isso não tenha ocorrido, compete ao juiz provocar as partes ao debate. A partir daí, com a apresentação – ou não – de argumentos por elas, pode o juiz decidir contra uma das partes ou com base nos fundamentos debatidos ou instados ao diálogo no processo. Em outras palavras, o contraditório impõe a previsibilidade da fundamentação da decisão judicial. Ainda sob essa perspectiva, não basta à fundamentação da decisão judicial expor o convencimento do julgador, mas também deve convencer os seus destinatários.

Por isso, a juntada de documentos novos nos processos dos Juizados Especiais Federais deve observar a regra geral positivada no art. 435 do CPC/2015: as partes podem apresentar documentos novos, desde que (a) para a comprovação de fatos novos (b) ou para produzir prova contrária à apresentada pela parte adversa.

Em grau recursal, o art. 933 do CPC dispõe que, se for constatada a ocorrência de fatos novos (ou seja, posteriores à decisão judicial recorrida) ou de questões cognoscíveis de ofício que não tenham sido debatidas no processo (ainda que não digam

---

40. Comentando o art. 9º do novo CPC, sob a perspectiva do contraditório e do direito da parte se manifestar previamente à sentença: "As decisões judiciais não podem surpreender a parte que terá de suportar suas consequências, porque o contraditório moderno assegura o direito dos sujeitos do processo de não só participar da preparação do provimento judicial, como de influir na sua formulação. Aqui o Código garante, com nitidez, o princípio da 'não surpresa' no encaminhamento e conclusão do processo" (THEODORO JÚNIOR, Humberto. **Novo Código de Processo Civil anotado**. 20. ed. Rio de Janeiro: Forense, 2016, p. 8).

41. Sobre o contraditório como o direito da parte de ser ouvida pelo julgador: "Refere-se o art. 9º do CPC/2015 àquela que, segundo pensamos, é a manifestação mais básica do contraditório: o direito de ser ouvido" (MEDINA, José Miguel Garcia. **Novo Código de Processo Civil: modificações substanciais**. São Paulo: RT, 2015, p. 60).

42. Sobre a vedação das decisões-surpresa pelo contraditório: "Por esta razão, permitir às partes a exercer as suas defesas após o exercício dos poderes do juiz não pode formar o conteúdo de uma simples faculdade discricionária, mas uma obrigação própria do juiz, que não pode, portanto, ser considerado como autorizado a emitir os assim chamados julgamentos 'surpresa' ou sentenças da 'terceira via'". (GRADI, Marco. *Il principio del conttradditorio e le questioni rilevabili d'ufficio*. **Revista de Processo**, São Paulo, n. 186, p. 109-160, ago. 2010).

43. Comentando os arts. 9º e 10 sob a perspectiva da vedação à decisão-surpresa: "2. Proibição da decisão surpresa. Este dispositivo, juntamente com o CPC 10, veda a chamada *decisão surpresa*, a qual se baseia em fatos ou circunstâncias que não eram de conhecimento da parte prejudicada pela mesma decisão. Também esta vedação decorre logicamente do princípio do contraditório, bem como, também, do princípio do *due process of law* (Nery. *Princípios*, n. 24.3, p. 237-238). É bom lembrar que o juiz deve zelar pela observância do contraditório (CPC 7.º), razão pela qual não pode negar ou desprezar a ouvida da parte em nenhuma hipótese, exceto nos casos especificados pelo CPC 9.º (medida de urgência ou risco de perecimento de direito)." (NERY JUNIOR, Nelson; NERY, Rosa Maria de Andrade. **Comentários ao Código de Processo Civil**. São Paulo: RT, 2015, p. 211).

respeito a fatos supervenientes), as partes devem ter a oportunidade de se manifestar sobre eles, no prazo de 5 dias.

O Enunciado prevê que os documentos apresentados apenas no recurso ou nas contrarrazões podem ser examinados pela Turma Recursal (e utilizados para fundamentar a sua decisão), desde que não digam respeito à tese jurídica nova, ou seja, não debatida pelas partes e não apreciada na decisão recorrida.

Essa regra deve ser interpretada em conformidade com o contraditório previsto no CPC/2015, razão pela qual a apresentação de documentos novos na fase recursal exige a intimação da parte contrária para manifestação, como pressuposto para que possam ser levados em consideração no julgamento da Turma Recursal.

▶ **CPC. Art. 7º** É assegurada às partes paridade de tratamento em relação ao exercício de direitos e faculdades processuais, aos meios de defesa, aos ônus, aos deveres e à aplicação de sanções processuais, competindo ao juiz zelar pelo efetivo contraditório. ▶**Art. 9º** Não se proferirá decisão contra uma das partes sem que ela seja previamente ouvida. ▶**Art. 10.** O juiz não pode decidir, em grau algum de jurisdição, com base em fundamento a respeito do qual não se tenha dado às partes oportunidade de se manifestar, ainda que se trate de matéria sobre a qual deva decidir de ofício. ▶**Art. 435.** É lícito às partes, em qualquer tempo, juntar aos autos documentos novos, quando destinados a fazer prova de fatos ocorridos depois dos articulados ou para contrapô-los aos que foram produzidos nos autos. ▶**Art. 933.** Se o relator constatar a ocorrência de fato superveniente à decisão recorrida ou a existência de questão apreciável de ofício ainda não examinada que devam ser considerados no julgamento do recurso, intimará as partes para que se manifestem no prazo de 5 (cinco) dias. **§ 1º** Se a constatação ocorrer durante a sessão de julgamento, esse será imediatamente suspenso a fim de que as partes se manifestem especificamente. **§ 2º** Se a constatação se der em vista dos autos, deverá o juiz que a solicitou encaminhá-los ao relator, que tomará as providências previstas no caput e, em seguida, solicitará a inclusão do feito em pauta para prosseguimento do julgamento, com submissão integral da nova questão aos julgadores.

14. MARCO TEMPORAL DA COMPETÊNCIA (ART. 25)

ENUNCIADO 139. NÃO SERÃO REDISTRIBUÍDAS A JUIZADO ESPECIAL FEDERAL (JEF) RECÉM-CRIADO AS DEMANDAS AJUIZADAS ATÉ A DATA DE SUA INSTALAÇÃO, SALVO SE AS VARAS DE JEFs ESTIVEREM NA MESMA SEDE JURISDICIONAL.

▶ *Aluisio Gonçalves de Castro Mendes*

O Enunciado n. 139 foi aprovado no XI FONAJEF, realizado em novembro de 2014, em Campo Grande, no Mato Grosso do Sul. Trata de interpretação em torno do art. 25 da Lei 10.259/01, que merece a devida sistematização. Sobre o assunto, já se teve a oportunidade de se tecer comentários[44], que não se coadunam inteiramente com o indicado no Enunciado sob censura:

---

44. MENDES, Aluisio Gonçalves de Castro. **Competência cível da justiça federal.** 4. ed. São Paulo: RT, 2012.

Capítulo III ● Lei dos Juizados Especiais Federais (Lei 10.259/01)

A regra especial da competência inderrogável ou absoluta para os Juizados Especiais Federais Cíveis também pode sofrer exceções, desde que legalmente fixadas, não se atingindo, assim, o princípio do juiz natural. É o que ocorre, por expressa determinação do art. 25 da Lei 10.259/01: "Não serão remetidas aos Juizados Especiais as demandas ajuizadas até a data de sua instalação". Trata-se de regra especial diante do art. 87 do CPC, pois, diante dos casos de incompetência absoluta, não prevalece, em geral, o princípio da "perpetuatio jurisdictionis".

Registre-se que o dispositivo supramencionado, da Lei dos Juizados Especiais Federais, não dispôs regra de transição apenas para os primeiros Juizados Especiais Federais a serem instalados. É norma que, visando ao bom funcionamento dos órgãos a serem criados, em benefício do jurisdicionado, procurou resguardar o Juizado Especial Federal da contaminação decorrente do eventual número excessivo de processos nas Varas Federais existentes. Deverão permanecer, assim, em tramitação nas Varas Federais, de competência ampla ou especializada, os processos que já haviam sido ajuizados anteriormente à instalação do Juizado Especial Federal, ainda quando versando sobre valores inferiores a sessenta salários mínimos.

Quatro hipóteses poderão ocorrer, diante do comando expresso no art. 25 da Lei 10.259/01:

a) a criação de Juizado Especial Federal autônomo em circunscrição/subseção na qual já existia Vara Federal, situação que se encaixa perfeitamente dentro do previsto no dispositivo, ou seja, o novo órgão receberá tão-somente as novas ações, ajuizadas a partir da instalação do Juizado Especial;

b) o estabelecimento de nova circunscrição/subseção, com a criação de Juizado Especial Federal autônomo e Vara Federal: neste caso, o novo foro federal estará recebendo tanto os processos de competência federal em tramitação na Justiça Estadual, por força do art. 109, § 3º, da Constituição da República, quanto novos processos, mas os Juizados Especiais Federais, também por força do art. 25, deverão receber apenas os novos processos, sendo os antigos encaminhados para a Vara Federal;

c) a criação apenas de um Juizado Especial Federal, sem que haja outra Vara Federal, em Comarca desprovida até então de qualquer órgão da Justiça Federal, ou seja, a situação b sem Vara Federal a não ser a do Juizado Especial: neste caso, os processos que estavam na Justiça Estadual, por força do art. 109, § 3º, da Constituição, deverão, segundo o entendimento do Superior Tribunal de Justiça, permanecer na Justiça Estadual, em razão do art. 25 da Lei 10.259/01;

d) a criação de Juizado Especial Federal Adjunto, ou seja, na verdade não se está instalando um novo órgão judicial, mas, apenas, se abrindo a possibilidade de divisão interna, para processamento pelo procedimento sumaríssimo dos Juizados Especiais das causas que lhes seriam afetas, se existente o Órgão Especial.

Assim sendo, sem prejuízo dos atos já realizados, parece razoável que se adote o procedimento sumaríssimo também para os processos pendentes, considerando-se que o processo deve, em regra, seguir o procedimento legalmente estabelecido, não se subsumindo, na hipótese, o previsto no art. 25 da Lei 10.259/01.

○ Conflito de competência. Ação previdenciária ajuizada na Justiça Estadual antes da implantação do Juizado Especial Federal. Competência do Juízo de Direito. Lei 10.259/01. 1. A Lei 10.259/01, que instituiu os Juizados Especiais Cíveis e Criminais no âmbito da Justiça Federal, é clara ao dispor que "não serão remetidas aos Juizados Especiais as demandas ajuizadas até a data de sua instalação". 2. No caso, a ação foi ajuizada em 29 de outubro de 2004, data em que o Juizado Especial Federal ainda não havia sido instalado em Catanduva, São Paulo, o que somente ocorreu em 28 de março deste ano. 3. Conflito conhecido para declarar competente o Juízo de Direito da 1ª Vara Cível de Catanduva, o suscitante. (STJ, 3ª S., CC 52673, Rel. Min. Paulo Gallotti, DJ 16.11.2005)

▶ **LJEF. Art. 25.** Não serão remetidas aos Juizados Especiais as demandas ajuizadas até a data de sua instalação.

15. QUADRO SINÓPTICO

LEI DOS JUIZADOS ESPECIAIS FEDERAIS (LEI 10.259/01)	
1. APLICAÇÃO SUBSIDIÁRIA DA LJE (ART. 1º)	
Enunc. 24. Reconhecida a incompetência do Juizado Especial Federal, é cabível a extinção de processo, sem julgamento de mérito, nos termos do art. 1º da Lei n. 10.259/2001 e do art. 51, III, da Lei n. 9.099/95, não havendo nisso afronta ao art. 12, § 2º, da Lei 11.419/06.	aplicável
2. COMPETÊNCIA DO JEF CÍVEL (ART. 3º)	
Enunc. 9. Além das exceções constantes do § 1º do artigo 3º da Lei n. 10.259, não se incluem na competência dos Juizados Especiais Federais, os procedimentos especiais previstos no Código de Processo Civil, salvo quando possível a adequação ao rito da Lei n. 10.259/2001.	aplicável
Enunc. 16. Não há renúncia tácita nos Juizados Especiais Federais para fins de fixação de competência.	aplicável
Enunc. 17. Não cabe renúncia sobre parcelas vincendas para fins de fixação de competência nos Juizados Especiais Federais.	aplicável
Enunc. 20. Não se admite, para firmar competência dos juizados especiais federais, o fracionamento de parcelas vencidas, ou de vencidas e vincendas, decorrentes da mesma relação jurídica material.	aplicável
Enunc. 22. A exclusão da competência dos Juizados Especiais Federais quanto às demandas sobre direitos ou interesses difusos, coletivos ou individuais homogêneos somente se aplica quanto a ações coletivas.	aplicável
Enunc. 23. Nas ações de natureza previdenciária e assistencial, a competência é concorrente entre o JEF da subseção judiciária e o da sede da seção judiciária (art. 109, § 3º da CF/88 e Súmula 689 do STF).	cancelado
Enunc. 106. Cabe à Turma Recursal conhecer e julgar os conflitos de competência apenas entre Juizados Especiais Federais sujeitos a sua jurisdição.	aplicável
Enunc. 114. Havendo cumulação de pedidos, é ônus da parte autora a identificação expressa do valor pretendido a título de indenização por danos morais, a ser considerado no valor da causa para fins de definição da competência dos Juizados Especiais Federais.	aplicável

CAPÍTULO III ● LEI DOS JUIZADOS ESPECIAIS FEDERAIS (LEI 10.259/01) **325**

Enunc. 115. Para a reunião de processos, a competência funcional dentro dos Juizados Especiais Federais se define em virtude da natureza do pedido do qual decorra a pretensão de indenização por danos morais.	aplicável

3. RECURSOS (ART. 5º)

Enunc. 59. Não cabe recurso adesivo nos Juizados Especiais Federais.	aplicável
Enunc. 61. O recurso será recebido no duplo efeito, salvo em caso de antecipação de tutela ou medida cautelar de urgência.	aplicável
Enunc. 108. Não cabe recurso para impugnar decisões que apreciem questões ocorridas após o trânsito em julgado.	aplicável
Enunc. 109. A tempestividade do recurso pode ser comprovada por qualquer meio idôneo, inclusive eletrônico.	aplicável
Enunc. 144. É cabível recurso inominado contra sentença terminativa se a extinção do processo obstar que o autor intente de novo a ação ou quando importe negativa de jurisdição.	aplicável

4. PARTES (ART. 6º)

Enunc. 75. É lícita a exigência de apresentação de CPF para o ajuizamento de ação no Juizado Especial Federal.	aplicável
Enunc. 10. O incapaz pode ser parte autora nos Juizados Especiais Federais, dando-se-lhe curador especial, se ele não tiver representante constituído.	aplicável
Enunc. 11. No ajuizamento de ações no Juizado Especial Federal, a microempresa e a empresa de pequeno porte deverão comprovar essa condição mediante documentação hábil.	aplicável
Enunc. 21. As pessoas físicas, jurídicas, de direito privado ou de direito público estadual ou municipal podem figurar no polo passivo, no caso de litisconsórcio necessário.	aplicável
Enunc. 82. O espólio pode ser parte autora nos Juizados Especiais Cíveis Federais.	aplicável
Enunc. 121. Os entes públicos, suas autarquias e empresas públicas não têm legitimidade ativa nos Juizados Especiais Federais.	aplicável
Enunc. 128. O condomínio edilício, por interpretação extensiva do art. 6º, I, da Lei 10.259/01, pode ser autor no JEF.	aplicável
Enunc. 178. A tutela provisória em caráter antecedente não se aplica ao rito dos juizados especiais federais, porque a sistemática de revisão da decisão estabilizada (art. 304 do CPC/2015) é incompatível com os arts. 4º e 6º da Lei nº 10.259/2001.	aplicável

5. CITAÇÕES E INTIMAÇÕES (ART. 7º)

Enunc. 3. A auto intimação eletrônica atende aos requisitos das leis ns. 10.259/2001 e 11.419/2006 e é preferencial à intimação por e-mail.	aplicável
Enunc. 4. Na propositura de ações repetitivas ou de massa, sem advogado, não havendo viabilidade material de opção pela autointimação eletrônica, a parte firmará compromisso de comparecimento, em prazo pré-determinado em formulário próprio, para ciência dos atos processuais praticados.	aplicável
Enunc. 7. Nos Juizados Especiais Federais o Procurador Federal não tem a prerrogativa de intimação pessoal.	aplicável

Enunc. 8. É válida a intimação do Procurador Federal para cumprimento da obrigação de fazer, independentemente de ofício, com base no artigo 461 do Código de Processo Civil.	aplicável
Enunc. 55. A nulidade do processo por ausência de citação do réu ou litisconsorte necessário pode ser declarada de ofício pelo juiz nos próprios autos do processo, em qualquer fase, ou mediante provocação das partes, por simples petição.	aplicável
Enunc. 73. A intimação telefônica, desde que realizada diretamente com a parte e devidamente certificada pelo servidor responsável, atende plenamente aos princípios constitucionais aplicáveis à comunicação dos atos processuais.	aplicável
Enunc. 74. A intimação por carta com aviso de recebimento, mesmo que o comprovante não seja subscrito pela própria parte, é válida desde que entregue no endereço declarado pela parte.	aplicável
6. PRAZOS (ART. 9º)	
Enunc. 53. Não há prazo em dobro para a Defensoria Pública no âmbito dos Juizados Especiais Federais.	aplicável
Enunc. 175. Por falta de previsão legal específica nas leis que tratam dos juizados especiais, aplica-se, nestes, a previsão da contagem dos prazos em dias úteis (CPC/2015, art. 219).	aplicável
7. REPRESENTANTES (ART. 10)	
Enunc. 67. O caput do artigo 9º da Lei n. 9.099/1995 não se aplica subsidiariamente no âmbito dos Juizados Especiais Federais, visto que o artigo 10 da Lei n. 10.259/2001 disciplinou a questão de forma exaustiva.	aplicável
Enunc. 68. O estagiário de advocacia, nos termos do Estatuto da OAB, tão-só pode praticar, no âmbito dos Juizados Especiais Federais, atos em conjunto com advogado e sob responsabilidade deste.	aplicável
Enunc. 83. O art. 10, caput, da Lei n. 10.259/2001 não autoriza a representação das partes por não advogados de forma habitual e com fins econômicos.	aplicável
8. DOCUMENTOS DE ENTES PÚBLICOS (ART. 11)	
Enunc. 113. O disposto no art. 11 da Lei n. 10.259/2001 não desobriga a parte autora de instruir seu pedido com a documentação que lhe seja acessível junto às entidades públicas rés.	aplicável
Enunc. 116. O dever processual, previsto no art. 11 da n. Lei 10.259/2001, não implica automaticamente a inversão do ônus da prova.	aplicável
9. EXAME TÉCNICO (ART. 12)	
Enunc. 84. Não é causa de nulidade nos juizados especiais federais a mera falta de intimação das partes da entrega do laudo pericial.	cancelado
Enunc. 91. Os Juizados Especiais Federais são incompetentes para julgar causas que demandem perícias complexas ou onerosas que não se enquadrem no conceito de exame técnico (art. 12 da Lei n. 10.259/2001).	aplicável
Enunc. 127. Para fins de cumprimento do disposto no art. 12, § 2º, da Lei 10.259/01, é suficiente intimar o INSS dos horários preestabelecidos para as perícias do JEF.	aplicável
Enunc. 147. A mera alegação genérica de contrariedade às informações sobre atividade especial fornecida pelo empregador, não enseja a realização de novo exame técnico.	aplicável

Capítulo III • Lei dos Juizados Especiais Federais (Lei 10.259/01)

Enunc. 155. As disposições do CPC/2015 referentes às provas não revogam as disposições específicas da Lei n. 10.259/2001, sobre perícias (art. 12), e nem as disposições gerais da Lei n. 9.099/1995.	aplicável
Enunc. 179. Cumpre os requisitos do contraditório e da ampla defesa a concessão de vista do laudo pericial pelo prazo de cinco dias, por analogia ao caput do art. 12 da Lei 10.259/2001.	aplicável
10. UNIFORMIZAÇÃO DE INTERPRETAÇÃO DE LEI FEDERAL (ART. 14)	
Enunc. 6. Havendo foco expressivo de demandas em massa, os Juizados Especiais Federais solicitarão às Turmas Recursais e de Uniformização Regional e Nacional o julgamento prioritário da matéria repetitiva, a fim de uniformizar a jurisprudência a respeito e de possibilitar o planejamento do serviço judiciário.	aplicável
Enunc. 43. É adequada a limitação dos incidentes de uniformização às questões de direito material.	aplicável
Enunc. 97. Cabe incidente de uniformização de jurisprudência quando a questão deduzida nos autos tiver reflexo sobre a competência do Juizado Especial Federal.	aplicável
Enunc. 98. É inadmissível o reexame de matéria fática em pedido de uniformização de jurisprudência.	aplicável
Enunc. 104. Cabe à Turma de Uniformização reformar os acórdãos que forem contrários à sua jurisprudência pacífica, ressalvada a hipótese de supressão de instância, em que será cabível a remessa dos autos à turma de origem para fim de adequação do julgado.	aplicável
Enunc. 105. A Turma de Uniformização, ao externar juízo acerca da admissibilidade do pedido de uniformização, deve considerar a presença de similitude de questões de fato e de direito nos acórdãos confrontados.	aplicável
Enunc. 132. Em conformidade com o art. 14, § 9º, da Lei 10.259/01, cabe ao colegiado da Turma Recursal rejulgar o feito após a decisão de adequação de Tribunal Superior ou da TNU.	aplicável
11. RECURSO EXTRAORDINÁRIO (ART. 15)	
Enunc. 157. Aplica-se o art. 1.030, par. único, do CPC/2015 aos recursos extraordinários interpostos nas Turmas Recursais do JEF.	aplicável
12. OBRIGAÇÃO DE PAGAR QUANTIA CERTA (ART. 17)	
Enunc. 47. Eventual pagamento realizado pelos entes públicos demandados deverá ser comunicado ao juízo para efeito de compensação quando da expedição da requisição de pequeno valor.	aplicável
Enunc. 52. É obrigatória a expedição de requisição de pequeno valor – RPV em desfavor do ente público para ressarcimento de despesas periciais quando este for vencido.	aplicável
Enunc. 69. O levantamento de valores e precatórios, no âmbito dos Juizados Especiais Federais, pode ser condicionado à apresentação, pelo mandatário, de procuração específica com firma reconhecida, da qual conste, ao menos, o número de registro do Precatório ou RPV ou o número da conta de depósito, com respectivo valor.	aplicável
Enunc. 72. As parcelas vencidas após a data do cálculo judicial podem ser pagas administrativamente, por meio de complemento positivo.	aplicável

13. TURMAS RECURSAIS (ART. 21)	
Enunc. 6. Havendo foco expressivo de demandas em massa, os Juizados Especiais Federais solicitarão às Turmas Recursais e de Uniformização Regional e Nacional o julgamento prioritário da matéria repetitiva, a fim de uniformizar a jurisprudência a respeito e de possibilitar o planejamento do serviço judiciário.	aplicável
Enunc. 28. É inadmissível a avocação, por Tribunal Regional Federal, de processos ou matéria de competência de Turma Recursal, por flagrante violação ao art. 98 da Constituição Federal.	aplicável
Enunc. 30. A decisão monocrática referendada pela Turma Recursal, por se tratar de manifestação do colegiado, não é passível de impugnação por intermédio de agravo interno.	aplicável
Enunc. 33. Qualquer membro da Turma Recursal pode propor emissão de Enunciado o qual terá por pressuposto demanda excessiva no JEF acerca de determinada matéria ou quando verificada, o julgamento de caso concreto, a necessidade de uniformização de questão processual. A aprovação, alteração e cancelamento de Enunciado sujeita-se ao quórum qualificado estabelecido pela Turma Recursal.	cancelado
Enunc. 86. A tutela de urgência em sede de Turmas Recursais pode ser deferida de oficio.	aplicável
Enunc. 88. Não se admite mandado de segurança para Turma Recursal, exceto na hipótese de ato jurisdicional teratológico contra o qual não caiba mais recurso.	aplicável
Enunc. 100. No âmbito dos Juizados Especiais Federais, a Turma Recursal poderá conhecer diretamente das questões não examinadas na sentença que acolheu prescrição ou decadência, estando o processo em condições de imediato julgamento.	aplicável
Enunc. 101. A Turma Recursal tem poder para complementar os atos de instrução já realizados pelo juiz do Juizado Especial Federal, de forma a evitar a anulação da sentença.	aplicável
Enunc. 102. Convencendo-se da necessidade de produção de prova documental complementar, a Turma Recursal produzirá ou determinará que seja produzida, sem retorno do processo para o juiz do Juizado Especial Federal.	aplicável
Enunc. 103. Sempre que julgar indispensável, a Turma Recursal, sem anular a sentença, baixará o processo em diligências para fins de produção de prova testemunhal, pericial ou elaboração de cálculos.	aplicável
Enunc. 110. A competência das turmas recursais reunidas, onde houver, deve ser limitada à deliberação acerca de Enunciados das turmas recursais das respectivas seções judiciárias.	aplicável
Enunc. 131. A Turma Recursal, analisadas as peculiaridades do caso concreto, pode conhecer documentos juntados na fase recursal, desde que não implique apreciação de tese jurídica não questionada no primeiro grau.	aplicável
14. MARCO TEMPORAL DA COMPETÊNCIA (ART. 25)	
Enunc. 139. Não serão redistribuídas a Juizado Especial Federal (JEF) recém-criado as demandas ajuizadas até a data de sua instalação, salvo se as varas de JEFs estiverem na mesma sede jurisdicional.	aplicável

CAPÍTULO IV
LEI DE ASSISTÊNCIA JUDICIÁRIA (LEI 1.060/50)

SUMÁRIO

1. Comprovação de condição socioeconômica

2. Quadro Sinóptico

1. COMPROVAÇÃO DE CONDIÇÃO SOCIOECONÔMICA

ENUNCIADO 038. A QUALQUER MOMENTO PODERÁ SER FEITO O EXAME DE PEDIDO DE GRATUI-DADE COM OS CRITÉRIOS DA LEI N. 1.060/50. PARA FINS DA LEI N. 10.259/01, PRESUME-SE NECESSITADA A PARTE QUE PERCEBER RENDA ATÉ O VALOR DO LIMITE DE ISENÇÃO DO IMPOSTO DE RENDA.

▶ *Cláudio Kitner*

A assistência judiciária gratuita aos necessitados foi originariamente instituída pela Lei 1.060/50. Com o advento do Novo Código de Processo Civil, Lei 13.105/15, o regime jurídico da gratuidade judicial foi parcialmente alterado, mantendo-se hígidas, contudo, as principais regras que interessam à análise do presente Enunciado.

Segundo o CPC, o pedido de gratuidade pode ser formulado na primeira manifestação da parte, seja na petição inicial, na contestação ou na petição de ingresso como terceiro interveniente, seja mediante petição simples, se superveniente ao contato inicial com o feito. A Lei 1.060/50 institui um prazo impróprio ao juiz no art. 5º, impondo-lhe o dever de apreciar o pedido no prazo de setenta e duas horas, devendo, se for a hipótese de indeferi-lo, fazê-lo de forma fundamentada.

Atente-se que, por se tratar de prazo impróprio, o seu descumprimento não implica qualquer sanção processual ao magistrado. Nesse ponto, importante observar que o art. 99, § 3º, do CPC, reproduzindo, na essência, os termos da Lei 1.060/50, prevê a presunção de veracidade da alegação de insuficiência de recursos da parte para fazer face às despesas com o processo judicial. Assim, enquanto não apreciado o pleito de gratuidade judicial, presume-se verdadeira a afirmação da parte.

Importante mencionar que não é necessário que a parte demonstre que se encontra em estado de pobreza. Em verdade, deve o interessado na fruição dos benefícios da assistência judiciária gratuita comprovar que o pagamento das despesas processuais pode comprometer os recursos para sua sobrevivência. Tal critério para concessão se encontrava previsto no art. 2º da Lei 1.060/50 e, atualmente, está disposto no art. 98, *caput,* do CPC.

Cabe ao juiz, portanto, assim que tiver contato com o pleito, verificar se os gastos para movimentar a máquina judiciária poderão implicar à parte responsável pelo seu pagamento um ônus superior à sua renda mensal.

A esse respeito, impende observar que as despesas com o processo são proporcionais ao valor da causa. Deve o magistrado, pois, atentar para o fato de que mesmo aqueles que auferem renda superior a um ou dois salários mínimos podem não dispor de recursos para custear a propositura e a tramitação do processo judicial, fazendo jus, portanto, à fruição da assistência judiciária gratuita.

Notadamente em relação aos feitos que tramitam nos Juizados Especiais Federais, o art. 54, da Lei 9.099/99, aplicável por força do art. 1º, da Lei 10.259/09, exime as partes, em primeira instância, do pagamento de custas judiciais e honorários sucumbenciais, ressalvada a hipótese de litigância de má-fé. Tal desoneração não se verifica em segundo grau, entretanto, no que se refere aos recorrentes vencidos. Daí porque se torna relevante a concessão da assistência judiciária gratuita no âmbito dos Juizados Especiais Federais, desobrigando a parte recorrente, desde quando formulado o pedido de gratuidade, de arcar com as despesas com o processo.

Assim, uma vez pedida a assistência gratuita fica a parte que formulou o pedido desobrigado de pagar qualquer despesa com a tramitação do feito. Especialmente nos Juizados Especiais Federais, de ordinário, o primeiro gasto que a parte deve arcar é com o preparo de seu recurso, nos termos do art. 42, § 2º, da Lei 9.099/95.

Na linha do que se expôs acima, a jurisprudência do Superior Tribunal de Justiça entendeu, como critério objetivo para se aferir se o pretendente aos benefícios da gratuidade judiciária pode ter sua renda comprometida com as despesas processuais, que deve ser utilizada a faixa de isenção de imposto de renda para se conceder a assistência judiciária gratuita. Nesse sentido, confira-se, por todos, o AgRg no REsp 1282598. Dessa forma, uma vez impugnada a concessão da gratuidade judicial, com a simples apresentação de comprovante de isenção de imposto de renda, prova a parte que faz jus aos benefícios da Justiça Gratuita.

O Enunciado, portanto, reproduz o entendimento sedimentado no Superior Tribunal de Justiça.

Releva destacar, contudo, que tais precedentes não impõem, ao reverso, a conclusão de que aqueles que se encontram fora da faixa de isenção de imposto de renda estão longe do alcance dos benefícios da assistência judiciária gratuita. A Corte Superior tem reiterados julgados, considerando que não é possível se afastar a presunção de veracidade de insuficiência de recursos com base exclusivamente na apresentação de prova de que o contribuinte se encontra acima da faixa de isenção do IRPF (REsp 1324434).

Em síntese, da análise da jurisprudência que ensejou a elaboração do Enunciado em análise, infere-se que, uma vez contrastada a afirmação de insuficiência de recursos para fazer face aos custos judiciais, pode a parte, com a simples comprovação de isenção de imposto de renda, atrair para si a presunção de hipossuficiência, para fins do benefício perquirido.

Capítulo IV ● Lei de Assistência Judiciária (Lei 1.060/50)

331

Por outro lado, também se pode concluir, fundado na jurisprudência pátria, que é defeso ao juiz indeferir a gratuidade judiciária com base apenas na comprovação de que o postulante se encontra fora da faixa de isenção de imposto de renda, devendo, assim, embasar sua decisão com outros elementos encontrados nos autos.

Finalmente, impõe-se trazer a conhecimento que a declaração anual de isento (DAI), instituída com o objetivo de manter atualizado o cadastro de pessoas físicas, foi extinta com a edição da Instrução Normativa 864/08. Desde então, a prova da isenção voltou a ser feita com a apresentação de declaração escrita e assinada pelo próprio interessado, nos termos do art. 1º, da Lei 7.115/83.

◎ (...). Gratuidade de justiça. Declaração de imposto de renda. Tribunal que chega à conclusão de que o autor não é juridicamente pobre. Súmula 7/STJ. Pagamento diferido de custas processuais. Estatuto do idoso. Art. 88 da Lei n. 10.741/2003. Aplicabilidade em ações específicas. 1. De acordo com entendimento do Superior Tribunal de Justiça, para a obtenção do benefício da justiça gratuita é utilizado o critério objetivo da faixa de isenção do imposto de renda. Precedentes. 2. No caso dos autos, o Tribunal a quo manifestou-se no sentido de que os rendimentos do agravante estariam acima da faixa de isenção do imposto de renda. A modificação desse entendimento demandaria incursão no contexto fático-probatório dos autos, defeso em sede de recurso especial, nos termos da Súmula 7/STJ. 3. O art. 88 da Lei n. 10.741/2003, que prevê a possibilidade de pagamento das custas processuais somente ao final do processo, está inserido no "Capítulo III - Da Proteção Judicial dos Interesses Difusos, Coletivos e Individuais Indisponíveis ou Homogêneos", e a hipótese dos autos cuida-se de execução de sentença, que não se enquadra na previsão normativa encartada no Estatuto do Idoso. (...). (STJ AgRg no REsp 1282598, Rel. Min. Humberto Martins, 2ª T., DJe 2.5.2012)

◎ (...). Assistência judiciária gratuita. Declaração do requerente. Presunção "juris tantum". Acórdão que afastou a presunção baseado unicamente na declaração de rendimentos da requerente, por se encontrar acima do limite de isenção do imposto de renda de pessoa física. Irrelevância. Precedentes. 1. Esta Corte tem se posicionado no sentido de que a declaração prestada na forma da Lei 1.060/1950 firma em favor do requerente a presunção iuris tantum de necessidade, que somente será elidida mediante prova em contrário, podendo também o magistrado, avaliando as alegações feitas pela parte interessada, examinar as condições para o seu deferimento. Ainda, firmou-se o entendimento de que a simples apresentação de documento atestando que a pessoa física se acha fora do rol dos contribuintes isentos do pagamento do imposto de renda não é suficiente para afastar a presunção que legitima a concessão da assistência judiciária gratuita. Precedentes. 2. "In casu", o Tribunal de origem concluiu que seria razoável considerar necessitada, para fins de obtenção de assistência judiciária, a pessoa física que se acha desobrigada de apresentar Declaração de Ajuste Anual do Imposto sobre a Renda. Infringência do art. 4º da Lei 1.060/1950 que se reconhece. (...).. (REsp 1324434, Rel. Min. Eliana Calmon, 2ª T., DJe 29.10.2012)

▶ **CPC. Art. 98.** A pessoa natural ou jurídica, brasileira ou estrangeira, com insuficiência de recursos para pagar as custas, as despesas processuais e os honorários advocatícios tem direito à gratuidade da justiça, na forma da lei. ▶ **Art. 99.** (...). **§ 3º** Presume-se verdadeira a alegação de insuficiência deduzida exclusivamente por pessoa natural

▶ **LJE. Art. 42.** (...). **§ 1º** O preparo será feito, independentemente de intimação, nas quarenta e oito horas seguintes à interposição, sob pena de deserção. ▶ **Art. 54.** O acesso ao Juizado Especial independerá, em primeiro grau de jurisdição, do pagamento de custas, taxas ou despesas.

332 ENUNCIADOS FONAJEF ● *Lucilio Linhares Perdigão de Morais*

▶ **LJEF. Art. 1º** São instituídos os Juizados Especiais Cíveis e Criminais da Justiça Federal, aos quais se aplica, no que não conflitar com esta Lei, o disposto na Lei n. 9.099, de 26 de setembro de 1995.

▶ **Lei 7.115/83. Art. 1º** A declaração destinada a fazer prova de vida, residência, pobreza, dependência econômica, homonímia ou bons antecedentes, quando firmada pelo próprio interessado ou por procurador bastante, e sob as penas da Lei, presume-se verdadeira.

▶ **Lei 1.060/50. Art. 2º** Gozarão dos benefícios desta Lei os nacionais ou estrangeiros residentes no país, que necessitarem recorrer à Justiça penal, civil, militar ou do trabalho. **Parágrafo único.** Considera-se necessitado, para os fins legais, todo aquele cuja situação econômica não lhe permita pagar as custas do processo e os honorários de advogado, sem prejuízo do sustento próprio ou da família. ▶ **Art. 5º** O juiz, se não tiver fundadas razões para indeferir o pedido, deverá julgá-lo de plano, motivando ou não o deferimento dentro do prazo de setenta e duas horas.

ENUNCIADO 050. SEM PREJUÍZO DE OUTROS MEIOS, A COMPROVAÇÃO DA CONDIÇÃO SOCIOECONÔMICA DO AUTOR PODE SER FEITA POR LAUDO TÉCNICO CONFECCIONADO POR ASSISTENTE SOCIAL, POR AUTO DE CONSTATAÇÃO LAVRADO POR OFICIAL DE JUSTIÇA OU ATRAVÉS DE OITIVA DE TESTEMUNHA.

▶ *Lucilio Linhares Perdigão de Morais*

O artigo 20 da Lei Orgânica da Assistência Social, em cumprimento ao disposto no inciso V, do artigo 203, da Constituição da República (ambos adiante transcritos), regulamenta a concessão do benefício de prestação continuada ao idoso ou pessoa com deficiência que não possua condições próprias, ou em sua família, de manter-se.

Conforme se verifica dos comandos legais, a concessão do benefício assistencial demanda a verificação da situação social do núcleo familiar no qual se encontra inserido quem requer. Isso porque um dos requisitos é a situação de "miserabilidade", a qual deve ser constatada de forma bastante criteriosa, analisando a documentação juntada por quem requer, bem como se dirigindo ao local onde vive o(a) possível beneficiário(a).

Essa constatação no local se dá, via de regra, por meio de trabalho pericial realizado por assistente social. Nessa ocasião são verificados, por exemplo, os serviços públicos disponibilizados na região, as condições de habitabilidade do lar, as pessoas que lá residem e a compatibilidade dos gastos informados pela família com a realidade fática. Como dito, o ato é praticado preferencialmente por assistente social, já que se trata da função que já possui habilitação técnica para a análise.

Contudo, não raro é inviável a realização deste trabalho pelo perito assistente social. Exemplificando, há localidades não servidas de peritos assistentes sociais, os honorários periciais podem não atrair profissionais, há localidades cujo acesso e a dificuldade de localização dos requerentes inviabiliza a locomoção do serviço social, e também durante a instrução a simples oitiva de testemunhas pode ser bastante para a instrução pelas partes e a consequente análise pelo juízo. Enfim, as situações são inúmeras e demandam alguma solução prática pelo juiz, já que o pedido não pode deixar de ser analisado.

Capítulo IV ● Lei de Assistência Judiciária (Lei 1.060/50)

333

Nesse sentido, o que o Enunciado faz é esclarecer que, não obstante seja desejável a instrução do laudo de assistentes sociais, não gera qualquer nulidade a instrução por outras formas, tais como a constatação no local pelo oficial de justiça, ou mesmo a oitiva de testemunhas quando impossível o deslocamento ao lar, ou inexistente a residência. Ainda, irregularidade nenhuma haveria, por exemplo, se o próprio juiz se direcionasse ao local e realizasse uma inspeção judicial, nos termos do art. 481, e seguintes, do Código de Processo Civil.

Confirmando a inexistência de qualquer cerceamento, e confirmando os termos do Enunciado ora estudado, veja-se como vem decidindo os Tribunais, no excerto do AC 0003932-03.2007.4.01.3810, adiante transcrito.

Por derradeiro, e encerrando de vez qualquer possibilidade de controvérsia quanto ao tema, em 2015 a TNU editou a Súmula nº 79, também reafirmando a literalidade do Enunciado sob comento.

⊙ Súmula TNU 79. Nas ações em que se postula benefício assistencial, é necessária a comprovação das condições socioeconômicas do autor por laudo de assistente social, por auto de constatação lavrado por oficial de justiça ou, sendo inviabilizados os referidos meios, por prova testemunhal.

⊙ Assistencial e processual civil. LOAS deficiente. Auto de constatação das condições socioeconômicas. Realização por oficial de justiça. Possibilidade. Deficiência comprovada. Renda "per capita" superior a 1/2 sm. Outros elementos de prova. Necessidade econômica não comprovada. Benefício indevido. 1. A preliminar arguida pelo INSS não procede, uma vez que a constatação das condições socioeconômicas pode ser feita por oficial de justiça, não sendo ato privativo de assistente social. Nesse sentido a súmula 79 da TNU. Registre-se que o documento (...) é um mero auto de constatação das condições socioeconômicas do grupo familiar, e não um estudo ou laudo a demandar profissional especializado. (...). Os elementos de convicção constantes do auto de constatação não são aptos a comprovar a necessidade econômica ensejadora do LOAS, não apontando grupo familiar em risco social ou privado de recursos materiais indispensáveis à manutenção digna da parte autora. 8. Apelação provida, para julgar improcedente a ação. (TRF1, 1ª TS. AC 0003932-03.2007.4.01.3810, Rel. Ivanir César Ireno Júnior, e-DJF1 16.5.2016)

▶ **CF. Art. 203.** A assistência social será prestada a quem dela necessitar, independentemente de contribuição à seguridade social, e tem por objetivos: (...). V – a garantia de um salário mínimo de benefício mensal à pessoa portadora de deficiência e ao idoso que comprovem não possuir meios de prover à própria manutenção ou de tê-la provida por sua família, conforme dispuser a lei.

▶ **Lei 8.742/93. Art. 20.** O benefício de prestação continuada é a garantia de um salário-mínimo mensal à pessoa com deficiência e ao idoso com 65 (sessenta e cinco) anos ou mais que comprovem não possuir meios de prover a própria manutenção nem de tê-la provida por sua família. (...). § 6º A concessão do benefício ficará sujeita à avaliação da deficiência e do grau de impedimento de que trata o § 2º, composta por avaliação médica e avaliação social realizadas por médicos peritos e por assistentes sociais do Instituto Nacional de Seguro Social – INSS. (...). § 11. Para concessão do benefício de que trata o caput deste artigo, poderão ser utilizados outros elementos probatórios da condição de miserabilidade do grupo familiar e da situação de vulnerabilidade, conforme regulamento.

2. QUADRO SINÓPTICO

LEI DE ASSISTÊNCIA JUDICIÁRIA (LEI 1.060/50)	
1. COMPROVAÇÃO DE CONDIÇÃO SOCIOECONÔMICA	
Enunc. 38. A qualquer momento poderá ser feito o exame de pedido de gratuidade com os critérios da Lei n. 1.060/50. Para fins da Lei n. 10.259/01, presume-se necessitada a parte que perceber renda até o valor do limite de isenção do imposto de renda.	aplicável
Enunc. 50. Sem prejuízo de outros meios, a comprovação da condição socioeconômica do autor pode ser feita por laudo técnico confeccionado por assistente social, por auto de constatação lavrado por oficial de justiça ou através de oitiva de testemunha.	aplicável

CAPÍTULO V

LEI DO PROCESSO ELETRÔNICO (LEI 11.419/06)

SUMÁRIO

1. Da Informatização do Processo Judicial (arts. 1º a 3º)

2. Da Comunicação Eletrônica dos Atos Processuais (arts. 4º a 7º)

3. Do Processo Eletrônico (arts. 8º a 13)

4. Quadro Sinóptico

1. DA INFORMATIZAÇÃO DO PROCESSO JUDICIAL (ARTS. 1º A 3º)

ENUNCIADO 025. NOS JUIZADOS ESPECIAIS FEDERAIS, NO ATO DO CADASTRAMENTO ELETRÔNICO, AS PARTES SE COMPROMETEM, MEDIANTE ADESÃO, A CUMPRIR AS NORMAS REFERENTES AO ACESSO.

▸ *Leonardo Augusto de Almeida Aguiar*

A Lei 10.259/01, em seu art. 8º, § 2º, já previa que os tribunais poderiam organizar serviço de intimação das partes e de recepção de petições por meio eletrônico.

Com o advento da Lei 11.419/06 (Lei do Processo Judicial Eletrônico), contudo, a questão sofreu enorme avanço, eis que passou a existir regulamentação legal expressa autorizando o uso de meio eletrônico na tramitação de processos judiciais, comunicação de atos e transmissão de peças processuais.

Nos exatos termos do art. 2º da Lei do PJE, para a prática de qualquer ato processual por meio eletrônico é obrigatório o credenciamento prévio no Poder Judiciário, conforme disciplinado pelos órgãos respectivos.

A Lei do PJE ainda determina que este credenciamento no Poder Judiciário seja realizado mediante procedimento no qual esteja assegurada a adequada identificação presencial do interessado (§ 1º), e que ao credenciado deve ser atribuído registro e meio de acesso ao sistema, de modo a preservar o sigilo, a identificação e a autenticidade de suas comunicações (§ 2º).

Existe ainda a previsão da criação de um cadastro único para o credenciamento, abrangendo todos os órgãos do Poder Judiciário, providência que seria de grande utilidade, mas que até o momento não foi implementada (§ 3º).

Pois bem, a questão de que trata o Enunciado diz respeito ao compromisso que as partes assumem, no ato do cadastramento eletrônico, mediante adesão, de cumprir as normas referentes ao acesso nos sistemas do Poder Judiciário disponibilizados ao público para a prática de atos processuais.

O fato é que ainda coexistem, nos Juizados Especiais Federais do Brasil, diversos sistemas processuais, mantidos pelos diversos Tribunais Regionais Federais e utilizados por seus respectivos JEF's, cada um deles com especificidades técnicas próprias.

Tanto isso é verdade que, sensível a esta circunstância a Lei do PJE, apesar de trazer normas gerias aplicáveis ao processo eletrônico, em seu art. 18 dispõe que "os órgãos do Poder Judiciário regulamentarão esta Lei, no que couber, no âmbito de suas respectivas competências".

Assim, tratou o Enunciado em questão de definir que as partes são sim obrigadas a respeitas as normas de acesso do sistema processual que eventualmente utilizem, e que essa obrigatoriedade decorre de um compromisso assumido por elas próprias, por adesão, no momento do ato de seu cadastramento eletrônico naquele específico sistema.

▶ **Lei 11.419/06. Art.** 2º O envio de petições, de recursos e a prática de atos processuais em geral por meio eletrônico serão admitidos mediante uso de assinatura eletrônica, na forma do art. 1º desta Lei, sendo obrigatório o credenciamento prévio no Poder Judiciário, conforme disciplinado pelos órgãos respectivos. **§ 1º** O credenciamento no Poder Judiciário será realizado mediante procedimento no qual esteja assegurada a adequada identificação presencial do interessado. **§ 2º** Ao credenciado será atribuído registro e meio de acesso ao sistema, de modo a preservar o sigilo, a identificação e a autenticidade de suas comunicações. **§ 3º** Os órgãos do Poder Judiciário poderão criar um cadastro único para o credenciamento previsto neste artigo.

▶ **Lei 10.259/01. Art. 8º. § 2º** Os tribunais poderão organizar serviço de intimação das partes e de recepção de petições por meio eletrônico.

2. DA COMUNICAÇÃO ELETRÔNICA DOS ATOS PROCESSUAIS (ARTS. 4º A 7º)

ENUNCIADO 003. A AUTO INTIMAÇÃO ELETRÔNICA ATENDE AOS REQUISITOS DAS LEIS NS. 10.259/2001 E 11.419/2006 E É PREFERENCIAL À INTIMAÇÃO POR E-MAIL.

▶ *Marco Bruno Miranda Clementino*

A compreensão desse Enunciado depende de uma contextualização histórica. A despeito de a redação atual ter sido elaborada no IV FONAJEF, sua aprovação se deu no II FONAJEF, em 2005, portanto antes da edição da Lei 11.419/06, que disciplinou a utilização do processo judicial eletrônico no Poder Judiciário brasileiro.

Os Juizados Especiais Federais foram pioneiros no uso do processo judicial eletrônico no Poder Judiciário brasileiro, estimulados por uma previsão genérica do artigo 24 da Lei 10.259/01.

Desde 2002, alguns juizados, vinculados a vários Tribunais Regionais Federais, passaram a se utilizar de ferramentas eletrônicas para a tramitação processual e, a rigor, suas práticas simplesmente foram reproduzidas na Lei 11.419/06, resultante de projeto de lei apresentado pela Associação dos Juízes Federais do Brasil (AJUFE) no Congresso Nacional.

CAPÍTULO V ● LEI DO PROCESSO ELETRÔNICO (LEI 11.419/06)

337

Nesse sentido, o objetivo inicial do Enunciado foi reconhecer a compatibilidade com a Lei 10.259/01 do recurso da intimação eletrônica, conforme hoje disciplinada no artigo 5º da Lei 11.419/06, assim como recomendar sua utilização preferencial, em vista do princípio da celeridade, à intimação por e-mail, naquela época já aceita por força da Lei 9.099/95.

> ▶ **Lei 11.419/06. Art. 5º** As intimações serão feitas por meio eletrônico em portal próprio aos que se cadastrarem na forma do art. 2º desta Lei, dispensando-se a publicação no órgão oficial, inclusive eletrônico. **§ 1º** Considerar-se-á realizada a intimação no dia em que o intimando efetivar a consulta eletrônica ao teor da intimação, certificando-se nos autos a sua realização. **§ 2º** Na hipótese do § 1º deste artigo, nos casos em que a consulta se dê em dia não útil, a intimação será considerada como realizada no primeiro dia útil seguinte. **§ 3º** A consulta referida nos §§ 1º e 2º deste artigo deverá ser feita em até 10 (dez) dias corridos contados da data do envio da intimação, sob pena de considerar-se a intimação automaticamente realizada na data do término desse prazo. **§ 4º** Em caráter informativo, poderá ser efetivada remessa de correspondência eletrônica, comunicando o envio da intimação e a abertura automática do prazo processual nos termos do § 3º deste artigo, aos que manifestarem interesse por esse serviço. **§ 5º** Nos casos urgentes em que a intimação feita na forma deste artigo possa causar prejuízo a quaisquer das partes ou nos casos em que for evidenciada qualquer tentativa de burla ao sistema, o ato processual deverá ser realizado por outro meio que atinja a sua finalidade, conforme determinado pelo juiz. **§ 6º** As intimações feitas na forma deste artigo, inclusive da Fazenda Pública, serão consideradas pessoais para todos os efeitos legais.

> ▶ **Lei 10.259/01. Art. 24.** O Centro de Estudos Judiciários do Conselho da Justiça Federal e as Escolas de Magistratura dos Tribunais Regionais Federais criarão programas de informática necessários para subsidiar a instrução das causas submetidas aos Juizados e promoverão cursos de aperfeiçoamento destinados aos seus magistrados e servidores.

ENUNCIADO 026. NOS JUIZADOS VIRTUAIS, CONSIDERA-SE EFETIVADA A COMUNICAÇÃO ELETRÔNICA DO ATO PROCESSUAL, INCLUSIVE CITAÇÃO, PELO DECURSO DO PRAZO FIXADO, AINDA QUE O ACESSO NÃO SEJA REALIZADO PELA PARTE INTERESSADA.

> ▶ *Lucilio Linhares Perdigão de Morais*

A comunicação eletrônica dos atos processuais encontra-se hoje pacificada em nosso ordenamento em decorrência da Lei 11.419/06, e com o advento do Novo Código de Processo Civil, de 2015.

O tema é de tão tranquila compreensão atualmente que a redação de Enunciado pelo FONAJEF apresenta-se até mesmo como potencialmente óbvia e desnecessária nos dias de hoje.

Contudo, chama-se a atenção do leitor para o fato de que o Enunciado foi aprovado no II FONAJEF, realizado em outubro de 2005, no Rio de Janeiro (RJ).

Naquele momento histórico, além dos Juizados Especiais Federais ainda se encontrarem em fase embrionária, já que criados pela Lei n 10.259/01, os "Juizados Virtuais" constituíam novidade em implementação, tal como toda a Justiça "Virtual".

Com efeito, a ausência do papel e da assinatura física causavam intensos debates, em especial no tocante à segurança da informação armazenada e prestada no âmbito dos processos eletrônicos.

Entretanto, era necessário avançar. Os princípios que regiam, e ainda regem, os Juizados Especiais, tais como a economia processual, a eficiência e a informalidade, não poderiam ser afastados em prol da desnecessária burocratização do sistema.

Já que disponível a sistemática virtual, ela deveria prevalecer em todas as fases, inclusive na citação, o que envolve, principalmente, a participação da Administração Pública no processo.

Dessa forma, reforçou-se que a utilização do processo eletrônico não desrespeita as prerrogativas da Fazenda Pública, nos termos dos arts. 5º, § 6º, e 6º, da Lei 11.419/06, e art. 7º da Lei 10.259/01.

Destaque-se, ainda, que o Enunciado afirma e consagra a intimação "presumida", prevista no art. 5º, § 3º, da Lei 11.419, quando a parte deixa de acessar o sistema no prazo legal.

Por derradeiro, e encerrando de vez os debates sobre o tema, registre-se que hoje o § 1º, do art. 246, do CPC, determina que "com exceção das microempresas e das empresas de pequeno porte, as empresas públicas e privadas são obrigadas a manter cadastro nos sistemas de processo em autos eletrônicos, para efeito de recebimento de citações e intimações, as quais serão efetuadas preferencialmente por esse meio".

Tal regra foi também direcionada à União, aos Estados, ao DF, aos Municípios, às entidades da administração indireta (§ 2º), ao MP, à Defensoria Pública e à Advocacia Pública, nos termos do art. 270, parágrafo único, do CPC.

▶ **CPC. Art. 246. § 1º** Com exceção das microempresas e das empresas de pequeno porte, as empresas públicas e privadas são obrigadas a manter cadastro nos sistemas de processo em autos eletrônicos, para efeito de recebimento de citações e intimações, as quais serão efetuadas preferencialmente por esse meio. ▶ **Art. 270.** As intimações realizam-se, sempre que possível, por meio eletrônico, na forma da lei. **Parágrafo único.** Aplica-se ao Ministério Público, à Defensoria Pública e à Advocacia Pública o disposto no § 1º do art. 246.

▶ **LJEF. Art. 7º** As citações e intimações da União serão feitas na forma prevista nos arts. 35 a 38 da Lei Complementar n. 73, de 10 de fevereiro de 1993. **Parágrafo único.** A citação das autarquias, fundações e empresas públicas será feita na pessoa do representante máximo da entidade, no local onde proposta a causa, quando ali instalado seu escritório ou representação; se não, na sede da entidade.

▶ **Lei 11.419/06. Art. 5º** As intimações serão feitas por meio eletrônico em portal próprio aos que se cadastrarem na forma do art. 2º desta Lei, dispensando-se a publicação no órgão oficial, inclusive eletrônico. (...). **§ 3º** A consulta referida nos §§ 1º e 2º deste artigo deverá ser feita em até 10 (dez) dias corridos contados da data do envio da intimação, sob pena de considerar-se a intimação automaticamente realizada na data do término desse prazo. (...). **§ 6º** As intimações feitas na forma deste artigo, inclusive da Fazenda Pública, serão consideradas pessoais para todos os efeitos legais. ▶ **Art. 6º** Observadas as formas e as cautelas do art. 5º desta Lei, as citações, inclusive da Fazenda Pública, excetuadas as dos Direitos Processuais Criminal e Infracional, poderão ser feitas por meio eletrônico, desde que a íntegra dos autos seja acessível ao citando.

CAPÍTULO V ● LEI DO PROCESSO ELETRÔNICO (LEI 11.419/06)

339

ENUNCIADO 158. CONTA-SE EM DIAS CORRIDOS O PRAZO PARA CONFIRMAÇÃO DAS INTIMAÇÕES ELETRÔNICAS (ART. 5º, § 3º, LEI 11.419/2006).

▶ *Frederico Augusto Leopoldino Koehler*

O Enunciado 175/FONAJEF, analisado de forma aprofundada em tópico próprio, dispõe: "Por falta de previsão legal específica nas leis que tratam dos juizados especiais, aplica-se, nestes, a previsão da contagem dos prazos em dias úteis (CPC, art. 219)". Tal raciocínio, porém, não se aplica à contagem do prazo para confirmação das intimações eletrônicas previsto no art. 5º, § 3º, Lei 11.419/06. Veja-se o motivo.

Como visto nos comentários ao enunciado 151 do FONAJEF, propusemos uma técnica de verificação da (in)aplicabilidade das normas do CPC no microssistema dos juizados especiais, que pode ser utilizada na presente hipótese. Como já explicado nos comentários referidos, ao deparar-se com um caso concreto em trâmite nos juizados especiais, e na dúvida sobre a (in)aplicabilidade de norma específica do CPC, o intérprete deverá trilhar os seguintes passos:

1) observar se há norma sobre o ponto controvertido na lei do juizado especial em que o processo esteja tramitando (Lei 9.099/95, Lei 10.259/01 ou Lei 12.153/09, a depender do caso concreto). Em caso positivo, aplica-se a norma própria do juizado especial e encerra-se o processo de verificação;

2) em caso negativo, observar se há norma nas outras leis que compõem o microssistema. Se existir uma norma adequada no microssistema, esta deverá ser aplicada, e não o CPC – em virtude do princípio "lex specialis derrogat lex generalis" – encerrando-se o processo de verificação;

3) caso tal norma não exista no microssistema dos juizados especiais, observar se há norma sobre o tema no CPC;

4) se a resposta for positiva, deve-se observar se a norma do CPC ofende os princípios positivados no art. 2º da Lei 9.099/95, hipótese em que será inaplicável.

Caso não haja a ofensa referida no tópico anterior, o CPC será aplicável na questão concreta em trâmite nos juizados especiais.

Aplicando a metodologia dos quatro passos à contagem do prazo de 10 (dez) dias para confirmação das intimações eletrônicas, observa-se que: a) não há norma em qualquer das leis que compõem o microssistema sobre o tema (passos 1 e 2); b) O art. 219 do CPC, por sua vez, prescreve que os prazos processuais estabelecidos por lei ou pelo juiz serão contados somente em dias úteis (passos 3 e 4). Note-se que o art. 219 não se refere ao prazo para confirmação das intimações eletrônicas, que remanesce regulado pela regra existente na legislação especial sobre o tema.

Isso porque, como visto, a lei que regula os processos eletrônicos (Lei 11.419/06), em seu art. 5º, § 3º, tem previsão expressa dispondo que o prazo de 10 (dez) dias para abertura do portal eletrônico e confirmação das intimações eletrônicas será contado em dias corridos.

> **CPC. Art. 219.** Na contagem de prazo em dias, estabelecido por lei ou pelo juiz, computar-se-ão somente os dias úteis. **Parágrafo único.** O disposto neste artigo aplica-se somente aos prazos processuais.

> **Lei 11.419/06. Art. 5º** As intimações serão feitas por meio eletrônico em portal próprio aos que se cadastrarem na forma do art. 2º desta Lei, dispensando-se a publicação no órgão oficial, inclusive eletrônico. **§ 1º** Considerar-se-á realizada a intimação no dia em que o intimando efetivar a consulta eletrônica ao teor da intimação, certificando-se nos autos a sua realização. **§ 2º** Na hipótese do § 1º deste artigo, nos casos em que a consulta se dê em dia não útil, a intimação será considerada como realizada no primeiro dia útil seguinte. **§ 3º** A consulta referida nos §§ 1º e 2º deste artigo deverá ser feita em até 10 (dez) dias corridos contados da data do envio da intimação, sob pena de considerar-se a intimação automaticamente realizada na data do término desse prazo.

3. DO PROCESSO ELETRÔNICO (ARTS. 8º A 13)

ENUNCIADO 024. RECONHECIDA A INCOMPETÊNCIA DO JUIZADO ESPECIAL FEDERAL, É CABÍVEL A EXTINÇÃO DE PROCESSO, SEM JULGAMENTO DE MÉRITO, NOS TERMOS DO ART. 1º DA LEI N. 10.259/2001 E DO ART. 51, III, DA LEI N. 9.099/95, NÃO HAVENDO NISSO AFRONTA AO ART. 12, § 2º, DA LEI 11.419/06.

Enunciado comentado no capítulo *Lei dos Juizados Especiais – Da Extinção do Processo sem Julgamento do Mérito.*

ENUNCIADO 119. ALÉM DOS CASOS DE SEGREDO DE JUSTIÇA E DE SIGILO JUDICIAL, OS DOCUMENTOS DIGITALIZADOS EM PROCESSO ELETRÔNICO SOMENTE SERÃO DISPONIBILIZADOS AOS SUJEITOS PROCESSUAIS, VEDADO O ACESSO À CONSULTA PÚBLICA FORA DA SECRETARIA DO JUIZADO.

▸ *Oscar Valente Cardoso*

O Enunciado versa sobre a publicidade dos atos processuais, assegurada pelo art. 93, IX, da Constituição, e uma norma fundamental do processo, prevista no art. 11 do CPC.

Busca-se, com isso, não apenas associar diretamente a publicidade como condição de eficácia da motivação, mas também realizar uma ponderação normativa de princípios. Logo, as restrições legais à publicidade devem privilegiar o interesse público à informação sobre a preservação do direito à intimidade do interessado.

Ao conferir primazia à publicidade e prever o sigilo como exceção, a Constituição brasileira optou por priorizar a informação, a transparência e o interesse público no acesso aos atos praticados por agentes públicos. Sobre o assunto, Norberto Bobbio afirma que a publicidade dos atos de poder público "representa o verdadeiro momento de reviravolta na transformação do estado moderno que passa do estado absoluto a estado de direito"[1].

---

1. BOBBIO, Norberto. **O futuro da democracia.** 6. ed. Rio de Janeiro: Paz e Terra, 1997, p. 103.

Capítulo V • Lei do Processo Eletrônico (Lei 11.419/06)

Na sua principal classificação, a publicidade pode ser: (a) interna, ou endoprocessual, tendo como destinatárias as partes do processo e seus representantes; (b) e externa, ou extraprocessual, assegurada para qualquer pessoa fora do processo, interessada ou não no seu resultado[2].

Sobre a amplitude da publicidade extraprocessual, o STJ já decidiu que qualquer pessoa pode ter acesso a todos os processos em cartório, desde que não sejam sigilosos (STJ, REsp 660284, adiante transcrito). Por sua vez, a publicidade externa (ao lado da motivação) possibilita o controle dos atos judiciais, ao permitir que todas as pessoas que não participaram do processo exerçam democraticamente a verificação dos atos praticados.

Atribui-se uma dupla finalidade à publicidade: (a) a proteção das partes por meio do controle público das decisões; (b) e a preservação da confiança da sociedade no Judiciário[3]. Isso leva a uma dupla consequência: (a) a proibição de atos processuais e (especialmente os) julgamentos secretos; (b) e a exigência de que todas as decisões judiciais sejam acessíveis ao público externo ao processo.

A publicidade dos atos processuais é a regra no Brasil. Excepcionalmente a Constituição restringe a publicidade externa ou extraprocessual, ou seja, admite o sigilo extraprocessual, por uma razão: para preservar o direito à intimidade do interessado, quando isto não prejudicar o interesse público à informação[4]. Pode-se afirmar ainda que a publicidade é geral e imediata, ou seja, qualquer pessoa tem acesso aos atos processuais e pode acompanhar a sua realização.

Logo, não existe processo sigiloso para as partes, segundo a Constituição. O sigilo só pode ser adotado em relação a terceiros.

Em outras palavras, é permitido o sigilo extraprocessual, mas não o endoprocessual: as partes têm o direito fundamental de acesso e conhecimento a todos os atos do processo, sem exceção.

Nesse sentido, além da norma fundamental positivada em seu art. 11, o art. 189 do CPC amplia as hipóteses de limitação da publicidade e contém uma melhor sistematização (em relação ao art. 155 do CPC/73). Em resumo, o art. 189 restringe a publicidade em situações de interesse público (inciso I) ou privado (inciso III). As

---

2. Comentando esses dois aspectos: "Quer isto dizer que a publicidade do julgamento é uma garantia oferecida imediatamente às partes e mediatamente a toda a sociedade. A publicização dos atos estatais é da essência do Estado Democrático de Direito, haja vista que propicia a todo cidadão a fiscalização do exercício do poder que decorre, segundo a Constituição, do próprio povo" (PORTO, Sérgio Gilberto; USTÁRROZ, Daniel. **Lições fundamentais no processo civil: o conteúdo processual da Constituição Federal.** Porto Alegre: Livraria do Advogado, 2009. p. 60). Adotando classificação similar, mas com as expressões "restrita" e "irrestrita" para qualificar a publicidade: ALBERTON, Cláudia Marlise da Silva. **Publicidade dos atos processuais e direito à informação.** Rio de Janeiro: Aide, 2000. p. 49.
3. JUNOY, Joan Picó i. *Las garantías constitucionales del proceso.* 2. ed. Barcelona: Bosch, 2012. p. 140.
4. Acerca dos limites do sigilo: "Desta forma, mesmo quando decretado o sigilo, jamais deverá ser impedido o acesso às partes envolvidas" (PORTO, Sérgio Gilberto; USTÁRROZ, Daniel. **Lições fundamentais no processo civil: o conteúdo processual da Constituição Federal.** Porto Alegre: Livraria do Advogado, 2009. p. 64).

outras hipóteses (incisos II e IV) apenas especificam situações de interesse privado que podem justificar as limitações de acesso aos atos processuais. Por sua vez, o § 1º do art. 189 do CPC (da mesma forma que o parágrafo único do art. 155 do CPC/73) ressalva que o sigilo é extraprocessual.

Nos processos eletrônicos, há uma proteção "a priori" da intimidade das partes e de todos os outros eventuais participantes do processo (terceiros, testemunhas, peritos etc.). Nesse sentido, o art. 11, § 6º, da Lei 11.419/06 (Lei do Processo Eletrônico), estabelece que os documentos digitalizados anexados ao processo eletrônico estão disponíveis apenas para acesso por meio da rede externa para suas respectivas partes processuais e para o Ministério Público (sem prejuízo das hipóteses legais de segredo de justiça). Busca-se, com isso, evitar e exposição ampla de dados e informações pessoais (número no CPF, endereço, e-mail, número de telefone, íntegra do contrato ou do processo administrativo, conteúdo dos depoimentos das partes e das testemunhas, valor de honorários periciais etc.) na rede mundial de computadores[5].

Contudo, defende-se que os advogados devem ter livre acesso a todos os processos eletrônicos (ressalvados os casos de sigilo extraprocessual), com fundamento no art. 7º, XIII, da Lei 8.906/94 (Estatuto da Advocacia), segundo o qual o advogado tem o direito de obter cópias e de examinar, mesmo sem procuração, os autos de qualquer processo (findos ou em andamento) que não esteja protegido pelo sigilo extraprocessual, em qualquer órgão dos Poderes Judiciário, Legislativo e Executivo.

Para compatibilizar os dispositivos, em regra os Tribunais limitam o acesso ao processo eletrônico apenas aos sujeitos processuais (especialmente as partes, terceiros, advogados e Ministério Público) e, mediante requerimento, pode ser fornecida a chave de acesso ao processo para terceiros, caso não haja restrição imposta pelo sigilo extraprocessual.

Ressalta-se a existência de decisões contrárias, como, por exemplo, no Procedimento de Controle Administrativo nº **0000547-84.2011.2.00.0000**, do Conselho Nacional de Justiça, no qual se analisou o Provimento nº 89/10, do Tribunal Regional Federal da 2ª Região, e a Resolução 16/09, do Tribunal de Justiça do Rio de Janeiro. O CNJ concluiu que:

> Aos advogados não vinculados ao processo, mas que já estejam credenciados no Tribunal para acessarem processos eletrônicos (art. 2º da Lei 11.419/06), deve ser permitida a livre e automática consulta a quaisquer autos eletrônicos, salvo os casos de processos em sigilo ou segredo de justiça.

---

5. Nesse sentido: "Sigilo e processo eletrônico. Por certo, o sigilo é tão relevante no processo eletrônico quanto no convencional. Sendo assim, também deverão ser adotadas tecnologias que permitam o acesso ao conteúdo do processo eletrônico apenas ao advogado constituído (p.ex., mediante senha), justamente em razão da ampla publicidade conferida pela internet, que, mesmo em situações supostamente protegidas, extravasa seus conteúdos a quem não convém (p. ex., *hackers*). (...)" (NERY JUNIOR, Nelson; NERY, Rosa Maria de Andrade. **Comentários ao Código de Processo Civil**. São Paulo: RT, 2016. p. 220).

Capítulo V • Lei do Processo Eletrônico (Lei 11.419/06)

343

Ao dispor sobre a restrição de acesso, por parte dos sujeitos processuais, aos documentos digitalizados nos processos eletrônicos (de forma similar ao art. 11, § 6º, da Lei 11.419/06), o Enunciado deve ser interpretado no sentido de que: (a) a publicidade dos atos processuais não significa que qualquer pessoa cadastrada no sistema de processo eletrônico de cada tribunal possa ter acesso ilimitado e irrestrito a todos os processos eletrônicos existentes; (b) em princípio, apenas os sujeitos processuais têm acesso livre e irrestrito aos atos praticados no processo eletrônico; (c) e, mediante requerimento, qualquer terceiro pode ter acesso aos atos processuais, desde que não haja a decretação de segredo de justiça (sigilo extraprocessual), para o processo (vedação total de disponibilização a terceiros) ou para determinados atos processuais (vedação parcial de disponibilização a terceiros).

Assim, para quem não for parte, terceiro, representante ou procurador, ou de qualquer forma não participar do processo, não terá acesso imediato aos atos processuais públicos, mas tem acesso mediato a todos os atos do processo que não tiverem sido afetados pelo sigilo extraprocessual.

....

▣ (...). Princípio da publicidade dos atos processuais. Possibilidade de o preposto da parte autora ter vista dos autos em cartório. De acordo com o princípio da publicidade dos atos processuais, é permitida a vista dos autos do processo em cartório por qualquer pessoa, desde que não tramite em segredo de justiça. Hipótese em que o preposto do autor se dirigiu pessoalmente ao cartório para verificar se havia sido deferido o pedido liminar formulado. O Juiz indeferiu o pedido de vista dos autos do processo em cartório, restringindo o exame apenas aos advogados e estagiários regularmente inscritos na OAB. (...). (STJ, 3ª T., REsp 660284, Rel. Min. Nancy Andrighi, DJ 19.12.2005)

▶ **CF. Art. 93.** (...). IX - todos os julgamentos dos órgãos do Poder Judiciário serão públicos, e fundamentadas todas as decisões, sob pena de nulidade, podendo a lei limitar a presença, em determinados atos, às próprias partes e a seus advogados, ou somente a estes, em casos nos quais a preservação do direito à intimidade do interessado no sigilo não prejudique o interesse público à informação.

▶ **CPC. Art. 11.** Todos os julgamentos dos órgãos do Poder Judiciário serão públicos, e fundamentadas todas as decisões, sob pena de nulidade. **Parágrafo único.** Nos casos de segredo de justiça, pode ser autorizada a presença somente das partes, de seus advogados, de defensores públicos ou do Ministério Público. ▶**Art. 189.** Os atos processuais são públicos, todavia tramitam em segredo de justiça os processos: I – em que o exija o interesse público ou social; II – que versem sobre casamento, separação de corpos, divórcio, separação, união estável, filiação, alimentos e guarda de crianças e adolescentes; III – em que constem dados protegidos pelo direito constitucional à intimidade; IV – que versem sobre arbitragem, inclusive sobre cumprimento de carta arbitral, desde que a confidencialidade estipulada na arbitragem seja comprovada perante o juízo. § 1º O direito de consultar os autos de processo que tramite em segredo de justiça e de pedir certidões de seus atos é restrito às partes e aos seus procuradores. § 2º O terceiro que demonstrar interesse jurídico pode requerer ao juiz certidão do dispositivo da sentença, bem como de inventário e de partilha resultantes de divórcio ou separação.

▶ **Lei 11.419/06. Art. 11.** (...). § 6º Os documentos digitalizados juntados em processo eletrônico somente estarão disponíveis para acesso por meio da rede externa para suas respectivas partes processuais e para o Ministério Público, respeitado o disposto em lei para as situações de sigilo e de segredo de justiça.

4. QUADRO SINÓPTICO

LEI DO PROCESSO ELETRÔNICO (LEI 11.419/06)	
1. DA INFORMATIZAÇÃO DO PROCESSO JUDICIAL (ARTS. 1º A 3º)	
Enunc. 25. Nos Juizados Especiais Federais, no ato do cadastramento eletrônico, as partes se comprometem, mediante adesão, a cumprir as normas referentes ao acesso.	aplicável
2. DA COMUNICAÇÃO ELETRÔNICA DOS ATOS PROCESSUAIS (ARTS. 4º A 7º)	
Enunc. 3. A auto intimação eletrônica atende aos requisitos das leis ns. 10.259/2001 e 11.419/2006 e é preferencial à intimação por e-mail.	aplicável
Enunc. 26. Nos juizados virtuais, considera-se efetivada a comunicação eletrônica do ato processual, inclusive citação, pelo decurso do prazo fixado, ainda que o acesso não seja realizado pela parte interessada.	aplicável
Enunc. 158. Conta-se em dias corridos o prazo para confirmação das intimações eletrônicas (art. 5º, § 3º, Lei 11.419/2006).	aplicável
3. DO PROCESSO ELETRÔNICO (ARTS. 8º A 13)	
Enunc. 24. Reconhecida a incompetência do Juizado Especial Federal, é cabível a extinção de processo, sem julgamento de mérito, nos termos do art. 1º da Lei n. 10.259/2001 e do art. 51, III, da Lei n. 9.099/95, não havendo nisso afronta ao art. 12, § 2º, da Lei 11.419/06.	aplicável
Enunc. 119. Além dos casos de segredo de justiça e de sigilo judicial, os documentos digitalizados em processo eletrônico somente serão disponibilizados aos sujeitos processuais, vedado o acesso à consulta pública fora da secretaria do juizado.	aplicável

CAPÍTULO VI
LEIS PREVIDENCIÁRIAS

SUMÁRIO

1. Lei de Benefícios da Previdência Social (Lei 8.123/91)

1.1. Dos Beneficiários (LBPS, arts. 10 a 17)

1.2. Do Cálculo do Valor dos Benefícios (LBPS, arts. 28 a 40)

1.3. Dos Benefícios (LBPS, arts. 42 a 87)

1.4. Das Disposições Diversas Relativas às Prestações (LBPS, arts. 100 a 124)

2. Lei de Organização da Assistência Social (Lei 8.742/93)

3. Provas no Processo Previdenciário

3.1 Perícia

3.2. Prévio Requerimento Administrativo

3.3. Presunções

4. Quadro Sinóptico

1. LEI DE BENEFÍCIOS DA PREVIDÊNCIA SOCIAL (LEI 8.123/91)

1.1. Dos Beneficiários (LBPS, arts. 10 a 17)

ENUNCIADO 161. NOS CASOS DE PEDIDO DE CONCESSÃO DE BENEFÍCIO POR SEGURADO FACULTATIVO DE BAIXA RENDA, A COMPROVAÇÃO DA INSCRIÇÃO DA FAMÍLIA NO CADÚNICO É DOCUMENTO INDISPENSÁVEL PARA PROPOSITURA DA AÇÃO, SOB PENA DE EXTINÇÃO SEM EXAME DO MÉRITO.

▶ *Leonardo Augusto de Almeida Aguiar*

Pode ser segurado facultativo o maior de dezesseis anos que não seja vinculado a regime próprio e não se enquadre como segurado obrigatório do RGPS.

No ponto, note-se que o art. 13 da Lei 8.213/91 dispõe que "é segurado facultativo o maior de 14 (quatorze) anos que se filiar ao Regime Geral de Previdência Social, mediante contribuição, desde que não incluído nas disposições do art. 11". Ocorre que a Emenda Constitucional 20/98 alterou a redação do art. 7º, XXXIII, da CF/88, de modo que desde então é vedado o exercício de qualquer trabalho a menores de dezesseis anos, salvo na condição de aprendiz, a partir de quatorze anos. Exatamente por isso, desde a promulgação da EC 20/98, a idade mínima para filiação é dezesseis anos. Excetue-se a filiação do aprendiz, viável a partir de quatorze anos, na condição de segurado empregado. Esse entendimento parte do pressuposto de que "a idade mínima para uma pessoa se filiar à Previdência Social é a mesma idade mínima estabelecida para o trabalho do menor". Para os segurados facultativos, portanto, vale a regra geral de que a idade mínima é dezesseis anos. Nesse exato sentido é a redação do art. 11 do Decreto 3.048/99, adiante transcrito.

Não obstante o escopo do sistema previdenciário seja amparar os trabalhadores, a previsão normativa do segurado facultativo decorre dos princípios da solidariedade e da universalidade de participação nos planos previdenciários.

O art. 201, § 5º, da CF/88 veda expressamente a filiação ao regime geral de previdência social, na qualidade de segurado facultativo, de pessoa participante de regime próprio de previdência. Todavia, existe uma exceção: participante de regime próprio de previdência social que esteja afastado sem vencimento, e desde que não permitida, nesta condição, contribuição ao respectivo regime próprio, poderá ser segurado facultativo do RGPS.

Note-se, ainda, que não é possível que alguém seja segurado obrigatório e facultativo ao mesmo tempo. Dessa forma, caso o segurado obrigatório queira aumentar o seu benefício futuro, deverá contribuir para um regime de previdência complementar. A contribuição facultativa do segurado especial, prevista no art. 39, II, da Lei 8.213/91, não implica a sua filiação como segurado facultativo.

Regra geral, o facultativo contribui para a Previdência com uma alíquota de 20% sobre o salário de contribuição (que não pode ser inferior ao salário mínimo e nem superior ao teto do RPS).

Contudo, o segurado facultativo pode optar pelo chamado Plano Simplificado de Previdência, instituído pela Lei Complementar 123/06 (arts. 80 a 84).

O Plano Simplificado de Previdência é uma forma de inclusão previdenciária com percentual de contribuição reduzido de 20% para 11%, incidentes sobre um salário-mínimo.

Basicamente, então, o segurado facultativo que optar por esse plano contribuirá com uma alíquota menor, mas seu salário de contribuição será, necessariamente, de apenas um salário-mínimo. Daí decorre que eventuais benefícios previdenciários que posteriormente venha a receber também sejam no mesmo valor, de um salário mínimo.

Contudo, o segurado facultativo que opta pelo Plano Simplificado não tem direito a aposentadoria por tempo de contribuição, e nem à contagem desse tempo de contribuição em outro regime previdenciário (contagem recíproca).

Se após o recolhimento no plano simplificado, o segurado pretender de contar esse tempo de contribuição para fins de aposentadoria por tempo de contribuição ou de averbação em outro regime previdenciário (contagem recíproca), ele deverá fazer a complementação da contribuição mensal, mediante o recolhimento de mais 9% sobre o valor do salário mínimo que serviu de base para o recolhimento, acrescido de juros moratórios.

Mas existe ainda uma terceira categoria de segurados facultativos, que nos interessa especificamente no trato do Enunciado: os segurados facultativos de baixa renda. Desde que atendidos certos requisitos legais, o segurado pode optar por uma categoria especial de segurado do INSS, chamada de "segurado facultativo de baixa renda", instituída pela Lei 12.470/11. Essa categoria é exclusiva para homem ou mulher de famílias de baixa renda e que se dedique exclusivamente ao trabalho doméstico no âmbito da sua residência (dona(o) de casa) e não tenha renda própria.

Considera-se de baixa renda a família inscrita no Cadastro Único para Programas Sociais do Governo Federal – CadÚnico cuja renda mensal seja de até dois salários mínimos. Concretamente, então, não pode fazer parte dessa categoria o segurado que possuir renda própria de qualquer tipo (incluindo aluguel, pensão alimentícia, pensão por morte, etc.) ou exercer atividade remunerada.

Somente aqueles que se dedicam apenas ao trabalho doméstico, na própria residência, e possuem renda familiar de até dois salários mínimos, desde que esteja inscrito no Cadastro Único para Programas Sociais – CadÚnico, com situação atualizada nos últimos dois anos, pode fazer parte dessa categoria.

A vantagem é que essa categoria contribui com uma alíquota reduzida. Enquanto o percentual de contribuição normal do segurado facultativo é de 20% sobre o salário de contribuição, podendo chegar a 11% do salário mínimo no caso do Plano Simplificado, a contribuição previdenciária do segurado facultativo de baixa renda é de apenas 5% do salário mínimo.

Tal como no Plano Simplificado, o segurado facultativo de baixa renda contribui com uma alíquota menor, mas seu salário de contribuição será, necessariamente, de apenas 1 (um) salário-mínimo. Daí decorre que eventuais benefícios previdenciários que posteriormente venha a receber também sejam no mesmo valor, de um salário mínimo.

Também da mesma forma, o segurado facultativo de baixa renda não tem direito a aposentadoria por tempo de contribuição, e nem à contagem desse tempo de contribuição em outro regime previdenciário (contagem recíproca).

Por fim, vale registrar que, no caso do segurado facultativo de baixa renda, também existe a possibilidade legal de posterior complementação das suas contribuições previdenciárias, para que eventualmente possa vir a pleitear aposentadoria por tempo de contribuição ou averbação do tempo de contribuição em outro regime previdenciário (art. 21, § 3º, da Lei 8.212/91).

Pois bem. O Enunciado versa que "nos casos de pedido de concessão de benefício por segurado facultativo de baixa renda, a comprovação da inscrição da família no CadÚnico é documento indispensável para propositura da ação, sob pena de extinção sem exame do mérito".

De fato, como visto, a inscrição da família no CadÚnico é requisito indispensável para a configuração da qualidade de "segurado facultativo de baixa renda", tal como versado pela Lei 12.470/11.

Se esta é a alegada qualidade de segurado da parte autora, natural pois a exigência de que demonstre atender ao inafastável requisito legal, o que tem amparo legal no art. 320 do CPC (Lei 13.105/15), que, repetindo a norma do art. 283 do CPC/73, determina que a parte autora deve instruir os autos com todos os documentos indispensáveis à propositura da ação, sob pena de indeferimento da petição inicial e extinção do feito sem resolução do mérito (art. 283, CPC).

Trata-se, esta regra processual, de uma norma que nitidamente privilegia a produção probatória no momento da postulação, posto que perfeitamente possível a produção da prova documental logo no início da lide. Destarte, consideram-se indispensáveis tanto os documentos substanciais, que são aqueles que a lei expressamente exige para a propositura da demanda (prova escrita, na ação monitória; procuração); como os documentos fundamentais, que são aqueles se tornam indispensáveis por terem sido usados pelo autor como fundamentos do pedido.

No caso específico do Enunciado, a comprovação da inscrição da família no CadÚnico é documento fundamental nas ações previdenciárias em que se alega a qualidade de "segurado facultativo de baixa renda", tal como versado pela Lei 12.470/11, e por isso se mostra plenamente justificável que seja exigido no momento da postulação.

Vale ainda notar que o juiz, ao verificar que a petição inicial de demanda previdenciária (que visa a concessão de benefício) na qual a parte autora alegue qualidade de "segurado facultativo de baixa renda", tal como versado pela Lei 12.470/11, mas não faz a devida comprovação da inscrição da família no CadÚnico, deve determinar que o autor, no prazo de quinze dias, apresente tal comprovação. Apenas se o autor não cumprir a diligência, o juiz então deverá indeferir a petição inicial, julgando extinto o processo, sem resolução do mérito.

Deve-se apenas ressalvar a possibilidade de justa causa para a não apresentação do documento, que deve ser alegada e comprovada pela parte autora, de modo a poder afastar a sua exigibilidade inicial.

> **Dec. 3.048/99. Art. 11.** É segurado facultativo o maior de dezesseis anos de idade que se filiar ao Regime Geral de Previdência Social, mediante contribuição, na forma do art. 199, desde que não esteja exercendo atividade remunerada que o enquadre como segurado obrigatório da previdência social. § 1º Podem filiar-se facultativamente, entre outros: I - a dona-de-casa; II - o síndico de condomínio, quando não remunerado; III - o estudante; IV - o brasileiro que acompanha cônjuge que presta serviço no exterior; V - aquele que deixou de ser segurado obrigatório da previdência social; VI - o membro de conselho tutelar de que trata o art. 132 da Lei nº 8.069, de 13 de julho de 1990, quando não esteja vinculado a qualquer regime de previdência social; VII - o bolsista e o estagiário que prestam serviços a empresa de acordo com a Lei nº 6.494, de 1977; VIII - o bolsista que se dedique em tempo integral a pesquisa, curso de especialização, pós-graduação, mestrado ou doutorado, no Brasil ou no exterior, desde que não esteja vinculado a qualquer regime de previdência social; IX - o presidiário que não exerce atividade remunerada nem esteja vinculado a qualquer regime de previdência social; X - o brasileiro residente ou domiciliado no exterior, salvo se filiado a regime previdenciário de país com o qual o Brasil mantenha acordo internacional; e XI - o segurado recolhido à prisão sob regime fechado ou semiaberto, que, nesta condição, preste serviço, dentro ou fora da unidade penal, a uma ou mais empresas, com ou sem intermediação da organização carcerária ou entidade afim, ou que exerce atividade artesanal por conta própria.

ENUNCIADO 141. A SÚMULA 78 DA TNU, QUE DETERMINA A ANÁLISE DAS CONDIÇÕES PESSOAIS DO SEGURADO EM CASO DE SER PORTADOR DE HIV, É EXTENSÍVEL A OUTRAS DOENÇAS IGUALMENTE ESTIGMATIZANTES.

> ▶ *Luiz Régis Bonfim Filho*

A incapacidade laborativa, como comumente cediço, constitui relevante requisito para se auferir benefício por incapacidade, quer seja de caráter previdenciário, quer

CAPÍTULO VI ● LEIS PREVIDENCIÁRIAS

349

seja de caráter assistencial. Nada obstante, os aspectos sociais da incapacidade laborativa configura tema de grande debate na doutrina e na jurisprudência, em especial a análise acerca da possibilidade de reinserção do cidadão no mercado de trabalho. No ponto, interessante colacionar o conceito de incapacidade tratado pelo artigo 4, inciso III, do Decreto 6.214/07 (Regulamento da "LOAS" – amparo assistencial ou benefício de prestação continuada).

Considerando o caráter multidimensional da incapacidade laborativa, o presente Enunciado bem como a súmula da Turma Nacional de Uniformização (TNU) em referência alicerçam-se na tese de que a constatação de ausência de incapacidade na ótica física não autoriza o magistrado indeferir de imediato o benefício pleiteado diante de requerente portador do vírus HIV ou doença estigmatizante. Faz-se necessário a análise do contexto pessoal, social e cultural do pleiteante ao benefício por incapacidade, objetivando verificar se a incapacidade extrapola a limitação física, gerando repercussão na esfera social do requerente e segregando-o do mercado de trabalho. Este é o sentido da expressão "incapacidade em sentido amplo" constante da Súmula 78/TNU.

Relevante registrar que a súmula referida no presente Enunciado detém caráter complementar a Súmula 77/TNU, adiante transcrita. A Súmula 78 faz ressalva ao entendimento do verbete 77, concedendo ênfase a peculiaridade do contexto das pessoas portadoras de HIV. Por conseguinte, parte-se da premissa que a ausência de incapacidade física, em situações que envolvam doenças de elevado estigma social, não enseja, por si só, a negativa do benefício previdenciário ou assistencial.

Desta feita, indaga-se: até que ponto o estigma social da enfermidade que acomete o cidadão o impede de inserir-se no mercado de trabalho? Este é o cerne da questão. Registre-se que a análise multidimensional da incapacidade não pode se tornar beneplácito para deferimento generalizado de benefícios. Em um dos precedentes que originaram a Súmula 78/TNU (Pedilef 0021275-80.2009.4.03.6301, adiante transcrito), há observações relevantes ao tema.

Pelo exposto, o julgador, diante ausência aparente de incapacidade mas constatada a enfermidade enraizada de preconceitos (estigma social), não deve de plano conceder o benefício por incapacidade nem deferir o pleito pelo simples fato de se acometer doença socialmente delicada. Deve-se atentar com percuciência acerca dos aspectos sociais da incapacidade, considerando a minúcias referentes especialmente aos empecilhos de inserção laborativa.

◉ Súmula TNU 77. O julgador não é obrigado a analisar as condições pessoais e sociais quando não reconhecer a incapacidade do requerente para a sua atividade habitual.

◉ Súmula TNU 78. Comprovado que o requerente de benefício é portador do vírus HIV, cabe ao julgador verificar as condições pessoais, sociais, econômicas e culturais, de forma a analisar a incapacidade em sentido amplo, em face da elevada estigmatização social da doença.

◉ (...) 7. Quanto ao mérito, ainda que a questão do preconceito sofrido pelo portador de HIV seja praticamente notória, entendo que a segregação pura e simples do portador da moléstia, em todos os casos, alijando-o do mercado de trabalho, não contribui para a solução desse grave problema. Ao contrário, a segregação do portador da moléstia assintomático ou com leves sequelas do meio social acabaria por agravar o preconceito, uma vez que chancelaria estado de isolamento que em nada contribui, em primeira análise, para a diminuição desse preconceito. 8. Importante ressaltar que os argumentos da dificuldade de reinserção no mercado de trabalho e da imprevisibilidade da manifestação de doenças oportunistas em virtude da baixa imunidade, poderiam fazem concluir que todo e qualquer portador de HIV é incapaz para o trabalho, independentemente de sua condição clínica no momento da realização do laudo pericial. Com efeito, essas questões certamente não podem ser ignoradas, mas tampouco constituem uma presunção absoluta de que todo o portador do mencionado vírus é incapaz, mesmo que não apresente quaisquer doenças oportunistas. Tais conclusões, todavia, podem ser alteradas em caso de piora no estado clínico da parte autora, o que certamente autorizará a propositura de nova demanda visando à concessão do mesmo benefício, vez que estamos, induvidosamente, diante de uma relação jurídica continuativa. Sobrevindo mudança ulterior no estado de fato, poderá a parte, por intermédio de uma nova ação judicial, caso ocorra novo indeferimento administrativo, reiterar a concessão do benefício em questão, com fundamento na alteração da situação fática, não se podendo objetar a existência de coisa julgada material, pois estaria a parte, nesse caso, amparada pela disposição contida no artigo 471, I, do CPC. 9. Por outro lado, o acórdão recorrido não efetuou nenhuma análise das condições pessoais e sociais do Autor, em sentido contrário à jurisprudência fixada nesta TNU – da necessidade dessa análise para a aferição da incapacidade quando a parte autora é possuidora do vírus do HIV. Nesse sentido Pedilef 200972500009464, Juiz Federal Herculano Martins Nacif, DOU 8.3.2013; Pedilef 50108579720124047001, Juiz Federal Adel Américo de Oliveira, DJ 26.10.2012; Pedilef 200563011070666, Juiz Federal Antônio Fernando Schenkel do Amaral e Silva, DOU 1.6.2012. (Pedilef 0021275-80.2009.4.03.6301, j. 12.6.2013, Rel. Juíza Federal Kyu Soon Lee)

▶ **Dec. 6.214/2007. Art. 4º.** (...). III – incapacidade: fenômeno multidimensional que abrange limitação do desempenho de atividade e restrição da participação, com redução efetiva e acentuada da capacidade de inclusão social, em correspondência à interação entre a pessoa com deficiência e seu ambiente físico e social.

1.2. Do Cálculo do Valor dos Benefícios (LBPS, arts. 28 a 40)

ENUNCIADO 142. A NATUREZA SUBSTITUTIVA DO BENEFÍCIO PREVIDENCIÁRIO POR INCAPACIDADE NÃO AUTORIZA O DESCONTO DAS PRESTAÇÕES DEVIDAS NO PERÍODO EM QUE HOUVE EXERCÍCIO DE ATIVIDADE REMUNERADA.

▶ *Rogério Moreira Alves*

A previdência social é um seguro de natureza coletiva contra riscos sociais. Um dos riscos sociais cobertos é a incapacidade para o trabalho: se o segurado fica doente e não consegue trabalhar, a previdência social lhe concede um benefício que substitua a sua remuneração. O auxílio-doença e a aposentadoria por invalidez, portanto, são benefícios previdenciários que visam substituir o rendimento do trabalho do segurado (art. 2º, VI, da Lei 8.213/91). Portanto, em princípio, o recebimento de salário é incompatível com o recebimento de benefício previdenciário por incapacidade. Ademais, o artigo 60, § 6º, da Lei 8.213/91 (incluído pela Lei 13.135/15) dispõe que: "o segurado que durante o gozo do auxílio-doença vier a exercer atividade que lhe garanta subsistência poderá ter o benefício cancelado a partir do retorno à atividade".

Capítulo VI Leis Previdenciárias

351

O fato de o segurado estar trabalhando representa um significativo indício de que não esteja incapacitado para o trabalho. Normalmente, só trabalha quem tem condições de saúde para tanto. No caso do segurado empregado, em especial, sua contratação é presumivelmente precedida de atestado de saúde ocupacional emitido por médico do trabalho, o que concorre para reforçar a presunção de capacidade laboral. Essa presunção, porém, não é absoluta. Trata-se de presunção relativa, que admite prova em contrário.

Após o indeferimento do requerimento administrativo ou após a cessação de benefício por incapacidade, o segurado que ainda se considera incapacitado para o trabalho costuma propor ação reclamando o controle judicial de legalidade da negativa do INSS. O desfecho da demanda judicial, porém, leva tempo. Na maioria das vezes, é necessária realização de perícia médica. A controvérsia sobre matéria de fato, na prática, quase sempre frustra a possibilidade de antecipação de tutela. Nesse contexto, é muito comum que o segurado se defronte com um dilema: ele não se sente em plenas condições para trabalhar, o INSS lhe nega a concessão do benefício previdenciário que poderia lhe prover a subsistência durante o período de incapacidade laboral e o Poder Judiciário não presta resposta imediata ao pedido de tutela jurisdicional. Daí, mesmo incapacitado para o trabalho, o segurado não raro se dispõe a continuar trabalhando, sacrificando-se para superar os próprios limites, por absoluta necessidade de amealhar recursos financeiros para sua sobrevivência e de sua família. E muitas vezes assim procede mesmo sob risco de agravar o quadro clínico.

A constatação dessa realidade motivou a jurisprudência a encampar a tese de que o exercício de atividade laborativa não necessariamente impede o reconhecimento do direito do segurado ao benefício por incapacidade (Súmula 72/TNU).

A tese jurídica aprovada no Enunciado 142, ora comentado, converge com a jurisprudência dominante ao reafirmar a possibilidade de pagamento de proventos retroativos de auxílio-doença ou de aposentadoria por invalidez em período durante o qual o segurado simultaneamente auferiu remuneração decorrente do exercício de atividade laboral.

Prestigia-se, assim, a boa-fé do segurado: quando ele exerceu a atividade remunerada, não sabia se a sua incapacidade para o trabalho seria reconhecida em sede judicial e se conseguiria receber os proventos retroativos do benefício por incapacidade. Por outro lado, se o exercício de atividade remunerada impedisse de forma absoluta a comprovação de incapacidade para o trabalho no período concomitante, o INSS acabaria sendo indireta e paradoxalmente premiado por recusar indevidamente a concessão do benefício na época própria.

É importante pontuar que o segurado só pode receber proventos retroativos de benefício por incapacidade em período concomitante com a percepção de remuneração caso fique comprovado na instrução processual judicial que a incapacidade para o trabalho estava consolidada não só no presente, mas também no período remoto durante o qual o segurado trabalhou. O fato de ter exercido atividade laboral não impede, mas também não dispensa a comprovação da incapacidade para o trabalho no passado. Cada caso concreto deve ser detidamente analisado com suas peculiaridades, cabendo ao julgador determinar, nem que seja por estimativa, a data de início da incapacidade e apurar se a incapacidade persistiu continuamente desde a data de início da incapacidade.

◉ TNU 72. É possível o recebimento de benefício por incapacidade durante período em que houve exercício de atividade remunerada quando comprovado que o segurado estava incapaz para as atividades habituais na época em que trabalhou.

◉ (...). Auxílio-doença. Exercício de atividade remunerada não obsta o direito de recebimento de benefício quando comprovada a incapacidade no período. Súmula 72/TNU. Incidente conhecido e provido. (...) 6. Quanto à matéria em controvérsia, esta Turma Nacional de Uniformização tem posicionamento consolidado no sentido de que "É possível o recebimento de benefício por incapacidade durante período em que houve exercício de atividade remunerada quando comprovado que o segurado estava incapaz para as atividades habituais na época em que trabalhou" (Súmula n. 72). 7. No caso dos autos, o laudo pericial médico constatou que a parte autora encontra-se incapacitada de forma definitiva desde 17.3.2004. Por sua vez, a Turma Recursal de origem fixou a DIB do auxílio-doença em 4.12.2012. Desse modo, faz jus a parte autora ao recebimento do benefício também entre 4.12.2012 e 2.2013, quando cessada a remuneração, conforme CNIS anexado aos autos. 8. Incidente de Uniformização de Jurisprudência conhecido e provido para reafirmar a tese de que é possível o recebimento de benefício por incapacidade durante período em que houve exercício de atividade remunerada quando comprovado que o segurado estava incapaz para as atividades habituais na época em que trabalhou (Súmula 72/TNU). Retorno dos autos à Turma Recursal de origem para adequação, conforme a premissa jurídica ora reiterada pela TNU. (TNU, Pedilef 0501960-49.2012.4.05.8402, Rel. Douglas Camarinha Gonzales, DOU 20.3.2015)

ENUNCIADO 162. EM CASO DE INCAPACIDADE INTERMITENTE, O PAGAMENTO DE PARCELAS ANTERIORES À PERÍCIA DEPENDE DA EFETIVA COMPROVAÇÃO DOS PERÍODOS EM QUE O AUTOR ESTEVE INCAPACITADO.

▶ *Fábio Moreira Ramiro*

O Enunciado aborda questão tormentosa no cotidiano dos Juizados Especiais Federais e varas previdenciárias, que é a fixação do termo inicial do benefício previdenciário por incapacidade, em especial naquela de natureza intermitente.

Tem-se por intermitente a incapacidade quando a doença ou trauma a ela subjacente alternam remissões e recrudescimentos, que, num intervalo de tempo moderado ou longo, impedem a afirmação inequívoca do início da incapacidade laborativa. São várias as doenças que se caracterizam por essa alternância de melhoras e pioras do quadro clínico, sendo recorrentes na prática forense as denominadas lombalgias e espondilartroses de natureza não ancilosante, bem assim os transtornos bipolares, no campo da psiquiatria.

Nesses casos, a documentação carreada pelos pacientes deverá demonstrar com clareza o início e fim da incapacidade de cada um dos períodos de incapacidade, permitindo ao perito judicial indicar quando efetivamente houve quadros incapacitantes que justificam o deferimento do auxílio-doença pretérito, independentemente de, no momento do exame, encontrar-se o segurado com ou sem incapacidade.

CAPÍTULO VI ● LEIS PREVIDENCIÁRIAS

A ausência de elementos que formem no perito – e, consequentemente, no juiz – a convicção de que o segurado apresentou períodos de incapacidade intermitente anteriores ao momento de realização da perícia, inviabilizam a fixação do termo inicial do benefício – data de início do benefício (DIB) em data diferente daquela em que se produz o exame, quando aferida a incapacidade, ou, ainda quando não constatada, o acolhimento da pretensão sobre parcelas anteriores.

Assim, o simples fato de haver requerimento administrativo ou mesmo de se tratar de restabelecimento de auxílio-doença (para citar o mais comum de todos os requeridos nos JEF's) não é suficiente para garantir a fixação da DIB em momento anterior à data da perícia quando se está diante de quadro de incapacidade intermitente, marcado pela alternância de períodos de remissão e agravamento da doença.

◎ (...). Auxílio doença. Incapacidade total e temporária. Comprovação. Incapacidade intermitente. Início do benefício na data da perícia. Honorários advocatícios. Parte assistida pela DPU. Incidência da Súmula 421/STJ. 3. A Sentença não merece reparos, pois lastreada no acervo probatório coligido aos autos, que evidenciou que a parte autora apresenta "transtorno afetivo bipolar, com sintomas psicóticos intermitentes associados ao uso de múltiplas substâncias psicoativas", estando, por isso, total e temporariamente incapacitada para realizar qualquer atividade laborativa, não tendo o INSS apresentado elementos que autorizem a divergir da conclusão do expert. 4. Malgrado o perito do Juízo tenha fixado o início da incapacidade em 2002, deixou claro que a doença tem manifestação intermitente e que a incapacidade somente se faz presente nos períodos de surto e de agravamento dos sintomas da patologia. Vê-se, ademais, que a parte autora recolheu contribuições previdenciárias ininterruptamente, entre 2001 e 2013, não havendo, pois, como se ter certeza de que a parte autora estava efetivamente incapaz quando do indeferimento do requerimento administrativo, sobretudo por ter sido fundamentando por perícia médica realizada pelo INSS. Assim, correta a fixação da DIB na data da perícia. (TRF1, 1ª Câmara Regional Previdenciária da BA. AC 00300732720134013300, Rel. Fabio Rogerio França Souza, e-DJF1 22.9.2016)

1.3. Dos Benefícios (LBPS, arts. 42 a 87)

ENUNCIADO 096. A CONCESSÃO ADMINISTRATIVA DO BENEFÍCIO NO CURSO DO PROCESSO ACARRETA A EXTINÇÃO DO FEITO SEM RESOLUÇÃO DE MÉRITO POR PERDA DO OBJETO, DESDE QUE CORRESPONDA AO PEDIDO FORMULADO NA INICIAL.

▶ *José Baptista de Almeida Filho Neto*

Em que pese a Constituição Federal garantir o livre o acesso ao Poder Judiciário (art. 5º XXXV), entendeu o Supremo Tribunal Federal, em sede de repercussão geral, que nas causas onde o objeto for a concessão de benefício previdenciário ou assistencial, o prévio requerimento administrativo caracterizará o interesse de agir necessário à proposição da demanda (RE 631240). Partindo-se da ideia de inexistência de garantia constitucional absoluta, o Pretório Excelso decidiu que as questões de fato desconhecidas do Instituto Nacional do Seguro Social – INSS precisariam ser previamente levadas ao conhecimento da mencionada autarquia previdenciária para, somente após isso, poder ser ajuizada a ação judicial.

Outrossim, nada impede que a autarquia previdenciária, exercendo seu poder de autotutela, reveja o ato de indeferimento administrativo e conceda administrativamente o benefício já pleiteado na seara judicial, mas antes do trânsito em julgado. O reconhecimento administrativo, nesse caso, retirará a resistência necessária à pretensão ao ajuizamento da ação. Desaparecerá, consequentemente, a necessidade e a utilidade do Poder Judiciário se manifestar e decidir quem está com a razão, no caso concreto. Com efeito, ocorrerá a chamada perda superveniente do interesse de agir. Logo, perdendo o objeto, o processo deverá este ser extinto sem julgamento de mérito, em virtude de carência de ação (art. 485, VI, do Código de Processo Civil).

Atente-se para o fato da extinção prematura do processo, por perda do objeto, somente ocorrer se a concessão administrativa corresponder exatamente ao pedido contido na petição inicial. Caso a concessão administrativa equivalha apenas a parte do que foi requerido judicialmente, a ação deverá prosseguir quanto ao que não reconhecido. Exemplificando, se o INSS concede administrativamente um benefício de aposentadoria por tempo de contribuição, mas já com um processo judicial em curso, a partir da data na qual foi formulado o pedido administrativo e isso corresponde exatamente ao que foi requestado em juízo, a causa deverá ser extinta sem julgamento de mérito. Nesse mesmo exemplo, sendo reconhecido, administrativamente, o direito somente a partir da data de citação, a ação judicial deverá prosseguir apenas quanto aos atrasados correspondentes ao período compreendido entre a data do pedido administrativo e a data de citação.

Por derradeiro, é oportuno esclarecer que, havendo extinção do processo sem julgamento de mérito por perda do objeto, não haverá condenação em honorários advocatícios de sucumbência, em favor do advogado da parte autora, uma vez que não é o princípio da causalidade que norteia a questão, no âmbito dos Juizados Especiais Federais Cíveis, mas a regra disposta no art. 55, da Lei 9.099/95. De acordo com esta, no âmbito do Juizado Especial Federal Cível, a condenação em honorários advocatícios pressupõe a sucumbência total no recurso interposto.

◎ Recurso extraordinário. Repercussão geral. Prévio requerimento administrativo e interesse em agir. 1. A instituição de condições para o regular exercício do direito de ação é compatível com o art. 5º, XXXV, da Constituição. Para se caracterizar a presença de interesse em agir, é preciso haver necessidade de ir a juízo. 2. A concessão de benefícios previdenciários depende de requerimento do interessado, não se caracterizando ameaça ou lesão a direito antes de sua apreciação e indeferimento pelo INSS, ou se excedido o prazo legal para sua análise. É bem de ver, no entanto, que a exigência de prévio requerimento não se confunde com o exaurimento das vias administrativas. 3. A exigência de prévio requerimento administrativo não deve prevalecer quando o entendimento da Administração for notória e reiteradamente contrário à postulação do segurado. 4. Na hipótese de pretensão de revisão, restabelecimento ou manutenção de benefício anteriormente concedido, considerando que o INSS tem o dever legal de conceder a prestação mais vantajosa possível, o pedido poderá ser formulado diretamente em juízo – salvo se depender da análise de matéria de fato ainda não levada ao conhecimento da Administração –, uma vez que, nesses casos, a conduta do INSS já configura o não acolhimento ao menos tácito da pretensão. 5. Tendo em vista a prolongada oscilação jurisprudencial na matéria, inclusive no Supremo Tribunal Federal, deve-se estabelecer uma fórmula de transição para lidar com as ações em curso, nos termos a seguir expostos. 6. Quanto às ações ajuizadas até a conclusão do presente julgamento (03.9.2014), sem que tenha havido prévio requerimento administrativo nas hipóteses em que exigível, será observado o seguinte: (i) caso a ação tenha sido ajuizada no âmbito de Juizado Itinerante, a ausência de anterior pedido administrativo não deverá implicar a extinção do feito; (ii) caso o INSS já tenha apresentado contestação de mérito, está caracterizado o interesse em

CAPÍTULO VI ● LEIS PREVIDENCIÁRIAS

355

agir pela resistência à pretensão; (iii) as demais ações que não se enquadrem nos itens (i) e (ii) ficarão sobrestadas, observando-se a sistemática a seguir. 7. Nas ações sobrestadas, o autor será intimado a dar entrada no pedido administrativo em 30 dias, sob pena de extinção do processo. Comprovada a postulação administrativa, o INSS será intimado a se manifestar acerca do pedido em até 90 dias, prazo dentro do qual a Autarquia deverá colher todas as provas eventualmente necessárias e proferir decisão. Se o pedido for acolhido administrativamente ou não puder ter o seu mérito analisado devido a razões imputáveis ao próprio requerente, extingue-se a ação. Do contrário, estará caracterizado o interesse em agir e o feito deverá prosseguir. 8. Em todos os casos acima – itens (i), (ii) e (iii) –, tanto a análise administrativa quanto a judicial deverão levar em conta a data do início da ação como data de entrada do requerimento, para todos os efeitos legais. 9. Recurso extraordinário a que se dá parcial provimento, reformando-se o acórdão recorrido para determinar a baixa dos autos ao juiz de primeiro grau, o qual deverá intimar a autora – que alega ser trabalhadora rural informal – a dar entrada no pedido administrativo em 30 dias, sob pena de extinção. Comprovada a postulação administrativa, o INSS será intimado para que, em 90 dias, colha as provas necessárias e profira decisão administrativa, considerando como data de entrada do requerimento a data do início da ação, para todos os efeitos legais. O resultado será comunicado ao juiz, que apreciará a subsistência ou não do interesse em agir (STF, Pleno, RE 631240, Rel. Min. Roberto Barroso, DJe 10.11.2014)

....

◎ Juizado especial federal. Direito previdenciário. Benefício de auxílio-doença ou aposentadoria por invalidez. Sentença de improcedência. Concessão administrativa do benefício após o ajuizamento da ação. Carência superveniente do direito de ação. Extinção do processo, sem resolução de mérito. Recurso prejudicado. Sem condenação em honorários advocatícios. (Turma Recursal de SP, 3ª T., 00191807920064036302, Rel. Danilo Almasi Vieira Santos, e-DJF3 20.12.2012)

◎ Previdenciário. Auxílio-doença ou aposentadoria por invalidez de acordo com o grau de incapacidade. Segurado urbano empregado. Concessão administrativa de aposentadoria por idade no curso do processo. Sentença reconhecendo a perda de interesse de agir superveniente. Afastamento do fundamento. Concessão administrativa não prejudica a análise do benefício discutido na via judicial, salvo se a pretensão for integralmente atendida. Inocorrência em razão de os benefícios possuírem diversas. Preenchimento dos requisitos do auxílio-doença. Direito ao pagamento dos valores atrasados desde a der do auxílio-doença até o dia anterior do benefício concedido administrativamente. Reforma integral. Recurso da parte autora conhecido e provido. (Turma Recursal do SE, 05026226820164058500, Rel. Fábio Cordeiro de Lima, j. 15.12.2016)

....

◎ Processo civil e previdenciário. Ação de implantação de benefício previdenciário c/c cobrança. Homologação de desistência sem a oitiva da parte contrária (267, VIII). Pleito de extinção anterior à protocolização da resposta do INSS. Pertinência. Perda de objeto da ação: implantação administrativa do benefício pretendido, antes da audiência respectiva. Confirmação da sentença de extinção do processo, sem julgamento do mérito, por duplo fundamentos (CPC, art. 267, VI e VIII). Recurso improvido. III. Além do mais, a sentença de extinção lavrada deve ser confirmada também por fundamento outro. O autor propôs ação de implantação de benefício previdenciário c/c cobrança. Após o ajuizamento da demanda (agosto/02), o INSS reconheceu administrativamente a pretensão previdenciária deduzida (setembro/02), com efeito retroativo, inclusive, a março/02. Sem objeto, restou, portanto, a ação intentada (CPC, art. 267, VI). (Turma Recursal do DF, 1ª T, Rel. Reynaldo Fonseca, DJDF 5.3.2004)

▶ **CPC. Art. 485.** O juiz não resolverá o mérito quando: (...). VI - verificar ausência de legitimidade ou de interesse processual.

▶ **LJE. Art. 55.** A sentença de primeiro grau não condenará o vencido em custas e honorários de advogado, ressalvados os casos de litigância de má-fé. Em segundo grau, o recorrente, vencido, pagará as custas e honorários de advogado, que serão fixados entre dez por cento e vinte por cento do valor de condenação ou, não havendo condenação, do valor corrigido da causa.

ENUNCIADO 143. NÃO IMPORTA EM JULGAMENTO "EXTRA PETITA" A CONCESSÃO DE BENEFÍCIO PREVIDENCIÁRIO POR INCAPACIDADE DIVERSO DAQUELE REQUERIDO NA INICIAL.

▶ *Thiago Mesquita Teles de Carvalho*

Aprovado no XI FONAJEF, o Enunciado trata da fungibilidade das ações previdenciárias por incapacidade. Ao julgador da lide previdenciária fica autorizado, por exemplo, conceder um auxílio-doença, mesmo quando a petição inicial tenha requerido apenas aposentadoria por invalidez.

Ao assim proceder, não estará o juiz ofendendo a norma processual que vincula o juiz ao pedido – princípio da adstrição, correlação ou congruência – que se encontrava inscrita no art. 460 do revogado CPC/73. De fato, tal dispositivo legal proibia o juiz de proferir sentença de natureza diversa da pedida, bem como condenar o réu em quantidade superior ou em objeto diverso do que foi demandado. O art. 492 do CPC/2015 contém norma idêntica.

Além disso, o código revogado impunha que o pedido fosse interpretado restritivamente, sendo necessária nova demanda para o caso de omissão de pedido que era lícito ao autor ter feito na ação original (arts. 293 e 294).

Não obstante a literalidade da legislação, a jurisprudência sedimentou-se no sentido de admitir a aludida fungibilidade, uma vez que os benefícios por incapacidade são ligados por um mesmo requisito: a redução ou inexistência de capacidade para o trabalho[1].

A fungibilidade, na forma exposta no Enunciado, tem ampla aceitação doutrinária e jurisprudencial. Contudo, parece que a extensão dessa fungibilidade não é tão tranquila.

Quanto aos benefícios de aposentadoria por invalidez e auxílio-doença, não há dissenso: a fungibilidade é admitida pacificamente. Nesse caso, o requerimento administrativo formulado para ambos os benefícios é o mesmo, bem como a instrução é idêntica, pois igualmente objetiva investigar a incapacidade para o trabalho.

No tocante à fungibilidade desses últimos benefícios com o auxílio-acidente, a jurisprudência também tem precedentes favoráveis (TNU, Pedilef 05037710720084058201; STJ, REsp 541553, adiante transcritos).

Algumas, entretanto, são as complicações da admissão da fungibilidade no caso do auxílio-acidente. Primeiro, a demanda do auxílio-acidente traz um elemento que não necessariamente faz parte do objeto da demanda da aposentadoria por invalidez e do auxílio-doença, que é a causa acidentária da redução da capacidade. Segundo, redução da capacidade não coincide com incapacidade, pelo que a instrução também diverge nesse aspecto. Assim, admitir a fungibilidade pode, em relação ao réu, ofender o contraditório, por cerceamento de defesa. Ainda, pode prejudicar o próprio postulante, ao ser surpreendido com uma improcedência, cuja coisa julgada abrangerá benefício que ele sequer requereu, tampouco produziu provas para a sua concessão.

---

1. SAVARIS, José Antônio. **Direito processual previdenciário**. 4. ed. Curitiba: Juruá, 2012, p. 70.

CAPÍTULO VI • LEIS PREVIDENCIÁRIAS

357

As mesmas considerações podem ser aventadas quando se inclui na fungibilidade a ação para concessão do benefício de prestação continuada à pessoa com deficiência. Aqui, parece que a diferença nos rumos da instrução é ainda maior, sobretudo porque a ideia de incapacidade para o trabalho, exigida para o benefício previdenciário, é completamente distinta do conceito de deficiência, requisito do amparo social. Há, também, a necessidade de se avaliar a miserabilidade, requisito ausente nos benefícios previdenciários. Demais disso, os requerimentos administrativos são diversos, havendo de se questionar se haveria, de fato, interesse de agir, já que o INSS sequer teve a oportunidade de (in)deferir o benefício.

Sem embargo, também há precedente do STJ autorizando a fungibilidade com o benefício assistencial (REsp 847587).

Finalmente, importante registrar que, com o advento da Lei 13.105/15 – Código de Processo Civil –, uma nova baliza para análise da fungibilidade foi positivada. Ela se encontra no § 2º do art. 322, e diz que "a interpretação do pedido considerará o conjunto da postulação e observará o princípio da boa-fé", permitindo ao julgador extrair o pedido não mais apenas do tópico da petição inicial a ele destinado.

◉ (...). É firme a jurisprudência do Superior Tribunal de Justiça no sentido de que, tratando-se de benefício previdenciário decorrente de acidente de trabalho, embora tenha o autor pedido determinado benefício, não configura nulidade, por decisão extra petita, se o julgador, verificando o devido preenchimento dos requisitos legais, conceder outro, tendo em vista a relevância da questão social que envolve a matéria. (STJ, 5ª T., REsp 541553, Rel. Min. Arnaldo Esteves Lima, DJ 11.12.2006)

◉ (...). Deferido benefício assistencial em vez de aposentadoria por invalidez ou auxílio-doença. Decisão "extra petita". Não-ocorrência. Juros de mora. Recurso provido. 1. Cuidando-se de matéria previdenciária, o pleito contido na peça inaugural deve ser analisado com certa flexibilidade. "In casu", postulada na inicial a concessão de aposentadoria por invalidez ou auxílio-doença, incensurável a decisão judicial que reconhece o preenchimento dos requisitos e concede ao autor o benefício assistencial de prestação continuada. (STJ, REsp 847587, Rel. Min. Arnaldo Esteves Lima, DJe 1.12.2008)

◉ Auxílio-doença. Aposentadoria por invalidez. Auxílio-acidente. Fungibilidade entre benefícios previdenciários por incapacidade inexistência de julgamento "extra petita". (...) O autor interpôs recurso inominado alegando que a redução da capacidade laborativa enseja a concessão de auxílio-acidente e que, apesar de não requerido na petição inicial, o direito a esse benefício pode ser reconhecido no presente processo em razão da fungibilidade dos benefícios por incapacidade. A Turma Recursal manteve a sentença pelos próprios fundamentos, sem enfrentar a fundamentação específica articulada no recurso. 2. O autor interpôs pedido de uniformização alegando contrariedade à jurisprudência do Superior Tribunal de Justiça, segundo a qual não configura nulidade por julgamento extra petita a decisão que, verificando o devido preenchimento dos requisitos legais, concede benefício previdenciário de espécie diversa daquela requerida pelo autor. 3. O princípio da fungibilidade é aplicado aos benefícios previdenciários por incapacidade, permitindo que o juiz conceda espécie de benefício diversa daquela requerida na petição inicial, se os correspondentes requisitos legais tiverem sido preenchidos. (...) O Superior Tribunal de Justiça já decidiu várias vezes que não configura julgamento extra petita a concessão de auxílio-acidente quando o pedido formulado é o de auxílio-doença ou aposentadoria por invalidez: (...). (TNU 0500614-69.2007.4.05.8101...). 7. Pedido parcialmente provido para: (a) uniformizar o entendimento de que não extrapola os limites objetivos da lide a concessão de auxílio-acidente quando o pedido formulado é o de auxílio-doença ou aposentadoria por invalidez; (b) determinar que a Turma Recursal promova a adequação do acórdão recorrido, analisando se os requisitos para concessão do auxílio-acidente foram preenchidos. (TNU, Pedilef 05037710720084058201, Rel. Rogério Moreira Alves, DJ 6.9.2012)

▶ **CPC. Art. 322.** (...). **§ 2º** A interpretação do pedido considerará o conjunto da postulação e observará o princípio da boa-fé. ▶**Art. 492.** É vedado ao juiz proferir decisão de natureza diversa da pedida, bem como condenar a parte em quantidade superior ou em objeto diverso do que lhe foi demandado. **Parágrafo único.** A decisão deve ser certa, ainda que resolva relação jurídica condicional.

ENUNCIADO 148. NAS AÇÕES REVISIONAIS EM QUE SE SE POSTULA APLICAÇÃO DA TESE DE DIREITO ADQUIRIDO AO MELHOR BENEFÍCIO, É REQUISITO DA PETIÇÃO INICIAL QUE SEJA APONTADA A DATA EM QUE VERIFICADA TAL SITUAÇÃO.

▶ *Flávio Roberto Ferreira de Lima*

O Enunciado em comento é direcionado ao caso do Segurado que vai ao INSS postulando um benefício previdenciário e lhe é concedido um benefício menos vantajoso a que teria direito. O INSS possui o dever de conceder o benefício mais vantajoso ao Segurado como já decidiu o STF, nos autos do RE 630501, e como se encontra previsto no art. 687, da Instrução Normativa INSS/PRES nº 77/15, adiante transcrita.

Qual é o prazo para que a parte possa ajuizar a ação postulando a revisão desse benefício? É o mesmo prazo que possui para a revisão do ato de concessão de benefício previdenciário, nos termos do art. 103, da Lei 8.213/91, ou seja, dez anos da concessão do benefício, como já decidiu a TNU nos autos do Pedilef 0516851-74.2013.4.05.8100, da Relatoria de Daniel Machado da Rocha, julgado em 17 de março de 2016.

O benefício previdenciário rege-se pelas normas que estavam em vigor ao tempo da implementação das condições para sua obtenção, devendo a parte autora indicar quando entende que foram implementadas tais condições. Há uma relação entre o pedido e a causa de pedir, que possui, entre seus elementos essenciais, a data do implemento das condições para a fruição do benefício. Se a parte não indica a data do implemento dessas condições na petição inicial, poderá haver dúvidas sobre a causa de pedir de pedir que a parte fundamenta seu pedido de revisão. Dessa forma, a exigência da indicação da data em que a parte implementou as condições vem ao encontro da necessidade de que o Juizado Especial possa entregar uma prestação jurisdicional precisa e célere.

O regime jurídico aplicável ao benefício previdenciário, no momento em que a parte preencheu os requisitos para sua concessão, não pode ser alterado por normas posteriores, mesmo quando a parte não formulou seu requerimento administrativo, nem tampouco pode-se utilizar o regime jurídico que vigia antes do implemento das condições para fruição do benefício, por não estar, ainda, configurado o direito adquirido.

Capítulo VI ● Leis Previdenciárias **359**

○ Aposentadoria. Proventos. Cálculo. Cumpre observar o quadro mais favorável ao beneficiário, pouco importando o decesso remuneratório ocorrido em data posterior ao implemento das condições legais. Considerações sobre o instituto do direito adquirido, na voz abalizada da relatora – ministra Ellen Gracie –, subscritas pela maioria. (STF, Pleno, RE 630501, Rel. Min. Marco Aurélio. Plenário, j. 21.2.2013).

▶ **IN INSS/Pres 77/2015. Art. 687.** O INSS deve conceder o melhor benefício a que o segurado fizer jus, cabendo ao servidor orientar nesse sentido.

ENUNCIADO 163. NÃO HAVENDO PEDIDO EXPRESSO NA PETIÇÃO INICIAL DE APOSENTADORIA PROPORCIONAL, O JUIZ DEVE SE LIMITAR A DETERMINAR A AVERBAR OS PERÍODOS RECONHECIDOS EM SENTENÇA, NA HIPÓTESE DO SEGURADO NÃO POSSUIR TEMPO DE CONTRIBUIÇÃO PARA CONCESSÃO DE APOSENTADORIA INTEGRAL.

▶ *Antônio César Bochenek e Márcio Augusto Nascimento*

Um dos objetivos do Enunciado foi retirar da carga do Juízo, a tarefa de analisar o cabimento de aposentadoria proporcional por tempo de contribuição, quando não cumpridos os requisitos para a aposentadoria integral, verificados no momento da prolação da sentença ou acórdão, nos casos em que não há pedido expresso na petição inicial e quando foi requerido e indeferido o pedido de aposentadoria integral.

Em princípio, haveria um ganho de tempo para julgar outros processos, até porque pode não ser interessante para a parte autora a concessão de aposentadoria proporcional e ela prefira trabalhar por mais certo tempo até cumprir o tempo necessário à aposentadoria integral ou até mesmo já trabalhou este tempo (entre o pedido administrativo e o trânsito em julgado do pedido judicial), especialmente em relação aos cálculos e valores referentes ao benefício previdenciário.

Outro ponto de vista, seria uma interpretação restrita do pedido da parte autora, no sentido de que requer apenas o benefício integral e no silêncio em relação ao proporcional, não teria manifestado a intenção de requerer o pedido menor.

Em que pese o entendimento acima explicitado apresentar fundamentos e justificativas válidas, também é possível interpretar de outra forma o tema. Com o devido respeito e consideração aos argumentos em contrário, os autores pensam que se a parte autora pede o mais, que é a aposentadoria integral por tempo de contribuição, o juiz pode conceder o menos, que seria a aposentadoria proporcional. Desta forma, o pedido de aposentadoria proporcional estaria inserido do pedido maior e principal.

Após, com a decisão judicial, se não for interessante para a parte autora a concessão de aposentadoria proporcional, basta ela comunicar ao juízo de que não executará o julgado, em face do interesse em requerer benefício com outros requisitos legais diversos daqueles reconhecidos em sentença. A fundamentação legal desta prática esta no dispositivo que permite a parte fazer a opção pelo benefício mais vantajoso, vez que neste caso ela apenas havia requerido o benefício integral em juízo, e não foi contemplado com o seu pedido. Os conceitos de direito adquirido e ato jurídico perfeito estão em sintonia com as normas acima citadas para a melhor solução da controvérsia.

Ademais, se o Juízo não analisar a possibilidade de concessão de aposentadoria proporcional porque não há pedido expresso, isso poderá causar o trâmite de uma ação que terá utilidade reduzida ao seu final porque somente determinará a averbação dos períodos controversos que foram acolhidos judicialmente. Esse resultado obrigará a parte autora a ajuizar uma nova ação e recomeçar todo o processo. Isso gerará custos para a parte autora e também para o Poder Judiciário que terá mais um processo para julgar, quando tudo poderia ter sido resolvido na primeira demanda judicial.

Desta forma, a polêmica a respeito da interpretação mais adequada persiste mesmo com a edição do Enunciado e com a proximidade da conclusão de uma nova reforma previdenciária o tema voltará com força quando na interpretação e aplicação das regras de transição.

1.4. Das Disposições Diversas Relativas às Prestações (LBPS, arts. 100 a 124)

ENUNCIADO 070. É COMPATÍVEL COM O RITO DOS JUIZADOS ESPECIAIS FEDERAIS A APLICAÇÃO DO ART. 112 DA LEI N. 8.213/1991, PARA FINS DE HABILITAÇÃO PROCESSUAL E PAGAMENTO.

▸ *Luíza Carvalho Dantas Rêgo*

O artigo 112 da Lei 8.213/91 possibilita o levantamento dos valores não recebidos em vida pelo segurado em favor dos dependentes habilitados à pensão por morte perante a Previdência Social ou, na falta destes, pelos herdeiros, prescindindo-se de abertura de inventário ou arrolamento de bens. Normativo análogo já existia na legislação previdenciária anterior, notadamente no art. 212 do Decreto 83.080/79.

A "ratio" do referido preceito legal é a mitigação dos rigores formais da lei sucessória, com o fito de facilitar a percepção de prestações previdenciárias não recebidas em vida pelo instituidor, sendo conferida legitimidade ativa àquelas pessoas descritas na lei para requerer o pagamento de parcelas que seriam devidas ao "de cujus". Na hipótese, os dependentes previdenciários do extinto poderão requerer sua habilitação, comprovando o óbito e sua qualidade de dependentes mediante certidão exarada pelo INSS, sendo residual a legitimidade dos demais sucessores, porquanto apenas exsurge se inexistirem dependentes validamente habilitados à pensão por morte.

Dessume-se da norma que, no caso de valores que ostentam natureza previdenciária, há a dispensa da abertura de inventário ou arrolamento para a obtenção dos valores reconhecidamente devidos ao segurado falecido.

Houve ampla discussão sobre o âmbito de aplicabilidade da norma em tela. Uma parte da jurisprudência entendia que a aplicação do artigo se jungia, apenas, à seara administrativa, quando existissem valores de natureza previdenciária devidos e não recebidos em vida pelo *de cujus* a ser pagos administrativamente, em razão de sua natureza de norma de direito material. Segundo tal entendimento, solução diversa se daria quando a questão houvesse de ser dirimida pelo Poder Judiciário, situação em

Capítulo VI • Leis Previdenciárias

que a habilitação deveria ser feita nos termos da lei processual, sendo imprescindível a representação em juízo pelo inventariante.

Inobstante, prevaleceu na doutrina e na jurisprudência pátrias que inexiste restrição no dispositivo a justificar a limitação de sua aplicabilidade ao âmbito administrativo. A previdência social, como é cediço, consubstancia direito social, e tem por escopo a preservação da dignidade da pessoa humana, vetor axiológico da ordem constitucional, não sendo possível conferir interpretação à norma previdenciária que contrarie tal princípio. Imperioso, portanto, beneficiar o segurado hipossuficiente, desde que não haja restrição legal, devendo ser concedida à norma interpretação que se coadune com a principiologia do direito previdenciário.

Não se afigura razoável exigir que, sem que a lei tenha feito distinção, o dependente do ex-segurado tenha que proceder à abertura de inventário ou arrolamento de bens, arcando com despesas e com a espera de um longo trâmite judicial, inclusive porque, muitas vezes, o *de cujus* sequer deixa bens a inventariar, sendo o único objeto da pretensa partilha o benefício previdenciário. Assim, o entendimento jurisprudencial prevalecente foi no sentido de que o dependente habilitado à pensão por morte ou, na falta dele, os sucessores, podem perceber os valores devidos ao segurado, independentemente de prévio inventário ou arrolamento, mesmo em caso de ação judicial em processamento. Em última instância, exclui-se o ingresso dos valores de cunho previdenciário no espólio por meio da introdução de norma processual específica, que permite ao dependente pleitear, de forma legítima, o pagamento de tais quantias.

O Enunciado teve por escopo esclarecer a aplicabilidade do art. 112 da Lei 8.213/91 aos Juizados Especiais Federais, elidindo sua caracterização como norma de direito material. Considerando a principiologia que permeia os juizados, especialmente a celeridade, economia processual e simplicidade, seria desarrazoado exigir que os dependentes, em caso de óbito do segurado que figure como sujeito processual, se submetessem à custosa tramitação do inventário e arrolamento no Juízo das Sucessões, como "conditio sine qua non" à percepção de valores a que o instituidor faria jus em vida. Vê-se, pois, que a interpretação da norma como sendo de direito processual se coaduna com os princípios regentes dos Juizados Especiais Federais.

⬚ (...). Previdenciário. Art. 112 da Lei 8213/91. Legitimidade de herdeiro para ajuizar ação para percepção de valores não recebidos em vida pelo segurado falecido. Inventário ou arrolamento. Desnecessidade. Prescreve o mencionado art. 112 da Lei 8.213/91, "ad litteram": "O valor não recebido em vida pelo segurado só será pago aos seus dependentes habilitados à pensão por morte ou, na falta deles, aos seus sucessores na forma da lei civil, independentemente de inventário ou arrolamento". Como se observa, poderão os valores devidos e não pagos ao segurado falecido ser percebidos pelos seus dependentes ou sucessores, desde que, evidentemente, provada essa condição, independentemente de inventário ou arrolamento. A letra da lei é clara e, a bem da verdade, apenas ratifica regra que já estava consagrada no regime previdenciário anterior (reproduzida no art. 212 do Decreto 83.080/79). Em suma, o artigo consagra verdadeira exclusão do ingresso dos valores no espólio e introduz regra procedimental e processual específica que afasta a competência do Juízo de Sucessões, conferindo legitimação ativa ao herdeiro ou dependente para, em nome próprio e em ação própria, postular o pagamento das parcelas. De lado outro, a tese de que o mencionado artigo somente teria aplicação em sede administrativa não parece, salvo melhor juízo, procedente. Embargos rejeitados. (STJ, 3ª S., EREsp 498864, Rel. Min. José Arnaldo da Fonseca, DJ 2.3.2005)

◎ Previdenciário. Benefício. Prévio requerimento. Sucessores legítimos de ex-titular. Valores não recebidos pelo "de cujus". Poder Judiciário. Dispensa de inventário/arrolamento. Aplicabilidade do art. 112 da Lei 8.213/91. Direito material. Não consideração. Exaurimento da via administrativa. Desnecessidade. Entendimento. Terceira seção. Súmula 213/TFR. Principiologia. Proteção ao segurado. Restrição legal. Inexistência. Recurso desprovido. I. O cerne da controvérsia diz respeito à exigência de os sucessores do ex-titular do benefício solicitarem o benefício previdenciário, no âmbito judiciário, somente após prévia realização de inventário ou arrolamento ou se existe possibilidade de pleitear valores independentemente destes. II. Conforme é consabido, assim preceitua o artigo 112 da Lei 8.213, verbis: "O valor não recebido em vida pelo segurado só será pago aos seus dependentes habilitados à pensão por morte ou, na falta deles, aos seus sucessores na forma da lei civil, independentemente de inventário ou arrolamento". Este artigo encontra-se disposto na Seção VIII, sob o título Das Disposições Diversas Relativas às Prestações. Neste contexto, a interpretação deste artigo deve ser no sentido da desnecessidade de realizar-se inventário ou arrolamento para os sucessores indicados pela Lei Civil, nos termos do mencionado artigo. III. No âmbito do Poder Judiciário, não há como se proceder a uma restrição em prejuízo ao beneficiário que não existe na Lei. Da leitura do referido artigo, constata-se não haver exigência de se produzir um longo inventário ou arrolamento, mesmo porque, na maioria das vezes, não haverá bens a inventariar. IV. In casu, não há que se cogitar de direito material. Se a interpretação caminhasse no entendimento de, sendo direito material, limitar-se, tão somente, sua aplicabilidade ao âmbito administrativo, o beneficiário teria, de muitas vezes, sentir-se obrigado a exaurir a via administrativa a fim de evitar um processo mais longo e demorado de inventário ou arrolamento, onde o único bem a ser considerado seria um módico benefício previdenciário. V. Quanto ao tema, já decidiram as Turmas da 3ª Seção, segundo a orientação da Súmula 213, do extinto Tribunal Federal de Recursos, do seguinte teor: "O exaurimento da via administrativa não é condição para a propositura de ação de natureza previdenciária". VI. Ademais, a principiologia do Direito Previdenciário pretende beneficiar o segurado desde que não haja restrição legal. No caso específico, o artigo 112 da Lei 8.213/91 não se resume ao âmbito administrativo. Portanto, se não há restrição legal, não deve o intérprete fazê-lo. VII. Não se pode exigir dos possíveis sucessores a abertura de inventário ou arrolamento de bens, pois tal interpretação traz prejuízos aos sucessores do ex-segurado já que, repita-se, têm eles de se submeter a um longo e demorado processo de inventário ou arrolamento para, ao final, receber tão somente um módico benefício previdenciário. (...). (STJ, 5ª T., REsp 200300143747, Rel. Min. Felix Fischer, DJ 19.4.2004)

◎ (...). O valor não recebido em vida pelo segurado só será pago aos seus dependentes habilitados à pensão por morte ou, na falta deles, aos seus sucessores na forma da lei civil, independentemente de inventário ou arrolamento. (TNU, Pedilef 200261840021031, Rel. Aroldo José Washington, j. 25.5.2004)

▶ **Lei 8.213/91. Art. 112.** O valor não recebido em vida pelo segurado só será pago aos seus dependentes habilitados à pensão por morte ou, na falta deles, aos seus sucessores na forma da lei civil, independentemente de inventário ou arrolamento.

2. LEI DE ORGANIZAÇÃO DA ASSISTÊNCIA SOCIAL (LEI 8.742/93)

ENUNCIADO 051. O ART. 20, § 1º, DA LEI 8.742/93 NÃO É EXAURIENTE PARA DELIMITAR O CONCEITO DE UNIDADE FAMILIAR.

▶ *Leonardo Augusto de Almeida Aguiar*

O art. 203, V, da CF, determina que a assistência social será prestada a quem dela necessitar, independentemente de contribuição à seguridade social, e tem como um

CAPÍTULO VI ● LEIS PREVIDENCIÁRIAS   **363**

de seus objetivos a garantia de um salário mínimo de benefício mensal à pessoa portadora de deficiência e ao idoso que comprovem não possuir meios de prover à própria manutenção ou de tê-la provida por sua família, conforme dispuser a lei.

A regulamentação do preceito constitucional mencionado adveio com a Lei 8.742/93 (Lei Orgânica da Assistência Social – LOAS), por meio de seus arts. 20, 21 e 21-A, e com o Decreto n. 6.214/07.

Temos, portanto, conforme dispõe o art. 20 da Lei 8.742/93, que "o benefício de prestação continuada é a garantia de um salário-mínimo mensal à pessoa com deficiência e ao idoso com 65 (sessenta e cinco) anos ou mais que comprovem não possuir meios de prover a própria manutenção nem de tê-la provida por sua família" (redação dada pela Lei 12.435/11).

A garantia do BPC ao idoso também está prevista no art. 34 da Lei 10.741/03 (Estatuto do Idoso).

Assim, o Benefício de Prestação Continuada (também conhecido como "amparo social") garante a transferência mensal de um salário mínimo à pessoa idosa e àquela com deficiência, de qualquer idade, que, por força das condições físicas inerentes a essas vicissitudes, encontre-se incapacitada para prover a própria subsistência ou de tê-la provida por sua família. É um direito de cidadania que garante a proteção social não contributiva da Seguridade Social.

O Benefício de Prestação Continuada integra a proteção social básica no âmbito do Sistema Único de Assistência Social (Suas), instituído pelo Ministério do Desenvolvimento Social e Agrário, em consonância com o estabelecido pela Política Nacional de Assistência Social (PNAS).

O Benefício de Prestação Continuada é constitutivo da PNAS e integrado às demais políticas setoriais, e visa ao enfrentamento da pobreza, à garantia da proteção social, ao provimento de condições para atender contingências sociais e à universalização dos direitos sociais, nos moldes definidos no parágrafo único do art. 2º da Lei 8.742/93 (LOAS).

A Lei 8.742/93, em sua redação original, dispunha que família era a unidade mononuclear, vivendo sob o mesmo teto, cuja economia é mantida pela contribuição de seus integrantes.

A Lei 9.720/98 mudou esse conceito, passando a se entender por família o conjunto de pessoas elencadas no art. 16 da Lei 8.213/91 (o cônjuge, a companheira, o companheiro e o filho, de qualquer condição, menor de 21 anos ou inválido), desde que vivam sob o mesmo teto.

A conceituação atual somente adveio com a Lei 12.435/11, de modo que, atualmente, para fins de se calcular a renda "per capita", no âmbito da concessão do amparo social, ao idoso ou ao deficiente, família é o conjunto de pessoas composto pelo requerente, o cônjuge ou companheiro, os pais e, na ausência de um deles, a madrasta ou o padrasto, os irmãos solteiros, os filhos e enteados solteiros e os menores tutelados, desde que vivam sob o mesmo teto (art. 20, § 1º, da Lei 8.742/93, com redação dada pela Lei 12.435/11).

É exatamente neste ponto que tem incidência o Enunciado, segundo o qual o art. 20, § 1º, da Lei 8.742/93 não é exauriente para delimitar o conceito de unidade familiar.

A questão, no plano da teoria da norma, consiste em se determinar se a enumeração legal é taxativa (não comportando ampliação pelo intérprete) ou exemplificativa (permitindo assim ampliação pelo intérprete).

Como de percebe claramente, o Enunciado em questão atribui ao dispositivo a natureza de uma enumeração meramente exemplificativa, de modo a comportar extensão, como por exemplo: o sogro ou a sogra, os netos, os bisnetos, os avós, sobrinhos e sobrinhas, e até mesmo pessoas sem vínculo familiar, desde que outros elementos indiquem que socialmente integram a mesma família (ou melhor, o mesmo grupo familiar), e desde que vivam sob o mesmo teto (pois a coabitação é requisito geral que as pessoas possam ser consideradas como integrantes do mesmo grupo familiar).

Esta diretiva interpretativa justifica-se pelo fato de que foi para a garantia da dignidade humana que o art. 203 da Constituição Federal conferiu ao Estado o dever de prestar assistência social para quem dela necessitar, independentemente de contribuição à seguridade social. Isto porque a dignidade da pessoa humana é o fundamento principal da democracia, sendo, em verdade, a sua meta ou objetivo, estando relacionada no art. 1º de nossa Constituição Federal como um dos fundamentos da República Federativa do Brasil, correspondendo a um conjunto de atributos pessoais que asseguram uma existência honrosa, respeitabilidade e autoestima ao cidadão. Nesse contexto, reconhecendo-se o amparo social como uma garantia constitucional decorrente diretamente do princípio da dignidade da pessoa humana, deve-se conferir a ele a maior amplitude possível, o que somente ocorre com a atribuição de caráter meramente exemplificativo ao rol do art. 20, § 1º, da Lei 8.742/93 (com redação dada pela Lei 12.435/11).

No ponto, não custa ressaltar que o amparo social (BPC/LOAS), apesar de possuir natureza assistencial, não se caracteriza como uma mera liberalidade do legislador pátrio, tampouco como favor concedido pelo Estado. Trata-se, em verdade, de um instrumento necessário a trazer efetividade às normas constitucionais previstas no capítulo reservado à assistência social, que se pauta na dimensão ética de garantia de efetivação da inclusão social daqueles que não conseguem ter existência digna em função de sua extrema vulnerabilidade social, pois apenas com a garantia de uma existência digna pode o Estado dar satisfatório resguardo aos direitos essenciais do ser humano, como o direito à vida, à igualdade, à integridade física e à moral daqueles que se encontram sob sua proteção.

No âmbito da TNU, contudo, impera uma interpretação exaustiva do rol legal das pessoas elegíveis ao núcleo familiar para os fins do artigo 20, § 1º, da LOAS.

Nesse sentido, vale citar que na Sessão de 16.11.2009, no julgamento do Pedilef 2008.71.95.000162-7 (Rel. Juiz Federal Derivaldo de Figueiredo Bezerra Filho),

CAPÍTULO VI ● LEIS PREVIDENCIÁRIAS

365

foi reafirmada a posição da TNU da interpretação restritiva do conceito de família conforme artigo 16 da Lei 8.213/91, com sua redação então vigente, na aplicação do artigo 20, § 1º, da LOAS, quando trata do assunto.

Já na sessão do dia 16.8.12, a TNU, ao julgar o Pedilef 2006.63.01.052381.5 (Representativo de Controvérsia, Tema n. 73), apreciou a questão referente a "saber qual a composição do grupo familiar para concessão do benefício assistencial, no período anterior à Lei 12.453/2011", e firmou a tese de que "o grupo familiar deve ser definido a partir da interpretação restrita do disposto no art. 16 da Lei 8.213/91 e no art. 20 da Lei 8.742/93, esta última na sua redação original".

Apesar da modificação da redação do art. 20, § 1º, da Lei 8.742/93 (LOAS), agora determinada pela Lei 12.435/11, a orientação restritiva ainda permanece no âmbito da TNU.

⊙ Incidente de uniformização parcialmente conhecido e, na parte conhecida, parcialmente provido, para reiterar a tese consolidada de que o grupo familiar deve ser definido a partir da interpretação restrita do disposto no art. 16 da Lei. 8.213/91 e no art. 20 da Lei. 8.742/93, devolver os autos à Turma Recursal de origem, a fim de que profira decisão adequada ao entendimento uniformizado. (TNU, Pedilef 2006.63.01.052381.5, Rel. Juiz Federal Alcides Saldanha Lima, j. 16.8.2012)

▶ **LOAS. Art. 20.** (...). **§ 1º** Para os efeitos do disposto no caput, a família é composta pelo requerente, o cônjuge ou companheiro, os pais e, na ausência de um deles, a madrasta ou o padrasto, os irmãos solteiros, os filhos e enteados solteiros e os menores tutelados, desde que vivam sob o mesmo teto.

3. PROVAS NO PROCESSO PREVIDENCIÁRIO

3.1. Perícia

ENUNCIADO 112. NÃO SE EXIGE MÉDICO ESPECIALISTA PARA A REALIZAÇÃO DE PERÍCIAS JUDICIAIS, SALVO CASOS EXCEPCIONAIS, A CRITÉRIO DO JUIZ.

▶ *Cláudio Kitner*

A produção de prova pericial tem previsão legal no art. 156, do CPC, que expressamente dispõe que, quando a prova do fato depender de conhecimento técnico ou científico, caberá ao juiz nomear um perito de sua confiança.

Nos Juizados Especiais Federais, o maior número de demanda se refere às lides de natureza previdenciária, sobretudo aquelas cujo ponto nodal é a incapacidade para o exercício de atividade laboral. Por isso que, de regra, tais juízos possuem um cadastro de médicos aptos a realizarem as perícias judiciais próprias para elucidarem as causas de tal natureza.

Como se sabe, nos últimos anos, houve uma grande interiorização da Justiça Federal, com a inauguração de varas federais em diversos municípios distantes dos grandes centros urbanos. Nesse trilhar, não é raro haver carência de especialistas nas mais diversas áreas médicas para elaborar os laudos judiciais.

Não é novidade que o médico é profissional que, com sua formação educacional, possui conhecimentos mínimos para fazer qualquer diagnóstico, assim como proceder a avaliações clínicas de pacientes que estão aos seus cuidados. O importante, em verdade, é que o perito de confiança do juízo apresente conhecimento técnico necessário, segurança e prudência para fazer o diagnóstico do paciente.

Do contrário, as causas de natureza previdenciária, que gravitem em torno da incapacidade laboral, não poderiam ser elucidadas nos rincões do País, onde, como já se disse, há uma enorme carência de médicos.

Evidentemente, não se afigura razoável que um anestesista, por exemplo, faça o diagnóstico de um portador de enfermidade de natureza ortopédica. Por isso que, segundo o Enunciado, "não se exige médico especialista para a realização de perícias judiciais, salvo casos excepcionais".

Na verdade, o fato do laudo oficial não satisfazer os interesses de uma das partes não implica a conclusão de que padece de vício de obscuridade, omissão ou contradição. O que importa é que ele seja o suficiente para firmar o convencimento do magistrado. Aliás, o perito nomeado pelo Juízo é um profissional imparcial, equidistante dos interesses das partes e desinteressado na lide. Por isso, não há óbice em adotar suas conclusões como razão de decidir.

A Turma Nacional de Uniformização firmou entendimento que a perícia médica pode ser realizada por médico generalista.

A Lei 12.842/2013, que dispõe sobre a medicina, estabelece que a atividade de perícia é privativa do médico, que é o profissional "graduado em curso superior de Medicina e inscrito no Conselho Regional de Medicina".

Veja-se que até mesmo o diagnóstico em psiquiatria é possível ser feito por profissional de qualquer especialidade médica, a teor da Resolução 2057/2013, do CFM. Nesse sentido, confira-se o Pedilef 05063636720124058400, julgado na TNU, e adiante transcrito.

Em suma e no essencial, a regra é que qualquer médico tem habilidade suficiente para realizar uma perícia judicial em qualquer especialidade, salvo raríssimas exceções, a critério do juiz.

Por óbvio, há hipóteses que o próprio perito que realizou o primeiro exame em uma das especialidades conclui que, para a análise da outra enfermidade alegada, imperiosa é a realização de perícia por outro especialista.

Nesse caso, a designação de nova perícia será determinada pelo juiz, não porque foi este o seu critério, e sim porque o próprio perito anterior se considerou inapto para elaborar o laudo na especialidade diversa da sua.

Não é demais citar que há jurisprudência, ainda que minoritária, entendendo que a realização de perícia por médico não especialista enseja a nulidade da sentença. Nesse sentido, cita-se o AC 389966, TRF5, adiante transcrito.

CAPÍTULO VI ● LEIS PREVIDENCIÁRIAS

367

A meu ver, o que se deve verificar no laudo pericial é se há substância nas conclusões médicas e se atende os parâmetros mínimos de segurança para respaldar uma decisão judicial.

◉ Pedido de uniformização nacional interposto pela parte autora. Previdenciário. Auxílio-doença. Improcedência do pedido. Perícia médica por especialista. Julgamento "citra petita". Anulação de ofício do acórdão e da sentença. Realização de nova perícia. (...) 9. Assim, em regra, a perícia médica pode ser realizada por médico generalista, como, aliás, prevê a Lei 12.842/2013 (que dispõe sobre a Medicina), ao dispor que ao "médico" é privativa a realização de perícia médica (arts. 4º, XII, e 5º, II), definindo como médico aquele profissional "graduado em cursos superiores de Medicina, e o exercício da profissão, dos inscritos no Conselho Regional de Medicina" (art. 6º). 10. Ademais, a Resolução 2.057/2013 do CFM (Conselho Federal de Medicina), ao tratar do diagnóstico em Psiquiatria estabeleceu que "o diagnóstico de doença mental deve ser feito por médico, de acordo com os padrões aceitos internacionalmente" (art. 4º) e ao tratar do ato pericial psiquiátrico apenas estabelece que "é dever do perito psiquiatra, bem como o de qualquer outra especialidade médica, proceder de acordo com o preconizado nesta resolução no manual anexo" (art. 36). 11. Vê-se, assim, que não há a vinculação da atividade pericial psiquiátrica a médico especialista em psiquiatria, não havendo vedação legal a atuação do médico generalista (ou de outra especialidade). (...). (TNU, Pedilef 05063636720124058400, Rel. Sérgio Murilo Wanderley Queiroga, DOU 5.12.2014)

◉ (...). Benefício assistencial. Perícia judicial. Cardiopatia. Necessidade de profissional especializado. Capacidade técnica. A perícia judicial deve obedecer, em regra, ao procedimento estabelecido no art. 421 e seguintes do CPC, com a nomeação do perito, facultando-se às partes a indicação de assistentes técnicos e a formulação de quesitos. Apresentado o laudo, há de assegurar-se o contraditório. Para a verificação da incapacidade da demandante, cardiopata, deve o exame pericial ser realizado por profissional especializado. Laudo assinado por médico não especialista. Nulidade da sentença". (TRF5, 3ª T., AC 389966, Rel. Ridalvo Costa, DJ 18.10.2006).

▶ **CPC. Art. 156.** O juiz será assistido por perito quando a prova do fato depender de conhecimento técnico ou científico.

▶ **Lei 12.842/13. Art. 5º** São privativos de médico: (...). II - perícia e auditoria médicas; coordenação e supervisão vinculadas, de forma imediata e direta, às atividades privativas de médico.
▶ **Art. 6º** A denominação 'médico' é privativa do graduado em curso superior de Medicina reconhecido e deverá constar obrigatoriamente dos diplomas emitidos por instituições de educação superior credenciadas na forma do art. 46 da Lei nº 9.394, de 20 de dezembro de 1996 (Lei de Diretrizes e Bases da Educação Nacional), vedada a denominação 'bacharel em Medicina'.

ENUNCIADO 126. NÃO CABE A PRESENÇA DE ADVOGADO EM PERÍCIA MÉDICA, POR SER UM ATO MÉDICO, NO QUAL SÓ PODEM ESTAR PRESENTES O PRÓPRIO PERITO E EVENTUAIS ASSISTENTES TÉCNICOS.

▶ *Wanessa Carneiro Molinaro Ferreira*

Uma quantidade significativa das demandas ajuizadas perante os Juizados Especiais Federais envolve a investigação em relação a algum tipo de incapacidade ou invalidez total da parte. Nestes casos, é deferida produção de provas técnicas, por meio de perícias médicas, para instruir adequadamente o feito, e, permitir, assim, o julgamento dos pedidos formulados.

Assim é que a análise técnica do estado de saúde da parte deverá ser realizada por médico perito de confiança do Juízo, e nomeado por este, nos termos do art. 12, *caput*, da Lei 10.259/01 e art. 156, do CPC.

O mencionado dispositivo da lei dos JEFs se refere a exame técnico, que conforme o acima exposto, diante dos casos normalmente apreciados nos Juizados Especiais Federais, será a perícia médica.

As perícias médicas permitem que mediante anamnese, exame clínico e leitura de exames laboratoriais e de imagem, o médico perito possa responder aos quesitos formulados pelas partes e pelo juízo. Por meio dos quesitos apresentados, será possível aos sujeitos do processo indagarem todos os pontos importantes a serem respondidos pelo médico, e, a partir das respostas, confrontá-las com os demais elementos dos autos.

A Lei 12.842/13, que dispõe sobre o exercício da Medicina estabelece que a perícia médica é atividade privativa do médico, em seu art. 4º, inciso XII.

Antes da vigência da Lei 12.842/2013, o tema era tratado pelo Conselho Federal de Medicina, por meio de atos normativos, notadamente nos artigos 7º e seguintes, da Resolução 1.488/98 e Parecer 9/2006.

Destarte é que, a teor da regra acima transcrita, não se pode admitir a presença do advogado no ato pericial, uma vez que, não sendo médico, não detém conhecimento técnico para avaliar os métodos de trabalho do "expert", mais ainda, sua presença pode inclusive constranger o próprio municiando, e afetar o resultado final do ato.

Sublinhe-se que a perícia médica deve respeitar rígidas regras da ética médica, conforme previsto no Parecer 9/2006, do Conselho Federal de Medicina, que regula a matéria, e pugna pela necessidade de preservar o direito à privacidade e sigilo do periciando com o médico, além de garantir às respostas maior naturalidade frente aos questionamentos formulados no exame (nesta direção: TRF 5ª Região, AC 362991).

É exatamente em razão do acima exposto que art. 12, § 2º, da Lei 10.259/01 faculta às partes a indicação assistentes técnicos para acompanharem a perícia, e apresentarem parecer (neste sentido: TRF 3ª Região, AI 376972). Por ser a perícia médica um ato técnico, somente pode ser franqueada ao próprio periciando e aos que possuem conhecimento científico para tanto, ou seja, o médico perito regularmente nomeado pelo juiz e os assistentes técnicos indicados pelas partes.

Merece destaque o fato de que sempre serão intimadas as partes para ciência e apresentação de eventual impugnação ao laudo técnico juntado pelo perito, respeitando, assim, o contraditório, nos moldes do art. 10, do CPC[2].

---

2. CARDOSO, Oscar Valente; SILA JUNIOR, Adir José. Principais reflexos da cooperação e do contraditório do CPC/2015 nos processos previdenciários dos juizados especiais federais cíveis. **Revista de Previdência Social.** Ano XL, n. 430, São Paulo, set. 2016, p. 727.

Capítulo VI ● Leis Previdenciárias

Ainda sobre a relevância de um contraditório efetivo, destaca Alexandre Freitas câmara[3]:

> Mas não se pode deixar de afirmar desde logo que o princípio constitucional do contraditório deve ser compreendido como uma garantia de participação com influência e de não surpresa.

É evidente que, embora não se faça presente na perícia, tem o patrono – quer da parte autora, quer da parte adversa – importante função de controle: (i) possibilidade de formular quesitos específicos, nos termos do art. 12, § 2º, da Lei 10.259/01, de modo a buscar esclarecimento pelo perito, melhor dizendo, para que o perito seja instado a manifestar-se sobre determinados aspectos que possam interessar ao caso; (ii) incumbe-lhe, ainda, levar ao juiz impugnações às conclusões do perito, inclusive pugnando por novo ato pericial, quando, verificar a existência de alguma nulidade que não possa ser superada; (iii) a indicação de assistente técnico para acompanhar o ato, conforme já mencionado acima.

Soma-se a isso o fato de que os peritos, como auxiliares da justiça (art. 149, do CPC), possuem, assim como os demais atores processuais, o dever de agirem pautados pela boa-fé, nos termos do art. 5º, do CPC, e, como todos, devem também colaborar com o Poder Judiciário para o descobrimento da verdade, como dispõe o art. 378, do mesmo código. E, ainda, estão ainda sujeitos a responsabilidade por eventual dano processual, conforme previsão do art. 158, do CPC.

Forçoso reconhecer, desta maneira, que diante da natureza de ato médico da perícia, nos termos do art. 4º, inciso XII, da Lei 12.842/13, e dos variados meios de controle disponíveis ao advogado, não existe qualquer prejuízo ou violação ao devido processo legal, e aos princípios correlacionados, ou seja, do contraditório e da ampla defesa das partes, a vedação da presença do patrono na perícia médica.

◉ (...). Auxílio-doença. Perícia médica acompanhada por procurador da parte autora. Descabimento. Inexiste ilegitimidade no ato do perito médico judicial consistente em impedir a presença do advogado do periciando, durante a realização do exame. – Conforme ressaltado, "os advogados não possuem conhecimento técnico específico que possa auxiliar o ato pericial, em nada contribuindo a sua presença". Faculdade de indicar assistente técnico, e por ele se fazer acompanhar. (TRF3, 8ª T., AI 373097, Rel. Therezinha Cazerta, e-DJF3 30.3.2010)

◉ (...). Previdenciário. Exame pericial. Presença do advogado. Desnecessidade. Inexistência de cerceamento de defesa ou ilegalidade. Inaplicabilidade da Súmula 343/STJ. Agravo regimental. I. Cabe à parte indicar assistente técnico para acompanhar a realização da prova pericial. O auxiliar poderá participar dos atos periciais, bem como apresentar parecer, se entender necessário. II. A ausência de indicação de assistente técnico pelo interessado, a fim de acompanhar o trabalho do expert, não pode ser suprida pela participação do advogado durante a realização do exame pericial, por ausência de previsão legal. III. Não há ilegalidade ou cerceamento de defesa na decisão agravada, vez que restou garantida a realização da perícia médica, necessária a comprovação do direito do agravante, que afirma ser portador de diabete, hipertensão arterial, dislipidemia, hiperuricemia, gota com artrite e artrose em punho e cotovelo. (TRF3, 8ª T., AI 376972, Rel. Marianina Galante, e-DJF3 30.3.2010)

----

3. CÂMARA, Alexandre Freitas. Dimensão processual do princípio do devido processo constitucional. *Revista Iberoamericana de Derecho Procesal.* vol. 1, jan./jun. 2015.

◎ (...). Concurso público para carteiro. Reprovação no exame médico em virtude de patologia inca-pacitante na coluna vertebral. Inexistência de laudo pericial em virtude da recusa imotivada do autor. Contratação. Impossibilidade. Danos morais. Descabimento. (...). 5. No caso dos autos, a justificativa dada pela médica perita de impedir a permanência do causídico no consultó-rio onde seria realizada a perícia, está relacionada com aspectos da própria ética médica, no intuito de preservar a privacidade do paciente, razão pela qual a o acesso deve ser restrito aos profissionais da área de saúde. 6. Além disso, certamente, o periciando responderia com maior naturalidade aos questionamentos formulados estando desacompanhado de seu patrono e livre de qualquer intervenção. 7. Doutro turno, é descabida a alegação de cerceamento de defesa, porquanto não se trata de ato que exija a pronta intervenção dos patronos, sendo possível às partes, após a juntada do laudo aos autos, impugnar o laudo pericial, requerendo esclarecimen-tos ou até mesmo a realização de novos exames, de modo que a ausência dos advogados no exame não acarretará prejuízo algum. 8. Desta feita, como bem analisou o ilustre sentenciante, considerando que a parte autora não se submeteu ao exame pericial por vontade própria, moti-vada ou não pela orientação equivocada de seu advogado, não fica o juízo "a quo" obrigado a dar nova oportunidade para que a parte decida se irá ou não se submeter ao exame médico pericial. (TRF5, 1ª T., AC 362991, Rel. José Maria Lucena, DJe 26.3.2016)

▶ **CPC. Art. 5º** Aquele que de qualquer forma participa do processo deve comportar-se de acordo com a boa-fé. ▶**Art. 10**. O juiz não pode decidir, em grau algum de jurisdição, com base em fundamento a respeito do qual não se tenha dado às partes oportunidade de se manifestar, ainda que se trate de matéria sobre a qual deva decidir de ofício. ▶**Art. 378.** Ninguém se exime do dever de colaborar com o Poder Judiciário para o descobrimento da verdade.

▶ **LJEF. Art. 12.** Para efetuar o exame técnico necessário à conciliação ou ao julgamento da causa, o Juiz nomeará pessoa habilitada, que apresentará o laudo até cinco dias antes da audiência, independentemente de intimação das partes. (...). **§ 2º** Nas ações previdenciárias e relativas à assistência social, havendo designação de exame, serão as partes intimadas para, em dez dias, apresentar quesitos e indicar assistentes.

▶ **Lei 12.842/13. Art. 4º** São atividades privativas do médico: (...) XII – realização de perícia médica e exames médico-legais, excetuados os exames laboratoriais de análises clínicas, toxico-lógicas, genéticas e de biologia molecular;

ENUNCIADO 133. QUANDO O PERITO MÉDICO JUDICIAL NÃO CONSEGUIR FIXAR A DATA DE INÍCIO DA INCAPACIDADE, DE FORMA FUNDAMENTADA, DEVE-SE CONSIDERAR PARA TANTO A DATA DE REALIZAÇÃO DA PERÍCIA, SALVO A EXISTÊNCIA DE OUTROS ELEMENTOS DE CONVICÇÃO.

▶ *Victor Roberto Corrêa de Souza*

Trata-se de recomendação dada ao julgador para a fixação da data de início da incapacidade, por ocasião da fundamentação de suas decisões e sentenças, o que não impede que o juiz, no caso concreto, fundamente sua decisão com base em outros elementos fático-probatórios.

Em alguns casos, por motivos diversos, é possível que o autor/paciente não dete-nha todas as informações e documentos médicos a respeito de sua patologia e inca-pacidade (ou estas informações podem existir, mas tenham sido sonegadas ao traba-lhador), por ocasião da perícia judicial, o que, por vezes, faz com que o perito, quando confirma a incapacidade, não tenha como afirmar, com precisão, que a incapacidade se iniciara em alguma data pretérita. Nessas situações, é razoável o entendimento de que somente há prova da incapacidade a partir da data da perícia médica.

Todavia, em havendo algum pleito de restabelecimento de benefício, ou se discutindo questões sobre qualidade de segurado e incapacidade pré-existente, é possível que o magistrado se depare com importante controvérsia, na qual tenha que identificar com maior acuidade a data de início da incapacidade.

Em ocorrendo situações como essa, e não sendo possível ao perito judicial identificar a data de início da incapacidade, o juiz deverá se utilizar de outros elementos de convicção. Dentre estes, destaque para as provas periciais administrativas realizadas na autarquia federal (conhecidas como relatórios SABI), os prontuários, atestados, receituários e demais documentos médicos da vida inteira do requerente, e até mesmo a possibilidade de realização de audiências de instrução para colheita do depoimento pessoal do autor e oitivas de testemunhas. Com a ponderação entre estas provas e demais elementos de convicção existentes nos autos será possível definir, com precisão, a data de início da incapacidade do requerente.

Nessa ponderação, obviamente, deverá o magistrado observar se o laudo pericial analisou dados objetivos como a função habitual do segurado, o contexto social em que vive (escolaridade, residência, idade, história laborativa), a patologia sofrida pelo cidadão e todo o seu histórico de tratamento. Se o laudo pericial não observou esses fatos, de acordo com o conjunto probatório, deverá o magistrado atentar para eles, no momento da sentença.

Outra importante ferramenta a ser utilizada, nesses casos, é o manejo das regras de experiência comum (art. 375 do CPC). Assim, quando o perito não puder confirmar data de incapacidade anterior ao dia da perícia, mas houver benefício (concedido em face da mesma patologia detectada na perícia) cessado em data pouco tempo anterior à data da perícia, é possível entender, pelas regras da experiência comum, que os motivos que levaram à concessão do benefício anterior são os mesmos que levaram o perito judicial a reconhecer a existência da mesma incapacidade.

Ou seja, há a presunção de que as razões da incapacidade não se alteraram, e que a parte contrária (INSS) não provou adequadamente a recuperação da capacidade laboral durante o interregno entre a cessação do benefício anterior e a data da perícia judicial. Como afirma José Antônio Savaris[4]:

> Não havendo prova da recuperação da capacidade laboral, o ordinário de acontecer nessas circunstâncias (CPC, art. 375; CPC/73, art. 335) é que o segurado não tenha recuperado plenas condições de exercer sua atividade profissional nesse período, corroborando tal pensamento o fato de que, desde a concessão do benefício, jamais voltou a trabalhar.

Também não se impede que o magistrado nomeie outro perito judicial que possa definir adequadamente a data de início da incapacidade, nos termos do art. 475 do CPC, pois mesmo em se tratando de perícia em juizado especial, a celeridade não pode comprometer o aperfeiçoamento da cognição e da instrução processual.

---

4. SAVARIS, José Antonio. **Direito processual previdenciário**. 6. ed. Curitiba: Alteridade, 2016, p. 275-276.

ENUNCIADO 167. NAS AÇÕES DE BENEFÍCIO ASSISTENCIAL, NÃO HÁ NULIDADE NA DISPENSA DE PERÍCIA SOCIOECONÔMICA QUANDO NÃO IDENTIFICADO INDÍCIO DE DEFICIÊNCIA, A PARTIR DE SEU CONCEITO MULTIDISCIPLINAR.

▶ *Victor Roberto Corrêa de Souza*

Basicamente, os pedidos de benefício assistencial para pessoa com deficiência são analisados sob dois aspectos, considerando-se o art. 203, inciso V, da Constituição, bem como o art. 20 da Lei 8.742/93 (LOAS). Nestes pedidos, em regra, verifica-se a existência de vulnerabilidade socioeconômica do requerente, considerando-se seu núcleo familiar, bem como a prova da deficiência alegada.

Quanto às provas possíveis, são determinadas de acordo com o art. 370 do CPC, ou seja, cabe ao juiz a decisão pela realização de perícia socioeconômica, para fins de aferição de vulnerabilidade social, em casos de requerimentos de benefícios assistenciais.

Todavia, essa prova tem que ser indispensável ao deslinde da causa, pois se restar comprovado que ela não será útil na análise do mérito, qualquer pleito de realização de perícia neste sentido, é passível de indeferimento. Ocorre a presente hipótese, por exemplo, nos casos em que reste comprovado, no momento inicial da instrução, que a pessoa que está a requerer o benefício assistencial não detém deficiência, ou sequer indícios da existência desta.

Essa avaliação da deficiência, por outro lado, deve ser feita de acordo com os ditames da Lei 13.146/15 (Estatuto da Pessoa com Deficiência), na qual se definiu o conceito de pessoa com deficiência e a forma como se avalia e comprova a existência de uma deficiência (art. 2º e §§).

Vale afirmar que a avaliação da deficiência, de forma multiprofissional e interdisciplinar, indicada no parágrafo 1º, será obrigatória para a administração pública apenas a partir de 6.1.2018 (arts. 124 e 127).

Todavia, isto não impede que a administração pública e o Poder Judiciário, em seus processos judiciais e administrativos, busquem realizar a comprovação da deficiência alegada da forma mais multiprofissional que for possível. Nesse sentido, é bom lembrar o que determina o art. 20, § 6º, da Lei 8.742/93, a respeito da prova da deficiência.

Desta forma, caso reste comprovado que não há deficiência, ou mesmo indícios desta, considerando-se o seu conceito multidisciplinar, o juiz poderá indeferir ou dispensar a realização de perícia socioeconômica no núcleo familiar da parte requerente de benefício assistencial, o que é medida compatível com razões de economia processual e com o direito à razoável duração do processo, não sendo correto permitir o andamento da instrução processual, com perda de tempo e custos financeiros que não seriam necessários, apenas para aferição de vulnerabilidade social, se o outro requisito para concessão do benefício – a deficiência, não se faz presente.

Por fim, deve estar claro que a vulnerabilidade socioeconômica foi discutida no processo administrativo no INSS, vez que não é raro encontrar processos

Capítulo VI ● Leis Previdenciárias

373

administrativos de pedidos de benefícios assistenciais em que o INSS analisa apenas a existência de deficiência e indefere o pleito administrativamente. Diante de uma situação como essa, é mais prudente que o juízo analise os dois requisitos para o benefício assistencial, pois sua sentença poderá ser anulada em grau recursal, para produção de prova para aferição da vulnerabilidade, não se permitindo julgamento por presunção de vulnerabilidade.

○ (...). Benefício assistencial. Ausência de laudo socioeconômico. Situação de miserabilidade presumida sem qualquer outro elemento de prova submetido ao crivo do contraditório. Incidente de uniformização conhecido e parcialmente provido para anular o acórdão, determinando a reabertura de instrução para possibilitar produção de prova referente ao requisito miserabilidade. Inteligência da Questão de Ordem n° 20 da TNU. (...) 2. Em síntese, aduz o recorrente que, para o julgamento da demanda, não houve a elaboração de laudo socioeconômico, baseando-se a sentença e o acórdão somente no fato de o indeferimento na via administrativa ter se dado pela ausência do requisito da incapacidade, o que tornaria presumida a miserabilidade. Alega, portanto, afronta ao direito constitucional da ampla defesa e ofensa à lei do benefício postulado. Apontou como paradigma acórdão da lavra desta TNU, Pedilef 200439007106977. (...). 3. Incidente admitido pelo Excelentíssimo Presidente da Turma Recursal de origem. 4. Divergência configurada. De um lado, o acórdão recorrido manteve a sentença de procedência, reconhecendo o estado de miserabilidade sem valer-se de laudo socioeconômico, e sem nenhuma outra produção de prova nesse sentido. De outro lado, no acórdão paradigma desta Turma Nacional, firmou-se entendimento no sentido de que a concessão judicial do benefício assistencial, sem a elaboração do laudo socioeconômico, afronta o direito constitucional da ampla defesa e ofende a própria lei instituidora do benefício. 5. Com efeito, para a concessão de benefício assistencial, de caráter não contributivo e voltado para o atendimento das necessidades básicas do postulante, há que se ter devidamente comprovada a situação de miserabilidade. Desse modo, para sua aferição, faz-se necessária a elaboração de laudo socioeconômico por profissional legalmente habilitado e, na impossibilidade dessa confecção, a coleta de prova em Juízo pelos meios legalmente admitidos e não defesos moralmente. 6. Ressalvado entendimento pessoal (de que a prescindibilidade do laudo sócio econômico somente se dá quando inviável a produção dessa perícia), esta Turma Uniformizadora fixou entendimento pela inexigibilidade do laudo socioeconômico, posto que a miserabilidade pode ser aferida por quaisquer meios de prova (Pedilef 200833007095126...). No entanto, como exposto, nos presentes autos, nenhuma prova da miserabilidade foi produzida, seja por laudo social, seja por outros meios de prova (como juntada de documentos, certidão de oficial de justiça, prova testemunhal). "In casu", sob o fundamento de o benefício ter sido indeferido pela via administrativa em razão da não comprovação do requisito incapacidade, não se oportunizou a realização daquela prova. 7. Em situações similares, esta Corte determinou a realização de colheita de prova da hipossuficiência, com a dispensa do laudo sócio econômico (Pedilef 200781005165005 e Pedilef 200581100546980...). 8. Incidente de uniformização conhecido e parcialmente provido para, nos termos da Questão de Ordem 20, anular o acórdão, e determinar reabertura de instrução probatória para a comprovação da miserabilidade, seja esta por laudo socioeconômico ou outros meios de prova legalmente admitidos e sob o crivo do contraditório. (TNU, Pedilef 200739047030133, Rel. Kyu Soon Lee, DOU 23.4.2013)

▶ **CF. Art. 203.** A assistência social será prestada a quem dela necessitar, independentemente de contribuição à seguridade social, e tem por objetivos: (...) V - a garantia de um salário mínimo de benefício mensal à pessoa portadora de deficiência e ao idoso que comprovem não possuir meios de prover à própria manutenção ou de tê-la provida por sua família, conforme dispuser a lei.

► **CPC. Art. 370.** Caberá ao juiz, de ofício ou a requerimento da parte, determinar as provas necessárias ao julgamento do mérito. **Parágrafo único.** O juiz indeferirá, em decisão fundamentada, as diligências inúteis ou meramente protelatórias.

► **Lei 13.146/15. Art. 2º** Considera-se pessoa com deficiência aquela que tem impedimento de longo prazo de natureza física, mental, intelectual ou sensorial, o qual, em interação com uma ou mais barreiras, pode obstruir sua participação plena e efetiva na sociedade em igualdade de condições com as demais pessoas. **§ 1º** A avaliação da deficiência, quando necessária, será biopsicossocial, realizada por equipe multiprofissional e interdisciplinar e considerará: I - os impedimentos nas funções e nas estruturas do corpo; II - os fatores socioambientais, psicológicos e pessoais; III - a limitação no desempenho de atividades; e IV - a restrição de participação. **§ 2º** O Poder Executivo criará instrumentos para avaliação da deficiência.

► **LOAS. Art. 20.** O benefício de prestação continuada é a garantia de um salário-mínimo mensal à pessoa com deficiência e ao idoso com 65 (sessenta e cinco) anos ou mais que comprovem não possuir meios de prover a própria manutenção nem de tê-la provida por sua família. (...). **§ 2º** Para efeito de concessão do benefício de prestação continuada, considera-se pessoa com deficiência aquela que tem impedimento de longo prazo de natureza física, mental, intelectual ou sensorial, o qual, em interação com uma ou mais barreiras, pode obstruir sua participação plena e efetiva na sociedade em igualdade de condições com as demais pessoas. (...). **§ 6º** A concessão do benefício ficará sujeita à avaliação da deficiência e do grau de impedimento de que trata o § 2º, composta por avaliação médica e avaliação social realizadas por médicos peritos e por assistentes sociais do Instituto Nacional de Seguro Social - INSS.

3.2. Prévio Requerimento Administrativo

ENUNCIADO 077. O AJUIZAMENTO DA AÇÃO DE CONCESSÃO DE BENEFÍCIO DA SEGURIDADE SOCIAL RECLAMA PRÉVIO REQUERIMENTO ADMINISTRATIVO.

▶ *Rogério Moreira Alves*

Sem o prévio requerimento administrativo, o INSS não é provocado a se manifestar sobre a pretensão do requerente e não tem oportunidade de esboçar concordância ou discordância em relação ao pedido. Como a pretensão do interessado não é resistida, não há necessidade de intervenção jurisdicional. É por isso que, sem prévio requerimento administrativo, falta interesse de agir (por falta de necessidade de intervenção jurisdicional). Por conseguinte, fica prejudicada a admissibilidade do julgamento do mérito, de forma que o processo pode ser extinto por sentença terminativa.

Exigir o antecedente requerimento administrativo não importa ofensa ao princípio da inafastabilidade do acesso ao Judiciário (art. 5º, XXXV, CF). Restrição do acesso à justiça só haveria se se exigisse a interposição de recuso administrativo em caso de eventual decisão denegatória. O que se dispensa é o prévio exaurimento da via administrativa, ou seja, o percurso de todas as instâncias administrativas. O requerente não é obrigado a interpor recurso administrativo contra a decisão indeferitória, mas é obrigado – se quiser discutir o direito em juízo – a formular o requerimento administrativo e obter a resposta negativa expressa do INSS.

CAPÍTULO VI ● LEIS PREVIDENCIÁRIAS

375

O Enunciado ora comentado foi aprovado no III FONAJEF, realizado em outubro de 2006 em São Paulo. Muitos anos depois, a orientação condensada no Enunciado acabou sendo consagrada pelo Supremo Tribunal Federal. Em 27.8.2014, a Corte julgou recurso extraordinário com repercussão geral (RE 631240) firmando a tese de que o indeferimento de prévio requerimento administrativo é condição indispensável para que o requerente proponha demanda judicial.

A regra, portanto, é a da indispensabilidade do prévio requerimento administrativo. Contudo, há algumas exceções à exigibilidade do prévio requerimento, algumas delas expressamente destacadas pelo STF no "leading case" acima indicado:

a) nas ações ajuizadas em juizados itinerantes, porque tais juizados se direcionam justamente para onde não há agência do INSS e onde se frustra a possibilidade de o interessado formalizar o requerimento administrativo;

b) nos casos em que o INSS tenha apresentado contestação com defesa de mérito, porque, nesse caso, a resistência do INSS já fica inequivocamente configurada;

c) quando o entendimento da Administração for notória e reiteradamente contrário à postulação do segurado, pois nesses casos a presunção de indeferimento do requerimento permite inferir a necessidade imediata de tutela jurisdicional;

d) em pedido de revisão de benefício previdenciário. Nesses casos, a ação visa provocar o controle judicial de legalidade de um ato administrativo – o ato de concessão do benefício – já praticado pelo INSS. Desde que o beneficiário manifesta discordância quanto ao valor da renda mensal ou quanto à espécie de benefício estabelecida pelo INSS no ato de concessão, a existência de conflito de interesses com pretensão resistida já se mostra configurada. A concessão do benefício com parâmetros fora de sintonia com a expectativa do beneficiário já caracteriza a negativa tácita do INSS ao direito postulado. Há uma exceção: se o pedido de revisão depender da análise de matéria de fato ainda não levada ao conhecimento da Administração, o prévio requerimento administrativo não é dispensável, pois o INSS não manifestou resistência prévia ao fato novo alegado pelo beneficiário;

e) em pedido de restabelecimento de benefício anteriormente concedido. Nesse caso, o INSS já praticou o ato administrativo que causou prejuízo ao requerente. Se o interessado discorda do cancelamento do benefício, o conflito de interesses com pretensão resistida já fica configurado;

f) quando há excessiva demora do INSS em examinar o requerimento administrativo. A omissão prolongada do INSS em decidir o requerimento configura resistência indireta à pretensão do requerente. No julgamento do RE 631240, o relator, Ministro Roberto Barroso, disse que:

> O prévio requerimento de concessão, assim, é pressuposto para que se possa acionar legitimamente o Poder Judiciário. Eventual lesão a direito decorrerá, por exemplo, da efetiva análise e indeferimento total ou parcial do pedido, ou, ainda, da excessiva demora em sua apreciação (isto é, quando excedido o prazo de 45 dias previsto no art. 41-A, § 5º, da Lei 8.213/1991).

◎ Recurso extraordinário. Repercussão geral. Prévio requerimento administrativo e interesse em agir. 1. A instituição de condições para o regular exercício do direito de ação é compatível com o art. 5º, XXXV, da Constituição. Para se caracterizar a presença de interesse em agir, é preciso haver necessidade de ir a juízo. 2. A concessão de benefícios previdenciários depende de requerimento do interessado, não se caracterizando ameaça ou lesão a direito antes de sua apreciação e indeferimento pelo INSS, ou se excedido o prazo legal para sua análise. É bem de ver, no entanto, que a exigência de prévio requerimento não se confunde com o exaurimento das vias administrativas. 3. A exigência de prévio requerimento administrativo não deve prevalecer quando o entendimento da Administração for notória e reiteradamente contrário à postulação do segurado. 4. Na hipótese de pretensão de revisão, restabelecimento ou manutenção de benefício anteriormente concedido, considerando que o INSS tem o dever legal de conceder a prestação mais vantajosa possível, o pedido poderá ser formulado diretamente em juízo – salvo se depender da análise de matéria de fato ainda não levada ao conhecimento da Administração –, uma vez que, nesses casos, a conduta do INSS já configura o não acolhimento ao menos tácito da pretensão. 5. Tendo em vista a prolongada oscilação jurisprudencial na matéria, inclusive no Supremo Tribunal Federal, deve-se estabelecer uma fórmula de transição para lidar com as ações em curso, nos termos a seguir expostos. 6. Quanto às ações ajuizadas até a conclusão do presente julgamento (03.9.2014), sem que tenha havido prévio requerimento administrativo nas hipóteses em que exigível, será observado o seguinte: (i) caso a ação tenha sido ajuizada no âmbito de Juizado Itinerante, a ausência de anterior pedido administrativo não deverá implicar a extinção do feito; (ii) caso o INSS já tenha apresentado contestação de mérito, está caracterizado o interesse em agir pela resistência à pretensão; (iii) as demais ações que não se enquadrem nos itens (i) e (ii) ficarão sobrestadas, observando-se a sistemática a seguir. 7. Nas ações sobrestadas, o autor será intimado a dar entrada no pedido administrativo em 30 dias, sob pena de extinção do processo. Comprovada a postulação administrativa, o INSS será intimado a se manifestar acerca do pedido em até 90 dias, prazo dentro do qual a Autarquia deverá colher todas as provas eventualmente necessárias e proferir decisão. Se o pedido for acolhido administrativamente ou não puder ter o seu mérito analisado devido a razões imputáveis ao próprio requerente, extingue-se a ação. Do contrário, estará caracterizado o interesse em agir e o feito deverá prosseguir. 8. Em todos os casos acima – itens (i), (ii) e (iii) –, tanto a análise administrativa quanto a judicial deverão levar em conta a data do início da ação como data de entrada do requerimento, para todos os efeitos legais. 9. Recurso extraordinário a que se dá parcial provimento, reformando-se o acórdão recorrido para determinar a baixa dos autos ao juiz de primeiro grau, o qual deverá intimar a autora – que alega ser trabalhadora rural informal – a dar entrada no pedido administrativo em 30 dias, sob pena de extinção. Comprovada a postulação administrativa, o INSS será intimado para que, em 90 dias, colha as provas necessárias e profira decisão administrativa, considerando como data de entrada do requerimento a data do início da ação, para todos os efeitos legais. O resultado será comunicado ao juiz, que apreciará a subsistência ou não do interesse em agir (STF, Pleno, RE 631240, Rel. Min. Roberto Barroso, DJe 10.11.2014)

ENUNCIADO 078. O AJUIZAMENTO DA AÇÃO REVISIONAL DE BENEFÍCIO DA SEGURIDADE SOCIAL QUE NÃO ENVOLVA MATÉRIA DE FATO DISPENSA O PRÉVIO REQUERIMENTO ADMINISTRATIVO, SALVO QUANDO HOUVER ATO OFICIAL DA PREVIDÊNCIA RECONHECENDO ADMINISTRATIVAMENTE O DIREITO POSTULADO.

▶ *Ailton Schramm de Rocha*

Aqui se apresenta uma exceção ao Enunciado 77. Dispensa-se a exigência de prévio requerimento administrativo nas ações revisionais de benefício da seguridade social em que não haja necessidade de descortino de matéria fática.

Ação revisional é aquela que objetiva modificar critérios adotados pela Administração na concessão do benefício, a exemplo de revisão do período básico de cálculo,

Capítulo VI ● Leis Previdenciárias

dos valores dos salários-de-contribuição, da renda mensal inicial e do reconhecimento de atividade prestada sob condições especiais.

O Enunciado alcança as ações revisionais tanto de benefícios previdenciários (como, *v.g.*, a aposentadoria, o auxílio-doença ou pensão por morte) como assistenciais (prestação continuada com fundamento na Lei Orgânica da Assistência Social – LOAS).

A exigência do prévio requerimento administrativo almeja evitar que o Poder Judiciário se torne a primeira via para o segurado postular o benefício da seguridade social. O INSS existe para conceder as prestações e serviços de natureza previdenciária e assistencial aos beneficiários e dispõe de aparelhamento físico e técnico voltado para o cumprimento desse mister. As prestações devidas pela Autarquia Previdenciária dependem, no entanto, da iniciativa do interessado. Desse modo, se o requerimento administrativo não chega a ser formulado pelo interessado, este não pode posteriormente alegar omissão da entidade de previdência e assistência social.

Em se tratando de matéria exclusivamente de direito, na grande maioria dos casos já é conhecido o posicionamento da administração sobre o pedido formulado. Não há que se falar, portanto, em ausência de interesse processual[5]. Conforme destacou o Ministro Luís Roberto Barroso, por ocasião do julgamento do RE 631240:

> Não se deve exigir o prévio requerimento administrativo quando o entendimento da Autarquia Previdenciária for notoriamente contrário à pretensão do interessado. Nesses casos, o interesse em agir estará caracterizado.

Exemplo disso até bem pouco tempo atrás era o pedido de desaposentação – antes de o Supremo Tribunal Federal decidir, no julgamento dos RE 381367, 661256 e 827833, pelo seu não cabimento – o segurado que pretendesse formular esse requerimento já sabia de antemão o posicionamento contrário da administração. Não fazia sentido condicionar o pleno exercício do direito de ação a uma providência burocrática e fadada ao indeferimento. Nesses casos, a exigência do prévio requerimento administrativo produz mora injustificada no cumprimento do Estado do seu dever de prestar a jurisdição. O interesse processual é imediato e já nasce com a própria pretensão, uma vez que já se sabe por antecipação que é resistida.

Desse modo, quando se cuida de pedido revisional cuja cognição dependa apenas de matéria de direito, não há qualquer prejuízo processual para a autarquia previdenciária, uma vez que as teses jurídicas são de antemão conhecidas e o exame da matéria prescinde de coleta probatória.

---

5. Nesse sentido, o voto do Ministro Herman Benjamin, no julgamento que significou a mudança de entendimento da 2ª Turma do Superior Tribunal de Justiça sobre a matéria: "A regra geral aqui fixada é a de que o interesse processual do segurado se configura nas hipóteses de negativa do recebimento do requerimento ou de resistência na concessão do benefício previdenciário, seja pelo concreto indeferimento, seja pela notória oposição da autarquia à tese jurídica esposada. Nesse último caso, seria inútil impor ao segurado a prévia protocolização de requerimento administrativo quando o próprio INSS adota posicionamento contrário ao embasamento jurídico do pleito". (STJ, REsp 1310042, 2ª T, Rel. Min . Herman Benjamin, DJe 28.5.2012).

O Enunciado refere-se apenas às demandas revisionais, hipóteses em que, uma vez preenchidos os requisitos legais, em verdade é dever da Administração previdenciária proceder à revisão de ofício, independentemente de provocação do segurado.

São exemplos de ações revisionais que dispensam exame de matéria fática a ação que pretende o recálculo da renda mensal inicial (com a adoção, por exemplo, do IRSM de fevereiro de 1994), a que objetiva melhor benefício (cálculo do benefício de acordo com a legislação vigente à época em que já preenchidos os requisitos exigidos para a sua concessão) e a aplicação da regra do artigo 29, II, da Lei 8.213/91, no cálculo dos salários-de-benefício dos benefícios por incapacidade.

O presente Enunciado sofreu modificação. Uma exceção foi incluída, em revisão ocorrida no IX FONAJEF, realizado em 2012. A redação foi acrescida de hipótese em que se retoma a regra geral de que não há interesse processual sem prévio requerimento administrativo, quando já ato oficial da Previdência (instrução normativa, portaria ou congênere) reconhecendo o direito postulado.

A nova redação é oportuna. Se Administração já tem orientação interna para conceder a revisão, não há necessidade de se pleiteá-la judicialmente.

No entanto, o reconhecimento apenas parcial do direito faz persistir o interesse processual. É o que ocorre, por exemplo, quando a Administração sujeita o pagamento dos créditos decorrentes da revisão a um calendário de pagamentos (como ocorreu na revisão do artigo 29, II, da Lei 8.213/91). É prática que caracteriza pretensão resistida, comportamento que legitima o ajuizamento da ação (cf. 00019635920124036319). Outra hipótese muito recorrente é que o INSS normalmente concede o direito à revisão a partir da data em que esta foi requerida, ao passo que a jurisprudência reconhece o direito desde a data de concessão do benefício, observada a prescrição quinquenal (cf. Pedilef 200471950201090).

> Na hipótese de pretensão de revisão, restabelecimento ou manutenção de benefício anteriormente concedido, considerando que o INSS tem o dever legal de conceder a prestação mais vantajosa possível, o pedido poderá ser formulado diretamente em juízo – salvo se depender da análise de matéria de fato ainda não levada ao conhecimento da Administração –, uma vez que, nesses casos, a conduta do INSS já configura o não acolhimento ao menos tácito da pretensão. (STF, RE 631240, Rel. Min. Roberto Barroso, Pleno, DOU 10.11.2014).

> "A existência de acordo em ACP que reconheceu o direito à revisão pleiteada e estabeleceu calendário para pagamento das diferenças devidas, não afeta o interesse processual do segurado, pois remanescente o interesse no recebimento dos valores em atraso desde logo". (Turma Recursal de SP, 11ª T., 00019635920124036319, Rel. Maira Felipe Lourenço, e-DJF3 9.1.2017).

> Segundo a teoria da norma, uma vez aperfeiçoados todos os critérios da hipótese de incidência previdenciária, desencadeia-se o juízo lógico que determina o dever jurídico do INSS conceder a prestação previdenciária. A questão da comprovação dos fatos que constituem o antecedente normativo constitui matéria estranha à disciplina da relação jurídica de benefícios e não inibem os efeitos imediatos da realização, no plano dos fatos, dos requisitos dispostos na hipótese normativa. A revisão de uma aposentadoria gera efeitos a partir da data do requerimento administrativo quando os requisitos legais já eram aperfeiçoados pelo segurado desde então, ainda que a sua comprovação somente tenha sido possível em juízo. (TNU, Pedilef 200471950201090, Rel. José Antônio Savaris, j. 8.2.2010).

Capítulo VI ● Leis Previdenciárias

Enunciado 079. A comprovação de denúncia da negativa de protocolo de pedido de concessão de benefício, feita perante a ouvidoria da previdência social, supre a exigência de comprovação de prévio requerimento administrativo nas ações de benefícios da seguridade social.

▶ *Luiz Régis Bonfim Filho*

O denominado interesse de agir, independentemente de ser qualificado como condição da ação ou pressuposto processual, consubstancia elemento imprescindível para se realizar o juízo de admissibilidade da demanda. A ausência de interesse concede autorização ao órgão jurisdicional para proferir decisão de inadmissibilidade, extinguindo o processo sem resolução do mérito, nos termos do art. 17 c/c art. 485, inciso VI, ambos do CPC/2015.

Nas demandas cujo objeto consiste na concessão de benefício da seguridade social (previdenciário e o de prestação continuada – LOAS), faz necessário o prévio requerimento administrativo para caracterizar o interesse processual na judicialização. A principal razão da tese reside no receio de transformar o Poder Judiciário em balcão do INSS, autarquia federal responsável pela análise administrativa dos benefícios. No ponto, colaciona-se emblemático precedente do STF, RE 631240, julgado na sistemática de repercussão geral, que consolidou a necessidade de prévio requerimento administrativo. Registre-se que o STJ aderiu, no julgamento do REsp 1369834, repetitivo, ao entendimento do STF.

Desta feita, é juridicamente plausível exigir que o segurado se dirija a uma agência do INSS, pleiteando administrativamente o benefício antes de demandar no Poder Judiciário. Não há violação a cláusula constitucional do acesso à justiça (art. 5º, XXXV, da CF/88). Nesse sentido, leciona Min. Rel. Luís Roberto Barroso, no RE 631240:

> (...). 15. A concessão dos benefícios previdenciários em geral ocorre a partir de provocação do administrado, isto é, depende essencialmente de uma postura ativa do interessado em obter o benefício. Eventual demora não inibe a produção de efeitos financeiros imediatos, já que a data do requerimento está diretamente relacionada à data de início de vários benefícios, como se vê dos arts. 43, § 1º; 49; 54; 57, § 2º; 60, § 1º; 74; e 80, todos da Lei 8.213/91. A mesma regra vale para o benefício assistencial (Lei 8.742/93, art. 37).
>
> 16. Assim, se a concessão de um direito depende de requerimento, não se pode falar em lesão ou ameaça a tal direito antes mesmo da formulação do pedido administrativo. O prévio requerimento de concessão, assim, é pressuposto para que se possa acionar legitimamente o Poder Judiciário. Eventual lesão a direito decorrerá, por exemplo, da efetiva análise e indeferimento total ou parcial do pedido, ou, ainda, da excessiva demora em sua apreciação (isto é, quando excedido o prazo de 45 dias previsto no art. 41-A, § 5º, da Lei 8.213/1991). Esta, aliás, é a regra geral prevista no Enunciado 77 do Fórum Nacional dos Juizados Especiais Federais – FONAJEF (...).
>
> 17. Esta é a interpretação mais adequada ao princípio da separação de Poderes. Permitir que o Judiciário conheça originariamente de pedidos cujo acolhimento, por lei, depende de requerimento à Administração significa transformar o juiz em administrador, ou a Justiça em guichê de atendimento do INSS, expressão que já se tornou corrente na matéria. O Judiciário não tem, e nem deve ter, a estrutura necessária para atender às pretensões que, de ordinário, devem ser primeiramente formuladas junto à Administração. O juiz deve estar pronto, isto sim, para responder a alegações de lesão ou ameaça a direito. Mas, se o reconhecimento do direito depende de requerimento, não há lesão ou ameaça possível antes da formulação do pedido

administrativo. Assim, não há necessidade de acionar o Judiciário antes desta medida. Daí porque não cabe comparar a situação em exame com as previstas nos arts. 114, § 2º, e 217, § 1º, da CF/1988, que instituem condições especiais da ação, a fim de extrair um irrestrito acesso ao Judiciário fora destas hipóteses. (...).

Desta feita, existem exceções à exigência do prévio requerimento administrativo, conforme a própria ementa do precedente do STF. O Enunciado ora análise aponta o obstáculo interposto pelo INSS em se negar o protocolo administrativo de pedido de concessão de benefício como causa de dispensa de apresentação do requerimento administrativo na propositura da ação previdenciária. De fato, a negativa de protocolo, por si só, reflete pratica inconstitucional diante do direito de petição aos órgãos públicos, nos termos do art. 5º, XXXIV, "a", CF/88.

Por fim, é razoável considerar a data da judicialização como marco inicial de pagamento do benefício pleiteado. Nada obstante, importante salientar que o autor da demanda ajuizada sem o adequado requerimento administrativo deve se desincumbir do ônus de provar a negativa de protocolo pela autarquia previdenciária, apresentando denúncia ao órgão competente do INSS sobre o fato.

⊙ (...). Repercussão geral. Prévio requerimento administrativo e interesse em agir. 1. A instituição de condições para o regular exercício do direito de ação é compatível com o art. 5º, XXXV, da Constituição. Para se caracterizar a presença de interesse em agir, é preciso haver necessidade de ir a juízo. 2. A concessão de benefícios previdenciários depende de requerimento do interessado, não se caracterizando ameaça ou lesão a direito antes de sua apreciação e indeferimento pelo INSS, ou se excedido o prazo legal para sua análise. É bem de ver, no entanto, que a exigência de prévio requerimento não se confunde com o exaurimento das vias administrativas. 3. A exigência de prévio requerimento administrativo não deve prevalecer quando o entendimento da Administração for notória e reiteradamente contrário à postulação do segurado. 4. Na hipótese de pretensão de revisão, restabelecimento ou manutenção de benefício anteriormente concedido, considerando que o INSS tem o dever legal de conceder a prestação mais vantajosa possível, o pedido poderá ser formulado diretamente em juízo – salvo se depender da análise de matéria de fato ainda não levada ao conhecimento da Administração –, uma vez que, nesses casos, a conduta do INSS já configura o não acolhimento ao menos tácito da pretensão. 5. Tendo em vista a prolongada oscilação jurisprudencial na matéria, inclusive no Supremo Tribunal Federal, deve-se estabelecer uma fórmula de transição para lidar com as ações em curso, nos termos a seguir expostos. 6. Quanto às ações ajuizadas até a conclusão do presente julgamento (03.9.2014), sem que tenha havido prévio requerimento administrativo nas hipóteses em que exigível, será observado o seguinte: (i) caso a ação tenha sido ajuizada no âmbito de Juizado Itinerante, a ausência de anterior pedido administrativo não deverá implicar a extinção do feito; (ii) caso o INSS já tenha apresentado contestação de mérito, está caracterizado o interesse em agir pela resistência à pretensão; (iii) as demais ações que não se enquadrem nos itens (i) e (ii) ficarão sobrestadas, observando-se a sistemática a seguir. 7. Nas ações sobrestadas, o autor será intimado a dar entrada no pedido administrativo em 30 dias, sob pena de extinção do processo. Comprovada a postulação administrativa, o INSS será intimado a se manifestar acerca do pedido em até 90 dias, prazo dentro do qual a Autarquia deverá colher todas as provas eventualmente necessárias e proferir decisão. Se o pedido for acolhido administrativamente ou não puder ter o seu mérito analisado devido a razões imputáveis ao próprio requerente, extingue-se a ação. Do contrário, estará caracterizado o interesse em agir e o feito deverá prosseguir. 8. Em todos os casos acima – itens (i), (ii) e (iii) –, tanto a análise administrativa quanto a judicial deverão levar em conta a data do início da ação como data de entrada do requerimento, para todos os efeitos legais. 9. Recurso extraordinário a que se dá parcial provimento, reformando-se o acórdão recorrido para determinar a baixa dos autos ao juiz de primeiro grau, o qual deverá intimar a autora – que alega ser trabalhadora rural informal – a dar entrada no pedido administrativo em

CAPÍTULO VI ● LEIS PREVIDENCIÁRIAS

381

30 dias, sob pena de extinção. Comprovada a postulação administrativa, o INSS será intimado para que, em 90 dias, colha as provas necessárias e profira decisão administrativa, considerando como data de entrada do requerimento a data do início da ação, para todos os efeitos legais. O resultado será comunicado ao juiz, que apreciará a subsistência ou não do interesse em agir. (STF, Pleno, RE 631240, Rel. Min. Roberto Barroso, DJ 10.11.2014).

....

▢ (...). Concessão de benefício. Prévio requerimento administrativo. Necessidade. Confirmação da jurisprudência desta corte superior ao que decidido pelo Supremo Tribunal Federal no julgamento do RE 631240, julgado sob a sistemática da repercussão geral. 1. O Plenário do Supremo Tribunal Federal, no julgamento do RE 631240, sob rito do artigo 543-B do CPC, decidiu que a concessão de benefícios previdenciários depende de requerimento administrativo, evidenciando situações de ressalva e fórmula de transição a ser aplicada nas ações já ajuizadas até a conclusão do aludido julgamento (3.92014). 2. Recurso especial do INSS parcialmente provido a fim de que o Juízo de origem aplique as regras de modulação estipuladas no RE 631240. Julgamento submetido ao rito do artigo 543-C do CPC. (STJ, REsp 1369834, repetitivo, Rel. Min. Benedito Gonçalves, 1ª S., DJe 2.12.2014)

ENUNCIADO 080. EM JUIZADOS ITINERANTES, PODE SER FLEXIBILIZADA A EXIGÊNCIA DE PRÉVIO REQUERIMENTO ADMINISTRATIVO, CONSIDERADAS AS PECULIARIDADES DA REGIÃO ATENDIDA.

▶ *Luiz Régis Bonfim Filho*

Como já abordado no Enunciado 79/FONAJEF, nas demandas cujo objeto consiste na concessão de benefício da seguridade social (previdenciário e o de prestação continuada – LOAS), faz necessário o prévio requerimento administrativo para caracterizar o interesse processual na judicialização. Em casos envolvendo juizados itinerantes, o precedente do STF, RE 631240, que consolidou a exigência de prévio requerimento administrativo, julgado na sistemática de repercussão geral, tratou expressamente da flexibilização mencionada no Enunciado ora comentado.

Apesar de tratado como regra de transição, a flexibilização da exigência de prévio requerimento administrativo no âmbito dos Juizados itinerantes deve ser observada independentemente da data do julgamento do precedente do STF acima destacado. Explico.

Os Juizados itinerantes consubstanciam instrumento de democratização da Justiça, que se desloca ao encontro do cidadão residente em locais carentes e de difícil acesso. O art. 107, § 2º, CF/88 estipula que os TRFs instalarão a Justiça itinerante, com a realização de audiências e demais funções da atividade jurisdicional. O parágrafo único do art. 22 da Lei 10.259/01, por sua vez, declara que o Juiz Federal, quando o exigirem as circunstâncias, poderá determinar o funcionamento do Juizado Especial em caráter itinerante, mediante autorização prévia do respectivo TRF.

Dentro das limitações orçamentárias, as Administrações Judiciárias procuram conceder concretude ao postulado constitucional do acesso à Justiça de forma a contribuir ao que intitulou "atendimento à demanda reprimida". No ponto, muito bem declarou[6] o Desembargador Federal aposentado, Dr. Aloísio Palmeira Lima, então Presidente do Egrégio TRF1:

> Linha de frente dos Juizados Especiais Federais, os Juizados Itinerantes constituem o meio pelo qual a Justiça Federal rompe as fronteiras da desigualdade social e leva esperança a milhares de pessoas carentes nos mais longínquos rincões do Brasil, onde a Justiça Federal ainda não está instalada. (...). Além de encurtar distâncias, eles (juizados itinerantes) representam o mais eficaz, se não o único, instrumento de afirmação da cidadania nos últimos tempos. Nada existem em semelhança como valioso distribuidor de renda, ao tornar possível a concessão de benefícios previdenciários e assistenciais em tempo médio de sessenta dias, com um mínimo de formalismo.

Diante deste quadro, desarrazoado seria exigir do segurado o prévio requerimento em agência do INSS longínqua cujo percurso demanda tempo e dinheiro. A ideia dos Juizados itinerantes é justamente a integração social, ampliando a prestação do serviço jurisdicional e resgatando cidadania a pessoas domiciliadas em comunidades desfavorecidas. Nesta dinâmica dos Juizados itinerantes, a necessidade de apresentar o requerimento administrativo na petição inicial configura, a priori, obstáculo de difícil superação, inviabilizando a política de Administração judiciária de aproximação da Justiça.

Por outro lado, a possibilidade de dispensa do prévio requerimento deve atender às peculiaridades regionais, especialmente acerca do patamar de desenvolvimento cívico do local, não configurando, registre-se, automático deferimento dos pleitos previdenciários ou assistenciais. A regra persiste na tese do interesse processual resultante de uma postura ativa do pleiteante (STF, RE 631240):

> A concessão dos benefícios previdenciários em geral ocorre a partir de provocação do administrado, isto é, depende essencialmente de uma postura ativa do interessado em obter o benefício. Eventual demora não inibe a produção de efeitos financeiros imediatos, já que a data do requerimento está diretamente relacionada à data de início de vários benefícios.

No caso dos Juizados itinerantes, no qual tem comum atuação em regiões desprovidas de órgãos da Administração Pública Federal, excepciona-se a exigência do prévio requerimento, objetivando um tratamento materialmente igualitário na resolução dos litígios. É nessa perspectiva que deve ser interpretado o Enunciado.

Assim, destaca-se que a Juizado itinerante reflete uma justiça em movimento, devendo envolver todos os atores habituais da prática forense. Daí a relevância dos órgãos do Ministério Público Federal, da Defensoria Pública da União, da Procuradoria Federal, do INSS, dentre outros, fazerem presentes nesta empreitada de realização concreta do direito ao acesso à justiça.

Pelo exposto, os Juizados itinerantes consubstanciam verdadeira forma alternativa de acesso à justiça, resgatando a cidadania plena e a dignidade da pessoa humana no estado democrático de direito.

---

6. TRF1. **Juizados especiais federais itinerantes: a Justiça vencendo distâncias: 2 anos.** Brasília: TRF1, 2004, p. 9. Disponível no site do CJF.

CAPÍTULO VI ● LEIS PREVIDENCIÁRIAS

383

☉ (...). Repercussão geral. Prévio requerimento administrativo e interesse em agir. (...) 2. A concessão de benefícios previdenciários depende de requerimento do interessado, não se caracterizando ameaça ou lesão a direito antes de sua apreciação e indeferimento pelo INSS, ou se excedido o prazo legal para sua análise. É bem de ver, no entanto, que a exigência de prévio requerimento não se confunde com o exaurimento das vias administrativas. (...) 6. Quanto às ações ajuizadas até a conclusão do presente julgamento (03.9.2014), sem que tenha havido prévio requerimento administrativo nas hipóteses em que exigível, será observado o seguinte: (i) caso a ação tenha sido ajuizada no âmbito de Juizado Itinerante, a ausência de anterior pedido administrativo não deverá implicar a extinção do feito; (...) (STF, RE 631240, Rel. Min. Roberto Barroso, Pleno, DJ 10.11.2014).

▶ **LJEF. Art. 6º** Podem ser partes no Juizado Especial Federal Cível: I – como autores, as pessoas físicas e as microempresas e empresas de pequeno porte, assim definidas na Lei n. 9.317, de 5 de dezembro de 1996.

▶ **LJE Art. 31.** Não se admitirá a reconvenção. É lícito ao réu, na contestação, formular pedido em seu favor, nos limites do art. 3º desta Lei, desde que fundado nos mesmos fatos que constituem objeto da controvérsia.

ENUNCIADO 164. JULGADO IMPROCEDENTE PEDIDO DE BENEFÍCIO POR INCAPACIDADE, NO AJUIZAMENTO DE NOVA AÇÃO, COM BASE NA MESMA DOENÇA, DEVE O SEGURADO APRESENTAR NOVO REQUERIMENTO ADMINISTRATIVO, DEMONSTRANDO, NA PETIÇÃO INICIAL, O AGRAVAMENTO DA DOENÇA, JUNTANDO DOCUMENTOS MÉDICOS NOVOS.

▶ *Victor Roberto Corrêa de Souza*

Se houver julgamento de improcedência de pleito de benefício por incapacidade em face do INSS, e a parte não apresentar recurso, a sentença de mérito transita em julgado, e o autor não poderá mais discutir judicialmente, naquele mesmo processo ou em outro futuro, aquele mesmo pedido administrativo de benefício por incapacidade.

Todavia, é possível que este mesmo requerente comprove que voltou a estar incapaz para suas atividades profissionais, às vezes pela mesma doença que justificou alguma concessão administrativa anterior, como em casos de incapacidades intermitentes e sazonais.

São doenças permanentes ou incuráveis nas quais há diagnóstico definido e com fases, crises e episódios de exacerbação de sintomas, motivados por questões internas (da própria patologia ou da condição clínica geral do paciente) ou externas (fatos exteriores alheios à patologia ou à saúde do paciente). Como exemplo, podem ser citados, como situações de doenças de sintomas intermitentes e variáveis em curto espaço de tempo, os casos de pacientes com patologias como epilepsia, diabetes mellitus e suas diversas complicações decorrentes, AIDS, artrite reumatoide, lúpus eritematoso sistêmico, hipertensão arterial sistêmica, fibromialgia, cervicalgia, lombalgia, ansiedade, depressão e transtorno afetivo bipolar.

Grifo, por oportuno, que até mesmo síndromes ou patologias congênitas, genéticas e hereditárias (*v.g.* poliomielite, vitiligo, hemofilia, nanismo ou síndrome de Down) ou deficiências físicas, intelectuais ou mentais oriundas das mais diversas patologias, podem deixar sequelas, mas não impedem a concessão de regular e ordinário benefício por incapacidade, pois essas pessoas podem trabalhar, mesmo detendo tais patologias. Aqui se deve diferenciar, muito claramente, doença de incapacidade. Não fosse assim, sequer existiria a previsão legal de aposentadoria por tempo de contribuição e por idade para pessoas com deficiência, como nosso ordenamento prevê no art. 201, § 1º, da Constituição Federal e na Lei Complementar 142/13. Em todos os casos, é possível ocorrer certa intermitência dos efeitos incapacitantes da patologia em questão, permitindo a subsunção dos fatos à hipótese do Enunciado (nesse sentido, vide AC 00300732720134013300 e AC 200971990022555, adiante transcritos).

Em todos esses casos, ocorrendo o agravamento de patologias de sintomas e efeitos intermitentes, não se impede novo pedido, ao INSS, de benefício por incapacidade, eis que é comum haver o agravamento de tais patologias, a ponto de suscitar nova incapacidade. Não é possível, todavia, permitir que se rediscutam as razões do mesmo pedido administrativo de benefício que outrora foi indeferido pelo INSS e também pelo Poder Judiciário.

O autor deverá, por conseguinte, providenciar novo requerimento administrativo, antes do ajuizamento de qualquer ação judicial em que se discuta uma nova incapacidade para uma patologia incapacitante que já justificou a concessão de benefício anteriormente. Se assim não proceder e apresentar uma ação judicial diretamente, estará afastando a análise do órgão estatal vocacionado a aferir sua incapacidade – o INSS, suprimindo a instância administrativa e violando a separação de poderes.

Em suma, o autor que entender que voltou a estar incapaz, com base na mesma doença que foi causa de pedir de processo anterior, julgado improcedente por sentença transitada em julgado, deverá comprovar que seu novo pedido judicial foi precedido de novo pedido administrativo, distinto do anteriormente realizado, sob pena de ofensa à separação dos poderes.

Apenas a partir do indeferimento desse novo pedido administrativo (ou da falta de análise em tempo razoável) é que haverá interesse de agir para o ajuizamento de nova ação judicial, o que já foi tema de decisão do plenário do STF, no RE 631240.

> ◎ (...). Auxílio doença. Incapacidade total e temporária. Comprovação. Incapacidade intermitente. Início do benefício na data da perícia. Honorários advocatícios. Parte assistida pela DPU. Incidência da súmula 421/STJ. (...) 3. A Sentença não merece reparos, pois lastreada no acervo probatório coligido aos autos, que evidenciou que a parte autora apresenta "transtorno afetivo bipolar, com sintomas psicóticos intermitentes associados ao uso de múltiplas substâncias psicoativas", estando, por isso, total e temporariamente incapacitada para realizar qualquer atividade laborativa, não tendo o INSS apresentado elementos que autorizem a divergir da conclusão do expert. 4. Malgrado o perito do Juízo tenha fixado o início da incapacidade em 2002, deixou claro que a doença tem manifestação intermitente e que a incapacidade somente se faz presente nos períodos de surto e de agravamento dos sintomas da patologia. Vê-se, ademais, que a parte autora recolheu contribuições previdenciárias ininterruptamente, entre 2001 e 2013, não havendo, pois, como se ter certeza de que a parte autora estava efetivamente incapaz quando do indeferimento do requerimento administrativo, sobretudo por ter sido fundamentando por perícia médica realizada pelo INSS. Assim, correta a fixação da DIB na data da perícia. (...) 7. Remessa Oficial e Apelação do INSS parcialmente providas (item 6). Apelação da parte autora desprovida.

Capítulo VI ● Leis Previdenciárias

(TRF1, 1ª Câmara Regional Previdenciária de Juiz de Fora, AC 00300732720134013300, Rel. Fabio Rogerio França Souza, e-DJF1 22.9.2016).

◉ Previdenciário. Auxílio-doença/aposentadoria por invalidez. Invalidez superveniente à filiação ao RGPS. Marco inicial. 1. A existência de patologia congênita, preexistente, pois, à filiação ao RGPS, não é óbice à concessão de aposentadoria por invalidez se a incapacidade sobrevier por motivo de progressão ou agravamento da doença posterior àquela filiação. 2. Comprovando-se que o autor, embora portador de sequelas de poliomielite desde a segunda semana de vida, trabalhou efetivamente nas lides rurais e que a incapacidade total e definitiva adveio após o desempenho desta atividade, deve ser-lhe concedido o benefício de aposentadoria por invalidez. 3. Tendo o conjunto probatório apontado a existência da incapacidade laboral desde a época do requerimento administrativo, o benefício é devido desde então. (TRF4, 6ª T., AC 200971990022555, Rel. Celso Kipper. DE 6.4.2010).

ENUNCIADO 165. AUSÊNCIA DE PEDIDO DE PRORROGAÇÃO DE AUXÍLIO-DOENÇA CONFIGURA A FALTA DE INTERESSE PROCESSUAL EQUIVALENTE À INEXISTÊNCIA DE REQUERIMENTO ADMINIS- TRATIVO.

▸ *Victor Roberto Corrêa de Souza*

O requerimento administrativo de benefício é condição da ação, pois é prova do interesse de agir, em se tratando de processo judicial perante o INSS, conforme já decidiu o plenário do Supremo Tribunal Federal, no RE 631240, adiante transcrito.

O principal fundamento para a decisão adotada pela Corte Suprema é o fato de que, se a concessão de um direito depende de um requerimento a ser feito à Administração, não se pode falar em existência de lesão ou ameaça de lesão a tal direito, se não houve o requerimento ao ente administrativo. Só haverá lesão, portanto, se houver efetiva análise e indeferimento, total ou parcial, do pleito do cidadão, no prazo previsto para a análise. Por outro lado, a separação entre os poderes estaria afetada se fosse permitida a análise judicial de um pleito em que sequer houve requerimento administrativo por parte do cidadão. O Enunciado 77/FONAJEF assim já determinava.

Em se tratando de pedido de prorrogação de auxílio-doença, o raciocínio é similar. Tal pedido não pode ser feito diretamente ao Poder Judiciário, mesmo por que não há como se presumir a permanência da incapacidade.

Dessa forma, é do segurado, que se encontra afastado de suas atividades profissionais habituais, o ônus de comprovar que continua incapacitado, e que seu benefício de auxílio-doença deve ser prorrogado.

Nesse passo, foram acrescentados pela Lei 13.457, de 26.6.2017, os parágrafos 8º e 9º ao artigo 60 da Lei 8.213/91, adiante transcritos.

Desta forma, deve o segurado requerer a prorrogação ao INSS inicialmente, para, somente após o indeferimento do pedido de prorrogação, solicitar judicialmente o pedido de restabelecimento ou a prorrogação do benefício. Esse pedido de prorrogação do auxílio-doença é regulamentado, no âmbito do INSS, no art. 304 da Instrução Normativa 77/15.

Ou seja, o segurado, nos quinze dias que antecedem a cessação de seu benefício, caso entenda que permanece incapaz para o trabalho, deve providenciar o requerimento de sua prorrogação perante a autarquia.

Remanesce, contudo, a possibilidade de o segurado ingressar judicialmente solicitando a prorrogação ou o restabelecimento do benefício, na hipótese em que a análise administrativa de seu pedido de prorrogação tenha superado o prazo razoável (art. 5º, LXXVIII, da Constituição Federal) para sua duração. Tal prazo, conforme jurisprudência pacífica, é de 45 dias (art. 41-A, § 5º, da Lei 8.213/91.

Conclui-se, portanto, que se não houver prova do pedido administrativo de prorrogação do benefício de auxílio-doença, é possível a extinção do feito sem o julgamento do mérito, pela falta da prova do interesse de agir, por parte do autor. Excepcionalmente, tal pedido judicial poderá ser admitido, se a parte autora se desincumbir do ônus de comprovar que a análise administrativa de seu pedido de prorrogação superou os limites do razoável, sem qualquer resposta.

⊙ Enunciado FONAJEF 77. O ajuizamento da ação de concessão de benefício da seguridade social reclama prévio requerimento administrativo.

⊙ "(...). Repercussão geral. Prévio requerimento administrativo e interesse em agir. 1. A instituição de condições para o regular exercício do direito de ação é compatível com o art. 5º, XXXV, da Constituição. Para se caracterizar a presença de interesse em agir, é preciso haver necessidade de ir a juízo. 2. A concessão de benefícios previdenciários depende de requerimento do interessado, não se caracterizando ameaça ou lesão a direito antes de sua apreciação e indeferimento pelo INSS, ou se excedido o prazo legal para sua análise. É bem de ver, no entanto, que a exigência de prévio requerimento não se confunde com o exaurimento das vias administrativas. (STF, RE 631240, Rel. Min. Luís Roberto Barroso, DJe 10.11.2014).

▶ **Lei 8.213/91. Art. 60.** O auxílio-doença será devido ao segurado empregado a contar do décimo sexto dia do afastamento da atividade, e, no caso dos demais segurados, a contar da data do início da incapacidade e enquanto ele permanecer incapaz. (...). **§ 8º** Sempre que possível, o ato de concessão ou de reativação de auxílio-doença, judicial ou administrativo, deverá fixar o prazo estimado para a duração do benefício. **§ 9º** Na ausência de fixação do prazo de que trata o § 8º deste artigo, o benefício cessará após o prazo de cento e vinte dias, contado da data de concessão ou de reativação do auxílio-doença, exceto se o segurado requerer a sua prorrogação perante o INSS, na forma do regulamento, observado o disposto no art. 62 desta Lei.

▶ **IN INSS/Pres 77/2015. Art. 304.** O INSS poderá estabelecer, mediante avaliação médico-pericial, o prazo suficiente para a recuperação da capacidade para o trabalho do segurado. **§ 1º** Na análise médico-pericial deverá ser fixada a data do início da doença – DID e a data do início da incapacidade – DII, devendo a decisão ser fundamentada a partir de dados clínicos objetivos, exames complementares, comprovante de internação hospitalar, atestados de tratamento ambulatorial, entre outros elementos, conforme o caso, sendo que os critérios utilizados para fixação dessas datas deverão ficar consignados no relatório de conclusão do exame. **§ 2º** Caso o prazo fixado para a recuperação da capacidade para o seu trabalho ou para a sua atividade habitual se revele insuficiente, o segurado poderá: I – nos quinze dias que antecederem a DCB, solicitar a realização de nova perícia médica por meio de pedido de prorrogação – PP; II – após a DCB, solicitar pedido de reconsideração – PR, observado o disposto no § 3º do art. 303, até trinta dias depois do prazo fixado, cuja perícia poderá ser realizada pelo mesmo profissional responsável pela avaliação anterior; ou III – no prazo de trinta dias da ciência da decisão, interpor recurso à JRPS.

Capítulo VI ● Leis Previdenciárias

ENUNCIADO 166. A CONCLUSÃO DO PROCESSO ADMINISTRATIVO POR NÃO COMPARECIMENTO INJUSTIFICADO À PERÍCIA OU À ENTREVISTA RURAL EQUIVALE À FALTA DE REQUERIMENTO ADMINISTRATIVO.

▶ *Victor Roberto Corrêa de Souza*

Conforme já foi dito em relação ao Verbete 165, no qual foi citado o Enunciado 77/FONAJEF, a parte autora tem que comprovar seu interesse de agir, demonstrando que apresentou requerimento administrativo e que este foi indeferido, previamente ao ajuizamento da ação judicial.

No curso do processo administrativo atinente a tal requerimento, é possível que a parte autora venha a ser convocada para a realização de ato instrutório de seu interesse, e do qual dependa seu comparecimento pessoal. Ora, se o cidadão é intimado pela Administração Pública para comparecimento em ato instrutório de seu interesse e não apresenta justificativa para sua ausência, há que se presumir que seu comportamento denota abandono e/ou desistência de seu pedido administrativo. Nestes casos, depara-se com vedado comportamento contraditório do cidadão, que, após efetuar um requerimento ao Estado, não comparece ao ato de instrução de seu processo administrativo.

O Supremo Tribunal Federal avaliou tal situação, no bojo do RE 631240, repercussão geral, quando definiu que "se o pedido for acolhido administrativamente ou não puder ter o seu mérito analisado devido a razões imputáveis ao próprio requerente (*e.g.*, não comparecimento a perícia ou a entrevista administrativa), extingue-se a ação" (inteiro teor do acórdão, item 55.iii).

Note-se que o relator do acórdão enunciou duas situações meramente exemplificativas ("e.g.") de razões imputáveis ao próprio requerente que justificariam a extinção da ação por falta de prova do interesse de agir, podendo haver outras.

Destarte, dentre tais atos, podemos listar as já citadas perícias médicas (para fins de prova de doença, acidente do trabalho, incapacidade, invalidez e deficiência etc.) e entrevista administrativa (para fins de prova de atividade rural, *v.g.*), mas também a justificação administrativa (art. 590, parágrafo único, da Instrução Normativa 77/15 do INSS).

A respeito da perícia médica, vide arts. 411 e 412 da IN 77/15, adiante. Por outro lado, a entrevista, para fins previdenciários, é regulada nos termos dos arts. 112 e 113 da mesma IN.

Já a justificação administrativa, nos termos do art. 108 da Lei 8.213/91 (LBPS), é utilizada para suprir a ausência de documentos ou para provar atos de interesse de beneficiário da Previdência, salvo quando se tratar de ato cuja prova dependa de registro público, tais como casamento, idade ou óbito. É regulada nos arts. 574 a 600 da IN 77/15, e é "ato de instrução do processo de atualização de dados do CNIS ou de reconhecimento de direitos, processada mediante requerimento do interessado e sem ônus" (art. 574, § 1º).

Se em qualquer processo administrativo restar comprovado que o cidadão foi intimado a comparecer a um desses atos, mas não o fez e não comprovou adequadamente as razões para sua ausência, é possível a extinção do feito sem julgamento do mérito, por falta de prova do interesse de agir.

Obviamente, há motivos que justificam, desde já, a ausência do cidadão, como nos casos de perícias médicas a serem realizadas em hospital ou em residência do particular ou nas dispensas de realização de justificação ou de entrevista. Ainda, se o cidadão comprovar que a intimação da qual decorreu seu não comparecimento foi irregular (não obedeceu aos arts. 26 a 28 da Lei 9.784/99, *v.g.*), restará comprovado o seu interesse de agir.

⊙ (...). Prévio requerimento administrativo e interesse em agir. 1. A instituição de condições para o regular exercício do direito de ação é compatível com o art. 5º, XXXV, da Constituição. Para se caracterizar a presença de interesse em agir, é preciso haver necessidade de ir a juízo. 2. A concessão de benefícios previdenciários depende de requerimento do interessado, não se caracterizando ameaça ou lesão a direito antes de sua apreciação e indeferimento pelo INSS, ou se excedido o prazo legal para sua análise. É bem de ver, no entanto, que a exigência de prévio requerimento não se confunde com o exaurimento das vias administrativas. 3. A exigência de prévio requerimento administrativo não deve prevalecer quando o entendimento da Administração for notória e reiteradamente contrário à postulação do segurado. 4. Na hipótese de pretensão de revisão, restabelecimento ou manutenção de benefício anteriormente concedido, considerando que o INSS tem o dever legal de conceder a prestação mais vantajosa possível, o pedido poderá ser formulado diretamente em juízo – salvo se depender da análise de matéria de fato ainda não levada ao conhecimento da Administração –, uma vez que, nesses casos, a conduta do INSS já configura o não acolhimento ao menos tácito da pretensão. 5. Tendo em vista a prolongada oscilação jurisprudencial na matéria, inclusive no Supremo Tribunal Federal, deve-se estabelecer uma fórmula de transição para lidar com as ações em curso, nos termos a seguir expostos. 6. Quanto às ações ajuizadas até a conclusão do presente julgamento (03.09.2014), sem que tenha havido prévio requerimento administrativo nas hipóteses em que exigível, será observado o seguinte: (i) caso a ação tenha sido ajuizada no âmbito de Juizado Itinerante, a ausência de anterior pedido administrativo não deverá implicar a extinção do feito; (ii) caso o INSS já tenha apresentado contestação de mérito, está caracterizado o interesse em agir pela resistência à pretensão; (iii) as demais ações que não se enquadrem nos itens (i) e (ii) ficarão sobrestadas, observando-se a sistemática a seguir. 7. Nas ações sobrestadas, o autor será intimado a dar entrada no pedido administrativo em 30 dias, sob pena de extinção do processo. Comprovada a postulação administrativa, o INSS será intimado a se manifestar acerca do pedido em até 90 dias, prazo dentro do qual a Autarquia deverá colher todas as provas eventualmente necessárias e proferir decisão. Se o pedido for acolhido administrativamente ou não puder ter o seu mérito analisado devido a razões imputáveis ao próprio requerente, extingue-se a ação. Do contrário, estará caracterizado o interesse em agir e o feito deverá prosseguir. 8. Em todos os casos acima – itens (i), (ii) e (iii) –, tanto a análise administrativa quanto a judicial deverão levar em conta a data do início da ação como data de entrada do requerimento, para todos os efeitos legais. 9. Recurso extraordinário a que se dá parcial provimento, reformando-se o acórdão recorrido para determinar a baixa dos autos ao juiz de primeiro grau, o qual deverá intimar a autora – que alega ser trabalhadora rural informal – a dar entrada no pedido administrativo em 30 dias, sob pena de extinção. Comprovada a postulação administrativa, o INSS será intimado para que, em 90 dias, colha as provas necessárias e profira decisão administrativa, considerando como data de entrada do requerimento a data do início da ação, para todos os efeitos legais. O resultado será comunicado ao juiz, que apreciará a subsistência ou não do interesse em agir. (STF, RE 631240, Rel. Min. Roberto Barroso, Pleno, repercussão geral – mérito, DJe 10.11.2014)

CAPÍTULO VI ● LEIS PREVIDENCIÁRIAS

389

▶ **LBPS. Art. 108.** Mediante justificação processada perante a Previdência Social, observado o disposto no § 3º do art. 55 e na forma estabelecida no Regulamento, poderá ser suprida a falta de documento ou provado ato do interesse de beneficiário ou empresa, salvo no que se refere a registro público.

▶ **Res. INSS/Pres. 77/2015. Art. 112.** Ressalvadas as hipóteses do § 5º deste artigo, a entrevista é indispensável à comprovação do exercício de atividade rural, com vistas à confirmação das seguintes informações: I – da categoria (segurado especial, contribuinte individual ou empregado); II – da forma de ocupação (proprietário, posseiro, parceiro, meeiro, arrendatário, comodatário, dentro outros); III – da forma de exercício da atividade (individual ou de economia familiar); IV – da condição no grupo familiar (titular ou componente) quando se tratar de segurado especial; V – do período de exercício de atividade rural; VI – da utilização de assalariados; VII – de outras fontes de rendimentos; e VIII – de outros fatos que possam caracterizar ou não sua condição. **§ 1º** A realização da entrevista está condicionada à apresentação de documento constante nos arts. 47 e 54. **§ 2º** O servidor deverá emitir parecer conclusivo acerca do exercício da atividade rural no momento da entrevista. **§ 3º** Restando dúvida quanto ao fato a comprovar, deverão ser tomados os depoimentos de testemunhas, após os quais deverá o servidor emitir parecer conclusivo. **§ 4º** Antes de iniciar a entrevista o servidor deverá cientificar o entrevistado sobre as penalidades previstas no art. 299 do Código Penal. **§ 5º** A entrevista é obrigatória em todas as categorias de trabalhador rural, sendo dispensada: I – para o indígena; II – para as categorias de empregado e contribuinte individual que comprovem essa condição, respectivamente, nas formas dos arts. 10 e 32, observado o § 6º do presente artigo; ou III – nas hipóteses previstas de migração de períodos positivos de atividade de segurado especial, na forma do art. 120. **§ 6º** Deverá ser realizada a entrevista para o empregado e o contribuinte individual de que trata o art. 143 da Lei 8.213, de 1991, para período até 31 de dezembro de 2010, na forma do § 5º do art. 10 e art. 35 desta IN, respectivamente. **§ 7º** No caso de benefício de pensão por morte, a entrevista deverá ser realizada com o dependente e, no caso de benefícios por incapacidade, havendo impossibilidade de comunicação do titular comprovada mediante atestado médico, a entrevista será realizada com os seus familiares. ▶ **Art. 113.** Salvo quando se tratar de confirmação de autenticidade e contemporaneidade de documentos, para fins de reconhecimento de atividade, a realização de Pesquisa Externa deverá ser substituída por entrevista com parceiros, confrontantes, empregados, vizinhos ou outros. ▶ **Art. 411.** O segurado poderá solicitar remarcação do exame médico pericial por uma vez, caso não possa comparecer. ▶ **Art. 412.** O INSS realizará a perícia médica do segurado no hospital ou na residência, mediante a apresentação de documentação médica comprovando a internação ou a impossibilidade de locomoção. ▶ **Art. 590.** O comparecimento do justificante ou de seu procurador no processamento da JA não é obrigatório. **Parágrafo único.** Caso o processante entenda necessário dirimir eventual controvérsia, poderá convocar o justificante para prestar depoimento, se este não estiver presente.

3.3. Presunções

ENUNCIADO 111. TRATANDO-SE DE BENEFÍCIO POR INCAPACIDADE, O RECOLHIMENTO DE CONTRIBUIÇÃO PREVIDENCIÁRIA NÃO É CAPAZ, POR SI SÓ, DE ENSEJAR PRESUNÇÃO ABSOLUTA DA CAPACIDADE LABORAL, ADMITINDO-SE PROVA EM CONTRÁRIO.

▶ *Antônio César Bochenek e Márcio Augusto Nascimento*

Verbete cancelado no XI FONAJEF. Verbete cancelado no XI FONAJEF.

No âmbito dos juizados especiais federais, na seara previdenciária ou assistencial, são comuns os casos de segurados que apresentam recursos na seara administrativa ou ajuízam ações judiciais com o objetivo de reverter a decisão que indeferiu o pedido de benefício na esfera administrativa.

Entretanto, até uma decisão final na seara administrativa ou judicial, as partes necessitam de recursos para a sobrevivência e muitas delas chegam até a realizar atividades e outras pagam as contribuições previdenciárias. Quanto a estas últimas, o fato de proceder o recolhimento de contribuições, por si só, não enseja a condição plena de exercício de atividade laboral, pois os recolhimentos podem ter origens distintas. De outro lado, é comum na seara previdenciária que mesmo doente, o segurado que tenha o benefício por incapacidade indeferido pelo INSS, retorne ao trabalho com o prejuízo da sua própria saúde porque precisa do salário para se manter e sustentar a sua família. Se simplesmente decidisse não trabalhar e esperar o resultado do processo judicial, poderia passar dificuldades de diversas ordens.

Assim, o fato de o segurado efetuar o recolhimento previdenciário não pode, sem outros elementos, produzir a presunção absoluta de capacidade laboral e é admissível a prova em contrário.

O mero fato de realizar o pagamento de contribuições previdenciárias não pode prejudicar o segurado nem criar uma presunção absoluta ("jure et de jure"), ou seja, que não admite prova em contrário, de que ele estava capaz para o trabalho. Essa premissa parece tão óbvia que o Enunciado foi cancelado no XI FONAJEF (2014) pois as excepcionalidades previstas eram mais fortes que a regra. Por sua vez, a TNU firmou o entendimento na Súmula 72 de que ainda que o segurado tenha retornado ao trabalho, se for comprovado que ele estava incapaz para suas atividades habituais, fará jus ao pagamento do benefício por incapacidade no respectivo período em que laborou sob sacrifício da sua saúde.

> ◎ Súmula TNU 72. É possível o recebimento de benefício por incapacidade durante período em que houve exercício de atividade remunerada quando comprovado que o segurado estava incapaz para as atividades habituais na época em que trabalhou.

4. QUADRO SINÓPTICO

LEIS PREVIDENCIÁRIAS	
1. LEI DE BENEFÍCIOS DA PREVIDÊNCIA SOCIAL (LEI 8.123/91)	
1.1. DOS BENEFICIÁRIOS (LBPS, ARTS. 10 A 17)	
Enunc. 161. Nos casos de pedido de concessão de benefício por segurado facultativo de baixa renda, a comprovação da inscrição da família no CadÚnico é documento indispensável para propositura da ação, sob pena de extinção sem exame do mérito.	aplicável
Enunc. 141. A Súmula 78 da TNU, que determina a análise das condições pessoais do segurado em caso de ser portador de HIV, é extensível a outras doenças igualmente estigmatizantes.	aplicável

Capítulo VI ● Leis Previdenciárias

391

1.2. DO CÁLCULO DO VALOR DOS BENEFÍCIOS (LBPS, ARTS. 28 A 40)	
Enunc. 142. A natureza substitutiva do benefício previdenciário por incapacidade não autoriza o desconto das prestações devidas no período em que houve exercício de atividade remunerada.	aplicável
Enunc. 162. Em caso de incapacidade intermitente, o pagamento de parcelas anteriores à perícia depende da efetiva comprovação dos períodos em que o autor esteve incapacitado.	aplicável
1.3. DOS BENEFÍCIOS (LBPS, ARTS. 42 A 87)	
Enunc. 96. A concessão administrativa do benefício no curso do processo acarreta a extinção do feito sem resolução de mérito por perda do objeto, desde que corresponda ao pedido formulado na inicial.	aplicável
Enunc. 143. Não importa em julgamento "extra petita" a concessão de benefício previdenciário por incapacidade diverso daquele requerido na inicial.	aplicável
Enunc. 148. Nas ações revisionais em que se se postula aplicação da tese de direito adquirido ao melhor benefício, é requisito da petição inicial que seja apontada a data em que verificada tal situação.	aplicável
Enunc. 163. Não havendo pedido expresso na petição inicial de aposentadoria proporcional, o juiz deve se limitar a determinar a averbar os períodos reconhecidos em sentença, na hipótese do segurado não possuir tempo de contribuição para concessão de aposentadoria integral.	aplicável
1.4. DAS DISPOSIÇÕES DIVERSAS RELATIVAS ÀS PRESTAÇÕES (LBPS, ARTS. 100 A 124)	
Enunc. 70. É compatível com o rito dos Juizados Especiais Federais a aplicação do art. 112 da Lei n. 8.213/1991, para fins de habilitação processual e pagamento.	aplicável
2. LEI DE ORGANIZAÇÃO DA ASSISTÊNCIA SOCIAL (LEI 8.742/93)	
Enunc. 51. O art. 20, § 1º, da Lei 8.742/93 não é exauriente para delimitar o conceito de unidade familiar.	aplicável
3. PROVAS NO PROCESSO PREVIDENCIÁRIO	
3.1 PERÍCIA	
Enunc. 112. Não se exige médico especialista para a realização de perícias judiciais, salvo casos excepcionais, a critério do juiz.	aplicável
Enunc. 126. Não cabe a presença de advogado em perícia médica, por ser um ato médico, no qual só podem estar presentes o próprio perito e eventuais assistentes técnicos.	aplicável
Enunc. 133. Quando o perito médico judicial não conseguir fixar a data de início da incapacidade, de forma fundamentada, deve-se considerar para tanto a data de realização da perícia, salvo a existência de outros elementos de convicção.	aplicável
Enunc. 167. Nas ações de benefício assistencial, não há nulidade na dispensa de perícia socioeconômica quando não identificado indício de deficiência, a partir de seu conceito multidisciplinar.	aplicável

3.2. PRÉVIO REQUERIMENTO ADMINISTRATIVO

Enunc. 77. O ajuizamento da ação de concessão de benefício da seguridade social reclama prévio requerimento administrativo.	aplicável
Enunc. 78. O ajuizamento da ação revisional de benefício da seguridade social que não envolva matéria de fato dispensa o prévio requerimento administrativo, salvo quando houver ato oficial da Previdência reconhecendo administrativamente o direito postulado.	aplicável
Enunc. 79. A comprovação de denúncia da negativa de protocolo de pedido de concessão de benefício, feita perante a ouvidoria da previdência social, supre a exigência de comprovação de prévio requerimento administrativo nas ações de benefícios da seguridade social.	aplicável
Enunc. 80. Em juizados itinerantes, pode ser flexibilizada a exigência de prévio requerimento administrativo, consideradas as peculiaridades da região atendida.	aplicável
Enunc. 164. Julgado improcedente pedido de benefício por incapacidade, no ajuizamento de nova ação, com base na mesma doença, deve o segurado apresentar novo requerimento administrativo, demonstrando, na petição inicial, o agravamento da doença, juntando documentos médicos novos.	aplicável
Enunc. 165. Ausência de pedido de prorrogação de auxílio-doença configura a falta de interesse processual equivalente à inexistência de requerimento administrativo.	aplicável
Enunc. 166. A conclusão do processo administrativo por não comparecimento injustificado à perícia ou à entrevista rural equivale à falta de requerimento administrativo.	aplicável

3.3. PRESUNÇÕES

Enunc. 111. Tratando-se de benefício por incapacidade, o recolhimento de contribuição previdenciária não é capaz, por si só, de ensejar presunção absoluta da capacidade laboral, admitindo-se prova em contrário.	cancelado

CAPÍTULO VII

TEMAS ESPARSOS

SUMÁRIO

1. Caderneta de Poupança	3. Dano Moral	5. Lei do Sistema de Transmissão de Dados (Lei 9.800/99)
2. Concessão de Medicamentos	4. FGTS	6. Quadro Sinóptico

1. CADERNETA DE POUPANÇA

ENUNCIADO 092. PARA A PROPOSITURA DE AÇÃO RELATIVA A EXPURGOS INFLACIONÁRIOS SOBRE SALDOS DE POUPANÇA, DEVERÁ A PARTE AUTORA PROVIDENCIAR DOCUMENTO QUE MENCIONE O NÚMERO DA CONTA BANCÁRIA OU PROVA DE RELAÇÃO CONTRATUAL COM A INSTITUIÇÃO FINANCEIRA.

▶ *Antônio César Bochenek e Márcio Augusto Nascimento*

Uma das principais inovações introduzidas pelos Juizados Especiais Federais foi a inversão do ônus da apresentação dos documentos que constituem a prova em favor do autor, devendo a entidade pública ré fornecer ao juizado a documentação de que disponha para o esclarecimento da causa, apresentando-a até a instalação da audiência de conciliação (art. 11). O dispositivo legal pode ser entendido como precursor do princípio da cooperação processual previsto nos artigos 5º e 6º do CPC.

Entretanto, a inversão do ônus da apresentação de documentos não é absoluta ou irrestrita, pois é razoável que o autor comprove minimamente que há ou houve a relação jurídica entre as partes, sob pena de transferir à entidade ré ônus não previsto pela legislação e que inviabiliza o cumprimento da norma disposta no art. 11.

No caso de extratos bancários de poupança dos planos econômicos Verão (1989), Collor I e II (1990 e 1991), é razoável a exigência de um mínimo da prova da existência da caderneta de poupança ao tempo em que houve os expurgos inflacionários, como, por exemplo, um número de conta, um comprovante de depósito ou algum extrato de um período anterior ou próximo ao pleiteado. Excepcionalmente, poderia ser admitida uma prova da impossibilidade de trazer qualquer elemento para os autos para transferir a responsabilidade a entidade pública federal para a apresentação dos documentos necessários ao processo e julgamento da demanda.

▶ **LJEF. Art. 11.** A entidade pública ré deverá fornecer ao Juizado a documentação de que disponha para o esclarecimento da causa, apresentando-a até a instalação da audiência de conciliação.

394   ENUNCIADOS FONAJEF ⬛ *José Baptista de Almeida Filho Neto*

ENUNCIADO 095. NAS AÇÕES VISANDO A CORREÇÃO DO SALDO DAS CADERNETAS DE POUPANÇA, PODE O JUIZ, HAVENDO PROVA INEQUÍVOCA DE TITULARIDADE DA CONTA À ÉPOCA, SUPRIR A INEXISTÊNCIA DE EXTRATOS POR MEIO DE ARBITRAMENTO.

▶ *José Baptista de Almeida Filho Neto*

Até 2009, por conta da prescrição vintenária, foi comum, no âmbito dos Juizados Especiais Federais Cíveis, ações judiciais nas quais as partes autoras postulavam a correção dos saldos das cadernetas de poupança, referentes ao Plano Bresser (26,06%), de junho de 1987, e ao Plano Verão (42,72%), de janeiro de 1989. É que o Egrégio Superior Tribunal de Justiça reconheceu tal direito de correção àquelas pessoas que eram titulares de cadernetas de poupança cujo o "aniversário" era na primeira quinzena dos citados períodos, compensando-se os valores efetivamente aplicados à época.

Por conta do longo tempo entre os fatos e à proposição do processo judicial, houve séria dificuldade de os autores apresentarem, junto à petição inicial, os extratos das cadernetas de poupança, contemporâneos às épocas dos já citados planos econômicos, documentos esses tidos por indispensáveis ao ajuizamento de tais ações judiciais, até o acórdão proferido pelo STF no RE 644346. A partir deste aresto, concluiu-se que os mencionados extratos bancários não eram reputados indispensáveis ao ajuizamento da ação, podendo eles serem juntados posteriormente.

A questão polêmica do Enunciado em epígrafe, residia na possibilidade ou não de arbitramento, nos processos cíveis dos Juizados Especiais Federais, já que nestes, o entendimento predominante é que as sentenças condenatórias por quantia ilíquida não são admitidas (art. 38, parágrafo único, a Lei 9.099/95). E arbitramento, como se sabe, é uma das técnicas de liquidação da sentença ilíquida. Em decorrência disso, houve inicialmente certa resistência na adoção plena do Enunciado.

Posteriormente, percebeu-se que ao se exigir como indispensáveis à propositura da ação documentos que comprovassem os dados da caderneta poupança (titularidade, número e agência), bastaria inverter o ônus da prova (art. 6º, VIII, do Código de Defesa do Consumidor), para que a instituição financeira exibisse os extratos bancários necessários ao cumprimento da sentença.

◉ (...). Ação de cobrança. Correção monetária. Ativos retidos. Prescrição. Decreto-lei 20.910/32. Poupança. Extratos. Documentos indispensáveis ao ajuizamento da demanda. 1. É quinquenal o prazo para intentar ações em desfavor da Fazenda Pública. 2. O termo "a quo" do prazo prescricional inicia-se em abril de 1990, a partir do bloqueio da conta, em razão da MP 168/90. 3. Ocorrência da prescrição relativamente ao pedido intentado em face do Bacen. 4. Não são indispensáveis ao ajuizamento da ação visando a aplicação dos expurgos inflacionários os extratos das contas de poupança, desde que acompanhe a inicial prova da titularidade no período vindicado, sob pena de infringência ao art. 333, I do CPC. Os extratos poderão ser juntados posteriormente, na fase de execução, a fim de apurar-se o "quantum debeatur". (...). (STJ, 2ª T., REsp 644346, Rel. Min. Eliana Calmon, DJ 29.11.2004)

◉ Depósitos em caderneta de poupança. Planos econômico-monetários. Expurgos inflacionários. Legitimidade. Prescrição. 4. A ausência de extratos de movimentação bancária, por sua vez, não constitui óbice intransponível ao trâmite da demanda. A rigor, sendo encargo da instituição financeira depositária manter escrituração indicativa da evolução dos ativos durante o período de custódia bancária, a apuração do montante devido admite ser feita na fase de liquidação de sentença, inclusive mediante uso da técnica do arbitramento. (TRU da 1ª Região, Rel. Warney Paulo Nery Araújo, DJGO 26.3.2010)

CAPÍTULO VII ● TEMAS ESPARSOS

395

◉ Direito econômico. Correção monetária. Caderneta de poupança. Expurgos inflacionários. Planos Bresser (jun/87), verão (jan/89), Collor I (abr-mai/90) e Collor II (fev/91). Legitimidade. Prescrição. Precedentes do STF, STJ e TRF 1ª Região. (...). 4. Dos documentos indispensáveis. São documentos indispensáveis à propositura da ação os contemporâneos aos fatos que comprovam a existência e titularidade da conta de poupança nos períodos em que se pretende a atualização. (...). 5. Quando ausentes os extratos de movimentação bancária nos exatos períodos que geraram a diferença de expurgos inflacionários objeto da ação, por omissão da CEF (que há de ser considerada como ilegítima, nos termos do inciso II do art. 359 do CPC, sempre que a parte autora fizer prova, ainda que incompleta, sobre matéria cuja base documental é gerada pela instituição financeira), postergar-se-á a apuração do quantum eventualmente devido para a fase de liquidação de sentença, hipótese em que se dará por arbitramento. (Turma Recursal de GO, Rel. Carlos Augusto Tôrres Nobre, DJGO 19.12.2008)

◉ (...). Sobrestamento. Perda de eficácia após 180 dias. Poupança. Preliminares de ausência de documentos indispensáveis à propositura da ação e ilegitimidade passiva rejeitadas. Prescrição vintenária. Correção dos saldos. Índices: 84,32% (março/90 – Plano Collor I) e 44,80% (abril/90 – Plano Collor II). Matéria decidida pelo superior tribunal de justiça, sob o regime do art. 543-c do CPC. Precedente desta egrégia primeira turma. Juros moratórios. 3. Preliminar de ausência de documentos indispensáveis à propositura da ação rejeitada, pois havendo, nos autos, prova da titularidade da conta por meio do fornecimento de dados como o número da conta-poupança e agência, é perfeitamente cabível a inversão do ônus da prova, com vistas à facilitação da defesa dos direitos do autor e ainda quando presente a verossimilhança das alegações e a hipossuficiência da parte, nos termos do Código do Consumidor, inclusive quando tais extratos encontram-se em poder da CEF. (TRF5, 1ª T., AC 531007, Rel. Francisco Cavalcanti, DJe 24.11.2011)

▶ **LJE. Art. 38.** (...). **Parágrafo único.** Não se admitirá sentença condenatória por quantia ilíquida, ainda que genérico o pedido.

▶ **CDC. Art. 6º** São direitos básicos do consumidor: (...). VIII - a facilitação da defesa de seus direitos, inclusive com a inversão do ônus da prova, a seu favor, no processo civil, quando, a critério do juiz, for verossímil a alegação ou quando for ele hipossuficiente, segundo as regras ordinárias de experiências;

2. CONCESSÃO DE MEDICAMENTOS

ENUNCIADO 134. O CUMPRIMENTO DAS ORDENS JUDICIAIS QUE DETERMINAM CONCESSÃO DE MEDICAMENTOS DEVE SER FEITO PRIORITARIAMENTE PELA PARTE RÉ, EVITANDO-SE O DEPÓSITO DE VALORES PARA AQUISIÇÃO DIRETA PELA PARTE.

▶ *Thiago Mesquita Teles de Carvalho*

Aprovado no X FONAJEF, o Enunciado 134 visa a operacionalizar o cumprimento de decisões judiciais relativas à concessão de medicamentos.

Não raro, o Poder Público, por incapacidade operacional, deixa de cumprir determinação judicial de fornecimento de medicamentos. Nesses casos, além de outras medidas de responsabilização e/ou efetivação da decisão, ao julgador é possível efetuar o bloqueio, nas contas do réu, do numerário necessário à aquisição dos fármacos postulados.

Noutras situações, pelos mesmos motivos, o próprio réu efetua o depósito do valor correspondente ao bem pleiteado, buscando, com isso, eximir-se de sua obrigação de fornecer diretamente a medicação.

A adoção desse procedimento de efetivação da decisão – seja o bloqueio, seja o depósito –, no entanto, gera uma série de dificuldades, uma vez que tais valores serão disponibilizados ao demandante para que adquira, por si, a medicação. Contudo, o autor, ao gerir tais valores, deve ficar sujeito a restrições em razão da natureza pública dos recursos administrados. Assim, será obrigado a prestar contas periodicamente, bem como deve responsabilizar-se pela gestão desses recursos, mediante a assinatura de termo específico.

Por sua vez, ao juiz caberá a atividade – de certa forma anômala em relação à jurisdicional – de receber a prestação de contas, de exigir a assinatura do termo de responsabilidade previamente ao levantamento do numerário, bem como de efetuar a liberação gradualmente, à medida em que forem sendo adquiridos os medicamentos necessários à continuidade do tratamento.

Nesse sentido, os Enunciados da 54, 55 e 56 da II Jornada de Direito da Saúde, adiante transcritos.

Essas dificuldades que envolvem o cumprimento da decisão judicial por meio do depósito de valores para aquisição direta pelo postulante recomendam que sejam previamente adotadas pelo juiz todas as medidas possíveis a que o réu seja compelido a fornecer o próprio medicamento, aproveitando-se da estrutura administrativa já existente, e observando as normas próprias da Administração Pública na gestão de seus recursos.

◎ Enunciado n. 53 do Fórum Nacional do Judiciário para a Saúde. Mesmo quando já efetuado o bloqueio de numerário por ordem judicial, pelo princípio da economicidade, deve ser facultada a aquisição imediata do produto por instituição pública ou privada vinculada ao SUS, observado o preço máximo de venda ao governo – PMVG, estabelecido pela CMED.

◎ Enunciado n. 54 do Fórum Nacional do Judiciário para a Saúde. Havendo valores depositados em conta judicial, a liberação do numerário deve ocorrer de forma gradual mediante comprovação da necessidade de continuidade do tratamento postulado, evitando-se a liberação única do montante integral.

◎ Enunciado n. 55 do Fórum Nacional do Judiciário para a Saúde. O levantamento de valores para o cumprimento de medidas liminares nos processos depende da assinatura de termo de responsabilidade e prestação de contas periódica.

◎ Enunciado n. 56 do Fórum Nacional do Judiciário para a Saúde. Havendo depósito judicial por falta de tempo hábil para aquisição do medicamento ou produto com procedimento licitatório pelo poder público, antes de liberar o numerário é prudente, sempre que possível, que se exija da parte a apresentação prévia de três orçamentos.

◎ Penal. Recurso em sentido estrito. Má utilização de verba pública destinada à compra de medicamentos. Desvio de finalidade. Apropriação indébita. Recebimento da denúncia. Inexigibilidade de conduta diversa. Matéria que demanda instrução probatória. 1. Determinado nos autos da ação civil pública o depósito em conta judicial de valor destinado à compra de medicamentos para o tratamento de saúde do requerido. A entrega de valor com destinação específica aproxima-se mais do conceito de posse e de detenção do que do conceito de propriedade, porquanto os requeridos não poderiam dispor da res conforme sua livre vontade, já que deveriam prestar contas do valor levantado. (TRF4, 8ª T., RCSE 5001987-62.2014.404.7205, Rel. João Pedro Gebran Neto, j. 28.5.2014)

CAPÍTULO VII ● TEMAS ESPARSOS

ENUNCIADO 135. A DESPEITO DA SOLIDARIEDADE DOS ENTES DA FEDERAÇÃO NO ÂMBITO DO DIREITO À SAÚDE, A DECISÃO JUDICIAL QUE CONCEDER MEDICAMENTOS DEVE INDICAR, PREFE-RENCIALMENTE, AQUELE RESPONSÁVEL PELO ATENDIMENTO IMEDIATO DA ORDEM.

▶ *Thiago Mesquita Teles de Carvalho*

Aprovado no X FONAJEF, o Enunciado tem por objetivo operacionalizar o cumprimento de decisões judiciais relativas à concessão de medicamentos. É de fundamental importância que a compreensão do presente seja alcançada em conjunto com o estudo dos Enunciados 136 e 138, que tratam de matéria correlata.

O art. 196 da Constituição Federal estipula que a saúde é direito de todos e dever do Estado. Com base nessa norma, o Supremo Tribunal Federal sedimentou que o fornecimento gratuito de tratamentos e medicamentos necessários à saúde de pessoas hipossuficientes é obrigação solidária de todos os entes federativos, podendo ser pleiteado de qualquer deles, União, estados, Distrito Federal ou municípios.

Essa matéria encontra-se assentada em repercussão geral (RE 855178, adiante transcrito). Seguindo a mesma linha, o Superior Tribunal de Justiça, em sede de recurso repetitivo, REsp 1203244, entendeu que:

> O chamamento ao processo da União com base no art. 77, III, do CPC, nas demandas propostas contra os demais entes federativos responsáveis para o fornecimento de medicamentos ou prestação de serviços de saúde, não é impositivo, mostrando-se inadequado opor obstáculo inútil à garantia fundamental do cidadão à saúde.

Não obstante a aludida solidariedade, bem como a desnecessidade de chamamento ao processo de outros entes da Federação, é patente que o Sistema Único de Saúde tem uma organização administrativa própria, não sendo razoável, tampouco recomendável, para a efetividade da jurisdicional, desconsiderar esses arranjos administrativos existentes.

Não por outra razão, o Enunciado 8 da I Jornada de Direito da Saúde do CNJ fixou que nas "condenações judiciais sobre ações e serviços de saúde devem ser observadas, quando possível, as regras administrativas de repartição de competência entre os gestores".

A partir do conhecimento da organização administrativa do SUS é que o juiz pode, em prol da efetividade da jurisdição, indicar, na própria decisão, o ente que ficará, preferencialmente, responsável pelo cumprimento da ordem, à luz da capacidade operacional de cada um. Por óbvio, identificado que o ente originalmente apontado não cumprirá a ordem, esta poderá ser redirecionada para outro, já que a obrigação é solidária.

O direcionamento da ordem tem por finalidade incrementar a efetividade da tutela jurisdicional, uma vez que, quando não delimitada a responsabilidade, não raro acontece de um ente, interpretando as normas administrativas de repartição de atribuições do SUS, entender que cabe ao outro o cumprimento da ordem, ficando, por isso, inerte. Ao passo que o outro ente, fazendo distinta interpretação, também não cumpre a ordem na expectativa que o primeiro o faça. Isso acarreta atrasos na efetivação do comando, em prejuízo do direito à saúde do postulante.

Ocorre também, quando não direcionada a ordem, de mais de um ente dar cumprimento à determinação, acarretando desperdícios, sobretudo quando os medicamentos são para casos muito raros ou possuem validade curta, impossibilitando o reaproveitamento.

Importante frisar que o Enunciado presente trata exclusivamente da obrigação material de cumprir o comando judicial de fornecimento de medicamento. O direcionamento dessa ordem independe de qual ente seja responsável financeiro pela aquisição do fármaco, consoante a organização do SUS, devendo levar em conta sobretudo a capacidade operacional do réu para cumpri-la. A responsabilidade financeira é tema tratado no Enunciado 138.

No esteio dos argumentos expendidos, o Enunciado 60 da II Jornada de Direito da Saúde do CNJ, adiante transcrito

Importante, para a análise da repartição de responsabilidades no âmbito do SUS quanto à assistência farmacêutica, ter conhecimento das Portarias GM/MS n. 1554, de 30 de julho de 2013, e n. 1.555, de 30 de julho de 2013.

◎ Enunciado n. 8 do Fórum Nacional do Judiciário para a Saúde. Nas condenações judiciais sobre ações e serviços de saúde devem ser observadas, quando possível, as regras administrativas de repartição de competência entre os gestores.

◎ Enunciado n. 60 do Fórum Nacional do Judiciário para a Saúde. A responsabilidade solidária dos entes da Federação não impede que o Juízo, ao deferir medida liminar ou definitiva, direcione inicialmente o seu cumprimento a um determinado ente, conforme as regras administrativas de repartição de competências, sem prejuízo do redirecionamento em caso de descumprimento.

◎ (...). Direito à saúde. Tratamento médico. Responsabilidade solidária dos entes federados. Repercussão geral reconhecida. Reafirmação de jurisprudência. O tratamento médico adequado aos necessitados se insere no rol dos deveres do Estado, porquanto responsabilidade solidária dos entes federados. O polo passivo pode ser composto por qualquer um deles, isoladamente, ou conjuntamente. (STF, RE 855178, Rel. Min. Luiz Fux, repercussão geral – mérito, DJe 13.3.2015).

◎ (...). Direito à saúde. Solidariedade dos entes federativos. Tratamento não previsto pelo SUS. Fornecimento pelo poder público. Precedentes. A jurisprudência do Supremo Tribunal Federal é firme no sentido de que, apesar do caráter meramente programático atribuído ao art. 196 da Constituição Federal, o Estado não pode se eximir do dever de propiciar os meios necessários ao gozo do direito à saúde dos cidadãos. O fornecimento gratuito de tratamentos e medicamentos necessários à saúde de pessoas hipossuficientes é obrigação solidária de todos os entes federativos, podendo ser pleiteado de qualquer deles, União, Estados, Distrito Federal ou Municípios (Tema 793). O Supremo Tribunal Federal tem se orientado no sentido de ser possível ao Judiciário a determinação de fornecimento de medicamento não incluído na lista padronizada fornecida pelo SUS, desde que reste comprovação de que não haja nela opção de tratamento eficaz para a enfermidade. Precedentes. Para dissentir da conclusão do Tribunal de origem quanto à comprovação da necessidade de tratamento não previsto pelo SUS faz-se necessário o reexame dos fatos e provas constantes dos autos, providência inviável neste momento processual (Súmula 279/STF). Ausência de argumentos capazes de infirmar a decisão agravada. Agravo regimental a que se nega provimento. (STF, 1ª T., RE 831385, Rel. Min. Roberto Barroso, DJe 31.3.2015)

◎ (...). Recurso representativo de controvérsia. Sistema Único de Saúde. Fornecimento de medicamentos. Ação movida contra o Estado. Chamamento da União ao processo. Art. 77, III, do CPC. Desnecessidade. Controvérsia submetida ao rito do art. 543-C do CPC 1. O chamamento ao processo da União com base no art. 77, III, do CPC, nas demandas propostas contra os demais entes federativos responsáveis para o fornecimento de medicamentos ou prestação de serviços de saúde, não é impositivo, mostrando-se inadequado opor obstáculo inútil à garantia fundamental do cidadão à saúde. Precedentes do STJ. 2. A Primeira Turma do Supremo Tribunal Federal entende que "o

CAPÍTULO VII ● TEMAS ESPARSOS

recebimento de medicamentos pelo Estado é direito fundamental, podendo o requerente pleiteá--los de qualquer um dos entes federativos, desde que demonstrada sua necessidade e a impossibilidade de custeá-los com recursos próprios", e "o ente federativo deve se pautar no espírito de solidariedade para conferir efetividade ao direito garantido pela Constituição, e não criar entraves jurídicos para postergar a devida prestação jurisdicional", razão por que "o chamamento ao processo da União pelo Estado de Santa Catarina revela-se medida meramente protelatória que não traz nenhuma utilidade ao processo, além de atrasar a resolução do feito, revelando-se meio inconstitucional para evitar o acesso aos remédios necessários para o restabelecimento da saúde da recorrida" (RE 607381-AgR...). Caso concreto 3. Na hipótese dos autos, o acórdão recorrido negou o chamamento ao processo da União, o que está em sintonia com o entendimento aqui fixado. (...). (STJ, REsp 1203244, repetitivo, Rel. Min. Herman Benjamin, 1ª S., DJe 17.6.2014))

ENUNCIADO 136. O CUMPRIMENTO DA DECISÃO JUDICIAL QUE CONCEDER MEDICAMENTOS DEVE SER FEITO PRIORITARIAMENTE PELO ESTADO OU MUNICÍPIO (AQUELE QUE DETENHA A MAIOR CAPACIDADE OPERACIONAL) AINDA QUE O ÔNUS DE FINANCIAMENTO CAIBA À UNIÃO.

▶ *Lívia de Mesquita Mentz*

O Enunciado em análise diz respeito a processos em que se pleiteia o fornecimento gratuito de medicamentos negados pelo SUS. A saúde é dever do Estado, nos termos do art. 196 da CF, e o Sistema Único de Saúde é organizado em rede regionalizada e hierarquizada, com financiamento pelos entes das três esferas de governo, motivo pelo qual se formou jurisprudência pacífica, inclusive com repercussão geral reconhecida pelo STF (RE 855178-RG), no sentido de que todos – União, estado e município – são solidariamente responsáveis perante pretensões que envolvam direito à saúde.

Contudo, apesar da solidariedade, na relação entre os entes no âmbito do Sistema Único de Saúde, cada um deles possui diferentes atribuições, estabelecidas pela Lei 8.080/90 e detalhadas pelo Decreto 7.508/11, pela Portaria 1.555/13 do Ministério da Saúde (que estabelece os critérios de participação dos entes no financiamento da assistência farmacêutica) e por outros atos normativos infralegais. Regra geral, compete à União a maior parcela do ônus de custeio das políticas de saúde e aos estados e municípios a execução delas. Especificamente em relação ao fornecimento de medicamentos, os arts. 8º e 9º da referida Portaria 1.555/2013 expressamente dispõem que a execução dos serviços no âmbito do Componente Básico da Assistência Farmacêutica, envolvendo seleção, programação, aquisição, armazenamento, controle de estoque e prazos de validade, distribuição e dispensação dos medicamentos e insumos, constantes dos Anexos I e IV da RENAME, compete aos estados, Distrito Federal e municípios. A maior proximidade de Estados e Municípios com os usuários do SUS, bem como a existência de estrutura para a entrega dos medicamentos, justifica que a eles seja atribuído o ônus de operacionalização da aquisição, distribuição e dispensação dos fármacos, ainda que através de financiamento federal.

Assim, apesar de caber ao autor a escolha entre litigar contra um ou todos os solidários passivos, na hipótese de estarem no polo passivo da demanda, junto com a União, o estado e/ou o município, entende-se que aos últimos deverá competir o cumprimento da decisão judicial, da mesma forma como se dá a organização administrativa, independentemente das normas que atribuem o ônus do financiamento da aquisição do medicamento. O entendimento busca maior efetividade no cumprimento das decisões judiciais. Ao longo da experiência dos Juizados Especiais se percebeu que, por não possuir a necessária estrutura organizada para lidar com a entrega de medicamentos aos usuários, a imposição do cumprimento da decisão à União gera frequentes descumprimentos e atrasos, enquanto Estados e Municípios são dotados de melhores condições para tanto. Desse modo, em que pese a solidariedade e o ônus financeiro maior atribuído à União pela legislação de regência, a própria lógica organizacional do SUS justifica os termos do Enunciado.

Ainda remanesce parcialmente controversa na jurisprudência a questão acerca da compensação financeira entre os entes. Cumprida a decisão judicial pelo estado ou pelo município, estes deverão ser ressarcidos do custo que tiveram pelos demais entes, de acordo com a participação devida por cada um no financiamento da assistência farmacêutica pública. É pacífico o entendimento de que a compensação deve se dar de forma administrativa, através de procedimento próprio. Contudo, a fixação dos critérios de compensação tem causado pronunciamentos divergentes. De forma majoritária, entende-se que a questão dos critérios de rateio é matéria estranha ao processo em que se pleiteia o fornecimento do medicamento ou tratamento de saúde, devendo ser objeto de acerto entre os entes federados. Porém, recentemente, decidiu a Turma Regional de Uniformização da 4ª Região, ao reconhecer caber ao estado a entrega do medicamento (e, portanto, a sua aquisição), fixar, desde logo, os critérios de compensação. Foi atribuído à União o dever de pagar ao Estado de Santa Catarina 50% do valor do medicamento a título de compensação pela aquisição e 50% do valor do medicamento a título de compensação pelo custo operacional do cumprimento da obrigação. Estabeleceu-se também que, compondo o município o polo passivo, poderá, em acerto com o estado, ser o responsável pela guarda e entrega direta do medicamento, a depender da forma de organização dos entes. (TRF4, TRU, 5003742-09.2014.404.7210).

De todo modo, uma vez que há a possibilidade de compensação financeira entre os réus, é aconselhável que o cumprimento da decisão concessiva de medicamento seja feito por aquele com melhor capacidade operacional, para que a tutela do direito se dê de forma mais efetiva, motivo pelo deverá competir, prioritariamente, a estados e municípios.

◎ (...). Direito à saúde. Tratamento médico. Responsabilidade solidária dos entes federados. Repercussão geral reconhecida. Reafirmação de jurisprudência. O tratamento médico adequado aos necessitados se insere no rol dos deveres do Estado, porquanto responsabilidade solidária dos entes federados. O polo passivo pode ser composto por qualquer um deles, isoladamente, ou conjuntamente. (STF, RE 855178 RG, Rel. Min. Luiz Fux, repercussão geral – mérito, DJe 16.3.2015)

◎ (...). Direito à saúde. Fornecimento de medicamentos e tratamentos médicos. Sistema único de saúde (SUS). Responsabilidade solidária da União, dos estados e dos municípios, sem benefício de ordem. Possibilidade de ajuizamento da demanda contra qualquer um deles, conjunta ou isoladamente. Entendimento do STF na repercussão geral no RE 855178-RG (Plenário). Entendimento do STJ no Agrg no Aresp 703990 (1ª Turma) e no Agint no Resp 1584518 (2ª Turma). Entendimento da TNU (Pedilef 2004.81.10.005220-5...). Questões administrativas acerca da distribuição dos respectivos encargos devem ser resolvidas internamente entre os entes federados. Pedido de uniformização conhecido e provido. (TNU, Pedilef 201151510204050, Rel. Gerson Luiz Rocha, DOU 18.11.2016)

◎ (...). Direito à saúde. Medicamentos. Responsabilidade solidária. Cumprimento da obrigação. Estado-membro e município. Possibilidade. Compensação financeira. 1. A jurisprudência em geral, assim como a desta Regional, está consolidada no sentido de reconhecer a solidariedade

CAPÍTULO VII ● TEMAS ESPARSOS

401

passiva entre os entes federativos, no que se refere à implementação do direito fundamental à saúde. 2. Em regra, não cabe ao Judiciário, a seu critério, segmentar a responsabilidade solidária dos entes federativos, atribuindo a cada um deles parcela diferenciada da responsabilidade constitucional que, como um todo, é na verdade comum. 3. Contudo, dependendo das peculiaridades fáticas da demanda judicializada, a obrigação solidária pode ser concretamente distribuída entre os corréus, visando ao adequado e tempestivo atendimento do direito fundamental pleiteado. 4. Entendimento uniformizado pela TRU4 no sentido de que a responsabilidade solidária entre os entes federativos não obsta a imposição judicial ao Estado do cumprimento de prestações em demandas sobre direito à saúde, considerando a melhor estrutura e a maior proximidade com o cidadão, condições estas que não se concentram em quaisquer dos demais entes políticos. A compensação financeira, no entanto, deverá operar-se na esfera administrativa, segundo critérios estabelecidos em Juízo e nos limites da lide que lhe deu causa, sob pena de frustrar o equilíbrio obrigacional entre os réus. 5. Pedido de Uniformização a que se dá parcial provimento. (TRF4, TRU, 5003742-09.2014.404.7210, Rel. Giovani Bigolin, j. 16.3.2017)

ENUNCIADO 137. NAS AÇÕES DE SAÚDE, A APRESENTAÇÃO PELAS PARTES DE FORMULÁRIO PADRONIZADO DE RESPOSTA A QUESITOS MÍNIMOS PREVIAMENTE APROVADOS POR ACORDO ENTRE O JUDICIÁRIO E ENTIDADES AFETADAS PODE DISPENSAR A REALIZAÇÃO DE PERÍCIA.

▶ *Etiene Martins*

Um dos temas mais debatidos atualmente é a questão do ativismo judicial. Até que ponto o Poder Judiciário pode intervir nas políticas desenvolvidas pelo Poder Executivo? E Legislativo? Um ponto a ser refletido é que a harmonia entre os Poderes existe como pedra basilar de nosso sistema. Nenhum Poder deve intervir no outro, salvo nas hipóteses previstas no texto constitucional. Por outro lado, a harmonia somente é atingida quando os "freios e contrapesos" são plenamente exercidos. Quando o Poder Executivo falha no seu dever de implementar direitos, abre-se espaço para a sua implementação pela via judicial. Daí, a possibilidade de obrigar o Estado a fornecer um medicamento ou mesmo determinar a matrícula de uma criança numa creche, por exemplo. Atualmente, o ativismo judicial tem respaldo na jurisprudência do Supremo Tribunal Federal (o qual tem sido bastante ativo em determinadas questões de caráter político em nosso país) e tem tido lugar especialmente na questão da efetivação dos direitos sociais.

Quando se fala em efetivação dos direitos sociais, a questão do custo x orçamento surge como um problema. A concretização de direitos básicos e fundamentais consagrados na Constituição exigem investimentos pesados e nem sempre o ente federativo possui capital para tornar tais direitos acessíveis e disponíveis a todos. Às vezes, nem são minimamente garantidos; às vezes, são garantidos parcialmente. O ponto é que o orçamento é limitado e o gasto em determinado setor implica necessariamente na retirada de investimentos em outro. Para se garantir atendimento hospitalar para todos os cidadãos de um bairro, é preciso que se reduza o orçamento previsto para a construção de novas escolas. E, com isso, surgirá outro problema, pois alguns jovens não terão ensino público naquela região. É o que se chama "reserva do possível". Não é possível o atendimento de todas as demandas sociais sem atentar para os limites do orçamento disponível!

Essa, aliás, é a principal defesa que os entes públicos lançam mão nessas ações de efetivação de direitos sociais. Não há como o ente estatal atender todas as necessidades que surgem na sociedade. Esta, a sociedade, é complexa e uma série de demandas aparecem a cada dia, de maneira que o custo nem sempre pode ser coberto com a receita. Muitas vezes, a implementação de um direito social atenderá um número pequeno de pessoas, mas o custo é desproporcionalmente grande. É o caso de se adaptar uma creche para atender uma criança com necessidades especiais. Alterar toda a estrutura da creche demandará uma despesa enorme, enquanto os benefícios serão gozados por apenas uma pessoa. Com este valor, poderia ser construída outra creche ou mesmo ampliada a já existente para o atendimento de mais crianças. Esse é o grande dilema dos direitos sociais, pois deve-se compatibilizar o limite dos meios disponíveis com a garantia mínima desses direitos (reserva do possível x mínimo existencial).

As ações de saúde referidas no presente Enunciado são um exemplo bem corriqueiro de ativismo judicial no país e do problema orçamentário referido. Pela sistemática constitucional, a seguridade social, prevista no art. 194, compreende um conjunto integrado de ações de iniciativa dos Poderes Públicos e da sociedade, destinadas a assegurar os direitos relativos à saúde, à previdência e à assistência social. Como se nota, o direito à saúde é uma espécie do gênero seguridade social, a qual é financiado pela sociedade, pelos orçamentos dos três entes federativos (União, Estado e Município) e por determinadas contribuições sociais (espécie de tributos). A previdência social é explicitamente contributiva e, para seu gozo, a pessoa deve contribuir (art. 201. A previdência social será organizada sob a forma de regime geral, de caráter contributivo e de filiação obrigatória, observados critérios que preservem o equilíbrio financeiro e atuarial, e atenderá, nos termos da lei...). A assistência social e a saúde, ao contrário, independem de qualquer contribuição. A assistência social é restrita a quem necessitar, nos termos do art. 203. O direito à saúde, por outro lado, é acessível a todos, nos termos do art. 196.

Veja que a saúde é dever da União, do Estado e do Município. Todos têm responsabilidade solidária na prestação do serviço adequado de saúde. Desta forma, no polo passivo da demanda judicial, a parte pode escolher um dos três entes ou mesmo colocar todos como réus. Quando isso ocorre, todos como réus, a ação é tramitada na Justiça Federal e, a depender do valor, nos Juizados Especiais Federais (quando inferior a sessenta salários mínimos). A Justiça Federal assume a competência em razão da União figurar no polo passivo, nos termos do art. 109 da Constituição. Contudo, no momento de executar a sentença, tendo em vista a solidariedade, a parte pode escolher quem irá efetuar o custeio, sem prejuízo de eventual ressarcimento/compensação pelos demais réus posteriormente. Obviamente, se a parte não colocar a União como ré, a ação será processada na Justiça Estadual e a sentença executada em face do Estado e/ou Município.

Nas ações de saúde, o que se discute é exatamente a prestação do serviço de saúde adequada ao autor. Ocorre com bastante frequência o caso de a pessoa ter uma doença rara que demande um remédio ou tratamento muito custoso. Muitas vezes, esse tratamento/remédio somente é oferecido no exterior. Como a pessoa não consegue na via administrativa perante ao Sistema Único de Saúde-SUS, recorre ao Judiciário pleiteando uma ordem judicial determinando a realização daquele tratamento ou o fornecimento daquele remédio. A ação é instruída com uma série de atestados médicos, exames e declarações médicas indicando que o tratamento X ou o remédio Y é a solução mais viável ao autor. Explicita-se também que os tratamentos disponíveis no país já foram utilizados, mas o quadro do paciente não evoluiu, indicando a sua ineficiência. Como se trata de declarações e pareceres de médicos particulares, no geral, se não houver urgência imediata, o autor é submetido à perícia judicial para que confirme a inexistência e/ou

Capítulo VII ● Temas Esparsos

403

ineficiência de medicamentos ou tratamentos oferecidos pelo SUS. Do mais, também é verificada a eficácia do tratamento ou medicamento solicitado pelo autor. Isso porque a ausência dessa eficiência (ainda que mínima) não pode justificar o empenho de valores públicos altos para aquele caso. Do contrário, no mínimo, isso seria uma violação ao Princípio da Eficiência disposto no art. 37 da Constituição.

Nessa perícia, tal como determina o CPC, as partes formulam quesitos a serem respondidos pelo perito de confiança do juízo. Ou seja, a União, o Estado e o Município, assim como o Juiz, formulam perguntas para esclarecer os fatos, de maneira que a resposta será fundamental para a sentença, assim como para a tese defensiva dos entes. Dessa forma, após ajuizada a ação, o juiz cita, as partes contestam, é determinada a perícia, as partes se manifestam quanto ao laudo pericial e, só então, é prolatada a sentença e apreciado o requerimento de antecipação dos efeitos da tutela (caso não tenha sido feito antes). A depender da gravidade do quadro clínico do autor, este tempo é fundamental. Nem sempre, todo este procedimento é conveniente, portanto.

Daí a importância do Enunciado. A prática tem evidenciado que as questões jurídicas envolvidas nas ações de saúde são no geral muito parecidas. As doenças e tratamentos distinguem-se largamente, mas o que deve ser comprovado para o atendimento ao pleito judicial permanece homogêneo. Em regra, as questões se resumem na comprovação: a) da eficácia terapêutica do tratamento/medicamento pleiteado; e b) da inexistência de medicamento fornecido pelo SUS que substitua o pleiteado em juízo. Diante disso, tendo em vista essa previsibilidade, estabelecer quesitos prévios e disponibilizá-los às partes parece ser uma boa solução à questão que gira em torno da urgência do pleito autoral e da comprovação das questões acima mencionadas. Obviamente, se o caso assim requerer, pode o juiz ou os entes federativos réus formularem quesitos adicionais e, assim, ser feito um laudo complementar. Contudo, caso isso não ocorra, o caso já poderá ter definição antes mesmo da contestação.

Desta forma, na prática, fica o autor com a opção de acelerar o exame de sua situação e proporcionar ao juízo, assim como à defesa, os elementos que serão analisados para a procedência de seu pedido. De posse dos quesitos do juízo e dos entes públicos, o autor já pode trazer em sua petição inicial laudos de médicos particulares ou mesmo comprovantes que tornem as questões em juízo incontroversas. Por exemplo, pode instruir com documentos comprovando que o SUS não fornece medicamentos semelhantes e juntar pesquisas/casos em que o medicamento foi eficaz em casos semelhantes anteriormente. Já que tais pontos são sempre objeto de quesitos e fundamentais para a decisão do juiz, o texto do Enunciado vem apenas tornar tais processos mais práticos, rápidos e menos burocráticos.

ENUNCIADO 138. A DESPEITO DA SOLIDARIEDADE, AS DECISÕES JUDICIAIS PODEM INDICAR A QUAL ENTE DA FEDERAÇÃO INCUMBE O DISPÊNDIO FINANCEIRO PARA ATENDIMENTO DO DIREITO RECONHECIDO, NOS TERMOS DA PORTARIA 1.554, DE 30 DE JULHO DE 2013 DO MINISTÉRIO DA SAÚDE OU OUTRO ATO QUE VIER A SUBSTITUÍ-LA.

▸ *Thiago Mesquita Teles de Carvalho*

Aprovado no X FONAJEF, o Enunciado tem por objetivo orientar a operacionalização do cumprimento de decisões judiciais relativas à concessão de medicamentos.

Os Enunciados 135 e 136 tratam do direcionamento da ordem judicial relativa à concretização da tutela judicial, ao passo que este versa sobre a responsabilidade financeira.

A propósito, as Portarias GM/MS 1554, de 30 de julho de 2013, e 1.555, de 30 de julho de 2013, dispõem sobre a repartição de responsabilidades dos municípios, estados, Distrito Federal e União no âmbito da assistência farmacêutica. A primeira, institui as normas de financiamento e de execução do Componente Básico da Assistência Farmacêutica no âmbito do Sistema Único de Saúde; a segunda, de financiamento e execução do Componente Especializado da Assistência Farmacêutica.

É cediço que, no âmbito do SUS, por força do art. 196 da Constituição Federal, o fornecimento gratuito de tratamentos e medicamentos necessários à saúde de pessoas hipossuficientes é obrigação solidária de todos os entes federativos, podendo ser pleiteado de qualquer deles, União, estados, Distrito Federal ou municípios. Essa matéria encontra-se assentada no RE 855178-RG. Com base na mesma ideia de solidariedade, o STJ, em sede de recurso repetitivo, entendeu que o "chamamento ao processo da União com base no art. 77, III, do CPC, nas demandas propostas contra os demais entes federativos responsáveis para o fornecimento de medicamentos ou prestação de serviços de saúde, não é impositivo, mostrando-se inadequado opor obstáculo inútil à garantia fundamental do cidadão à saúde" (REsp 1203244).

Sem prejuízo da solidariedade no âmbito do SUS, usualmente acontece de o ente com capacidade operacional para o cumprimento da decisão ser diverso daquele financeiramente responsável para aquisição do medicamento.

A título de exemplo, os medicamentos do Grupo 1B do Componente Especializado da Assistência Farmacêutica são financiados pelo Ministério da Saúde mediante transferência de recursos financeiros para aquisição pelas Secretarias de Saúde dos estados e Distrito Federal, sendo destas a responsabilidade pela programação, armazenamento, distribuição e dispensação para tratamento das doenças contempladas (art. 3º, I, b, Portaria n. 1.554/2013 – GM/MS). Nesse caso, embora o financiamento seja federal, todas as atividades materiais necessárias ao fornecimento do medicamento, desde a aquisição até a dispensação, ficam por conta dos estados.

Assim, é recomendável ao juiz que, quando proferir decisões relacionadas ao fornecimento de medicamentos, preserve, tanto quanto possível, a política pública de saúde consubstanciada nas normas administrativas do SUS, como as portarias citadas. É também nesse sentido o teor do Enunciado 8 da I Jornada de Direito da Saúde do CNJ.

⊙ Enunciado n. 8 do Fórum Nacional do Judiciário para a Saúde. Nas condenações judiciais sobre ações e serviços de saúde devem ser observadas, quando possível, as regras administrativas de repartição de competência entre os gestores.

⊙ O tratamento médico adequado aos necessitados se insere no rol dos deveres do Estado, porquanto responsabilidade solidária dos entes federados. O polo passivo pode ser composto por qualquer um deles, isoladamente, ou conjuntamente. (STF, RE 855178, Rel. Min. Luiz Fux, DJe 13.3.2015)

⊙ (...). Recurso representativo de controvérsia. Sistema único de saúde. Fornecimento de medicamentos. Ação movida contra o Estado. Chamamento da União ao processo. Art. 77, III, do CPC. Desnecessidade. Controvérsia submetida ao rito do art. 543-C do CPC 1. O chamamento ao processo da União com base no art. 77, III, do CPC, nas demandas propostas contra os demais entes

Capítulo VII ● Temas Esparsos

405

federativos responsáveis para o fornecimento de medicamentos ou prestação de serviços de saúde, não é impositivo, mostrando-se inadequado opor obstáculo inútil à garantia fundamental do cidadão à saúde. Precedentes do STJ. 2. A Primeira Turma do Supremo Tribunal Federal entende que "o recebimento de medicamentos pelo Estado é direito fundamental, podendo o requerente pleiteá-los de qualquer um dos entes federativos, desde que demonstrada sua necessidade e a impossibilidade de custeá-los com recursos próprios", e "o ente federativo deve se pautar no espírito de solidariedade para conferir efetividade ao direito garantido pela Constituição, e não criar entraves jurídicos para postergar a devida prestação jurisdicional", razão por que "o chamamento ao processo da União pelo Estado de Santa Catarina revela-se medida meramente protelatória que não traz nenhuma utilidade ao processo, além de atrasar a resolução do feito, revelando-se meio inconstitucional para evitar o acesso aos remédios necessários para o restabelecimento da saúde da recorrida" (RE 607381...). Caso concreto 3. Na hipótese dos autos, o acórdão recorrido negou o chamamento ao processo da União, o que está em sintonia com o entendimento aqui fixado. (...). (STJ, REsp 1203244, repetitivo, Rel. Ministro Herman Benjamin, 1ª S., DJe 17.6.2014)

Enunciado 172. Apenas a prescrição médica não é suficiente para o fornecimento de medicamentos e/ou insumos não incluídos nas listas do SUS.

▶ *Thiago Mesquita Teles de Carvalho*

O enunciado tem por objetivo orientar o julgador na valoração da prova necessária à concessão de tutela relativa ao fornecimento de medicamentos. O estudo de seu conteúdo será mais proveitoso se associado à compreensão dos verbetes 173 e 174, também aprovados no XIII FONAJEF.

É importante ter em mente que o teor do enunciado, de modo algum, representa um menosprezo à prescrição do médico. Representa, isso sim, uma valorização do SUS, que desenvolve um trabalho altamente especializado na análise das tecnologias de saúde que serão incorporadas às suas listas, como a Relação Nacional de Medicamentos Essenciais – RENAME.

Segundo o art. 19-Q, *caput*, da Lei 8.080/90, a incorporação, a exclusão ou a alteração pelo SUS de novos medicamentos, produtos e procedimentos são atribuições do Ministério da Saúde, assessorado pela Comissão Nacional de Incorporação de Tecnologias – CONITEC.

Por sua vez, a CONITEC, ao elaborar seu relatório sugerindo a incorporação, ou não, de determinado medicamento ao SUS, deve levar em consideração as evidências científicas sobre a eficácia, a acurácia, a efetividade e a segurança do medicamento, produto ou procedimento, bem como a avaliação econômica comparativa dos benefícios e dos custos em relação às tecnologias já incorporadas, inclusive no que se refere aos atendimentos domiciliar, ambulatorial ou hospitalar, quando cabível (§ 2º, I e II, do art. 19-Q).

A disciplina inaugurada pelo art. 19-Q reflete a adoção, pelo SUS, da medicina baseada em evidências – MBE, que "consiste numa técnica específica para atestar com o maior grau de certeza a eficiência, efetividade e segurança de produtos, tratamentos, medicamentos e exames que foram objeto de diversos estudos científicos, de modo que os verdadeiros progressos das pesquisas médicas sejam transpostos para a prática[1].

---

1. SCHULZE, Clenio; GEBRAN NETO, João Pedro. **Direito à Saúde**. Porto Alegre: Vozes, 2015. p. 215.

A incorporação de medicamentos ao SUS, à luz da MBE, perpassa pela análise de ensaios clínicos, artigos científicos, literatura médica, estudos comparativos, entre outros. Somente se a ponderação desses subsídios for favorável, e presente a relação de custo-efetividade (parágrafo único, art. 19-O), a incorporação será efetuada.

Logo, é temerário ao juiz, com base apenas em uma prescrição médica, conceder medicamentos e/ou insumos não incluídos nas listas do SUS. É dizer, não é apropriado valorar uma prescrição médica sobrepondo-a a todas as evidências analisadas pelo SUS para a constituição da política de saúde.

Assim, em casos tais, caberá ao juiz procurar outros subsídios – como pareceres técnicos, perícia médica etc. –, antes de conceder a tutela, verificando se os medicamentos e insumos já incluídos nas listas não são eficazes para o caso, sob pena de intervir indevidamente da política de saúde constituída.

○ (...). Sistema Único de Saúde. Fornecimento de medicamentos. Direito à vida e à saúde. Dever do estado. Responsabilidade solidária da união, do estado e do município. Agravo de instrumento provido. Embargos de declaração prejudicados. (...) 2. O médico que acompanha a autora informou que o tratamento de escolha tem registro na ANVISA e não existem outras opções terapêuticas disponibilizadas pelo SUS que tenham resultados satisfatórios iguais ou semelhantes, tendo eficácia bem documentada tanto na literatura médica mundial, como na medicina baseada em evidências, sendo uma doença de possível cura com este tipo de tratamento. 3. O direito à vida, à saúde e à dignidade da pessoa humana é garantido constitucionalmente, sendo dever do Estado em qualquer esfera, seja Federal, Estadual e Municipal, adotar medidas para a sua garantia. (TRF5, 2ª T., AG 00037285320124050000, Rel. Walter Nunes da Silva Júnior, DJe 28.6.2012)

○ (...). Direito à saúde. Tratamento médico. Prestação do serviço de saúde. Cirurgia ortopédica. Já realizada no decorrer do processo. (...). A medicina baseada em evidências traz a lume uma posição teórica e moral de que os médicos devem aliar a sua experiência médica com os conhecimentos teóricos balizados pela literatura médica mais atual. 3. Apelação conhecida e desprovida. (TRF4, 3ª T., AC 200872000123954, Rel. Carlos Eduardo Thompson Flores Lenz, DE 3.2.2010)

▶ **Lei 8.080/90. Art. 19-O.** Os protocolos clínicos e as diretrizes terapêuticas deverão estabelecer os medicamentos ou produtos necessários nas diferentes fases evolutivas da doença ou do agravo à saúde de que tratam, bem como aqueles indicados em casos de perda de eficácia e de surgimento de intolerância ou reação adversa relevante, provocadas pelo medicamento, produto ou procedimento de primeira escolha. **Parágrafo único.** Em qualquer caso, os medicamentos ou produtos de que trata o caput deste artigo serão aqueles avaliados quanto à sua eficácia, segurança, efetividade e custo-efetividade para as diferentes fases evolutivas da doença ou do agravo à saúde de que trata o protocolo. ▶ **Art. 19-Q.** A incorporação, a exclusão ou a alteração pelo SUS de novos medicamentos, produtos e procedimentos, bem como a constituição ou a alteração de protocolo clínico ou de diretriz terapêutica, são atribuições do Ministério da Saúde, assessorado pela Comissão Nacional de Incorporação de Tecnologias no SUS. § 1º A Comissão Nacional de Incorporação de Tecnologias no SUS, cuja composição e regimento são definidos em regulamento, contará com a participação de 1 (um) representante indicado pelo Conselho Nacional de Saúde e de 1 (um) representante, especialista na área, indicado pelo Conselho Federal de Medicina. § 2º O relatório da Comissão Nacional de Incorporação de Tecnologias no SUS levará em consideração, necessariamente: I - as evidências científicas sobre a eficácia, a acurácia, a efetividade e a segurança do medicamento, produto ou procedimento objeto do processo, acatadas pelo órgão competente para o registro ou a autorização de uso; II - a avaliação econômica comparativa dos benefícios e dos custos em relação às tecnologias já incorporadas, inclusive no que se refere aos atendimentos domiciliar, ambulatorial ou hospitalar, quando cabível.

CAPÍTULO VII ● TEMAS ESPARSOS

ENUNCIADO 173. NAS DEMANDAS INDIVIDUAIS DE SAÚDE, A DECISÃO JUDICIAL ACERCA DA PRE-
TENSÃO DE FORNECIMENTO DE MEDICAMENTOS, INSUMOS OU PROCEDIMENTOS NÃO FORNECI-
DOS PELO SUS DEVE SER FUNDAMENTADA, SEMPRE QUE POSSÍVEL, NA MEDICINA BASEADA EM
EVIDÊNCIAS.

▶ *Francisco Glauber Pessoa Alves*

O CPC trouxe uma nova técnica de fundamentação da decisão judicial, contida
nos arts. 10 e 489. Já discorremos longamente sobre o assunto em outro momento
(ALVES, 2015, *passim*) e não é essa a quadra para retornar a ele com vagar sem incor-
rermos em redundância. Para fins deste comentário, basta-nos o que segue. Cuida-se
de um reforço da exigência constitucional (art. 93, IX da CF), incorporando a concepção de fundamentação exauriente (ou completa), a enfrentar todos os argumentos
levantados pelas partes, e abandonando a fundamentação suficiente, conceito este
que pode ser reproduzido em jurisprudência clássica, no sentido de que "Constituição
não exige que a decisão seja extensamente fundamentada. O que se exige é que o juiz
ou tribunal dê as razões de seu convencimento" (STF, 2ª T., AI 162089, Rel. Min. Carlos
Velloso, DJU 15.3.1996).

O art. 93, IX da Constituição Federal demanda a presença da devida fundamentação das decisões judiciais (acórdãos, sentenças e decisões interlocutórias). Aos Juizados Especiais, de igual constitucionalidade (art. 98, I), foi autorizado (o que inal-
terado pelo CPC de 2015) um panorama próprio de fundamentação, previsto na Lei
9.099/95. Segundo ele: a) a sentença mencionará os elementos de convicção do Juiz,
com breve resumo dos fatos relevantes ocorridos em audiência, dispensado o relatório (art. 38); b) o julgamento em segunda instância (*rectius*, segundo grau) constará
apenas da ata, com a indicação suficiente do processo, fundamentação sucinta e parte
dispositiva (art. 46, primeira parte); c) se a sentença for confirmada pelos próprios
fundamentos, a súmula do julgamento servirá de acórdão (art. 46, segunda parte).

A vinda do CPC não trouxe qualquer mudança na legitimidade desse modelo de
fundamentação bem específico. Ele é justificado na perspectiva dúplice de se prestar
(1) às decisões em causas de menor complexidade e, a partir daí, (2) garantir que
estas causas sejam processadas com celeridade. Jamais se defendeu com alguma densidade ou frequência a inconstitucionalidade desse modelo, cuja base sempre foi a
Constituição Federal e não o CPC. Muito pelo revés, assentou o STF em vários precedentes, inclusive em sede de Repercussão Geral, que "(...) não viola a exigência constitucional de motivação a fundamentação de turma recursal que, em conformidade
com a Lei 9.099/95, adota os fundamentos contidos na sentença recorrida" (STF, 2ª
T., RE 724151-AgR, Rel. Min. Cármen Lúcia, DJe 28.10.13; 1ª T., ARE 718596-AgR, Rel.
Min. Dias Toffoli, DJe 15.3.2013; Plenário Virtual, RE 635729-RG, Rel. Min. Dias Toffoli), acentuando-se que a "(...) decisão judicial tem que ser fundamentada (art. 93, IX),
ainda que sucintamente, sendo prescindível que a mesma se funde na tese suscitada
pela parte" (STF, 1ª T., ARE 804778-AgR, Rel. Min. Luiz Fux, DJe 29.10.2014).

Temos, portanto, que por força dos princípios da simplicidade, celeridade, informalidade e economia processual (art. 1º da Lei 9.099/95), não se exige, nos Juizados Especiais, uma fundamentação tão rígida quanto a prevista no CPC (art. 489),

conquanto ela deve ser bastante, clara, ciosa do enfrentamento mínimo das questões de fato e de direito da lide. A escorreita fundamentação (TARUFFO, 2005, p. 167-168[2]) é fator de legitimação interna (impugnabilidade pelas partes e conhecimento das razões de decidir pela instância "ad quem" – função endoprocessual) e externa (conhecimento pela sociedade dos argumentos judicialmente utilizados, indução do julgador à demonstração da validade racional de suas razões frente ao sistema jurídico e à demonstração da eficácia persuasiva do precedente invocado como razão de decidir – função extraprocessual), e tais funções são perfeitamente atingíveis nos Juizados Especiais. Assim, havendo fundamento suficiente (ou seja, o inverso do fundamento insuficiente), ainda que único e mesmo que os demais argumentos invocados na inicial ou na defesa não sejam enfrentados, para o julgamento de procedência ou de improcedência, deve ser entendida como devidamente motivada a decisão.

Nesse condão, entendemos não ser aplicável a disciplina dos arts. 11 e 489 do CPC aos Juizados Especiais, por já comportarem estes um modelo próprio e de fundamentação de assentamento constitucional. Pela inaplicabilidade: Donizetti (2015, p. 94-97); Oliveira (2015, p. 101-103). Contrariamente, é verdade: Silva (2015, p. 511); Schmitz (2015, p. 524). Há uma forte sinalização quanto à inaplicabilidade aos Juizados Especiais a partir das seguintes perspectivas: Enunciado 162 do FONAJE, Enunciado 153 do FONAJEF, Enunciados 10 e 47 da ENFAM. Contrariamente, Enunciado 309 da FPPC.

A adequada fundamentação, assim, é essencial às muitas demandas de saúde em tramitação nos Juizados Especiais. Há, porém, uma aparente desuniformidade quanto às decisões que envolvem saúde e a extensão da responsabilidade pública, ora pendendo para a fundamentação estritamente dogmática e genérica (e, portanto, teórica), ora para uma melhor aquilatação de dados fáticos diversos que possam influenciar o direito aplicável à espécie. O campo cinzento entre a negativa geral (menos comum) e a concessão geral (mais presente) é, basicamente, o que configura níveis de desconforto decisório.

De fato, é usual a referência simples ao direito constitucional à saúde (art. 196) como fórmula de resolução de lides de tal jaez. Mais do que uma deficiência na fundamentação decisória, de resto ofensiva à Constituição Federal (art. 93, IX), essa peculiaridade parece indicar outro problema, mais agudo: a própria formação do julgador para enfrentar demandas tão específicas. Não se descura do drama ao qual são submetidos os magistrados ao decidirem tal matéria. O princípio da inafastabilidade jurisdicional (art. 5º, XXXV da Constituição Federal – CF) permite, no direito brasileiro, acentuada presença do Judiciário na resolução dessas demandas que, na origem, derivam de um problema, sobretudo, da função executiva.

Surge, portanto, um complexo contexto multidisciplinar muitas vezes tangenciado – até mesmo por força das circunstâncias – pelo juiz, com componentes diversos que merecem abordagem. A acentuada ineficácia do Sistema Único de Saúde (SUS)

---

2. A obra de Michele Taruffo foi originalmente publicada em 1975, em Pádua, Itália. Por se tratar de referência, ela continua a ser estudada e, eventualmente, republicada. Aqui, trabalha-se com republicação do ano de 2005.

Capítulo VII ● Temas Esparsos

reflete-se na ampliação geométrica do número de ações que discutem fornecimento de tratamentos, procedimentos e medicamentos na esfera judicial. Esse crescente volume de demandas judiciais de saúde, associado à ausência de parâmetros decisórios mais seguros, deu ensejo, inclusive, à iniciativa do CNJ no sentido de traçar padrões de enfrentamento dos problemas surgidos, englobáveis no chamado Fórum Nacional do Judiciário para a Saúde.

Essa postura importantíssima do CNJ deu-se a partir de importante precedente do STF (STA 175-AgR), no qual foram realizadas audiências públicas diversas. Ocorreram, então, a I e a II Jornadas de Direito da Saúde, onde assuntos pertinentes foram discutidos e Enunciados aprovados. Essa base mínima de conhecimentos, hauridos pela interação do Judiciário com a classe médica e científica, bem como com gestores públicos, produziu um manancial de conhecimento a subsidiar maior grau de certeza no que se refere a boa parte das demandas. A partir dessa iniciativa, uma jurisprudência mais sensível e aperfeiçoada começou a ser produzida. Também uma gestão pública mais atenta aos efeitos da judicialização da saúde foi inevitável, posto que a partir dela os orçamentos tiveram de ser planejados e executados. Acima de tudo, a intensificação de embasamentos técnicos junto aos argumentos jurídicos alargou-se.

Em sede de tutela de saúde, os problemas orçamentários são tão presentes que essencialmente informam a chamada "reserva do possível" ao lado da razoabilidade, que devem necessariamente estar presentes e serem sopesadas pelo julgador, sob pena de arbítrio judicial. Essa a tese acolhida no seio do Supremo Tribunal Federal (ADPF 45, Rel. Min. Celso de Mello, DJ 29.4.2004). Por "reserva do possível" há de se entender, essencialmente, razoabilidade da pretensão deduzida e existência de disponibilidade financeira (contexto ignorado, muitas vezes, nas decisões judiciais). O STF tem dado bastante amplitude à defesa do direito à saúde, sob os mais diversificados contextos: a) ao reconhecer ao Judiciário o poder de determinar o fornecimento de tratamento de saúde (STF, 1ª T., AI 824946 ED, Rel. Min. Dias Toffoli, DJe 17.9.2013) e medicação (STF, 2ª T., RE 716777 AgR, Rel. Min. Celso de Mello, DJe 16.5.2013) quando o executivo não o forneça adequadamente; b) ao assentar a solidariedade entre os entes federativos para tanto (STF, 1ª T., RE 626382 AgR, Rel. Min. Rosa Weber, DJe 11.9.2013); c) ao viabilizar o bloqueio de verbas públicas quando o Estado se negar a fornecer medicamentos (STF, 1ª T., AI 553712 AgR, Rel. Min. Ricardo Lewandowski, DJe 5.6.2009); d) ao confortar a judicialização do direito à saúde (STF, Pleno, SL 47 AgR, Rel. Min. Gilmar Mendes, DJe 30.4.2010).

Daí que, por mais nobre que seja a intenção, a disponibilidade financeira é algo que sempre há de associar-se à razoabilidade da pretensão trazida a juízo, sem o quê ter-se-á uma decisão deslegitimada à luz dos princípios constitucionais diversos que necessitam ser sopesados. A atividade mais complexa é não só fazer o juízo de ponderação entre os direitos fundamentais diversos, mas, sim, como concretizar o direito fundamental prestigiado. O que é mais difícil sindicar concretamente nas demandas de saúde não é tanto o aspecto jurídico (ninguém há de negar a ninguém o direito à saúde, numa esfera mais simplista), mas o aspecto multidisciplinar e macro. Por exemplo, a concessão de tutelas judiciais pode inviabilizar orçamentos públicos pensados e aprovados para garantir um mínimo a todos – afinal, o máximo a um pode prejudicar o mínimo de alguns. Curial observar que, numa senda de finitude de recursos públicos, não há direito universal ao melhor tratamento de saúde possível. Há, evidente, um direito a um tratamento razoavelmente eficaz, mas não ao mais eficaz, porque nenhum sistema público de saúde propicia isso no mundo e o Brasil, ainda com longo caminho a percorrer em termos de desenvolvimento, não se pode dar a esse luxo.

Necessário faz-se um standard decisório razoável de enfrentamento técnico e jurídico das demandas de saúde contra o Poder Público (as demandas de saúde suplementar não comportam significativo grau de apreciação no âmbito da competência da Justiça Federal). Assim, parece razoável supor quadrantes alvos de demandas judiciais:

a) ausência de fornecimento de medicamento/produto/tratamento/nutrientes regularmente incluído(s) na política de saúde do SUS;

b) ausência de fornecimento de medicamento/produto/tratamento/nutrientes não incluído(s) na política de saúde do SUS, conquanto reconhecido pelos meios científicos de saúde competentes no Brasil (como a listagem da ANVISA);

c) ausência de fornecimento de medicamento/produto/tratamento/nutrientes não incluído(s) na política de saúde do SUS, sem suficiente/provável reconhecimento pelos meios científicos competentes no Brasil e estrangeiro; d) ausência de fornecimento de medicamento/produto/tratamento/nutrientes não previsto(s) na política de saúde do SUS, com reconhecimento exclusivamente pelos meios científicos estrangeiros.

Nulla quaestio quanto à omissão em decidir quanto ao item "a", destinatário de uma tutela jurisdicional positiva porque não há conflito de princípios constitucionais: o direito à saúde e a reserva do possível estão conjugados no próprio reconhecimento estatal, via órgãos executivos competentes, da eficácia, pertinência e obrigatoriedade quanto à prestação terapêutica buscada – e cuja ausência enseja a intervenção jurisdicional. Isso se aplica, inclusive, quanto à questão dos leitos de UTI, na medida em que o tratamento de urgência é algo que não pode ser negado (STF, 2ª T., ARE 740800 AgR, Rel. Min. Cármen Lúcia, DJe 12.12.2013). Se o ente público não puder prestá-lo diretamente, deverá arcar com o custeio em instituição particular específica (STF, 2ª T., ARE 727864 AgR, Rel. Min. Celso de Mello, DJe 13.11.2014), observando-se cuidados quanto à equalização dos pacientes com maior necessidade, à limitação de leitos, às Centrais de Regulação de Internação e de Urgências, tudo de forma a preservar a igualdade.

A concessão judicial que envolva medicamento, produto ou procedimento já previsto no SUS ou em Protocolos Clínicos de Diretrizes Terapêuticas (PCDT) deverá determinar a inclusão do demandante em serviço ou programa do SUS já existente, para acompanhamento e controle clínico (cf. Enunciado FNJS 11). Da mesma forma, ao se cuidar de prestação continuativa, onde a exigibilidade do relatório médico periódico a justificar a sequência do tratamento deve ser viabilizada (cf. Enunciado FNJS 2), inclusive, no caso do câncer, com inclusão e acompanhamento junto a uma unidade específica do SUS (cf. Enunciado FNJS 7). Importante frisar que, nada obstante legitimados

Capítulo VII ● Temas Esparsos

411

à causa todos os entes federativos, conforme assentado pelo STF, pode haver o direcionamento do cumprimento da medida judicial para um ou mais deles apenas (cf. Enunciado FNJS 60), de forma a conferir efetividade à execução.

Problemas mais sensíveis são os dos itens "b" a "d". Por exemplo, há a faceta da discricionariedade do órgão competente (CONITEC) em não incluir determinado produto ou tratamento na política pública do SUS. Razões de ordem financeira (elevado custo), técnica (entendimento de insuficiente embasamento científico) ou outras, próprias do mérito administrativo, podem informar a não inclusão no SUS. E isso é inerente à função executiva[3] e ao Estado Democrático de Direito[4]. Todavia, parece muito racional dizer que algum tratamento público minimamente eficaz deve ser oferecido, sem o quê alternativas terapêuticas cientificamente comprovadas e dentro de padrões mínimos (normas da Comissão Nacional de Ética em Pesquisa, da ANVISA e pautada pela Medicina Baseada em Evidências) podem ser concedidas judicialmente, como forma de implementação do direito à saúde constitucionalmente assegurado. Aliás, essa linha sensata é sacralizada no Enunciado 61 do Fórum Nacional do Judiciário para a Saúde.

Temas relevantes pendem de julgamento em repercussão geral no STF acerca da saúde pública, como é o caso dos limites da competência do Judiciário para determinar obrigações de fazer ao Estado, consistentes na realização de concursos públicos, contratação de servidores e execução de obras que atendam o direito social da saúde (STF, Pleno, RE 684612, Rel. Min. Carmem Lúcia, DJe 6.6.2014). Também nessa circunstância estão os assuntos mais importantes de todos, seja na formulação de políticas públicas, seja nas decisões judiciais, a saber: a) a controvérsia acerca da obrigatoriedade, ou não, de o Estado, ante o direito à saúde constitucionalmente garantido, fornecer medicamento não registrado na ANVISA (STF, Pleno, RE 657718, Rel. Min. Marco Aurélio, DJe 11.5.2012); b) a controvérsia sobre a obrigatoriedade de o Poder Público fornecer medicamento de alto custo (STF, Pleno, RE 566471, Rel. Min. Marco Aurélio, DJe 7.12.2007).

---

3. "Dessa forma, em razão da inexistência de suportes financeiros suficientes para a satisfação de todas as necessidades sociais, enfatiza-se que a formulação das políticas sociais e econômicas voltadas à implementação dos direitos sociais implicaria, invariavelmente, escolhas alocativas. Essas escolhas seguiriam critérios de justiça distributiva (o quanto disponibilizar e a quem atender), configurando-se como típicas opções políticas, as quais pressupõem ´escolhas trágicas´ pautadas por critérios de macrojustiça. É dizer, a escolha da destinação de recursos para uma política e não para outra leva em consideração fatores como o número de cidadãos atingidos pela política eleita, a efetividade e a eficácia do serviço a ser prestado, a maximização dos resultados etc." (STF, STA 175 AgR, Rel. Min. Gilmar Mendes, voto, DJe 30.4.2010).

4. "O Poder Executivo é um dos órgãos políticos do Estado, que tem por competência institucional a condução das atividades de Estado, Governo e Administração Pública. Enquanto órgão que exerce a chefia de Estado, representa internacionalmente a soberania estatal; enquanto órgão de chefia de Governo, dirige a vida política nacional, executando as políticas públicas adotadas pela Constituição e pelas leis; e enquanto órgão de chefia da Administração presta os serviços públicos necessários para atender as necessidades coletivas" (CUNHA JR, 2013, p. 1042).

Até aqui, porém, aquele Colegiado vem seguindo, em linhas gerais, o que se decidiu no caso líder (STA 175 AgR). A partir da análise dos votos diversos proferidos pelos ministros que participaram do julgamento, frisando-se a preponderância do relator (com ampla menção à doutrina e às informações hauridas na audiência pública), Min. Gilmar Mendes, então presidente do STF, pode-se destacar: 1) não há um direito absoluto a todo e qualquer procedimento necessário para a proteção, promoção e recuperação da saúde, embora haja um direito público subjetivo a políticas públicas que promovam, protejam e recuperem a saúde; 2) a prestação individual da saúde estaria condicionada ao não comprometimento do funcionamento do SUS, a ser demonstrado e fundamentado de forma clara; 3) a observância de um viés programático ao direito à saúde, pois sempre haverá uma nova descoberta, um novo exame, um novo prognóstico ou procedimento cirúrgico, uma nova doença ou a volta de uma doença supostamente erradicada; 4) há de ser considerada a proibição do art. 12 da Lei 6.360/76 (industrialização, exposição à venda e consumo de medicamentos, drogas, insumos farmacêuticos e correlatos antes de registrado no Ministério da Saúde), com alguma abertura por conta da viabilidade excepcional de autorização de importação, pela ANVISA, de medicamento não registrado (com base na Lei 9.782/99); 5) em geral, deverá ser privilegiado o tratamento fornecido pelo SUS em detrimento de opção diversa escolhida pelo paciente, sempre que não for comprovada a ineficácia ou a impropriedade de política de saúde existente; 6) medida diferente da custeada pelo SUS deve ser fornecida a determinada pessoa que, por razões específicas de seu organismo, comprove que o tratamento fornecido não é eficaz no seu caso; 7) o Estado não pode ser condenado a fornecer tratamentos experimentais; 8) a ausência de tratamento clínico por não estar inserido em Protocolos Clínicos e das Diretrizes Terapêuticas, por si só, não afasta a sindicabilidade jurisdicional, sendo essenciais, no entanto audiência e instrução probatória.

Considerando ser o STF um tribunal de direito e não de fato, apenas por exceção os casos concretos são enfrentados com maior vagueza. Ainda assim, vários julgados têm se referido ao precedente acima como linha de argumentação (STF, STA 761-AgR, Rel. Min. Ricardo Lewandowski, DJe 29.5.2015; STF, 2ª T., ARE 876459, Rel. Min. Gilmar Mendes, DJe 4.5.15; STF, 1ª T., RE 848086, Rel. Min. Roberto Barroso, DJe 24.6.15; STF, 1ª T., ARE 799136, Rel. Min. Dias Toffoli, DJe 21.8.2014).

Uma linha decisória muito clara é isenta de dúvidas sérias: a necessidade de as decisões judiciais pautarem-se na chamada "Medicina Baseada em Evidências". Essa concepção, criada pelo pesquisador britânico Archie Cochrane no livro *Effectiveness and efficiency: Random Reflections on Health Services* (1972), visa propiciar o melhor nível de evidência para as decisões em saúde, através de elaboração, manutenção e divulgação de revisões sistemáticas de ensaios clínicos randomizados (Centro Cochrane do Brasil, disponível na internet, 2017). Basicamente, refletem-na em sede de tutela de saúde, os seguintes enunciados do Fórum Nacional do Judiciário para a Saúde: 5, 6, 9, 16, 18, 50, 59 e 77, adiante transcritos.

Portanto, há uma preocupação, condensada nos diversos Enunciados, no sentido de que evidências científicas devem respaldar a decisão judicial em tutela de saúde, não bastando, para tanto, a menção genérica ao direito constitucional à saúde.

Capítulo VII ● Temas Esparsos

413

Para além da decisão judicial merecer a adequada fundamentação, ainda que nos contornos dos Juizados Especiais, deverá o magistrado enfrentar e esclarecer concretamente (1) a ineficácia da terapêutica fornecida pelo SUS concomitantemente (2) à comprovação, calcada em evidências científicas, da eficácia terapêutica da alternativa buscada pela parte e não inclusa no rol do SUS.

○ Enunciado FONAJEF 153. A regra do art. 489, parágrafo primeiro, do NCPC deve ser mitigada nos juizados por força da primazia dos princípios da simplicidade e informalidade que regem o JEF.

○ Enunciado FONAJE 162. Não se aplica ao Sistema dos Juizados Especiais a regra do art. 489 do CPC diante da expressa previsão contida no art. 38, caput, da Lei 9.099/95.

○ Enunciado ENFAM 10. A fundamentação sucinta não se confunde com a ausência de fundamentação e não acarreta a nulidade da decisão se forem enfrentadas todas as questões cuja resolução, em tese, influencie a decisão da causa.

○ Enunciado ENFAM 47. O art. 489 do CPC/2015 não se aplica ao sistema de juizados especiais.

○ Enunciado FPPC 309. O disposto no § 1º do art. 489 do CPC é aplicável no âmbito dos Juizados Especiais.

○ Enunciado n. 2 do Fórum Nacional do Judiciário para a Saúde. Concedidas medidas judiciais de prestação continuativa, em medida liminar ou definitiva, é necessária a renovação periódica do relatório médico, no prazo legal ou naquele fixado pelo julgador como razoável, considerada a natureza da enfermidade, de acordo com a legislação sanitária, sob pena de perda de eficácia da medida.

○ Enunciado n. 5 do Fórum Nacional do Judiciário para a Saúde. Deve-se evitar o processamento, pelos juizados, dos processos nos quais se requer medicamentos não registrados pela Anvisa, off label e experimentais, ou ainda internação compulsória, quando, pela complexidade do assunto, o respectivo julgamento depender de dilação probatória incompatível com o rito do juizado.

○ Enunciado n. 6 do Fórum Nacional do Judiciário para a Saúde. A determinação judicial de fornecimento de fármacos deve evitar os medicamentos ainda não registrados na Anvisa, ou em fase experimental, ressalvadas as exceções expressamente previstas em lei.

○ Enunciado n. 7 do Fórum Nacional do Judiciário para a Saúde. Sem prejuízo dos casos urgentes, visando respeitar as competências do SUS definidas em lei para o atendimento universal às demandas do setor de saúde, recomenda-se nas demandas contra o poder público nas quais se pleiteia dispensação de medicamentos ou tratamentos para o câncer, caso atendidos por médicos particulares, que os juízes determinem a inclusão no cadastro, o acompanhamento e o tratamento junto a uma unidade CACON/UNACON.

○ Enunciado n. 9 do Fórum Nacional do Judiciário para a Saúde. As ações que versem sobre medicamentos e tratamentos experimentais devem observar as normas emitidas pela Comissão Nacional de Ética em Pesquisa (Conep) e Agência Nacional de Vigilância Sanitária (Anvisa), não se podendo impor aos entes federados provimento e custeio de medicamento e tratamentos experimentais.

○ Enunciado 11 do Fórum Nacional do Judiciário para a Saúde. Nos casos em que o pedido em ação judicial seja de medicamento, produto ou procedimento já previsto nas listas oficiais do SUS ou em Protocolos Clínicos e Diretrizes Terapêuticas (PCDT), recomenda-se que seja determinada pelo Poder Judiciário a inclusão do demandante em serviço ou programa já existentes no Sistema Único de Saúde (SUS), para fins de acompanhamento e controle clínico.

- Enunciado n. 16 do Fórum Nacional do Judiciário para a Saúde. Nas demandas que visam acesso a ações e serviços da saúde diferenciada daquelas oferecidas pelo Sistema Único de Saúde, o autor deve apresentar prova da evidência científica, a inexistência, inefetividade ou impropriedade dos procedimentos ou medicamentos constantes dos protocolos clínicos do SUS.

- Enunciado n. 18 do Fórum Nacional do Judiciário para a Saúde. Sempre que possível, as decisões liminares sobre saúde devem ser precedidas de notas de evidência científica emitidas por Núcleos de Apoio Técnico em Saúde – NATS.

- Enunciado n. 50 do Fórum Nacional do Judiciário para a Saúde. Salvo prova da evidência científica e necessidade premente, não devem ser deferidas medidas judiciais de acesso a medicamentos e materiais não registrados pela ANVISA ou para uso "off label". Não podem ser deferidas medidas judiciais que assegurem o acesso a produtos ou procedimentos experimentais.

- Enunciado n. 59 do Fórum Nacional do Judiciário para a Saúde. As demandas por procedimentos, medicamentos, próteses, órteses e materiais especiais, fora das listas oficiais, devem estar fundadas na Medicina Baseada em Evidências.

- Enunciado n. 60 do Fórum Nacional do Judiciário para a Saúde. A responsabilidade solidária dos entes da Federação não impede que o Juízo, ao deferir medida liminar ou definitiva, direcione inicialmente o seu cumprimento a um determinado ente, conforme as regras administrativas de repartição de competências, sem prejuízo do redirecionamento em caso de descumprimento.

- Enunciado n. 61 do Fórum Nacional do Judiciário para a Saúde. Os Protocolos Clínicos e Diretrizes Terapêuticas (PCDT) são elementos organizadores da prestação farmacêuticas, de insumos e de procedimentos, e não limitadores. Assim, no caso concreto, quando todas as alternativas terapêuticas previstas no respectivo PCDT já tiverem sido esgotadas ou forem inviáveis ao quadro clínico do paciente usuário do SUS, pelo princípio do art. 198, II, da CF, pode ser determinado judicialmente o fornecimento, pelo Sistema Único de Saúde, do fármaco, insumo ou procedimento não protocolizado.

- Enunciado n. 77 do Fórum Nacional do Judiciário para a Saúde. Em processo judicial no qual se pleiteia o fornecimento de medicamento, produto ou procedimento, é recomendável verificar se a questão foi apreciada pela Comissão Nacional de Incorporação de Tecnologias no SUS – CONITEC.

- (...). Saúde pública. Direitos fundamentais sociais. Art. 196 da Constituição. Audiência Pública. Sistema Único de Saúde – SUS. Políticas públicas. Judicialização do direito à saúde. Separação de poderes. Parâmetros para solução judicial dos casos concretos que envolvem direito à saúde. Responsabilidade solidária dos entes da Federação em matéria de saúde. Fornecimento de medicamento: Zavesca (Miglustat). Fármaco registrado na ANVISA. Não comprovação de grave lesão à ordem, à economia, à saúde e à segurança públicas. Possibilidade de ocorrência de dano inverso. Agravo regimental a que se nega provimento. (STF, Pleno, STA 175 AgR, Rel. Min. Gilmar Mendes, DJe 30.4.2010).

- (...). Tratamento médico/fornecimento de medicamento. Criança. Doença grave. Existência de direito líquido e certo. Súmula 7/STJ. Ausência de registro na ANVISA. Situação excepcional devidamente justificada. Possibilidade. Precedentes. 1. O Tribunal de origem consignou que "a autora é acompanhada por médico especialista, capacitado para escolher o melhor tratamento para o caso concreto, além de ter ficado comprovado que não há medicação existente no mercado nacional com os mesmos princípios ativos", bem como, "objetiva a presente medida, tão somente, o fornecimento de fármaco que, segundo médico especialista na matéria, mostra-se mais eficiente e adequado ao tratamento da infante, do que aqueles eleitos na lista padronizada pelo Sistema Único de Saúde – SUS". 2. Como se observa, comprovadas a eficácia e a necessidade de uso do medicamento solicitado para o controle da doença e na ausência de alternativa

Capítulo VII ● Temas Esparsos

415

terapêutica, é inafastável o reconhecimento do direito à tutela requerida, de forma que, para analisar o inconformismo nesse ponto, seria imprescindível o reexame das provas constantes dos autos, o que é defeso em Recurso Especial, ante o óbice previsto na Súmula 7/STJ. 3. Com efeito, "in casu", o fornecimento do fármaco não registrado na Anvisa foi autorizado pela Corte de origem em caráter excepcional e não para a comercialização, visando ao atendimento de necessidade de criança portadora de moléstia de natureza grave (Cistinose Nefropática, com insuficiência renal associada e doença renal crônica). 4. Nesse contexto, devidamente comprovada a imprescindibilidade do fármaco pleiteado, esta Corte admite a condenação do Estado em fornecer medicamentos, ainda que não registados pela ANVISA. 5. Agravo Interno não provido. (STJ, 2ª T., AgInt nos EDcl no AREsp 879749, Rel. Min. Herman Benjamin, DJe 3.3.2017)

◎ (...). Fornecimento de medicamento. Direito à saúde. Índole constitucional. Fármaco que não consta na lista da ANVISA. Laudo médico que comprovou perante as instâncias soberanas a necessidade da sua utilização. Possibilidade no fornecimento por via judicial. Alinhamento à jurisprudência do STF. Incidente de uniformização conhecido e provido. (TNU, Pedilef 05010023220134058013, Rel. Bruno Leonardo Câmara Carrá, DOU 6.11.2015)

◎ (...). Fornecimento de medicamentos. Requerente de baixa renda. Fármaco aprovado pela ANVISA. Ausente do rol de dispensação excepcional, conforme portaria ministerial. Comprovação pericial de imprescindibilidade da medicação, sem alternativa no Sistema Único de Saúde. Incidente conhecido e provido. (TNU, Pedilef 05016215320134058500, Rel. Angela Cristina Monteiro, DOU 13.4.2015)

◎ (...). Saúde. Serviços. Tratamento médico-hospitalar e/ou fornecimento de medicamento. Conceito de medicina baseada em evidências científicas. Ilegitimidade ou responsabilidade subsidiária. Cota-parte. Solidariedade. Multa. Sentença procedente. Mantém. Recurso conhecido e provido parcialmente. (Turma Recursal de MS, 1ª T., 0047315020144036201, Rel. Ronaldo José da Silva, e-DJF3 7.4.2016)

Enunciado 174. Nas demandas individuais de saúde veiculando pretensão de fornecimento de medicamentos, insumos ou procedimentos não fornecidos pelo SUS pode o juiz exigir que a parte instrua a demanda com elementos mínimos oriundos da medicina baseada em evidências.

▶ *Francisco Glauber Pessoa Alves*

O princípio da inafastabilidade jurisdicional (art. 5º, XXXV da Constituição Federal) permite, no direito brasileiro, acentuada presença do Judiciário na resolução das demandas de saúde que, na origem, derivam de um problema, sobretudo, da função executiva. Surge, portanto, um complexo contexto multidisciplinar muitas vezes tangenciado – até mesmo por força das circunstâncias – pelo juiz, com componentes diversos que merecem abordagem. A acentuada ineficácia do Sistema Único de Saúde reflete-se na ampliação geométrica do número de ações que discutem fornecimento de tratamentos, procedimentos e medicamentos na esfera judicial. Esse crescente volume de demandas judiciais de saúde, associado à ausência de parâmetros decisórios mais seguros, deu ensejo, inclusive, à iniciativa do CNJ no sentido de traçar padrões de enfrentamento dos problemas surgidos, englobáveis no chamado *Fórum Nacional do Judiciário para a Saúde* (disponível na internet).

Essa postura importantíssima do CNJ deu-se a partir de precedente do STF (STA 175-AgR), no qual foram realizadas audiências públicas diversas. Ocorreram, então, a I e a II Jornadas de Direito da Saúde, onde assuntos pertinentes foram discutidos e Enunciados aprovados. Essa base mínima de conhecimentos, hauridos pela interação do Judiciário com a classe médica e científica, bem como com gestores públicos, produziu um manancial de conhecimento a subsidiar maior grau de certeza no que se refere a boa parte das demandas. A partir dessa iniciativa, uma jurisprudência mais sensível e aperfeiçoada começou a ser produzida. Também uma gestão pública mais atenta aos efeitos da judicialização da saúde foi inevitável, posto que a partir dela os orçamentos tiveram de ser planejados e executados. Acima de tudo, a intensificação de embasamentos técnicos junto aos argumentos jurídicos alargou-se.

A partir da análise dos votos diversos dos Ministros que participaram do julgamento, frisando-se a preponderância do relator (com ampla menção à doutrina e às informações hauridas na audiência pública), Min. Gilmar Mendes, então presidente do STF, pode-se destacar:

1) não há um direito absoluto a todo e qualquer procedimento necessário para a proteção, promoção e recuperação da saúde, embora haja um direito público subjetivo a políticas públicas que promovam, protejam e recuperem a saúde;

2) a prestação individual da saúde estaria condicionada ao não comprometimento do funcionamento do SUS, a ser demonstrado e fundamentado de forma clara;

3) a observância de um viés programático ao direito à saúde, pois sempre haverá uma nova descoberta, um novo exame, um novo prognóstico ou procedimento cirúrgico, uma nova doença ou a volta de uma doença supostamente erradicada;

4) há de ser considerada a proibição do art. 12 da Lei 6.360/76 (industrialização, exposição à venda e consumo de medicamentos, drogas, insumos farmacêuticos e correlatos antes de registrado no Ministério da Saúde), com alguma abertura por conta da viabilidade excepcional de autorização de importação, pela ANVISA, de medicamento não registrado (com base na Lei 9.782/99);

5) em geral, deverá ser privilegiado o tratamento fornecido pelo SUS em detrimento de opção diversa escolhida pelo paciente, sempre que não for comprovada a ineficácia ou a impropriedade de política de saúde existente;

6) medida diferente da custeada pelo SUS deve ser fornecida a determinada pessoa que, por razões específicas de seu organismo, comprove que o tratamento fornecido não é eficaz no seu caso;

7) o Estado não pode ser condenado a fornecer tratamentos experimentais;

8) a ausência de tratamento clínico por não estar inserido em Protocolos Clínicos e das Diretrizes Terapêuticas, por si só, não afasta a sindicabilidade jurisdicional, sendo essenciais, no entanto audiência e instrução probatória.

Uma linha decisória muito clara é isenta de dúvidas sérias: a necessidade de as decisões judiciais pautarem-se na chamada "Medicina Baseada em Evidências". Essa concepção, criada pelo pesquisador britânico Archie Cochrane no livro *Effectiveness and efficiency: Random Reflections on Health Services* (1972), visa propiciar o melhor

Capítulo VII • Temas Esparsos

nível de evidência para as decisões em saúde, através de elaboração, manutenção e divulgação de revisões sistemáticas de ensaios clínicos randomizados (Centro Cochrane do Brasil, disponível na internet, 2017). Basicamente, refletem-na em sede de tutela de saúde, vários dos Enunciados do *Fórum Nacional do Judiciário para a Saúde*.

Portanto, há uma preocupação, condensada nos diversos Enunciados, no sentido de que evidências científicas devem respaldar a decisão judicial em tutela de saúde, não bastando, para tanto, a menção genérica ao direito constitucional à saúde. Para além da decisão judicial merecer a adequada fundamentação, ainda que nos contornos dos Juizados Especiais, deverá o magistrado enfrentar e esclarecer concretamente (1) a ineficácia da terapêutica fornecida pelo SUS concomitantemente (2) à comprovação, calcada em evidências científicas, da eficácia terapêutica da alternativa buscada pela parte e não inclusa no rol do SUS. Isso pressupõe, portanto, a prova devida, no âmbito do processo jurisdicional, dentro dos meios probatórios que lhes são inerentes, lembrando-se que, no rito da Lei 10.259/01, há expresso cabimento da prova pericial (art. 12).

Assim, a inicial em demandas de saúde deve comportar subsídios específicos para a melhor instrução de causas tão sensíveis. Assim, pode-se exigir:

a) juntada do prontuário médico (cf. Enunciado FNJS 49);

b) prova da omissão administrativa quanto à assistência buscada (cf. Enunciado FNJS 3);

c) questionário do médico que acompanha a parte autora prescrevendo a necessidade do tratamento (cf. Enunciados FNJS 15 e 19);

d) prova mínima descritiva da inefetividade do medicamento, produto ou tratamento fornecido pelo SUS (cf. Enunciados FNJS 12 e 14);

e) prova de que o medicamento, produto ou tratamento buscado são registrados na ANVISA ou de que não são *off label* ou experimentais (cf. Enunciados FNJS 5, 6, 9, 50 e 59);

f) prova da evidência científica da prestação de saúde buscada e não oferecido pelo SUS (cf. Enunciado FNJS 16).

O perigo da demora, nos casos de liminar, demanda a caracterização efetiva da urgência/emergência, com relatório médico circunstanciado (cf. Enunciado FNJS 51). Sempre que possível, deve ser precedida de oitiva do gestor do SUS (cf. Enunciado FNJS 13) e de manifestação do Núcleo de Assessoramento Técnico (cf. Enunciado FNJS 18). Deve haver diferenciação entre a "urgência real", a demandar imediato atendimento, da "urgência aparente", aquela, fruto da descrição simplista de que a doença da parte se agravará se não for tratada – o que nada diz, por ser a lógica da biologia humana. Nessa linha, a divisão entre procedimentos que são meramente eletivos do que demandam atuação imediata. Os relatórios médicos, assim, devem ser adequadamente confeccionados e interpretados, de onde advém o cuidado na redação do Enunciado n. 51 do Fórum do Judiciário para a Saúde: "(...) com expressa menção do quadro clínico de risco imediato".

De clareza solar que, à míngua de previsão legal expressa, alguns desses documentos não podem ser tidos como indispensáveis à propositura da ação, a ensejar o indeferimento da inicial (arts. 320 e 321 do CPC, aplicáveis subsidiariamente aos Juizados Especiais). Porém, a ausência da prova mínima quanto à situação fática enseja o indeferimento da liminar e até mesmo, eventualmente, a improcedência do pedido, dentro da teoria geral da prova, observando-se, inclusive, o ônus dinâmico (art. 373 do CPC, aplicável subsidiariamente aos Juizados Especiais).

Vale registrar, ainda na cognição judicial, provisória ou definitiva, a consulta prévia acerca da eventual submissão da questão médica à Comissão Nacional de Incorporação de Tecnologias no SUS (CONITEC), a considerar a pertinência da incorporação ou não ao SUS por aquele órgão como subsídio ao julgamento (cf. Enunciado FNJS 57). O magistrado poderá, ainda, subsidiariamente, exigir declaração de ausência de conflito de interesse ao médico prescritor (cf. Enunciado FNJS 58). Essa última recomendação é particularmente relevante porque não é incomum a prescrição de tratamentos ou medicamentos específicos, sem indicação *fundamentada*, pelo médico particular, do componente químico (ao invés do nome do medicamento) ou do porquê da opção mais cara (cf. Enunciado FNJS 59), como em casos de órteses e próteses (cf. Enunciado FNJS 28), já tendo surgido, sobre isso, inclusive, notícias de conluios indevidos entre fabricantes e médicos, onde estes recebiam comissões de 20% a 50% para que utilizassem próteses de determinadas empresas no tratamento de pacientes (Folha de São Paulo, 2015, disponível na internet). Não só isso, com as comissões irregulares a vendedores, médicos e hospitais, a diferença entre o preço inicial e final dos produtos pode ser "(...) 8,7 vezes maior – caso de uma prótese de joelho, por exemplo. Ou seja: de R$ 2.096, o valor sobe para R$ 18.362" (Folha de São Paulo, 2015, disponível na internet).

O julgador não pode ser ingênuo: há forte lobby de fabricantes e laboratórios farmacêuticos junto a médicos para prescrição de seus medicamentos e produtos. Essas relações eticamente discutíveis existem e não podem ser ignoradas, donde a importância de instrução mínima (manifestação do Núcleo de Apoio Técnico em Saúde, oitiva do gestor do SUS e nomeação de perito judicial) a sindicar e confirmar necessidades especiais (fármacos, tratamentos, procedimentos, suplementos) e mais custosas prescritas pelo médico particular da parte.

Importante destacar, com responsabilidade, mas não sem sensibilidade, o tema das internações em UTI. Não é razoável desconsiderar que (I) pode não haver vagas suficientes nas UTIs públicas, (II) que pode não haver recursos para custeio de UTIs particulares e, por fim, (III) que estas podem não estar dispostas a aceitar pacientes com pagamento futuro e incerto ou podem, também, estar lotadas. Em muitas circunstâncias, anteriormente à apreciação da medida liminar, a consulta, pela Secretaria da unidade jurisdicional, pode conseguir uma vaga diretamente, de maneira informal, junto às Centrais de Regulação de Internações e de Urgências – vide Portaria Ministério da Saúde 1.559/2008 (cf. Enunciado FNJS 46), numa atividade mediadora/conciliadora. Tais centrais são normatizadas e visam justamente a estruturar o funcionamento e estabelecimento de critérios para ingresso na assistência de saúde. Essa rotina simples pode ajudar muito o magistrado e, até mesmo, acarretar a

CAPÍTULO VII ● TEMAS ESPARSOS

419

carência de ação por perda de interesse processual. Não custa frisar, e magistrado algum pode ignorar disso: sem maior cuidado, é possível que a concessão do direito à UTI para um autor de ação possa importar na perda do direito ao leito de UTI (e consequente risco de morte) por utente de saúde que estava na vez, numa prioridade médica maior. Aliás, isso foi bem destacado, "obiter dictum", pelo STF (STA 175 AgR).

Por fim e isso é claro, poderá o magistrado condicionar a análise de eventual liminar, quando possível, a uma prévia audiência de justificação ou de conciliação, onde poderá valer-se de informações mais detalhadas fornecidas pelos próprios litigantes. A realização da audiência de instrução, de toda forma, é acentuadamente reforçada pelo entendimento do STF para fins de fornecimento de tratamento clínico não inserido em Protocolos Clínicos e das Diretrizes Terapêuticas.

○ Enunciado n. 3 do Fórum Nacional do Judiciário para a Saúde. Recomenda-se ao autor da ação, a busca preliminar sobre disponibilidade do atendimento, evitando-se a judicialização desnecessária.

○ Enunciado n. 5 do Fórum Nacional do Judiciário para a Saúde. Deve-se evitar o processamento, pelos juizados, dos processos nos quais se requer medicamentos não registrados pela Anvisa, "off label" e experimentais, ou ainda internação compulsória, quando, pela complexidade do assunto, o respectivo julgamento depender de dilação probatória incompatível com o rito do juizado.

○ Enunciado n. 6 do Fórum Nacional do Judiciário para a Saúde. A determinação judicial de fornecimento de fármacos deve evitar os medicamentos ainda não registrados na Anvisa, ou em fase experimental, ressalvadas as exceções expressamente previstas em lei.

○ Enunciado n. 9 do Fórum Nacional do Judiciário para a Saúde. As ações que versem sobre medicamentos e tratamentos experimentais devem observar as normas emitidas pela Comissão Nacional de Ética em Pesquisa (Conep) e Agência Nacional de Vigilância Sanitária (Anvisa), não se podendo impor aos entes federados provimento e custeio de medicamento e tratamentos experimentais.

○ Enunciado n. 12 do Fórum Nacional do Judiciário para a Saúde. A inefetividade do tratamento oferecido pelo SUS, no caso concreto, deve ser demonstrada por relatório médico que a indique e descreva as normas éticas, sanitárias, farmacológicas (princípio ativo segundo a Denominação Comum Brasileira) e que estabeleça o diagnóstico da doença (Classificação Internacional de Doenças), tratamento e periodicidade, medicamentos, doses e fazendo referência ainda sobre a situação do registro na Anvisa (Agência Nacional de Vigilância Sanitária)"

○ Enunciado n. 13 do Fórum Nacional do Judiciário para a Saúde. Nas ações de saúde, que pleiteiam do poder público o fornecimento de medicamentos, produtos ou tratamentos, recomenda-se, sempre que possível, a prévia oitiva do gestor do Sistema Único de Saúde (SUS), com vistas a, inclusive, identificar solicitação prévia do requerente à Administração, competência do ente federado e alternativas terapêuticas.

○ Enunciado n. 14 do Fórum Nacional do Judiciário para a Saúde. Não comprovada a inefetividade ou impropriedade dos medicamentos e tratamentos fornecidos pela rede pública de saúde, deve ser indeferido o pedido não constante das políticas públicas do Sistema Único de Saúde.

○ Enunciado n. 15 do Fórum Nacional do Judiciário para a Saúde. As prescrições médicas devem consignar o tratamento necessário ou o medicamento indicado, contendo a sua Denominação Comum Brasileira (DCB) ou, na sua falta, a Denominação Comum Internacional (DCI), o seu princípio ativo, seguido, quando pertinente, do nome de referência da substância, posologia, modo de administração e período de tempo do tratamento e, em caso de prescrição diversa daquela expressamente informada por seu fabricante, a justificativa técnica.

○ Enunciado n. 16 do Fórum Nacional do Judiciário para a Saúde. Nas demandas que visam acesso a ações e serviços da saúde diferenciada daquelas oferecidas pelo Sistema Único de Saúde, o autor deve apresentar prova da evidência científica, a inexistência, inefetividade ou impropriedade dos procedimentos ou medicamentos constantes dos protocolos clínicos do SUS.

○ Enunciado n. 18 do Fórum Nacional do Judiciário para a Saúde. Sempre que possível, as decisões liminares sobre saúde devem ser precedidas de notas de evidência científica emitidas por Núcleos de Apoio Técnico em Saúde – NATS.

○ Enunciado n. 19 do Fórum Nacional do Judiciário para a Saúde. Nas ações que envolvam pedido de assistência à Saúde, é recomendável à parte autora apresentar questionário respondido por seu médico para subsidiar o deferimento de liminar, bem como para ser utilizado na instrução probatória do processo, podendo-se fazer uso dos questionários disponibilizados pelo CNJ, pelo Juízo processante, pela Defensoria Pública, pelo Ministério Público ou pela OAB, sem prejuízo do receituário competente.

○ Enunciado n. 28 do Fórum Nacional do Judiciário para a Saúde. Nas decisões liminares para o fornecimento de órteses, próteses e materiais especiais – OPME, o juiz deve exigir a descrição técnica e não a marca específica e/ou o fornecedor, em consonância com o rol de procedimentos e eventos em saúde vigentes na ANS e na Resolução n. 1956/2010 do CFM, bem como a lista de verificação prévia sugerida pelo CNJ.

○ Enunciado n. 46 do Fórum Nacional do Judiciário para a Saúde. As ações judiciais para as transferências hospitalares devem ser precedidas de cadastro do paciente no serviço de regulação de acordo com o regramento de referência de cada Município, Região ou do Estado.

○ Enunciado n. 49 do Fórum Nacional do Judiciário para a Saúde. Para que a prova pericial seja mais fidedigna com a situação do paciente, recomenda-se a requisição do prontuário médico.

○ Enunciado n. 50 do Fórum Nacional do Judiciário para a Saúde. Salvo prova da evidência científica e necessidade premente, não devem ser deferidas medidas judiciais de acesso a medicamentos e materiais não registrados pela ANVISA ou para uso "off label". Não podem ser deferidas medidas judiciais que assegurem o acesso a produtos ou procedimentos experimentais.

○ Enunciado n. 51 do Fórum Nacional do Judiciário para a Saúde. Nos processos judiciais, a caracterização da urgência/emergência requer relatório médico circunstanciado, com expressa menção do quadro clínico de risco imediato.

○ Enunciado n. 57 do Fórum Nacional do Judiciário para a Saúde. Em processo judicial no qual se pleiteia o fornecimento de medicamento, produto ou procedimento, é recomendável verificar se a questão foi apreciada pela Comissão Nacional de Incorporação de Tecnologias no SUS – CONITEC.

○ Enunciado n. 58 do Fórum Nacional do Judiciário para a Saúde. Quando houver prescrição de medicamento, produto, órteses, próteses ou procedimentos que não constem em lista (RENAME/RENASES) ou protocolo do SUS, recomenda-se a notificação judicial do médico prescritor, para que preste esclarecimentos sobre a pertinência e necessidade da prescrição, bem como para firmar declaração de eventual conflito de interesse.

○ Enunciado n. 59 do Fórum Nacional do Judiciário para a Saúde. As demandas por procedimentos, medicamentos, próteses, órteses e materiais especiais, fora das listas oficiais, devem estar fundadas na Medicina Baseada em Evidências.

CAPÍTULO VII ● TEMAS ESPARSOS

421

○ (...). Saúde pública. Direitos fundamentais sociais. Art. 196 da Constituição. Audiência Pública. Sistema Único de Saúde – SUS. Políticas públicas. Judicialização do direito à saúde. Separação de poderes. Parâmetros para solução judicial dos casos concretos que envolvem direito à saúde. Responsabilidade solidária dos entes da Federação em matéria de saúde. Fornecimento de medicamento: Zavesca (Miglustat). Fármaco registrado na ANVISA. Não comprovação de grave lesão à ordem, à economia, à saúde e à segurança públicas. Possibilidade de ocorrência de dano inverso. Agravo regimental a que se nega provimento. (STF, Pleno, STA 175 AgR, Rel. Min. Gilmar Mendes, DJe 30.4.2010).

○ (...). Direito à saúde e à vida. Fornecimento de medicamento. Existência de fármaco disponibilizado pelo Sistema Único de Saúde. Não demonstração da ineficácia ou da impropriedade da política de saúde do SUS. Ausência de registro na ANVISA. Improcedência do pedido. Improvimento do apelo. (...). 3. O Pleno do STF, no julgamento do Pedido de Suspensão de Tutela Antecipada n. 175, estabeleceu diversos critérios que auxiliam os membros do Judiciário na identificação das hipóteses em que haveria a obrigação do Poder Público em custear o tratamento ou medicamento pleiteados. (...) 4. Entre os critérios estabelecidos pelo STF, consta a necessidade de se demonstrar se o Sistema Único de Saúde oferece ou não alternativa de tratamento. Em caso positivo, esta somente pode ser desprestigiada em favor da pretensão autoral se comprovada à ineficácia ou a impropriedade da política de saúde disponibilizada pelo SUS. (...) 6. Constatado que o Sistema Único de Saúde oferece alternativa de tratamento para a enfermidade do demandante, e, não fora comprovada a ineficácia ou a impropriedade da política de saúde existente e disponibilizada pelo SUS, não há como acolher o pedido autoral. (TRF5, 4ª T., AC 08000937920154058001, Rel. Rubens de Mendonça Canuto, j. 14.10.2016)

○ (...). Fornecimento de medicamentos. Requerente de baixa renda. Fármaco aprovado pela ANVISA. Ausente do rol de dispensação excepcional, conforme portaria ministerial. Comprovação pericial de imprescindibilidade da medicação, sem alternativa no Sistema Único de Saúde. Incidente conhecido e provido. (TNU, Pedilef 05016215320134058500, Rel. Angela Cristina Monteiro, DOU 13.4.2015)

▶ **CPC. Art. 320.** A petição inicial será instruída com os documentos indispensáveis à propositura da ação. ▶ **Art. 321.** O juiz, ao verificar que a petição inicial não preenche os requisitos dos arts. 319 e 320 ou que apresenta defeitos e irregularidades capazes de dificultar o julgamento de mérito, determinará que o autor, no prazo de 15 (quinze) dias, a emende ou a complete, indicando com precisão o que deve ser corrigido ou completado. **Parágrafo único.** Se o autor não cumprir a diligência, o juiz indeferirá a petição inicial. ▶ **Art. 373.** O ônus da prova incumbe: I – ao autor, quanto ao fato constitutivo de seu direito; II – ao réu, quanto à existência de fato impeditivo, modificativo ou extintivo do direito do autor. § 1º Nos casos previstos em lei ou diante de peculiaridades da causa relacionadas à impossibilidade ou à excessiva dificuldade de cumprir o encargo nos termos do caput ou à maior facilidade de obtenção da prova do fato contrário, poderá o juiz atribuir o ônus da prova de modo diverso, desde que o faça por decisão fundamentada, caso em que deverá dar à parte a oportunidade de se desincumbir do ônus que lhe foi atribuído. § 2º A decisão prevista no § 1º deste artigo não pode gerar situação em que a desincumbência do encargo pela parte seja impossível ou excessivamente difícil. § 3º A distribuição diversa do ônus da prova também pode ocorrer por convenção das partes, salvo quando: I – recair sobre direito indisponível da parte; II – tornar excessivamente difícil a uma parte o exercício do direito. § 4º A convenção de que trata o § 3º pode ser celebrada antes ou durante o processo.

▶ **Portaria Ministério da Saúde 1.559/2008. Art. 9º** O Complexo Regulador é a estrutura que operacionaliza as ações da regulação do acesso, podendo ter abrangência e estrutura pactuadas entre gestores, conforme os seguintes modelos: I – Complexo Regulador Estadual: gestão e gerência da Secretaria de Estado da Saúde, regulando o acesso às unidades de saúde sob gestão estadual e a referência interestadual e intermediando o acesso da população referenciada às unidades de saúde sob gestão municipal, no âmbito do Estado. II – Complexo Regulador

Regional: a) gestão e gerência da Secretaria de Estado da Saúde, regulando o acesso às unidades de saúde sob gestão estadual e intermediando o acesso da população referenciada às unidades de saúde sob gestão municipal, no âmbito da região, e a referência interregional, no âmbito do Estado; b) gestão e gerência compartilhada entre a Secretaria de Estado da Saúde e as Secretarias Municipais de Saúde que compõem a região, regulando o acesso da população própria e referenciada às unidades de saúde sob gestão estadual e municipal, no âmbito da região, e a referência inter-regional, no âmbito do Estado; e III – Complexo Regulador Municipal: gestão e gerência da Secretaria Municipal de Saúde, regulando o acesso da população própria às unidades de saúde sob gestão municipal, no âmbito do Município, e garantindo o acesso da população referenciada, conforme pactuação. § 1º O Complexo Regulador será organizado em: I – Central de Regulação de Consultas e Exames: regula o acesso a todos os procedimentos ambulatoriais, incluindo terapias e cirurgias ambulatoriais; II – Central de Regulação de Internações Hospitalares: regula o acesso aos leitos e aos procedimentos hospitalares eletivos e, conforme organização local, o acesso aos leitos hospitalares de urgência; e III – Central de Regulação de Urgências: regula o atendimento pré-hospitalar de urgência e, conforme organização local, o acesso aos leitos hospitalares de urgência. § 2º A Central Estadual de Regulação da Alta Complexidade – CERAC será integrada às centrais de regulação de consultas e exames e internações hospitalares. § 3º A operacionalização do Complexo Regulador será realizada em conformidade com o disposto no Volume 6 da Série Pactos pela Saúde: Diretrizes para a Implantação de Complexos Reguladores, acessível na íntegra na Biblioteca Virtual em Saúde do Ministério da Saúde: http://www.saude.gov.br/bvs.

3. DANO MORAL

ENUNCIADO 140. A FIXAÇÃO DO VALOR DO DANO MORAL DEVE REPRESENTAR QUANTIA NECESSÁRIA E SUFICIENTE PARA COMPENSAR OS DANOS SOFRIDOS PELO AUTOR DA DEMANDA, COMO TAMBÉM PARA DESESTIMULAR FUTURAS VIOLAÇÕES.

▶ *Paulo Sérgio Ribeiro*

É essencial principiar estabelecendo breve conceito de danos morais, são os danos decorrentes de violação dos direitos da personalidade, representados pela afetação da esfera psíquica, moral ou intelectual da vítima, conforme sedimentado na doutrina[5].

A disciplina da proteção da esfera moral tem como base legal fundamental o artigo 5º, inciso V e X da Constituição Federal.

A violação dos direitos de personalidade, cujo abuso afete a esfera moral da pessoa, enseja o reconhecimento de dano desta ordem, os quais não podem ser quantificados, porquanto o bem jurídico violado não dispõe de expressão econômica (preço) a ser recomposta por meio de indenização, aos moldes do efetivado quando há violação de ordem patrimonial, em que a recomposição dos danos é efetivada por meios de indenização referente aos danos emergente e lucros cessantes.

A recomposição da esfera moral violada não segue a lógica matemática de recomposição, uma vez que o bem jurídico violado não pode ser restabelecido o status

---

5.   VENOSA, Sílvio de Salvo. **Código Civil Interpretado.** São Paulo: Atlas, 2010. p. 853

Capítulo VII ● Temas Esparsos

423

quo ante, restando à parte violada auferir quantia visando reparar os danos de forma indireta, de modo que o benefício econômico tem como escopo atenuar os prejuízos imateriais sofridos confortando a vítima da lesão.

Além do caráter indenizatório/reparador do dano moral conferido à vítima é fundamental o reconhecimento do caráter pedagógico/disciplinador dos danos morais, uma vez que a imposição desta "sanção" tem efeitos prospectivos, de modo a coibir que novas violações sejam praticadas. Essa perspectiva da reparação dos danos morais, conforme pontua Sérgio Cavalieri Filho[6]: "surge como reflexo da mudança de paradigma da responsabilidade civil e atende a dois objetivos bem definidos: a prevenção (através da dissimulação) e a punição (no sentido de redistribuição)".

Portanto, seguindo linha contemporânea da reparação moral, a indenização em razão da violação de direitos da personalidade deve tem dupla finalidade, ou seja, reparatória em função da violação praticada em desfavor da vítima e educativa/pedagógica, cujos efeitos transcendem a lide em questão, considerando o escopo prospectivo destinado à evitar novas violações.

Conforme destaca Flávio Tartuce[7] ao dissertar sobre a natureza da indenização por danos morais "a indenização por dano moral está revestida de um caráter principal reparatório e de um caráter pedagógico ou disciplinar acessório, visando coibir novas condutas. Mas esse caráter acessório somente existirá se estiver acompanhando do principal".

A função pedagógica-punitiva na responsabilidade civil foi reconhecida na Jornada de Direito Civil, por meio do Enunciado 379/CJF.

O Superior Tribunal de Justiça (REsp 1353896 e REsp 1300187) tem assentando a aplicação do caráter pedagógico e educativo da reparação por danos morais.

O Enunciado em análise estabelece a necessidade da imposição de indenização em face da violação de direitos da personalidade de forma a reparar os danos extrapatrimoniais daquele que sofreu a lesão, bem como impor sanção acessória cuja finalidade é pedagógica, de modo que aquele que agrediu vilipendiou direito da personalidade sinta-se desestimulado a não cometer nova violação.

Por fim, é fundamental ter como norte no momento da fixação da indenização que a parte acessória ("punitive damage"), destinada a conferir efeito disciplinador à decisão, deve impor ônus deveras prejudicial ao violador, de modo a não ser conveniente pagar a reparação para violar o direito da personalidade protegido.

....

🔘 Enunciado CJF/Civil 379. O art. 944, caput, do Código Civil não afasta a possibilidade de se reconhecer a função punitiva ou pedagógica da responsabilidade civil.

---

6. CAVALIERI FILHO, Sérgio. **Programa de responsabilidade civil.** 11. ed., São Paulo: Atlas, 2014. P. 126.

7. TARTUCE, Flávio. **Manual de direito civil.** Volume único. 3. ed., Rio de Janeiro: Forense; São Paulo: Método, 2013. P. 470.

(...). Na hipótese em que se divulga ao mercado informação desabonadora a respeito de empresa-concorrente, gerando-se desconfiança geral da cadeia de fornecimento e dos consumidores, agrava-se a culpa do causador do dano, que resta beneficiado pela lesão que ele próprio provocou. Isso justifica o aumento da indenização fixada, de modo a incrementar o seu caráter pedagógico, prevenindo-se a repetição da conduta. (...). (STJ, REsp 1353896, Rel. Min. Nancy Andrighi, DJe 15.8.2014).

(...). Na fixação do valor da reparação do dano moral por ato doloso, atentando-se para o princípio da razoabilidade e para os critérios da proporcionalidade, deve-se levar em consideração o bem jurídico lesado e as condições econômico-financeiros do ofensor e do ofendido, sem se perder de vista o grau de reprovabilidade da conduta e a gravidade do ato ilícito e do dano causado. 2. Sendo a conduta dolosa do agente dirigida ao fim ilícito de ceifar as vidas das vítimas, o arbitramento da reparação por dano moral deve alicerçar-se também no caráter punitivo e pedagógico da compensação. (...). (STJ, 4ª T., REsp 1300187, Rel. Min. Raul Araújo, DJe 28.5.2012).

▶ **CF. Art. 5º** (...). V – é assegurado o direito de resposta, proporcional ao agravo, além da indenização por dano material, moral ou à imagem; (...). X – são invioláveis a intimidade, a vida privada, a honra e a imagem das pessoas, assegurado o direito a indenização pelo dano material ou moral decorrente de sua violação.

4. FGTS

Enunciado 093. Para a propositura de demandas referentes a contas de FGTS anteriores à centralização deverá a parte comprovar que diligenciou ou solicitou os extratos junto à CEF ou à instituição mantenedora das contas vinculadas anteriormente ao período de migração.

▶ *Antônio César Bochenek e Márcio Augusto Nascimento*

Os juizados especiais federais receberam muitos processos com pedidos de reconhecimento do direito as diferenças de planos econômicos (expurgos inflacionários) na remuneração das contas do FGTS. Os documentos necessários a instrução da petição inicial do processo nem sempre estão em poder da parte autora e noutros casos não estão acessíveis as partes que postulam em juízo, principalmente em face da forma de armazenamento manual e em papel e do tempo da elaboração dos documentos, além de outros motivos.

De acordo com a regra geral de distribuição do ônus da prova no processo civil brasileiro cabe ao autor apresentar com a petição inicial. No presente caso são os extratos da conta do FGTS para comprovar a existência de saldo nas datas referentes aos expurgos inflacionários ou como explicita o Enunciado 93, deveria demonstrar que procurou ou solicitou os extratos à CEF ou à instituição mantenedora anterior ao período de migração. Contudo, o Superior Tribunal de Justiça editou a Súmula 514, adiante transcrita.

Destarte, com o entendimento do STJ, o Enunciado restou prejudicado na parte em que se refere a outra instituição mantenedora que não a Caixa Econômica Federal.

CAPÍTULO VII ● TEMAS ESPARSOS

425

De outro lado, o artigo 11 da Lei 10.259/01 estabelece que a entidade federal ré tem o ônus processual de apresentação de todos os documentos que dispõe para o esclarecimento da causa. Não é o caso de inversão do ônus da prova, mas de inversão da regra geral do ônus da apresentação dos documentos necessários a comprovar os pedidos da demanda. A inversão do ônus de apresentação de documentos essenciais ao processo não é absoluta, pois é necessário que a parte requerente comprove de alguma forma ou ao menos apresente indícios da relação jurídica que pretende comprovar, sob pena de fazer uma exigência não correlata com o pedido detalhado no processo. Se não for possível, aplica-se o conteúdo do Enunciado ora em debate, ou seja, a parte deverá comprovar que diligenciou ou solicitou os extratos junto à CEF ou à instituição mantenedora das contas vinculadas anteriormente ao período de migração para fins de propositura de demandas de correção dos saldos das contas de FGTS.

⃝ Súmula STJ 249. A Caixa Econômica Federal tem legitimidade passiva para integrar processo em que se discute correção monetária do FGTS.

⃝ Súmula STJ 252. Os saldos das contas do FGTS, pela legislação infraconstitucional, são corrigidos em 42,72% (IPC) quanto às perdas de janeiro de 1989 e 44,80% (IPC) quanto às de abril de 1990, acolhidos pelo STJ os índices de 18,02% (LBC) quanto as perdas de junho de 1987, de 5,38% (BTN) para maio de 1990 e 7,00%(TR) para fevereiro de 1991, de acordo com o entendimento do STF (RE 226.855-7-RS).

⃝ Súmula STJ 445. As diferenças de correção monetária resultantes de expurgos inflacionários sobre os saldos de FGTS têm como termo inicial a data em que deveriam

⃝ Súmula STJ 514. A CEF é responsável pelo fornecimento dos extratos das contas individualizadas vinculadas ao FGTS dos Trabalhadores participantes do Fundo de Garantia do Tempo de Serviço, inclusive para fins de exibição em juízo, independentemente do período em discussão.

⃝ (...). Conflito negativo de competência. Ação cautelar de exibição de documentos. Extratos bancários de conta vinculada ao FGTS. Valor da causa inferior a sessenta salários-mínimos. Competência do juizado especial. 2. O fato de tratar-se de uma ação cautelar de exibição de extratos bancários de conta vinculada ao FGTS não retira a competência do juizado Especial, visto que não se enquadra entre as hipóteses excluídas da competência do juizado, previstas no artigo 3º, caput, da Lei 10.259/01. 3. Conflito de competência conhecido para declarar a competência do Juízo Federal do Terceiro juizado Especial da Seção Judiciária do Estado do Rio de Janeiro, o suscitante. (STJ, 1ª S., RCC 99168, Rel. Min. Mauro Campbell Marques, DJe 27.2.2009)

5. LEI DO SISTEMA DE TRANSMISSÃO DE DADOS (LEI 9.800/99)

ENUNCIADO 027. NÃO DEVE SER EXIGIDO O PROTOCOLO FÍSICO DA PETIÇÃO ENCAMINHADA VIA INTERNET OU CORREIO ELETRÔNICO AO JUIZADO VIRTUAL, NÃO SE APLICANDO AS DISPOSIÇÕES DA LEI 9.800/99.

▶ *Luíza Carvalho Dantas Rêgo*

A Lei 9.800 entrou em vigor no dia 26 de maio de 1999, momento anterior, inclusive, à edição da Lei dos Juizados Especiais Federais. À época, os avanços tecnológicos na área da informática ainda eram incipientes e a cultura dos autos físicos ainda predominava, sendo, *v.g.*, a utilização do *fac-símile* para envio de peças postulatórias (atualmente em crescente desuso) uma inovação que surgiu visando a acompanhar a modernização vigente naquele período.

Os processos judiciais eram, em sua integralidade, físicos e, com isso, havia a necessidade de juntada do documento original no prazo legalmente previsto (art. 2º da Lei 9.800/99), com o fito de perfectibilizar a postulação feita em Juízo.

Não obstante, com o advento da Lei 10.259/01, houve a autorização do recebimento de petições eletronicamente, sem a exigência de comprovação destas em meio físico (art. 8º, § 2º). Isso porque, mesmo quando os juizados especiais ainda não eram virtualizados, a lei havia outorgado aos tribunais a possibilidade de instituir serviço para intimação e recepção de peças por meio eletrônico.

A evolução científica no âmbito da informática foi crescente e, com isso, houve a virtualização dos Juizados Especiais Federais, como corolário dos princípios da celeridade, simplicidade e desburocratização. O escopo da criação dos juizados virtuais foi a eliminação dos entraves físicos nos processos, sendo as movimentações realizadas no sistema virtual, o que trazia inúmeros benefícios, dentre os quais se incluía a utilização racional do papel. Como o uso sustentável do papel foi um dos benefícios trazidos pela virtualização dos Juizados Federais, depreende-se que seria, no mínimo, ilógico exigir a entrega dos petitórios originais no juízo, pois descaracterizaria um dos melhoramentos decorrentes do advento dos juizados virtuais. Além disso, como todo o processo se desenvolveria na ambiência virtual, a exigência não faria sentido, constituindo burocracia injustificada e contrariando os princípios regentes do microssistema dos Juizados Especiais Federais.

Impende mencionar que o Enunciado foi aprovado no ano de 2005, mais de uma década atrás, época em que os *softwares* empregados ainda tinham caráter experimental e o processo judicial eletrônico não era uma realidade, coexistindo juizados federais virtuais e físicos.

Considerando tal dualidade, as peculiaridades de cada um dos tipos de processo exigiram soluções diferentes no que concerne à apresentação de petições pela *internet* ou por correio eletrônico. Nos juizados especiais federais compostos por processos físicos, ainda se revelava imperiosa a observância das disposições plasmadas na Lei 9.800/99, porquanto a juntada material da petição tangível e física aos autos era obrigatória. Por seu turno, nos juizados especiais federais virtuais era despiciendo o protocolo físico, eis que o arquivamento da petição seria realizado em um sistema informatizado, não havendo anexação a qualquer caderno processual palpável, sendo desarrazoada, pelas razões alhures expostas, qualquer exigência neste sentido. Portanto, depreende-se que em relação aos juizados especiais virtuais, restou inaplicável a Lei 9.800/99, em virtude da total incompatibilidade de seus preceitos com o processo eletrônico.

No cenário atual, o teor do Enunciado em comento resta esvaziado em relação aos juizados especiais federais, uma vez que praticamente inexistem autos físicos

Capítulo VII ● Temas Esparsos

vinculados aos feitos que tramitam sob o rito sumaríssimo, ante a criação de sistemas virtualizados próprios para o processamento destas causas.

Desta feita, como atualmente quase todos os atos processuais dos juizados – protocolo de petições, comunicações processuais, marcação de perícia e audiências, controle de prazos etc., são realizados de forma informatizada, não se vislumbra qualquer coerência na exigência de realização do protocolo físico da petição encaminhada pela internet, ante a inexistência de caderno processual para seu arquivamento. Ao revés, hoje se exige a apresentação de petições por meio exclusivamente eletrônico, ressalvadas hipóteses excepcionais, em que se admite o protocolamento físico com ulterior digitalização e juntada aos autos virtuais.

○ Processual civil. Interposição via fac-símile. Inobservância da Resolução 14/2013 do STJ. Exigência de apresentação da petição exclusivamente em meio eletrônico. 1. Nos termos do art. 2º, caput, da Lei 9.800, de 1999, o texto original do recurso interposto via fax deve ser protocolado no Tribunal, necessariamente, até cinco dias após o término do respectivo prazo. 2. O STJ regulamentou o processo judicial eletrônico pela Resolução 14, de 28.6.2013, que estabeleceu um cronograma para a adaptação dos usuários, especialmente as partes, advogados e membros do Ministério Público, com a estipulação de prazos de 90 (noventa) e 280 (duzentos e oitenta) dias, contados da sua publicação, após os quais as petições, nesta Corte, devem ser apresentadas exclusivamente em meio eletrônico (arts. 21 e 22). Findos tais prazos, a unidade da Secretaria Judiciária responsável pelo recebimento de petições ficou autorizada a recusar os documentos apresentados na forma física (art. 23). Agravo regimental não conhecido. (STJ, 2ª T., AgRg no AREsp 540346, Rel. Min. Humberto Martins, DJ 23.9.2014)

▶ **Lei 9.800/99. Art. 2º** A utilização de sistema de transmissão de dados e imagens não prejudica o cumprimento dos prazos, devendo os originais ser entregues em juízo, necessariamente, até cinco dias da data de seu término. **Parágrafo único.** Nos atos não sujeitos a prazo, os originais deverão ser entregues, necessariamente, até cinco dias da data da recepção do material.

▶ **LJEF. Art. 8º.** (...). **§ 2º** Os tribunais poderão organizar serviço de intimação das partes e de recepção de petições por meio eletrônico.

6. QUADRO SINÓPTICO

TEMAS ESPARSOS	
1. CADERNETA DE POUPANÇA	
Enunc. 92. Para a propositura de ação relativa a expurgos inflacionários sobre saldos de poupança, deverá a parte autora providenciar documento que mencione o número da conta bancária ou prova de relação contratual com a instituição financeira.	aplicável
Enunc. 95. Nas ações visando a correção do saldo das cadernetas de poupança, pode o juiz, havendo prova inequívoca de titularidade da conta à época, suprir a inexistência de extratos por meio de arbitramento.	aplicável
2. CONCESSÃO DE MEDICAMENTOS	
Enunc. 134. O cumprimento das ordens judiciais que determinam concessão de medicamentos deve ser feito prioritariamente pela parte ré, evitando-se o depósito de valores para aquisição direta pela parte.	aplicável

Enunc. 135. A despeito da solidariedade dos entes da Federação no âmbito do direito à saúde, a decisão judicial que conceder medicamentos deve indicar, preferencialmente, aquele responsável pelo atendimento imediato da ordem.	aplicável
Enunc. 136. O cumprimento da decisão judicial que conceder medicamentos deve ser feito prioritariamente pelo Estado ou Município (aquele que detenha a maior capacidade operacional) ainda que o ônus de financiamento caiba à União.	aplicável
Enunc. 137. Nas ações de saúde, a apresentação pelas partes de formulário padronizado de resposta a quesitos mínimos previamente aprovados por acordo entre o Judiciário e entidades afetadas pode dispensar a realização de perícia.	aplicável
Enunc. 138. A despeito da solidariedade, as decisões judiciais podem indicar a qual ente da Federação incumbe o dispêndio financeiro para atendimento do direito reconhecido, nos termos da Portaria 1.554, de 30 de julho de 2013 do Ministério da Saúde ou outro ato que vier a substituí-la.	aplicável
Enunc. 172. Apenas a prescrição médica não é suficiente para o fornecimento de medicamentos e/ou insumos não incluídos nas listas do SUS.	aplicável
Enunc. 173. Nas demandas individuais de saúde, a decisão judicial acerca da pretensão de fornecimento de medicamentos, insumos ou procedimentos não fornecidos pelo SUS deve ser fundamentada, sempre que possível, na medicina baseada em evidências.	aplicável
Enunc. 174. Nas demandas individuais de saúde veiculando pretensão de fornecimento de medicamentos, insumos ou procedimentos não fornecidos pelo SUS pode o juiz exigir que a parte instrua a demanda com elementos mínimos oriundos da medicina baseada em evidências.	aplicável
3. DANO MORAL	
Enunc. 140. A fixação do valor do dano moral deve representar quantia necessária e suficiente para compensar os danos sofridos pelo autor da demanda, como também para desestimular futuras violações.	aplicável
4. FGTS	
Enunc. 93. Para a propositura de demandas referentes a contas de FGTS anteriores à centralização deverá a parte comprovar que diligenciou ou solicitou os extratos junto à CEF ou à instituição mantenedora das contas vinculadas anteriormente ao período de migração.	aplicável
5. LEI DO SISTEMA DE TRANSMISSÃO DE DADOS (LEI 9.800/99)	
Enunc. 27. Não deve ser exigido o protocolo físico da petição encaminhada via internet ou correio eletrônico ao juizado virtual, não se aplicando as disposições da Lei 9.800/99.	aplicável

ÍNDICE CRONOLÓGICO-REMISSIVO

1. ENUNCIADOS APLICÁVEIS

001 – O julgamento liminar de mérito não viola o princípio do contraditório e deve ser empregado na hipótese de decisões reiteradas de improcedência pelo juízo, bem como nos casos que dispensem a fase instrutória, quando o pedido contrariar frontalmente norma jurídica.**<<56**

002 – Nos casos de julgamentos de procedência de matérias repetitivas, é recomendável a utilização de contestações depositadas na secretaria, a fim de possibilitar a imediata prolação de sentença de mérito.**<<144**

003 – A auto intimação eletrônica atende aos requisitos das leis ns. 10.259/2001 e 11.419/2006 e é preferencial à intimação por e-mail.**<<244, 336**

004 – Na propositura de ações repetitivas ou de massa, sem advogado, não havendo viabilidade material de opção pela autointimação eletrônica, a parte firmará compromisso de comparecimento, em prazo pré-determinado em formulário próprio, para ciência dos atos processuais praticados.**<<244**

005 – As sentenças e antecipações de tutela devem ser registradas tão-somente em meio eletrônico.**<<42, 52**

006 – Havendo foco expressivo de demandas em massa, os Juizados Especiais Federais solicitarão às Turmas Recursais e de Uniformização Regional e Nacional o julgamento prioritário da matéria repetitiva, a fim de uniformizar a jurisprudência a respeito e de possibilitar o planejamento do serviço judiciário.**<<284, 304**

007 – Nos Juizados Especiais Federais o Procurador Federal não tem a prerrogativa de intimação pessoal.**<<245**

008 – É válida a intimação do Procurador Federal para cumprimento da obrigação de fazer, independentemente de ofício, com base no artigo 461 do Código de Processo Civil.**<<248**

009 – Além das exceções constantes do § 1º do artigo 3º da Lei n. 10.259, não se incluem na competência dos Juizados Especiais Federais, os procedimentos especiais previstos no Código de Processo Civil, salvo quando possível a adequação ao rito da Lei n. 10.259/2001.**<<195**

010 – O incapaz pode ser parte autora nos Juizados Especiais Federais, dando-se-lhe curador especial, se ele não tiver representante constituído.**<<229**

011 – No ajuizamento de ações no Juizado Especial Federal, a microempresa e a empresa de pequeno porte deverão comprovar essa condição mediante documentação hábil.**<<230**

012 – No Juizado Especial Federal, não é cabível o pedido contraposto formulado pela União Federal, autarquia, fundação ou empresa pública federal.**<<135**

013 – Não são admissíveis embargos de execução nos Juizados Especiais Federais, devendo as impugnações do devedor ser examinadas independentemente de qualquer incidente.**<<162**

014 – Nos Juizados Especiais Federais, não é cabível a intervenção de terceiros ou a assistência.**<<35, 116**

015 – Na aferição do valor da causa, deve-se levar em conta o valor do salário mínimo em vigor na data da propositura de ação.**<<42**

016 – Não há renúncia tácita nos Juizados Especiais Federais para fins de fixação de competência.**<<199**

017 – Não cabe renúncia sobre parcelas vincendas para fins de fixação de competência nos Juizados Especiais Federais.**<<201**

018 – No caso de litisconsorte ativo, o valor da causa, para fins de fixação de competência deve ser calculado por autor.**<<32, 44**

019 – Aplica-se o parágrafo único do art. 46 do CPC em sede de Juizados Especiais Federais.**<<32**

020 – Não se admite, para firmar competência dos juizados especiais federais, o fracionamento de parcelas vencidas, ou de vencidas e vincendas, decorrentes da mesma relação jurídica material.**<<202**

021 – As pessoas físicas, jurídicas, de direito privado ou de direito público estadual ou municipal podem figurar no polo passivo, no caso de litisconsórcio necessário.**<<35, 232**

022 – A exclusão da competência dos Juizados Especiais Federais quanto às demandas sobre direitos ou interesses difusos, coletivos ou individuais homogêneos somente se aplica quanto a ações coletivas.**<<206**

024 – Reconhecida a incompetência do Juizado Especial Federal, é cabível a extinção de processo, sem julgamento de mérito, nos termos do art. 1º da Lei n. 10.259/2001 e do art. 51, III, da Lei n. 9.099/95, não havendo nisso afronta ao art. 12, § 2º, da Lei 11.419/06.**<<156, 195, 340**

025 – Nos Juizados Especiais Federais, no ato do cadastramento eletrônico, as partes se comprometem, mediante adesão, a cumprir as normas referentes ao acesso.**<<335**

026 – Nos juizados virtuais, considera-se efetivada a comunicação eletrônica do ato processual, inclusive citação, pelo decurso do prazo fixado, ainda que o acesso não seja realizado pela parte interessada.**<<337**

027 – Não deve ser exigido o protocolo físico da petição encaminhada via internet ou correio eletrônico ao juizado virtual, não se aplicando as disposições da Lei 9.800/99.**<<425**

028 – É inadmissível a avocação, por Tribunal Regional Federal, de processos ou matéria de competência de Turma Recursal, por flagrante violação ao art. 98 da Constituição Federal.**<<305**

029 – Cabe ao relator, monocraticamente, atribuir efeito suspensivo a recurso, não conhecê-lo, bem assim lhe negar ou dar provimento nas hipóteses tratadas no artigo 932, IV, c, do CPC, e quando a matéria estiver pacificada em súmula da Turma Nacional de Uniformização, enunciado de Turma Regional ou da própria Turma Recursal.**<<92**

030 – A decisão monocrática referendada pela Turma Recursal, por se tratar de manifestação do colegiado, não é passível de impugnação por intermédio de agravo interno.**<<95, 306**

032 – A decisão que contenha os parâmetros de liquidação atende ao disposto no art. 38, parágrafo único, da Lei n. 9.099/95.**<<145**

035 – A execução provisória para pagar quantia certa é inviável em sede de juizado, considerando outros meios jurídicos para assegurar o direito da parte.**<<163**

038 – A qualquer momento poderá ser feito o exame de pedido de gratuidade com os critérios da Lei n. 1.060/50. Para fins da Lei n. 10.259/01, presume-se necessitada a parte que perceber renda até o valor do limite de isenção do imposto de renda.**<<329**

039 – Não sendo caso de justiça gratuita, o recolhimento das custas para recorrer deverá ser feito de forma integral nos termos da resolução do Conselho da Justiça Federal, no prazo da Lei n. 9.099/95.**<<177**

042 – Em caso de embargos de declaração protelatórios, cabe a condenação em litigância de má-fé (princípio da lealdade processual).**<<151**

043 – É adequada a limitação dos incidentes de uniformização às questões de direito material.**<<285**

044 – Não cabe ação rescisória no Juizado Especial Federal. O artigo 59 da Lei n. 9.099/95 está em consonância com os princípios do sistema processual dos juizados especiais, aplicando-se também aos Juizados Especiais Federais.**<<189**

045 – Havendo contínua e permanente fiscalização do juiz togado, conciliadores criteriosamente escolhidos pelo juiz, poderão, para certas matérias, realizar atos instrutórios previamente determinados, como redução a termo de depoimentos, não se admitindo, contudo, prolação de sentença a ser homologada.**<<121**

046 – A litispendência deverá ser alegada e provada, nos termos do CPC (art. 301), pelo réu, sem prejuízo dos mecanismos de controle desenvolvidos pela justiça federal.**<<58**

047 – Eventual pagamento realizado pelos entes públicos demandados deverá ser comunicado ao juízo para efeito de compensação quando da expedição da requisição de pequeno valor.**<<296**

048 – Havendo prestação vencida, o conceito de valor da causa para fins de competência do Juizado Especial Federal é estabelecido pelo art. 260 do CPC.**<<46**

049 – O controle do valor da causa, para fins de competência do Juizado Especial Federal, pode ser feito pelo juiz a qualquer tempo.**<<49**

050 – Sem prejuízo de outros meios, a comprovação da condição socioeconômica do autor pode ser feita por laudo técnico confeccionado por assistente social, por auto de constatação lavrado por oficial de justiça ou através de oitiva de testemunha.**<<332**

051 – O art. 20, § 1º, da Lei 8.742/93 não é exauriente para delimitar o conceito de unidade familiar.**<<362**

052 – É obrigatória a expedição de requisição de pequeno valor – RPV em desfavor do ente público para ressarcimento de despesas periciais quando este for vencido.**<<297**

053 – Não há prazo em dobro para a Defensoria Pública no âmbito dos Juizados Especiais Federais.**<<259**

054 – O artigo 515 e parágrafos do CPC interpretam-se ampliativamente no âmbito das Turmas Recursais, em face dos princípios que orientam o microssistema dos Juizados Especiais Federais.**<<102**

055 – A nulidade do processo por ausência de citação do réu ou litisconsorte necessário pode ser declarada de ofício pelo juiz nos próprios autos do processo, em qualquer fase, ou mediante provocação das partes, por simples petição.**<<250**

056 – Aplica-se analogicamente nos Juizados Especiais Federais a inexigibilidade do título executivo judicial, nos termos do disposto nos arts. 475-L, § 1º e 741, par. único, ambos do CPC.**<<75**

057 – Nos Juizados Especiais Federais, somente o recorrente vencido arcará com honorários advocatícios.**<<179**

058 – Excetuando-se os embargos de declaração, cujo prazo de oposição é de cinco dias, os prazos recursais contra decisões de primeiro grau no âmbito dos Juizados Especiais Federais são sempre de dez dias, independentemente da natureza da decisão recorrida.**<<105, 154**

059 – Não cabe recurso adesivo nos Juizados Especiais Federais.**<<219**

060 – A matéria não apreciada na sentença, mas veiculada na inicial, pode ser conhecida no recurso inominado, mesmo não havendo a oposição de embargos de declaração.**<<105**

060 – A matéria não apreciada na sentença, mas veiculada na inicial, pode ser conhecida no recurso inominado, mesmo não havendo a oposição de embargos de declaração.**<<156**

061 – O recurso será recebido no duplo efeito, salvo em caso de antecipação de tutela ou medida cautelar de urgência.**<<221**

062 – A aplicação de penalidade por litigância de má-fé, na forma do art. 55 da Lei n. 9.099/95, não importa a revogação automática da gratuidade judiciária.**<<180**

063 – Cabe multa ao ente público pelo atraso ou não cumprimento de decisões judiciais com base no art. 461 do CPC, acompanhada de determinação para a tomada de medidas administrativas para apuração de responsabilidade funcional e/ou dano ao erário, inclusive com a comunicação ao Tribunal de Contas da União. Havendo contumácia no descumprimento, caberá remessa de ofício ao Ministério Público Federal para análise de eventual improbidade administrativa.**<<81**

064 – Não cabe multa pessoal ao procurador "ad judicia" do ente público, seja com base no art. 14, seja no art. 461, ambos do CPC.**<<84**

065 – Não cabe a prévia limitação do valor da multa coercitiva (astreintes), que também não se sujeita ao limite de alçada dos Juizados Especiais Federais, ficando sempre assegurada a possibilidade de reavaliação do montante final a ser exigido na forma do parágrafo 6º do artigo 461 do CPC.**<<89**

066 – Os Juizados Especiais Federais somente processarão as cartas precatórias oriundas de outros Juizados Especiais Federais de igual competência.**<<41**

067 – O caput do artigo 9º da Lei n. 9.099/1995 não se aplica subsidiariamente no âmbito dos Juizados Especiais Federais, visto que o artigo 10 da Lei n. 10.259/2001 disciplinou a questão de forma exaustiva.**<<264**

068 – O estagiário de advocacia, nos termos do Estatuto da OAB, tão-só pode praticar, no âmbito dos Juizados Especiais Federais, atos em conjunto com advogado e sob responsabilidade deste.**<<266**

069 – O levantamento de valores e precatórios, no âmbito dos Juizados Especiais Federais, pode ser condicionado à apresentação, pelo mandatário, de procuração específica com firma reconhecida, da qual conste, ao menos, o número de registro do Precatório ou RPV ou o número da conta de depósito, com respectivo valor.**<<298**

070 – É compatível com o rito dos Juizados Especiais Federais a aplicação do art. 112 da Lei n. 8.213/1991, para fins de habilitação processual e pagamento.**<<360**

071 – A parte autora deverá ser instada, na fase da execução, a renunciar ao excedente à alçada do Juizado Especial Federal, para fins de pagamento por requisições de pequeno valor, não se aproveitando, para tanto, a renúncia inicial, de definição de competência.**<<165**

072 – As parcelas vencidas após a data do cálculo judicial podem ser pagas administrativamente, por meio de complemento positivo.**<<300**

073 – A intimação telefônica, desde que realizada diretamente com a parte e devidamente certificada pelo servidor responsável, atende plenamente aos princípios constitucionais aplicáveis à comunicação dos atos processuais.**<<254**

074 – A intimação por carta com aviso de recebimento, mesmo que o comprovante não seja subscrito pela própria parte, é válida desde que entregue no endereço declarado pela parte.**<<256**

075 – É lícita a exigência de apresentação de CPF para o ajuizamento de ação no Juizado Especial Federal.**<<228**

076 – A apresentação de proposta de conciliação pelo réu não induz a confissão.**<<127**

077 – O ajuizamento da ação de concessão de benefício da seguridade social reclama prévio requerimento administrativo.**<<374**

078 – O ajuizamento da ação revisional de benefício da seguridade social que não envolva matéria de fato dispensa o prévio requerimento administrativo, salvo quando houver ato oficial da Previdência reconhecendo administrativamente o direito postulado.**<<376**

079 – A comprovação de denúncia da negativa de protocolo de pedido de concessão de benefício, feita perante a ouvidoria da previdência social, supre a exigência de comprovação de prévio requerimento administrativo nas ações de benefícios da seguridade social.**<<379**

080 – Em juizados itinerantes, pode ser flexibilizada a exigência de prévio requerimento administrativo, consideradas as peculiaridades da região atendida.**<<381**

081 – Cabe conciliação nos processos relativos a pessoa incapaz, desde que presente o representante legal e intimado o Ministério Público.**<<130**

082 – O espólio pode ser parte autora nos Juizados Especiais Cíveis Federais.**<<234**

083 – O art. 10, caput, da Lei n. 10.259/2001 não autoriza a representação das partes por não advogados de forma habitual e com fins econômicos.**<<269**

085 – Não é obrigatória a degravação, tampouco a elaboração de resumo, para apreciação de recurso, de audiência gravada por meio magnético ou equivalente, desde que acessível ao órgão recursal.**<<107**

086 – A tutela de urgência em sede de Turmas Recursais pode ser deferida de ofício. **<<52, 307**

087 – A decisão monocrática proferida por relator é passível de agravo interno. **<<109**

088 – Não se admite mandado de segurança para Turma Recursal, exceto na hipótese de ato jurisdicional teratológico contra o qual não caiba mais recurso. **<<307**

089 – Não cabe processo cautelar autônomo, preventivo ou incidental, no âmbito dos Juizados Especiais Federais. **<<53**

090 – Os honorários advocatícios impostos pelas decisões de Juizado Especial Federal serão executados no próprio juizado, por quaisquer das partes. **<<169**

091 – Os Juizados Especiais Federais são incompetentes para julgar causas que demandem perícias complexas ou onerosas que não se enquadrem no conceito de exame técnico (art. 12 da Lei n. 10.259/2001). **<<278**

092 – Para a propositura de ação relativa a expurgos inflacionários sobre saldos de poupança, deverá a parte autora providenciar documento que mencione o número da conta bancária ou prova de relação contratual com a instituição financeira. **<<393**

093 – Para a propositura de demandas referentes a contas de FGTS anteriores à centralização deverá a parte comprovar que diligenciou ou solicitou os extratos junto à CEF ou à instituição mantenedora das contas vinculadas anteriormente ao período de migração. **<<424**

094 – O artigo 51, inc. I, da Lei 9.099/95 aplica-se aos JEFs, ainda que a parte esteja representada na forma do artigo 10, caput, da Lei 10.259/01. **<<158**

095 – Nas ações visando a correção do saldo das cadernetas de poupança, pode o juiz, havendo prova inequívoca de titularidade da conta à época, suprir a inexistência de extratos por meio de arbitramento. **<<394**

096 – A concessão administrativa do benefício no curso do processo acarreta a extinção do feito sem resolução de mérito por perda do objeto, desde que corresponda ao pedido formulado na inicial. **<<353**

097 – Cabe incidente de uniformização de jurisprudência quando a questão deduzida nos autos tiver reflexo sobre a competência do Juizado Especial Federal. **<<287**

098 – É inadmissível o reexame de matéria fática em pedido de uniformização de jurisprudência. **<<288**

099 – O provimento, ainda que parcial, de recurso inominado afasta a possibilidade de condenação do recorrente ao pagamento de honorários de sucumbência. **<<182**

100 – No âmbito dos Juizados Especiais Federais, a Turma Recursal poderá conhecer diretamente das questões não examinadas na sentença que acolheu prescrição ou decadência, estando o processo em condições de imediato julgamento. **<<310**

101 – A Turma Recursal tem poder para complementar os atos de instrução já realizados pelo juiz do Juizado Especial Federal, de forma a evitar a anulação da sentença. **<<312**

102 – Convencendo-se da necessidade de produção de prova documental complementar, a Turma Recursal produzirá ou determinará que seja produzida, sem retorno do processo para o juiz do Juizado Especial Federal. **<<314**

103 – Sempre que julgar indispensável, a Turma Recursal, sem anular a sentença, baixará o processo em diligências para fins de produção de prova testemunhal, pericial ou elaboração de cálculos. **<<316**

104 – Cabe à Turma de Uniformização reformar os acórdãos que forem contrários à sua jurisprudência pacífica, ressalvada a hipótese de supressão de instância, em que será cabível a remessa dos autos à turma de origem para fim de adequação do julgado. **<<290**

105 – A Turma de Uniformização, ao externar juízo acerca da admissibilidade do pedido de uniformização, deve considerar a presença de similitude de questões de fato e de direito nos acórdãos confrontados. **<<292**

106 – Cabe à Turma Recursal conhecer e julgar os conflitos de competência apenas entre Juizados Especiais Federais sujeitos a sua jurisdição.<<**211**

107 – Fora das hipóteses do artigo 4º da Lei n. 10.259/2001, a impugnação de decisões interlocutórias proferidas antes da sentença deverá ser feita no recurso desta (art. 41 da Lei n. 9.099/95).<<**146**

108 – Não cabe recurso para impugnar decisões que apreciem questões ocorridas após o trânsito em julgado.<<**222**

109 – A tempestividade do recurso pode ser comprovada por qualquer meio idôneo, inclusive eletrônico.<<**224**

110 – A competência das turmas recursais reunidas, onde houver, deve ser limitada à deliberação acerca de Enunciados das turmas recursais das respectivas seções judiciárias.<<**319**

112 – Não se exige médico especialista para a realização de perícias judiciais, salvo casos excepcionais, a critério do juiz.<<**365**

113 – O disposto no art. 11 da Lei n. 10.259/2001 não desobriga a parte autora de instruir seu pedido com a documentação que lhe seja acessível junto às entidades públicas rés.<<**272**

114 – Havendo cumulação de pedidos, é ônus da parte autora a identificação expressa do valor pretendido a título de indenização por danos morais, a ser considerado no valor da causa para fins de definição da competência dos Juizados Especiais Federais.<<**215**

115 – Para a reunião de processos, a competência funcional dentro dos Juizados Especiais Federais se define em virtude da natureza do pedido do qual decorra a pretensão de indenização por danos morais.<<**218**

116 – O dever processual, previsto no art. 11 da n. Lei 10.259/2001, não implica automaticamente a inversão do ônus da prova.<<**274**

117 – A perícia unificada, realizada em audiência, é válida e consentânea com os princípios informadores dos juizados especiais.<<**136**

118 – É válida a realização de prova pericial antes da citação, desde que viabilizada a participação das partes.<<**138**

119 – Além dos casos de segredo de justiça e de sigilo judicial, os documentos digitalizados em processo eletrônico somente serão disponibilizados aos sujeitos processuais, vedado o acesso à consulta pública fora da secretaria do juizado.<<**340**

120 – Não é obrigatória a degravação de julgamentos proferidos oralmente, desde que o arquivo de áudio esteja anexado ao processo, recomendando-se o registro, por escrito, do dispositivo ou acórdão.<<**117**

121 – Os entes públicos, suas autarquias e empresas públicas não têm legitimidade ativa nos Juizados Especiais Federais.<<**236**

122 – É legítima a designação do oficial de justiça, na qualidade de "longa manus" do juízo, para realizar diligência de constatação de situação socioeconômica.<<**140**

123 – O critério de fixação do valor da causa necessariamente deve ser aquele especificado nos arts. 259 e 260 do CPC, pois este é o elemento que delimita as competências dos JEFs e das Varas (a exemplo do que foi feito pelo art. 2º, § 2º, da Lei 12.153/09).<<**50**

124 – É correta a aplicação do art. 46 da Lei 9.099/95 nos Juizados Especiais Federais, com preservação integral dos fundamentos da sentença.<<**149**

125 – É possível realizar a limitação do destaque dos honorários em RPV ou precatório.<<**184**

126 – Não cabe a presença de advogado em perícia médica, por ser um ato médico, no qual só podem estar presentes o próprio perito e eventuais assistentes técnicos.<<**367**

127 – Para fins de cumprimento do disposto no art. 12, § 2º, da Lei 10.259/01, é suficiente intimar o INSS dos horários preestabelecidos para as perícias do JEF.<<**280**

128 – O condomínio edilício, por interpretação extensiva do art. 6º, I, da Lei 10.259/01, pode ser autor no JEF.<<**238**

129 – Nos Juizados Especiais Federais, é possível que o juiz determine que o executado apresente os cálculos de liquidação.<<**171**

ÍNDICE CRONOLÓGICO-REMISSIVO

435

130 – O estabelecimento pelo juízo de critérios e exigências para análise da petição inicial, visando a evitar o trâmite de ações temerárias, não constitui restrição do acesso aos JEFs.**<<119**

131 – A Turma Recursal, analisadas as peculiaridades do caso concreto, pode conhecer documentos juntados na fase recursal, desde que não implique apreciação de tese jurídica não questionada no primeiro grau.**<<320**

132 – Em conformidade com o art. 14, § 9°, da Lei 10.259/01, cabe ao colegiado da Turma Recursal rejulgar o feito após a decisão de adequação de Tribunal Superior ou da TNU.**<<293**

133 – Quando o perito médico judicial não conseguir fixar a data de início da incapacidade, de forma fundamentada, deve-se considerar para tanto a data de realização da perícia, salvo a existência de outros elementos de convicção.**<<370**

134 – O cumprimento das ordens judiciais que determinam concessão de medicamentos deve ser feito prioritariamente pela parte ré, evitando-se o depósito de valores para aquisição direta pela parte.**<<395**

135 – A despeito da solidariedade dos entes da Federação no âmbito do direito à saúde, a decisão judicial que conceder medicamentos deve indicar, preferencialmente, aquele responsável pelo atendimento imediato da ordem.**<<397**

136 – O cumprimento da decisão judicial que conceder medicamentos deve ser feito prioritariamente pelo Estado ou Município (aquele que detenha a maior capacidade operacional) ainda que o ônus de financiamento caiba à União.**<<399**

137 – Nas ações de saúde, a apresentação pelas partes de formulário padronizado de resposta a quesitos mínimos previamente aprovados por acordo entre o Judiciário e entidades afetadas pode dispensar a realização de perícia.**<<401**

138 – A despeito da solidariedade, as decisões judiciais podem indicar a qual ente da Federação incumbe o dispêndio financeiro para atendimento do direito reconhecido, nos termos da Portaria 1.554, de 30 de julho de 2013 do Ministério da Saúde ou outro ato que vier a substituí-la.**<<403**

139 – Não serão redistribuídas a Juizado Especial Federal (JEF) recém-criado as demandas ajuizadas até a data de sua instalação, salvo se as varas de JEFs estiverem na mesma sede jurisdicional.**<<322**

140 – A fixação do valor do dano moral deve representar quantia necessária e suficiente para compensar os danos sofridos pelo autor da demanda, como também para desestimular futuras violações.**<<422**

141 – A Súmula 78 da TNU, que determina a análise das condições pessoais do segurado em caso de ser portador de HIV, é extensível a outras doenças igualmente estigmatizantes.**<<348**

142 – A natureza substitutiva do benefício previdenciário por incapacidade não autoriza o desconto das prestações devidas no período em que houve exercício de atividade remunerada.**<<350**

143 – Não importa em julgamento "extra petita" a concessão de benefício previdenciário por incapacidade diverso daquele requerido na inicial.**<<356**

144 – É cabível recurso inominado contra sentença terminativa se a extinção do processo obstar que o autor intente de novo a ação ou quando importe negativa de jurisdição.**<<225**

145 – O valor dos honorários de sucumbência será fixado nos termos do artigo 55, da Lei 9.099/95, podendo ser estipulado em valor fixo quando for inestimável ou irrisório o proveito econômico ou, ainda, quando o valor da causa for muito baixo, observados os critérios do artigo 20, § 3°, CPC.**<<185**

146 – A Súmula 421 do STJ aplica-se não só à União como também a todos os entes que compõem a Fazenda Pública.**<<186**

147 – A mera alegação genérica de contrariedade às informações sobre atividade especial fornecida pelo empregador, não enseja a realização de novo exame técnico.**<<281**

148 – Nas ações revisionais em que se se postula aplicação da tese de direito adquirido ao melhor benefício, é requisito da petição inicial que seja apontada a data em que verificada tal situação.**<<358**

149 – É cabível, com fundamento no art. 14, p. único, do CPC, a aplicação de multa pessoal à autoridade administrativa responsável pela implementação da decisão judicial.<<**28**

150 – A multa derivada de descumprimento de antecipação de tutela com base no artigo 461, do CPC, aplicado subsidiariamente, é passível de execução mesmo antes do trânsito em julgado da sentença.<<**175**

151 – O CPC/2015 só é aplicável nos Juizados Especiais naquilo que não contrariar os seus princípios norteadores e a sua legislação específica.<<**21**

152 – A conciliação e a mediação nos Juizados Especiais Federais permanecem regidas pelas leis 10.259/2001 e 9.099/1995, mesmo após o advento do novo Código de Processo Civil.<<**133**

153 – A regra do art. 489, parágrafo primeiro, do NCPC deve ser mitigada nos juizados por força da primazia dos princípios da simplicidade e informalidade que regem o JEF.<<**59**

154 – O art. 46, da Lei 9.099/95, não foi revogado pelo novo CPC.<<**150**

155 – As disposições do CPC/2015 referentes às provas não revogam as disposições específicas da Lei n. 10.259/2001, sobre perícias (art. 12), e nem as disposições gerais da Lei n. 9.099/1995.<<**60, 282**

156 – Não se aplica aos Juizados Especiais a técnica de julgamento não unânime (art. 942, CPC/2015).<<**93**

157 – Aplica-se o art. 1.030, par. único, do CPC/2015 aos recursos extraordinários interpostos nas Turmas Recursais do JEF.<<**295**

158 – Conta-se em dias corridos o prazo para confirmação das intimações eletrônicas (art. 5º, § 3º, Lei 11.419/2006).<<**339**

159 – Nos termos do Enunciado nº 1 do FONA-JEF e à luz dos princípios da celeridade e da informalidade que norteiam o processo no JEF, vocacionado a receber demandas em grande volume e repetitivas, interpreta-se o rol do art. 332 como exemplificativo.<<**60**

160 – Não causa nulidade a não-aplicação do art. 10 do NCPC e do art. 487, parágrafo único, do NCPC nos juizados, tendo em vista os princípios da celeridade e informalidade.<<**23, 67**

161 – Nos casos de pedido de concessão de benefício por segurado facultativo de baixa renda, a comprovação da inscrição da família no CadÚnico é documento indispensável para propositura da ação, sob pena de extinção sem exame do mérito.<<**345**

162 – Em caso de incapacidade intermitente, o pagamento de parcelas anteriores à perícia depende da efetiva comprovação dos períodos em que o autor esteve incapacitado.<<**352**

163 – Não havendo pedido expresso na petição inicial de aposentadoria proporcional, o juiz deve se limitar a determinar a averbar os períodos reconhecidos em sentença, na hipótese do segurado não possuir tempo de contribuição para concessão de aposentadoria integral.<<**359**

164 – Julgado improcedente pedido de benefício por incapacidade, no ajuizamento de nova ação, com base na mesma doença, deve o segurado apresentar novo requerimento administrativo, demonstrando, na petição inicial, o agravamento da doença, juntando documentos médicos novos.<<**383**

165 – Ausência de pedido de prorrogação de auxílio-doença configura a falta de interesse processual equivalente à inexistência de requerimento administrativo.<<**385**

166 – A conclusão do processo administrativo por não comparecimento injustificado à perícia ou à entrevista rural equivale à falta de requerimento administrativo.<<**387**

167 – Nas ações de benefício assistencial, não há nulidade na dispensa de perícia socioeconômica quando não identificado indício de deficiência, a partir de seu conceito multidisciplinar.<<**372**

168 – A produção de auto de constatação por oficial de justiça, determinada pelo Juízo, não requer prévia intimação das partes, sob pena de frustrar a eficácia do ato, caso em que haverá o contraditório diferido.<<**142**

169 – A solução de controvérsias pela via consensual, pré-processual, pressupõe a não distribuição da ação.**<<67**

170 – Aos conciliadores que atuarem na fase pré-processual não se aplicam as exigências previstas no art. 11 da Lei 13.140/2015.**<<37**

171 – Sempre que possível, as sessões de mediação/conciliação serão realizadas por videoconferência, a ser efetivada por sistema de livre escolha.**<<72**

172 – Apenas a prescrição médica não é suficiente para o fornecimento de medicamentos e/ou insumos não incluídos nas listas do SUS.**<<405**

173 – Nas demandas individuais de saúde, a decisão judicial acerca da pretensão de fornecimento de medicamentos, insumos ou procedimentos não fornecidos pelo SUS deve ser fundamentada, sempre que possível, na medicina baseada em evidências.**<<407**

174 – Nas demandas individuais de saúde veiculando pretensão de fornecimento de medicamentos, insumos ou procedimentos não fornecidos pelo SUS pode o juiz exigir que a parte instrua a demanda com elementos mínimos oriundos da medicina baseada em evidências.**<<415**

175 – Por falta de previsão legal específica nas leis que tratam dos juizados especiais, aplica-se, nestes, a previsão da contagem dos prazos em dias úteis (CPC/2015, art. 219).**<< 260**

176 – A previsão contida no art. 51, § 1º, da Lei 9.099/1995 afasta a aplicação do art. 317 do CPC/2015 no âmbito dos juizados especiais.**<<160**

177 – É medida contrária à boa-fé e ao dever de cooperação, previstos nos arts. 5º e 6º do CPC/2015, a impugnação genérica a cálculos, sem a indicação concreta dos argumentos que justifiquem a divergência.**<<26**

178 – A tutela provisória em caráter antecedente não se aplica ao rito dos juizados especiais federais, porque a sistemática de revisão da decisão estabilizada (art. 304 do CPC/2015) é incompatível com os arts. 4º e 6º da Lei nº 10.259/2001.**<<239**

179 – Cumpre os requisitos do contraditório e da ampla defesa a concessão de vista do laudo pericial pelo prazo de cinco dias, por analogia ao caput do art. 12 da Lei 10.259/2001.**<<282**

180 – O intervalo entre audiências de instrução (CPC/2015, art. 357, § 9º) é incompatível com o procedimento sumaríssimo (CF, art. 98, I) e com os critérios de celeridade, informalidade, simplicidade e economia processual dos juizados (Lei 9.099/1995, art. 2º).**<<115**

2. ENUNCIADOS CANCELADOS

023 – Nas ações de natureza previdenciária e assistencial, a competência é concorrente entre o JEF da subseção judiciária e o da sede da seção judiciária (art. 109, § 3º da CF/88 e Súmula 689 do STF).**<<209**

031 – O recurso de agravo interposto contra decisão que nega seguimento a recurso extraordinário pode ser processado nos próprios autos principais, dispensando-se a formação de instrumento no âmbito das Turmas Recursais.**<<97**

033 – Qualquer membro da Turma Recursal pode propor emissão de Enunciado o qual terá por pressuposto demanda excessiva no JEF acerca de determinada matéria ou quando verificada, o julgamento de caso concreto, a necessidade de uniformização de questão processual. A aprovação, alteração e cancelamento de Enunciado sujeita-se ao quórum qualificado estabelecido pela Turma Recursal.**<<306**

034 – O exame de admissibilidade do recurso poderá ser feito apenas pelo relator, dispensado o prévio exame no primeiro grau.**<<97**

036 – O momento para oferecimento de contrarrazões de recurso é anterior ao seu exame de admissibilidade.**<<98**

037 – Excepcionalmente, na ausência de Defensoria Pública, pode ser nomeado advogado dativo ou voluntário, ou ser facultado à parte o preenchimento de termo de recurso, por analogia ao disposto no Código de Processo Penal.**<<98**

040 – Havendo sucumbência recíproca, independentemente da proporção, não haverá condenação em honorários advocatícios.**<<27**

041 – Devido ao princípio da celeridade processual, não é recomendada a suspensão dos processos idênticos em primeiro grau, quando houver incidente de uniformização de jurisprudência no STJ ou recurso extraordinário pendente de julgamento.**<<101**

084 – Não é causa de nulidade nos juizados especiais federais a mera falta de intimação das partes da entrega do laudo pericial.**<<277**

111 – Tratando-se de benefício por incapacidade, o recolhimento de contribuição previdenciária não é capaz, por si só, de ensejar presunção absoluta da capacidade laboral, admitindo-se prova em contrário.**<<389**

ÍNDICE
ALFABÉTICO-REMISSIVO

A

Ação de massa >>> **Enuncs. 4, 6.**

Ação previdenciária >>> **Enuncs. 23, 127.**

Ação repetitiva >>> **Enuncs. 4, 6.**

Ação rescisória >>> **Enunc. 44.**

Ação revisional >>> **Enuncs. 78, 148.**

Ação temerária >>> **Enunc. 130.**

Ações de saúde >>> **Enunc. 137.**

Acórdão >>> **Enuncs. 104, 120, 124, 154.**

Admissibilidade recursal >>> **Enuncs. 34, 36.**

Advogado >>> **Enuncs. 83, 126.**

Advogado dativo >>> **Enunc. 37.**

Agravo de instrumento >>> **Enunc. 31.**

Agravo interno >>> **Enuncs. 30, 87.**

Alegação genérica >>> **Enunc. 147.**

Ampla defesa >>> **Enunc. 179.**

Antecipação de tutela >>> **Enuncs. 5, 61.**

Aposentadoria integral >>> **Enunc. 163.**

Aposentadoria proporcional >>> **Enunc. 163.**

Arbitramento >>> **Enunc. 95.**

Arquivo de áudio >>> **Enunc. 120.**

Assistência >>> **Enunc. 14.**

Assistente social >>> **Enunc. 50.**

Assistente técnico >>> **Enunc. 126.**

Astreinte >>> **Enuncs. 63, 65, 150.**

Atividade especial >>> **Enunc. 147.**

Atividade remunerada >>> **Enunc. 142.**

Ato instrutório >>> **Enuncs. 45, 101.**

Ato jurisdicional >>> **Enunc. 88.**

Ato processual >>> **Enuncs. 26, 73.**

Audiência >>> **Enunc. 85.**

Audiência de conciliação >>> **Enunc. 116.**

Audiência de instrução >>> **Enunc. 180.**

Audiência gravada >>> **Enunc. 85.**

Autarquia >>> **Enuncs. 12, 121.**

Auto de constatação >>> **Enuncs. 50, 168.**

Autointimação eletrônica >>> **Enuncs. 3, 4.**

Autoridade administrativa >>> **Enunc. 149.**

Auxílio-doença >>> **Enunc. 165.**

Aviso de recebimento >>> **Enunc. 74.**

Avocação >>> **Enunc. 28.**

B

Baixa renda >>> **Enunc. 161.**

Benefício assistencial >>> **Enunc. 167.**

Benefício previdenciário >>> **Enuncs. 77, 78, 79, 96, 111, 142, 143, 161, 164.**

Boa-fé >>> **Enunc. 177.**

C

Cadastramento eletrônico >>> **Enunc. 25.**

Caderneta de poupança >>> **Enuncs. 92, 95.**

Cadúnico >>> **Enunc. 161.**

Cálculo judicial >>> **Enunc. 72.**

Cálculos >>> **Enuncs. 103, 177.**

Cálculos de liquidação >>> **Enunc. 129.**

Capacidade operacional >>> **Enunc. 136.**

Carta precatória >>> **Enunc. 66.**

CEF >>> **Enunc. 93.**

Celeridade >>> **Enuncs. 41, 159, 160, 180.**

CF/88 >>> **Enunc. 28.**

Citação >>> **Enuncs. 55, 118.**

CJF >>> **Enunc. 39.**

Compensação >>> **Enunc. 47.**

Competência >>> **Enuncs. 9, 16, 17, 18, 20, 22, 23, 24, 28, 48, 49, 66, 71, 91, 97, 106, 114, 115, 123.**

Complemento positivo >>> **Enunc. 72.**

Comunicação eletrônica >>> **Enunc. 26.**

Concessão de vista >>> **Enunc. 179.**

Conciliação >>> **Enuncs. 81, 152, 169, 170, 171.**

Condição pessoal >>> **Enuncs. 45, 141.**

Condição socioeconômica >>> **Enunc. 50.**

Condomínio edilício >>> **Enunc. 128.**

Confissão >>> **Enunc. 76.**

Consulta pública >>> **Enunc. 119.**

Conta bancária >>> **Enunc. 92.**

Conta vinculada >>> **Enunc. 93.**

Contagem de prazo >>> **Enunc. 158, 175.**

Contestação >>> **Enunc. 2.**

Contraditório >>> **Enuncs. 1, 168, 179.**

Contrarrazões >>> **Enunc. 36.**

Contribuição previdenciária >>> **Enunc. 111.**

Contumácia >>> **Enunc. 63.**

Correio eletrônico >>> **Enunc. 27.**

CPF >>> **Enunc. 75.**

CPP >>> **Enunc. 37.**

Curador especial >>> **Enunc. 10.**

Custas >>> **Enunc. 39.**

D

Dano ao erário >>> **Enunc. 63.**

Dano moral >>> **Enuncs. 114, 115, 140.**

Decadência >>> **Enunc. 100.**

Decisão estabilizada >>> **Enunc. 178.**

Decisão interlocutória >>> **Enunc. 107.**

Decisão judicial >>> **Enuncs. 136, 138, 149, 173.**

Decisão monocrática >>> **Enuncs. 29, 30, 87.**

Decisões reiteradas >>> **Enunc. 1.**

Decurso de prazo >>> **Enunc. 26.**

Defensoria Pública >>> **Enuncs. 37, 53.**

Degravação >>> **Enuncs. 85, 120.**

Demanda individual >>> **Enuncs. 173, 174.**

Demanda repetitiva >>> **Enunc. 159.**

Depoimento >>> **Enunc. 45.**

Depósito de valores >>> **Enunc. 134.**

Despesas periciais >>> **Enunc. 52.**

Devedor >>> **Enunc. 13.**

Dever de cooperação >>> **Enunc. 177.**

Dever processual >>> **Enunc. 116.**

Dilgência de constatação >>> **Enunc. 122.**

Diligências >>> **Enunc. 103.**

Direito à saúde >>> **Enunc. 135.**

Direito adquirido >>> **Enunc. 148.**

Direito material >>> **Enunc. 43.**

Direitos coletivos >>> **Enunc. 22.**

Direitos difusos >>> **Enunc. 22.**

Direitos individuais homogêneos >>> **Enunc. 22.**

Documento digitalizado >>> **Enunc. 119.**

Doença estigmatizante >>> **Enunc. 141.**

Duplo efeito >>> **Enunc. 61.**

E

Economia processual >>> **Enunc. 180.**

Efeito devolutivo >>> **Enunc. 61.**

Efeito suspensivo >>> **Enuncs. 29, 61.**

Elemento de convicção >>> **Enunc. 133.**

Embargo à execução >>> **Enunc. 13.**

Embargos de declaração >>> **Enuncs. 42, 58, 60.**

Empregador >>> **Enunc. 147.**

Índice Alfabético-Remissivo

Empresa pública >>> **Enuncs. 12, 121.**

Ente federativo >>> **Enuncs. 135, 138.**

Ente público >>> **Enuncs. 47, 52, 63, 64, 113, 121.**

Entrevista rural >>> **Enunc. 166.**

Enunciado >>> **Enuncs. 33, 110.**

EOAB >>> **Enunc. 68.**

EPP >>> **Enunc. 11.**

Espólio >>> **Enunc. 82.**

Estado >>> **Enunc. 136.**

Estagiário de advocacia >>> **Enunc. 68.**

Evidências >>> **Enuncs. 173, 174.**

Exame técnico >>> **Enuncs. 91, 147.**

Execução >>> **Enuncs. 71, 90, 129, 150.**

Execução provisória >>> **Enunc. 35.**

Expurgos inflacionários >>> **Enuncs. 92, 93.**

Extinção do processo >>> **Enuncs. 24, 96, 144, 161, 176.**

F

Fase recursal >>> **Enunc. 131.**

Fazenda pública >>> **Enunc. 146.**

FGTS >>> **Enunc. 93.**

Firma reconhecida >>> **Enunc. 69.**

Fundação >>> **Enunc. 12.**

H

Habilitação processual >>> **Enunc. 70.**

HIV >>> **Enunc. 141.**

Honorários advocatícios >>> **Enuncs. 40, 57, 90, 99, 125, 145.**

Honorários de sucumbência >>> **Enuncs. 99, 145.**

I

Imposto de renda >>> **Enunc. 38.**

Improbidade administrativa >>> **Enunc. 63.**

Improcedência liminar >>> **Enunc. 159.**

Impugnação genérica >>> **Enunc. 177.**

Incapacidade civil >>> **Enuncs. 10, 81.**

Incapacidade intermitente >>> **Enunc. 162.**

Incapacidade laboral >>> **Enuncs. 111, 133, 143, 164.**

Incidente de uniformização >>> **Enuncs. 41, 43, 97, 98, 105.**

Incidente processual >>> **Enunc. 13.**

Informalidade >>> **Enuncs. 153, 159, 160, 180.**

INSS >>> **Enunc. 127.**

Instituição financeira >>> **Enunc. 92.**

Instrução >>> **Enunc. 1.**

Insumos >>> **Enuncs. 172, 173, 174.**

Interesse processual >>> **Enunc. 165.**

Intervenção de terceiros >>> **Enunc. 14.**

Intimação >>> **Enuncs. 8, 73, 74, 84, 127, 168.**

Intimação eletrônica >>> **Enunc. 158.**

Intimação pessoal >>> **Enuncs. 7, 176.**

Intimação por carta >>> **Enunc. 74.**

Intimação por email >>> **Enunc. 3.**

Intimação telefônica >>> **Enunc. 73.**

J

Juiz >>> **Enuncs. 45, 49, 101, 112, 129, 163.**

Juizado itinerante >>> **Enunc. 80.**

Juizado virtual >>> **Enuncs. 26, 27.**

Juízo de admissibilidade >>> **Enuncs. 34, 36, 105.**

Julgamento "extra petita" >>> **Enunc. 143.**

Julgamento liminar >>> **Enunc. 1.**

Julgamento não unânime >>> **Enunc. 156.**

Julgamento prioritário >>> **Enunc. 6.**

Jurisprudência >>> **Enunc. 104.**

Justiça gratuita >>> **Enuncs. 38, 39, 62.**

L

Laudo pericial >>> **Enuncs. 84, 179.**

Laudo técnico >>> **Enunc. 50.**

Lealdade processual >>> **Enunc. 42.**

Legitimidade ativa >>> **Enuncs. 121, 128.**

Lei 1.060/50 >>> **Enunc. 38.**

Lei **10.**259/01 >>> **Enuncs. 3, 9, 38, 67, 83, 91, 94, 107, 113, 127, 128, 132, 152, 155, 178.**

Lei **11.**419/06 >>> **Enunc.** 3.

Lei **12.**153/09 >>> **Enunc. 123.**

Lei **13.**140/15 >>> **Enunc. 170.**

Lei 8.213/91 >>> **Enunc. 70.**

Lei 8.472/93 >>> **Enunc. 51.**

Lei 9.099/95 >>> **Enuncs. 32, 39, 44, 62, 67, 94, 124, 145, 152, 154, 155, 180.**

Lei 9.800/99 >>> **Enunc. 27.**

Limite de alçada >>> **Enunc. 65.**

Liquidação de sentença >>> **Enunc. 32.**

Litigância de má-fé >>> **Enuncs. 42, 62.**

Litisconsórcio >>> **Enuncs. 18, 19, 21, 55.**

Litispendência >>> **Enunc. 46.**

M

Mandado de segurança >>> **Enunc. 88.**

Mandatário >>> **Enunc. 69.**

Matéria fática >>> **Enunc. 98.**

Matéria repetitiva >>> **Enunc.** 2.

Mediação >>> **Enuncs. 152, 171.**

Medicamentos >>> **Enuncs. 134, 135, 136, 172, 173, 174.**

Medicina >>> **Enuncs. 173, 174.**

Médico especialista >>> **Enunc. 112.**

Medida cautelar >>> **Enunc. 61.**

Medida de urgência >>> **Enunc. 61.**

Meio eletrônico >>> **Enunc. 109.**

Meio idôneo >>> **Enunc. 109.**

Meio magnético >>> **Enunc. 85.**

Melhor benefício >>> **Enunc. 148.**

Microempresa >>> **Enunc. 11.**

Ministério da saúde >>> **Enunc. 138.**

Ministério Público >>> **Enuncs. 63, 81.**

Multa coercitiva >>> **Enuncs. 63, 65, 150.**

Multa pessoal >>> **Enunc. 149.**

Município >>> **Enunc. 136.**

N

NCPC >>> **Enuncs. 152, 154, 153, 155, 156, 157, 160, 175, 177, 178.**

Nulidade >>> **Enuncs. 55, 84, 160.**

O

Obrigação de fazer >>> **Enunc.** 8.

Oficial de justiça >>> **Enuncs. 50, 122, 168.**

Ônus financeiro >>> **Enuncs. 136, 138.**

Ordem judicial >>> **Enunc. 134.**

P

Pagamento >>> **Enuncs. 47, 70.**

Parcela vencida >>> **Enuncs. 20, 72.**

Parcela vincenda >>> **Enuncs. 17, 20.**

Parte autora >>> **Enuncs. 71, 113, 114, 128, 140.**

Parte ré >>> **Enunc. 134.**

Pedido contraposto >>> **Enunc. 12.**

Pedido cumulado >>> **Enunc. 114.**

Pedido inicial >>> **Enuncs. 96, 113.**

Perícia >>> **Enuncs. 91, 112, 117, 126, 127, 133, 137, 162, 166, 167.**

Perito >>> **Enunc. 126, 133.**

Pessoa física >>> **Enunc. 21.**

Pessoa jurídica >>> **Enunc. 21.**

Petição inicial >>> **Enuncs. 55, 60, 130, 143, 148, 163, 164, 174.**

Poder judiciário >>> **Enunc. 137.**

Polo passivo >>> **Enunc. 21.**

Portaria MS 1.554/2013 >>> **Enunc. 138.**

Prazo em dobro >>> **Enunc. 53.**

Prazo recursal >>> **Enunc. 58.**

ÍNDICE ALFABÉTICO-REMISSIVO

Precatório >>> **Enuncs. 69, 125.**

Preposto >>> **Enunc. 94.**

Prescrição >>> **Enunc. 100.**

Prescrição médica >>> **Enunc. 172.**

Prestação vencida >>> **Enunc. 48.**

Previdência social >>> **Enuncs. 78, 79.**

Primeiro grau >>> **Enuncs. 34, 131.**

Procedimento sumaríssimo >>> **Enunc. 180.**

Procedimentos especiais >>> **Enunc. 9.**

Processo administrativo >>> **Enunc. 166.**

Processo cautelar >>> **Enunc. 89.**

Processo eletrônico >>> **Enunc. 119.**

Procuração >>> **Enunc. 69.**

Procurador federal >>> **Enuncs. 7, 8.**

Proposta de conciliação >>> **Enunc. 76.**

Protocolo >>> **Enunc. 27, 79.**

Provas >>> **Enuncs. 92, 95, 102, 103, 111, 116, 117, 118, 155.**

Q

Quantia certa >>> **Enunc. 35.**

Quórum qualificado >>> **Enunc. 33.**

R

Recurso >>> **Enuncs. 29, 85, 88, 107, 108.**

Recurso adesivo >>> **Enunc. 59.**

Recurso extraordinário >>> **Enuncs. 31, 41, 157.**

Recurso inominado >>> **Enuncs. 60, 99, 144.**

Relação jurídica >>> **Enunc. 20.**

Relator >>> **Enuncs. 29, 34, 87.**

Renúncia >>> **Enuncs. 16, 17, 71.**

Representante legal >>> **Enunc. 81.**

Requerimento administrativo >>> **Enuncs. 77, 79, 80, 164, 165, 166.**

Responsabilidade funcional >>> **Enunc. 63.**

Resumo >>> **Enunc. 85.**

Réu >>> **Enuncs. 46, 76, 113, 134.**

RPV >>> **Enuncs. 47, 52, 69, 71, 125.**

S

Salário-mínimo >>> **Enunc. 15.**

Seção judiciária >>> **Enuncs. 23, 110.**

Sede jurisdicional >>> **Enunc. 139.**

Segredo de justiça >>> **Enunc. 119.**

Segunda instância >>> **Enuncs. 124, 154.**

Segurado facultativo >>> **Enunc. 161.**

Seguridade social >>> **Enunc. 77.**

Sentença >>> **Enuncs. 2, 5, 60, 100, 101, 103, 107, 124, 144, 153, 163, 176.**

Similitude de questões >>> **Enunc. 105.**

Simplicidade >>> **Enunc. 153, 180.**

Situação socioeconômica >>> **Enunc. 122.**

Solidariedade >>> **Enuncs. 135, 138.**

STJ >>> **Enunc. 41.**

Subseção judiciária >>> **Enunc. 23.**

Sucumbência recíproca >>> **Enunc. 40.**

Sujeito processual >>> **Enunc. 119.**

Súmula >>> **Enuncs. 23, 29.**

Súmula **421/STJ** >>> **Enunc. 146.**

Súmula **689/STF** >>> **Enunc. 23.**

Súmula **78/TNU** >>> **Enunc. 141.**

Supressão de instância >>> **Enunc. 104.**

SUS >>> **Enuncs. 172, 173, 174.**

Suspensão do processo >>> **Enunc. 41.**

T

TCU >>> **Enunc. 63.**

Tempestividade recursal >>> **Enunc. 109.**

Tempo de contribuição >>> **Enunc. 163.**

Tese jurídica >>> **Enuncs. 131, 148.**

Testemunha >>> **Enunc. 50.**

Título executivo >>> **Enunc. 56.**

TNU >>> **Enunc. 132.**

Trânsito em julgado >>> **Enuncs. 108, 150.**

TRF >>> **Enunc. 28.**

Tribunal superior >>> **Enunc. 132.**

Turma de uniformização >>> **Enuncs. 104, 105.**

Turma recursal >>> **Enuncs. 6, 28, 29, 30, 33, 54, 86, 88, 100, 101, 102, 103, 106, 110, 131, 132, 157.**

Tutela antecedente >>> **Enunc. 178.**

Tutela de urgência >>> **Enunc. 86.**

Tutela provisória >>> **Enunc. 178.**

U

União Federal >>> **Enuncs. 12, 136, 146.**

Unidade familiar >>> **Enunc. 51.**

V

Valor da causa >>> **Enuncs. 15, 18, 48, 49, 114, 123, 145.**

Valor de alçada >>> **Enunc. 71.**

Videoconferência >>> **Enunc. 171.**

REFERÊNCIAS

ALBERTON, Cláudia Marlise da Silva. **Publicidade dos atos processuais e direito à informação.** Rio de Janeiro: Aide, 2000.

ALVES, Francisco Glauber Pessoa. Ações de saúde contra o Poder Público: ensaio de um roteiro decisório. **Revista de Processo.** São Paulo: RT, n. 259, p. 333-370, set. 2016.

_____. **Fundamentação judicial no novo Código de Processo Civil.** Revista CEJ. v. 19, n. 67, ago./dez. 2015.

_____. Padrões mínimos de aplicabilidade do novo Código de Processo Civil aos Juizados Especiais Cíveis. **Revista CEJ.** Brasília: Conselho da Justiça Federal, ano XX, n. 70, p. 67-92, set.-dez/2016.

ALVIM, Angélica Arruda. *et al.* **Comentários ao Código de Processo Civil.** São Paulo: Saraiva, 2016.

ALVIM, Arruda. **Manual de direito processual civil.** 13. ed., São Paulo: RT, 2010.

ALVIM, José Eduardo Carreira. **Alterações do Código de Processo Civil.** 3. ed. Rio de Janeiro: Impetus, 2004.

AMARAL, Guilherme R. **Comentários às alterações do novo CPC.** São Paulo: RT, 2015.

ARAGÃO, Egas Dirceu Moniz de. **Comentários ao Código de Processo Civil.** 9. ed. vol. II. Rio de Janeiro: Forense, 1998.

ARRUDA ALVIM WAMBIER, Teresa. *et al.* **Breves comentários ao novo Código de Processo Civil.** São Paulo: RT, 2015.

AZEVEDO, André Gomma (org). 2009. **Manual de mediação judicial.** Brasília: Ministério da Justiça e Programa das Nações Unidas para o Desenvolvimento – PNUD.

BARROSO, Luís Roberto. Neoconstitucionalismo e constitucionalização do Direito (o triunfo tardio do Direito Constitucional no Brasil). **Revista de Direito Administrativo.** Rio de Janeiro, 240: p. 1-42, abr./jun. 2005).

BOBBIO, Norberto. **O futuro da democracia.** 6. ed. Rio de Janeiro: Paz e Terra, 1997.

BOCHENEK, Antônio César. **A interação entre tribunais e democracia por meio do acesso aos direitos e à justiça: análise de experiências dos juizados especiais federais cíveis brasileiros.** Brasília: CJF, 2013.

_____; NASCIMENTO. Márcio Augusto. **Juizados especiais federais cíveis e casos práticos.** 3. ed. Curitiba: Juruá, 2015.

_____; DALAZOANA, Vinicius. **Competência Cível da Justiça Federal e dos Juizados Especiais Federais.** 4. ed. Curitiba: Juruá, 2017.

BOLLMAN, Vilian. O Novo Código de Processo Civil e os Juizados Especiais Federais. **Revista de Processo.** n. 248. Ano 40. São Paulo: RT, out. 2015, p. 289-308.

CALMON, Petrônio. **Fundamentos da mediação e da conciliação.** Brasília: Gazeta Jurídica, 2007.

CÂMARA, Alexandre Freitas. Dimensão processual do princípio do devido processo constitucional. **Revista Iberoamericana de Derecho Procesal.** vol. 1, jan./jun. 2015.

_____. **Lições de direito processual civil.** vol. I, 14. ed., Rio de Janeiro: Lumen Juris, 2006.

CARDOSO, Oscar Valente. A oralidade no novo Código de Processo Civil: de volta para o passado. *In:* FREIRE, Alexandre. (Org.). *et al.* **Novo CPC – Doutrina Selecionada, Parte Geral.** v. 1. 2. ed. Salvador: Juspodivm, 2016.

_____. O prequestionamento no Pedido de Uniformização à Turma Nacional de Uniformização de jurisprudência dos Juizados Especiais Federais. **Revista Dialética de Direito Processual.** São Paulo: Dialética, vol. 139, p. 103-110, out. 2014.

_____; SILA JUNIOR, Adir José. Principais reflexos da cooperação e do contraditório do CPC/2015 nos processos previdenciários dos juizados especiais federais cíveis. Revista de Previdência Social. Ano XL, n. 430, São Paulo, set. 2016, p. 727.

CAVALIERI FILHO, Sérgio. **Programa de responsabilidade civil.** 11. ed., São Paulo: Atlas, 2014.

CEJ. Brasília: Conselho da Justiça Federal, ano XIX, n. 67, p. 58-77, set.-dez/2015.

CENTRO COCHRANE DO BRASIL. **Missão.** Disponível em: «http://brazil.cochrane.org/bem--vindo». Acesso em 21.3.2017.

CHIMENTI, Ricardo Cunha. **Teoria e Prática dos juizados especiais civis estaduais e federais.** São Paulo: Saraiva, 2012.

CHIOVENDA, Giuseppe. *Relación sobre el proyecto de reforma del procedimiento elaborado por la comisión de postguerra. In:* CHIOVENDA, Giuseppe. *Ensayos de derecho procesal civil.* vol. II. Buenos Aires: Ediciones Jurídicas Europa-América, 1969.

CINTRA, Antônio C. A. **Comentários ao Código de Processo Civil.** vol. IV, arts. 332 a 475. Rio de Janeiro: Forense, 2000.

_____; GRINOVER, Ada P.; DINAMARCO, Cândido. **Teoria geral do processo.** 7. ed. São Paulo: RT, 1990.

COMOGLIO, Luigi Paolo; FERRI, Michele; TARUFFO, Michele. *Lezioni sul processo civile I. Il processo ordinario di cognizione.* 5. ed., Bologna: Mulino, 2011.

CONSELHO NACIONAL DE JUSTIÇA. **Judicialização da saúde no Brasil.** Disponível em: «http://www.cnj.jus.br/files/conteudo/destaques/arquivo/2015/06/6781486daef02 bc6ec8c1e491a565006.pdf». Acesso em 21.3.2017.

_____. **Fórum do Judiciário para a Saúde.** Disponível em: «http://www.cnj.jus.br/programas-e-acoes/forum-da-saude». Acesso em 21.3.2017.

CUNHA, Leonardo J. C. **A Fazenda Pública em Juízo.** 7. ed. São Paulo: Dialética, 2009.

_____. O regime processual das causas repetitivas. **Revista de Processo.** São Paulo: RT, v. 179, p. 139-174, jan. 2010.

REFERÊNCIAS

CUNHA JR., Dirley. **Curso de direito constitucional.** 7. ed., Salvador: Juspodivm, 2013.

DIDIER JR., Fredie. **Curso de direito processual civil.** v. 1. 18. ed. Salvador: Juspodivm, 2016.

_____; ZANETI JR., Hermes. **Curso de direito processual civil.** v. 4, Salvador: Juspodivm, 2009.

_____; CUNHA, Leonardo J. C. **Curso de direito processual civil.** v. 3. 13. ed. Salvador: Juspodivm, 2016.

_____; *et al.* (Coord.). **Juizados Especiais.** Salvador: Juspodivm, 2015.

DIEFENTHALER, Gustavo A. Gastal. Os juizados especiais cíveis e seus desafios. *In:* LINHARES, Erick. (Coord.). **Os Juizados especiais cíveis e o novo CPC.** Curitiba: Juruá, 2015.

DINAMARCO, Cândido Rangel. **Capítulos da sentença.** 6. ed. São Paulo: Malheiros, 2006.

_____. **Instituições de direito processual civil.** v. 1. 2. ed. São Paulo: Malheiros, 2002.

_____. **Manual dos juizados cíveis.** São Paulo: Malheiros, 2001.

_____. **Instituições de direito processual civil.** vol. I. São Paulo: Malheiros, 2001.

_____. **A instrumentalidade do processo.** 8. ed., São Paulo: Malheiros, 2000.

DONIZETTI, Elpídio. A corte dos homens pobres e a principiologia do CPC/2015: o que serve ou não aos juizados especiais? *In:* REDONDO, Bruno Garcia. *et al.* **Juizados Especiais.** Salvador: Juspodivm, 2015.

FERNANDES, André Dias. **Eficácia das decisões do STF em ADIn e ADC: efeito vinculante, coisa julgada *erga omnes* e eficácia *erga omnes.*** Salvador: Juspodivm, 2009.

_____; LIMA, Tiago Asfor Rocha. Reclamação e causas repetitivas: alguns pontos polêmicos. *In:* DIDIER JR, Fredie; CUNHA, Leonardo J. C. (Orgs.). **Julgamento de casos repetitivos.** Salvador: Juspodivm, 2016.

FERRAZ, Leslie S. Juizados especiais cíveis e duração razoável do processo uma análise empírica. **Revista de Processo.** Ano 40. Vol. 245. RT, julho/2015, p. 524.

FIGUEIRA JÚNIOR, Joel D. **Juizados especiais federais cíveis e criminais: comentários à Lei 10.259, de 24.7.2001.** São Paulo: RT, 2002.

FOLHA DE SÃO PAULO. **Contra fraudes, Saúde criará normas para uso de próteses e órteses no SUS.** Disponível em: «http://www1.folha.uol.com.br/cotidiano/2015/07/1652684-
-contra-fraudes-saude-criara-normas-para-uso-de-proteses-e-orteses-no-sus.shtml». Acesso em 12.1.2016.

_____. **Judicialização na saúde faz desigualdade avançar, dizem especialistas.** Disponível em: «http://www1.folha.uol.com.br/seminariosfolha/2014.3.1432517-judicializacao-
-na-saude-faz-desigualdade-avancar-dizem-especialistas.shtml». Acesso em 12.1.2016.

GRADI, Marco. *Il principio del conttradditorio e le questioni rilevabili d'ufficio.* **Revista de Processo,** São Paulo, n. 186, p. 109-160, ago. 2010.

GRINOVER, Ada Pellegrini; DINAMARCO, Cândido; CINTRA, António Carlos Araújo. **Teoria geral do processo.** 23. ed. São Paulo: Malheiros, 2007.

HARTMANN, Rodolfo Kronemberg. A tutela provisória de urgência e os Juizados Especiais. Juizados especiais. In: REDONDO, Bruno Garcia. *et al.* (Coords.). **Juizados especiais.** Salvador: Juspodivm, 2015.

HESSE, Konrad. **A força normativa da Constituição.** Trad. Gilmar Ferreira Mendes, Porto Alegre: Sérgio Fabris Editor, 1999.

JOLOWICZ, J. A. *Orality and inmediacy in english civil procedure.* **Boletín Mexicano de Derecho Comparado.** Ciudad de México, n. 24, p. 595-608, set./dez. 1975

JUNOY, Joan Picó i. *Las garantías constitucionales del proceso.* 2. ed. Barcelona: Bosch, 2012.

KOEHLER, Frederico A. L. (Coord.). **Comentários às súmulas da Turma Nacional de Uniformização dos Juizados Especiais Federais.** Brasília: Conselho da Justiça Federal - Centro de Estudos Judiciários, 2016.

_____; SIQUEIRA, Júlio Pinheiro Faro Homem. A contagem dos prazos processuais em dias úteis e a sua (in)aplicabilidade no microssistema dos juizados especiais. **Revista CEJ.** Brasília, ano XX, n. 70, p. 23-28, set./dez. 2016.

LEAL, Stella Tannure; MIRANDA NETTO, Fernando Gama. Tutela de evidência no novo Código de Processo Civil: reflexos no sistema dos juizados especiais. In: REDONDO, Bruno Garcia. *et al.* (Coords.). **Juizados especiais.** Salvador: Juspodivm, 2015.

MARINONI, Luiz G. **Novo curso de processo civil: tutela dos direitos mediantes procedimento comum.** Vol. II. São Paulo: RT, 2015

_____; ARENHART, Sérgio C.; MITIDIERO, Daniel. **Novo Código de Processo Civil comentado.** São Paulo: RT, 2015.

_____; ARENHART, Sérgio C. **Processo de conhecimento.** 7. ed. São Paulo: RT, 2008.

MEDINA, José Miguel Garcia. **Novo Código de Processo Civil: modificações substanciais.** São Paulo: RT, 2015.

MENDES, Aluisio Gonçalves de Castro. **Competência cível da justiça federal.** 4. ed. São Paulo: RT, 2012.

_____. **Incidente de Resolução de Demandas Repetitivas: Contribuição para a sistematização, análise e interpretação do novo instituto processual.** Tese. Concurso de professor titular da Faculdade de Direito da UERJ. Rio de Janeiro: Universidade do Estado do Rio de Janeiro, 2017. No prelo.

MILMAN, Fabio. **Partes, procuradores, litisconsórcio e intervenção de terceiros.** Porto Alegre: Verbo Jurídico, 2007.

MITIDIERO, Daniel. In: ARRUDA ALVIM WAMBIER, Teresa. *et al.* **Breves comentários ao novo Código de Processo Civil.** São Paulo: RT, 2015.

MORATO, Francisco. A oralidade. **Revista Forense.** Rio de Janeiro, n. 74, Fascículo 419, p. 11-18, maio 1938.

NERY JUNIOR, Nelson. **Código de processo Civil comentado e legislação extravagante.** 14. ed. São Paulo: RT, 2014.

_____. **Princípios do processo civil na Constituição Federal.** 3. ed., São Paulo: RT, 1996.

_____; NERY, Rosa Maria de Andrade. **Comentários ao Código de Processo Civil.** São Paulo: RT, 2016.

NEVES, Daniel Amorim Assumpção. **Novo Código de Processo Civil.** São Paulo: Método, 2015.

NICORA, Attilio. *Il principio di oralità nel diritto processuale civile italiano e nel diritto processuale canonico.* Roma: Università Gregoriana, 1977.

NOBRE JR., Edilson Pereira. Os Juizados Especiais Federais e o pedido de uniformização de jurisprudência. **Revista Dialética de Direito Processual.** São Paulo: Dialética, vol. 122, p. 16-28, mai. 2013.

OLIVEIRA, Eduardo Perez. O dever de motivação das sentenças no Novo CPC: impacto no microssistema dos juizados especiais (cíveis, federais e da Fazenda Pública). *In:* GAJARDONI, Fernando. (Coord.). **Magistratura.** Salvador: Juspodivm, 2015.

PEREIRA, Caio Mário da Silva. **Instituições de direito civil.** 17. ed., Rio de Janeiro: Forense, 2009.

PORTO, Sérgio Gilberto; USTÁRROZ, Daniel. **Lições fundamentais no processo civil: o conteúdo processual da Constituição Federal.** Porto Alegre: Livraria do Advogado, 2009.

ROCHA, Felippe Borring. **Manual dos juizados especiais cíveis estaduais: teoria e prática.** 8. ed. São Paulo: Atlas, 2016.

RODRIGUES, Enrique Feldens. A uniformização da interpretação da lei federal no âmbito das decisões dos Juizados Especiais Estaduais e Federais em matéria cível: a função do STJ à luz da lei e da jurisprudência. **Revista de Processo.** São Paulo: RT, vol. 201, p. 301-312, nov. 2011.

RODRIGUES, Marcelo Abelha. **Manual de direito processual civil.** 5. ed., São Paulo: RT, 2010.

SALLES, Luiz Caetano de. **O valor da causa e seus reflexos no processo civil.** São Paulo: Iglu, 2000.

SARAIVA, Rômulo. O novo CPC e as consequências da demora do STJ em uniformizar a jurisprudência da TNU. **Revista Juris Plenum Previdenciária.** Caxias do Sul: Plenum, vol. 4, n. 15, p. 165-182, ago. 2016.

SAVARIS, José Antonio. **Direito processual previdenciário.** 6. ed. Curitiba: Alteridade, 2016.

_____; XAVIER, Flavia da Silva. **Manual dos recursos nos Juizados Especiais Federais.** 5. ed., Curitiba: Alteridade, 2015.

SERAU JR., Marco Aurélio; DONOSO, Denis. (Coords.). **Juizados federais: reflexões nos dez anos de sua instalação.** Curitiba: Juruá, 2012.

SCHMITZ, Leonard Ziesemer. Confirmar a sentença por seus "próprios fundamentos" não é motivar: a influência normativa do art. 489, § 1º do CPC/2015 sobre o art. 46 da Lei 9.099/95. In: REDONDO, Bruno Garcia. *et al.* (Coords.). **Juizados Especiais.** Salvador: Juspodivm, 2015.

SCHULZE, Clenio; GEBRAN NETO, João Pedro. **Direito à Saúde.** Porto Alegre: Vozes, 2015.

SILVA, Augusto Vinícius Fonseca e. Repercussão dos arts. 11 e 489, § 1º do Novo Código de Processo Civil nas sentenças dos Juizados Especiais Cíveis. In: REDONDO, Bruno Garcia. *et al.* (Coords.). **Juizados especiais.** Salvador: Juspodivm, 2015.

SILVA, De Plácido e. **Vocabulário jurídico.** 32. ed. Rio de Janeiro: Forense, 2016.

SILVA, Fernando Schenkel do Amaral e. **Juizados especiais federais cíveis: competência e conciliação.** Florianópolis: Conceito, 2007.

SOUSA, Ilana Coelho de. **Princípio do devido processo legal.** Disponível em: <https://jus.com.br/artigos/22857/principio-do-devido-processo-legal>.

SOUZA, Luciane Moessa de. Curso *on line.* **Resolução consensual de conflitos coletivos envolvendo políticas públicas.** Brasília: Fundação Universidade de Brasília –FUB, 2014.

STRECK, Lenio Luiz. NUNES, Dierle; CUNHA, Leonardo. (Orgs.). **Comentários ao Código de Processo Civil.** São Paulo: Saraiva, 2016.

TALAMINI, Eduardo. **Tutela relativa aos deveres de fazer e de não fazer.** 2. ed. São Paulo: RT, 2003.

TARTUCE, Flávio. **Manual de direito civil.** Volume único. 3. ed., Rio de Janeiro: Forense; São Paulo: Método, 2013.

TARUFFO, Michele. *La motivazione della sentenza. In*: MARINONI, Luiz G. (Coord). **Estudos de direito processual civil.** São Paulo: RT, 2005.

THEODORO JÚNIOR, Humberto. **Curso de direito processual civil.** vol. I. 50. ed. Rio de Janeiro: Forense, 2009.

_____. **Curso de direito processual civil.** vol. II. 49. ed. Rio de Janeiro: Forense, 2014.

_____. **Novo Código de Processo Civil anotado.** 20. ed. Rio de Janeiro: Forense, 2016.

_____. *et al.* **Novo CPC fundamentado e sistematizado.** 2. ed., Rio de Janeiro: Forense, 2015.

TORRANO, Marco Antonio Valencio. **Devido processo legal e outros princípios constitucionais do processo.** Disponível em: http://advtorrano.jusbrasil.com.br/artigos/139178458/uma-homenagem-a-fredie-didier-jr-o-devido-processo-legal-e-outros-principios-constitucionais-do-processo.

TUCCI, José Rogério Cruz e. O regime do procedente judicial no novo CPC. **Revista do Advogado.** São Paulo: AASP, v. XXXV, n. 126, p. 143-151, maio/2015.

URY, William L.; FISHER, Roger; PATTON, Bruce. **Como chegar ao sim: a negociação de acordos sem concessões.** 2. ed. Rio de Janeiro: Imago, 2013.

VEIGA, Daniel Brajal. O dever-poder geral de cautela no novo Código de Processo Civil e a sua aplicação nos juizados especiais. *In*: REDONDO, Bruno Garcia. *et al.* (Coords.). **Juizados especiais.** Salvador: Juspodivm, 2015.

VENOSA, Sílvio de Salvo. **Código Civil Interpretado.** São Paulo: Atlas, 2010.

WAMBIER, Luiz Rodrigues (Coord.); ALMEIDA, Flávio Renato Correia; TALAMINI, Eduardo. **Curso Avançado de Processo Civil.** vol. 1. 9. ed. São Paulo: RT, 2007.

WAMBIER, Teresa A. Alvim. **Controle das decisões judiciais por meio de recursos de estrito direito e de ação rescisória.** São Paulo: RT, 2002.